Geschiedenis Van De Gemeenten Der Provincie Oost-vlaanderen, 4e Reeks: Arrondissement Dendermonde. - 2: Massemen-westrem, Mespelare, Moerzeke, Opdorp, Oudegem, Overmere, Schellebelle, Schoonaarde, Serskamp, Uitbergen, Waasmunster...

Frans De Potter, Jan Broeckaert

GESCHIEDENIS VAN DE GEMEENTEN

DER

PROVINCIE OOST-VLAANDEREN.

VIERDE REEKS.

GESCHIEDENIS

VAN

DE GEMEENTEN

DER

PROVINCIE OOST-VLAANDEREN,

DOOR

Frans de Potter en Jan Broeckaert.

Vierde reeks. — ARRONDISSEMENT DENDERMONDE.

TWEEDE DEEL.

Massemen-Westrem, Mespelare, Moerzeke, Opdorp, Oudegem, Overmere, Schellebelle, Schoonaarde, Serskamp, Uitbergen, Waasmunster.

GENT

DRUKKERIJ C. ANNOOT-BRAECKMAN, Opv^r AD. HOSTE,

Koornmarkt, 6.

—

1890

MASSEMEN-WESTREM.

I.

PLAATSBESCHRIJVING. — Deze gemeente, deel makende van het kanton Wetteren en twee parochiën uitmakende, de eene onder den naam van Massemen, de andere onder dien van Westrem, grenst ten noorden en ten oosten aan Wetteren, ten zuiden aan Oordegem, en ten westen aan Bavegem en Oosterzeele. Zij heeft eene oppervlakte van 1,030 hectaren, is doorkruist door de groote staatsbaan van Brussel naar Oostende en den steenweg van Wetteren naar Oombergen, en wordt bespoeld door de *Meulebeke*, die aldaar verscheidene kleine waterloopen ontvangt en zich verder te Wetteren in de Schelde werpt.

Behalve de twee dorpsplaatsen is deze gemeente samengesteld uit de wijken *Kortenbosch*, *Herdershoek*, *Lambroek*, *Vurst*, *Oudenhoek*, *Hoeksken* en *Driesch*, welke drie laatste eigenlijk tot het geestelijk gebied van Westrem behooren en nagenoeg een derde van de geheele uitgestrektheid der gemeente uitmaken.

Voorname nijverheidsgestichten zijn te Massemen-Westrem niet aan te treffen : eene stokerij, eene kloddenwasscherij, een wind- en twee watermolens, ziedaar alles wat er in deze bij uit-

stek landbouwende gemeente onder nijverheidsopzicht te vinden
is. Tot voor eenige jaren had men er eene vanouds bestaande
bierbrouwerij, vroeger ook eene linnenbleekerij, doch 't zijn
thans meest de brouwers van Wetteren, die de herbergen dezer
gemeente bevoorraden, terwijl de linnenbleek, eertijds in Vlaanderen zoo verspreid, thans nog slechts in enkele plaatsen wordt
uitgeoefend.

Deze gemeente, althans Massemen, dat aanvankelijk in de
Latijnsche en Fransche oorkonden *Masmine, Masmines, Massemine* geschreven werd, is zeer oud, als reeds vermeld wordende
tusschen de jaren 1019-1030, wanneer zij deel maakte van den
pagus Bracbantensis. MIRÆUS schreef den naam in 't Latijn
Masminia : hodié vernaculé *Masseme.* In 1339 vindt men *Mas-
siemine* en in een cijnsboek van omtrent denzelfden tijd *Mas-
seminne; * in 1385, *Massemene.* VAN GESTEL, die hier van 1687
tot 1726 het pastoorsambt bekleedde, voegt achter Massemen :
« Gallice *Masmisnes,* utrumque in diplomatibus legitur. » Volgens
de eenstemmige verklaring van WILLEMS en DE SMET zou Massemen *woonplaats van Mas* of *Thomas* beteekenen. 't Is mogelijk,
doch zou Massemen niet eerder van de oude woorden *mas, maes,*
evenals *aa* en *ee* water bediedende, en van *menne, minne* (in
't Fransch *conduit*) af te leiden zijn, en aldus eenvoudig water-
leiding of plaats aan eenen waterloop beteekenen? De kerk en
het oud kasteel, rondom welke het dorp zich ontwikkeld heeft,
werden althans juist in de nabijheid van eenen waterloop,
namelijk het *Holenmeerschbeekje*(1), opgericht. Of zou *mas, maas,*
gelijk HOEUFFT opgeeft, hier in de beteekenis van *vlakte* moeten
genomen worden en Massemen derhalve eene corruptie zijn van
Maas-hem, woonplaats in de vlakte? Misschien ook heeft Massemen denzelfden oorsprong als *Massenhoven,* in de provincie
Antwerpen, welke genoemde naam bij KREGLINGER door *ferme*

_____

(1) En niet *Oliemeerschbeekje,* zooals men sinds jaren, niet wetende dat
er eene familie *Van Hole* bestaan heeft, gewoon is te schrijven.

des marécages (moerassenhof) vertaald werd. Wie zal de echte verklaring geven, op bewijzen gestaafd?

Wat *Westrem* betreft, eertijds *Westrehem*, *Westrehim* en *Westerem*, de beteekenis van dezen naam is niet moeilijk om verklaren; hij is samengesteld van *wester* en *hem*, dus *wester-verblijf*, gelijk het hier aangrenzende *Oosterzeele* niets anders beduidt dan plaats of woning aan den oostkant. Ook dit dorp mag op eene eerbiedwaardige oudheid bogen : het staat reeds vermeld in eene oorkonde van het jaar 1083, waarbij de bisschop van Kamerijk zijne hem te Westrem, alsmede te Gaver en te Torincourt toebehoorende rechten aan de abdij van Geeraardsbergen geeft(1).

Nog in het begin der XIII° eeuw was een groot deel van het grondgebied dezer gemeente door den ploeg niet bemachtigd en trof men er heiden en uitgestrekte bosschen aan. Eene oorkonde van den jare 1220 spreekt van de *wastina* van Massemen, aan de toenmalige vrouw dezes dorps toebehoorende, terwijl de namen der wijken *Kortenbosch* en *Vurst* (*forestum*) genoegzaam te kennen geven hoe boschachtig het hier oudtijds was, hetgeen eerst in den loop der tegenwoordige eeuw van lieverlede veranderde. De Massemsche heide, waarvan het oude landboek dezer gemeente gewag maakt, behoorde sedert onheuglijken tijd aan de abdij van Affligem en was 10 bunder 2 dagwand 43 roeden groot. Te Westrem ook lag eene heide, thans in vruchtbaar zaailand herschapen. Verder was 't hier op sommige plaatsen broek- en moerassig, getuige niet alleen de benaming der wijk *Lambroek*, alwaar men naar den grooten steenweg toe ook eene *Heistraat* aantreft, maar tevens die der *Malbroekstraat* en van *Rebbroek-*

---

(1) Volgens SANDERUS (*Verheerlijkt Vlaanderen*, II, 78), zou er in den open brief, waarbij Manasses, bisschop van Kamerijk, in 1096 het verplaatsen des kloosters van Dikkelvenne naar Geeraardsbergen goedkeurde, van het *vrij adellijk goed van Wistrehem* gesproken worden, doch na inzage dier acte is ons zulks niet gebleken, hetgeen ons doet gissen dat SANDERUS zijne nota met die van 1083 zal hebben verward.

kouter, welke laatste door zijne lagere ligging vroeger aan geregelde overstroomingen was blootgesteld(1).

Er bestonden hier al vroeg verscheidene aanzienlijke pachthoeven. De oudst ons bekende was die met name *'t Hof ten Haendert,* waar men nadien *'t Hof ten Honderd* van gemaakt heeft, reeds van in de XIV° eeuw 't eigendom van de commanderij van Pitzenburg, te Mechelen; 't zal te dezer plaatse geweest zijn dat Beatrix, vrouw van Massemen, in 1220 een hospitaal voor reizigers en behoeftigen stichtte, na welks afschaffing de er van afhangende goederen en inkomsten tot gemeld huis van Pitzenburg overgingen. Eene acte, overgeschreven in het register der *Acten en Contracten,* ter stedelijke archieven van Gent, van 1386-1387, maakt ons bekend dat de toenmalige commandeur van Pitzenburg, broeder Berthout Kerskof, het *goed ten Haendert* met al de er toebehoorende landen, beemden, bosschen, cijnzen en tienden, ter uitzondering der zalen in het hof,

---

(1) Oude plaatsnamen :

1333 : *Strilant.*

1559 : *Carouvelt.*

1397 : *Bruunsvelt, Clapvelt, Cleye, Elsmeere, der Binnen, d'Inghelantziip, Lindevelt, Muelenacker, Wasselinsmeersch, Wautersbrouc.*

1440 : *Bunbroucx stede, den Hau, Quadenbosch, Scaledriesch, Vlienderpael.*

1460 : *Lippinsdriesch.*

1528 : *Wittendriesch.*

1566 : *Aelbroeck, Binnencouter, Bloote weede, Bosschendriesch, Bosvelt, Bottelmeersch, Braembocht, Broeckvelt, de Broeckse, Bruyntjensvelt, Calverweede, Cappellendriesch, Cattesteirt, Cortenbosch, de Crane, Cruypt in d'Haghe, Cruytvelt, Coolputte, ter Delft, Diepenmeersch, Dierencost, Doorenstede, Dulhoever, Duyvelstede, den Francoys, den Hau, Haubosch, Heebocht, Helleweghensbocht, Helverdijck, Hemelrijck, Hevenacker, de Heye, ter Hellomen, Holsmeersch, Hoenmeersch, Hofacker, Hofmeersch, Hompel, Hooghen lochtinck, Hoyschuere, Huevercouter, Leyschoot, Langhe Haghe, Looweesbocht, Loovelt, Massemencouter, Muellebroeck, Moeyensstede, Muelencouter, Muelenmeersch, Papenhoeck, Paelbosch, Popelboom, Quadecouter, Quadcbocht, Raeplant, Rebbroeck, de Roopoorte, Schattebosch, Sandersmeersch, Schalloendriesch, de Saert, Steelantsbocht, Steentjen, Stuselmanshoeck, Varencouter, Vulckenvelt, de Vonte, Wedauwe, Wittebroomeersch, de Werft, Wittendriesch, Warandebocht, Wijtevelt, Wijvelt, Wautersacker.*

van den windmolen op het goed en van 't opgaande hout, aan
zekeren Jacob Bette, voor dezes geheele leven, mits 7 pond
groote, Vlaamsche munt, afstond. Daarenboven was deze laatste
gehouden jaarlijks op St-Lucasdag 24 schellingen te betalen aan
de kanunniken van 't H. Kruis te Kamerijk, en dit in vergelding
van het patroonrecht, dat hun op de kerk van Massemen
toekwam, doch waarvan het Mechelsche sticht zich naderhand
het geheele recht, zoo door VAN GESTEL getuigd wordt, aan-
matigde. Voorts was ten laste van Bette in deze kerk te
zorgen voor eenen bekwamen priester, « daer de goede
lieden van de prochien in ghepayt sullen sijn »; hieronder was evenwel niet begrepen de beheering der geestelijke
bediening, welke de commandeur van Pitzenburg voor zich
hield. In de acte werd ten slotte bepaald dat genoemde Bette, of na
hem zijne weduwe, het goed eerst voor eenen termijn van negen,
nadien voor eenen termijn van zes tot zes jaren, mocht voort
verpachten, en dat de gebouwen door haar voortdurend behoorlijk moesten worden onderhouden. — Het *hof ten Haendert*, na
in deze eeuw opvolgendlijk te hebben toebehoord aan de familiën
de Nieulant en van Pottelsberghe, is thans het eigendom van
den heer H. Puissant d'Agimont-van Cromphaut, te Wetteren,
wiens schoonvader het in 1877 gekocht had.

Te Westrem had men op het einde der XIVe eeuw eene hofstede ter grootte van 35 bunder, welke door den eigenaar, Jan
Clocman, den 4 December 1397, aan zekeren Pieter Payen,
mits 4 schellingen groote het bunder, verhuurd werd.

Volgens de pachtvoorwaarde van dit goed, welks benaming
wij niet kunnen opgeven, ontving de huraar, zooals in dien
tijd meer gebeurde, van den eigenaar 6 pond groote, Doorniksche munt, ter leening, welke som jaarlijks bij de betaling van den pachtprijs mocht afgekort worden. De pachter
was verplicht ten behoeve van zijnen heer twee zwijnen « te
laten loopen, » waarvoor hij ieder jaar het benoodigde laken voor
eenen frok ontving. Indien de eigenaar eenig land, palende aan
zijn goed, kwam bij te koopen, moest de pachter dit mede ter

bebouwing aanvaarden, « ter ordinanchen van goeden lieden van den gheburen, » van weerskanten daartoe aan te stellen (1). Deze laatste bepaling zal dé aandacht van den lezer niet ontgaan : zij is van dien aard, dat zij beide partijen moest aangenaam wezen, moeilijkheden en langdurige betwistingen nagenoeg onmogelijk maakte, en de aangegane overeenkomst niet onderwierp aan vitters of aan hartelooze geldkloppers, gelijk men er soms omtrent de vierscharen ontmoet, maar aan welwillende buren en vrienden, die er alle belang bij hadden een rechtvaardig en minzaam oordeel te strijken, dewijl zij zelven, den volgenden dag, in een gelijk geval konden komen. Inderdaad, bepalingen als de hier bedoelde waren in de middeleeuwen niet zelden in pachtacten te vinden.

Eene andere voorname pachthoeve in deze gemeente was het *goed ter Berrent*, ons bekend van in de eerste jaren der XVᵉ eeuw. Eigenaars er van in 1412 waren de kinderen van Willem van Raveschoot en Margareta Borluut, wier voogd Lieven van den Hole deze hofstede, welke 33 bunder groot was, aan zekeren Jan Vinaerd, ten prijze van 7 pond 16 schellingen groote 'sjaars, in pacht gaf (2). Dienzelfden kinderen van Raveschoot behoorde ook toe het te Westrem gelegen *goed te Daloever*, 18 bunder, 1 dagwand 50 roeden groot, waarvan de jaarlijksche pachtsom 5 pond 14 schellingen groote bedroeg. In de huurvoorwaarde dezer beide pachthoeven komt onder andere voor, dat er geen stroo of mest van 't hof mocht worden weggevoerd, maar alles ter bebouwing der landen moest gebruikt worden — bepalingen welke overigens in de meeste middeleeuwsche pachtacten worden aangetroffen. Ten jare 1417 vinden wij het *goed te Daloever* in 't bezit van Hendrik van Hertvelde, van wien Everdij van Bussegem en dezes vrouw Margareta Corten het mits 4 pond

(1) Register der *Acten en Contracten*, van 1397-1398, bl. 36, in 't Stedelijk archief te Gent.

(2) *Acten en Contracten*, keure, van 1412-1413, bl. 20ᵛ. Stadsarchief te Gent.

14 schellingen groote 's jaars in huur ontvingen. Den zolder boven de poort (lezen wij in de acte) behield de eigenaar tot eigen gebruik, bewijs dat hij er van tijd tot tijd, gelijk toen nog al veel de gewoonte was, zijn verblijf hield (1). Eene halve eeuw later waren de hoven *ter Berrent* en *te Daloever* 't eigendom van Jacob van Raveschoot, weduwenaar van Joozijne Vilain, na wiens dood zij tot zijne dochter Margareta overgingen. Beide hoven zijn sedert lang te niet gegaan, doch de naam van het tweede wordt thans nog gegeven aan een gedeelte van den kouter, die zich van den Driesch naar Bavegem uitstrekt.

Het neerhof van 't oud heerlijk kasteel van Massemen, waarover wij verder eenige woorden te zeggen hebben, was mede eene belangrijke pachthoeve. Dirk van de Zijpe aanvaardde het in 1431, ten prijze van 30 pond groote 's jaars, in huur, en moest den toenmaligen heer en zijne vrouw elk jaar, gedurende twee dagen, op eenen met twee paarden bespannen wagen, vervoeren waar zij zijn wilden, voor welken dienst hij 20 grooten daags ontving. — Dit neerhof, thans nog bestaande, kwam onlangs in bezit van den hertog van Merode, bij erfenis van den prins Pieter van Arenberg.

Ook het *Hof te Voorde*, in den Oudenhoek te Westrem, was vanouds een aanzienlijk pachtgoed; het had eertijds eene grootte van 31 bunder 52 roeden, waarvan de pacht in 1445 de som van 8 pond 10 schellingen groote bedroeg. In 1764 had het nog eene uitgestrektheid van 25 bunder 200 roeden, zonder de dreven, en betaalde de pachter Jan Verstraeten er 41 pond 13 schellingen 4 grooten voor. Dit hof, oudtijds de zetel eener heerlijkheid, in 1693 toebehoorende aan den baron Simoen de Sueyro, is thans 't eigendom van den heer de Ghellinck de Walle, van Gent.

Voorts had men te Massemen-Westrem het *goed ter Walle*, ter grootte van 5 bunder en half, in 1403 aan Margareta van

---

(1) *Acten en Contracten*, keure, van 1417-1418, bl. 17ᵛ. Stadsarchief te Gent.

Munte, weduwe van ser Pieters, die het toen, mits 16 pond groote, verkocht aan Willem de Rijcke.

Het *goed te Bottele*, aan den Bosschendriesch, ten jare 1462 door Lodewijk van der Eeken, requestmeester van den vorst, verpacht aan Daneel de Wandere, voor 6 pond 10 schellingen groote 's jaars, boven zekere renten op het goed bezet. Genoemde eigenaar verkocht het goed in 1470 aan Adriaan Willems, leertouwer te Gent, voor 13 pond 10 schellingen groote erfelijke rent 's jaars. In het midden der XVII eeuw was het 't eigendom van eenen edelman, met name Karel-Albert Triest, die, gehuwd met zijne nicht Clara-Francisca Triest, hier gedurende verscheidene jaren woonde met vrouw en kinderen, waarvan er twee, Valeria-Francisca en Jan-Karel, in de kerk te Westrem over de doopvont werden gehouden.

Het *Goed te Bornage*, in den Kortenbosch te Massemen, ten jare 1538 't eigendom van Jan de St.-Genois, heer van la Deuse, en in de tweede helft der XVII eeuw aan de Gentsche familie Goethals. Ten eerstgemelden jare betaalde de pachter van dit goed, dat 50 bunder groot was, 13 pond 10 schellingen groote, boven welke hij verplicht was zijnen heer en dezes huislieden met wagen en paarden, eens in het jaar, te gaan afhalen en naar 't hof te voeren. In 1683 waren er maar zeven en een half bunder meer in den ploeg, en beliep de pachtsom tot 9 pond groote. De gebouwen dezer hofstede, laatst het eigendom van Constancia Massez, weduwe van den doctoor Herreman, te Wetteren, werden voor een vijftiental jaren afgebroken.

Het *goed van den Roodenhuise* of het *Roode huis*, groot onder zaailand, meersch en bosch, 27 bunder 3 dagwand 80 roeden, met een « steenen upperhuus » rondom in het water, in 1790 toebehoorende aan Geeraard Rijm en in 1598 aan Jacob Uutenhove.

Het *goed de Roopoorte*, omtrent het Zijp, in 1631 't eigendom van Frans-Philip Lanchals, heer van Exaarde.

Het *Moriaanshoofd*, met eene behuisde en bewalde « mote, » in de XVI en XVII eeuw aan de edele familie van der Varent.

Het *Hof te Steentje*, insgelijks rondom in zijne wallen, in de nabijheid der Heistraat, ter grootte van 2 bunder 2 dagwand 90 roeden, in 1666 op naam van Galand Jacquemijn.

Het *Hof te Leischoot*, ten laatstgemelden jare 't eigendom van Pieter Roels.

En ten slotte de hofstede *van Rostijne*, het *Hof ten Slusen*, het *Hof te Malbroek*, de *Varenthofstede* en het *Hof ten Delft*, omtrent welke ons geene verdere bijzonderheden bekend zijn.

Onder de hiervoren genoemde hofsteden waren er een twee- of drietal, in welker nabijheid een kasteel of « huis van plaisance » stond. Dat der familie Lanchals, waarover men te Massemen niet meer weet te spreken, lag in de tweede helft der XVIIe eeuw in puin, uitwijzens eene notariëele acte van 15 Mei 1675, aldaar beschreven als volgt : « Eene motte metten walle, daer oppe dat staen de mueren ende fondamenten van een gebroken ofte *geruyneert casteel*, gepresen mette materialen ende plantsoen, mitsgaders andere caltheylen daeroppe staende, 66 pond groote. »

Hoe 't hier met den landbouw in de verledene eeuw gesteld was, kan worden opgemaakt uit het feit dat verscheidene der hoogergemelde pachthoeven vervallen lagen. Nog een groot gedeelte der gemeente was, als vroeger gezegd is, beboscht, terwijl de wegen des winters schier onbruikbaar waren. De eenige steenweg, die het grondgebied doorsneed, namelijk deze van Gent naar Brussel, eerst in 1704, ten gevolge eens decreets van Philip V, van 2 April deszelfden jaars, aangevangen, was maar in 1708 voltrokken.

Ten jare 1830 telde men in deze gemeente 126 paarden en veulens, 357 hoorndieren, 120 kalvers, 510 varkens, 857 schapen en 7 geiten. In 1846, toen de eerste algemeene landbouw-opneming in ons land plaats had, had men er 150 paarden en veulens, 722 koppen hoornvee, 64 kalvers, 86 woldieren, 523 varkens, 109 geiten en 303 dieren voor de slachting bestemd.

Het getal landbouwgebruiken beliep tot 344, waaronder vier

van 30 tot 35 hectaren, twee van 25 tot 30, twee van 20 tot 25, vier van 15 tot 20, zes van 10 tot 15, vier van 9 tot 10, drie van 8 tot 9, een van 7 tot 8, elf van 6 tot 7, acht van 5 tot 6, en vijf van 4 tot 5 hectaren uitgestrektheid. Ondanks de landbouwcrisis zijn de landen hier, meer dan elders, nog betrekkelijk hoog in waarde, zoodat zij gemiddeld van 6 tot 8,000 franks de hectare verkocht worden.

Uit het verder volgende denombrement der heerlijkheid blijkt dat er hier oudtijds niet min dan drie watermolens bestonden. Een dezer, met name den *Molen ter Linden*, diende terzelfder tijd om graan te malen en olie te stampen.

Wat de bevolking betreft, deze was in de XVII° eeuw nog gering. Het dekenaal kerkbezoek van 1619 geeft slechts een getal van 200 communicanten op; in 1631 waren er 240, in 1655 aangegroeid tot 504, in 1660 tot 350, in 1727 tot 350, en in 1762 tot 480. Ten jare 1801 bedroeg de bevolking nog slechts 1,437 zielen, waaronder 128 ingeschrevene behoeftigen. Tegenwoordig zijn er ongeveer 2,100.

De kermis van Massemen valt op den tweeden zondag van September; die van Westrem den zondag vóor Sinksen.

II.

Heerlijkheid en Bestuur. — De heerlijkheid van Massemen, gelegen onder het graafschap van Aalst, doch vanouds verheffende van het leenhof van Dendermonde, behoorde in het midden der XII° eeuw aan de familie met den naam dezes dorps. *Diederik van Massemen*, de eerstbekende uit dit geslacht, komt als getuige van den graaf van Vlaanderen te voorschijn op het jaartal 1150, en was volgens Miræus getrouwd met zekere Mabilia, bij welke hij drie kinderen verwekte : Diederik, Geeraard en Beatrix. Deze laatste, na haren vader vrouw van

Massemen geworden, waarbij zij, uit gelijken hoofde, het heerlijk gezag over Laarne voerde, trad in den echt met Geeraard
van Zottegem, zoon van Gozewijn, heer van Ressegem. In 1220
weduwe zijnde, stichtte zij, met toestemming harer zonen en
dochters, een hospitaal te Massemen, waartoe zij negen gemeten
land en eene tiende schonk, daarbij, ten behoeve van den kapelaan, in dit huis den dienst verrichtende, zestien maten lands
voegende, bij Willemskerke gelegen. In 1221 kreeg de St.-Pieters-
abdij te Gent van haar bovendien 32 gemeten land in 't gemelde
Willemskerke, om met de opbrengst er van tot lafenis harer ziel
en dergene haars vaders een jaargetijde te stichten(1). Zij werd
opgevolgd door haren oudsten zoon Gijzelbrecht, heer van Ressegem, Massemen en Laarne, die in 1228 huwelijk aanging met
Machteld, dochter van Willem van Bethune, heer van Dendermonde. Uit dezen echt ontstonden vier kinderen : Geeraard, die
heer van Ressegem werd; Robrecht, heer van Leeuwergem en
Elene; Gijzelbrecht en Mathilde. Robrecht, wien ook de heerlijkheid van Massemen was ten deele gevallen, overleed kinderloos
in 1271, en benoemde zijnen broeder Gijzelbrecht tot zijnen
opvolger.

Na dezen, gehuwd met Margareta van Diksmude, vrouw
van Woumen, die nog leefde in 1246, kwam Massemen in
het bezit van Geeraard van Ressegem (genoemd in eene
oorkonde van het jaar 1319) en die volgens MIRÆUS den
7 Mei 1338 ten grave daalde, na getrouwd geweest te zijn met

---

(1) « Notum sit omnibus, quod ego Beatrix domina de Masseme, per
consensum filiorum et filiarum meorum, ad consulendum animae meae et cari
mariti mei, Gerardi de Sottenghien piae memoriae in Wastina mea jacenti,
prope Masseme, ad vagos hospitandos et pauperes reficiendos, novam
domum, scilicet hospitale, feci construi et edificari.

« Ad eandem vero Domum sustentandam novem jugera terrae de prae-
fata wastina, et duos manipulos liberae decimae allodii mei in Masseme in
perpetuum contuli. Ad opus autem capellani, in eadem domo celebrantis,
sexdecim mensuras terrae ad Willemskerke jacentis, quas Godefridus tenuit,
ribui. Ut hoc autem ratum permaneat praesens scriptum sigillo nostro et
igillis filiorum meorum feci communiri ».   (C. VAN GESTEL, II, 290.)

Elizabeth van Maldegem, vrouwe van Eeke en Ressegem, overleden den 10 Januari 1526(1). Men kent van dezen Geeraard, of
van zijnen zoon, ook Geeraard genaamd, eene acte van den
15 Januari 1333, waarbij hij afstand doet van alle rechten die
hem mochten toebehooren in den eigendom van vier bunder
land, ter plaatse geheeten *Strilant*, te Massemen, door zijne
grootmoeder in den tijd aan de abdij van Zwijveke geschonken
om er eenen kapelaan mede te onderhouden(2).

Genoemde Geeraard II, heer van Massemen, Laarne en een deel
van Wetteren, gehuwd met Margareta van Aksel, vrouw van
Zomergem, had voor zoon en opvolger Geeraard III, die de
echtgenoot werd van eene andere afstammelinge der van
Maldegems, met name Catharina, vrouw van Pulsegem. Uit dit
huwelijk sproot, onder andere eene dochter, met name Clara van
Massemen, die de echtgenoote werd van Zeger van Kortrijk, en
nadien van Philip van Erpe, deze laatste een der dappere ridders, welke in 1379 bij het beleg van Oudenaarde tegenwoordig
waren.

Na Geeraard III, nog in leven ten jare 1366, werd Massemen
geërfd door zijnen zoon Walraaf, heer van Berlegem enz., getrouwd met Margareta de Maerschalck, aldus genoemd omdat zij
de dochter was van den maarschalk van Vlaanderen, Robrecht
Tincke, uit dezes huwelijk met Beatrix, natuurlijke dochter van
Lodewijk van Male. Robrecht, die volgt, en Izabella sproten uit
dezen echt.

Robrecht van Massemen, heer van Massemen, Berlegem,
Hemelveerdegem, St.-Martens- en Ste-Maria-Lierde, Uitbergen,
Parike enz., trad in huwelijk met Izabella van Leeuwergem,

---

(1) Volgens de gravin DE LALAING (*Maldeghem la Loyale*, bl. 240) zou
Geeraard van Ressegem overleden zijn den 7 Mei 1526, en zijne echtgenoote den 19 Januari 1528. Daarentegen beweert A. DE VLAMINCK dat het
Geeraard II was, die den 7 Mei 1338 zou gestorven zijn. Het verder medegedeelde grafschrift, door ons overgenomen uit VAN GESTEL, schijnt het
tegendeel te bewijzen.

(2) *Cartulaire de l'abbaye de Zwijveke*, bl. 105.

dochter van Robrecht en van Joanna van Gistel, en was een der aanzienlijkste edellieden zijns tijds. Raadsheer en kamerlingvan Philip den Goede, werd hij door dezen vorst in 1420 ridder geslagen en in 1429 met het Gulden-Vlies omhangen. Hij sneuvelde vóór Bouvines, in een gevecht tegen de Luikenaars, ten jare 1430, en werd opgevolgd door zijne dochter Margareta, die ten jare 1429 in den echt was getreden met Andries de Jauce of de Jauche, heer van Mastaing enz., die in 1456 overleed en nevens zijne vrouw te Brugelette begraven werd. Zoo kwam Massemen, na gedurende meer dan drie eeuwen, van vader tot zoon, aan de oorspronkelijke heerenfamilie te hebben behoord, aan de Jauce's, die de heerlijkheid, op hunne beurt, tot in de tweede helft der XVI° eeuw in bezit hielden.

De tweede uit laatstgenoemd geslacht, die den titel van heer van Massemen erfde, was Jacob de Jauce, zoon van Andries, heer van Mastaing, Brugelette enz., eerst gehuwd met Philippa de Lannoy, dochter van Boudewijn, en daarna met Joanna de Barbançon. Hunne stoffelijke overblijfselen rusten insgelijks te Brugelette.

Vervolgens heeft men Frans de Jauce, baron van Eine, heer van Massemen enz., overleden den 22 Augustus 1529, en naast zijne vrouw, Izabella van den Eechoute, gezeid van Grimberge, gestorven ten jare 1544, in de kerk van Massemen ter aarde besteld. Hem volgde op zijne dochter Judoca de Jauce, gehuwd met Christoffel de Rochendorf, graaf van Gunderstorfen, heer van Condé enz., van wien zij eene dochter had, die jong ten grave daalde, waarna Massemen geërfd werd door Gabriël de Jauce, graaf van Lierde, baron van Eine en Poeke, zoon van Antoon de Jauce, in den echt getreden met Catharina de Lannoy, dochter van Philip, ridder van het Gulden-Vlies, en van Frans de Barbançon. De oudste der drie dochters uit dit huwelijk, met name Philippina de Jauce, vrouwe van Massemen, Westrem, Oordegem enz., schonk ten jare 1559 hare hand aan Maximiliaan Vilain van Gent, graaf van Izegem, heer van Ressegem, St.-Jans-Steen, Kalken, Wetteren enz., waardoor Massemen tot de Vilain's overging.

De hier genoemde Maximiliaan Vilain, uit een der oudste en beroemdste geslachten van Vlaanderen gesproten, werd te Gent geboren in 1530 en overleed te Doornik den 5 Juni 1583. Men leest van hem dat hij op het punt was het kloosterleven van den H. Franciscus te aanvaarden, toen zijn oudste broeder, Adolf, op het onverwachts overleed. Dit deed hem veranderen van besluit en in het huwelijk treden, waaruit verscheidene kinderen sproten, onder andere, Jacob-Philip, die hem als heer van Massemen en andere plaatsen opvolgde; Lamoraal en Philip, beiden jezuïet geworden; Maximiliaan, die op den bisschoppelijken stoel van Doornik verheven werd; Pauwel, als kannunik van Atrecht gestorven, en drie dochters, welke insgelijks verkozen zich den Heere toe te wijden. Verscheidene gewichtige bedieningen werden door hem uitgeoefend, als die van hoogbaljuw van Aalst, gouverneur van Rijsel, Dowaai en Orchies, bestuurder der finantiën en commissaris bij den Raad van Vlaanderen enz.

Jacob-Philip Vilain van Gent, Maximiliaan's oudste zoon, vervulde, onder andere, het eerste hofmeesterschap van Albert en Izabella, en ging huwelijk aan met Odila van Claerhout, dochter van Jacob, baron van Maldegem, bij welke hij verscheidene kinderen kreeg, waaronder Frans, die in 1647, na zijnen oom, den bisschoppelijken stoel van Doornik beklom. Hij huwde, na Odila's dood, eene afstammelinge van het huis van Grimbergen, Elizabeth de Borgia, en ontsliep in 1628, voor opvolger achterlatende Philip-Lamoraal Vilain van Gent, graaf van Izegem, heer van Massemen, Westrem, Wetteren, Kalken enz., tevens hoogbaljuw van den lande van Aalst, in 1611 getrouwd met Margareta van Merode, die hem uit hoofde van haren vader, Philip van Merode, het graafschap van Middelburg medebracht.

De oudste zoon uit het huwelijk van Philip-Lamoraal Vilain in 1676 zonder afstammelingen gestorven zijnde, kwamen Massemen en de andere heerlijke bezittingen aan dezes tweeden zoon, Balthazar-Philip Vilain van Gent, ridder van het Gulden-Vlies en algemeen bestuurder van Gelderland, die zijne bruid, Louisa-Hendrika de Sarmiënto de Soto Mayor, ging halen in

Spanje en den 27 Februari 1680 den laatsten adem uitblies. Het was in voordeel van dezen heer dat Massemen den 1 Augustus 1652 door Philip IV, koning van Spanje, tot een prinsdom werd verheven, waaraan Wetteren, Kalken, Oordegem, Westrem en Smetlede werden onderhoorig verklaard (1).

---

(1) « Philippe, par la grâce de Dieu ... A tous présens et à venir qui ces présentes verront ou liront, salut. Savoir faisons, comme aux Princes Souverains desquels tous États et degrez de noblesse, prééminences et seigneuries procèdent, convient et appartient d'élever et décorer d'honneur, titres et prérogatives ceux qui par continuels exercices de notables et vertueux faits et services ils connoissent l'avoir mérité et en être dignes et capables, afin de tant plus la mouvoir, induire et obliger à y persévérer de bien ou mieux et inciter et attirer d'autres, même leurs successeurs, à les imiter et ensuivre et esquillonner, non seulement pour atteindre à la bonne renommée et réputation d'iceux, mais aussi au plus haut degré et comble de vertu pour l'avancement du bien public. Et nous, ayant été fait rapport des bons fidels et signalés services que nous a rendu notre très-cher et féal cousin Mre *Philippe-Balthazar de Gand*, comte d'Isenghien, baron de Rassenghien et de Rasbecque, s^r de Masmines, Lemme, Capinghien, Ennetières, Englos et Sequedin ; collateur ordinaire des bénéfices et offices d'Assenede et Assenede Mestier, chevalier de notre Ordre de la Toison d'Or, gentilhomme de notre Chambre ; maître de notre hôtel, chef d'une compagnie d'hommes d'armes, lieutenant-gouverneur et capitaine-général de notre pays et duché de Gueldres, et qu'il auroit dès sa jeunesse porté les armes et s'est trouvé en plusieurs sièges de villes, batailles, rencontres et autres exploits militaires, tant en guerres d'Allemagne que de nos Pays-Bas, et dernièrement par l'espace de plus de dix ans en celles de Catalogne en nos royaumes d'Espagne, et que la famille, dont il est issu, seroit des anciens comtes et chastelains de Gand, branche et même il allegue de la très-illustre maison de Saxe, en descendant par le comte Billing de Saxe, de qui le fils ainé auroit été Wicman, comte du château de Gand, basti par l'empereur Othon, premier de ce nom, et le second fils Herman Billing, duc de Saxe, tige de la Maison Ducale et Electorale de Saxe, et que lesd. comtes et chastelains de Gand auroient tenu le premier rang en notre pays et comté de Flandres, y possédé plusieurs éminens titres des princes d'Alost, seigneurs de Tenremonde, barons de Folquingham, comte d'Incasne, de Guines, de Soissons et de Belfou, grands seigneurs de Coucy, et fait alliances à des maisons souveraines, si comme le susdit *Wicman*, premier de ce nom, comte de Gand, qui auroit épousé *Hilgarde*, fille ainée d'Arnould le Grand, comte de Flandre ; *Théodoric* de Gand, son fils ; *Hildegarde*, fille de Théodoric, premier de ce nom, comte de Hollande ; *Arnould* de Gand, fils d'icelui Théodoric, comte de Hollande, en l'an neuf cent nonante-huit ; *Lietgarde*, fille de l'empereur de Constantinople, desquels seroient descendus les comtes de Hollande jusques à Adelheyde, femme de

Jan-Alfons Vilain van Gent, oudste zoon en opvolger van genoemden Balthazar-Philip, geboren te Brussel den 13 Juli 1658,

---

Jean d'Avesnes, comte de Hainaut; *Folcart*, chastelain de Gand, qui auroit
épousé Gandrade, fille de Lambert, comte de Louvain; *Lambert*, second de
ce nom, fils du Folcard, aussi chatelain de Gand; *Gisle*, sœur d'Ogine de
et Luxembourg, comtesse de Flandres; *Hughes*, aussi chastelain de Gand, con-
nétable héréditaire de Flandres en l'an quinze cent vingt-huit; *Ode de Champagne*, descendue en ligne masculine de la Maison des comtes de Champagne
et de Brie, depuis roi de Navarre, appartenante d'ailleurs de très-proche
parenté à l'empereur d'Allemagne, au duc de Bourgogne et plusieurs autres
princes; que Raule de Gand, dit d'Alost, auroit pareillement été allié par
mariage à Gisle, fille d'Arnould le Jeune, comte de Flandres, et Isvain de Gand,
sᵗ d'Alost et de Waes, à Laurense, fille de Thiery d'Alsace, aussi *comte* de
Flandres, et Thiery prince et comte d'Alost, et Laurette de Hainnau, fille
du comte Baudouin, et d'Alix, héritière du Pays et Comté de Namur, tante
de l'empereur de Constantinople et d'Isabeau de Hainnau, première femme
du roi de France Philippe Auguste, toutes lesquelles alliances et autres
faites sous le nom des comtes de Guines et sire de Coucy, avec les maisons
souveraines d'Autrice, Escosse, Angleterre, Lorraine, Bourgogne et Bar,
seroient vérifiées par les histoires de Flandres, Hainnau, Hollande et autres
historiographes, chartres et documents, et que ceux de la même famille dud.
Mᵉ *Philippe Balthazar de Gand*, comte d'Isenghien, pour leurs bons et fidels
services auroient été élévés par nos prédécesseurs à divers titres et grades
d'honneur, si comme de comte, gouverneur général de province, chef des
Finances, vice-admiral de la mer, capitaine des bandes d'ordonnances,
conseiller d'estat et autres, signament Mʳᵉ Adrien de Gand, dit Vilain,
baron de Rassenghien, trisayeul dud. Mᵉ Philippe Balthazar de Gand,
comte d'Isenghien, qui, pendant les dissensions civiles en notre pays et comté
de Flandres du temps du Sʳ de Ravestein, étant en charge principale, auroit
été tué pour le service de son prince; Mʳ Adrien de Gand, son trisayeul, aussi
baron de Rassenghien, vice-amiral de l'empereur Charles cinquième, sous
Adolphe de Bourgogne, Sʳ de Bevere; Mʳᵉ Maximilien de Gand, comte d'Isenghien, son ayeul, qui auroit servi 36 ans continuels tant audit empereur
Charles cinquième qu'à la reine douairière de Hongrie et de Boëme, lors
regente de nosd. Pays-Bas, et depuis au roy Philippe second, notre très-
honoré Sʳ et grand-père, par lequel il auroit été employé à la charge de
grandbailly d'Alost, de premier commissaire au renouvellement des loix
aud. pays et comté de Flandres, de gouverneur de Lille, Douay et Orchies, de
conseiller d'estat, de chef de Finances et au maniement des affaires les plus
importantes à notre service aud. Pays-Bas, y ayant toujours maintenu le
party de la religion romaine, et le notre, durant les troubles des Pays-Bas;
Mʳᵃ Jacques de Gand, comte d'Isenghien, son grand-père, qui auroit rendu
plusieurs signalés services en qualité de conseiller d'estat et de premier
Mʳᵉ de l'hôtel de feu notre bon oncle l'archiduc Albert, et de chef d'une

overleed te Parijs den 6 Juli 1687. Hij was in 1677 gehuwd
met Maria-Theresia de Cremant d'Humières, oudste dochter des

---

bande d'ordonnance. Mre Philippe-Lamoral de Gand, comte d'Isenghien, son
père, qui avait été haut et souverain bailli en nos villes d'Alost et Gramont,
gentilhomme de la chambre de mesd. bons oncles, gouverneur de Lille,
Douay et Orchies, capitaine de cavalerie, chef d'une bande d'ordonnances et
mestre de camp d'un corps de trois mille deux cent hommes pour notre service; pour ce est-il que nous, les choses susd. considérées et ayant favorable
égard à l'ancienne extraction, beauté, valeur, fidélité et autres bonnes
qualités qui concurrent en la personne dud. Mre Philippe Balthazar de Gand,
ensemble aux services, voulant à cette cause l'élever, accroître et décorer de
plus grands honneurs, droits, prérogatives et prééminences, avons icelui
Philippe-Balthazar de Gand, de notre certaine science, grâce, libéralité,
pleine puissance et autorité souveraine, *fait et créé, faisons et créons prince,*
par ces présentes, et sa dite terre et seigneurie de Masmines, consistante en
haute, moyenne et basse justice, tenue en fief de nous, à cause de notre cour
et maison de Tenremonde, érigé et *érigeons en dignité, titre et prééminence*
de principauté avec ces appendances et dépendances aud. Mre Philippe-
Balthazar de Gand, y annexant et unissant, comme nous avons annexé et mis
à sa requisition, les terres, baillages, paroisses et seigneuries de Calkene,
Wettere, Nieuwegavere et Lichtervelde, tenus de notred. cour de Tenremonde, et les terres et seigneuries d'Oordeaghem, Westrem et Smetlede,
tenus de notre Perron d'Alost, avec leur appartenances et dépendances, le
tout situé en notre pays en comté de Flandres, outre ce que lui ou ses successeurs y pourroient encore ajouter, unir et incorporer à l'avenir en augmentation et pour plus grand lustre d'icelle principauté, ce que leur permettons
de pouvoir faire par ces présentes, pour par led. Mre Philippe Balthazar de
Gand, ses hoirs et successeurs en ligne directe, mâles et femelles, nés et à
naitre en léal mariage, tenir d'oresnavant héréditablement et à toujours led.
titre de prince de nous, nos hoirs et successeurs, comtes et comtesses de
Flandres, et au surplus en jouir et le posséder en tous droits, honneurs, digni-
tés, autorités, prérogatives et prééminences, tout ainsi et à la même forme et
manière que tels et semblables princes ont accoutumé de tenir et jouir de telles
principautés et titres d'honneur partout nos pays, terres et seigneuries, le
tout sous les charges et conditions ci-après déclarées : à scavoir que led. M^{re}
Philippe-Balthazar de Gand sesd. hoirs et successeurs princes et princesses
des Masmines, seront tenus de faire le serment de fidélité et léauté à cause
d'icelle principauté ès mains de nous, nos hoirs et successeurs, ou de nos
lieutenant-gouverneurs et capitaines-généraux de nosd. Pays-Bas, lesquels
en notre absence et celle de nosd. hoirs et successeurs d'iceux Pays, avons
à ce commis et autorisés, commettons et autorisons par cesd. présentes, et par
led. serment jurer et promestre de tenir lesd. titres de Prince de Nous et de
nos successeurs, en la manière que dessus. Item que lesd. terres et seigneuries annexées et unies ne s'en pourront ôter, ni au temps avenir, séparer,

hertogs van Humières, maarschalk van Frankrijk, en van Louisa-
Antonette-Theresia de la Châtre de Nancy. Ten jare 1700, na
de meerderjarigwording van haren oudsten zoon Lodewijk, ging
de weduwe van den prins van Massemen met den eerstgenoemde een verdrag aan, waarbij haar al de goederen van
't huis van Izegem, gelegen in de Spaansche Nederlanden en
bondgewesten, werd toegekend. Tot hoe verre deze overeenkomst het prinsdom van Massemen betrof, is ons niet bekend;
althans lezen wij in eene aanteekening van den pastoor van
Westrem dat Lodewijk Vilain hier den 12 November 1716 als
heer een bezoek aflegde, bij welke gelegenheid hij door
de geestelijke en wereldlijke overheden met zekere plechtigheid onthaald werd. Zijne moeder moet omtrent 1721 overleden
zijn.

Lodewijk Vilain van Gent, de wettelijke prins van Massemen,
zag het eerste levenslicht te Rijsel den 16 Juli 1678. Hij werd
maarschalk van Frankrijk en gouverneur van Artesië, was ten
jare 1703 tegenwoordig in den veldslag van Hochstett, in 1754-55
bevelvoerder over de Fransche legers in Duitschland, en overleed kinderloos in 1767, in 89 jarigen ouderdom. Hij was
driemaal gehuwd : eerst, in 1700, met Anna-Maria-Louisa van
Fürstenberg, die den 16 Februari 1706 ontsliep; ten tweeden
male, in 1713, met de markgravin Maria-Theresia-Charlotte Pot
de Rhodes, den 8 Januari 1715 in twintigjarigen ouderdom
overleden, en ten derden male, in 1720, met Margareta-Camilla
Grimaldi, dochter van Antoon, prins van Monaco en van Maria
van Lotharingen.

---

démembrer ou éclisser par led. prince de Masmines ni ses successeurs, par
succession, testament ou autre contrat, et que cette notre présente grâce,
création et érection en principauté ne tournera ores ni au temps avenir à
notre préjudice, ni de nos droits, hauteur, seigneurie, jurisdiction, ressort, souveraineté et prééminence. Si ordonnons etc... Donné en notre ville
de Madrid, royaume de Castille, le 1ᵉ jour d'août l'an de grâce seize cent
cinquante deux. »   (*Rijksarchief te Brussel*).

Sommige genealogisten, waaronder LAMBIN (1), noemen nu als opvolger van den graaf van Middelburg en derhalve van den prins van Massemen, dezes broeder Alexander, getrouwd geweest met Elizabeth-Paulina de Roye de la Rochefoucauld. Deze opgave is echter onjuist, dewijl Alexander Vilain vóór zijnen broeder, den 2 Januari 1759, het tijdelijke met het eeuwige verwisselde. De rechtstreeksche erfgename van Lodewijk Vilain was zijne nicht Elizabeth-Paulina Vilain van Gent, geboren den 21 October 1737, echtgenoote van Lodewijk-Leo-Felicitas van Brancas, hertog van Lauraguais, geboren in de provincie Languedoc den 7 Juli 1733. Zij werd om hare verkleefdheid aan het huis der Bourbons den 6 Februari 1794 door de Fransche republikeinen op 't schavot onthoofd (2), twee dochters achterlatende, Louisa en Antonette, waarvan de oudste hare moeder in 't bezit der goederen te Massemen opvolgde.

Genoemde Louisa van Brancas, de laatste prinses van Massemen, overleed te Parijs den 10 Augustus 1812, in huwelijk geweest zijnde met den hertog Lodewijk-Engelbert van Arenberg, geboren te Brussel den 3 Augustus 1750, hoogbaljuw van Henegouw en ridder van het Gulden-Vlies, in zijne geboortestad overleden ten jare 1820. Zoo is het gekomen dat de oudheerlijke bezittingen tot het huis van Arenberg zijn overgegaan en dat dè naam dezer edele en machtige familie thans nog te Massemen eerbiedig herdacht wordt.

Wij mogen deze lijst der heeren en vrouwen van Massemen niet sluiten zonder van de verder ons bekende leden der

---

(1) *Esquisses historiques et biographiques des châtelains et vicomtes d'Ypres*, 1838, bl. 33.

(2) Ziehier hoe de onthoofding dezer prinses in de lijst, ten jare 1794 te Parijs uitgegeven, vermeld staat :

N⟶ 561 (Getal der onthoofden sedert 26 Augustus 1792). « Elisabeth-Pauline van Gent, oud 56 jaren, vrouwe die met lijf en goed gescheiden is van Lauraguois, voordezen graaf, haren man, geboren en wonende te Parijs, en sedert 4 jaren te Vigny en te Arras, overtuigd van samenzwering, is ter dood veroordeeld en onthoofd den 18 Pluviose (6 Februari).

(K. VERSCHELDE, *Geschiedenis van Middelburg*, 138).

oorspronkelijke heerenfamilie eenige bijzonderheden mede te deelen.

Terecht schreef L'ESPINOY dat die van het oud doorluchtig geslacht van Massemen tot de aanzienlijksten dezer landstreek behoorden; ook waren zij met meest allen, die edel en groot waren in Vlaanderen, vermaagschapt, en worden hunne namen in de jaarboeken met eer aangetroffen.

Een ridder van Massemen streed onder de banier des graven van Vlaanderen in den roemrijken Gulden-Sporenslag.

Geeraard van Massemen ondersteunde Lodewijk van Nevers in den oproep, dien deze in 1315 tot den paus en den Roomschen keizer stuurde om tegen de willekeurige handelwijze van den koning van Frankrijk verzet aan te teekenen.

In de acte van overeenkomst, tusschen genoemden Lodewijk van Nevers en Willem van Henegouw te Parijs in 1322 gesloten, zien wij onder de voornaamste edelen, die dit stuk bezegelden, een lid der familie van Massemen.

Het vermaard verbond tusschen Brabant en Vlaanderen, door bemiddeling van Jacob van Artevelde te Gent aangegaan den 3 December 1339, werd mede bezegeld door *Geeraard van Massemen*, terwijl *Jan van Massemen* eveneens als voorstander des grooten mans bekend staat.

Philip van Massemen, een der afgevaardigden van den graaf van Vlaanderen om in 1371 met den koning van Engeland over den vrede te onderhandelen, teekende de overeenkomst, welke door bemiddeling van Lodewijk van Male tusschen Gent en Kortrijk in de eerstgenoemde stad den 15 April 1372 gesloten werd, en was een der dappere ridders, die den graaf in een gevecht tegen de Witte-Kaproenen te Dendermonde moedig bijsprongen.

Onder de edelen, die in de maand November 1374 te Oudenaarde zich door hunnen uitstekenden moed tegen de Witte Kaproenen nogmaals onderscheidden, bevond zich *Gijzelbrecht van Massemen*, van wien wij bovendien lezen dat hij bij de sluiting van den vrede tusschen de Gentenaren en den graaf

van Vlaanderen, den 18 December 1385, insgelijks tegenwoordig was.

In het *Memorieboek* der stad Gent vinden wij op het jaartal
1420 : « *Robrecht*, heer van Massemen, ghevanghen in 't innemen
« van de stede van Muelijn, in Vranckrijck, die hertoghe Philips
« innam, doende eenen tocht in Vranckrick ». Gemelde
Robrecht, wegens dit feit ridder geslagen, ontving in 1429 een
der eersten de teekens der orde van het Gulden-Vlies en sneuvelde te Bouvines in 1430.

Philip van Massemen, gouverneur van Dendermonde, overleden in 1414, was heer van Zomergem, uit hoofde zijner vrouw
Beatrix van Blaesvelt, die eene natuurlijke dochter des graven
van Vlaanderen was. Wij vermelden hem hier in het bijzonder
ten einde gelegenheid te hebben een uittreksel van zijn testament mede te deelen, waarbij hij in zijne gezegde heerlijkheid
van Zomergem een hospitaal stichtte, dat sedert lang te niet is
en waar zelfs geene de minste herinnering ter plaats meer van
bestaat(1).

---

(1) « ... Voert so ghevic in puerer aelmoessen omme Gods wille over mine
zielle, min deel van der stede te Somerghem, die je nu besittende ben, metter
stede daer jeghen over, metter erven, die beeden den steden toebehoren,
groet siinde V ghemete, lettel min of meer, daer af dat je mi alsnu onthuut
ende ontherft hebbe; metgaders minen deelle van alsulken huusinghen, juwe-
len, inhaven ende cateylen alsmen up de vors. steden ende der jnne bevinden sal up den tiit, als je van dese weerelt versceden sal, ute ghedaen ghoud,
perlen ofte ghesteente, *teenen hospitale ende godshuusse*, omme alle aerme
liede, achter den wech gaende, herberghe, ruste ende ghemact te hebbene.
Ende omme dat tvoors. hospitael ende godshuus ghesustineert ende ghehouden sal siin wel ende lovelic teeuweliken daghen, ter aermer bouf alsoe vors.
es, so hebbic ghegheven ende gheve den vors. hospitale in vuermen
van testamente ende uterste wille, jn puerer aelmoesen ende omme
Godswille, over mine zielle, mine voerderen zielle ende andere ziellen, daer
je ye goed doen af hadde, d'God bedinghe over begheert, alsulke ervachtichede als je ligghende hebbe jnt lant van Waes, gheldende jaerliex in
pachte tusschen den VIII ende den IX lib. gr., lettel min of meer. Ende
omme de bewaernesse vanden vors. hospitale ende de zieke ende aerme,
diere commen zullen, te visenterne ende te antierne, so es miin wille ende
begherte datmen ordineren ende stellen sal II persone van goeden regimente
ende levene, die tvors. hospitael regeren ende besitten sullen jnder

Voorts treffen wij eenen *Giselinus* en eenen *Adam de Masmine* aan in eene charter der abdij van Doornsele, van 't jaar 1230; eenen *Jan van Masmine*, als lid van 't St.-Jacobsgilde in de St.-Jacobskerk te Gent, in 1290; *Jacob van Massemen*, als derden schepene van den gedeele te Gent, in 1328; *Izabella de Masmines*, abdis in het klooster te Vurst; *Izabella* of *Elizabeth van Massemen*, vrouw van Laarne, gehuwd met Boudewijn de Vos; *Jan van Massemen* en zijne opvolgers, heeren van Uitbergen en Overmere, tevens ook voogden van Wichelen en Serskamp; *Geertrui van Massemen*, vrouw van Jan van den Houke, heer van Gentbrugge; *Galand van Massemen*, baljuw van Dendermonde, in 1468; *Karel van Massemen*, baljuw van Gent in 1487, enz.

De familie van Massemen had te Gent aanzienlijke verblijfplaatsen, onder andere eene rechtover de St.-Janskrocht of onderkerk van St.-Baafs, het *Massemine-steen* geheeten, naar welken naam men eenen *Gijzelbrecht van Massemine-steene* ontmoet, in 1367 scheidsrechter in een geschil tusschen de beide steden en 't Land van Aalst, ter eener zijde, en Robrecht van Namen, heer van Ronse, met Nederbrakel en Sarlardinge, van den anderen kant.

Een ander *Massemine-steen* stond in de nabijheid des Kalanderbergs. Men noemde het ook 't *hof van Mastaing*, nadat de heerlijkheid van Machelen in bezit was gekomen van de familie de Mastaing[1].

Volgens MARK VAN VAERNEWIJCK droegen de heeren van Mas-

---

manieren dat voren verclaert es, ende dat elc van hem beeden jaerlicx hebben sal over sine pine ende moeyte II lib. gr. Ende waert alsoe dat de vors. II persone ofte enich van hem beeden jnt regiment vanden vors. hospitale hem meshuuserden ofte mesdroughen, ende niet en daden also zij sculdich waren van doene, datmen de ghene, ofte den ghenen, die ghebrekelic ware, uut doen soude ende anderen der jnne stellen ter ordre van den prochipapen, keremeesters, helichgheestsmeesters ende ghemeenen van der vors. prochien van Somerghem.... »

(*Werzenboek*, 1414-1415, 68,v. — Stadsarchief te Gent.)

(1) Zie *Gent van den oudsten tijd tot heden*, door FR. DE POTTER, V, 101-102.

semen oudtijds den titel van *Leeuw van Vlaanderen*, denkelijk door hunne vermaagschapping met het vorstelijk huis van Bethune, hetwelk dien titel schijnt te hebben gevoerd.

Hun wapen was, volgens het *Nobiliaire des Pays-Bas* en *le Jardin d'Armoiries* (Gent, 1567), *d'azur au lion d'or*. Men vindt evenwel dat Gijzelbrecht van Zottegem, heer van Ressegem, Massemen en Leeuwergem, in 1223 en 1230 een beblokt schild met den klimmenden leeuw voerde, zijnde het wapen der heerlijkheid van Leeuwergem, terwijl Robrecht van Massemen *d'azur au lion d'or, lampassé et armoyé d'argent*, voor kenteeken had, en de heer van Massemen, verwant met de familie van Maldegem, *d'azur au lion d'or, lampassé de gueules*, voerde. Daarentegen was het wapen van Karel van Massemen, baljuw van Gent in 1487, *d'azur au lion d'or, brisé d'une fleur de lys sur la poitrine*.

Het wapen der familie Vilain van Gent was *de sable au chef d'argent*.

Een heerlijk slot, de aloude verblijfplaats der heeren van Massemen, verhief zich vroeger in de nabijheid der kerk, midden in de vlakte, die zich langs de Holenmeerschbeek naar den grooten steenweg uitstrekt. Het was van breede en diepe grachten omringd en met hechte torens voorzien, die 't in de middeleeuwen schier ongenaakbaar maakten. Dit merkwaardig slot, zegt VAN GESTEL, waarvan de puinhoopen te zijnen tijde nog zichtbaar waren, werd tijdens de oorlogen ten gronde vernietigd[1].

De heerlijke rechten van het prinsdom van Massemen zijn in het hieronder staande denombrement uitgedrukt[2]. Uit dit stuk

---

[1] Den 28 October 1861, ter gelegenheid der bouwing van de nieuwe gemeenteschool, ontdekte men ten westen der dorpsplaats de grondvesten der groote brug onder de buitenpoort, die op het voorhof des kasteels ingang gaf.

[2] « Rapport ende denombrement van een leen, wesende de aerde en prins-domme van Massemen, met alle syne appendentien ende dependentien, het

blijkt dat den heere de drie justitiegraden toebehoorden, en dat
er hier, zooals in de andere dorpen en heerlijkheden, eene

---

welcke mits desen stelt ende overgeeft den onderschreven dh^r Philips Francis
van Melckebeke, bailliu ende ontfanger van de prochien en heerelyckheden
van Massemen, Westerhem, Borsbeke en Resseghem, uyt crachte van volle
macht en procuratie aen hem verleent door hooghe en mogende vrouwe
Elisabeth Pauline de Gand de Mérodes de Memorency, geborene princesse
van Masmines, gescheyde gemaline van hooghen en mogenden heer Louis
Leon Félicité de Brancas, grave van Lauraguais, heere van Manicamp enz.
gepasseert voor de raeden en konynclycke notarissen de Salier en Duca-
rere, binnen Parys, den 2^{en} April 1768, ter greffie van haere keyserlycke
en konincklyke apostolycke majesteits huyse en princelycken leenhove
van Dendermonde berustende ende geregistreert, aldaer overgebrocht door
den onderschreven op den 7^{en} Mey 1768, de leenen releverende van
den voornoemden huyse en princelycken leenhove en toebehoorende aen de
welgemelde syne hooghe vrauwe principaele, voor d'heeren luytenant hoog-
bailliu, mannen van leene, mitsgaders greffier van den voorschreven boven
verheven hebbende, tot welcke gerefereert wordt, bekent ende lydt dat de
voorschreve princesse haudende is in volle leen, grootte en vermogen de
voorschreven aerde, heerschepe ende prinsdomme van Massemen met alle
syne hoedaenigheden en toebehoorten, gelegen binnen den lande van Aelst,
releverende van haere keyserlycke, konincklyke en apostolycke majesteyt
douarière, als vrauwe van Dendermonde, in haeren huyse en princelycken
leenhove aldaer, aen syne vrouwe hooge principaele competeerende als hoir
principael en feodael van wylent syne hoogheydt Louis de Gand de Mérodes
de Memorency, prince van Jseghem en Massemen, grave van Middelburgh,
van Oignies, van het h. ryck, van Mérode, van Vianden, burggrave der stede
ende casselrye van Ypres, van Wabagnies en Lederghem, baron van Ressegem en Borsbeke, van Croisilles, van Claion en Frenson Wastines, etc. heere
van Wetteren etc., in syn leven marechal van Vranckryck, chevalier des ordres
van den koninck, luytenant generael der provincie van Artois, gouverneur
der stad en citadelle van Arras etc., en aen tselve leen te competeeren
soo volght :

« Eerst : alle de justicie, hooge, middele ende nedere, boeten van tsestig
ponden parasys ende daer onder ; tol, vondt, bastaerde, verbeurde en stragiers
goedt ; recht van incommelingen, van degone die vremde syn van overzee,
ende die hunne goedingen by feyten ofte delicten verbeuren by recht van
confiscatie, hoe verre dat die gelegen en bevonden syn binnen haeren voorseyden heerschepe, ende die te hebben ende gebruycken gelyck haere
voorauders van oudts tyden gedaen hebben.

« Ten tweeden behoort ten haeren voorseyden leene ende heerschepe in
erfachtighe goederen metten hove, boomgaerde, meerschen, weeden, winnende landen, bosschen, vyvers en grachten, groot wesende tsaemen tusschen de een en twee en twegentigh bunderen of daeromtrent.

« Ten derden behoort ten selven haeren leene en goede seker incommende

vierschaar bestond, welke door eenen baljuw, eenen meier en eene volle schepenenbank bediend werd. Het foncier

---

heerelycke en erffelycke rente, draegende in tgeheele omtrent twintigh ponden, acht schelen en twee penn. parisis, sesthien capoenen en eenen halven, hondert twee en veertig binnen en dry meukens cooren tsjaers, de welcke haer schuldigh syn diveersche persoonen, die haere opzetene of afsetene laten syn, ter causen van haerlieden gronden van erfve, daer de voornoemde vrauwe, princesse van Massemen, haere rente op heeft; ende even verre dat hare opsetene laeten sterven, danof soo behoort haer toe van elck te hebben het beste hooft ende van haerlieder erfven voor den sterfcoop van elcken bundere acht schelen parisis, gift ende kennisse, haeren bailliu van elcke haut ses penn. parasys, ende schepenen seven penningen parasys; ende als eenige van haere laeten haerlieder erfve vercoopen, danof soo behoort haer toe den thienden penninck van dat sy geldt.

« Ten vierden behooren ten haeren voorseyden leene en heerschepe omtrent seven en tseventigh mannen, die haerlieden leenen van haer haudende syn, onder kleyne en groote; ende soo wanneer dat eenige van haere mannen sterft, ofte syn leen verwandelt, soo behoort de geseyde edele en hooge vrauwe danof te hebben sterfcoop, wandelcoop, relieve en camerlinck geld naer de groote van den leene ende naer dat geeostumeert is geweest; ende int vercoopen van dien soo heeft sy, naer costûme, den thienden penninck, relieven en camerlinck geldt als boven.

« Ten vijfden soo behoort thaeren voorseyden leene en heerschepe dry watermolens, die inde voorlede divisien verbrant syn geweest, zoodat er al noch maer twee en staen, danof dat d'eene is eenen coorenmolen en d'ander eenen slaghmolen, ten welcken voorseyde meulen haere ondersaeten van haeren voorseyde heerschepe van oudts tyden geplogen is te doen malen ende doen slaen ende noch dagelyckx doen.

« Ten sesden soo behoort ten haeren voorseyden heerschepe ende leene eenen bailliu ende meyer, ende volle hof van mannen ende een banck van seven schepenen, welcken bailliu vermagh te stellen t'elcken alst hem belieft en alst hy van doene heeft, eenen stedehauder, welcke haeren bailliu ofte synen stedehauder ofte meyer vermogen te vangen, te callengieren ende te arresteren alle mannen van lieden en goeden op haeren voorseyden heerschepe, daer henlieden dunkt dat haer recht aen cleeft ofte jemands anders recht, als sy versocht syn, beéde van criminele en civile saecken, ende danof van alle sacken, hoedanig dat sy syn, recht doende met haer mannen en schepenen, naer costume van haeren voorseyden heerschepe, telcken ende alsoo dikwils alst soo gevalt ofte van noode sy te doen ende versocht sy in alle tyden ende wylen, alsoot behoort.

« Ten sevensten soo vermogen haere dienaers te houden opdat hemlieden belieft, dry deurgaende waerheden tsjaers, ende dat telcken seventien weken eene, die ter kennisse van haere mannen en schepenen van haeren voorseyden heerschepe te doen gebiedene ende besetten ten alsulcken daege als

der heerlijkheid was ongeveer twee en negentig bunder groot.

Wat Westrem betreft, deze parochie vormde oudtijds eene afzonderlijke heerlijkheid, afhangende van het grafelijk leenhof

---

men daer toe stelt, ende daertoe alsulckx gevraeght te doen als costumierlijk is; ten welken waerheden de opsetenen van haeren voorseyden heerschepe van mannen, audt synde vyftien jaeren en daer boven, gehauden syn te commen ten alsulcken daeghe, als men die gebiedt te besettene; ende wie daer in gebreke is, verbeurt telcken twee schelen parasys, en nochtans is hy gehauden ten voorseyden waerheden te commen als hy vermaent is, ende dat op de voorseyde verbeurte, telcken ende soo dikmaels als sy in gebreke waeren.

« Ten achtsten soo vermogen des gemeldes princesses dienaers, telcken als hemlieden belieft ende van noode dunckt, op haeren voorseyden heerschepe te houden speciale waerheden, die men heet daghwaerheden, ende dat van twiste ende andere mesdaden ofte verbeurten, beede van criminele en civile saeken, tsy particuliere ofte andere gevallende ende behauwene op haer gemelde heerschepe berecht ende bewettigt te syn, ende dat met haere voorseyde mannen en schepenen, danof haere voorseide mannen opheusschen hebben de kennisse ende berecht van crime, naer de qualiteyt van de saeke, en vermogen te bannen van vyftig jaeren, van thien jaeren ende daer ondere uyt haer voorseyde heerschepe, sonder meer; ende haere voorseyde schepenen hebben tberecht van civiele en wysen boeten van t'sestigh ponden, twaelf ponden, thien ponden parasys en daer onder; ende sulcke persoonen als haer voorseyde dienaers ofte partyen daer op begeren gehoort thebben, op haeren voorseyden heerscepe woonende, die syn gehouden t'oircondtschap te gaen voor haere voorseyde mannen ende schepenen, gelyk dat costumierlyk is, op sulcke boeten en verbeurten als daer op geordonneert staet; en even verre dat die raecken particuliere, syn daeraf hebbende d'oirconden sulcke costen, als de voorseyde mannen en schepenen redelyck dunckt. Ende waertdat haere voorseyde mannen en schepenen eenige saeken hadden te bewettigen, dies sy niet vroed en waeren, die vermogen haere voors. mannen dragen aen mannen van Dendermonde als tharen wettelycken hoofde, ende haere schepenen useren van dies sy niet vroed en syn te wysene, te dragen aen schepenen van Aelst als haeren wettelycken hoofde, in costumen onderhauden.

« Ten negensten soo vermogen haere voorseide dienaers op haeren voorseiden heerschepe, mitsgaeders schepenen van dies, te maeken keuren en ordonnantien op de gone, die bier en brood verkoopen, en dat te sleurene, op en af te settene telcken alst hemlieden oirboorlyck dunckt, naer den incoop van coorne ende graene, ende dat op seker boeten te verbeuren, die ter contrarie dede, telcken alst hem geschiede.

« Ten thienden soo behoort thaeren voorseyden heerschape vrye warande, vogelrye, jagherye, schutterye en visscherye in de beken, als soo verre als haere voorseyde heerschepe streckt.

ten Steene, te Aalst, doch reeds aan het geslacht van Massemen toebehoorende in de eerste helft der XVe ceuw, sedert welk tijdstip zij met Massemen onder dezelfde heeren vereenigd bleef. In 1483 had Westrem evenwel nog zijn eigen bestuur, samengesteld uit eenen baljuw en zeven schepenen, doch in de volgende eeuw was dit niet zóo meer, getuige de volgende aanteekening in 't *Boek met den haire* der stad Aalst : « Massemine Westrem. Es éen vierscare, den bailliu « of zinen stedehouder, meyere, mannen ende scepenen. Zij « hoofden tAelst. » Ook het landboek van 1666, in 't gemeentehuis bewaard, geeft te kennen dat Massemen en Westrem destijds bestuurlijk vereenigd waren. Tot driemaal toe werden er in den loop dezer eeuw door de inwoners van Westrem, dat een afzonderlijk Bureel van Weldadigheid heeft, pogingen aangewend om van Massemen gescheiden te worden, doch hunne

---

« Ten elfsten soo vermogen haere voorseyde dienaers met hare weth te doen straetschouwinghe van straeten, banlueken van waterloopen, van beken, en in tyden van den jaere te doen maeken ende ruymen naer de costume van haeren voorseyden heerschepe, ende danof van den gonnen, dier af in gebreke syn, te hebben alle alsulcke boeten als costumeerlyk is.

« Ten twaelfsten de welgemelde hooge vrauwe vermach te maecken en te stellen alsulcke officiers ende schepenen als haer goet dunckt op haeren voorseyden heerschepe, en die t'elcken als thaer belieft te verlaetene en andere te stellen.

« Staende dit voorseyde leen met syne toebehoorten ter trauwen ende waerheden thaerder voorseyde Conincklyke majesteit en telcker doodt ofte verwandelinge t'eenen vollen relieve van thien ponden parasys, en twintig schelen parasys van camerlinck gelde; protesterende, waert dat bevonden wierde aen tselve leen meer of min behoorende dan voorseyt is, in sulcker manieren als het soude mogen wesen, soo tegenwoordig als in toecommende tyden, dat hetselve niet en sy in prejudicie van de voorseyde hooge vrouwe princesse, nemaer ter correctie van haere conincklyke majesteyt in haeren huyse en prinselycken leenhove voornoemt, wiens huysgenote syne hooge vrauwe principaele is ter cause voorschreven. In teecken der waerheydt heeft hy deze uit crachte van syne volle maght onderteekent ende overgegeven desen 15 August. 1768 ; ende was ondt ».

P. J. C. VAN MELCKEBEKE. »
(Gebrekkige kopie in het Staatsarchief te Gent.)

vraag werd telkens, alhoewel die van Massemen er de laatste maal niet tegen opkwamen, van der hand gewezen (1).

---

(1) Wij achten het niet ongepast, hier den ministeriëelen brief, tot deze vraag betrekkelijk, mede te deelen. Hij is gedagteekend van over een achttal jaren :

« A Monsieur le Gouverneur de la Province de la Flandre Orientale.

« Par lettre du 20 juillet courant, 2e Don, No 6416, vous proposez de donner suite immédiatement au projet de démembrement de la commune de Massemen-Westrem, arrondissement de Termonde, bien que le plan définitif de la nouvelle délimitation ne soit pas encore produit.

« Contrairement aux deux avis défavorables qu'il a émis antérieurement, le conseil provincial appuie ce projet par sa résolution du 12 juillet courant, prise sans discussion. Le commissaire d'arrondissement se prononce dans le même sens. Le conseil communal a décidé de s'en rapporter à l'appréciation de l'autorité supérieure.

« Deux arrêtés ministériels du 16 octobre 1837 et du 11 septembre 1848 ont statué négativement sur la demande ayant pour objet l'érection du hameau de *Westrem* en commune distincte. Ces arrêtés portent qu'il n'existe aucun motif assez grave pour dissoudre une réunion consacrée par un temps immémorial et pour donner lieu à une augmentation de dépenses, qu'aucune amélioration sensible, qu'aucun avantage réel ne viendrait compenser.

« Ce motif, reproduit par un conseiller communal lors de la dernière enquête de commodo et incommodo, n'est réfuté par aucune considération décisive.

« La commune de Massemen-Westrem, dont le territoire facile à parcourir, n'a qu'une étendue de 1,050 hectares, renferme une population du 1,980 habitants; la distance qui sépare les deux agglomérés est peu considérable. Pour constituer la nouvelle commune de Westrem il y aurait lieu de détacher de cet ensemble un territoire de 385 hectares, habité par 640 personnes; les ressources annuelles s'élèveraient d'après le projet de budget à fr. 3900. Le secrétaire communal aurait 200 francs, et le receveur 50 francs comme traitement.

« L'unité administrative qu'il s'agit de créér, ne jouirait pas d'une vitalité suffisante; elle ferait partie du nombre considérable de communes sans force et sans ressources, qui sont une charge pour la province et l'État. Elle tomberait sous l'application des observations suivantes qui sont contenues dans la circulaire ministérielle du 8 février 1834, émanée de l'honorable M Rogier (*Bulletin administratif du Ministère*, 1re série, tome 2, p. 390).

« L'expérience a démontré que les réunions des communes autrefois séparées, ont, en général, simplifié les rapports administratifs et diminué les dépenses. Il ne faut donc revenir sur ces mesures qu'avec une extrême prudence; trop souvent ceux qui réclament l'institution d'une nouvelle commune sont guidés par un sentiment d'indépendance mal entendu, ou par

Uitwijzens de ten staatsarchieve van Gent berustende rekeningen der heerlijkheden van Massemen en Westrem brachten deze in het jaar 1689 een inkomen op van ruim 3,059 gulden. In 1693 beliep dat inkomen slechts 1,068 en het daaropvolgende jaar ongeveer 1,095 gulden. Het heerenhuis en het pachthof bij de kerk te Massemen waren onder dit inkomen begrepen voor 240 gulden; de windmolen voor 108 en de watermolen voor 66 gulden.

Het domein te *Voorde*, ter wijk Oudenhoek, schijnt eertijds een sterk slot te zijn geweest, dat ook aan het geslacht van Massemen toebehoorde; zulks getuigt althans C. van Gestel, de te Westrem verbleven hebbende pastoor-geschiedschrijver, wanneer hij, van het *Hof te Voorde* sprekende, zegt : *olim constructum castro*. Evenals de andere leengoederen binnen Westrem, verhief dit leen van het prinsdom van Massemen. Ten jare 1718 werd het in eene openbare verkooping, ten prijze van 6,180 gulden, aangekocht door Karel-Frans Bosschaert, die getrouwd was met Anna-Catharina van den Brande, beiden van Antwerpen. Naderhand, bepaaldelijk sedert 1765, wanneer de heerlijkheid andermaal verkocht werd, behoorde zij aan de familie Verstraeten, waarvan de laatste bezitter, Pieter Verstraeten, geboortig van Oordegem, op zijn hof te Westrem den 9 Januari 1803 overleed. Sindsdien ging het domein over tot de familie d'Hane van Steenhuize.

Volgens eene charter, deelmakende van het archief der

---

des intérêts particuliers. L'administration doit donc s'attacher à découvrir les motifs réels de ces réclamations et ne pas hésiter à les rejeter lorsqu'elles peuvent être considérées comme prises en dehors de l'intérêt de la généralité des habitants. »

Me ralliant aux arrêtés ministériels précités du 16 octobre 1837 et du 11 septembre 1848, j'ai l'honneur de vous informer qu'il y a lieu de laisser sans suite le projet de démembrement de la commune de Massemen-Westrem.

Le Ministre de l'Intérieur,
ROLIN-JAEQUEMYNS. »

St.-Baafskerk te Gent, zou er in deze gemeente ook eene heerlijkheid, met name *Nieuwenhuize*, hebben gelegen, welke in
1636 het eigendom was van zekeren Cornelis de Vriese.

Het leen de *Valsche Weede*, ter grootte van 4 bunder,
behoorde in 1469 aan Jan van der Loeven. Eindelijk de visscherij in de beek, beginnende aan den molen te Massemen en
eindigende aan de Wagebrug te Westrem, was insgelijks een
leen.

De tienden werden te Massemen ingezameld door het huis van
Pitzenburg, te Mechelen, dat hier verscheidene grondgoederen
bezat, gelijk hooger vermeld is. Ook de monniken van St.-Baafs,
te Gent, hadden er uitgestrekte eigendommen, volgens LINDANUS
verkregen van Arnold, graaf van Vlaanderen. *Jordanus, Woitin,
Doir* en *Arnoldus de Westrem* waren leenhouders dezer abdij te
Westrem in 1220, terwijl een domein in deze parochie, het
Carouvelt geheeten, in 1359 onder de bezittingen der gemelde
abdij wordt aangetroffen (1).

De oude wapens der heerlijkheid van Massemen, *d'azur au
lion d'or, lampassé de gueules*, werden aan deze gemeente toegekend bij koninklijk besluit van 11 Maart 1872.

In 't gemeentearchief zijn weinig of geene papieren van vóór
deze eeuw bewaard gebleven. Alleenlijk heeft men er een landboek, in 1666 opgemaakt door den Aalsterschen landmeter Joost
Goethals, benevens de oude doop-, huwelijks- en overlijdensregisters, opklimmende tot 1605.

Te Gent, in 't Staatsarchief, berusten de staten van goed,
erfenissen en verkavelingen, van 1759 tot 1788; vier registers
van renten, van 1690 tot 1794; een register van lasten, klachten enz., van 1705; twee registers van proceduren, van 1682 en
1760; een ontvangboek der pachten, renten enz., van 1699;

---

(1) A. VAN LOKEREN, *Hist. de l'abbaye de St. Bavon*, blz. 240 en 241.

een denombrementboek van het vee, van 1772, en de parochie-
rekeningen van 1740 tot 1755.

Baljuws van Massemen en Westrem.

Bartel van den Hecke. 1477

. . . .

Pieter van Mossevelde. 1708
Jan Codde 1709
Lieven Limpens 1718
Pieter-Jan-Antoon van Melckebeke . . 1762
Joachim de Geyter 178*

Burgemeesters.

Gillis Braeckman 1665

. . . .

Geeraard Braeckman 1684

. . . .

Joost de Mey 1695
Jan Drieghe 1698
Gilles Verbeken . . . . , 1708

. . . .

Hieronymus d'Hauwe 1800
Ignaas Limpens. 1804
Jozef-Maria Leirens 1813
Donaat van Bockxstaele 1832
Aug.-Antoon Matthijs 1843
Constantijn Drieghe 1847
Benedict Galmart . . . . . . , . 1855
Engelbert Lemeire 1879
Benedict Galmart . . . . . . , . 1885

III.

GESCHIEDENIS. — Heeft het slot van Massemen gedurende de middeleeuwen geene belegeringen onderstaan; hebben de krijgs- benden hier niet, met hunnen sleep van rampen en plagen, over de vlakte gedraafd, en is er in deze gemeente tijdens de zoo bewogene tweede helft der XVIe eeuw niets bijzonders voorge- vallen? Ziedaar wat de geschiedenis verzwijgt en waarop wij, bij gemis aan handschriftelijke aanteekeningen, het antwoord moe- ten schuldig blijven. Geen twijfel nochtans of ook te Massemen- Westrem, doorsneden van de oude heirbaan van Gent naar Aalst, zal er wel 't een en 't ander hebben plaats gehad.

Eerst uit het laatste der XVIIe eeuw kunnen wij omtrent deze gemeente, met betrekking tot de algemeene landshistorie, iets mededeelen; het zijn wel maar cijfers, doch zij leveren den maatstaf op van hetgeen het plattcland toen te verduren had. Uitwijzens eene opgave, in 't Rijksarchief te Brussel berustende, betaalde Massemen-Westrem in 1694 eene oor- logsbelasting van 3,762 gulden, terwijl er van 1694 tot 1 Maart 1694 om niet min dan 109,452 gulden 16 stuivers schade werd aangericht!

De patriotieke gift, hier in 1790 ingezameld, bedroeg 581 gulden 15 stuivers 12 deniers. 't Is genoeg te zeggen dat de bevolking van het Oostenrijksche bewind niet weten wilde, gelijk zij de republikeinsche dwingelandij, waaronder België kort daarna zuchtte, evenzeer verafschuwde. Behalve eene gedwon- gene geldleening van fr. 6,349 20, in 1794 aangegaan, om te voldoen aan de eischen der ons geluk aanbrengende Fran- sche legers, werd Massemen-Westrem het volgende jaar met 10,500 gulden aangeslagen, welke som binnen de acht dagen moest worden opgebracht, onder bedreiging van « militaire executie » en 25,000 fr. voor iederen dag van vertoef te moeten bij betalen.

Hoeven wij te zeggen dat de beide kerken dezer gemeénté in 1798 werden toegezegeld, dat de kruisen van de torens moesten worden afgenomen en alle openbare uitoefening van den godsdienst was opgeschorst? De klokken kregen de mannen van *chez nous* evenwel niet in hunne handen, daar het volk ze bijtijds op eene veilige plaats te brengen wist.

IV.

KERK VAN MASSEMEN. — De kerk van Massemen, vroeger onder het bisdom van Kamerijk en de dekenij van Aalst, later onder het aartsbisdom van Mechelen en de dekenij van Oordegem, is, evenals die van Westrem en der meeste parochiën langs den ouden heirweg van Gent naar Aalst, onder de bescherming geplaatst van den H. Martinus, bisschop van Tours. Zij bestond reeds in de eerste helft der XIe ecuw, uitwijzens den brief van den abt Othelbold aan de echtgenoote van Boudewijn IV, in welken deze prelaat de verschillige bidplaatsen en eigendommen der St.-Baafsabdij opsomt(1).

Het kapittel van het H. Kruis, van Kamerijk, had eertijds het patronaatschap over deze kerk, dat later, zoo wij gezien hebben, tot het Mechelsche huis van Pitzenburg overging.

De kerk behoort tot de XVIe eeuw en is, onder kunstopzicht, weinig beduidend; alleen de toren, uit witten hardsteen opgetrokken, en omtrent 1575 ten grooten deele hersteld of nieuw gemaakt, mag als een staal der oude bouwkunde worden aangemerkt. De XVIe eeuwsche geuzen vierden hier ook hunne

---

(1) *Cartulaire de St. Bavon*, bl. 18.

razernij bot, zoodat het koor ten jare 1600 eene groote herstelling moest ondergaan.

De kerk, in het begin dezer eeuw te klein geworden, werd
vergroot in 1807, gelijk te zien is uit een jaarschrift aan den
gevel des zuidelijken zijbeuks, luidende : DE BOECK PAROCHO
MATER EXPOSUIT BRACHIA.

Het hoogaltaar is versierd met eene schilderij : *de Oprichting
van het Kruis*, naar RUBENS; het altaar van O. L. Vrouw met
eene *H. Maagd en het goddelijke Kind*, en het St.-Martensaltaar
met een doek van den Wetterschen schilder REMES.

De geuzen der XVIᵉ eeuw ook de klok gebroken hebbende,
moest er eene nieuwe worden gegoten in 1598, als blijkt uit het
opschrift dergene, die ten jare 1718 nog bestond :

HANS VAN DEN GHEIN HEEFT MY GHEGOTEN IN 'T JAER
ONS HEEREN EEN DUYSENT VIJF HONDERT ACHT EN
NEGENTICH. S. MARIA, PAROCHIE VAN MASSEMEN.

Heden hangen er in den toren drie klokken. Het opschrift
der groote luidt :

EXCᵐᵒ ET ILLᵐᵒ Dᴺᵒ Dᴺᵒ WENCESLAS COMITE DE
COLLOREDO COMMENDATORE IN PITZENBOURG. JAN-BAPT.
ET FRANCISCUS WIERINCK ME FUDERUNT. A° 1777.

Op de middelbare klok leest men :

CAMPANA ECCLESIÆ DE MASSEMEN IN HONOREM BEATI
MARTINI PATRONI. JAN-BAPT. ET FRANCISCUS WIERINCK
ME FUDERUNT. A° 1777.

En op de kleine :

CAMPANA ECCLESIÆ DE MASSEMEN IN HONOREM BEATÆ
APPOLLONIE. JAN-BAPT. ET FRANCISCUS WIERINCK ME
FUDERUNT. A° 1777.

De H. Appolonia, patrones tegen de tandpijn, is in deze kerk
vanouds in groote vereering ; haar feestdag valt den 9 Februari.

De pastoreele bediening te Massemen werd aanvankelijk,
althans van in de XIVᵉ eeuw tot in 1605, waargenomen door

eenen priester van het huis van Pitzenburg, ridder der Teutonische orde, sedert welk laatste tijdstip 'het de pastoor van Westrem was, die hier het herdersambt bekleedde. Eerst te rekenen van 1710 had de kerk haren eigen *deservitor*, wien in den loop dezer eeuw een onderpastoor werd toegevoegd.

Naar de getuigenis van VAN GESTEL was deze kerk eertijds rijk aan gedenkstukken, door den alles vernielenden tijd en de inlandsche beroerten geschonden en verdwenen (1). Zoo had men er de prachtig gebeitelde grafsteden van verscheidene leden der heerenfamiliën, met de volgende opschriften :

SEPTIMO DIE MENSIS MAII OBIIT GERARDUS, DOMINUS DE MASMINES, MILES, CUJUS ANIMA PER DOMINI MISERICORDIAM REQUIESCAT IN PACE. AMEN. ANNO M. CCC. XXXVIII.

—

DECIMA JANUARII OBIIT DOMINA ELISABETH DE MALDEGHEM, DOMINA DE EECKE ET WESSEGHEM, UXOR QUONDAM DOMINI GERARDI DE MASMINES, MILITIS, ORATE PRO ANIMA EJUS. ANNO M. CCC. XXVI.

—

CY GIST NOBLE HOMME FRANÇOIS DE JASSE, CHEVALIER, SEIGNEUR DE MASMINES, BARON D'HEYNE, EN SON TEMPS GRAND BAILLI DE GAND, QUI TRESPASSA L'AN M. D. XXIX, LE XXII D'AUGUSTUS.

Thans nog bestaan er alleen de volgende :

HIER LICHT BEGRAVEN DEN HOOGHWEERDIGHEN EN WELGEBOREN HEER CHRISTOFFEL BARON VAN LUTZERODE,

---

(1) In verband hiermede leze men het volgende uittreksel der kerkrekening over 1795-1796 :

« Jtem heeft den rendant betaelt per quitantie en ordonnantie aan Josephus de Paepe, de somme van twee gulden vyftien stuyvers, over synen arbeyt *in het uytcappen en vernietigen de wapenen binnen deese kercke* geplaetst geweest, *conforme d'orders der Fransche republique*, geduerende den jaere 1796. »

DES HOOGHLOFFELYCKEN DUYTSCHEN ORDENS, RIDDER
ENDE COMMANDEUR VAN PITZENBURGH BINNEN MECHELEN,
MITSG. RAEDT VAN SYNE DOORLUCHTIGHE HOOGHEYT DEN
AERTSHERTOGH LEOPOLD WILLEM ETC., DIE STIERF DEN
22 SEPTEMB. 1657, WIENS ZIELE GODT GENADIGH SEY.

Deze grafsteen is versierd met het wapen des overledenen en
acht kwartieren.

D. O. M.

SEPULTURE VAN D'HEER JOACHIM DE GEYTER, F' SIEUR
PETRI, GEBORTIG VAN OORDEGEM, IN SYN LEVEN BAILLIU
ENDE MEYER DER PROCHIEN EN PRINSDOMME VAN MAS-
SEMEN ENDE HEERELYCHEDE VAN WESTREM, BAILLIU
ENDE SCHAUT DER PROCHIE ENDE HEERELYCHEDE VAN
WETTEREN, MITSGADERS GREFFIER DER PROCHIE ENDE
HEERELYCHEDE VAN CALCKEN ENDE VANDEN NIEUWEN
GAEVERE, OVERL. DEN 31 MEY 1808, OUD 74 JAEREN,
ENDE VAN

JOFR. JACOBA THERESIA DE MEYERE, F' SIEUR PETRI,
SIJNE HUYSVROUW, GEBORTIG DESER PROCHIE ENDE
PRINSDOMME VAN MASSEMEN, OVERL. DEN 1 MEYE 1779,
OUD 49 JAREN, IN HUWELYCKE GEWEEST DEN TYDT VAN
19 JAER ENDE TSAEMEN GEPROCREERT VYF KINDEREN,
ALS TE WETEN : BASILIUS, OVERL. DEN 20 JANRY 1780,
OUD 19 JAER, MONICA, OVERL. DEN 15 FEBRUARIUS
1829, OUD 78 JAER. ENGELBERTUS-BERNARDUS, OVER-
LEDEN DEN 25 SEPTEMBER 1845, OUD 79 JAEREN 11 MD.,
FELIX-GREGORIUS, OVERL. DEN 12 MEI 1844, OUD
75 JAEREN, ENDE JOANNA-MARIE DE GEYTER, OVERL.
DEN ..... OUD ..... JAEREN.

R. I. P.

Nog een andere grafzerk staat aan den Calvarieb   ,ter nage-
dachtenis van Izabella-Maria-Carolina Swartsen, dochter van
Jan-Baptist-Petrus en van Maria-Catharina d'Ancré, geboren te
Mechelen en overleden te Massemen den 12 April 1845, welke

der kerk een bezet naliet van 800 gulden, bestemd om gemelden Calvarieberg te onderhouden en eenige kerkelijke diensten te stichten.

Er was hier oudtijds ook een kapelaan.

Pastoors van Massemen.

Willelmus	****
. . . .	. . . .
Matthias van der Linde, deken van Ooster-	
zele	1599
Lodewijk de Mol	1619
Lambrecht Vergaelen	1624
.... van der Heyden	162*
Michiel Vereycken	1646
Cornelis van Gestel	1688
Willem Elen	1710
Herman Penris	1729
Lieven Rooman	1762
C.-B. de Meyere	1796
J.-B. de Boeck	1802
Fr. van Innis	1844
J. van Damme	1847
Amand Verstraete	1849
J.-M. Kops	1859
P.-J. Bermyn	1864
Augustijn de Smedt	1867
Victor-Hendrik de Somer	1881

KERK VAN WESTREM. — Hoewel deze kerk zeer oud is en van het begin der XI° eeuw schijnt te zijn, kwam de hamer der afbrekers er niet aan. Op verschillige tijdstippen veranderd — het laatst in 1784 — kan men er nog zeer goed den Romaanschen bouwstijl in herkennen. Zij heeft den vorm van

een Latijnsch kruis, in het midden met eene zeer hooge spitsop-
gaande naalde bekroond.

Over het inwendige dezer kerk is er niet veel mede te deelen.
Er zijn vier altaren en men ziet er een vijftal schilderijen,
waarvan ééne vervaardigd door den Gentenaar VAN HULLE, alsook
eene navolging van VAN DYCK's *Christus aan het Kruis*, waarop
vooral de figuren van Joannes en Maria-Magdalena verdienstelijk zijn.

De klokken van Westrem zijn voorzien met de volgende
opschriften :

NICOLAES CHABOTEAU HEEFT MY GHEGHOTEN BINNEN
GHENDT INT JAER ONS HEEREN 1637 VOOR DE PROCHI-
KERCKE VAN WESTREM, INT LANDT VAN AELST GHELE-
GHEN, DAER HEBBEN SY MY MARIA DEN NAEM GHEGEVEN.

——

IK MICHAEL GEGOTEN DOOR CLEMENS DROUOT, 1804,
VOOR WESTREM. H. R. JOANNES-AUBERTUS SALMON
WAS HERDER, H. R. IGNATIUS LIMPENS, MEYER.

——

IK LAURENTIUS GEGOTEN DOOR CLEMENS DROUOT
F. REIGNAUT VOOR WESTREM. DE KERKMEESTERS
WAREN JOANNES STANDAERT EN JOANNES DE COEN.

Voorts leest men in het koor der kerk het volgende grafschrift
op eenen zerk, die met de wapens des overledenen is versierd :

SEPULTURE VAN D. H. ENDE Mr ENGELBERTUS-BER-
NAERDUS VARENBERGH, Fs Sr GILLIS, LISENTIAET IN
BEIDE DE RECHTEN, AUT SCHEPENE VAN GEDEELE DER
STADT GENDT, OVERL. 7 MEY 1735, we VAN JOFFR.
JOANNA D'HOOGHE, Fo Sr JACQUES, SYNE HUYSVROUWE,
OVERL. 23 SEPTEMBER 1736, TE SAMEN GEWONNEN
EENEN ZONE, DIE OVERL. IS DEN 15 SEPTEMBER 1729.
BIDT VOOR DE ZIELEN.

De bisschop van Kamerijk, nadien de aartsbisschop van Mechelen, was de patroon of de begever der pastorij. Deze was eene goed bezoldigde bediening, dewijl de twee derden der tienden er aan vast waren; het ander derde was ten voordeele van de kerk. Niettemin hadden de abdij van Affligem, de St.-Michielsabdij van Antwerpen en het Mechelsche huis van Pitzenburg er elk eenige kleine rechten op de tienden(1). Het recht van den koster aan te stellen behoorde aan den pastoor.

De feestdag van den H. Laurentius, wiens reliquie men in de kerk bewaart, wordt er vanouds met plechtigheid gevierd. Van Gestel zegt dat de bedevaarders er te zijnen tijde van vele mijlen in het rond kwamen heengestroomd.

Pastoors van Westrem.

Jan van de Voorde	1432
. . . .	. .
Pieter de Moor	1594
Mathias van der Linde	1595
Lodewijk de Mol	1605
Michiel Vereycken	1646
Hendrik Diels	1675
Cornelis van Gestel	1687
Rumold de Clercq	1726
Jozef de Vos	1754
Jan van Onghevalle	1757
P.-B. de Smet	1793
J.-A. Salmon	1804
Aug. van de Voorde	1805
H. Drubbel	1851

(1) C. van Gestel, II, 506.

Jan-Fideel Dujardin 1840
Serafijn van der Bruggen 1853
Jan-Bapt. Dauwe 1857
P. van den Steene 1862
Eugeen Windels 18**
G.-B. de Veirman 1888

V.

REDERIJKERS. — In de bijzondere bibliotheek der stad Dendermonde bewaart men een gedrukt stuk, waaruit blijkt dat er te
Westrem in de verledene eeuw een tooneelgezelschap bestond,
onder den titel van *Konstminnende Iveraers*. 't Is het programma,
of *argument*, van de *Droeve tragedie van Heraculus, keyser van
Roomen, ende den ondergang van Cosdroas, Koning van Persien*,
gevolgd van het blijeindig treurspel : *de Verheffing van het
H. Cruys*, beide « met alle eerbiedigheyt opgedragen aen den
« Eerw. Heer Joannes van Ongeval, pastor tot Westrem, alsmede
« aen d'heer Philippus Melckebeke, baillu van de heerlyckheyt
« ende Prinsdom van Massemen en Westerem, alsmede aen
« Burgemeester ende Schepenen, ende aen hem-lieden greffier
« der voorseyde Heerelyckheyt ». De vertooning van beide
stukken had plaats den 2, 9, 16, 20, 23, 24 en 25 Mei 1762.

Nopens de vroegere of verdere werkzaamheden dezer vereeniging is ons niets te weten gekomen.

Een twintigtal jaren geleden ontstond er in deze gemeente,
bepaaldelijk ten dorpe van Massemen, een zanggenootschap,
dat de ontwaking van het geestesleven onder de bevolking
scheen aan te kondigen, doch na enkele feesten gegeven en
bijgewoond te hebben, ging het te niet.

VI.

Volkssagen.

De Lange Man. — Op den Plaatsenberg te Massemen verbleef voortijds een ontzaglijke reus, die de Lange Man genoemd werd. Wanneer iemand laat in den nacht voorbij den Plaatsenberg trok, vergezelde hem eene hooge zwarte schim, die de gedaante van eenen mensch had.

Die schim ging niet, maar zweefde langzaam over den grond met gesloten beenen, stijven hals en hangende armen, altijd ter zijde van den wandelaar, die nooit naliet haar te groeten; want de Lange Man moest diegenen, welke dringende zaken laat buiten het dorp te doen hadden, als een beschermgeest voor alle ongevallen behoeden en hen vergezellen tot aan de deur hunner woning, waar de reuzenschim het hoofd boog, zich stijf omdraaide en verdween.

Het Wit Schaap. — Te Massemen, in het dorp, verschijnt alle nachten een wit schaap, dat bij dage in eene verborgene spelonk zich verbergt. Wanneer het wit schaap te voorschijn komt, hoort men in de nabuurschap een zoetluidend muziek, dat niet zwijgt dan nadat de geest verdwenen is. Niemand kan dit vreedzaam dier aanroeren, want bij elke poging zweeft het voor de voeten van den vervolger weg en verschijnt weer eenige oogenblikken daarna, achter zijnen rug, op de plaats waar het eerst te zien was.

De inwoners denken dat deze geest, die in de gedaante van een wit schaap alle nachten op dezelfde plaats terugkomt, de ziel is van een kind, welke om de eene of andere reden niet mag in den hemel komen vóor zij door iemand worde verlost.

De Duivel te Massemen. — Jan was als een dronkaard en vloeker gekend. Op zekeren avond was hij weder zoo beschonken, dat de herbergbaas, bij wien hij zich aan die buitensporigheid had overgegeven, hem bij den kraag vatte, op straat wierp en de deur toesloot. Jan trok al sukkelend en vloekend huiswaarts, tot aan de Molenbeekbrug, waar een bosch staat, en zijne vloeken eenen echo in het duister ontmoetten. Verschrikt, blijft hij staan, en ziet een vervaarlijk dier, dat kruipend tot hem nadert en hem met vurige oogen aankijkt. Hij maakt een kruis, doch het dier werpt hem, spottend, vuur en rookwalmen uit den muil toe. Hij leest eenen Vaderons, en nog blijft bij dit gebed het dier hem voortdurend tergen. Wat gedaan? De man, schier dood van benauwdheid, dacht opeens aan de kracht van het St.-Jans-Evangelie, en zie! nauwelijks heeft hij er de eerste woorden van gemurmeld, of de duivel verdwijnt. Jan gevoelde in 't naar huis gaan door al zijne leden eene huivering, welke hij later nog onderstond telkens dat hij de Molenbeekbrug overstapte. Dat is de duivel! dacht hij, en dezes boosheid willende te niet doen, hing hij aan den naasten lindeboom een kapelleke, dat er heden nog te zien is.

Sedert komt de duivel daar niet meer terug.

WESTREM.

Bl. 27 der monographie van Massemen-Westrem deden wij in eenige regelen de pogingen kennen, door de inwoners van Westrem aangewend om van Massemen gescheiden en als afzonderlijke gemeente ingericht te worden. Alhoewel hurne vraag telkenmale, het laatst nog in 1878, werd afgewezen, gaven zij den moed niet op en dienden zij ten jare 1894 een nieuw verzoekschrift in, met dit gevolg dat er eindelijk aan hun verlangen voldaan werd.

Den 16 Maart 1899 kondigde het Staatsblad de volgende wet af, waarbij Westrem onder de Belgische gemeenten werd gerangschrift :

LEOPOLD II, Koning der Belgen,

Aan allen, tegenwoordigen en toekomenden, HEIL.

De Kamers hebben aangenomen en Wij bekrachtigen hetgeen volgt :

Art. 1. De wijk Westrem wordt van de gemeente Massemen-Westrem afgescheiden en tot afzonderlijke gemeente opgericht onder de benaming *Westrem*. De gesplitste gemeente zal, bij voortduren, *Massemen* worden geheeten.

De grensscheiding tusschen die gemeente is, op het aan deze wet toegevoegd grondplan, door eene rooskleurige streep aangeduid onder de letters A, B, C, D, E, F, G, H, I, J, K, L, M, N, O, P.

Art. 2. Het getal leden van den gemeenteraad wordt, voor Westrem, op zeven bepaald en, voor Massemen, op negen behouden.

Art. 3. De gemeente Westrem zal, als vergoeding, aan de gemeente Massemen de som van 4000 frank betalen.

Kondigen de tegenwoordige wet af, bevelen dat zij met 's Lands zegel bekleed en door den *Moniteur* bekend gemaakt worde.

Gegeven te Laken den 13en Maart 1899.

LEOPOLD.

Van 's Konings wege :

De Minister van Binnenlandsche Zaken en Openbaar Onderwijs,

F. SCHOLLAERT.

Het grondgebied der nieuwe gemeente beslaat 385 hectaren, met eene bevolking van 783 zielen, zoodat er voor Massemen nog 645 hectaren, met 1378 inwoners, overblijven.

De eerste burgemeester van Westrem was Engelbrecht Lemeire.

MESPELARE.

I.

BESCHRIJVING VAN HET DORP. — Op omtrent een uur zuidwaarts van Dendermonde, in de nabijheid der rivier den Dender, ligt het aloude dorp Mespelare, welks grondgebied door de baan van Dendermonde naar Aalst doorsneden is. Reeds ten jare 1612 getuigde LINDANUS van deze plaats, dat zij in geheel Europa beroemd was door den vond van eenen grooten schat van edelgesteenten en vooral van Romeinsche gedenkpenningen, welke men daar in de maand April 1607 uit den grond had gegraven. MIRÆUS zegt dat er wel zestien honderd zulker gedenkpenningen waren, geslagen onder de regeering van een twaalftal keizers en keizerinnen, wier beeltenis zij droegen(1). Zooveel gerucht maakte die vond, dat de landbouwer, wien hij te danken is, nog in de gemeente, zoo niet bij zijnen famielienaam (Karel van Houw), dan toch onder den bijnaam van « Karel den medailleman » is bekend. Ten jare 1802 vond men te Mespelare nog twee Gallische muntstukken.

Staat de eerstgemelde ontdekking in verband met het verblijf

---

(1) *Chronic. Belg.*, ad annum 1607.

of met den doortocht eener Romeinsche troep te dezer plaatse,
zooals MIRAEUS en DE BAST beweren? of behoorden de gouden
gedenkpenningen aan eenen ingezetene, die ze tijdens de regeering van Marcus Aurelius in den grond verborg? Dit punt is
moeilijk op te lossen, daar er waarschijnlijkheid bestaat om
zoowel de ecne als de andere vraag in bevestigenden zin te beant-
woorden. DE BAST, die in 1808 het dorp Mespelare bezocht,
achtte de plaats voor een kamp of versterking zeer gunstig
gelegen. Aan de eene zijde vloeide de Schelde, zegt hij; aan de
andere de Dender; tusschen beide rivieren strekte zich een
moeras uit, terwijl men er grachten aantrof, welke in 1808 niet
min dan 190 voet breedte hadden, en die gegraven waren in den
vorm van een halfrond, gelijk de Romeinen voor hunne verde-
digingswerken plachten te doen (1). L. GALESLOOT, daarentegen,
meent uit de ontdekking eeniger belangrijke onderaardsche
brokken van Romeinsche muren, niet verre van de kerk des
dorps, te mogen afleiden dat de schat het eigendom was van
eenen bewoner der gemeente (2). Wat er van zij, het verdient
aangestipt te worden dat het jongste stuk der verzameling dagteekent van 175 jaren na Christus' geboorte (3).

---

(1) DE BAST, *Recueil d'antiquités romaines et gauloises*, I.

(2) *Bulletin de l'Académie royale des Sciences, des Lettres et des Beaux-
Arts de Belgique*, 1875.

(3) Karel van Houw kwam wegens zijnen vond in groote moeilijkheden.
Het land, waar hij den schat uitgraafde, had hij in pacht genomen van den
meier der gemeente. Hij sprak er niemand van, maar trok eenigen tijd
nadien naar Antwerpen, waar hij aan eenen goudsmid honderd acht stukken,
van 5 gulden ieder, verkocht — verre beneden de waarde. In Januari 1608
bood hij eenen goudsmid van Mechelen nog een honderdtal stukken te koop
en kreeg er ditmaal 6 gulden voor. Dezelfde goudsmid vroeg er hem later
nog een honderdtal.

Van Houw, daardoor opeens tot welstand gekomen, na aanvankelijk
slechts een arbeider geweest te zijn, kocht nu eene kar, een paard, koeien en
landbouwalam, ja het huis waar hij woonde, met eenig bouwland. Deze
spoedige verandering van zijn lot verwonderde natuurlijk zijne dorpsge-
nooten, en de waarheid was weldra gekend. Nu keerde de kaart. Een Spaansche commissaris, te Aalst gevestigd, en Juan de la Quadra geheeten, kwam
met Van Houw in betrekking en kocht honderd medailles aan 5 gulden; maar

Een vlugschrift, ten jare 1847 door L. DE DEYN, notaris te
Ninove, in het licht gegeven, beweert dat Mespelare aanvankelijk den naam zou gehad hebben van *Bagijnem*, hetwelk
de schrijver grondt op de omstandigheid dat eene landkaart
van 1664 eene plaats der gemeente aanduidt met den naam van
Bagijnenbocht.... Deze benaming is ongetwijfeld niet ouder dan
het begijnhof van Dendermonde, dat in verscheidene dorpen
omtrent deze stad eenig land of renten bezat. *Mespelare*, daarentegen, wordt reeds aangeduid in eene oorkonde van het jaar 1232,
en het woord wijst eenvoudig heen naar den boom, waar de

---

toen hij, eenigen tijd daarna, nog vijf en veertig medailles vroeg, loochende
hij niet alleen deze te hebben ontvangen, maar hij klaagde den vinder aan bij
Jan Vilain, luitenant-baljuw van 't Land van Aalst. Wat gebeurde er? De
arme boer werd in het gevang geworpen en niet eerder op vrije voeten
gesteld dan na ten gemeentehuize van Aalst al het geld, dat hem overbleef,
d. i. eene som van 377 gulden, te hebben overgegeven.

Het gerucht der belangrijke ontdekking ter ooren gekomen zijnde van den
aartshertog Albert, maakte deze nu aanspraak op den vond, dewijl Mespelare
tot zijne domeingoederen behoorde en de vorst er alle heerlijke rechten
genoot. Jan Vilain werd naar Antwerpen en Mechelen gezonden om de hand
te leggen op de verkochte medailles, tegen betaling van de ontvangen penningen. De Antwerpsche goudsmid, Philip van den Heuvel, verklaarde dat
hij de door hem gekochte stukken in den smeltkroes had geworpen, 't geen
ongetwijfeld eene uitvlucht was, aangezien Nicolaas Rococx, burgemeester
der stad, zeven en dertig stukken van Mespelare in bezit had. De Mechelsche
goudsmid, van zijnen kant, verklaarde maar vijf en zeventig stukken gekocht
te hebben, terwijl Van Houw zegde dat er twee honderd waren geweest. Wat
er van overbleef, werd namens den aartshertog Albert ingekocht.

Van Houw, naar zijne woning teruggekeerd, werd er zonder ophouden
door den Spanjaard en den luitenant-baljuw verontrust, gekwollen; hij
beklaagde zich aan den aartshertog dat zijne vervolgers honderd zeven en
dertig medailles in hun bezit hadden, welke hij terugvorderde, of ten minste
de waarde daarvan in gangbare munt. Van Houw beweerde dat de schat aan
hem was, als vinder, en eischte meteenen het geld terug, dat Vilain hem,
onder voorwendsel van borg, had doen betalen. Daar de luitenant-baljuw
den 13 Mei 1618 naar Brussel werd geroepen, zal er waarschijnlijk aan de
vraag van Karel van Houw recht gedaan zijn.

Het juiste getal der gevonden stuks is niet gekend, dewijl de vinder het
nooit heeft verklaard. Wat de edelgesteenten betreft, waar LINDANUS van gewag
maakt als te Mespelare mede ontdekt te zijn, daar speekt Van Houw niet
van; toch bezat DE BAST een prachtigen onyx, die tot den schat had behoord,

mespel op groeit(1). Te Heusden, Lemberge en Bonheiden is er
ook eene plaats, Mespelare geheeten.

Oude schriften maken gewag van *Mespelare-ten-Berge*, dit is
een gedeelte der gemeente, dat men wilde onderscheiden van
« den rinck », gelijk men leest in den staat nopens het inkomen
der pastorij (XVIII° eeuw) : « de pastoor heeft de helft van de
thienden de geheel prochie door, te weten van die gelegen is
in den Rinck, als oock van die gelegen is ten Berge. »

De benaming van Mespelare-ten-Berge werd meest gebruikt
door de monniken van St.-Pieters te Gent, die te dezer plaatse
heerlijk recht oefenden; zij komt reeds voor in eene XIII° eeuwsche oorkonde, behoorende tot het archief van gemeld sticht(2).

De landbouw was hier gedurende eeuwen schier de eenige
nijverheid der bevolking. Eene officiëele opgave van 1765 geeft
op, dat hier toen, onder andere, 12 bunder waren bezaaid met
vlas; 6 met tarwe en 50 met rogge. Er waren destijds twee
bunder bosch en ongeveer drie bunder gemeentegrond, bij de
kerk, waar de arme lieden hun vee mochten laten grazen. Enkele
wevers werkten in 1765 voor eigen gebruik.

Ten jare 1834 telde men te Mespelare 82 hoornbeesten,
35 zwijnen en 7 paarden. Twaalf jaren later waren er 98 hoornbeesten, 33 zwijnen, 6 paarden, 17 geiten en 37 vetbeesten. Het
getal landbouwgebruiken beliep toen tot negen en vijftig, verdeeld als volgt : éen van tien tot vijftien hectaren; twee van acht
tot negen hect., twee van vijf tot zeven, twee van vier tot vijf,
vier van drie tot vier, en zeven van twee tot drie hectaren.
14 hectaren 75 aren werden toen gebruikt tot meersch.

Over vroegere landbouwgebruiken is weinig mede te deelen.
Een pachthof ter grootte van 25 bunder, in de XV° eeuw het
eigendom van de familie Eggermonde, werd ten jare 1461 voor

---

(1) Oude plaatsnamen :
    1700 : *Cleyne Beuckel, Donck, Loo, Rabbeleers, Zijpe.*
(2) « Dit es de erve, die men hout van den heeren van S. Pieters, gheleghen
in de prochie van *Mespelaer ten Bergh.* »

12 schellingen groote het bunder in huur gegeven, en in 1480 voor 14 schellingen en zes steenen vlas(1). — Het *goed ten Berge* was in 1412 berent ten voordeele van Hendrik Tollin.

Mespelare, de kleinste gemeente van het arrondissement Dendermonde, heeft slechts eene uitgestrektheid van 181 hectaren. Er zijn maar twee wijken : *het Dorp* en *de Hoek.*

De gemeente grenst ten noorden aan Oudegem, ten oosten aan Denderbelle, ten zuiden aan Wieze en ten westen aan Gijzegem. Het noorderdeel is bewaterd door de *Denderbeke;* het zuiderdeel door *de Oude Dender* en door de gekanaliseerde Dender. — De bodem is deels klei-, deels zandachtig.

De bevolking dezer uitsluitelijk landbouwende gemeente bestond op 31 December 1886 slechts uit 332 zielen. Ten jare 1613 waren hier niet meer dan 30, in 1630 nog maar 46 communicanten, en in 1634 beliep het getal ingezetenen slechts tot 104.

II.

Heerlijkheid. — Mespelare behoorde vroegertijds tot het land van Aalst, en was een der een en twintig zoogenoemde dorpen van *'s Graven propre*, dit wil zeggen àls oorspronkelijk den graven van Vlaanderen te hebben toebehoord.

Het juiste tijdstip van den overgang des bezits uit de handen van den vorst in die van eenen bijzondere is ons niet bekend; alleen weten wij dat de heerlijkheid in de XVIe eeuw toebehoorde aan de familie van Royen, die daarin opgevolgd werd door Jan Goubau, heer van Gijzegem en schepene der stad Antwerpen, bij vorstelijke brieven van 2 Maart 1633 tot den adelstand verheven. Hij was in den echt getreden met Magdalena Vekemans, stierf den 16 Maart 1645 en werd met zijne vrouw

(1) *Acten en Contracten* der stad Aalst, 1461, 126v, en 1480, 187.

in de O.-L.-Vrouwekerk van Antwerpen ter aarde besteld.

Zijn zoon Alexander Goubau, geboren te Antwerpen den 17 Juni 1598, volgde hem te Mespelare op. Deze werd ridder benoemd in 1648, vervulde het ambt van tweeden burgemeester der stad Antwerpen in de jaren 1649 en 1650, en van eersten burgemeester in 1652, 1653 en 1666. Anna Doncker, zijne echtgenoote, gaf hem onder andere eenen zoon, Jan, benevens eene dochter, welke laatste het kleed der geestelijke dochters aantrok, terwijl de eerste, na het overlijden zijns vaders, hetwelk voorviel den 15 April 1668, in het bezit der heerlijke goederen opvolgde. Hij trad in het huwelijk met Maria-Cornelia Croock, die den 3 November 1710 de wereld verliet. Jan Goubau bekwam, evenals zijn vader, den titel van ridder en stierf den 6 October 1733, eenen zoon achterlatende met name Alexander, heer van Mespelare en Melsen, die tweemaal den echtknoop sloot : eerst met Maria-Albertina Rubens, dochter van Albert en van Maria Vekemans, die den 3 Maart 1710 het tijdelijke leven met het eeuwige verwisselde, en de tweede maal met Maria-Constantia Lunden, kinderloos gestorven den 13 November 1750. Uit het eerste huwelijk sproten niet min dan tien kinderen, onder welke Jan-Albert Goubau, jong gestorven, en die in de heerlijkheid van Mespelare werd opgevolgd door Joris-Alexander, geboren in 1697 en overleden den 14 Augustus 1760, na gehuwd geweest te zijn met Magdalena-Izabella Bosschaert, dochter van Karel en van Izabella le Candele. Na dezen vinden wij Mespelare in het bezit van Jan-Frans-Xaveer-Jozef Goubau, die na zijn overlijden, te weten in 1776, de heerlijkheid achterliet aan zijnen broeder Joris-Willem-Jozef, geboren te Antwerpen den 9 Juli 1745 en aldaar overleden den 27 April 1784. Zijne echtgenoote, Maria-Theresia Vermoelen, had hem twee kinderen geschonken, waaronder Maria-Theresia-Joanna, de laatste bezitster der heerlijkheid van Mespelare, die in het huwelijk trad met Karel-Frans de Meulenaer, en den 5 Januari 1836 overleed.

Nopens de aloude bestuurlijke inrichting van Mespelare vindt men in het *Boek met den haire* der stad Aalst de volgende aanduiding : « Daer es eenen bailliu van mijns heeren wegen, « een erfachtighen meyere, dats de meyere van Aelst, VII scepe- « nen, die ter maninghe vanden meyere doen wet ende von- « nisse.... De explooten behooren toe mijnen heere.... Zij halen « haer hooft(*vonnisse*) te Aelst. »

De *meierij van Mespelare*, vereenigd met degene van Aalst, was een leen. Wij spraken er omstandig van in onze geschiedenis van Aalst (II, 6-10).

De abdij van St.-Pieters, zegden wij hooger, oefende hier ook heerlijk recht uit. Dit blijkt onder andere uit de volgende regelen, ontleend aan een oud handschrift, deel makende van het archief der gezegde abdij : « De kercke (*van St.-Pieters*) hevet te Mespelare .... eenen baliu ende laeten, die vermoghen te erfven en te onterfven. » Dus klein, of grondrecht. — Het eigendom der abdij was het hooger gemelde *Mespelare ten Berge.*

Andere bijzonderheden nopens de leenroerige inrichting dezer gemeente zijn ons niet bekend.

De tienden te Mespelare behoorden voor de helft aan den pastoor, voor de wederhelft aan de kerk. De pastoor had ook de helft der vlastiende en evenveel van alle andere tiendbare vruchten, wassende op de « gescheurde » meerschen.

Het archief bestaat hoofdzakelijk uit een *Landboek,* vervaar-digd ten jare 1638 door Jan van Gyseghem, landmeter te Aalst; een *Landboek* van 1694 tot 1737; *Metingboeken* van 1638 en 1664; *Quotboeken* van 1691 en 1738-1794; *Gemeenterekeningen* van 1592 tot 1794, met verscheidene leemten; *Kerkrekeningen* der XVII[e] en XVIII[e] eeuw; *H.-Geest- of Armrekeningen* van 1712 tot 1726 en een aantal andere tot 1795; *Staten van goed* van 1676 tot 1792; *Wettelijke acten* van 1601 tot 1795; *Processtukken* van de XVII[e] en XVIII[e] eeuw enz. Al deze oorkonden berusten thans in het Staatsarchief te Gent. De oude registers van den burgerlijken stand, ten gemeentehuize bewaard, klimmen op tot 1637.

Baljuws van Mespelare.

Geeraard Callaert	1593
Pieter de Moerloose	1602
. . . .	
Lodewijk van Vossele.	1640
. . . .	
Adriaan Hofman	1696
Antoon-Frans van Montagu	175*
Paul-Frans Verbrugghen	1733
Pieter-Frans Verbrugghen	1761
Adriaan de Wolf	1794

Meiers van Mespelare.

Joost van der Meere	1526
. . . .	
Christoffel Spanoghe	1639
Jan Luycx	1654
P. van Belle.	1658
. . . .	
Karel-Philip de Grave.	1731
Alexander-Bernaard de Wandel. . . .	1736
Theophiel de Wandel	1740
Jr. Lodewijk-Frans Tayart(1).	1747
Pieter-Andries van Wambeke	1758
. . . .	
Adriaan de Wolf	1794

Burgemeesters.

Adriaan van Ghyseghem	1690
Pieter Hertsens. . . 1694, 1699, 1705, 1711	
Jan van der Cruyssen 1702, 1721	

(1) Liet de meierij bedienen door Willem van den Dorpe.

J.-B. Grissolle 1714, 1724, 1756

Jan van den Steen 1738

Romaan Beeckman 1765

. . . .

Jacob-Frans Beeckman . . . . . jaar XI

Benedict-Jozef Saeys 1806

Ed. de Burbure 1813

K.-J. Berchmans 1819

Alexis van den Steen 1831

Benedict de Meyer 1855

Frans-Gustaaf de Meyer 1873

III.

GESCHIEDENIS. — Ons zijn slechts eenige aanteekenenswaardige gebeurtenissen uit drie tijdperken der vaderlandsche geschiedenis, in verband met Mespelare, bekend.

Toen de tweede beeldenstorm te Gent en in sommige andere plaatsen gepleegd was, moet ook de kerk van Mespelare van eenen inval der geuzen verwittigd zijn geworden, dewijl hare rekening over het jaar 1578 eene uitgave aanstipt « van ghehaelden biere, als tgemeente de wacht in de kerke hielden ». Of de geuzen hier waarlijk geweest zijn, kunnen wij niet zeggen; maar zoo de kerk toen in 't bezit was van kunststukken of andere kostbaarheden, zullen die wel vóór het bezoek der onwelkome gasten in veiligheid gebracht zijn.

Gelijk honderd andere dorpen van Vlaanderen had Mespelare op het einde der XVIIe eeuw veel te verduren van de oorlogsbenden. Den 4 September 1690 werd het dorp geplunderd door krijgsbenden, komende van Brabant. Ten jare 1694 betaalden de ingezetenen 1,817 gulden wegens krijgslasten, en van 1689 tot einde Februari 1694 onderstonden zij een verlies van 22,565 gulden. In 1699 werden al de zilveren en andere sieraden der kerk met een schip naar Antwerpen beveiligd, uit vrees van ze door de krijgsbenden te zien rooven. Te dien tijde, en nog in 1716, had het dorp eene wacht met kapitein, luitenant, vaandrager en sergeant, aangesteld door den dorpsheer, om, zooveel mogelijk, personen en eigendommen tegen overmoed en onwil te beschutten.

Gedurende de XVII° en XVIII° eeuw had de familie de Goubau de kerk met talrijke gouden en zilveren vaten, benevens andere altaarversierselen van groote waarde, verrijkt, en wel zoo mild, dat het anders kleine en arme Mespelare daarmede naast die van de meest begoede kerken des bisdoms pronken mocht. De Fransche republikeinen van 't einde der vorige eeuw sloegen de meeste dezer kostbaarheden aan.

In de Patriottenbeweging onder Jozef II kweet ook de bevolking dezer gemeente haren vaderlandschen plicht.

IV.

Kerk. — De kerk en het dorp van Mespelare bevinden zich op eene verhevenheid, te midden van eene prachtige en welige landouw, welke de weiden aan den Dender ten noord- en ten oostkante beheerschen.

Zeer oud, biedt de tempel daarenboven onder het opzicht van bouwkunde een groot belang aan en zullen wij er eene korte beschrijving van geven. Hij heeft den vorm van een Latijnsch kruis; de toren rijst op aan 't westeinde van den beuk, maar is zoo breed niet als deze. Aan de zuidoostzijde is een laag rond torentje, hetwelk den trap bevat, die naar het doksaal en den zolder leidt. De twee alleen staande hoeken des torens zijn voorzien van vier steunpilaren, welke echter maar tot de hoogte der luidkamer opgetrokken zijn.

De toren is gebouwd met witten hardsteen op regelmatige lagen. Langs de drie zijden, tusschen de steunpilaren en op eenen afstand van 5 meters boven den grond, bemerkt men metselwerk in onregelmatige veldsteenen, tot omtrent drie meters hoogte. Ook de beuk is gebouwd met zulke steenen.

Aan den kruisbeuk is witte hardsteen verwerkt op onregelmatige lagen, tot de hoogte der kornis. De puntgevels zijn in bak- en gedekt met hardsteen. Voor het koor bezigde men blauwe veldsteenen.

Aan de vier hoeken des torens, onder den muurband van de vensters der klokkenkamer, bemerkt men de zinnebeelden van de vier Evangelisten : noordwest de arend (St. Jan), noordoost de os (St. Lucas), zuidwest een man (St. Matheus), zuidoost de leeuw (St. Marcus). Deze zinnebeelden werden in 1886 vernieuwd, toen men ook den toren gedeeltelijk herstelde.

Boven het portaal, in den toren, is een spitsbogig venster, dat het doksaal verlicht.

De kornis is gemaakt van uitspringende kraagsteenen, waar eene rij steenen op rust, gelijk komende met den buitenkant der kraagsteenen. Deze rij is bedekt men twee inspringende rijen steen, aan welker onderdeel men eene hollijst ontwaart. Boven de kornis is een deel der oorspronkelijke achthoekige steenen naald opgetrokken, met vier rechthoekige afgeknotte spitszuilen, welke door een vierzijdig hellend vlak gedekt zijn. De ankers onder de kornis geven het cijfer 1756; op eenen der kraagsteenen, binnen den toren, is datzelfde jaar herhaald, en op eenen anderen leest men : C. D. L.

Eene afbeelding der kerk, op eene koperen plaat met het beeld der hier zeer vereerde H. Aldegonde, vervaardigd ten jare 1649, stelt den toren voor gelijk hij toen nog bestond, namelijk met eene zeer hooge spits, gemaakt van steen. Toen deze in 1744 door het hemelsvuur ongeveer de helft was vernield, maakte men het heden nog bestaande bovendeel, ongelukkiglijk niet zooals het vroeger was, maar met eene peer, eenen appel en eenen omgekeerden kelk, naar den wansmaak diens tijds, alles in hout en gedekt met schaliën.

De sacristij, aan den zuidkant des koors, evenals het klein gebouw naast den beuk, zijn in baksteen, met witsteenen lijst rond deuren en vensters. In den oostermuur der sacristij ziet men eenen steen met het jaartal 1650.

Een klein afloopend gebouw, bij den zuidkant van den beuk, dient deels tot doopvont, deels tot bewaarplaats van verschillige benoodigdheden.

Ten noorden is het schip der kerk verlicht door een spitsbogig venster zonder moneelen; aan het zuiden bemerkt men nog de sporen van een rondbogig venster.

De beide zijden des kruisbeuks zijn ieder verlicht door een spitsbogig venster, insgelijks zonder moneelen; zij zijn overdekt door een van baksteenen gemetseld gewelf, welks ribben rusten op kleine steunsteenen met effen schild. Een houten medaillon aan den gewelfsleutel van de zuiderkapel vertoont de zinnebeelden van St. Jan den Evangelist.

De zijden der bogen, die de armen des kruisbeuks in gemeenschap stellen met den grooten beuk, zijn samengesteld uit halve kolommen met bazis en kapiteel, opgeluisterd door tamelijk goed gesneden loofwerk.

Het koor ontvangt licht uit twee spitsbogige vensters; een derde, ten oostkante, is bijna geheel gestopt. Hier ook is eene bezette vout. — Het verminken der vensters klimt op tot het einde der XVIe eeuw(1).

De kerk is 12 meters 20 centimeters lang en 6 meters breed ; aan den kruisbeuk bedraagt de lengte 18 meters 60 centimeters. De lengte van het koor beloopt tot 7, de breedte tot 4 meters 85 centimeters.

---

(1) « Betaelt Jan van Bersele, van ghelaghe, als Willem Smeckaert, metsere, aenverde de lijedeure toe te metsene, de ghelaesvensters te verhooghen tot vieren toe, som gheheel toe te metsene.....»

(*Kerkrekening* over 1590-1591).

Eene vernieuwing van de kap der kerk had plaats in het jaar 1512(1). Het eikenhouten welfsel verdween in 1737.

Laten wij nu de oude rekeningen der kerk openslaan en zien welke kunstvoorwerpen, waar thans geen spoor meer van te vinden is, voor haar gemaakt werden.

Iu 1617 werd, bij aanbesteding, een tafereel met de beelte-nis of de legende van de *H. Aldegonde*, besteld, alsook het herschilderen eener altaartafel in het O-L-Vrouwekoor, door JAN VAN ZWAERVELDE.

Tien jaren later is er sprake van een ander tafereel, thans voor het hoogaltaar, maar ditmaal wordt de schilder niet genoemd(2).

De steenen altaartafel van S^to Aldegonde werd in 1635 op-nieuw met kleuren en goud belegd door MICHIEL VAN AERDENBURCH, die eenigen tijd te voren in de rekening vermeld wordt als drie paneelkens te hebben geschilderd(3), en die in 1638 de som van 16 pond 13 schellingen 4 grooten bekwam voor het schilderen van een der altaren, dat vervaardigd was door Jan van den Neste, ten prijze van 16 pond 13 schellingen 4 grooten. Nog schilderde MICHIEL VAN AERDENBURCH ten jare 1639 een tafereel van O. L. Vrouw, welk werk hem 230 gulden werd betaald.

---

(1) « Schepenen vander stede van Aelst, ghehoort hebbende tghescil wesende tusschen de kercmeesters van Mespelaer, over een zijde, ende Andries Houtscilt, temmerman, over andere, ter causen vander voorwaerde ende leveringhe van der cappe die de vors. Andries tanderen tijden bij keersbarringhen ghenomen heeft te leverne op de kercke te Mespelaer, naer den uutwijsene van der bescrevene voorwaerde, daeraf wesende, zonder-linghe omme te wetene wie de stellaige ten voors. warcke dienende behoort te doen makene, weder de vors. kercmeesters weder de voors. Andries als leverare, overmits dat omme van als te commene ten goeden partien zullen doen commen voor ooghe Pietren den Houc, die discipel was van der vors. voorwaerde, ende de ghezwoorne vanden ambachte vanden temmer-lieden.... ». (*Acten en Contracten* der stad Aalst, 1512, 80v. — Stadsarchief).

(2) « Aen myn heere den pastoor betaelt by bewyse van den heer cano-ninck Guill. de Carne, op rekenynghe van het tafereel van den h. aultaer, XII lib. XII s. VI gr. ». (*Kerkrekening*).

(3) « Michiel van Aerdenburch over het schilderen van de steen altaer-tafle van Ste Aldegonde, XII lib. ». (*Idem*).

Melden wij nog de houten sieraden, ten jare 1663 ter opluis-
tering der kapel van Sᵗᵉ Aldegonde, vervaardigd door den
beeldhouwer QUELIN(1).

De kerk van Mespelare heeft tegenwoordig drie altaren. Het
middel- of hoofdaltaar is opgevat in den Corintischen stijl, met
kolommen. Boven het koorgestoelte zijn acht gesneden medaillons met de voorstelling van heiligen.

De O.-L.-Vrouwekapel is versierd met twee schoone landschappen door J. VERDUSSEN, verbeeldende : *1° de H. Aldegonde, onderwezen wordende door den H. Petrus; 2° de H. Aldegonde, het huis harer ouders ontvluchtende.*

In de kapel van Sᵗᵉ Aldegonde, patrones der parochie, treft
men drie landschappen aan, onderteekend door G. MATHYSSENS,
en onder welke men leest : 1° DE H. ALDEGONDIS WORT GHETOONT DE
GLORIE DES HEMELS. — DE H. ALDEGONDIS ONTFANGHT MET BLYDSCHAP
ALLE LYDEN. — 2° DE H. ALDEGONDIS ONTFANGHT DE WYLE VAN DEN
H. GHEEST. — 3° DE H. ALDEGONDIS WORT DOOR TWEE ENGELEN
GHEBRACHT OVER TWATER.

Nog twee andere, langwerpige tafereelen, betrekkelijk het
leven der genoemde heilige, hangen bij den ingang der kerk, en
stellen voor : Rechts : DE ZIELE VAN DE H. ALDEGONDIS WORT
GEZIEN IN DE GLORIE. — DE H. ALDEGONDIS WORT VAN CHRISTUS
EN VAN MARIA VERGEZELSCHAPT IN HARE DOOD. — Links : DE
H. ALDEGONDIS GEEFT AL HAER GOED AAN DE ARMEN. — GOD LEENT
EEN FONTEINE OM HAER TE LAVEN. — « ALDEGONDE, WENSCHT AL WAT
GY WILT, HET ZAL U GEGEVEN WORDEN. — Gelijk de vorengemelde
schilderijen zijn deze twee stukken ook van G. MATTYSSENS, en
vertoonen zij, behalve de episoden uit het leven der heilige,
schoone landschappen.

---

(1) « Item aen.... Quelin, beldtsnyder, voor het snyden van het cieraet
van Sᵗᵉ Aldegonde cappele, mette vier kandelaers, den H. Gheest boven den
preeckstoel ende kartel mette fesson boven den boghe vanden hooghen choor,
LXII gl. ».   (*Kerkrekening* over 1663).

Onder eene oude schilderij, een *ex voto* met de afbeelding der kerkpatrones, leest men : TOT MEERDER GLORIE GODTS ENDE VAN DE H. ALDEGONDIS, D'H' ANTHONE VAN MELDERT, GREFFIER VAN SULSICKE, QUAREMONT EN RUYEN, WOONENDE TOT BERCHEM, IS DOOR HET AENROEPEN VAN DE H. ALDEGONDIS TOT MESPELAER TERSTOND GENEZEN VAN DEN KANCKER IN DEN NEUSE, DEN 18 AUGUSTUS 1654.

De predikstoel werd geleverd door J.-B. VAN DER HAEGHEN, beeldhouwer te Brussel, in 1737; de kuip heeft drie halfverheven snijwerken, voorstellende, aan den voorkant : het *Sermoen van Christus op den berg* : bezijden, de borstbeelden van *St. Petrus* en *St. Paulus*.

De communiebank, mede het werk van eenen kundigen beeldhouwer, is versierd met vier afbeeldingen betrekkelijk het H. Sacrament, onder welke : *Het laatste Avondmaal* en *de Discipelen van Emaüs.*

Wij hebben reeds gemeld dat de familie Goubau, aan welke het heerlijk gebied over Mespelare toebehoorde, de kerk met een aantal kostbare voorwerpen begiftigde. Onder deze was eene schoone zilveren remonstrans, die ten jare 1853, met behulp eener gift van den baron Le Candele van Humbeek, te Antwerpen (afstammeling der Goubau's) hersteld werd door den Antwerpschen zilversmid Verschuylen. Vermoedelijk is het prachtig antependium, dat de kerk ook nog bezit, eene gift der voormalige heeren van Mespelare.

De Goubau's waren eenen tijd lang de groote weldoeners dezer gemeente. Maria, dochter van Jan Goubau, deed ten jare 1672 afstand van ruim vijf dagwand vijf en tachtig roeden land, met last van elken zaterdag eene mis te zingen ter eere van O. L. Vrouw; — Maria-Magdalena, dochter van Alexander Goubau, gaf bij uitersten wil, op 19 December 1689, aan de kerk eene som van 600 gulden, welke ten jare 1728 met eene gelijke som vermeerderd werd door Maria-Aldegonde, dochter van Alexander Goubau, met last van elken zondag eene mis te zingen(1). Nog bezette Maria, dochter van Jan Goubau, eene zekere som aan den pastoor der parochie, ter voldoening « van syne menigvuldige diensten, door het geheel jaer, ende andre onkosten, die in de pilgrimagien ende devotien (*alhier*) moeten geschieden », boven eene jaarlijksche rent van 4 gulden, voor de bekostiging der prijzen, uit te reiken aan de kinderen, die het godsdienstig onderwijs in de kerk bijwoonden.

De H. Aldegonde is te Mespelare in groote vereering, niet alleen vanwege de parochianen, maar van talrijke personen uit Vlaanderen en Brabant. Men bidt haar om door hare voorspraak genezing te bekomen van pest, kanker, koorts, hoofdpijn en zwerend vuur. De godsvrucht nam ongemeen toe nadat in het jaar 1634 Jan Goubau, op verzoek van den pastoor Joost de Harduyn, eenige reliquieën der heilige had bekomen van de kanunnikersen te Maubeuge, van welke reliquieën de aartsbisschop van Kamerijk en de abt van Liessy wettelijke getuigenis gaven, en die te Mespelare met buitengewonen luister, onder den toeloop van duizenden geloovigen uit steden en dorpen, werden ingehaald door de abdis van Zwijveke.

Zoo werd Mespelare eene vermaarde bedevaartplaats, het geheele jaar door bezocht, maar bijzonderlijk op den zondag na het feest van O.-L.-Vrouw-Geboorte, wanneer er hier eene groote processie gedaan werd.

Tót meerdere opwekking der vereering van de patrones werd hier den 13 September 1643, op last van den aartsbisschop van Mechelen, eene broederschap ingesteld, in welke, op nauwelijks negen dagen, meer dan vier honderd vijftig personen van allen rang en ouderdom en uit een groot getal gemeenten, werden ingeschreven. Het jaar nadien kwamen hier in bedevaart don

---

(1) Notariëele acten van Peter Ockers, te Antwerpen.

Emmanuël de Moura y Susa, markies van Castel Rodrigo, land-voogd dezer provinciën, met een groot getal hovelingen, die ook hunne namen als leden der broederschap opgaven. Hetzelfde deed Andreas Crusen, aartsbisschop van Mechelen, toen hij den 10 September 1665 hier het jubelfeest kwam vieren van het duizendste jaar des overlijdens van de H. Aldegonde, en zijn opvolger de aartsbisschop Willem a Precipiano, den 4 Juli 1704, bij zijne bedevaart naar Mespelare.

Eene ons toebehoorende kopie van een oud handschrift ver-meldt een vijftiental wonderbare genezingen van lieden, woon-achtig in andere plaatsen, bekomen, naar hun zeggen, door de voorspraak der H. Aldegonde. Geen wonder dat de genezenen den lof der bedevaart wijd en zijd verbreidden en daardoor de toeloop naar Mespelare gedurig grooter werd.

Het kerkbestuur zelf werkte daartoe mede; immers een brief van het jaar 1658, onderteekend P. van Belle, erfachtig meier van Mespelare, meldt dat hij te Aalst, aan de kerkdeur der paters Karmelieten, een beeldeke van Ste Aldegonde had geplakt gezien, waar onder gedrukt stond :

« Alle die ghebreken van ruppen ofte zweeren
Van cancker ofte vier, en hulpe begheeren,
Dat hy tot Mespelaer Ste Aldegonde groet
En zoecke deur dezelve genezinghe ende boet ;
Want als de claere son het duyster doet verdwynen,
Sal se ongetwyfelt ooc doen swichten uwe pynen.
U bedevaert dan doet, opdat gy wort genesen
En offert haer u hert en al dat gy cont . . . . »

Geen twijfel of deze opwekking tot de bedevaart naar Mespelare zal zeker in al de kerken der landen van Aalst en Dendermonde aangeplakt geworden zijn.

Tot stichting en onderrichting der bedevaarders gaf pater Andreas de Boeye, Jezuïet, ten jare 1659 een boekje uit, getiteld : *Het Leven van de H. Maeght S. Aldegonde, patro-nersse van Mespelaer, alwaer haer H. Reliquien syn rustende. Getrocken uyt verscheyde schryvers* (Antwerpen, Arn. van Brakel, in-32, 58 bl.). Dit werkje was versierd met dertien koperplaatjens, nog heden ter pastorij van Mespelare bewaard(1).

Als aandenken van hunne bedevaart droegen de geloovigen voortijds eene kleine op perkament gedrukt en met goud en kleuren belegde afbeelding der heilige mede, op koper gegraveerd door A. Goetiers. Nog diende daartoe eene teekening door Abr. van Diepenbeek, met de afbeelding der kerk en het bijschrift :

Sancta Aldegondis virgo ex nob^{mo} Comi^{tum} Hanno^{ae} sang^o Malbodii et Mespelar. patr^{ua} nob^{mo} et ampl^{mo} viro D. Alex^{dro} Goubau, equiti : Mespelariae et Gisegem toparchae urbis Antverpiensis Consuli : Martinus van den Enden D. D. An. 1649.

Abr. a Diepenbeke delin.   Martinus van den Enden excudit.

Nadien werd er eene andere, wat grooter, vervaardigd en op papier gedrukt, met het onderschrift : S. Aldegonde tot Mespelaer, patroonersse teghen kanker ende quaet vier, advocatersse. In de XVIIe eeuw waren er ook zilveren gedenkpenningen en heden is in de kerk nog de afbeelding van Goetiers te bekomen, gedrukt op papier en ongekleurd, hebbende tot bijschrift : S. Aldegondis. Dit Beldeken heeft geraeckt haer H. reliquien tot Mespelaer.

Dat de toeloop geloovigen te Mespelare tijdens de novene groot moest zijn, bewijst ons dat er in 't begin der XVIIIe eeuw twee wakers in de kerk waren, vermoedelijk gedurende den nacht.

In de voorgaande eeuw waren hier twee klokken. De groote had tot opschrift :

Door De kerCke Deser pLaetse ben ICk ergooten (1751).

---

(1) De eerste uitgave dagteekent van 1645.
Latere uitgaven dagteekenen o. a. van 1663 (Antwerpen); 1672 (Dendermonde); 1743; 18** (Aalst) en 188* (Gent).

Op de kleine, gegoten door Andreas van den Gheyn, te Leuven, ten jare 1772, las men : ·

S. ALDEGUNDIS O. P. N.

Vanouds is hier een beiaard met zeven kleine klokken, en eene andere klok, die een gewicht heeft van 500 kilos.

Het inkomen der pastorij was in de voorgaande eeuw nog al belangrijk.

De pastoor genoot de helft der tienden, ook van het vlas, op landen en meerschen; de kerk gaf hem jaarlijks 72 gulden, volgens beslissing van den aartsbisschop Boonen ; voorts 5 gulden voor de novale tienden; 25 gulden voor misse en communiewijn; 25 gulden voor het zingen der vrijdagsche mis; 2 gulden 8 stuivers ter vergoeding van de plaats, geheeten *Priesterageken*, vroeger tot de pastorij behoorende en ingelijfd bij den openbaren weg; één gulden voor de keers op Lichtmisdag. Boven verschillige andere voordeelen genoot de pastoor nog de opbrengst van zeker land, in 1728 verpacht voor 52 gulden 's jaars, met last nochtans van de paters Jezuïeten, die hier hunne statie hielden en gedurende de negendaagsche plechtigheid ter eere der H. Aldegonde predikten, te gast te houden.

Pastoors van Mespelare.

Jan Boele 1523

. . . .

Joost de Wolf 1585

Karel van der Meersche, pastoor van Oudegem 1592

Hubrecht van Wesele, id. 1603

Joost de Harduyn, id. 1609-1619

Adriaan van den Neste, id. 1619

Adriaan van den Abeele 1639

Thomas Cocx 1656

Jan van Wienendale 16**

Jacob Laureys 1679

Antoon de Bisschop	1695
Philip van der Linden	1706
J.-B. Bricquet	1728
Pieter-Benedict Bricquet	1762
Hendrik de Cuyper	1775
Alexander-Jozef de Longé	1802
Augustijn de Loose	1806
Fr.-Laur. van Grootven	1827
Karel Zaman	1831
J.-B. de Rycke	1841
Karel-Jozef de Vriendt	1858
Fideel-Jan Verdickt	1864
Jan Steeman	1875
Karel-Lodewijk Manssens	1881
B.-J. van Cromphout	1888

V.

OCKEGHEMS-GENOOTSCHAP. — Onder dezen titel, eene hulde aan den beroemden Belgischen toondichter der XV⁰ eeuw, werd ten jare 1843 hier en in het naburige Oudegem eene zangmaatschappij gesticht, welke in 1846 deel nam aan het festival te Keulen, in 1847 aan dat te Gent (*Duitsch-Vlaamsch Zangverbond*) en in 1850 aan een festival te Antwerpen. Zij was bestuurd door Ed. de Hovre en bestond tot in 1855.

VI.

Sage.

DE GOUDEN WIEG. — Als de Turken het land werden uitgejaagd, waren zij gedwongen de schatten, die zij door rooverij verzameld hadden, in den grond te delven, hopende die bij gunstiger gelegenheid te komen weerhalen.

Dat deden zij ook te Mespelare. Onder andere kostelijke voorwerpen hadden zij eene gouden wieg, in de schaduwe van den toren, bij middagzonneschijn, in den grond gedolven.

Het volk wist dit, en beproefde later meer dan eens den schat weer aan het licht te brengen. Vergeefsche moeite! Alle nachten verschijnt de schim van eenen Turk op die plaats, en bewaakt de wieg : geen christen mensch, die er nabij durft te komen. Telkens dat de eene of andere begeerige ingezetene wil pogen om de wieg op te delven, doet de schim haar dieper in den grond zinken, zoodat ze niet vindelijk is.

Hoe lang de Turk daar op schildwacht moet staan? Waarschijnlijk tot den dag, dat zijne broeders uit Turkije met voldoende macht zullen opkomen om weder in het bezit te komen van hunnen ouden schat(1).

_____

(1) Door Turken verstaat men, in verschillige plaatsen van Vlaanderen en Brabant, de Gotten of andere noordsche, en in 't algemeen alle vreemde benden, welke hier voortijds het land kwamen verwoesten. Het volk van Kortrijk beschouwt den Bloedmeersch als 't uiterste punt, tot waar de Turken (de Franschen) in 1302 zijn doorgedrongen.

MOERZEKE.

I.

Beschrijving van het dorp. — Op eenen afstand van 6 kilometers der stad Dendermonde, in eene lage vlakte, ligt de gemeente Moerzeke, die ten noorden begrensd is door Hamme, ten oosten door de Schelde, rechtover St-Amands en Mariakerke, ten zuiden en ten westen door gemelde rivier, rechtover Baasrode, en gedeeltelijk nog ten westen door de gemeente Grembergen. Haar naam, evenals een aantal benamingen van wegen en plaatsen alhier, geeft genoeg de ligging en den aard des bodems te kennen(1). Het grootste gedeelte der gemeente is

---

(1) Oude plaatsnamen :

1450 : *Baefsacker, Brant, Gheest, Haexdonc, Hemelrijck, Hulst, Loeghene, Loostrate, Paddenbroeck, Ronxvelt, Strijlant, Zijdijc, Zwaervelt.*

1600 : *Steenveld.*

1690 : *Blanckaert, Boonmytcauter, Oud broeck, Hoogh Castel, Donck, Langhe Donck, Doorencauter, Gavers, Haesdonck, Booghe Gheest, Hoefacker, Hulstcauter, Meulendyck, Naeckershooft, Neerhaghe, Nieuw broeck, Overdyck, Puyenbroeck, Puytoers, Smalstrecke, Steenselcauter, Strinxel, Swyve, Varendonck, Vrouwenbroeck, Wal.*

1700 : *Absbroeckpolder, Hebbe, Heet, Kille, Luytequeck, St.-Martens-*

polder, buiten den Kouter, de Steenpoort, Gastel, de Hoog-Overdijk, de Geest en Hooge Geest. Tot de vruchtbaarste plaatsen worden gerekend het Absbroekje, het Eiland, Klein-Broek, het Vrouwenbroek en het Broek van Baasrode. De Kouter is het minst vruchtbare deel der gemeente.

De bodem is hier meest ontstaan uit aanspoelingen der rivier, welke zich nagenoeg rond de gemeente kronkelt. Deze aan-spoelingen bleven eenen tijd lang moeras en werden daarna door de zorg van monniken en heeren, en door de vlijt der bewoners, gedijkt en in bouwland of weiden herschapen. Uit-wijzens oude schriften was Absbroek, ten zuiden en ten westen palende aan de heuvelen van Gastel, de eerst ingedijkte polder. Hieronder is waarschijnelijk te verstaan het Broek, dat ten jare 1245 door Gwijde, graaf van Vlaanderen, en Hendrik van Assche met zijne echtgenoote Joanna, vrouwe van Epinoy, aan de abdij van St.-Bernaards werd afgestaan, eene gift, welke in 1259 door hetzelfde echtpaar werd vermeerderd met een schor of aanwas omtrent Gastel, dat destijds reeds door de kloosterlingen van St.-Bernaards met wallen en grachten omringd, dus tot weide of akker benuttigd was (1). — Vijf jaren te voren hadden Gwijde van Dampierre met de genoemde echtelingen, mits zekere voorwaarden, een ander moer of polder te Moerzeke hunnen laten of dienstlieden te Moerzeke, Hulst, Puurs, Ruisbroek, Hingene, Baasrode en eenige andere plaatsen afgestaan (2), zoodat men mag onderstellen dat op gezegd tijdstip de bevolking van Moerzeke werd vermeerderd door een zeker getal uitgewekenen van de evengemelde dorpen, die hier gelegen-heid vonden om hunne kennissen in zake van droogtrekking der moerasgronden nuttig te besteden.

Veldeken, St.-Martens-Ommeganck, de Rotten, Rogghemansche dyck, Swynkoye, Vrouwenackers.
1780 : *Absdael, Ebbe, Neerpeyenbroeck, Nieuwstadt, Warande.*
(1) Lindanus, 77.
(2) Zie verder, bl. 25.

Na de eerste proeven om het door de Schelde verlaten schor voor den akkerbouw dienstbaar te maken, ving men aan met Eiland en Klein-Broek, oostwaarts grenzende aan den polder van Nieuw-Broek, ten zuiden aan Absbroek, ten westen aan Oud-Broek, en noordwaarts aan den Bootdijk. Deze polders worden door eene lange rechte straat in twee deelen gescheiden : de zuidkant is het Eiland, de noordkant 't Klein-Broek geheeten.

De bedijking van het moeras ging daarop voort in het zuiden, bepaaldelijk met Oud-Broek, hetwelk insgelijks aan Absbroek grenst, en door Gastel aan de zuidzijde, door de Schelde ten westen en door het dorp en Klein-Broek ten noorden is ingesloten.

Zoolang er hier grond te winnen was, werd het werk onbezweken voortgezet; immers taai geduld en volharding waren te allen tijde twee hoofddeugden van het Vlaamsche volk. Opvolgendlijk werden ingedijkt :

De Vrouwenbroek-polder, palende oost en zuid aan Groot-Broek, west aan den Bootdijk, en noord aan Naaldebroek;

Grootbroek, begrensd door de Schelde, aan den oostkant, door de Smal-Gelanden of 't Nieuw-Broek, ten zuiden, door het Klein-Broek, ten westen, en door Naalde-Broek en Bootdijk ten noorden. Twee straten splitsen dezen polder in drie deelen; hij bestaat, althans voor eene watering die bij koninklijk besluit van 19 October 1882 is ingericht, uit Vrouwenbroek, Groot-Broek, Kaaien, Akkerschoot, Blankaart, Klein-Broek en Eiland;

Staghens- of *Lippensbroek*, van geringen omvang, tusschen de Schelde ten oosten, Groot-broek ten zuiden, Vrouwenbroek ten westen en Naaldebroek ten noorden. Aanvankelijk was dit éene weide;

De *Smal-Gelanden* of *Blankaart*, ingedijkt met Nieuwbroek, waar het door eene sloot met eene sluis van afgescheiden is. — Deze polder paalt ten oosten aan de Schelde, ten zuiden aan Nieuwbroek, ten westen aan Kleinbroek en ten noorden aan Grootbroek. Wat Nieuwbroek betreft, aanvankelijk aan de abdij van St.-Bernaards toebehoorende, maar na verloop van tijd

afgestaan aan den aartsbisschop van Mechelen, deze polder paalt
ten noorden aan de Smal-Gelanden, oostwaarts aan de Schelde en
het Zwin, zuidwaarts aan den Wal en westwaarts aan de Killen.

Het Zwin, weleer een eigendom van de St.-Michielsabdij,
is aan de noord- en oostzijde begrensd door de Schelde, aan den
zuidkant door den kleinen Wal en ten westen door Nieuwbroek.
— Nog eenige schorren en aanwassen van minder belang
zijn in de onderstaande acte aangeduid [1].

Waren deze verschillige polders te Moerzeke vroegertijds beheerd door eene bijzondere schepenenbank, gelijk wij
verder zullen aantoonen, nu bestaan daar wettelijk ingerichte

---

[1] « Ick Jor. Frans van der Borch, f[s] Charles, in syne levene heere van
Moeseke, Castelle *etc.*, kennende ende lyde te hauden van syne Con[e] Mat[s]
princelycken huyse ende leenhove van Dendermonde, een leen, te weten de
vrye maelderye, windt, molinghe ende den windtmeulen binnen de voors.
prochie ende heerlyckheyt van Moeseke.

« Item binnen het voors. Moeseke noch negen bunderen ses vaetsaet dry
en twintich roeden dry voeten en half schooren en aenwasschen, liggende
aen malcanderen binnen het voors. Moeseke, achter den polder ghenoemt
den *grooten Wal*, paelende noort den dyck van voorn. polder, suyt-oost de
bedyckte ende onbedyckte schooren ende aenwasschen van vrouwe Agnes
Theresia vander Borch. Item noch vier bunderen seven vaetsaet hondert
twee roeden en half schooren en aenwasschen, oock gelegen achter den voorn.
grooten Wal, paelende oost de bedyckte ende onbedyckte schooren ende
aenwasschen vande voors. vrouwe Agnes Theresia van der Borch, west de
voorgaende schooren, noort het schoor ghenoemt den *Bierpot*. Item noch
vyf vaetsaet negen roeden ende seven voeten schoor ende aenwasch, ghenoemt den *Bierpot*, suyt de voorgaende, noort het naervolgende. Item noch
dry bunderen seven vaetsaet en zeventich roeden en half schoor ende aenwasch, genoempt het *nieuw Schoor*, paelende oock de voorgaende, noort ende
west de sluyze ende kille vanden voorn. Grooten Wal. Item noch dry vaetsaet ende hondert roeden en half schoor ende aenwasch, liggende tegenover
de prochie van Mariakerke, achter den Swynschen en Grootbroekschen dyck.
Item noch een vaetsaet hondert dry roeden en half schoor ende aenwasch,
gelegen rechts jegens den *Blanquaert*. Item noch een vaetsaet dry en vyftich
roeden en half schoor ende aenwasch, comende tot bij het *groot Broeck hooft*.
Item noch vier vaetsaet hondert ende elf roeden schoor ende aenwasch,
genoempt de *Lange Saete*, paelende suyt de Schelde.... Synde alle de voors.
schooren ende aenwasschen bedyckt met somerdycken, mitsgaders gelegen
tegen de riviere vande Schelde, dienvolgens buyten de winterdycken.... »

(*Leenboek van Dendermonde*, n° 62. — Staatsarchief te Gent, 75[v]).

wateringen. Onverminderd degene van Grootboek heeft men hier de watering van de Gastelpolders, ingericht bij koninklijk besluit van 28 September 1885 en bevattende Nieuwbroek, Zwin, Absbroeken, Kleinen Wal, Voorste en Achterste Broek van Baasrode, samen eene uitgestrektheid hebbende van 500 hectaren 21 aren 90 centiaren. — De watering van Naaldenbroek, ter grootte van 10 hectaren 29 aren, bestaat sedert het jaar 1872.

Zoo de aanwinst van deze gronden allervoordeeligst was voor de gemeente, de omstandigheid dat zij niet boven het peil der rivier, of ter nauwernood iets hooger gelegen waren en door stevige dijken behoefden beschermd te worden tegen het geweld des waters, was oorzaak dat er bij groote stormen en hevige watervloeden voor doorbreking of inzakking van dijken te vreezen was. Zulke ramp viel te Moerzeke meer dan eens voor. De oudstbekende klimt op tot het jaar 1373, wanneer ruim 19 bunder land en meersch door de golven werden overspoeld. Deze grond behoorde toe aan de kapelnij van H.-Kerst, op het grondgebied der St.-Baafsabdij van Gent, welke laatste zelve er in 't bezit van werd gesteld, op voorwaarde van den dijk te herstellen en in gemelde kerk, ofwel in de kapel van het kerkhof der abdij, eene wekelijksche mis te lezen (1).

Andere dijkbreuken geschiedden in de tweede helft der XVIe eeuw, onder andere eene te Hamme, waardoor een groot deel van Moerzeke onder water kwam; ten jare 1687 en in December 1763, op welk laatste tijdstip ook de naburige dorpen Hamme, Grembergen en Zele onder water werden gezet.

Het onderhoud der dijken vergde niet alleen veel last en moeite, maar ook groote geldsommen. Eene oorkonde, betrekkelijk de algemeene belastingen, door Moerzeke op te brengen, zegt dat Oudbroek, groot vijftig bunder, volgens den transport van 1517 aangeschreven stond voor « dubbel landt, wezende in

(1) Charters der St.-Baafsabdij. — Staatsarchief te Gent.

dien tijt maer gesomerdijct » (later ook voorzien van winterdij-
ken) « diemen tot seer grooten ende excessiven costen onderhou-
« den moet, zoo dat tzelve landt oft brouck, boven d'oncosten
« van dicaigie, subventie, X^e ofte XXe penning ende landts
« costen, niet zoo vele proffijts en bringt als dlant, dat inden
« voornoemden jaer (1567) niet half zoo goet en was; in zulcker
« voeghen dat blijcken zoude, waert noodt, dat vele landts
« int voorn. Outbrouck geleghen, meer belast zijn gevonden
« van dicaigie ende andere onghelden dan eenighe van andere
« prochien.

. Onder de vanouds bekende pachthoeven in deze gemeente
zullen wij vermelden :

't *Goed te Gastelle* of ter *Munken*, in 1419 het eigendom der
abdij van St.-Bernaards, namens welke het toen voor de helft
in huur werd gegeven aan Hector uter Swanen (1). Dit goed, zich
ook uitstrekkende in Hamme en Grembergen, gaf zijnen naam
aan het gehucht *Gastel*, waarvan na verloop van tijd *Castel* en
Castelle werd gemaakt. Wij troffen den echten naam aan in al de
oorkonden van de XVe eeuw, voorkomende in de registers der
schepenen van Gent. Als eene bijzonderheid zij hier aangeteekend dat ten jare 1422 de pachter, Pieter Seghers, tot verplichting werd opgelegd twee koeien, of eene koe en een kalf,
onvergeld op het goed voor zijnen meester te laten grazen.

Het goed ter Hoeven, ons bekend van 1420, met eene grootte
van ruim 22 bunder, wanneer het door den eigenaar Jan van
Leyns werd in pacht gegeven voor de som van 8 pond groote
's jaars.

Het Daelgoed of *goed ten Dale*, met eene uitgestrektheid van
11 bunder. Dit goed was ten jare 1546 het eigendom van Daneel
van den Eeckhoute, baljuw van Temsche, die het toen, samen met
den Roggeman, verpachtte voor 30 pond 10 schellingen groote
's jaars.

---

(1) *Acten en Contracten*, 1419-1420, 66.

Het hof van Plaisance, in 1655 toebehoorende aan Jan Verlysen, die het den 5 Juli van dat jaar verkocht aan jonker Pauwel-Alexander de Weynssone (1).

---

(1) « Compareerden voor Baillin, Burchmeester ende Schepenen vanden hooghen, metgaders voor schout, burghmeester ende schepenen vanden broecken der prochie ende heerelyckheyt van Moerseke, in persoone Joncheer Pauwel Alexander de Weynssone, ende Jan Verlysen, welcke comparanten daer waeren exhiberende seecker contract, wanof d'inhouden hiernaer volght van woorde te woorde : Op heden desen derden July 1655 heeft Jan Verlysen wel ende finaelycken vercocht aen Jor. Pauwels Alexander de Weynssone, die van ghelycken kendt ghecocht thebben vanden voors. Verleyse, neen syn huys, hofstede ende erfve, mette wallen ende maete dycx daermede gaende, zoo tzelve nu jegenwoordich ghestaen ende gheleghen is binnen deser voorn. heerelyckheyt in tCleyn Broeck, vanouds ghenaemt *tHof van Plaisance*, ende dat voor ende mits deselve somme ghelyck hy Verlysen tselve heeft ghecocht vande hoirs Sanders, boven de somme van twee hondert guldens eens, te betaelen ten daeghe van de onterfenisse over de reparatien byden selven Verlysen tsedert syne aencomste aen tselve hof ghedaen; ende vermach hij heere cooper voorts op de principale coopsomme thouden staen ende aftrecken dé renten van ses ponden grooten tsiaers, den penninck zesthien, op tselve hof bezet, die hy vercoopere sal moeten effen stellen totten daeghe vande onterfenisse; hetselve hofken is noch in pachtinge den tydt van zesse jaeren aen Jan de Munck, voor de somme van neghen ponden grooten siaers, die hy vercooper sal profitteren totter voors. onterfenisse, ende van dan voorts sal denselven pacht loopen tot proffyt vanden heere cooper denselven pacht gheduerende, ende voorts heeft by heere in voldoeninghe vande resterende principaele coopsomme aen denselven Verlysen ghegheven een bunder landt, gheleghen in twee perceelen teynden elckanderen gheleghen in tgroot Broeck, lancx den dyck, emmers onbegrepen der maete, zuytwest denselven heere vercoopere, naest Jr d'Hertoghe, met welck voors. bunder landt ende de rente van ses ponden grooten siaers, hierboven vermelt, den vercooper hem over de voors. principale coopsomme is verghenoeghende ende bekendt ten vollen voldaen te wesen, soodat den zelven heere cooper niet meer schuldigh en blyft dan de voors. somme van twee hondert guldens, te betaelen als boven, welcke voors. twee plecken landt alsnu in pachte syn ghebruyckende Jan de Keysere ende Jan Maes voor ses toecomende jaeren, voor neghen ponden vyf schellinghen grooten sjaers, te saemen, daer van hy heere Weynssone oock zal proffiteren den pacht totte voors. onterfenisse, ende van dan voorts sal hy Verlysen, als aencomende proprietaris, synde tselve landt suyver ende onbelast, dan met eenen groote tghemet aen d'edele heere van Moerseke, met alle welcke conditien zij contractanten henlieden respectivelyck syn vernoeghende, met renunchiatie van alle exceptien; dies blyft hy heere Weynssone verobligeert te draghen ende betaelen alle oncosten, soo van

Het Toreken, op den Bootdijk, thans een eigendom der familie Van Bogaert, en *het Hooghuis*, op de Ebbe, omtrent den Roggeman, nu aan den heer Elsen, van Antwerpen, zijn twee nog bestaande pachthoven met bekenden naam.

Behalve de Schelde, aan het grootste deel der grens van Moerzeke, is hier nog een oude loop derzelfde rivier, de *Roggeman*, in de nabijheid van den steenweg naar het dorp. Deze werd ten jare 1635 door koning Philip IV aan de heeren van Moerzeke in cijns gegeven en is nu, met den polder van denzelfden naam, het eigendom van den gemelden heer Elsen, te Antwerpen.

Daarenboven treft men er verscheidene waterloopen aan, onder welke de *Vlietbeek*, die de grens met Grembergen vormt, en eene andere, geheel in 't noorden der gemeente, insgelijks op de kaart onder de benaming van *Vliet* aangeteekend. Beide wateren uit in de Schelde.

De gemeente Moerzeke is verdeeld in de volgende wijken : *Kille, Nieuwstad, Ebbe, Kouter, Boonstraat, Bootdijk, Bookmolen, Gastel*, en doorsneden door de steenwegen naar Grembergen, Hamme, St.-Amands en Baasrode-veer, vier belangrijke punten voor gemeenschap en handel.

Volgens eene officiëele telling van het jaar 1830 waren er te Moerzeke 130 paarden, 21 veulens, 414 hoorndieren, 176 kalveren, 390 zwijnen en 240 woldieren. Zestien jaren later telde men hier 160 paarden en veulens, 814 hoorn- en 375 woldieren, 256 zwijnen, 48 geiten en 185 vetbeesten. Toen beliep het getal landbouwgebruiken tot 332, en onder deze was er éene van 25 tot 30 hectaren grootte ; twee hadden eene uitgestrektheid van 20 tot 25 hectaren ; acht van 15 tot 20 hect. ; acht en

---

erfven, onterfven als andersints, soo dat hy vercooper nyet te dooghen en heeft dan alm ende stroy. Aldus ghedaen ter goeder trouwen, present Jan van Riete, schout, ende Joos Baert, datum als voren. »

De WEYNSSONE, JAN VERLYSEN.
(*Généologie de la famille de Weynssone,* bl. 114 v°. — Hs. in 't bezit van den heer Em. Beeckman, vrederechter te Hamme).

twintig van 10 tot 15 hect.; acht van 9 tot 10 hectaren enz.' Destijds vond men hier 89 hectaren 20 aren meersch en 15 hectaren 42 aren bosch.

Tot bevordering van handel en nering werd hier in de XVI° eeuw eene kaai of legplaats voor schepen gemaakt, ter plaatse geheeten *de Drij Goten*. Éens zag men daar andere vaartuigen op anker komen dan beurtschepen : de maarschalk de Biron, een van Frankrijk's beroemdste veldoverstcn. stapte er ten jare 1583 met den hertog van Alençon aan wal, en werd met groot eerbewijs namens de toenmalige meesters van het land onthaald. De krijgskennis van den geduchten veldheer kon evenwel niet beletten dat de Fransche benden door den hertog van Parma uit Vlaanderen werden geslagen.

De naam dezer gemeente werd niet altijd geschreven gelijk nu : in Latijnsche oorkonden van 1125 en 1156 leest men *Murzeke* en *Murceka*; eene andere van 1171 spelt *Morzeka*; in 1255 vindt men *Morska*; in 1259 en 1261 *Morseke*; in 1330 *Mourseka*, en later ook weleens *Moeseke*. De volksuitspraak, sedert eeuwen, is *Moes* of *Moesche*, welken laatsten vorm men aantreft op de kaart van Vlaanderen, door MERCATOR op het einde der XVI° eeuw in het licht gegeven.

Het eerste deel van dit woord levert voor het uitleggen geene moeilijkheid op; wat *eke* betreft, misschien wel hetzelfde als *ake* in tal van plaatsnamen, hieromtrent geeft men niets dan gissingen. Volgens aanteekening van den Noord-Brabantschen geleerde HERMANS zou gemelde uitgang somtijds de bediedenis kunnen hebben van heide — maar hoe dit toegepast op deze gemeente ? Het achterste deel van het woord zou dan gansch in strijd zijn met het voorste, dewijl men bij *moer* te denken heeft aan eenen waterachtigen, niet zandigen, en aan eenen vruchtbaren, niet dorren bodem. HERMANS ziet ook in *eke* somwijlen eenen ouden mansnaam, maar hij vergeet dat de persoons- in plaatsnamen altijd vooraan komen. Moest deze laatste meening gegrond zijn, dan zou men de gemeente niet gedoopt hebben met den naam van Moerseke, maar met dien van *Ekesmoer!*

De kanunnik De Smet, daarentegen, ziet in den naam de grens of uiterste plaats van een moeras; het oude *eck, eke, egghe,* in het Hoogduitsch *ecke,* wordt inderdaad door Kiliaan vertaald door *angulus, extremitas, ora.* Hier doet zich echter de vraag op of Moerzeke het einde van een moeras kan geweest zijn, dewijl men schorren, broeken en daarna polders aantrof van omtrent Dendermonde tot aan de monding der Schelde, in de Noordzee.

Wij zeggen dat men bij 't woord moer te denken heeft aan zwaren, vruchtbaren bodem; maar nevens dezen was er hier eene strepe gronds van gansch anderen aard. Oude schriften, gewag makende van Gastel, zeggen dat daar vroeger heuvelen en duinen waren, door water en moeras omgeven. Het voren-bedoelde XVI° eeuwsche document, betrekkelijk het aandeel van Moerzeke in de algemeene belastingen, rept ook van « heet ende sandachtig landt », — omtrent het derde gedeelte van de uitgestrektheid des dorps — en hetwelk toen « ledich ende onghelaboureert » lag.

De tegenwoordige nijverheid van Moerzeke, buiten den akker-bouw en de veeteelt, bestaat in twee olieslagerijen, twee zout-keeten, twee bloemfabrieken, drie bierbrouwerijen en twee windmolens, waarvan een te Gastel. De olieslagerijen werden opgericht door de heeren Amand en Em. d'Hollander; de zout-keeten dankt men aan de heeren Lodewijk van Lokeren en Benedict Vertongen.

Moerzeke heeft eene jaarmerkt, gehouden op eenen dag der kermis, welke gevierd wordt den eersten zondag van September. — De wijk Bootdijk viert op den zondag vóór St.-Jansfeest de zoogenoemde *Geibekermis,* terwijl den eersten zondag van October de *Baafmiskermis* plaats heeft aan den Molen.

De bevolking dezer gemeente groeide in de laatste eeuwen op merkelijke wijze aan. Telde men hier 790 communicanten in 1643, ten jare 1709 was dit cijfer vermeerderd tot 1,200, in 1735 tot 1,400, in 1763 tot 1,500, in 1773 tot 1,600. Den 31 December 1888 beliep het getal ingezetenen tot 3882.

II.

Heerlijkheid en bestuur. — Reeds van het begin der XII° eeuw treedt er een geslacht te voorschijn, dat den naam dezer gemeente voerde en hoog in aanzien moest geweest zijn, dewijl zijne leden geroepen werden om allerlei openbare acten met hun zegel te bekrachtigen. Zoo ontmoeten wij in 1125 *Albrecht van Moerzeke;* twee jaren nadien *Gillis van Moerzeke (Morsca);* in 1217 *Zeger, Margareta* en *Walter van Moerzeke,* en in 1276 *Hergot van Moerzeke.* Geen dezer, evenwel, schijnt de heerlijke rechten over het dorp te hebben uitgeoefend, althans zij komen in de bekende oorkonden niet als zoodanig voor. *Walter van Moerzeke,* die leefde in het jaar 1210, was heer van de Brabantsche gemeente Ste-Geertruid-Machelen. Het oudstbekende lid van het geslacht, in de geschiedenis vermeld als het heerlijk gebied over Moerzeke te hebben bezeten, was Maria, dochter des vorengenoemden, gehuwd met Hendrik, heer van Grimbergen, die na het overlijden zijner vrouw eenen tweeden echtknoop sloot met Joanna, vrouwe van Epinoi. Uit dit tweede bed sproot Hendrik, insgelijks heer van Grimbergen, die zich onderscheidde in den veldslag van Woeringen en in den echt trad met Sibilla van Cisoing, wier zoon Geeraard in het bezit der heerlijkheden van Moerzeke, Grimbergen en Berlegem opvolgde, en die tevens het ambt verkreeg van hoogbaljuw der stad Dendermonde. Deze stierf den 5 Februari 1352, na in huwelijk geweest te zijn met Clara van Mirabelli, dochter van Jan, heer van Perwez. Eene zijner twee dochters, Maria, erfde de heerlijkheden haars vaders en trouwde in 1370 met Philip (VI) van Maldegem.

De zoon dezes laatsten, Philip (VII) van Maldegem, trouwde eerst met Margareta van Halewijn en na het overlijden van deze met Margareta van Gistel. Nopens deze vermeldt de geschiedenis niets van belang, maar zijn zoon Philip (VIII) onderscheidde zich in den oorlog tusschen Philip den Goede en de Gentenaren, in 1452 en 1453, maakte deel van het gezantschap der Staten bij den Franschen koning Lodewijk XI, en was een der rechters over Hugonet en Humbercourt(1).

Daarop volgde Margareta van Maldegem, vrouwe van Moerzeke en Machelen, welke laatste heerlijkheid op haar verbeurd werd door den aartshertog Maximiliaan, ten voordeele van zijnen secretaris. Zij huwde met Francesco Cavalcanti en overleed in 1485 (o. s.), na de heerlijkheid van Moerzeke verkocht te hebben aan Jan-Pieter Rufin, voor de som van 400 pond groote. Tegen dien verkoop werd evenwel verzet gedaan door Iwein van Ophem, die beweerde recht te hebben op de heerlijkheid wegens bloedverwantschap uit hoofde van zijne vrouw.

In het begin der XVIᵉ eeuw vinden wij het heerlijk gezag over Moerzeke in handen van Catharina van Ophem, die in den echt trad met Adam van Berchem. Adriaan, zoon van dezen, volgde nadien op, en werd op zijne beurt vervangen door Theodora van Berchem, zijne dochter, die de heerlijkheid, door huwelijk, overbracht aan Gillis van der Borch.

Pieter, zoon der laatstgenoemden, stierf ongehuwd in het jaar 1550, en had tot opvolger zijnen broeder Jan, echtgenoot van Catharina van Duffele, wier zoon Jan de heerlijkheden van Moerzeke en Gastel in bezit kreeg en die ten jare 1610 overleed. Twee jaren te voren had hij deze goederen opgedragen aan zijnen tweeden zoon Karel, gesproten uit zijn eerste huwelijk met Odilia Roelant, vrouwe in Olmen(2).

---

(1) Zie onze *Geschiedenis van Maldeghem.*

(2) « Comparerende voor bailliu ende mannen van leene vanden hove ende huyse van Dendermonde in persoone edele, vrome ende weerde heere Joᵉ Jean van der Borch, heere van de prochie ende heerlichhede van Moesicke, jeghenwoordich wesende burch-meester der stede van Dendermonde voorseyt, de welcke uyt zekere merckelycke redenen hem daertoe moverende, zoo hy verclaerde, heeft ghegheven ende ghejondt, soo by doet by desen, donatione inter vivos aen Ioᵉ Charles van der Borch, zynen tweeden soone,

Eerst : Het audt casteel mette edificien daerop staende, metten bogaerden·

Deze schikking voldeed niet aan Karel's ouderen broeder, Matthias van der Borch, die trachtte ze door het gerecht te doen

---

ende cynghelen daermede gaende, commende aen Aubrouck ende Aubrouck-straete te Moesicke, midtsgaders noch de heerlicheyt van Moesicke, met hooghe, middele ende leeghe justicie, meulens, thienden, visscheryen, voghelryen, swaenderye, pluymcheynsen van hinnen, cappoenen, hoenderen, gansen, eyndt-voghels ende andere. Item noch alle herte ende morwe graencheynsen, ende incommen. Item alle aenwassen, beste hoofden, thiende-penninghen, ende voorts generalyck ende specialyck al dat aende voorseyde souverainiteyt der voorseyde zyne heerelichede is appenderende en dependerende, inder voeghen zoo by donateur de zelve heerlicheyt is hebbende ende besittende als patrimoniale goet ende leene. Item gheeft noch als vooren den voorn. jor Charles zynen sone XXIJ ghemeten landts in 't Groot-brouck te Moesicke ligghende, ende dit alles op ende mette jaerelycke lasten ende renten daerop uytgaende, met expresse reserve ende conditie van het gheheele usufruict voor hem donateur en comparant zyn leven lanck ghedurende, en Mevrauwe zyne douagiere haer recht van bylevynghe naer costuyme; welcke ghifte den voornoemden jor Charles, donataire in persoone, met jor Charles d'Hertoghe, heere van Paddeschoot, zynen vooght (wesende hiertoe specialyck gheauthoriseert vanden donateur, ende van ons bailliu ende mannen van leene voorn.) over danckelyck hebben aenveerdt, met wel expresse conditien dat hy donataire ende vooght voornoempt gherenunchiert hebben, zoo zylieden renunchierden by desen, van alle zyns jor Charles recht, actie, part ende deel als hem by den overledene vanden voornoemden heere donateur zal moghen succederen in alle zyn andere achter te laeten goederen, t'zy leenen, erfven, bezet ofte onbezet; midtsgaders oock zullen renunchieren van ghelycken, zoo zy doen by desen als vooren, van alle zyns voornoemt jor Charles maternele goedynghen, ende oock vande goedynghen van zynen grootvader, grootmoedere ende oom vande moederlycke zyde hem toecommende, hoedanich die moghen zyn, ofte waer gheleghen, t'zy leenen, erfve ofte cattheyl, ende dit al tot proffycte van zyns donateurs andere kinderen, broeders ende susters vanden voornoemden jor Charles donataire, gheprocreert by wylent jowe Odilia Roelandts, zyns donateurs eerste geselnede, wel verstaende ende met conditie dat hy donateur quaeme dese zyne ghifte te veranderen, ofte innoveren (zulckx hy t'hemwaerts is reserverende) dat in zulcke ghevalle de voorseyde renunchiatie by den voornoemden jor Charles ende vooght ghedaen, oock niet en zal sorteren effect; en in ghevalle de voornoemde ghifte sorteert, ende hem jor Charles volght, dat hy t'zynen laste is nemende ende zal hebben de jarelycke renten, t'zy gheestelycke ofte weerelycke, daermede de voorseyde heerelicheyt ende landen hem by desen ghegheven, jeghenwoordelyck belast zyn, alle sonder cost ofte last van zyne broeders ende susters, nemaer de achterstellen van dien zullen betaelt worden by den ghemeenen sterfhuyse, tot dat hy jor Charles zal commen in de actuele possessie van dese voornoemde ghifte.

vernietigen. Vrienden van de familie legden evenwel den twist bij en noopten de broeders eene overeenkomst te sluiten op den volgenden grondslag : de heerlijkheid van Moerzeke zal het eigendom blijven van Karel, maar in 't vervolg overgaan tot den oudsten zoon, zonder te mogen op eenen anderen, bij gift of anderszins, vervreemd worden, tenware om gegronde, aannemelijke redenen, en in dat geval het vierde deel van de baten en inkomsten der heerlijkheid aan den oudsten zoon overlatende. Karel zal zijnen broeder Matthias, uit hoofde van dien afstand, of aan zijne zuster Anna, jaarlijks de som van 200 gulden betalen, hem, tot aan zijn overlijden, den titel van heer van Moerzeke

---

Ende oft ghebeurde dat de voorseyde jo[r] Charles quaeme deser wereldt t'overlyden zonder wettich hoir, zoo zal de voornoemde heerlicheyt van Moesicke met zyne appendentien ende dependentien, ende alle andere goedynghe hierboven ghespecifiert, succederen op jo[r] Heyndrick van der Borch, zynen broedere, met ghelycke renunchiatie van zyne goedynghen van zynen heer vadere, grootheere, grootmoedere ende oom maternel, zoo hier vooren oock is gheseyt, ende op ghelycke conditie. Soo den voornoemden jo[r] Heyndrick oock quaeme t'overlyden sonder wettich hoir, zoo zal de voorseyde ghifte, ende met gelycke renunchiatie, toecommen jow[e] Ghertruydt zyne audtste dochtere, met ghelycke lasten ende renunchiatie van haere andere goederen als vooren breeder is gheseyt; ende oft ghebeurde dat eenighe van dese soonen ofte dochters quaeme tot gheestelycken staete, zoo is het verstandt ende wille vanden donateur dat t'zelve zal ghereputeert worden ghestorven te wesen sonder hoir, ende en zal vande selve ghifte gheenssins moghen disponeren in prejuditie vanden gonnen die moet succederen, maer zal de zelve ghifte moeten confereren tot zynen successeur aleer hy, ofte zy, den voorseyden gheestelycken staet zullen aenveerden. Op alle de voorgaende conditien ende reserven zoo heeft den voornoemden jo[r] Jan van der Borch, donateur, hem ontuyt ende ontleent vande voornoemde heerlichede van Moersicke met alle haere dependentien ende appendentien soo hier vooren gheseyt is, ende is daerinne behoorelycke gheleent ende geërft den voornoemden jo[r] Charles van der Borch, zynen soone, voorsien ende gheassisteert met jo[r] Charles de Hertoghe, heere van Paddesschot etc., zynen vooght, de welcke de zelve ghifte ende leenynghe op alle de voorseyde conditien ende reserven hebben ontfaen met alle manynghen ende solemniteyten in ghelycke zaecke gherequireert ende gheobserveert. Actum present meester Lucas van Hoorenbeke, bailliu, Jan van Belle, f[s] Lievens, meester Jan van der Beke, Dominicus Colier ende Jooris Brughman, mannen van leene vanden huyse ende hove van Dendermonde desen 19 Maerte duysent xes hondert acht..... »

laten dragen, en hem het genot afstaan van de buiten winterdijk gelegen aanwassen en schorren. Deze overeenkomst werd in het begijnhof te Dendermonde onderteekend den 10 April 1625(1).

---

(1) « Alzoo proces ende different ghemoveert is gheweest voor bailliu ende mannen van leene der conincklycke maj^t. van zynen huyse ende hove van Dendermonde, tusschen jo^r Matthias van der Borch, ter eendere zyde, ende jo^r Charles van der Borch, f^s jo^r Jans, zynen broeder, ter andere, ter causen vande donatie ende ghifte by wylent den voornoemden jo^r Jan vander Borch, haerlieder respective vader, ghedaen aenden voorseyden jo^r Charles in prejuditie van den voornoemden jo^r Matthias, zynen oudtsten soone, van de heerelicheyt van Moesicke, appendentien ende dependentien, met alle vervallen ende innecommen daertoe behoorende, zoo ist dat den voornoemden jo^r Matthias van der Borch door tusschenspreken ende intercessie vande eerw. heeren patres Thomas van Dendermonde, Franciscus Gandavus ende Florentius van Mechelen, alle patres capucynen, met den voornoemden jo^r Charles, zynen broeder, veraccordeert ende vereenicht zyn inder manieren naervolghende : Eerst, dat den voornoemden jo^r Charles zal hebben de heerlichede van Moesicke, appendentien ende dependentien, midtsgaders den windt-meulen mette twee-en-twintich ghemeten lands inde pretense ghifte vande voorschreven heerlichede vermeldt, midtsgaders t'ghone hem by partaige van zynen heere vader gelaten is. Voorts dat de zelve heerelichede voortaen ad in perpetuum zal succederen aen den oudtsten soone, sonder dat in toecommende tyden de zelve eenichsints vanden outsten sone by ghifte ofte andere dispositie sal vervremt worden, ten waere omme merckelycke redenen, naer requeste ende ghemeene costuyme, oock met advis vande naeste vrienden ende maghen, ende ten voordeele vanden gheslachte, midts den oudtsten int cas voorseyt zal hebben ende trecken 't vierde vande proffycten ende innecommen vande zelve heerlichede, zyn leefdaghe lanck gheduerende, sonder meer; ende zoo verre in den zelven accorde yet waere gheinsereert dat was repugnerende jeghens de costuymen ende ghemeene rechten, zal 't zelve voorsien worden by octroy, daertoe te impetreren. Jtem zal jo^r Charles aen jo^r Matthias, zynen outsten broeder (overmits zyne gherenunchierde actien ende pretensien der voorseyde heerelichede) gheven twee hondert guldens t'sjaers erffelyck den penninck XVJ, ofte in zynen naeme aen jonckvrou Anne, haerlieder suster, de zelve twee hondert guldens t'sjaers t'haerlieder begheerte te hypotecquieren; ende zal den voornoemden jo^r Matthias zyn leefdaghe lanck voeren den naeme ende tytle van heere van Moesicke, ende oock hebben ende proffycteren alle de aenwassen buyten de winterdycken in erfvelicheyt, zoo wel de ghone inghedyct wesende, als die jeghenwoordich indyckelyck zyn; voorts dat hy jo^r Charles niet en zal useren, ofte hem laeten gheschieden eenich respect ofte faveur in presentie ende ten aensiene, ende tot verminderinghe vanden persoon jo^r Matthias, ende zal den voornoemden jo^r Charles aenden voorn. jo^r Matthias voor erffelicheydt transporteren, zoo hy doet by desen, alle zyn recht, part ende deel

Uitwijzens eene acte van 7 Maart 1641 deed Matthias van
der Borch afstand van de heerlijkheid, ook van de schorren

---

hem ghesuccedeert by de doodt van jo^r Willem, zynen joncxsten broeder;
voorts en zal den voornoemden jo^r Charles vanden voorseyden jo^r Matthias
yet heesschen nochte ghehouden wesen te doene eenighe rekenynghe nochte
reliqua van t'ghone hy vande voornoemde goedynghen ontfanghen ende
gheproffycteert heeft, zoo hem jo^r Charles voorn. oock gheene restitutie en
zal worden gedaen van t'ghone den voornoemden jo^r Matthias met zyne
andere broeders ende susters uyt de voornoemden heerelicheyt ontfaen ende
gheproffycteert moghen hebben; zal oock voorts den voornoemden jo^r Charles
in erfachticheyt volghen twee bunderen landts ligghende tot Moesicke inden
wal, midts betaelende aen zyne gheestelycke susters tot Sinte Brigitta ende
Swyvick haerlieder ghepretendeerde renten, aldus veraccordeert door intercessie vande voorn. eerw. heeren paters capucynen, omme allen twist ende
processen tusschen de voornoemde ghebroeders te precaveren, liefde ende
vriendtschap broederlyck met elckanderen te onderhauden voor nu ende
altoos, jeghens welcken accorde d'een nochte d'andere van hemlieden uyt
saecken voorseyt beloven niet te useren directelyck ofte indirectelyck,
alwaert dat naermaels d'een ofte d'andere beter recht hem ghevoelde t'hebben; midts welcken renunchierende aen alle beneficien, placcaten, ghemeene
rechten ofte costuymen, ter contrarien, die d'een ofte andere eenichsints te
bate ofte schade souden moghen commen, alles op de verbintenisse van
heurlieder persoonen ende goederen, present ende toecommende. Ende uyt
corroboratie van alle 't ghone voorseydt staet, hebben wy jo^r Mathias van der
Borch en jo^r Charles van der Borch, ter presentie van de voorn. eerw. heeren
patres elck met onse gewoonlycke hanteecken onder^t, versoeckende respectivelyck by bailliu en mannen van leene vanden huyse ende hove van Dendermonde uyt ghone voorz. ende elck poinct sonderlinghe gecondemneert te
syne op 't verbant als vooren. Actum tot Dendermonde in 't beghynhof
aldaer, in den jaere ons Heeren 1625, den X dach van April. Ende was onderteeckent Matthias van der Borch, Charles van der Borch, f^s Thomas, qui
supra, f^r Florentius qui supra. »

« Achter-volghende den bovenschreven accorde zyn ghecompareert voor
bailliu en mannen van leene vanden huyse ende hove van Dendermonde
onderghenoempt den voornoemden jo^r Matthias van der Borch, den welcken
wettelyck gherenunchiert heeft aen alle zyne actie ende pretensie totte voorseyde heerlichede, appendentien ende dependentien, op de voorgaende conditien, en den voornoemden jo^r Charles van der Borch heeft verclaert alle de
poincten ende articulen, inden voornoemden accorde begrepen, te onderhouden ende volkomenen, versoeckende elck respectivelycken daerinne
ghecondemneert te zyne; volghende welcken hebben wy, mannen van leene,
de voornoemde comparanten ghecondemneert ende condemneren by desen.
Actum present d'heer Jaecques van der Hulst, bailliu, mr. Gilles Pie, Lieven
de Vyldere ende Jan Baptista van Hoorebeke, mannen van leene, den
X April 1625. » (*Advertissement* 8°. — Biblioth. der Gentsche Hoogeschool).

en aanwassen, hem bij vorengemelde overeenkomst toegekend, ten voordeele van zijnen broeder Karel[1].

Deze was in den echt getreden met Anna de Hertoghe, dochter van Karel, heer van Paddeschoot, en had tot opvolgers in het bezit der heerlijkheid :

Jan van der Borch, bijgenaamd van Huldenbergh, getrouwd met Barbara de la Forge;

Agnes-Theresia van der Borch, echtgenoote van J.-B. de Clercq, heer van Bovekerke (1701);

Philip de Clercq, kinderloos overleden ten jare 1710;

Jozef de Clercq, die de heerlijkheid bij acte van 2 Mei 1718, ten titel van gift, afstond aan Ferdinanda de Clercq, gehuwd met Willem-Frans Jacobs, heer van Steenbergen, Valbeke en Korbeek. Hunne dochter Josephine verkocht de heerlijkheid van Moerzeke en Gastel den 16 Juli 1755 aan Emmanuël-Augus-

---

(1) « Comparerende Jo^r Charles d'Hertoghe, heere van Paddeschot, voorsien van absolute ende irrevocable procuratie hem verleent by de weerde .... Jo^r Matthias van der Borch, heere van Moesicke, ende tot de zelve procuratie ghepasseert voor bailliu, schepenen, midtsgaders mannen van leene vander voorseyde heerelicheyt van Moesicke, op den VI deser maent Maerte 1641.... welcken voorn. comparant uyt crachte van de voorseyde procuratie hem heeft ontgoet, onterft ende ontleent vande voorseyde heer-licheyt van Moesicke, appendentien ende dependentien van diere, ende bysonder oock van alle de schooren ende aenwassen, zoo bedyct als onbedyckt, by de zelve procuratie breeder ghespecifiert, ende den voorn. jo^r Charles van der Borch, ten desen presente ende mede compareerende, ende den voornoemden jo^r Matthias, zynen broeder, van de voors. ghifte hertelyck bedanckende, heeft de zelve gheaccepteert zoo over hem zelve als over jo^{we} Joanna Marie van der Borch, zyn minderjarighe dochter in 't regierte van 't gebruyck van schooren, haer by desen ghejont; dien volghende is den voornoemden jo^r Charles van der Borch in de voorseyde heerlicheyt van Moesicke, appendentien ende dependentien van diere, met alle de schooren ende aenwassen voorseyt, ghegoet, gheërft ende te leene ghedaen onder die conditien ende restrictien by de voorseyde procuratie naerder verclaert, ende dat met alle solemniteyt, in gelycke zaecken gheuseert, naer costuyme vanden voorn. leenhove. Aldus ghedaen ende ghepasseert op 't voornoempt leenhof binnen Dendermonde, ter presentie van d'heer Pieter de Vyver, bailliu, Jan Baptista van Horenbeke, Joos Leenman, Jan van Elsacker, Joos Impens ende Niclays Simoens, mannen van desen, den VII Maerte 1641. »

tijn van der Meersche, heer van Berlare, voor de som van 119,000 gulden (1).

---

(1) « Compareerde voor my Jacques François Michaëls, notaris publicq, tot Ghendt residerende .... ter presentie van de getuyghen onderschreven in persoone : vrouwe Josephine Jacobs de Corbeke, dochter van Joncher Guilliaume François, in syn leven heere van Steenberghe, Wabbeke, Corbeke, ende van vrouw Ferdinandine de Clercq de Boevekercke, douariere van Joncher François van Pottelsberghe, heere van Overdam, Appelsvoorde *enz.* welcke vrauw comparante bekende, lydde ende verclaerde wel ende ter goeder trauwen opgedraegen, ghecedeert ende vercocht te hebben, soo sy doet mits desen, aen, ten behouve ende profyte van Joncher Emanuel Augustyn van den Meersche, heere van Berlaere *etc*, die alhier present ende medecomparerende, vande vrauw eerste comparante in coope bekende aenveert t'hebben de prochie ende heerlyckhede van Moeseke ende Castel, gehauden ende releverende van haere keyserlycke ende conincklycke majesteyts princelycken leenhove ende huyse van Dendermonde, gelegen binnen den selven lande, haer toecommende uyt crachte van instrument van gifte in daeten 2o mey 1718 gedaen by Je Joseph de Clercq de Boevekercke, in syn leven heere van het selve Moeseke, ghepasseert voor Jaques van Vergelo, notarius, by der admisie van syne Keyserlycke ende Conincklycke Majesteyt priveën Raede, tot Dendermonde residerende, present getuighen, vermogende alle justitie, hooge, middele ende nedere ; te stellen eenen bailliu, stedehauder, schautect, eenen praeter ofte schutter, omme elck recht ende weth te doen, t'allen tyden ende wylen als het noot is.

« Item vrye maelderye, vogelrye, slobberye, swaenderye, vischerye ende schutterye; boeten van t'sestigh ponden parisys ende daer onder; vangen ende laeten gaen ; voorts alle confiscatien, bastaerde goederen, ongehoirde goederen, dreftige ende aenwassende goederen, die op de voorseide prochie ende heerlyckhede verebben ende aenwasschen ; vermagh omme te gaen met de weth ; ende van alle renten ofte erfven, die men binnen de voorseide prochie ende heerlyckheyt vercoopt, verhandelt ofte verwandelt, is men schuldigh den thienden penninck ; ende alle de ondersaeten ende vassaelen die aflyvigh worden binnen de voorseide prochie, syn schuldigh ter doodt de beste haeve ofte catheyl, mitsgaders sterfcoop ; staende deselve heerlyckheyt ter trauwen ende waerheden, ten sterfcoope ende wandelcoope, ten reliefve van thien ponden parisys ende twintigh schelen parisys van camerlinckgelt ofte ter bester vrome van de dry eerste jaerschaeren naer der costume.

« Item syn vande voorseide heerlyckheyt gehauden vyf en veertigh achterleenen, alsnu ten deele ghespleten, verheffende van het voorseyde leenhof van Moeseke, die schuldigh syn sterfcoop ende wandelcoop, telcken thien ponden parisys ende twintigh schelen parisys van camerlinckgelt, ofte de beste vrome van dry eerste jaerschaeren, naer de costume van de voorseyde heerlyckheyt, alles breeder ende ingevolghe de leenboecken ende registers danof gehauden.

De heerlijkheid van Moerzeke was, onder betrek van de baten en voordeelen, welke zij opleverde, zeer belangrijk. Wil men

---

« Item wort alhier mede vercocht het casteel, poorte ende voordere gebauwen daer mede gaende, appendentiën ende dependentiën van diere, mitsgaders groene ende drooghe catheylen daer op ende aenne staende, groot met de wallen, hovinghen, boomgaert, syngels ende voordere toebehoorten t'samen ontrent twee bunderen, gestaen ende geleghen by de kercke van het voornoemde Moeseke, commende met eene schoone dreve op de plaetse ofte dorp, by de vrauw eerste comparante gebruyckt gheweest.

« Item competeert aen de voorseide heerlyckhede vier partyen landts geleghen op d'oostsyde van het voorseyde casteel, t'samen groot ontrent twee bunderen, in pachte gebruyckt by Jacob Oost, ten twaelf ponden thien schellinghen grooten 's jaers.

« Item competeren aen de gemelde heerlyckhede de volghende schooren ende slobberyen, als te weten : eerst het schoor genaemt de Groote Plaete, verpacht aen Pieter van Haever, filius Pieters, ten liber 25 . . 0 . . 0 . gr. 's jaers.

« Item het schoor genaemt Sinte Amandts schoor, verpacht aen diversche persoonen, t'samen ten advenante van seventachentigh ponden achtien schellingen vier grooten 's jaers.....

« Item het schoor ghenaemt het Suurghelt, oock verpacht aen diversche persoonen, t'samen ten L. 32, 3, 4 gr. 's jaers....

« Item het schoor genaemt de Grauwe Plaete, insgelycx gebruyckt by diversche persoonen, t'samen ten L. 73. 11. 8. gr 's jaers....

« Item het schoor genaemt het Contantgelt, oock verpacht aen de volgende persoonen t'samen ten advenante van L. 51, 16, 8 gr. 's jaers....

« Item het schoor geleghen voor Basserode, in pachte gebruyckt by Sr François d'Hollander ten pryse van twaelf ponden gr. 's jaers.

« Item het schoor geleghen aen de Kille, gebruyckt by Adriaen Macs ten vyf ponden grooten 's jaers.

« Item den Doorwegh ofte dreve, dienende tot het gebruyck vande schorren, de Grauwe Plaete ende Contantgelt, verpacht aen Jan van Loo, ten elf schel. acht gr. 's jaers.

« Item de Slobbers ofte Aenwassen, beginnende van aen den Roggheman, verpacht aen diversche persoonen, tsamen ten elf ponden twee schellinghen grooten 's jaers.

» Item de Slobbers tusschen de Vlaschkille ende Galghe schoor, in pachte gebruyckt wordende...

« Item de Slobbers achter het schoor Contantgelt, tsamen verpacht ten advenante van L. 13, 17, 2 gr. 's jaers...

« Item competeert de voorseide heerlyckheyt eene visscherye in de riviere de Schelde, gebruyckt by Jacobus Collier ten acht ponden grooten s'jaers, ende by de weduwe Jan Pauwels mitsgaeders Jan Abbeel, over een gelycke visscherye in de Schelde met eenighe slobberye by Mariekercken ende achter het groot brouck, t'samen ten elf ponden grooten 's jaers.

weten welk inkomen zij den dorpsheer omtrent het einde der XVIIe eeuw verzekerde? Wij vonden de opgave in een proces-

« Item competeert de voornoemde heerlyckheyt het recht van de vissche-rye in de Wielen, die voor desen oock syn verpacht ghewees ende alsnu syn gevischt ofte gebruyckt geworden by de vrauw vercooperigghe.

« Item competeren aen de voorseide heerlyckheyt de jachten der voor-seide prochie van Moeseke, die de voorseide vrauw vercooperigghe door haere officieren t'haeren profyte heeft laeten bejaeghen.

« Item competeert aen de voorseide heerlyckhede eenen slagbosch, groot ontrent dry vaetsaet, genaemt de Warande, geleghen op de Castel, met de boomen ende slaghaut daerop staende.

« Item competeert noch aen de selve heerlyckheyt de plantagie op de berghen, straeten ende weghen, met het catheyl daer op staende.

« Item eenen heerlycken renteboeck ende cheynsboek tsaemen in eenen boek, bestaende in sessentneghentigh vaeten en een half vat cooren, hondert neghenenvyftigh vaten evene, twee vaten tarwe, dryhondert en eenen capoen à vyfthien stuyvers ieder, daer onder begrepen eenige hinnen ende ent-voghelen.

« Item acht hondert vyfentseventigh eyeren, die geredimeert worden jeghens achtentwintigh stuyvers par hondert.

« Item in penninckrente tot achttien ponden twee schellinghen elf grooten sjaers, gaende de voorseide heerlycke renten uyt verscheyde gronden van erfven, breeder vermelt by de respective heerlycke renteboucken, ontfanck-boucken, rollen ende voordere cartulairen danof synde, waer toe gerefereert wort.

« Item competeert de voornoemde heerlyckheyt ten laste van Judocus ende Jacobus Peeleman over cheynsrente, gaende uyt hun huis op Castel, tot thien schellinghen grooten sjaers, enden tot laste van Melchior Bogaert, ter gelycker causen, tot concurrentie van vier schellinghen grooten 's jaers.

« Item ende daer en boven competeert aen de voorschreven heerlyckhede, soo hier vooren noch is geseyt, het recht vanden thienden penninck ter ver-coopinghe, verwandelinghe ofte vertieringhe van alle de renten ofte erfven, gelegen binnen de voorseide heerlyckhede van Moeseke ende Castel, mits-gaders van de achterleenen ter vercoopinghe, versterfte ofte andere alienatie tot thien ponden parisys over het relief ende twintigh schelen parisys van camerlinck gelt, ofte de beste vrome van dryen, alsmede de beste haeve ofte catheyl ende sterfcoop ter doodt van alle de ondersaeten ende vassaelen, die aflyvigh worden binnen de voorseyde prochie.

« Item competeert noch aende voorseyde heerlyckhede eenen Poorterye-boeck, wanof de poorters ofte Poorteressen in 't doen vanden opset schul-digh syn te betaelen tot vyfthien stuyvers ende gelycke vyfthien stuyvers in 't afsetten, ofte ter doodt, die boven dien betaelen tot vyf stuyvers ieder 's jaers van porterye ghelt.

« Item competeert als voorseyt alle confiscatien, bastaerde goederen,

stuk over het bezit der heerlijkheid, en deze opgave werd door
de tegenpartij niet betwist.

---

vacanten successien, aenwasschen ende straetschauwinghe, van welcke aen-
wassinghen van alsnu thien a twaelf bunderen onbegrepen konnen uytge-
dyckt worden.

« Voorders heeft de selve heerlyckheden oock het vermoghen van te
stellen twee capellanen in de kercke van Moeseke, waer van de eene alsnu
bedient wort by den heere onderpastor ende d'ander by. myn heer d'Hollander; mitsgaeders van te stellen den coster ende scholaster[1].

« Staende de selve heerlyckhede ter trouwen ende waerheden ende ten
sterf- ofte wandelcoope eenighlyck ten reliefve van thien ponden parisys
ende twintigh schelen parisys van camerlinckghelt, mitsgaeders voor recognitie aende majesteyt tot vyf grooten 's jaers, alles breeder ende ingevolge
van het denombrement danof overgegheven den 27° October 1739, by welcken
denombremente oock preciselyck gedetaillieert ende gedestingueert syn de
respective achterleenen, gehauden van de meergeseyde heerlyckhede van
Moeseke....

« Item wort albier mede vercocht een partyken landts geleghen nevens de
dreve, belast met veerthien guldens 's jaers, tot het lesen van sekeren nombre van missen.

« Ten surpluse verclaert de vrauw eerste comparante hier mede te vercoopen al ende sulckdaenigh voorder recht van proprieteyt als aen haer, soo
uyt den hoofde vande voorseyde heerlyckhede ende andersints, is competerende, t'sy ten aensien vande gronden van erfven, leenen, schoorren, aenwassen, slobbers, vischeryen, heerycke renten ofte cheynsen, recognitien,
edificien, boomen ende andere catheylen, taillie van haute op de onver-
pachte bosschen, berghen[2] ende uytplanten, oock met de boomen daer op
staende, t'sy dat die hier vooren syn geexpresseert ofte niet, emmers soo
ende gelyck de vrauw eerste comparante danof in possessie is ofte gerecht
soude konnen syn, niet uytgesteken nochte gereserveert.

« Wordende albier oock mede vercocht het revenu, vruchten ende
incommen der voorseide prochie ende heerlyckhede, appendentien ende
dependentien van diere, soo ten aensien van d'heerlycke renten, pachten
ende ander incommen vande vaste goederen, breeder hier vooren vermelt,
respectivelyck verschenen ende vervallen sedert elcx valdagen vanden jaere
1754, blyvende degonne tot als dan verschenen in profyte vande vrauw
eerste comparante vercooperigghe, gelyck oock thaeren profyte blyven de
vervallen casuelen, soo van beste hoofden, thiende penninghen ende verhef
van leenen, tot ende met het passeren deser vervallen, ofte onbetaelt; dan

---

(1) Het denombrement der heerlijkheid, van 1757, zegt : « eenen scholastere ende school-
meestere ».

(2) Hetzelfde stuk zegt : « de proprieteyt van de bergen ende andere vague plaetsen op
Castelle. »

De tienden, aan den dorpsheer op te brengen, waren geschat op de hoofdsom van 12,281 pond 1 schelling 4 grooten; de zeven visscherijen op 824 pond 2 schell. 4 gr.; twee partijen kapoenen, 990 pond groote; de kleine penningrenten, 28 pond 16 schell. groote; andere cijnzen, 220 pond 11 s. 4 gr.; 76 1/2 hinnen op 160 pond 10 sch. 8 gr.; 925 eieren op 78 pond 16 sch. 8 gr.; de

---

blyft ten profyte vanden tweeden comparant cooper de verschenen achter-stellen van cheynsen, mitsgaeders den cheyns van een of twee capoenen tsjaers, gaende uyt eene partye van erfve geleghen aen het audt veir te Berlaere, sonder verghelt.

« Synde desen coop ghedaen voor ende omme de somme van een hondert neghenthien duysent guldens Vlaemsch wisselghelt, den nieuwen schellinck a ses stuyvers het stuck, de ducatons a dry guldens eenen stuyver, ende d'andere specien naer advenant, vry suyver gelt; dan blyft tot laste vanden tweeden comparant cooper het stellen ende passeren deser, rechten van erfven ende onterfven, de rechten van het verhef ende overgheven denom-brement en het gonne voorders daer aen dependerende; ende en wort albier niet mede vercocht eenigh 's pachters recht, hun volghens costume ende voorwaerde competerende.

« Blyvende voorders tot laste van den tweeden comparant cooper, alsulcke sienelycke ende onsienelycke servituten, passagien ende doorweghen, mits-gaders de recognitie van vyf grooten 's jaers aende Majesteyt, ende alsulcke voordere onlosselycke lasten als waeraen de voorseyde prochie ende heer-lyckheyt ofte eenighe partyen, hier vooren gebracht, subject sauden moghen wesen; dan sullen d'achterstellen gesuyvert worden tot den lesten valdagh van den jaere 1754... omme de voorschreven prochie ende heerlyckheden, appendentiën ende dependentiën van diere voor den voornoemden prince-lycken leenhove, uyt synen naeme als cooper te verheffen, sigh te stellen als bedienelyck man, mitsgader te doen den eedt van fœoteytschap ende alle t'gonne voorders gerequireert volghens de costume s'hofs, alles onder wedersydighe belofte ende het verbant als vooren. Aldus ghedaen ende ghepasseert binnen de voornoemde stadt Ghendt ter presentie van Sebas-tiaen van der Straeten ende Philippe Reyntjens, als getuyghen, desen 16 July 1755. »   (Geteekend) : La douarière DE POTTELSBERGHE, de Mousicke.

E. A. VAN DER MEERSCHE de Berlaere.
P. REYNTIENS.
S. VAN DER STRAETEN.
J.-F. MICHAËLS, notaris. »

(Staatsarchief, te Gent. — Notariëele acten, n° 353. Jacq.-Franc. Michaëls 1753-1755, bl. 571 tot 582).

vierde schoof op zekere landen, 175 pond 12 sch.; de vijfde schoof, 336 pond gr.; de evenrent, 385 pond 17 sch. 4 gr.; nieuwe cijnzen, 16 pond gr.; 4 vaten haver, 19 pond 4 schell. gr.; een cijns van 13 sch. 4 gr. 's jaars, 21 pond 6 sch. 8 gr.; de beste hoofden, wandelkoopen en leenrechten, 2,133 pond 6 sch. 8 gr.; het gemaal te Grimbergen, 466 pond 13 sch. 4 gr.; 't gemaal van Moerzeke, 1,600 pond gr.; 27 gemeten ingedijkt schoor, 2,880 pond gr.; 22 andere gemeten, 890 pond 13 sch. 4 gr.; nog 7 1/2 gemeten, 556 pond gr.; 10 1/2 gemeten (*de hooge Plate*), 1,120 pond gr.; 6 gemeten daar dichtbij, 400 pond gr.; nog 7 1/2 gemeten, 440 pond gr.; het bedijkt schor rechtover Baasrode, 200 pond gr.; het schor geheeten *de Lange Zate*, 150 pond gr.; drie gemeten ongedijkt schor aan den Draaiboom, 180 pond gr.; een onbedijkt schor aan de Galg, 78 pond gr.; het schor tegenover den steenoven, 364 pond gr.; het schor aan den Vaardam te Mariakerke, 60 pond gr.; het schor rechtover het gat van Naaldebroek, 200 pond gr. — alles te zamen meer dan 25,600 pond groote, of, in munt van onzen tijd, acht genomen op de meerdere waarde, welke het geld toen bezat, meer dan 1 millioen 114,000 fr. — Daarbij waren nog te rekenen het kasteel, de hoven, boomgaarden, dreef, de heerlijke voorrechten enz. enz.

Onder de voornaamste inkomsten van de heerlijkheid rekende men de opbrengst der schorren of aanwassen, waaromtrent een lid der heerenfamilie, als getuige geroepen in het hooger-bedoelde rechtsgeding, verklaarde, dat die schorren altijd samen hadden gegaan met de heerlijkheid, « zonder oyt ghedivideert « ofte vercavelt gheweest te zijn, overzulcx dat men die « altijts heeft gheheeten *het cieraet van het haer van de* « *bruydt.* »

De heerlijkheid van Moerzeke telde vijf en veertig achter-leenen, onder welke wij noemen : de heerlijkheden van St.-Ursmaars-Baasrode en Gastel, alsmede die van Oudenhove, gezegd Viscourt, te Linzele en Roucq, bij Rijsel; het vrij gemaal te

Moerzeke[1] en de tiende in de gemeente, welke laatste ten
jare 1696 uit de heerlijkheid gespleten was[2], en in 1706 toebehoorde aan Christiaan van der Borch, in 1772 aan Jozefina
Jacobs de Bovekerke, over hare kinderen uit haar huwelijk met
Frans van Pottelsberghe, heer van Overdam.

Te Moerzeke waren vanouds twee schepenenbanken. De
eene, voor het hooggelegen deel der gemeente, had eenen
baljuw en zeven schepenen; men noemde ze : *de wet van*

---

(1) « Vrouwe Josephine Jacobs de Bouvekercke over haere kinderen
gewonnen met wylent Jᵣ François van Pottelsberghe d'Overdam, ende van
d'heer Jgnatius de Clippele, benevens jonckvrouwe Maria Christina van
Quellenbergh, syne huysvrouwe, houdt een leen van den hove van Dendermonde, bestaende eerst in de vry maelderye, windmolagie ende windmolen
met den bergh ende alle het gone daertoe behoort binnen de voornoemde
prochie van Moeseke. »   (Reg. *Leenhof van Dendermonde,* Nᵣ 67. —
                                          Staatsarchief.)

(2) « Joncker Emanuel Augustyn van der Meersche, heere van Berlaere,
enz. houd een leen van den hove van Dendermonde, voortyts deel gemaekt
hebbende van het leen ende heerlyckheyt van Moeseke, ende van hetzelve
gesepareert ende gespleten ten jaere 1696, wesende de geheele thiende ende
't recht van diere binnen syne voornoemde prochie ende heerelyckhede van
Moeseke ende Castelle, haer bestreckende in de wycken het Oudt-Broeck,
Nackershooft, het Nieuw Broeck, het Cleyn Broeck, de tweede partye in
het Cleyn Broeck, het Vrouwenbroeck, de Kayen in 't groot Broeck, oock
Nackershooft als Broeck Hoogh Castelle, den Blanckaert, het Groot Broeck,
Overdyck ende soo voorts, als Nieuw Broeck, Wal, Puytoers, de thiende in
het Swyve, de thiende in t'Hoyen, de thiende in het Broeck van Baesrode
ende Cleynen Wal, als oock de thiende ghenaemt de thiende van Mulhem ofte
Castelle, haer bestreckende op diversche plaetsen, de thiende op Castelle ende
Oudtbroeck, dese twee leste voortyts volghleen geweest synde van syne
voorseyde heerelyckhede van Moeseke, t'sedert vele jaeren daer anne gean-
nexeert, ende eyndelinghe t'samen daer af gespleten met de groote thiende
in de jaeren 1646, ende met deselve gevought ende geconsolideert als een
ende het selve hooftleen, soo ende gelyck alle de selve thienden hun syn
bestreckende, ter wat plaetse het soude mogen wesen, ende gelyck syne voorsaeten, heeren ende vrouwen van Moeseke, mitsgaders naer hun de fondatie
van den Bisschop van Antwerpen-Capelle met het clooster van onse Lieve
Vrouwe van Ter Siecken aldaer, alsoock nu lest mejouffᵉ Marie Jacobs de
Bouvekercke, leste possesseurs der selve, de welcke aen hun gecompeteert
hebbende, door hunne respective pachters geint, gegaert, opgedaen ende
geproffiteert syn geweest.... » (1757)   (Voormeld register).

den hooge; de andere, voor het poldergedeelte, was *de wet van de broeken* genaamd en had twee schouten. Dit gedeelte der gemeente kreeg in de maand September 1255 eene bijzondere wet of keure, die veel gelijkenis had met degene, den 7 Mei 1234 afgekondigd voor de bewoners des Lands van Waas. Zij handelde over allerlei zaken aangaande het eigendom en den landbouw en bepaalde de straffen voor misdaden en overtredingen. Ook hier werd het verlies van een lid of deel des lichaams, boosaardiger wijze toegebracht, met gelijk verlies voor den schuldige gekastijd — « oog voor oog, tand voor tand » (1). — De vierschaarkamer was omtrent

---

(1) « Nos Guido, comes Flandrie, Machtildis, dilecta uxor nostra Atrebatensis advocatissa, Bethunie et Thenremonde domina; Henricus de Ascha, miles, et Joanna, dilecta uxor ejus, domina de Spineto, notum facimus universis presentes litteras visuris vel audituris, tam presentibus quam futuris, quod nos terram, videlicet paludem de Morska cum suis pertinenciis, hospitibus nostris, viris de Hulste, de Wasia, de Puderse, de Kuschbroch, de Hingbene, de Basserode ac aliis locis, dedimus, ibidem dicantibus pacifice, quiete et libere in perpetuum possidendam.

I. Scilicet quamlibet spadam terre pro uno denario Flandrie aput Morska solvendo nobis annuatim in festo beati Martini hiemalis. Super quam terram ad electionem et presentationem dictorum hospitum, duos scalthetos constituimus et septem scabinos, qui de casibus in dicta terra contingentibus cognoscant, et quorum judicio dicti casus terminentur.

II. Ita videlicet quod alti casus, ut puta homicidium, incendium, furtum, rapina, oppressio mulierum, vis violenta et effusio sanguinis cum inflictione vulneris, ita ut ad inspectum electorum scabinorum censeatur vulnus esse, vel similia, aput Morska, ad nostram presentiam vel certi nuncii nostri ad hoc specialiter destinati, terminentur, et de ipsis casibus cognoscatur ibidem ad monitionem scalthetorum vel alterius predictorum et ad judicium electorum scabinorum.

III. Alii vero casus inferiores, ut puta rixa, pugna, decapillatio, verbera fustium et pugnorum, sine vulneris inflictione, per scalthetos sive per alterum ipsorum, absque nostra presentia, in loco facti infra dictam paludem poterunt terminari.

IV. Quorum casuum predictorum tam altorum quam bassorum justitia nostra est et emenda et ad nos spectant et ad nostram juridictionem.

V. Proclamationes vero bannorum et aliorum utilium dicte terre ad scalthetos spectant et ipsorum sunt cum suis emendis, que emende ultra summam duorum solidorum se nolumus ut extendant.

VI. Si quis autem hospitum infra dictam paludem manserit, unum dena-

het midden der XVIIIe eeuw in de herberg *de Kat*(1).

rium nobis dabit pro ingressu et unum pro regressu, nec ad ipso talliam aut servicium aliquod occasione dicte mansionis exigemus, salvo super premissis jure scalthetorum et scabinorum, quod per nos aut per alios nunquam volumus defraudari.

VII. Si vero aliqui hospitum terras suas ab aratri cultura subtraxerint, ipsas pro fructu feni vel in usum pascue relinquentes, nullas ab hiis nobis decimas poterimus exigere nec debemus, nisi censum suum tantummodo supradictum.

VIII. Scabinos vero, quotienscumque scalthetis placuerit et visum fuerit oportunum, amovere poterunt de consilio proborum et majoris seu sanioris partis hospitum supradictorum, et nos alios probos et idoneos de eorumdem consilio apponemus loco ipsorum quos utiliores credimus ad hoc esse.

IX. Si autem contingat quod unus vel duo scabinorum moriantur, sive alienentur, vel pro culpa sua vellent eos scaltheti deponere, alium vel alios apponerent loco ipsorum ad electionem et presentationem superstitum scabinorum.

X. Scalthetorum autem uterque solam spadam terre teneat cum officio suo a nobis in hereditatem libere, pro censu unius denarii et sine decima nobis solvenda, salvo jure ecclesie; nec pro terra sua dicare debebit, sed ipsam habebit liberam officii sui ratione. Et per hoc dicti scaltheti dictam paludem debent regere et gubernare; nec amplius terre quam dictam solam spadam infra paludem aliquis scalthetorum possit emere nec habere, addita una sola spada terre, quam uterque eorum sub consimili jure cum aliis hospitibus poterit dicare.

XI. Si vero dicti scabini super aliquo judicio moniti fuerint, quod salva sui conscientia proferre nequeant, quin ipsis scabinis exinde crimen vel scandalum oriretur, illud a fidelibus hominibus nostris communibus apud Morska congregandis requirant, et quod dicti homines nostri exinde decreverint pro lege habeatur, proferatur et inviolabiliter observetur; et ipsi scabini infra paludem proferent judicium sibi datum.

XII. Cum autem dicti hospites causa dicandi vel alicujus negotii fuerint convocati, in computatione facienda nullus pro alio stet nec caveat, sed pro qualibet spada terre una certa persona et sufficiens stet que se ibidem personaliter representet.

XIII. Nos enim infra dictam paludem nullam terram habere possumus, nec modo aliquo possidere, ne dicti hospites per nos in aliquo videantur

---

(1) « Men gebiet ende laet een jegelyck weten van wegens Bailliu ende schepenen der prochie ende heerl. van Moeseke aen alle de gone, die gelieven te commen in de herberge *de Cat*, alwaer de vierschaercaemer gehouden wort.... » (17 Feb. 1745.)

Het kasteel van Moerzeke stond aan de Oubroekstraat en rees geheel uit het water op. 't Was een aanzienlijk vierhoekig

---

aggravati, nisi terra aliqua nobis pro foresfacto fuerit adjudicata, de qua, si nostra fuerit, debemus facere jus paludis.

XIV. Concedimus insuper dictis hospitibus quod, tempore messis, dum fructus suos in dicta palude paratos habuerint, eos libere et absque cujuspiam dampno alterius asportabunt; et, si decimator ibi presto fuerit, dabunt ei jus suum, sin autem clamabunt quod ultra terciam spadam audiri possit, quod veniat decimator jus suum recepturus, et per hoc liberi habebuntur, decima tamen rationabili ibidem relicta : quod sola manu sub juramento, si necesse fuerit, declarabunt.

XV. Damus quoque dictis hospitibus et concedimus, in usum suum, dicum, pasturas et alia quecumque emolumenta que infra paludem comprehensa sunt, preter piscarias quas nobis intrinsecus et extrinsecus reservamus. Insuper et terram que extra dicum est cum herbis eis damus, ad ipsum dicum faciendum.

XVI. Ad conservendam quoque bonorum quietem et stultorum reprimendam audaciam, damus et promulgamus in dicta palude leges illas que in comitatu per Wasiam date sunt et publicate, videlicet :

XVII. Qui in dicta palude canipulum traxerit ad ledendum alium sit nobis in foresfacto trium librarum, dummodo non leserit ipsum.

XVIII. Si vero vulneravit ipsum, canipulo tracto vel clava torcousa vel aliis armis interdictis, manum amittat, nisi gratia nostra redimatur; quam si adeptus fuerit satisfaciet tamen prius leso ad arbitrium scabinorum, et secundum vulneris quantitatem.

XIX. Item, qui gladium animo malignandi eduxerit et eo non percusserit, sit nobis in foresfacto decem solidorum.

XX. Qui alteri membrum emutilaverit tale amittat, ut sit caput pro capite, dens pro dente, et cetera, nisi gratia nostra eidem et gratia conquerentis indulgeatur.

XXI. Si quis autem aliter alium vulneravit vulnere penetrativo in corpore vel in capite, aut ipsum in membrorum aliquo affolaverit, dabit nobis sex libras et tantum leso. Quod si vulnus penetrativum non fuerit nec affolatio subsecuta, dabit nobis tres libras et tantum leso.

XXII. Qui vero alium capillis traxerit vel pugno percusserit sine casu, vel cutem ejus ungue laceraverit, dabit nobis decem solidos et tantum leso.

XXIII. Si pugno ad terram percusserit sine sanguinis effusione, dabit nobis viginti solidos et tantum leso. Si sanguinem effuderit, dabit nobis quadraginta solidos et tantum leso.

XXIV. Si baculo percusserit sine casu et sanguine, dabit nobis viginti solidos et tantum leso. Si ceciderit, dabit nobis quadraginta solidos et tantum leso. Si insuper sanguinem effuderit, dabit nobis tres libras et tantum leso.

XXV. Et in predictis articulis omnibus ita subaudiri volumus, quod lesus habebit emendas predictas dummodo mediantibus ipsis reo ad plenum voluerit renonciliari.

gebouw met drie trapgevels, in het midden bekroond met
eenen·kleinen vierkanten toren met vierhoekige spits. De
brug vóor het kasteel was versterkt door eene zware poort,
waarnevens een ronde toren oprees. Volgens SANDERUS zou
het na de eerste reeks dorpsheeren in handen gekomen zijn
van een geslacht met name Chastelle (Gastel?), van welks
·leden genoemde schrijver Radbod, Zeger en Oda van Chastelle vermeldt; nadien zou het weder eigendom geweest zijn
van·de heeren van Moerzeke : er is ons evenwel geene oude
oorkonde rakende Moerzeke bekend, welke ons vergunt de
meening van SANDERUS als gegrond te beschouwen. De kroniek
meldt dat de Gentenaren het kasteel verwoestten in 1488,
en de denombrementen der heerlijkheid van de XVIe en
XVIIe eeuw geven alle het kasteel op als den heer des dorps
toebehoorende. Ten jare 1596 diende het, althans voorloopig, tot verblijf van eenige paters Kapucienen, vermoedelijk na het einde der godsdienstberoerten weer bij elkaar
gekomen en op zoek naar eene geschikte plaats voor een
klooster. SANDERUS meldt verder dat Karel van der Borch, die
in de eerste helft der XVIIe eeuw hier het gezag had, het
kasteel deed heropbouwen.

XXVI. Item, quicumque alii dampnum fecerit in dicta palude, sepes ejus
infringendo, salices truncando, herbas aut fructus citra valorem quinque
solidorum resecando, dabit nobis decem solidos et adversario dampnum
restituet duplicatum.

XXVII. Si qui autem alii casus in dicta palude contigerint qui non sunt
expressi in hac pagina, volumus ut ad similitudinem eorum qui expressi
sunt et ad consultationem proborum virorum et jurisperitorum per scabinos
judicentur.

Ut igitur predicta firma et rata maneant in perpetuum, et ne quis malivo-
lorum ex in posterum audeat violare, nos presentem paginam sigillorum
nostrorum duximus munimine roborandam. Actuum et datum anno domini
millesimo ducentesimo quinquagesimo quinto, mense septembri. »

(Oorspronkelijk stuk in het Rijksarchief, te Brussel.
— Gedrukt in de *Revue d'histoire et d'archéo-*
logie, II, 324, en in het *Cartulaire de Termonde,*
206-210.)

Gastel was oudtijds eene heerlijkheid met bijzondere heeren, onder welke er genoemd worden als in de XIIIe eeuw geleefd te hebben. Later schijnt ze met het overige des dorps tot ééne heerlijkheid vereenigd te zijn.

Onder de in deze gemeente ingeslotene leenen melden wij *de tiende van Bottele,* ten jare 1699 aan Albertina Stalins, barones de Celles; in 1746 aan Philip de Visschere, baron van Celles; in 1766 aan Jozef-Albert de Visschere, en ten jare 1782 aan dezes weduwe Maria-Philippa-Gislena Coloma de Leeuw.

Het gemeentearchief bewaart de registers van den burgerlijken stand, namelijk voor de geboorten van 1596 tot 1796; voor de huwelijken van 1591 tot 1620 en van 1626 tot 1796; en voor de overlijdens van 1613 tot 1621 en van 1625 tot 1796. In het Staatarchief te Gent worden bewaard : een Landboek, in twee deelen, met gekleurde kaarten, vervaardigd ten jare 1782 door J.-B. Martens; eenige andere landboeken, registers van beraadslagingen, rekeningen, staten van goed van 1625 tot 1796, wettelijke acten en contracten van 1611 tot 1795, vierschaarboeken van 1604 tot 1796 enz.

Baljuws van Moerzeke.

Nicolaas Janszone	1425
. . . .	
Simoen Arens	1442
Pieter van Loo	1446
. . . .	
Hillewaart Rares	1488
Jacob Malaert	1495
. . . . . .	
Joost Jacobssen.	1607
Roeland van der Borch	1613
Jan de Cautere	1628
Geeraard van Acoleyen	1630
. . . .	
Frans de Clabbais	17**

Burgemeesters van Moerzeke.

Jan de Smet	17**
Matthijs de Smet	17**
. . . .	. .
Pieter-Jan d'Hollander	jaar IX
Burchtgraaf Karel de Nieulant . . .	» XII
Jacob d'Hollander	1830
F.-X. d'Hollander	1847
Amand d'Hollander	1848
C. d'Hollander	1887

III.

GESCHIEDENIS. — Het oudstgekende geschiedkundig feit met betrekking tot Moerzeke is van het jaar 1488, op welk tijdstip de Gentenaren, in oorlog tegen Maximiliaan van Oostenrijk, de omstreken van Dendermonde onveilig maakten en de bevolking van Moerzeke zoo zeer den schrik op het lijf joegen, dat deze de kostbaarste goederen naar genoemde stad ging beveiligen [1]. Dat die voorzorg niet nutteloos was zou weldra blijken : Gentenaren en Fransche troepen vielen binnen deze gemeente en schaamden zich niet zelfs het geld uit den koffer der kerk te rooven [2], terwijl het kasteel verwoest en gedeeltelijk door brand vernield werd.

Wat de gemeente te onderstaan had in den geuzentijd is bij gebrek aan documenten uit die beroerde dagen niet vast te stellen; geen twijfel, nochtans, of ook hier zal moedwil en bal-

---

(1) « Item betaelt van den kerken cofere ende anderen goede te Denre-monde te voerene.... »   (*Kerkrekening* over 1487-1488).

(2) .... « Item esser tgheent dat de kercmeesters goet comt van meerde-ringhe vanden VI lib. II s. gr., dwelck de Ghentenaers ende Fransoyse huten scrine namen .... »   (*Idem.*)

dadigheid gepleegd en de oefening van den godsdienst geschorst geweest zijn.

De tweede helft der XVII° eeuw was voor Moerzeke, gelijk voor zoo vele Vlaamsche dorpen, hoogst noodlottig. Lasten van allen aard drukten op de bevolking ten gevolge van de schier onophoudelijke oorlogen, door Lodewijk XIV enkel uit heersch-zucht gevoerd. Eene omstandige opgave van de verliezen, hier geleden, is niet mede te deelen; zeggen wij alleen dat in het begin der maand Augustus 1667 hier eene talrijke ruitersbende van den veldmaarschalk Monterey, benevens eenige compagnieën voetvolk der Duitsche regimenten van den hertog van Holstein, uit Gent kwam, met zending om, in tijd van nood, de stad Dendermonde ter hulp te snellen. Moerzeke en Hamme kregen de voorhoede te legeren, welker onderhoud eene aanzienlijke som vergde. Het aandeel der gemeente in de krijgslasten beliep van 1689 tot 1 Februari 1694 tot niet min dan 89,868 gulden, en van 1 Maart 1694 tot 28 Februari 1696 leed Moerzeke een verlies van 16,000 gulden, haar door de troepen der Verbondene mogendheden op allerlei wijze berokkend.

In evenredigheid zijner bevolking waren er weinig dorpen in Vlaanderen welke de patriottenbeweging van het einde der vorige eeuw zoo krachtdadig ondersteunden als Moerzeke. Eene omhaling onder de ingezetenen bracht ongeveer 2,000 gulden op; twee gilden en twee broederschappen gaven 400 gl. tot aankoop van een stuk kanon, voorzien met een opschrift; de pastoor stortte 182 gl. 12 stuivers tot het onderhoud, gedurende een jaar, van eenen soldaat, en de kapelaan J. Windey gaf 94 gl. 10 stuivers voor gelijk onderhoud gedurende een half jaar. Bovendien werden 500 gl. ingezameld, vooral ten dage dat de Moerzeeksche patriotten naar Gent trokken om er den eed van trouw aan de republiek af te leggen; eindelijk bracht men nog eene som bijeen van 150 gl. voor de armen der stad Gent, die in het oproer aldaar schade hadden geleden.

Onder de personen, die te Moerzeke en daaromtrent den opstand tegen Jozef II bewerkten, zijn te noemen J.-B. Cam-

maert, notaris te St.-Amands; zijn broeder, pastoor dezer
parochie; d'Hollander, schepene van Moerzeke, en de onder-
pastoors van Moerzeke en Waasmunster, met namen Van Duyse,
Nys en Delplanke. Zij stonden bij de regeering reeds in 1789 op
een slecht bladje aangeschreven en werden in hunne gangen
bespied en in hunne gesprekken afgeluisterd(1). Niet zoodra was
het vermaard manifest van 24 October 1790 te Turnhout afgekondigd, of daags nadien geschiedde hetzelfde in deze gemeente;
op de torens van Moerzeke, Waasmunster en St.-Amands stak
men de witte vlag met het roode kruis uit, en luidde er de
noodklok. De bevolking, door de vele tergerijen der regeering
ongeduldig en verbitterd, liet den arbeid staan en kwam naar de
dorpsplaatsen en de kerken geloopen, waar genoemde priesters
op den predikstoel klommen om de menigte aan te wakkeren tot
verzet en tegenstand, ten einde Kerk en Staat tegen de heillooze
plannen van den Oostenrijker te beschermen. Daags nadien werd
ook de witte vlag gehescen op de torens van Hamme, Bornhem
en eenige nabijgelegene dorpen, waar ook het volk onder de
wapenen kwam en sterke wachten inrichtte om de orde te handhaven en desnoods de eigendommen te beschutten. J.-B. Cammaert stond aan het hoofd der wapenlieden.

De griffier Raepsaet, aanhanger der patriotische denkbeelden,
op last der regeering korts te voren in hechtenis genomen zijnde,
stelden de inrichters van den opstand zich ten doel, zijne vrijheid terug te vorderen, en zij meenden daarin niet beter te
zullen slagen dan door een aanzienlijk man, aanhanger der
regeering, als weerwraak gevangen te nemen. Het oog viel op
de Crumpipen, gewezen kanselier van Brabant, destijds op zijn
kasteel te Temsche. Het besluit dienaangaande werd in den
vroegen ochtend van 26 October ten uitvoer gebracht, met dit

---

(1) Zie eenen brief van Maroux, procureur-generaal van Vlaanderen, aan
den gevolmachtigden minister te Brussel, van 11 Augustus 1789, gedrukt in
het *Omstandig Verhael raekende de omwenteling van dezen lande, uytgegeven
van wegen* J.-B. CAMMAERT (Gent, P.-F. de Goesin, 1790, 8º.)

gevolg, dat Raepsaet inderdaad aanstonds weer op vrije voeten werd gesteld (1).

Denzelfden dag werd het gerucht verspreid dat er te Dendermonde een bataillon keizerlijke troepen was aangekomen, met last naar de evengemelde dorpen te trekken en de woede der regeering wegens het gebeurde op het landvolk uit te werken. Cammaert deed onmiddellijk eenen oproep tot al de mannen, die goed en leven voor de zaak wilden offeren, om zich gereed te maken tot de verdediging, welke inderdaad te Moerzeke werd ingericht. Men maakte in allerijl eene verschansing, sterk genoeg om tegen eenen onverwachten aanval beschut te zijn; doch de Oostenrijkers lieten zich niet zien. Voorziende dat bij gebrek aan een voldoend getal weerbare mannen de dorpelingen het te kwaad zouden hebben, trok Cammaert den 30 October naar Breda, waar het hoofdcomiteit des opstands zetelde, en vroeg er eene bende wapenlieden. Met deze trok hij naar St.-Nicolaas, waar gezorgd moest worden voor behoorlijk onderhoud gedurende den tocht, en van daar opvolgendlijk naar Gent en Brussel. De notaris Cammaert was zonder tegenzeg de ziel der beweging, gelijk hij de schatmeester was van de Patriotische benden in deze streek (2).

De Boerenkrijg onder de Fransche republiek had hier ook weerklank en maakte zelfs eenige slachtoffers. De verbittering des volks tegen de vreemde aanhangers van een gevloekt dwangbeheer, dat gansch in strijd was met den geest, de overleveringen en de begeerten van de overgroote meerderheid, open-

---

(1) Zie onze geschiedenis van Temsche, 112.

(2) « Den onderschreven in qualiteyt van Tresorier van de Commissie van Financiën van Vlaenderen relateert by dezen, dat dHeer J. B. Cammaert, tresorier generael der Vereenigde Staeten by het Armée, geweest in Vlaenderen, in deze qualiteyt heeft ontfangen van de Staeten van Vlaenderen, te weten sedert de Revolutien aldaer, tot de somme van 85,235 gl. 7 st. en 4 den. courant geld .... hebbende by Cammaert ook zoo vele uytgegeven aen de Nationale Troupen, als andersints, conforme de rekeninge door den ondergeteekenden overgegeven *enz.*   Le comte J. della Faille. »

baarde zich op velerlei wijze, zelfs met geweld. Het gemeentehuis, waar de verdrukkers van het volk nestelden en hunne
maatregelen beraamden tegen de rust, veiligheid en vrijheid,
werd door eene tot het uiterst getergde menigte aangerand en
verwoest, evenals de woning van den « agent municipal. »
Vergeefsche pogingen! De vreemdeling, sterk door zijne overmacht en ook door de lafheid van enkele met goud en gunsten
omgekochte inlandsche handlangers, handhaafden hun gezag en
konden, verscheidene jaren, ongestraft hunne afschuwelijke
rol spelen.

IV.

Kerk van Moerzeke. — De oudste vermelding dezer kerk is van
het jaar 1125, wanneer Simoen, bisschop van Doornik en Noyon,
het altaar van Moerzeke aan de Gentsche St.-Baafsabdij afstond(1),

---

(1) « In nomine patris et filii et spiritus sancti amen. Symon, per misericordiam Dei Tornacensis ac Noviomensis episcopus, Wluerico sancti Bavonis
venerando abbati suisque successoribus in perpetuum. Quia largiente domino
pastoralis cure regimina suscepimus in pascendis ovibus Christi, vigilantiam
adhibere gregremque dominicum debita sollicitudine confovere debemus.
Sane de regularibus ecclesiis locisque religiosis maior nobis cura solicitudinis
incumbit. Quibus nimirum annuente domino et spiritualia ministrare et tem-
poralia conferre subsidia nobis injunctum est. Quam ob rem frater Wluerice
sancti Bavonis abbas venerabilis, loci tui caritate atque laudabile religione
considerata; altare de Murzeke tibi et ecclesie tue ad usus fratrum in per-
petua deinceps libertate tenendum concedimus, nostrique archidiaconi Roberti
clericorumque nostrarum assensu, presenti pagina testibus subassignatis confirmamus. Singulis annis episcopo Tornacensi et archidiacono sive eorum
ministris pontificalia iura atque sinodalia tu et successores tui iuxta morem
antiquum persolvetis, debitam quoque reverentiam pariter exhibentes.
Presbiter qui ad vestrum arbitrium ibidem constituetur, si idoneus fuerit
ab archidiacono seu decano curam suscipiet, quibus et ipse debitam
perferat obedientiam. Hoc ut firmum vobis deinceps et inconvulsum permaneat, episcopali auctoritate confirmamus, atque sigilli nostri impressione

eene gift welke de paus Alexander III ten jare 1170 bekrachtigde.

De kerk, toegewijd aan St. Marten, is groot en fraai, hoewel zij onder bouwkundig opzicht niets merkwaardigs heeft : zij dagteekent van 1768. De toren werd herbouwd in 1740 en heeft eene hoogte van 42 voet metselwerk. Er zijn drie beuken, verlicht door vensters met ijzeren ramen. De witte hardsteen, waar zij mede gebouwd werd, komt van Vilvoorde.

Vroeger moet zij wèl versierd geweest zijn, uitwijzens de oude nog in het kerkarchief voorhanden rekeningen, welke ons met de volgende bijzonderheden bekend maken.

Een beeld van *St. Antonius* werd te Antwerpen gekocht in het jaar 1488. Omtrent dien tijd plaatste men ook een beeld van *St. Marten*, te paard, dat geschilderd werd (1).

Het altaar van O. L. Vrouw versierde men in 1513 met eene beeldentafel, waar KAREL VAN ZWAERVELDE zijnen beitel en JAN BOYST of BOEYST zijn penseel aan bezigde (2). Vier jaren later werd een ander altaar ook voorzien van eene nieuwe beeldentafel, vervaardigd door eenen kunstenaar, met name ARIAEN.

In 1521 plaatste men in de kerk eenen pilaar met gesneden loofwerk, waar men een beeld van St. Marten op stelde, gebei-

---

signamus S. Domini Symonis episcopi... Actum insulis anno dominice incarnationis M. centesimo vicesimo, V[io] indictione, III[cia] regnante rege Ludovico episcopante domno Symone. Karolo Flandrensium marchiam gubernante. S. Hugonis cancellarii. » (MIRÆUS, *Opera diplomatica*, IV, 360. — SERRURE, *Cartul. de S. Bavon*, 31.)

(1) « Jtem betaelt te Antwerpen van St. Marten te peerde, den beeldesnider, den scilder, metten ghelaghe van den peerde, boven tgheent dat up betaelt was te voren jnde voorleden rekeninghe, II lib. II s. »

(*Kerkrekening* over 1490-1492.)

(2) « Jtem ghegheven Karle van Zwaervelde op de betalinghe van onzer Vrouwen tafele, die hij ghemaect heeft, VIII s. (*en nog XIII s. VI d.*).

« Jtem ghegheven Jan Boost, van onser Vrouwen tafele te scilderen, X s. gr.

« Jtem noch ghegheven Jan Boeyst van der stofferinghen van onser Vrouwen tafele, X s. gr... Idem X s. gr. » (*Idem over* 1513.)

« Jtem uytghegheven meester Aryane, den meester van der outertafel, uyter hant, XI s. VI d. gr... Item IIII lib. gr. » (*Idem over* 1517.)

teld door Jan van Loo, van Sinaai (1). De pilaar werd ook geschilderd. Dezelfde kunstenaar leverde het beeld van *den Nood Gods* en van *St. Marten* voor het hoogaltaar (2), terwijl Jan Boyst de O.-L.-Vrouwetafel herschilderde (3).

De kerkrekening over 1625 maakt gewag van een nieuw tafereel op het hoogaltaar, zonder evenwel den naam des kunstenaars of het onderwerp te doen kennen.

Een oud tafereel, voorstellende *St. Marten*, hangt in het portaal der kerk. Het werd hier gebracht ten jare 1808.

De oude kerk had vijf altaren, ten minste in de XVIIe eeuw, maar het kerkbezoek van 1755 maakt slechts melding van drie altaren, zooveel als er heden gevonden worden. Alle drie werden in 1780 gemaakt door Eeckelaer. Dat in het midden prijkt met een beeld en met eene schilderij van den patroon der kerk. Het altaar van dezen, rechts, heeft eene schilderij, voorstellende *het Bezoek van Maria aan hare nicht Elizabeth*. Het altaar toegewijd aan O. L. Vrouw, links, is versierd door een tafereel, verbeeldende *de Hemelvaart van Maria*, door Verboeckhoven, die ook de schilderij van 't andere zijaltaar leverde. Beide stukken verdienen eene herstelling, waartoe, volgens men ons verzekerde, door het kerkbestuur besloten is.

Jozef de Loose, van St.-Nicolaas, schilderde in 1834 den *Kruisweg* en in 1857 een tafereel, voorstellende *St. Marten, de helft van zijnen mantel aan de engelen toonende*.

De predikstoel dagteekent van 1774 en is van Allaert, een Gentenaar; daaronder staan de beelden van *Mozes* en van

---

(1) « Jtem ghegheven Jan van Loo, IIII lib. X s. gr. »

« Jtem Jan van Loo van eenen Sⁿ Marten te snijdene in eenen pilaer, VIII gr.

« Jtem ghegheven Jan van Loo te Sinay, van dat hij den oxael in stac... »
(Kerkrekening over 1521.)

(2) « Jtem ghegheven Jan van Loo ter causen van den Noot Gods ende sente Marten op den hooghen autaer, XIIII s. gr. » *(Idem.)*

(3) « Jtem ghegheven Jan Boyst ter causen van onser Vrouwen tafele, X s. gr. » *(en nog VI s. VIII d.)* *(Idem.)*

St. Jan-Baptist. Van de biechtstoelen werden er twee gemaakt in 1809 door Pieter-Domien Velleman. Men treft in de kerk ook eene fraaie orgelkas aan.

Het koor is verrijkt met vier geschilderde vensterramen, gift van Mevrouw de burchtgravin de Nieuland en uit de werk-plaats komende van Coucks, te Brugge. Zij stellen voor : *Het H. Hart van Jezus; het H. Hart van Maria; Aanroeping tot den H. Jozef; Werken van bermhartigheid* (een familietafereel).

De dorpskerk van Moerzeke bezit eenige schoone H. vaten en eene zeer fraaie remonstrans, in goud en verguld zilver.

Ten jare 1501 hingen in den toren reeds drie klokken, van welk de grootste, *Salvator* geheeten, toen te Mechelen bij Jan van Wiele gegoten werd. Thans zijn er twee. De zwaarste heeft een gewicht van 685 pond en werd hier gebracht ten jare 1806, vermoedelijk nadat de vorige door de Fransche republikeinen gestolen waren; de andere klok werd in 1824 gegoten door Andreas van der Gheyn en weegt 411 pond.

Er zijn hier nog in den vloer der kerk een groot getal graf-zerken, de meeste echter niet ouder dan van de XVIIIe eeuw. Een handschrift, in de koninklijke bibliotheek van 's-Gravenhage bewaard, doet het opschrift kennen van eenen thans verdwenen grafsteen der XVe eeuw, luidende als volgt :

> Hier licht begraven den manhaftegen ende
> vroomen heer Philips van Maldeghem /
> rudder / heer van Maldeghem / Grimbergen /
> Moerseke / Berlegem / Hopegem ende Lep-
> scote / sone van Philips ende Marie van
> Grimbergen(1).

Een blauwe zerk, onder den Kalvaar, tegen de vontkapel,

---

(1) Vroeger was hier ook eene verhevene graftombe voor Philip (VII) van Maldegem en zijne echtgenoote Margareta van Halewijn ; zij bevond zich onder eenen boog of nis in den muur der kerk en werd later afgebroken om voor zijne opvolgers in het heerlijk gebied eene bidplaats te maken.

voorzien met acht wapenblazoenen (van der Borch, Berchem, Liefkenrode, de Cock van Nerynen, van Duffele, Bausele, Roelofs en van Helmont), geeft te lezen :

Sepulture ban mher Jan ban der Borch / ridder / heere ban Affche / Moefic ende Caftelle / fterf den 17 Febi 1582. Ende br° Caterina Berthout / dict ban Duffle.

Van andere zerken schreven wij de volgende opschriften af :

D. O. M. Bid voor de ziele van den zeer eerweerden Heer Joannes-Benedictus de Schoesitter, zoon van Joannes en van Maria-Theresia Wauters, geboren te Hamme den 18 juny 1735, onderpastor benoemd dezer parochie den 14 July 1762, in welken tyd hy eenen iverigen medewerker heeft geweest van den wel edele hooggeboren heer dezer parochie Mynheer vander Meersche, in het opbouwen dezer kerk; alhier pastor benoemd den 2 July 1780; jubilaris als pastor den 17 Augti 1830. Jubilaris van 100 jaren 30 Juny 1835. Ridder van 't Leopolds-order 18 July 1835. Overleden 26 october 1837. Heeft gefondeert een eeuwig jaergetyde met brood aen den armen. R. I. P.

D. O. M. Hier ligt begraven dheer Petrus Wauters, zone van dheer Petrus Engelbertus ende van Jouffrouwe Josine van Wolfelaer, voordesen Schaut dezer commune, overleden den 6 7ber 1815. Lieve parochianen, bid voor de ziele.

D. O. M. Sepulture van den heer Ed Pr Franciscus de Clabbais, in syn leven bailliu van Moeseke, sterft . . . en D. Margt Francisca Masson, syn huysvrouw, sterft 13 8bre 1752. R. I. P.

D. O. M. Sepulture van Mevrouw d'abdisse Maria Catharina Windey, uyt Moes, filia Pauli Windey,

GEBOORTIGH UYT HAMME, EN CATHARINA VAN BOGAERT, UYT MOES, ABDISSE IN DIT CLOOSTER VAN HET JAER 1743 DEN EERSTEN MEY, GEPROFEST DEN 24 AUGUSTY 1724, ENDE IS GEBOREN INT JAER ONS HEEREN 1701, STERFT DEN 12 AUGUSTY 1781, OUD 80 JAEREN, VAN RELIGIE 58 JAEREN, VAN OVERSTE VAN DE BRIGITTINEN TOT DENDERMONDE 58 JAEREN. HAER ZUSTER JUDOCA, OOK IN HETZELVE KLOOSTER, STERFT DEN 2 APRIL 1742 OUD 55 JAEREN, RELIGIEUSE 13. R. I. P.(1).

D. O. M. ANDREAS D'HOLLANDER F. JAC., DYCKGRAEF EN SCHEPENE, STIRF 23 FEBRU. 1758. ANNA PELEMAN, F. GIL., SYNE HUYSVROUWE, STIRF 30 JANU. 1741, EN HUNNE KINDERS....

Op het kerkhof treft men de grafstede aan van de edele familie de Nieulant.

Een aantal stichtingen van godsdienstigen aard, in de kerk van Moerzeke gedaan, geven bewijs van de vrome gezindheid der ingezetenen. Onder deze fondatiën zullen wij noemen : het H.-Sacramentslof, door J.-B. d'Hollander; het lof op Allerzielendag, door Jakemijn Verras; het lof tijdens de octaaf voor de geloovige zielen en het maandelijksch lof, met hetzelfde doel, door Maria Heyns; twee missen in de maand door jonker Frederik Sanders; de donderdaagsche H.-Sacramentsmis door den pastoor Jan Vermeire; eene maandelijksche mis door Maria Fierens; eene plechtige misse op het feest van de H. Barbara, door Catharina Christiaans, geestelijke dochter; een lof in het begin der maand Januari ter eere van den Zoeten Naam, door Ignaas Oste en zijne vrouw Francisca de Vos; eene mis tijdens de octaaf van O.-L.-Vr. Hemelvaart en een lof op den feestdag van Maria-Presentatie, door Jan Sarens; eene maandelijksche mis voor de afgestorvenen door Joanna Dierickx enz.

Onder de verdere fondatiën ten voordeele der kerk van

---

(1) Deze zerk is waarschijnlijk hier gebracht van Dendermonde.

Moerzeke vermelden wij degene van den oudpastoor Balthazar
de Pavo, krachtens wettelijke acte van 28 Maart 1626, waarbij
hij eene kapelnij instelt welke, na het overlijden der twee
eerste door hem aangeduide titularissen, ter begeving zou staan
van den bisschop, op aanbieding van den heer des dorps. Het
kapitaal der fondatie beliep tot 50 pond groote 's jaars, uit
zekere daartoe gevestigde renten. Den kapelaan was tot plicht
opgelegd te Moerzeke te verblijven, den maandag, dinsdag,
woensdag en zaterdag, alsook op zon- en heiligdagen, mis te
lezen; voorts vijftien gezongen missen in Januari ter eere van
den Zoeten Naam. Nog moesten de arm- of H.-Geestmeesters van
de voormelde renten jaarlijks, op elken vigiliedag, brood uit-
deelen aan de armen van Moerzeke ter waarde van 10 schellingen groote.

Slechts twee eigenaardige kerkplechtigheden albier zijn ons
bekend. De aanbidding van het H.-Sacrament op Witten-
Donderdag geschiedde door al de parochianen zonder onder-
scheid, daartoe gemaand door de personen, die de eiers van
den pastoor bij de ingezetenen plachten in te zamelen. De
aanbidding geschiedde bij gebuurte, en wel zóo, dat ieder van
deze één uur de godvruchtigheid oefende.

Op den feestdag van St. Elooi bracht men, na de mis, al de
paarden der parochie aan de kerk om belezen en gezegend te
worden. Ook de ruiters werden gezegend met de reliquie van
St. Marten.

Onder de broederschappen, vanouds hier bestaande, was deze
van St.-Marten in de middeleeuwen de voornaamste. De leden
vereenigden zich telken jare, op den feestdag des patroons, na
de plechtige mis aan eenen gildemaaltijd, waar in de XVe eeuw
speellieden en zangers op werden genood. In het nederige, afge-
legene Moerzeke blocide dus ook, even goed als in de groote
steden, de geest van vereeniging en broederlijkheid, niet alleen
voor het gebed en den godsdienstigen bijstand bij ziekte, dood

en begrafenis, maar ook voor uitspanning. 't Zou ons niet verwonderen indien men in of na de processie niet de legende van St. Marten vertoonde, een der meest populaire heiligen van ons land.

Tot het inkomen des pastoors behoorde vroeger de 33e schoof der vruchten in geheel de parochie, welke hij genoot met den bisschop, wiens deel men de St.-Baafstiende noemde. De landen nochtans, waar volle tiende geheven werd, waren daar van uitgezonderd. De 32e schoof van vlas en kemp was voor den pastoor alléen.

De pastoorstiende bracht in de XVIIIe eeuw de som van 800 gl. 's jaars op. Daarenboven had de pastoor ook een stuk bouwland, welks jaarlijksche opbrengst geschat was op 6 a 7 pond groote.

Het archief der kerk bevat nog een aantal belangrijke oorkonden, onder andere de rekeningen van 1479-1480 tot het jaar 1531, en andere van de XVIIe en XVIIIe eeuw. Weinige parochiën van ons bisdom mogen op zulke oude en merkwaardige documenten bogen.

Bij eenen ingezetene van Moerzeke troffen wij een handschrift aan betrekkelijk de parochie, dat ons eenige meldenswaardige bijzonderheden heeft bekend gemaakt. Het is getiteld : *Curieus boekje wegens de Cure en pastor(y) van Moerseke, door my J. F. de Bock, pastor, verzameld en de vermeedering en binden bekostigd*, deels bestaande uit aanteekeningen van den pastoor Rosian Peelman. Dit schrift, in kl. 4°, telt 147 bladzijden en is een oprecht « allerlei », inhoudende aanteekeningen over de kerk, over het kerkgebouw, godvruchtige liedekens, Latijnsche verzen en jaarschriften voor onderscheidene parochie-aangelegenheden, alles door genoemden pastoor. — Het kerkarchief mocht er wel een afschrift van laten maken, althans voor hetgeen de bijzonderheden aangaande de parochie aanbelangt.

De pastorij werd gebouwd in het jaar 1840.

Pastoors van Moerzeke.

Hendrik Boné	1397
. . . .	.
Jan van der Eecken	1428
Anthonis.	1488
Jacob van de Velde	1516
Willem de Schryver	1520
Gillis Heyvaert	1544
Philip de Smet	15**
Adriaan Schutyser	1568
Gillis de Neve	1575
Jan de Witte	1588
Balthasar de Pavo	1590
Jan Vermeere, S. T. B.	1625
Kasper Backelin	1657
Rosian Peelman.	1707
Marten Wauters	1731
Pieter-Frans Versterre	1748
Pieter-Jozef van der Meersche	1760
Laurens van Damme	1765
Jan-Benedict de Schoesitter	1780
Jan-Frans de Bock	1837
Jan-Jozef Baetens	1868
Sylvaan Gevaert	1888

De pastoor Jan-Benedict de Schoesitter, in bovenstaande lijst genoemd, bereikte den gezegenden ouderdom van 102 jaren en 4 maanden. In deze parochie gekomen als onderpastoor ten jare 1764, pastoor benoemd in 1780, herbenoemd in 1802 en hier tot den dag zijns overlijdens gebleven zijnde, oefende hij er de geestelijke bediening uit gedurende een tijdvak van 73 jaren.

Hij was den 18 Juni 1735 te Hamme geboren. Gedurende de noodlottige jaren van de Fransche dwingelandij bleef hij zijne kudde getrouw en bediende hun nacht en dag van al de genademiddelen der kerk, met gevaar zijns levens.

Den 21 Maart 1829 bekwam hij van den bisschop eenen medehelper, daar hij de noodige krachten niet meer had om den last zijner bediening alléen te dragen. Sedert dat tijdstip beklom hij den predikstoel nog slechts éens in het jaar, namelijk den 1 Januari, om zijne parochianen geluk en zegen te wenschen, en hun de wijze lessen te herinneren, welke hij hun vroeger zoo lang had voorgehouden. Het was als de stem eens aartsvaders, die gemelden dag onder de gewelven der parochiekerk klonk tot eene gemeente, welke hij na de schandjaren der vreemde overheersching in Christus had herschapen. Hij hield deze gewoonte vol tot het jaar 1834, toen hij de kracht niet meer had op den predikstoel te klimmen, gelijk hij, korts nadien, er moest van afzien de mis te lezen.

In 1835 vierde hij, of liever, vierde de gemeente Moerzeke zijn honderdste levensjaar. Volksvermaken werden ingericht, benevens een prijskamp voor harmonie. Op het banket, te zijner eere gegeven, en waar de gouverneur van Oost-Vlaanderen, burchtgraaf Vilain XIIII, deel aan nam (de bisschop was door ziekelijkheid belet) werd zijn lange deugdrijke levensloop door drie dichters bezongen, namelijk door PRUDENS VAN DUYSE, destijds advocaat te Dendermonde, in het Vlaamsch, door den eerw. heer DE DECKER, in het Fransch, en door den pastoor van Zeveneeken, die in een drollig Vlaamsch vers de poetsen en uilenspiegelstreken uit de jonkheid des pastoors aanhaalde. Terecht mocht VAN DUYSE den waardigen priester toezingen :

> « ... Lang was uw levensloop,
> Dien 's hemels daauw bedroop.
> Gij waart zulk heillot waard
> Door Christelijken aart;
> Ja, gij verdiende, dat
> Ge u zulk een' jarenschat

Door d'Opperste aan zaagt biên,
Gij woekerdet met dien :
Wat oogst heeft niet uw vlijt
Verzameld in dien tijd!
Hoe menig heideland
Met kostbre vrucht beplant!
Hoe menig stille hut
Voor rouw en ramp beschut!
Hoe menig sombre woon
Herschapen in een troon!
Hoe menig zondaar boodt
Gij 't zielversterkend brood!
Hoe trof op Waarheids stoel
Uw rein ontvlamd gevoel,
In 't Godgewijd gesticht,
Zijn' bouw U deels verplicht!
Al brulde ook 't Fransch gebroed
In godloos' euvelmoed,
Al bruiste een bloedstroom fel,
Al gaapte alom een hel,
Trouw bleeft ge Uw schapen bij
In al hun leed en lij'
Ja, storte ook 't aardrijk in,
Gij stondt nog, kalm van zin! »

De heildronk, den honderdjarigen priester op het banket toegebracht, werd door hem beantwoord met een vaderlandsch liedeke, op de lustigste wijze gezongen, waarna hij nog andere geestige gezangen aanhief. Een verslag over het jubelfeest, voorkomende in de *Gazette van Gend* van 8 Juli 1835, schat het getal vreemdelingen, dien dag naar Moerzeke gekomen, op meer dan 30,000. Aan de behoeftigen der parochie werden dien dag 600 kilos ossenvleesch en 266 tarwen brooden, namens den jubilaris, uitgedeeld.

Ter gelegenheid van deze jubelviering werd de stokoude pastoor door koning Leopold I tot ridder zijner orde benoemd. Door zijn langdurig verblijf te Moerzeke, en ook door zijnen gemeenzamen vriendelijken omgang met de parochianen, was hij, als 't ware, met zijne kudde vereenzelvigd geworden, en men noemde hem dan ook, kortweg, « heer Jan van Moes ». Hij stierf den 26 October 1837.

KERK VAN GASTEL. — Oudtijds werd in het gehucht Gastel mis gelezen, en wel in een gebouw, behoorende heden tot de brouwerij van mevrouw De Smet. 't Waren kloosterlingen van St.-Bernaards, bij Antwerpen, die, gelijk wij weten, hier vele eigendommen bezaten en op zon- en heiligdagen de godsdienstoefeningen kwamen verrichten. Het altaar was voorzien van eene schilderij, voorstellende *de Instelling van den H. Rozenkrans*, ter kapel nog aanwezig. Den derden van de Kruisdagen was hier gewoonlijk een groote volkstoeloop.

De heer Th. Verschelden, van Wetteren, onderpastoor te Moerzeke, werd in het jaar 1874 door den bisschop als eerste proost van Gastel benoemd. Hij bouwde er de huidige kerk en pastorij, en werd den 28 April 1876 bevorderd tot pastoor der nieuwe parochie, welke een koninklijk besluit van 4 April deszelfden jaars tot hulpkerk had verheven.

De kerk, onder de bescherming van den H. Jozef gesteld, is fraai en kloek gebouwd naar de teekening van broeder Mares, der Christelijke scholen. In het koor treft men eene schilderij aan, voorstellende *de Aanbidding der Herders*, alsmede eene der luiken van eene tryptiek op hout, dagteekenende van de XVIIe ecuw en verbeeldende *de Aanbidding der Herders*.

De zijaltaren zijn toegewijd aan de heilige Maria en Jozef. Op het laatste is een groot tafereel van eenen goeden meester der XVIIe eeuw, voorstellende de gekende episode uit het leven van Judith.

In den toren hangt eene oude klok, herkomstig uit Leuven.

Op den weg van Moerzeke naar Gastel staat eene oude kleine bidplaats, toegewijd aan den H. Jozef. — Eene andere in deze gemeente, ter eere van de H. Anna en mede zeer oud, werd ten jare 1521 met geestelijke voordeelen begiftigd.

V.

LIEFDADIGHEIDSGESTICHT VAN MEJUFVROUW DE NIEULANT. — In het jaar 1856 kocht Mejufvrouw de Nieulant het huis der weduwe Westerlinck, in het dorp, omtrent den molen, ten einde eene wijkplaats voor arme weezen in te richten. Zij liet het gebouw afbreken en door een grooter vervangen, alwaar in 1857 drie of vier Zusters uit Wichelen eene leer- en kantwerkschool tot stand brachten.

VI.

GILDEN EN GENOOTSCHAPPEN. — Reeds in de XVIe eeuw bestond er te Moerzeke een handbooggilde, welks octrooi ten jare 1687 door de regeering werd vernieuwd op gunstig advies van den Raad van Vlaanderen(1).

---

(1) « Dame Agnes Thérèse vander Borcht, dame de Moesicke au pays de Termonde, a representé par requete au Roy qu'elle désire de renouveller et d'establir autrefois la confrérie, en thiois de gulde vanden handtboghe, soubs la protection de St. Sebastien pour tant mieux cultiver entre les habitans amitié et bonne correspondence, et comme l'octroy de l'ancienne érection seroit demaniée, elle supplie que Sa Mté seroit servie de luy accorder la permission de renouveller ladite confrérie sur le pied qu'elle est establie eslieux circonvoisins, luy faisant depescher le lever d'octroy à ce nécessaires, laquelle requeste, avec l'advis de ceux de Termonde, ayant esté envoyée à nostre advis par lettres du 24 juillet dernier, disons Messieurs que nous ne voyons aucun inconvenient, non plus que ceux dudit de Termonde, que le village de Moesicke soit traitté comme les villages voisins, nommément celui de Lebbeke, et partant nous serions d'avis, soubs très humble correction, que Sa Mté pourroit estre servie d'accorder l'octroy requis, sur le pied de celui de Lebbeke. (14 Août 1687.) »

(*Brieven en Rescriptiën*, 1683-1688, 295 v°. — Staatsarchief te Gent.)

REDERIJKERS. — Er bloeide te Moerzeke in het laatste vierde der XVIIIe eeuw eene vereeniging van rederijkers, bekend onder den titel van *Rymkunst-minnende Jongheyd van het broederschap van den H. Martinus,* dus eigenlijk eene afdeeling der kerkelijke broederschap ter eere van den dorpspatroon. Tusschen den 30 Maart en den 13 Juli 1788 gaf zij niet min dan een en twintig voorstellingen van het stuk : *Leven en sterven van den H. Martinus, ofte den armjongstigen soldaet geworden bisschop,* opgeluisterd door zang, beweegbare tafereelen en dansen. Telkens werd na het groote tooneelspel eene ook door dansen verlustigde klucht opgevoerd.

Eenige jaren nadien, namelijk in 1797, ontmoet men hier een ander genootschap : *de Krans-minnende Jongheyd,* die ter eere der broederschap van den Rozenkrans en ten profijte van de armen des dorps, tusschen den 23 April en den 16 Juli van gezegd jaar, achttien voorstellingen gaf van *Soliman Sultan, ofte gedreygden ondergang van 't christendom, onder zyne heyligheid Pius den V van den naem, paus van Roomen, gestut door de eendragligheyd der christene vorsten en de kracht des H. Roozenkrans, eerst ingesteld door den H. Dominicus, stigter der Predikheeren orden.* In dit stuk, voorzien van een voor- en naspel, werd ook gezongen en gedanst, en elke vertooning sloot met eene klucht.

KAATSBALSPELERS. — In 't begin van 1772 schreef de waard uit de herberg *St. Sebastiaan,* te Moerzeke, eenen prijskamp uit, waartoe alle liefhebbers van den kaatsbal werden uitgenoodigd. De uitgeloofde prijzen bestonden in « eenen extraordinairen schoonen zilveren bal, een paar handschoenen en eenen neusdoek. »

Daar het balspel ten onzent overoud en nog in bloei is, schijnt het ons geradig, de voorwaarden van den prijskamp mede te deelen. Gelijk alle gildestatuten ademt het den geest van den tijd, in welken het werd opgesteld:

« Ten eersten de liefhebbers sullen moeten spelen vyf tegen

vyf, sonder gekyf, elk van eender parochie, ende dat in seven spelen af; ende wie sal beginnen te spelen sal moeten voleynden tot den laetsten toe, sonder daer iet tegen te seggen, ofte het waer datter eenen quam sieck te worden ofte iemand vande party quam te woonen in omliggende landen; ende iemand van die party zal moeten attestatie daer van brengen, ende sullen moeten brengen eenen speelder van hunne respective parochien, denwelcken nog niet gespeelt en heeft, ofte andersints van nulliteyt.

« Ten tweeden sullen daervooren verobligeert syn ter voors. herberghe te verteiren tot twee stuyvers per man, maeckende tsaemen tot twintig stuyvers de twee partyen, dewelcke sullen voldaen worden door de vyf mannen, die afgespeelt zullen worden.

« Ten derden, eenen bal van tzifte uytgeslagen wordende, valt op de roye, sal voor niet uytgehouden worden. Ende eenen bal, die uyt geslagen wordt en valt op de separatie van het quaedt ende het goedt, zal voor goed gehouden worden. Ende de separatie is den eersten steen naest het goedt.

« Ende by geval eenen bal geslaegen wordende, vallende op eenen persoon, staende op het goedt, ende van hem botsende, ofte vallende op het quaet, sal dito bal goet syn ende geteekent worden daer den persoon gestaen heeft.

« Alsmede eenen bal uytgeslaegen ofte gekeert wordende, raeckt aen lynwaet ofte cleedinghe, is quaet.

« Septimo, mitsgaeders den bal uytgeslaegen ofte gekeert, mag met den eersten bal aengehouden worden ofte gekeert worden, ende wie den zelven keert met beyde handen sal quaet syn.

« Item den bal met den tweeden bot loopende langs der steenen, mag denselven bal tegengehouden worden met alle beyde de handen ofte voeten.

« Item eenen bal uytgeslaegen ofte gekeert wordende, ende raeckende eenen persoon, staende op het goed ende van hem voortsloopende, moet geteekend worden daer dito bal sal blyven liggen ofte aengehouden worden.

« Item dat eenen bal gekeert wordende met den vlucht ofte loopende achter tzifte, sonder van de tegenparty in behoorlycke forma wederhouden te worden, is achter.

« Item sal alle sondaegen ofte heyligdaegen maer eene partye mogen afgespeelt worden.

« Item wordt nog geconditionneert dat alle de speelders met liefde ende eendrachtigheyt moeten spelen liberhertig ende sonder op hunnen intrest te spelen, ende dat alle de partyen moeten te vreden syn ende hun draegen met de voorschreven conditien, sonder daerin tegen te seggen. Ende dat het gebeurde datter eenig verschil quam om eenen bal, dat sy hun selven niet en sullen vermogen te rechten, maer met de meeste omstaenders zullen moeten afgaen.

« Voorts sullen de liefhebbers met geene andere ballen mogen spelen als degone, die by Martinus Adriaensens sullen op het spel gebracht worden, zonder de zelve te mogen wateren ofte nat maken.

« Item datter niemant en vermag het caetsspel te veranderen, in wat manieren het sy ofte niet.

« Item dat de twee leste partyen naer het afspelen van den bal sullen ten selven dage moeten eenen fixen dag fixeren binnen deselve weke, omme den selven bal af te spelen.

« Eyndelinge, indien Martinus Adriaensens van raede sal vinden, als wanneer datter meer dan zestien partyen waren, dat hy tsynder keure de tweede ofte derde lotinge te laeten twee partyen op eenen dag afspelen, daervan de eerste lotinge gebeurt op heden 8 January 1772, daer van ieder differente partye zal moeten eenen persoon vande vyf spelende mannen doen onderteekenen de voors. conditien, tot teeken van te houden alle de voorn. artikelen voor goed ende van weerde; met voorder conditie dat de selve telcken respective daegen moeten behoorlyck compareren ingevolge de lotbilletten, ten dien eynde getrokken, op pene van absolute verstekinge, date ut supra. »

Eene fanfarenmaatschappij, met den titel *de Eendracht*, werd hier gesticht den 26 Februari 1851.

Het jaar daarna kwam eene zangvereeniging tot stand onder den naam van *de Scheldegalm*.

Vergeten wij niet te melden dat te Moerzeke de eerste wedstrijd voor koorzang, in België, plaats had, namelijk den 5 September 1827. Drie maatschappijen kwamen naar den lauwer dingen, te weten Baasrode, Zele en Hamme. Laatstgenoemde bleef overwinster.

VII.

VERDIENSTELIJK MAN, TE MOERZEKE GEBOREN : PIETER-ENGELBERT WAUTERS, 5 December 1745-8 October 1840. — Geneesheer van beroep, was deze man gedurende zijnen ongemeen langen

levensloop om zijne grondige kennissen zeer geacht. Na zijne
kleine studiën te hebben geëindigd te Edingen en te Bergen,
zonden zijne ouders hem naar Leuven, waar hij zich aanvankelijk toelegde op de wijsbegeerte en nadien op de godgeleerdheid.
Hij verbleef drie jaren in het College der theologanten aan
de Leuvensche hoogeschool en deed zijne eerste redetwisting
voor den graad van baccalaureus; edoch, geenen roep gevoe-
lende voor den geestelijken staat, legde hij het priesterkleed af
en begon de studie der geneeskunde. Den 11 Mei 1773 tot licenciaat verheven — de graad van *doctor* in het vak werd toen te
Leuven maar aan zeer weinigen verleend, en eerst na lange jaren
studie — ging hij zich te Wetteren vestigen en oefende er niet
alleenlijk de kunst bij kranken en zieken, maar ook en vooral
door voortgezette studie.

Weldra had WAUTERS eene groote faam verworven, maar,
nederig van gemoed, liet hij zich daardoor niet misleiden.
Zijn eerste wetenschappelijk schrift was een antwoord op eene
prijsvraag, door de Koninklijke Academie van Kunsten en
Wetenschappen te Brussel in 1784 uitgeschreven : Verhandeling
over de inlandsche gewassen, die met voordeel uitheemsche
gewassen in de Nederlanden konden vervangen. Dit werk werd
niet bekroond, maar toch loffelijk door de beoordeelaars vermeld, die hun spijt uitdrukten dat de schrijver niet even goed
had geantwoord over de verschillige gebruiken des levens, met
betrekking tot de uitheemsche gewassen, als hij onder eigenlijk
geneeskundig opzicht had gedaan. Deze proef verscheen in het
jaar 1785 onder den titel : *Dissertatio Botanico-Medica de qui-
busdam Plantis Belgicis in locum exoticarum sufficiendis.* (Gent,
J.-Fr. van der Schueren, 1785.) WAUTERS, hulde brengende aan
zijnen gelukkigen mededinger, Dr. BURTIN, gaf datzelfde jaar
eene verkorting uit, in 't Latijn, van diens in het Fransch
opgesteld werk : *Epitome dissertationis coronatæ celeberr.
D. Burtin. De aliquot Plantarum exoticarum succedaneis in
Belgio reperiundis* (Gent, idem).

Bij eene tweede deelneming aan den Academischen wedstrijd

(1787) was WAUTERS gelukkiger met zijne in 't Latijn opgestelde verhandeling over de voornaamste voorzorgen, welke tegen het haastig begraven dienen genomen te worden. Dit werk werd gedrukt in de uitgave der Academie.

Eene derde, in de moedertaal opgestelde, verhandeling van WAUTERS werd door de Academie het jaar nadien gedrukt. Zij had tot onderwerp : Aanwijzing der Nederlandsche gewassen bekwaam om oliën te maken, waarmede men met goeden uitslag en zonder gevaar zou kunnen de olijfolie vervangen; de manier om zulke olie te bereiden en te bewaren, eenen gegeven prijs onderstellende van de stoffen, waar ze uit zou getrokken worden.

Nog zond de volijverige man aan het Antwerpsch Genootschap ter bevordering van Genees- en Heelkunde een *Drietal genees-kundige gevallen* en aan de *Société Royale*, te Parijs, twee memoriën, in 1790 en 1791, ten antwoorde op de door deze vereeniging uitgeschrevene prijsvragen. Den eersten keer behaalde hij den eersten, den tweeden keer den tweeden lauwer.

Onze geneesheer kwam zich ten jare 1794 te Gent vestigen, voorgegaan, gelijk uit het bovenstaande gemakkelijk is op te maken, door eene schitterende faam. Indien anderen wellicht zich op hunne lauweren zouden ter ruste gezet en enkel gepoogd hebben hunne fortuin te vermeerderen, zóo niet WAUTERS. Wat hij te Wetteren deed, zette hij te Gent voort : ijver in het oppassen zijner zieken en voortzetting zijner studie. Geen oogenblik van den dag liet hij verloren gaan : 's morgens stond hij te vier uren op, en om, als 't ware, verplicht te zijn dat gebruik met nauwgezetheid te onderhouden, beloofde hij zijnen dienstboden eene belooning voor elke door hen vastgestelde nalatigheid. In de laatste jaren zijns levens smaakte hij er genoegen in, te vertellen dat hij uiterst zelden door zijne dienst-boden was moeten geboet worden. Vóor hij zijne zieken bezocht — en dit was vroeg in den morgen — had hij zijne godsdienst-oefening in de kerk en in de studie gedaan.

Dat een zoo waardig en verdienstelijk man ook te Gent weldra

in hooge achting kwam, moet niet gezegd. Het bestuur riep hem
tot het bekleeden van gewichtige en eervolle bedieningen, onder
andere tot hoofdarts van de burger- en krijgshospitalen, tot
voorzitter van het comiteit van koepokinenting en der genees-
kundige commissie van Oost-Vlaanderen. Den 5 Juli 1816
ontving hij zijne benoeming tot lid der Koninklijke Academie, te
Brussel, terwijl hij korts te voren (1815) tot lid der eerste klasse
van het Nederlandsch Instituut was benoemd. De Belgische
regeering benoemde hem ook tot medeopsteller der door haar
uitgegevene *Pharmacopaea belgica*.

Lid van een groot getal geleerde genootschappen, verrijkte hij
dezer uitgaven nu en dan met eene vrucht zijner waarnemingen.
Men vindt van hem : *Tiental geneeskundige gevallen*, in de
*Handelingen van het genootschap ter bevordering van genees- en
heelkunde*, te Antwerpen; *Ontleedkundige waarnemingen*, in de
Handelingen van het Instituut; bijdragen in het *Journal de Méde-
cine, Chirurgie et Pharmacie*, in de *Gazette de Santé*, enz. enz.

't Was in de eerste jaren van zijn verblijf te Gent dat WAUTERS
het meestbekende zijner schriften in de wereld zond : *Disser-
tation sur la manière de faire l'Uytzet et sur sa salubrité, com-
paré avec celle des autres bières et autres boissons*. (Gent,
VI° jaar (1798).

Aan WAUTERS komt de eere toe, den openbaren gezondheids-
dienst te Gent ingericht, en de hospitalen heringericht te hebben.
GUISLAIN, die op zijn graf eene treffende lijk- of liever lofrede
uitsprak, getuigde dat hij daardoor eenen uitnemend grooten
dienst aan het algemeen had bewezen, op het heillooze tijdstip,
gevolgd na den inval der Franschen in ons land, toen namelijk
de dienst in de hospitalen door eene uitzinnige hervorming (de
vervanging der kloosterzusters) werd overgelaten aan huur-
lingen en bedorvene lieden...Wanneer, in beter dagen, de Zusters
hunne plaats aan de bedsponde der zieken hadden hernomen,
schreef de Minister van Binnenlandsche Zaken WAUTERS eenige
hartroerende woorden uit dankbaarheid voor de geldelijke opofferingen, welke hij zich had getroost, en voor zijne moeite om de

Zusters naar het hospitaal terug te brengen. Aan de lijders in
het hospitaal wijdde hij eene groote zorg, en in deze orde van
gedachten schreef hij : *Tablaux d'essais pratiques sur quelques
remèdes usités à l'hôpital civil de Gand* (1806). Ook ver-
taalde hij uit het Fransch een werk van CARRERE, getiteld : *Hand-
Boek voor den dienst der Zieken of kort begryp der kennissen die
noodzaekelyk zyn aen de persoonen die belast zyn met den dienst
der Zieken, der Kraemvrouwen....* (1807) — een voortreffelijk
boek, dat ook in het Duitsch, in het Italiaansch en in het
Engelsch werd overgezet. Eindelijk zijne ten jare 1825 gedrukte
Bemerkingen over de noodzakelykheid der Ziekediensters.... en
zijne in 1831 uitgegeven Armen-Apotheek : *Dispensatorium
Pharmaceuticum Belgü pauperibus congruum atque dicatum*,
bewijst dat de man de arme lijders waarlijk als broeders lief had
en verzorgde.

Na eenen voorbeeldig werkzamen en nuttigen levensloop
mocht WAUTERS, in zijne laatste jaren, eene ongestoorde rust
genieten. Voor de derde maal weduwnaar geworden in 1803,
had hij zijne kinderen eenen deftigen stand in de samenleving
bezorgd en in 1831 aan de praktijk vaarwel gezegd, alleenlijk
nog eenige oude vrienden in hunne ziekte bezoekende. Allen,
nochtans, die raad kwamen vragen aan zijne rijke ervaring en
grondige kennissen, wist hij te vergenoegen. Hij beoefende, zelfs
op hoogen ouderdom, de toonkunst, die hij sedert zijne jeugd
had geliefkoosd en die hem altijd eene welkome afleiding was
geweest van de dagelijksche bekommernis en vermoeidheid.

WAUTERS, die steeds geleefd had als een voorbeeldig Christen,
« wakend en biddend », volgens het woord des Evangelies, stierf
na eene langdurige en pijnlijke ziekte, in den ouderdom van ruim
94 jaren.

Zijn geboortedorp Moerzeke houde zijne gedachtenis in eere!

Behalve de vorengemelde schriften leverde WAUTERS nog
(afzonderlijk gedrukt) :

Observations sur la rétroversion de la matrice (1786).

Huys- en Reys-apotheek van den ridder en Zweedschen Koning-

lyken lyf-arts Rosen van Rosenstein. Uit het Hoogduitsch (1789).

Tractatus de exutoriorum delectu, concinnatus ex binis disser-tationibus, quarum altera anno 1790 primum, altera anno 1791 secundum æmulationis præmium in Soc. reg. med. Paris. adeptus est (1801).

Repertorium remediorum indigenorum exoticis in medicina substituendorum, sive responsum ad problemata. Quænam dantur substantiæ indigenæ simplices vel compositæ quæ in curatione morborum exoticis medicamentis prospere substitui possunt?.... Cui palmam adjudicavit Societas Medicorum Burdigalensis in sessione sua 30 Augusti 1809 (1810).

Commentarius theoretico-practicus de Dyssenteria (1810).

In het boekje : *Discours sur le Médecin* P.-E. WAUTERS, *prononcé le jour de son enterrement par* JOSEPH GHISLAIN (Gent, 1840), vindt men een welgelijkend portret van den verdienste-lijken geneesheer.

J.-B. WEYN, te Moerzeke geboren den 15 Januari 1768 en er overleden den 11 Juni 1842, gaf ten jare 1836, bij F.-J. Ducaju, een boekje uit, getiteld : *Zedelijke aenmerkingen, getrokken uit den val van Adam en Eva, in heldenverzen.* Het werkje is opgedragen aan den toenmaligen pastoor J.-B. de Schoesitter.

VIII.

VOLKSGEBRUIKEN, SAGEN enz. — Onderzoekt men met aandacht onze oude volkszeden en -gebruiken, dan vindt men er menige les en wenk, waar groot en klein zijn voordeel kan bij opdoen. In het beteugelen der verkeerdheden gebruikten onze voor-gangers zoowel de spotskap als den roskam of de geeselroede, en zelfs had de spotternij een krachtiger uitwerksel dan de kastijding door eene strenge strafwet.

Op Gastel, den donderdag na Sinksen, had er vroegertijds een
zonderling volksfeest plaats. Niet allcen al de dorpelingen, die
gezonde beenen aan 't lijf hadden, maar ook bewoners van
aangrenzende gemeenten kwamen toen ten gezegden gehuchte
bijeen. Het feest begon in de kerk — de oude Vlamingen deden
nooit anders — met het bijwonen der mis in de kapel des
gehuchts. Toen de godsdienstoefening ten einde was, begonnen
de toebereidselen tot het vermaak. Buren, eigenaars zoowel als
pachters, brachten in overvloed bij wat er tot ecne smakelijke
smulpartij noodig was, mits betaling. Elk plaatste zich zoo hij
best kon, onder het blauwe hemeldak, op de omliggende heu-
veltjes, die weldra met eene groote menigte deelnemers bezet
waren. Ongelukkig nochtans, indien men bij 't bedienen, geen
geld vroeg; immers de Gastelkeure veroordeelde hem :

> « Soo wie op den Castel-dagh
> Spijse brenght tot het ghelagh,
> En vergeet te eyschen ghelt,
> Van selfs wordt hem niet ghetelt.
> Ist dat hy vermaningh doet,
> Soo vervalt hy in de boet
> Van te drincken wyn oft bier
> Eenen beker dry ofte vier,
> Alsoo veel als hy vermach ;
> Waerby comt den roep ende lach
> Van een yder, die hem spot,
> Als te syn soo grooten sot,
> Die een wet, geacht soo goet,
> Heeft vertreden met den voet. »

Dit wil zeggen, met andere woorden, dat de boer, die de
Gastelwet te buiten ging, werd vastgegrepen, gebonden met
stroo, en opstaanden voet veroordeeld werd om de bekers te
kuischen en ..... te drinken, tegen den penning zestien. Evenzoo
— 't drinken althans uitgezonderd — werd gehandeld met
elken ingezetene, die weigerde op het dorpsfeest te verschijnen ;
de afwezige werd opgespoord, met strooien banden gekneveld
vóor het volksgerecht gebracht en aan de bespotting prijsge-
geven. Niemand dorst als de verdediger van den gevangene

optreden, zeker als hij was eene broek te zullen krijgen van hetzelfde laken.

Toen men geëten had, zag men door de woelende scharen een drollig gespan aanrijden; het bestond uit eene mestkar, voortgetrokken door vier uitgemergelde rossen, welke door vier drollig gekleede mannen, de eenen te voet, de anderen te paard, werden vastgehouden. Op de kar zat eene vrouw, gekleed als eene prinses... met klatergoud en papieren linten aan de kleeren. Men bracht haar tot aan de heuvelen onder de uitjouwingen der omstanders, als straffe van haar misdrijf : zij had haren man mishandeld.

Daarop volgde een man, averechts op eenen ezel gezeten en den staart van het dier in de hand houdende. Zijn gezicht was met grauwe verfstof besmeerd en ..... prijkte tusschen twee groote blazen, als oorringen : 't was de man uit het dorp, die in 't afgeloopen jaar zijne vrouw had geslagen.

Die openbare boetwandeling was, volgens de overlevering, een recht of oud privilege, waar het volk van Moerzeke ongemeen veel prijs op stelde. Niemand kon er zich aan onttrekken, en men verzekert dat die volksgerechtigheid er veel toe bijdroeg om den vrede in de huisgezinnen te onderhouden.

Het omrijden met den man en de vrouw, die de wet der minzame overeenkomst in het huisgezin overtreden hadden, was echter maar het voorspel van het feest. Toen beiden hunnen oogst van uitjouwingen hadden opgedaan, klom een boer, als rechter gekleed, op den wagen, en zong een liedje, tamelijk grof en uit vijftien, twintig of dertig coupletten bestaande — volgens den voorraad gedane opmerkingen en klachten — immers ieder couplet laakte, klaar en duidelijk, en vrij scherp, den inwoner, wiens gedrag gedurende het afgeloopen jaar opspraak had geleden. Men kan denken wat er gejouwd en gespot werd! Dat kon zoo een voorsmaakje geven van het « laatst oordeel! »

Daarop begon iets meer kluchtigs.

De leiders van den boetomgang stelden nu een bureel samen

met baljuw, meier, bijzitters en notaris, een aantal personen benoemende tot het vervullen van ingebeelde openbare bedieningen. Eenieder, die wat op den lever had, mocht zich ook hierbij verwachten aan eenen kook.... Er was, bij voorbeeld, een man die zijne fortuin had verkwist of, in openbaren dienst, meer uitgaf dan hij in rekening bracht? Hij kreeg eene aanstelling tot rentmeester. Kende men eenen vrek, zijne benoeming tot armmeester was zeker. Had men iets vernomen van eenen onbehendigen hazenstrooper, de titel van opperjager werd hem toegekend. Dwaze praters kregen de plaats van raadsheer; langtong die van secretaris. De vrouw, die haren pap had laten aanbranden, was zeker van verheven te worden tot eerste keukenmeid, en de baardkrabber, die met slechte messen werkte, werd spottenderwijze toegejuicht als koninklijken barbier. Men gaf prijzen van netheid aan de slordigaards, van werkzaamheid aan de luierikken; van gematigheid aan de dronkaards, van zedigheid aan de windmakers. In 't kort, het was de verkeerde wereld.

Toen dit gedaan was, natuurlijk onder het schateren van de menigte, ging men over tot de verpachting van verschillige goederen.... Ander zotspel. Men verpachtte de visscherij op de zandheuvels van Gastel; de jacht op de sprinkhanen en krekels; de warande der kikvorschen, het onderhoud der kasseien op de voetpaden, de opbrengst van den maneschijn enz., alles, bij de toewijzing, gekruid met meer of min grof zout....

Op den Gasteldag was het Jan en Alleman geoorloofd eene tent op te slaan en allerlei waren te venten, zonder patent of plaatsrecht te moeten betalen.

Dit overoud gebruik was, meenen wij, alléén aan Moerzeke eigen. Welk was zijn oorsprong? LINDANUS, die leefde over twee honderd jaren, verklaart het als volgt: Eens waren de Moerzekenaren, door vijanden — roovers of soldatenbenden — bestookt en bedreigd, uit hunne huizen gevlucht en na geduldig wachten eindelijk op de Gastelheuvelen geklommen om te zien of het omtrent hunne woningen nog niet pluis was. Bemerkende

dat zij nutteloos vrees en schrik gekoesterd hadden, of dat het gevaar voorbij was, gaven zij zich over aan uitbundige vreugde, begonnen te smullen en te drinken, op hunnen hurk in 't gras gezeten, en besloten, tot eeuwige gedachtenis, die vreugde telken jare te zullen vernieuwen.

Pastoor DE BOCK, wien wij 't een en 't ander nopens het Gastelfeest ontleenen, zegt het anders. Langen tijd zou het feest gevierd zijn ter herinnering aan de gelukkige verlossing van 't volk van Kieldrecht en Verrebroek, dat, door de Geuzen verjaagd, naar Hoog-Gastel was gevlucht en daar, na veel lijden en ontberingen, de verwijdering van den vijand vernamen. Daar het de bewoners dier Wasche dorpen waren, die meest hadden bijgedragen tot droogtrekking van de schorren en moerassen van Moerzeke, vierde het volk dezer gemeente broederlijk mede en herdacht de verlossing in een jaarlijksch vreugdefeest.

Kladden (Klodde) houdt doorgaans zijn verblijf aan den waterkant, waar hij 's nachts zijne perten speelt. Ziet hij daar ergens de kuip van eenen vischpeurder, wel voorzien van paling, hij trekt er naartoe en keert ze in de rivier om....

Kladden laat zich gewillig dragen onder de gedaante van eenen grooten hond — of liever : hij wordt zonder tegenstribbelen gedragen door hem, wien hij, geheel onverwacht, op de schouders komt gesprongen. Hij verschijnt alleen des nachts.

WOORDSPEL EN SPREEKOEFENING ONDER 'T VOLK.

Te Moes achter de kerk
Woont een korte, gekrulde, gekrolde, gekroezelde klerk,
En die heeft kort, gekruld, gekrold, gekroezeld haar :
'k Wou dat ik bij dien korten, gekrulden, gekrolden, gekroezelden klerk
[waar.

OPDORP.

I.

BESCHRIJVING VAN HET DORP. — Deze weinig aanzienlijke gemeente, aanvankelijk eene wijk van het Brabantsche Malderen, grenst ten noorden aan St.-Amands, behoorende tot de provincie Antwerpen, ten noord-oosten aan Lippeloo en Malderen, beide deel makende van de provincie Brabant, ten oosten en zuid-oosten nog aan Malderen en ten westen aan Buggenhout. De gemeente is dus aan het uiteinde van drie provinciën gelegen.

De streek, in welke Opdorp zich bevindt, was in de eerste jaren der XIII⁰ eeuw nog weinig of niet bewoond. Tusschen de Vlaamsche grens en Londerzeel was eene uitgestrekte heide, welke in 1232 den hertog Hendrik van Brabant en Arnold, heer van Grimbergen, in cijns werd gegeven aan al de personen, die haar wilden bebouwen. Dit werk vorderde maar langzaam, uithoofde van groote hinderpalen, welke men had te boven te komen. De kasteelheeren daar in 't ronde leefden met elkander veeltijds in veete, en wisten weinig anders hunnen haat te koelen of wraak te oefenen dan met de verwoesting van de akkers en van de hutten der grondarbeiders, die telkens een ander onderkomen moesten gaan zoeken en hier den arbeid staken; daarbij kwam een oorlog tusschen Vlaanderen en Brabant, en de groote afzondering van Opdorp, als verwijderd van groote gemeenschapswegen en zonder vaart of rivier. Nog in het begin der XIX° eeuw vond men hier en te Malderen uitgestrekte heiden, die bij de reizigers sedert langen tijd geenen goeden naam hadden; dit wel niet door de schuld der brave, arbeidzame bevolking, maar door het verblijf van zeker slag van vreemdelingen. Immers SANDERUS, van Opdorp sprekende, zegt dat deze plaats vanouds eene veilige schuilplaats was voor schuldenaars en misdadigers, wier aanwezigheid de plaats natuurlijk niet in goede faam kon doen winnen. Er kwam eene groote verbetering door het kasseiden der baan van Dendermonde naar Mechelen, alsook door de aanwezigheid der nabijgelegen spoorwegstatiën van Buggenhout en Malderen, waardoor de ontwikkeling van Opdorp noodzakelijk moet bevorderd worden.

De bodem dezer gemeente is op eenige plaatsen klei-, op andere plaatsen zandachtig. De landbouw is de eenigste bezigheid der bevolking; nochtans vindt men hier eene bier brouwerij, twee steenmolens en eenen windmolen.

Nopens den landbouw in vroeger tijd zijn ons geene merkwaardige bijzonderheden bekend. Wij weten enkel dat eenige hofsteden, achterleenen van de heerlijkheid, toebehoorende aan de kerk van Kamerijk, eenen naam droegen, als : *het hof ten Bossche, Neigene (Eegene?), 't hof ten Torre, 't Verbrand hof* en *'t leen ten Ringe.*

Volgens VAN DER MAELEN waren er te Opdorp in 1834 een dertigtal pachthoeven, 46 paarden, 7 veulens, 279 hoornbeesten, 85 kalvers, 45 zwijnen en 25 geiten. In 1846 telde men er in 't geheel 175 landbouwgebruiken, onder welke zes van 10 tot 15 hectaren, twee van 9 tot 10, drie van 8 tot 9, vier van 7 tot 8, acht van 6 tot 7, zeven van 5 tot 6, twee van 4 tot 5, vijf van 3 tot 4 en drie en twintig van 2 tot 3 hectaren. Ten gemelden jare bestond de stalbevolking uit 54 paarden en veulens, 496 koppen hoornvee, 24 kalvers, 156 verkens, 48 geiten en 249 beesten bestemd tot de slachting.

Er wordt hier vanouds eene ver bekende jaarmarkt gehouden, waar allerhande waren, voornamelijk paarden, worden te koop geboden, daags na de kermis, welke men viert den eersten zondag der maand Juli.

Men treft te Opdorp maar éene beek aan, en dan nog slechts aan éen der uiteinden, te weten de *St.-Amands-* of *Opdorpbeek;* zij komt van Lippeloo en scheidt de gemeente van St.-Amands en Buggenhout.

De drie gehuchten, waar Opdorp uit samengesteld is, heeten *Boksheide, Nieuwstad* en *Vier Huizen* (in den mond des volks *Drie Huizen*). Een groote, met canadas beplante driesch, vóor de dorpskerk, is gemeentelijk eigendom; de grazing aldaar wordt in pacht gegeven.

In de spelling van den naam dezer gemeente is sedert de middeleeuwen geene groote wijziging gekomen. In 1258 schreef men *Hupdorpe;* eene XII° eeuwsche oorkonde stelt *Oppenthorp;* maar reeds in 1292 ontmoet men de huidige spelling *Opdorp.* Men houdt het er voor, dat ons huidig *dorp,* waardoor wij eene verzameling van verscheidene bij elkander staande huizen verstaan, afkomstig is van het oude *terp* of *torp,* zekere hoogte of heuvel, waar de eerste bewoners dezer streken hunne woning opsloegen om zich tegen de overstroomingen te beveiligen. Wat het voorvoegsel *Op* betreft, men ontmoet dit in verscheidene Vlaamsche en Brabantsche plaatsnamen, als in Op-Glabbeek, Op-Grimby, Op-Hasselt, Op-Heers, Op-Linter, Op-Wijk enz., gelijkmede in eenige gemeentenamen van Noord-Nederland, als Op-Heerent, Op-Loo en Op-Meer.

Aanvankelijk onder geestelijk opzicht afhangig van Malderen, waar de ingezetenen begraven werden, en onder leenroerig betrek behoorende tot Bornhem, onder Vlaanderen, placht men te zeggen dat de Opdorpenaren, levend, Vlamingen, en dood, Brabanders waren.

Sedert het begin der XVIII° eeuw nam de bevolking hier zeer toe; men telde in 1703 nauwelijks 555 ingezetenen, in 1712 nog maar 595; in 1719 beliep dit cijfer tot 622, in 1725 tot 667, en de telling van 31 December 1887 stelt een getal vast van 1,292 zielen(1).

II.

HEERLIJKHEID. — Opdorp was eene vrijheerlijkheid(2), met hoog gerecht, welke in de X° eeuw schijnt toebehoord te hebben aan de kasteleins van Gent; althans Zeger van Gent bevestigde verschillige acten met betrekking tot deze heerlijkheid. Na hen kwam het bezit aan de graven van Vlaanderen, en Gwijde van Dampierre gaf het in 1258 aan Willem van Grimbergen, heer van Assche, ter belooning van trouwe diensten, hem bewezen. Hij gaf dien, namelijk, tot vermeerdering van zijn leengoed al wat hij, Gwijde, tot Opdorp bezat, zoo in meerschen, als in opbrengst van tienden enz., met alle hoog en laag gerecht enz.(3).

---

(1) In 1846 woedde hier *de roode loop*, met zulke hevigheid, dat er in acht weken niet min dan 90 ingezetenen bezweken. Omtrent 500 waren door de ziekte aangedaan.

(2) *Terre franche.* Zóo waren in Vlaanderen : St.-Amands, Opdorp, Appels, Oudegem, Eegene, Moorsel, Wieze, Steenhuize, Gevergem, Baasbrakel en Sarlardinge.

(3) « Guido, comes Flandriae, universis praesentes litteras inspecturis salutem. Noverit universitas vestra, quod nos dilecto et fideli nostro Wilhelmo de Grimberghes, domino de Aske, et heredibus suis post ipsum, pro fideli suo servitio, quod nobis multotiens impendit, dedimus in augmentum feudi sui quod de nobis tenet, quidquid habemus apud Hupdorpe, tam in hominibus, quam hospitibus, reditibus, decimis, sive aliis quibuscumque rebus, cum omni justitia alta et bassa, libere a nobis et nostris heredibus comitibus Flandriae tenendum in perpetuum et habendum. In cujus rei testimonium praesentes litteras nostro sigillo fecimus roborari. Datum apud Warneston,

Genoemde Willem van Grimbergen gaf de heerlijkheid van Opdorp ten bruidschat aan zijne dochter Izabella, in huwelijk met ridder Geeraard van Marselaar. Omtrent het einde der XIVe eeuw vinden wij Adriaan van Marselaar, getrouwd met Mathilde van Assche, en daarna dezes broeder, Jan van Marselaar, gehuwd met Joanna de Jonge. Hun zoon Gillis, in den echt getreden met Anna van der Laen, liet eenen zoon achter, ook Jan genoemd, bekend als schepene van Brussel in het jaar 1517. Deze droeg de wapens, gelijk zijn overoudgrootvader, die te Bastweller streed, en gelijk zijn vader, die deel nam aan den verschrikkelijken veldslag van Nancy. Zijn testament, gedagteekend van 17 Maart 1475, behelst eenige zonderlinge bepalingen, die wij in 't voorbijgaan willen doen kennen. Hij bestemt verschillige goederen aan zijnen zoon Gijsbrecht, die het monnikskleed zou aantrekken in de abdij van Affligem; 5 pond groote, Vlaamsche munt, voor herstellingswerken aan de kerken van Malderen en Lippeloo, en 2 pond voor de kapel van Opdorp; eenige jachtnetten aan zijnen neef Jan van Bruyseghem; 2 pond groote aan heer Adriaan (nadien paus Adriaan VI), bij het overlijden van Jan van Marselaar en van zijne echtgenoote; 2 pond groote tot bevordering van Adriaan's studie, met aanbeveling aan zijne kinderen om dien onderstand te blijven voortgeven; 3 ellen wollen laken voor een kleed, aan elken hunner pachters en boschwachters na 't overlijden van hem en zijne vrouw. Zijne dochter Elizabeth kreeg voor haar een deel in de nalatenschap *het Cijnshof* te Liezele, en *'t Verbrand hof* te Steenhuffel; zijn zoon Adriaan kreeg twee pachthoeven te Merchtem, en Gillis twee molens te Malderen, benevens eenige wapenen.

---

anno Domini millesimo ducentesimo quinquagesimo octavo, die jovis post diem Pentecostes, mense Maio. »

(LINDANUS, *de Teneraemunda*, I, c. VI. — MIRÆUS, *Opera dipl.*, I, 427.

Na Jan van Marselaar schijnt zijn opvolger in het bezit der heerlijkheid van Opdorp geweest te zijn de zoon van zijnen broeder Adriaan, Gillis van Marselaar, die deel maakte van het magistraat der stad Antwerpen en tweemaal in den echt trad : eerst met Anna van der Hapt, vervolgens met Maria de Suco.

Gedurende de onlusten, die tijdens het leven van Gillis woedden, zoowel tegen de goederen van sommige heeren als tegen hen zelven, werd het *hof van Marselaar*, te Malderen, aangeslagen, in veiling gesteld en aangekocht door een lid van den Raad van Brabant, met name Marchand. Wat de heerlijkheid van Opdorp betreft, deze kwam op gelijke wijze in het bezit van Theodoor van Liefveldt, maar geraakte in 1628 door Frederik van Marselaar, ridder, heer van Perk, Elewijt, Herseeuw, Loppem, Neder-Okerzeel enz. weder aan 't voormalig heerengeslacht.

Theodoor van Liefveldt, die de wapenen voerde, is in de geschiedenis der Nederlandsche letterkunde bekend als vertaler van *de Eerste Week der Schepping*, oorspronkelijk in het Fransch gedicht door Willem van Salluste, heer van Bartas. De overzetting verscheen te Brussel bij Rutgeer Velpius ten jare 1609. Bevriend met Christiaan Huygens, staats-secretaris de Vereenigde Nederlanden, betuigde hij dezen in 1600 zijn leed, twee landen, als de Bataafsche republiek en de Spaansche Nederlanden, die zoo wel door ligging en taal als door hunne wederzijdsche betrekkingen eng verbonden waren, tegen elkander in oorlog te zien. Om dien oorlog, aangestookt door vreemdelingen, die er niets dan bij winnen konden, te doen ophouden, stelde de heer van Opdorp aan zijnen invloedhebbenden vriend voor, dat van weerskanten eenige vertrouwde mannen op eene onzijdige plaats zouden samen komen en middelen beramen om met elkander vrede te maken. Huygens verwierp dit menschlievend voorstel, jammerlijk genoeg, want door eene goede overeenkomst tusschen de beide strijdvoerende partijen waren duizenden menschenlevens en de voorspoed van nog meer duizenden landgenooten gespaard gebleven[1].

Rutgeer, zoon van Gillis van Marselaar, heer van Muzelwijk en Heerenbeek, stichtte ten jare 1648 aan de Hoogeschool van Leuven studiebeurzen tot beloop van 2,000 gulden 's jaars. Zijn lijk werd bijgezet in de O.-L.-Vrouwekerk te Antwerpen.

De laatste ons bekende leden van het geslacht der van Marselaar's, die het leenroerig gebied over Opdorp voerden, waren Frederik, ridder, heer van Perk, Elewijt, Neder-Okerzeel enz., en Angelina-Theresia van Marselaar, deze laatste omtrent het begin der XVIII° eeuw. Later kwam de heerlijkheid door aankoop aan Mr. Jan Aerts, schepene en nadien tresorier der stad Brussel, en aan Laurens van Assche, gehuwd met Joanna Pipenbois.

Het heerlijk kasteel van Opdorp, waar men eene afbeelding van aantreft bij SANDERUS, was een hoog, maar eenvoudig gebouw, voorzien van eenen trapgevel. Het rees rondom uit de wallen op en stond, op eenigen afstand rechtover de kapel, ter plaatse waar de familie de Nieulant, eigenaarster der oudheerlijke bezitting, thans haar verblijf houdt. Volgens de overlevering zou keizer Karel er eens vernacht hebben.

De tienden van Opdorp behoorden sedert 1292 aan de kloosterlingen van St.-Bernaards, volgens gift van Robert van Grimbergen, heer van Assche, die hun terzelfder tijd ook het recht van den vijfden schoof verkocht[2].

---

(1) *Vaderlandsch Museum*, IV, 139-143.

(2) « Robertus de Grimbergis, dominus de Asca, cum Maria uxore, dederunt ob remedium animarum suarum, et animarum patrum et matrum praedecessorumque, ac amicorum suorum, totaliter decimam suam quam habebant, vel quocumque modo postmodum habere poterant apud Opdorp, cum omni jure, quod illis in eam competiit, viris religiosis abbati et conventui monasterii loci S. Bernardi Cisterciensis ordinis Cameracensis diocesis, in veram et puram eleemosynam, donatione inter vivos, et vendiderunt quintum manipulum, in eodem pago, nihil retinentes, excepto alto Dominio justiciae suae. Actum anno Domini millesimo ducentesimo nonagesimo secundo. »

(C. VAN GESTEL, *Hist. sacra et prof. archiep. Mechl.*, I, 109.)

In den loop der XVe eeuw rezen er moeilijkheden op tusschen Opdorp en Bornhem wegens de betaling der belastingen en krijgsverplichtingen. De Opdorpenaren weigerden bij te dragen in de lasten, gelegd op het land van Bornhem, waar zij deel van maakten, en haalden gelijk bij den Raad van Vlaanderen, volgens gewijsde van 17 December 1420. Tien jaren nadien herbegon de betwisting met Malderen, met het gevolg dat de Raad van Brabant Opdorp in het ongelijk stelde(1). Een derde geschil over hetzelfde punt rees op in 1479 met Bornhem, dat voor de tweede maal zijne eischen te Gent zag verwerpen (2).

---

(1) WAUTERS, *Hist. des Environs de Bruxelles*, II, 137.

(2) « Allen den ghonen *etc.* scepenen ende Raed *etc.* saluut. Doen te wetene dat up de handelinghe van ghedinghe hedent voor ons gheweest tusschen den ghedeputeerden vanden lande van Bornehem, an deen zijde, ende Janne van Maersselare, heere vander prochije van Updorp, ende met hem ghevoucht eenighe supposten vander zelver prochie, an dander, de zelve handelinghe ghespruut ter causen van dat de vors. van Bornehem deden toghen ende zegghen hoe dat de vorn. prochie ende heerscip Updorp gheleghen was onder ende int tlant van Bornehem, versochten ende begheerden daeromme dat zij met hemlieden ghelden ende contribueren zouden jnde subvencien, zettinghen ende andere lasten, den lande overcommende; ende voort uut te zendene huer porcie van saudoyers, naer de menichte vanden ertsteden, omme met hemlieden te treckene jnde jeghewordich voyaige, also hemlieden datte bij ons ghelast ende bevolen heeft ghezijn bij onzen lettren van placcaten, te drie stonden an heml. ghesonden, zegghende ende conclusie nemende, dat zij dat behoorden ende sculdich waren te doene; daer up de vorn. Jan ende zijne supposten deden verandworden ende segghen, hoe dat warachtich es, dat over vele jaren tijts zeker questie ende ghescil gheresen es tusschen hemlieden ende den vors. van Bornehem voor mijne heeren van Rade jn Vlaenderen, daer jnne doe ter tijd zo verre gheprocedeert was als dat zij van Updorp bij den zelven mijne heeren quite ghewijst waren vanden heessche ende ansprake vanden vors. van Bornehem, die sulc was of jn substancien also die zij nu die voorstellen, blijckende tzelve vonnesse bij eenen beseghelde lettren met drie seghelen, jn rooden wasse, jn datum vanden XVIIⁿ daghe van Decembre duust IIII^c drie ende twintich; concludeerden bij dien jn rechte dat zij achtervolghende den voorn. vonnesse quite gaen zullen ende niet ghehouden zijn metten vors. van Bornehem eenichsins te gheldene, of oec eenighen last te draghene van volc uut te zendene, zonderlinghe ghemerct dat alst ghebuert dat orloghe es, zij eeneghe hueren sambyers zenden voor tcasteel te Bornehem, ter bewaernesse van dien, daer mede dat zij van ouden tijden ontstaen hebben, ende hopen te ontstane; gheconsidereert ooc dat svors.

Langen tijd vóor de hervorming ten onzent openbaar gepredikt en met geweld ingevoerd werd, was Opdorp getuige van eene geloofsverzaking, die de gemeente in hevige opschudding. bracht. Een zekere Lauken van Moeseke loochende hier den 18 Augustus 1518 de heiligheid van het sacrament des altaars, bewerende dat het duivelsch was.... Zulke ongehoorde godslastering kon niet ongestaft blijven in eenen tijd, dat elk vergrijp tegen den eenig erkenden godsdienst werd beschouwd als eene misdaad tegen den Staat. Lauken werd in hechtenis genomen, naer Brussel gevoerd, en daar, twaalf dagen nadien, de tong met een glociend ijzer doorstoken, waarna hij te Zellik, hoofdplaats der meierij, op een rad werd tentoongesteld.

Eene rechtspleging van geheel anderen aard geschiedde

Jans leen, ter causen van ziere heerlichede van Updorp, niet anders noch breeder belast en staet, en ware van orse ende ijser, daer mede hij dient of doet dienen jn tijden van orloghen; hendelic begheerende ende versouckende tvonnesse bij mijne vors. heeren thuerl. proffite ghegheven ende ghewijst te zijne goet ende van werden, ende willen zij of yement anders datte annicheleren of te nieuten doen trecken, bij den zelven mijne heeren, ende zij presenteren hemlieden daer te rechte, behouden onser hoocheyt, want zij alle zijn ghedide ende gheen poorters deser stede. Ende de vorn. van Bornehem deden zegghen bij vormen van replicquen dat hemlieden ghenouch vremde gaf tghuend dat de vors. Jan ende zijne supposten hebben ghedaen allegieren bij dat nu ter tijt gheenen nood en es dat tvorn. casteel van Bornehem bewaert zij van saudoyers, want de orloghe ende vianden van hemlieden zeer verre zijn, Gode lof. Ende al waest dat jn verledenen tijden also ghebuerde dat mochte zijn omme de ghescillen ende orloghen, die waren tusschen Brabant ende Vlaenderen ende anders niet, slutende bij dien als voeren; ende de voors. van Updorp blivende bij huerl. andworde jn huerl. duplicque, met vele meer redenen bij hemlieden ende den vors. van Bornehem ghedaen allegieren, de welke bij ons ghehoort al jnt langhe ende ghesien ende ghevisenteert hebbende de vorn. sententie ende vonnesse, ghegheven bij mijne heeren van den Rade, wij gheappointeert hebben ende appointeren bij desen de zelve sentencie ende vonnesse stede te houdene goet ende van werden te blivene ende jn also verre als die yement die wederlegghen of te nienten doen wille, dat datte gheschiede ende ghedaen zij ter plaetse, daer die ghegheven ende gheprononciert was. Ghegheven onder den seghel den XXVIIⁿ dach van Oeste LXXIX. »

(*Acten en Contracten*, keure, 1479-1480, 11.
— Stedelijk archief van Gent.)

in 1612, eigenlijk niet te Opdorp, maar naar aanleiding van
eenen manslag, op de jaarmarkt van deze gemeente ten
jare 1603 gepleegd. Wij deelen het daartoe betrekkelijke stuk
mede als eene bijdrage tot de kennis der oude rechtspleging :

« Dezen 28 juny 1612 zyn vergadert in vriendclicken gesel-
scape ten huyse van N., in de parochie van N., in persoon
Jan Tack, f⁰ Nicolaes, getraut hebbende Marie vande Poele,
eenighe dochter van wylen Sebastiaen vande Poele, geassis-
steert met Eduwaert vande Poele ende Geeraert, broeder van
den voorn. Sebastiaen, ter eendere, ende Augustin Zueting,
pastoor van Buggenhout ende Baesroo, Gillis van Moortere ende
Lieven de Cuypere, mannen van leene der heeren van Swee-
brugghen, verclarende last ende procuratie te hebben van Jan
Poelman, filius Symoens, manslachtich (zijnen leetwezen) in den
persoon van wylent den voorn. Sebastiaen vande Poele, geschiet
op Opdorp jaermarct anno 1603, op de heye van de zelve
prochie ende heerlicheit van Opdorp, naernoene, welcke
partien van de doode zyde, aenmerckende de bede van den
misdadighen dat men hem dezelve manslacht zoude willen
vergheven om de dood, die onzen Heer Jesus Christus ghebene-
dyt gestorven is aen de galghe des cruycen, ende considererende dat die vergheven wilt worden, moet oock vergeven die
hem misdaen hebben, syn naer vele ende diverse zamen-
sprekingen ende communicatien desen aengaende veraccordeert
van dezelve manslacht in der manieren naerscreven.

« Alvooren zoo vele raeckt de boete ende misdaet, gedaan
jegens justitie ende tghene daeranne dependeert, verwyst de
levende zyde tharen laste, oncost de doode zyde.

« Voorts verwyst den voorn. heere pastor tot zynen laste
te doene in de kercke van Opdorp ofte tzynder commoditeyt,
thien missen van requiem, ende eene te doen doen gesongen
in de kercke van St. Nicolaes, al ten laste van den misdadighen.

« De voorseide intercesseurs van den misdadighen beloven
denzelven te doen compareren in camere ten lanthuyse binnen
St. Nicolaes, die aldaer sal, present scepenen van de voorn.
prochie ende andere van dese vergaderinghe, vallen op beede
zyn knien, met ontdeckten hoofde bidden Godt ende justitie
verghiffenisse, mitsgaders aen de voorn. Jan Tack ende zyn
huysvrouwe, als montsoenders, mette voorn. naeste vrienden,
ende dat haerlieden beliefve om de passie ons Liefs heeren
Jesu Christi, hem de voorseide manslacht te vergheven, ende te
verclaren dat hem dezelve van herten leet es ende leet wesen
sal alle de daghen zyns levens.

« Voorts sal beloven dat hy misdadighen nemmermeer en sal compareren in compaignie, daer eenighe vande voorgenoemde vrienden vanden overleden sullen vergadert zyn; ende oft zoo geviele dat eenighe vande vrienden vanden overledenen quamen in compaignie, daer den misdadighen ware, sal den selven misdadighen hem van daer vertrecken, ten waere zy hem seyden te blyven, op pene van te verbeurene twee sacken roghs telcker reyse alst gebeuren sal voor den aermen van St. Nicolaes ende Opdorp, half ende half.

« De voorseide intercesseurs van de levende zyde beloven te betaelen aen de montsoenders de somme van vier ponden groote voor de oncosten gedoocht int hooren vande informatie ende anderssins, binnen twee maenden naer date deser, daervoren hem den voors. Gillis van Moortere ende Lieven de Cuypere constitueren borghe ende priucipael, een voor al ende elck voor ander, haerlieden daermede van alle voordere pretentien quytscheldende, in consideratie van zynen cleenen middele.

« Van gelycken belooft denzelven misdadighen den montsoenders oft eenighen vrienden vanden overledenen niet te verdreeghen, spytighe woorden te gheven oft desen aengaende eenighen schamp naer te zegghen, op ghelycke boete aen den aermen van St. Nicolaes ende Opdorp als voren, zoo in haerlieder absentie als presentie.

« Ten laetsten beloven die van de levende zyde te betaelen de costen van deze vergaderinghe, met trecht van de gone daervoor comparerende.

« Midts alle tghone voorscreven volcommende, soo es den montsoendere ende voors. vrienden den misdadighen, de voorn. manslacht ter liefde Godts verghevende.

« Aldus gecontracteert present de voorzeide contractanten, mitsgaders heer Jan Roose, pastoor van St. Nicolaes, heer Gillis van den Abbeele, capellaen aldaer, B. Exaerde, Jacques van der Elst ende Gillis Saman, scepenen van de voors. prochie, toirconden elcx respectieve handteeken » (1).

De mondzoen voor de misdaad had denzelfden dag te St.-Nicolaas op het Landhuis plaats.

Opdorp maakte vroeger deel van de kastelnij van Bornhem, waartoe insgelijks de dorpen Bornhem, Haasdonk, Mariakerke,

---

(1) Reg. B. N° 126 der handvesten van 't Land van Waas, in 't Staatsarchief te Gent.

Eike en Wintham (deze twee laatste nu gehuchten van Hingene) behoorden, en 't was bij de schepenen van Bornhem dat die van Opdorp ten hoofde gingen.

Het wapen van Opdorp, aan de gemeente bij koninklijk besluit van 17 Mei 1844 toegekend, is : *d'azur, à une balance d'or, accompagnée en pointe à dextre d'un compas et à senestre d'une ancre de navire, de même, posée en pal.*

Het oud archief dezer gemeente berust sedert eenige jaren in het Staatsarchief te Gent en behelst hoofdzakelijk : Resolutiën des magistraats, van 1703 tot 1795; gemeenterekeningen van 1692 tot 1795; een Quotboek van 1693; registers van ommestellingen van 1700 tot 1749; armrekeningen van 1780 tot 1792; kapelrekeningen van 1594 tot 1783; staten van goed van 1696 tot 1795; weezerekeningen van 1662 tot 1795; verkavelingen van 1674 tot 1795; acten en contracten van 1633 tot 1795; verkoopingen, van 1700 tot 1795; requesten; ferieboeken enz.

In 't archief der gemeente zelf bewaart men eene schoone *Caerte figurative van de prochie, heerlyckheyt en vryheyt van Opdorp*, op perkament, door J.-V. Acoleyen, gedagteekend van 1693, met een Land- of Quotboek van denzelfde.

Meiers van Opdorp.

Armand van de Perre.	1594
Christoffel Moerman	1608
. . . .	. .
Jan Perremans	1685
J.-B. Verhavert.	1695

Burgemeesters.

Hendrik de Kersmaecker.	1690
. . . .	. .
M. van Assche	1723

. . . .

Jan van Assche . . . . . . : . 1733

Armand van Assche 1735

. . . .

Philip Reyntjens 1743

. . . .

P.-R. Verheyden . . . . . . IXe jaar

P.-R. Rollier 1807

Pieter van Assche 1818

H. Piessens 1843

Burchtgraaf Des.-Const. de Nieulant. . 1852

P.-J. Cruyplant. 1863

Gust. de Pauw 1885

III.

GESCHIEDENIS. — De eenigste ons bekende feiten in verband met de algemeene landsgeschiedenis, voor Opdorp aan te halen, dagteekenen slechts van het einde der XVIIe eeuw.

De oorlogen, door Lodewijk XIV in ons land gevoerd, waren der gemeente ten hoogste noodlottig. Van 1689 tot 1694 leden de Opdorpenaren schade en verliezen van allen aard tot beloop van niet min dan 54,345 gulden. Eene oorkonde, in het Rijks-archief te Brussel bewaard, geeft daaromtrent de volgende bijzonderheden op : « Item is de heerlyckheydt van Opdorp ten jare 1690 geheel gefourrageert geworden door de trouppen uyt het legher van S. M. van Spaignien, soo van de geallieerde als andere, dewelcke aldaer groote schaede ende ruïne heeft gecau-seert met het verliesen van graenen ende vruchten, soo tarwe, coren, haver, boeckwey, hoy, stroy, beestiaelen ende andei-sints », tot een bedrag van 12,000 gulden.

In 1692 kwamen te Opdorp vier regimenten Hollanders, voor

welke Opdorp 1,000 gl. te betalen had; het jaar daaropvolgende moest er voor 5,000 Hollandsche ruiters eene som van
2,000 gl. en voor een legerkorps der Verbondenen 4,000 gl.
worden uitgegeven.

De gemeente bleef niet ten achter in de groote beweging,
welke den val van keizer Jozef II, als vorst van deze gewesten,
ten gevolge had. Een korps vaderlandslievende burgers vormde
en oefende zich ten jare 1790 in den wapenhandel, terwijl het
magistraat inteekende voor eene som van 500 gulden tot aankoop
van een kanon.

Eenige jaren later, na den inval der Franschen, was Opdorp
getuige van de hardnekkige vervolging, die de republiek, onder
den dekmantel van vrijheid en broederlijkheid, tegen kerk en
priester inrichtte. Jacob Walgrave (broeder Maurus, van de
abdij van Affligem), bediende hier destijds de pastorij; hij werd
in 1794 in hechtenis genomen en door de rechtbank van Brussel
veroordeeld tot eene boete van 5,000 pond en eene gevang-
zitting van 5 maanden, om den prior der Karmelieten, te
Mechelen, geschreven te hebben dat de Franschen in het
hospitaal van O. L. Vrouw te Kortrijk alles geplunderd, en
een groot getal heiligschenderijen gepleegd hadden.

Men voerde den priester naar de gevangenis, waar zijne
vrienden aanstonds de boete kwamen betalen. Een zijner medebroeders in 't klooster verzocht de rechters om de gevangenis-
straf voor hem te mogen ondergaan, verzekerende dat de tegenwoordigheid van den herder in zijne parochie hoogst noodig
was. Dit edelmoedig aanbod werd natuurlijk geweigerd, aangezien het den Franschen republikeinen vooral te doen was de
uitoefening van den voorvaderlijken godsdienst onmogelijk te
maken en de priesters den schrik op het lijf te jagen. De toestand
verslechtte natuurlijk, toen de kerken gesloten en de bedienaars
van het altaar met onmenschelijke woede werden vervolgd.

IV.

KERK VAN OPDORP. — Wij hebben niet kunnen ontdekken wanneer de eerste bidplaats te Opdorp tot stand kwam. Wij vermoeden dat zij haar ontstaan zal hebben te danken gehad aan de heeren van Marselaar, in de XVe of XVIe eeuw. De rekening der kapelnij van O. L. Vrouw over het jaar 1591 behelst eenen post, ten bedrage van 30 schellingen groote, « betaelt aen den coninck van de gulde, naer costhuyme » wegens deelneming aan de processie.

Op den dag van de jaarmarkt werd hier ook mis gelezen (1), en daags te voren vereenigden zich de kapelaan, de koster en de kapelmeesters aan eenen maaltijd.

De kapel werd ten jare 1600 grootendeels herbouwd. Toen, echter, hadden hier zelden godsdienstoefeningen plaats. In 1703 vroegen meier, burgemeester, schepenen en kapelmeesters van Opdorp aan den aartsbisschop van Mechelen om er elken zon- en heiligdag eene mis te hebben, aan welk verzoek gevolg gegeven werd. De dienst werd verricht door den onderpastoor van Malderen, die daarvoor jaarlijks de som van 50 gulden ontving.

In de vorige eeuw verlangde de bevolking de bidplaats tot parochiekerk verheven te zien en Angelina-Theresia van Marselaere, die het burgerlijk gezag over Opdorp voerde, bezette in haar testament van 16 Juli 1722 eene som van 10,000 gulden, waaruit de te benoemen pastoor eene jaarlijksche rent van 400 gulden zou bekomen, met besprek dat de herder zou gekozen worden onder de monniken van Affligem. Na haar overlijden boden hare erfgenamen, de graaf van Quievrain, heer van Opdorp, en de burchtgraaf van Alverado, de bepaalde som aan

---

(1) « Item betaelt voor het celebreren der heylighe missen op den peerdenmerctdach, V sch. »   (*Kapelrekening* van 1597.)

de abdij van Affligem, die zich verbond den uitersten wil der overledene vrouwe van Opdorp uit te voeren.

Vroegertijds werd er in onze gemeenten geene belangrijke beslissing genomen zonder dat, naast de schepenen, de meestbegoeden werden geroepen om er hun oordeel over te vellen. Op die wijze had het volk een deel in het bestuur, ernstiger voorwaar dan heden, waarop wij alle zaken van gewicht enkel door eenen kleintaligen gemeenteraad zien beslissen. Zoo werden de grondeigenaren van Opdorp samengeroepen om het ontwerp betrekkelijk de kapel te bespreken, en den 16 Juni 1729 gaven zij schriftelijk hunne toestemming. Het edelmoedig bezet der vrouwe van Opdorp werd niet blindelings aanvaard; men vroeg aan hare erfgenamen de bekrachtiging der gift, voor hen en hunne nakomelingen; men polste de geestelijke overheid, en deed de abdij van Affligem beloven de in te richten pastorij aan de gestelde voorwaarden te bedienen(1). Van hunnen kant vroegen de Opdor-

_____

(1) « Wij proost, superior ende andere religieuzen vande abdij van Affligem, capitulariter vergaedert, verclaeren als dat wy ons engageren ende verbinden omme te ontfanghen uyt de handen van de heeren executeurs van het testament van wylent vrouwe Angeline Therese van Marselaer, in heur leven baronesse van Perck, Elewyt, ende vrouwe van Opdorp etc., eene somme van thien duysent guldens wisselghelt, ende dat wy daervooren jaerelyckx sullen betaelen vier hondert guldens courant tot competentie van den toecomenden pastor van Opdorp, volgens den uytersten wille van deselve vrouwe testatrice, in cas dat het nu zyne eminentie mynheere den cardinal, teghenwoordighen aertsbisschop van Mechelen, ghelieve de capelle van Opdorp te erigeren in eene parochiaele kercke, separaet dergene van Malderen, met conditie dat de gheërigeerde pastorye met approbatie van syne eminentie altydt sal bedient worden door eenen religieus van Affighem. Item beloven de voorzeyde proost, supperior ende andere religieuzen van Affighem dat zy voor de voorghemelde competentie van 400 gl. courant sullen stellen suffisante hypotheke, mits conditie dat de ghemeentenaers van het selve Opdorp versoecken ende vercryghen vande Majesteyt volle macht ende octroy om de capelle van Opdorp te vergrooten, ende altyd met den choor op hunne costen te onderhouden. Item op hunne kosten te bouwen een suffisant pastoreel huys met grooten hof. Item in cas van noodt te besorghen ende altydt te onderhouden op hunne costen de thiendeclock. Actum Affighem, den 19 Mey 1728. » *(Gemeentearchief.)*
Het testament van Angelina-Theresia de Marselaer troffen wij aan onder het familiearchief van den heer baron della Faille, te Gent.

penaren aan de regeering oorlof om de bidplaats te vergrooten, en maakten zij zich gereed om eene behoorlijke woning voor den pastoor te bouwen.

Het vorstelijk octrooi werd verleend den 9 September 1729, maar de inrichting der nieuwe parochie geschiedde eerst den 5 Januari 1732. Er waren hier toen 250 communicanten.

Opdorp bleef onder het gezag des aartsbisschops van Mechelen tot in het begin dezer eeuw, wanneer de parochie aan het bisdom van Gent werd toegevoegd.

De kerk van Opdorp is toegewijd aan St. Amand.

Eene laatste maal vermeerderd ten jare 1883, biedt zij onder bouwkundig opzicht geen belang aan.

Het hoogaltaar prijkt met eene schilderij, voorstellende *de Hemelvaart van Maria.* In het koor zijn twee oude, langwerpige tafereelen : *de Aanbidding der Wijzen* en *het Laatste Avondmaal.*

Aan het O.-L.-Vrouwaltaar is geene schilderij, maar dat van St.-Amand is versierd met een doek, waar *de Kroning van Maria* is op afgebeeld.

Merkwaardig zijn eene zilververgulde remonstrans en kelk, fraai van vorm, de eerste eene gift van den eersten pastoor, de laatste op den voet versierd met drijfwerk, voorstellende *de Geboorte, de Dood* en *de Verrijzenis van Christus.*

De kerk heeft twee klokken. Op de groote leest men :

ANDREAS VAN DEN GHEYN ME FECIT LOVANII ANNO 1825. KLOK DER GEMEENTE VAN OPDORP. METER JOUFFR. M. J. VERHAVERT, WED. ROLLIER. PETER DEN EDELEN HEER BURGEMEESTER VAN ASSCHE.

De kleine klok draagt tot opschrift :

ÆDITI S. RAPHAËL CONINC(?) CURARUNT CONSULT S. D. COOMAN ET HONACKER. GEORGIUS DUMERY ME FECIT BRUGIS ANNO 1744.

Men treft in de kerk eenige oude grafzerken aan, welker opschriften hier volgen :

D. O. M. Sepulture van de edele Joffrouwen Isabella-Louise ende Angelina-Francisca Lecocq, filia Jonker Urbani, schiltcnape, heere van Lickensrode etc. De eerste is overleden den 6 April 1734, de tweede den 9 July 1744.

D. O. M. Sepulture van Joff. Anna van Doorselaere, wed. van dheer Verhaevert, begraven in de kerke van Malderen, in hun leven heere ende vrouwe van Dolbecke, die in dese kerke gefondeert hebben eene jaerlyksche octave van het alderheyligste sacrament, bestaende in eene dagelyksche misse en lof volgens den inhout derzelve fondatie, geaccepteert by geestelyke en weereldlyke overheyt; den sterfdag des fondateurs is den 18 July 1712, de fondatersse den 5 Febr. 1737. Item d'Hr J. Bapt. Verhaevert, heere van Dolbecke, meyer alhier g. w. 60 jaeren; overleden 10 Augusty 1782, ende Joff. Anna Catharina de Schryver, syne huysvrouw, sterft 15 Mey 1751, met hunne kinderen.

Op het kerkhof is een grafsteen met het volgende opschrift :

D. O. M. o Croix sainte, sous ton ombre je repose et j'espère.

Sepulture de la noble famille des vicomtes de Nieulant et de Pottelsberghe. Ils ont passé en faisant le bien sur la terre!

Miséricordieux Jésus, donnez leur le repos éternel.

28 Xbre 1876-3 Nov. 1885. R. I. P.

Pastoors van Opdorp.

Rodolf Crucken 1731
B. van der Gucht 1745
G. de Noose 1778
Maurus Walgrave 1790
Jonas de Rydt 1802
P.-J. van de Vondel 1848
Jozef-Jan Christiaens 1852
Donaat Sedyn 1865
Jacob de Bruyne 1879

V.

GENOOTSCHAPPEN. — Wij vinden in het werk over de rede-rijkerskamers van Vlaanderen, door EDM. VAN DER STRAETEN, het bewijs dat het kleine Opdorp in de vorige eeuw ook zijne spelersvereeniging bezat. *De konst-minnende Ieveraeren* voerden van den 4 April tot den 10 Juli 1774 een uit het Fransch ver-taald treurspel op, getiteld : *Samsons heilige wraeke en arglist van Dalila, onder den wreeden Phanor, koning der Philistijnen* Dit stuk, voorafgegaan door een voorspel, was « versierd » met zang en dans. Telkens werd, ten slotte, eene klueht opgevoerd, welke op het program volgenderwijze wordt opgegeven :

De liefd' van eenen zoon en onderlinge trouw,
Die zal met zijnen knecht verbeelden dezen rouw.

Een zanggenootschap, met den titel : *Paraphone*, kwam te Opdorp tot stand den 10 Juli 1859. Het wist zich op verschei-dene prijskampen te onderscheiden.

Er bestaat ook eene maatschappij van fanfaren en een oud
handbooggilde, welk laatste de « zilveren breuke » zijner
koningen heeft bewaard. De oorsprong van de schuttersveree-
niging is ons niet bekend; alleen weten wij uit de kapelrekening
van O. L. Vrouw, over het jaar 1591, dat ze toen reeds in
wezen was en deel nam aan de processie, die van Malderen naar
Opdorp kwam : « Item betaelt aen den coninck van de gulde,
naer costhuyme, XXX s. p. » — Aan deze plechtigheid nam toen
ook het schuttersgilde van Malderen deel.

OUDEGEM.

I.

BESCHRIJVING VAN HET DORP. — Op twee derde uur afstands zuidoost van Dendermonde en op vijf uren van de stad Gent ligt de gemeente Oudegem, welke ten noorden begrensd is door de Schelde en door Appels, ten oosten door St.-Gilles en Dender-belle, ten zuiden door Mespelare en Gijzegem, ten westen door Schoonaarde. Zij heeft eene oppervlakte van 708 hectaren en wordt van het zuiden naar het noorden doorsneden door de baan van Dendermonde naar Aalst, met vertakkingen naar Appels, Mespelare en Schoonaarde; ten noordwesten door de baan van Dendermonde naar Wetteren, alsmede door de spoor-wegen van Gent naar Mechelen en van Aalst naar Dendermonde. Voegt men bij deze gemeenschapswegen de Schelde en de Dender, dan moet men zeggen dat er weinig gemeenten zijn, zoo gunstig gelegen voor handel en nijverheid als Oudegem.

De grond is hier klei- en zandachtig en over 't algemeen zeer vruchtbaar. Buiten de dorpsplaats, met eenige fraaie huizen bezet, heeft men er drie groote wijken : *Hoek, Eegene* en *Varenberg,* en eenige mindere, met de namen : *Boschstraat, Breede straat, Hofstraat, Oude baan* en *Steenweg.*

Onder het opzicht der watering heeft men er vooreerst den

Dender, die een deel der oostergrens uitmaakt en over welke rivier men op dit oogenblik eene nieuwe vaste ijzeren brug legt, onder welke de schepen gemakkelijk zullen kunnen doorvaren. Voorts vloeien hier de *Porre-* en de *Denderbeek,* beide in het zuiden, en eene andere met name de *Leedsche* of de *Wichelsche beek,* die te Appels in de Schelde uitwatert; de *Wijzer-* en de *Paddebeek.*

De naam dezer gemeente komt in de oude schriften onder verschillige vormen voor. Eene charter van 1019 geeft *Aldengem* te lezen ; in eene van het jaar 1089 staat *Odenghem.* Later vindt men *Audengien* (1164) ; *Oudenghem,* in een Latijnsch stuk van 1186 en in eene Vlaamsche oorkonde van 1517; *Oudeghem* (1569); *Haeuweghem* (1444); *Hauweghem* (1528); nadien veelal *Auweghem,* gelijk Van Gestel zegt : *Auwegem, vel Oudegem, antiquitus Odegem.* De meeste archiefstukken in de pastorij spellen *Oudeghem,* of *Oudegem,* gelijk wij voorstellen, zoodat deze vorm hoegenaamd niet nieuw of vreemd is. De plaatselijke uitspraak is eigenlijk *Agem.*

Men kan het woord afleiden van *Odo,* dus verblijf van eenen persoon met dien naam. *Ood,* een verouderd bijvoegelijk naamwoord, ook *oode, oede, oed,* bij de Hoogduitschers *öde,* wordt door Kiliaan door *vacuus, inanis, vanus* overgezet, hetwelk, zegt Weiland, in eenen bepaalden zin, ledig van menschen en van allen arbeid, dus *woest, onbewoond, onbebouwd* beteekende. Deze uitlegging komt ons minder aannemelijk voor, dewijl in de X° of XI° eeuw, bij den oorsprong van Oudegem, verreweg de meeste plaatsen in ons land in denzelfden toestand verkeerden. Den wortel *ode* vindt men in tal van andere gemeentenamen, hier en in Duitschland, weêr(1).

---

(1) Oude plaatsnamen :

1569 : *Varent.*

1400 : *Berremersch, Bosschelkin, Diederix, Bouts lant, Driesch, Eechout, Cleyn Gaver, Houcke stic, Huevergaver, de Leede, Mannekins briele, Nieuwen Meersch, Wambeecx bucht.*

Vanouds was de akkerbouw hier de eenige bezigheid der bevolking. De statistische opgave van 1834 teekent voor Oudegem aan : 57 paarden en veulens, 344 hoorndieren, 149 zwijnen en 25 geiten. Ten jare 1846 werden er geteld : 70 paarden en veulens, 478 koppen hoornvee, 10 kalvers, 191 varkens, 45 geiten en 133 vetbeesten. De weiden en meerschen besloegen toen eene uitgestrektheid van 48 hectaren 93 aren, bosschen 5 hectaren 80 aren. Op datzelfde tijdstip waren in de gemeente 312 landbouwgebruiken, onder welke een van 20 tot 25 hectaren, een van 15 tot 20, acht van 10 tot 15, drie van 9 tot 10, zes van 8 tot 9, negen van 7 tot 8, vijf van 6 tot 7, negen van 4 tot 6 en een en vijftig van 1 tot 2 hectaren.

Het *goed te Isegem*, onder erf en leen 22 bunder groot, was in 1416 het eigendom van Margareta van Wijchuus, in het huwelijk getreden met Jan van der Delft, en werd voor de som van 8 pond 10 schellingen groote 's jaars verpacht.

Het *goed te Curten-Bossche*, was op datzelfde tijdstip in 'bezit van Elizabeth Sersimoens, weduwe van Jan van der Schagen en had eene uitgestrektheid van ruim 30 bunder, onverminderd 7 bunder leen, die toebehoorden aan Joost van der Schagen, en 5 1/2 bunder, ook leen, aan Elizabeth van Oedcvelde. De pachtsom beliep tot 11 pond 6 schellingen groote, maar de pachter was verplicht de eigenares eene kamer met zolder, benevens eenen stal en kelder, op hare aanvraag af te staan. Onder de pachtvoorwaarden zijn er eenige, die verdienen bekend te wor-

---

1440 : *Cooldonc, Driesch, Rarenbuelc, Yseghem.*
1650 : *Capelleveld, Conynenberch, Geuckewinckel, Ham, Hofcauter, Odevaertsnest, Schenkelhaghe, Sollevelt, Sijpcauter, Steenken, Vaerent, Werfcauter.*
1675 : *Blockte, Boonhaven, Boschstraet, Brendenberg, Heunenberg, Hoog Lambroeck, Keukewinkel, Meesterveld, Odink, Varink.*
1700 : *Capelleveld, Faille, Ham, Hofcauter, Lambroeck, Meghemcouter, Roost, Sijpcauter, tSteenken, Werfcauter.*
1750 : *Cluysenlochting, Coemansdriesch, Duyvelsvelt, Heydeveldekens, Heespt, Megemcauter, Mergelputten, Middelrye, Roelbeke, Schellevelt, Spybosch, Sonnevelt, Steenbeke, Waeterlaet, Wyserbekc.*

den gemaakt. De eigenares was gehouden grachten te doen delven op het hof, waar de pachter het begeerde, tot beloop van 50 roeden. Zij leende hem, tot het einde van zijnen pacht, de som van 13 pond groote, had recht op de helft van de opbrengst der duivenkeet en gaf hem ieder jaar 3 ellen laken van hare seizoen kleederen. De pachter verbond zich om 5 vierendeel land 27 roeden, wel gemest, te bezaaien met braakkoorn, 3 vierendeel 20 roeden met koorn en 7 vierendeel 49 roeden met haver. Tot bewijs van goede landbebouwing zij gemeld, dat de pachter, op het hof komende, er een en dertig karren mest vond, welke hij er laten zou als hij van het hof zou weggaan(1).

Het *hof ten Bossche*, aan de grens van Denderbelle, behoorde in het jaar 1701 aan Maximiliaan de Nelva, en 't *goed ter Hurssens* op hetzelfde tijdstip aan Maria Croock, echtgenoote van Jan Philip. Latere eigenaars van dit laatste waren Jacob de Croock, in 1764, en Pieter-Jan de Croock en Pieter-Jan Cobbaert in 1784. Beide waren leengoederen.

Een sedert jaren afgebroken pachthof, toebehoorende aan de St.-Baafsabdij, heette het *Kloostergoed*.

De hedendaagsche nijverheid bestaat te Oudegem, buiten den landbouw, uit twee bierbrouwerijen, eene olieslagerij, twee stoommaalderijen, eene suikerijfabriek, en twee windmolens, van welke er een bekend is onder den naam van *Beirens-molen*. De voornaamste handel bestaat hier in kemp, vlas en ajuin, welke laatste vrucht te Oudegem en in de omliggende gemeenten op eene groote schaal geteeld wordt.

Sedert ongeveer drie eeuwen is de bevolking van Oudegem op merkelijke wijze vermeerderd. Waren er ten jare 1613 maar 210 ingezetenen boven de twaalf jaren, in 1634 beliep het geheele getal nauwelijks tot 428. De telling van 31 December 1887 teekende eene bevolking aan van 2,252 zielen.

De dorpkermis wordt gevierd den eersten zondag van September.

---

(1) *Acten en Contracten*, keure, 1416-1417, 66ᵛ. — Stadsarchief van Gent.

II.

HEERLIJKHEID. — Deze gemeente was oudtijds ten deele een vrij eigen goed, toebehoorende aan de kerk van Kamerijk, en ten deele een leen. Aanvankelijk, naar men meent, behoorde het vrij gedeelte aan de heeren van Dendermonde en werd het door eenen hunner gegeven aan de bisschoppen van Kamerijk. Geeraard II, 23° bisschop op genoemden zetel, stond het in 1089 af aan zijne kanunniken, die er sedertdien het gewone heerlijk recht oefenden(1).

---

(1) « In nomine sanctae et inviduae Trinitatis. Gerardus Dei gratia Cameracensis episcopus, omnibus in Christo renatus caelorum gloriam appetere remigio caritatis.

« Sciant praesentes et his, qui nascentur, studeant enarrare : quomodo ego pro salute animae meae et praesecessorum meorum, trado ad usus fratrum sanctae Cameracensis ecclesiae, matris nostrae, alodium de *Lietscinis* et de *Wilrehem*, cum moneta, cum teleneo et macera et districto, cum molendinis, cum terris cultis et incultis, silvis, pratis, cum servis etiam et ancillis, alodium quoque apud *Odenghem*, quod ibi habet, libera ab omni advocatione, et cetera quae mihi in Bracbant hereditario succedunt : unde in anniversario meo fratres cibentur et residua in usibus eorundem dispendantur.

« Census quoque servorum et ancillarum, duo scilicet denarii à viro, unus à femina, in Nativitate S. Mariae annuatim solvantur, et in lege, qua ceteri sunt, eleemosyna teneantur, et dies anniversarius patris mei, matris meae, fratris que mei celebretur.

« Dono etiam, Domini, Manscelini ejusdem ecclesiae praepositi et archidiaconi, petitione, altare de Caldarico eidem matri nostrae ecclesiae, liberum, ab omni persona ; sed annuatim persolvat quae ceterae ejusdem archidiaconatus capitales ecclesiae ; tali tamen conditione, ut ter in anno fratres ipsi in refectorio conveniant, quinta scilicet feria absolutionis, et in festivitate S. Gaugerici, quae est in Augusto, et in sui obitus anniversario.

« Dat etiam idem Manscelinus eidem ecclesiae alodium, quod apud Maronis Waldum habet, servos etiam et ancillas, concedentibus et assentientibus fratribus suis Waltero, et Tietwino sicut jure possidet hereditario ; servi tamen et ancillae sub lege sint elemosynae. GERARDUS quoque Cordella alodium suum, quod apud eumdem Maronis Waldam et circa Teneram, jure hereditario possidet eidem confert ecclesiae.

Het leen van Oudegem kwam na verloop van tijd ook in handen van genoemde kanunniken, namelijk door aankoop van Elizabeth de Blauwere, echtgenoote van Reginald Boccaert. Dit gedeelte was evenwel ook eene heerlijkheid, met een dertigtal achterleenen en vier en dertig manschappen, welke echter niet in eene vierschaar te recht stonden, maar verspreid waren in andere rechtsgebieden, als in die van Mespelare, Nieuwkerke en Denderleeuw, in 't land van Aalst(1).

De kanunniken hadden eenen gevolmachtigde, die te Oudegem de zaken van het kapittel verrichtte, de tienden ontving, de rechten bij leenverhef en grondverkoopingen inde, de landen verpachtte en het magistraat vernieuwde.

Twee groote rechtsgebieden in éen dorp, in de handen van twee machtige bezitters — 't zou een wonder geweest zijn indien uit deze omstandigheid, vroeg of laat, niet eenig geschil was ontstaan. Wij kennen er, inderdaad, een van het midden der XIII° eeuw, hetwelk in der minne werd vereffend, nadat het recht der heeren van Dendermonde en dat des kapittels op behoorlijke wijze was vastgesteld. De desbetreffende overeenkomst, gesloten in het jaar 1245 en in 1392 door Philip den Stoute, graaf van Vlaanderen, bevestigd, luidt in de hoofdpunten als volgt(2) :

« Horum igitur petitione, canonica fretus auctoritate, tam in ea praescripta, quam sua huic confirmo ecclesiae charta et anathemate.... Ut autem ratum et inconvulsum hoc maneat, corroboro sigilli mei impressione et subtus signatorum attestatione.

« Signum mei ipsius Gerardi episcopi. S. ejusdem Manscelini praepositi et archidiaconi. S. Desiderii archidiaconi. S. Gerardi archidiaconi. S. Frederici, archidiaconi. S. Alardi praepositi et archidiaconi. S. Anfridi archidiaconi. S. Hugonis decani. S. Wuerneboldi scholastici. S. Griodonis cantoris.

« Signa Casatorum : Anselli de Ribodimonte, Fulconis Vicedomini. Walteri Tonitrui. Amultrici. Arnulfi, Walteri. Wenchelonis, Walteri Coleti.

« Actum Cameraci anno ab Incarnatione Domini MLXXXIX, praesulatus mei XIV Indictione XII. »   (Van Gestel, *Hist. sacra et profana arch.*
Mech., II, 153.)

(1) Sanderus, *Flandria illustrata*. — Maestertius, *Stadt ende Landt van Dendermonde*.

(2) « Ego Robertus, advocatus Atrebatensis, Betuniae et Teneraemondae

Het kapittel van Kamerijk behoudt, zooals voorgaandelijk, al zijn recht van cijnzen en andere baten op de van hem afhangende gronden.

Het zal op zijn domein schepenen aanstellen, die recht zullen oefenen over de klachten en misdaden, aan hun oordeel onderworpen.

De helft der boeten, waar de schepenen toe veroordeelen

---

dominus, notum facio universis, quod cum controversia verteretur inter me, ex una parte, et capitulum ecclesiae beatae Mariae Cameracensis, ex altera, super justiciis de Odenghem, in teneamento dictae ecclesiae Cameracensis, tandem amicabiliter pax reformata est, secundum formam infra scriptam :

I. Sciendum est inprimis, quod census et redditus et omnia jura quae habere debet dicta ecclesia Cameracensis in introitibus, exitibus, venditionibus et emptionibus et relevagiis omnium terrarum et aliorum quorumcumque, in teneamento suo apud Odenghem, remanent ipsi ecclesiae Cameracensi totaliter in posterum tenenda, sicut habere consuevit usque ad praesens.

II. Dicta vero ecclesia Cameracensis debet ponere scabinos, in dicto teneamento suo apud Odenghem, qui judicabunt causas, querelas, forefacta, et omnia quae erunt judicanda ibidem.

III. Et sciendum, quod in legibus de quibuscumque forefactis et querelis judicatis per dictos scabinos, debet ecclesia Cameracensis habere medietatem, et ego dictus Robertus ratione dominii de Tenremonde et successores mei, futuri domini de Tenremonde, debent habere aliam medietatem.

IV. Ita tamen, quod in legibus, quae pro defectu solutionis reddituum et debitorum dictae ecclesiae Cameracensis judicabuntur, si non solvantur ad diem ad quam debentur, nihil habebit dominus de Tenremonde, sed dictae leges totaliter erunt ecclesiae Cameracensis.

V. Hoc etiam salvo, quod si alicui per dictos scabinos abjudicaretur hereditas et mobilia, quae haberet in teneamento ecclesiae Cameracensi apud Odenghem, tota hereditas remaneret dictae ecclesiae Cameracensi et medietas dictorum mobilium, alia vero medietas esset domini de Teneremonde, et nihil haberet in heredidate praedicta.

VI. Similiter si cathallum estraiers inveniatur in teneamento ecclesiae Cameracensis apud Odenghem, de quo non sit aliquis, qui possit vel velit jus suum monstrare in eodem, medietas dicti cathalli erit ecclesiae Cameracensis, alia vero medietas erit domini de Tenremonde.

VII. Si vero illud, quod est estraiers, sit terra vel immobile, dominus de Tenremonde in eodem nihil habebit, sed erit totaliter ecclesiae Cameracensis.

VIII. In quo tamen servandum est, quod si mansus aliquis modo praedicto vel alio modo apud Odenghem de cetero veniat in manus ecclesiae Cameracensis, dicta ecclesia Cameracensis, si velit, dictum mansum retinebit ad opus proprii sui mansi faciendum seu augmentandum, donec mansus ecclesiae

zullen, zal ten profijte zijn van het kapittel; de andere helft
zal in handen komen van Robert van Bethune, als heer van
Dendermonde, en van zijne opvolgers. Op dit artikel zouden
twee uitzonderingen zijn : was er gebrek van betaling van
inkomsten en schulden, aan het kapittel, de rechten daarvoor
geheven zouden geheel ten voordeele van het kapittel zijn; en
zou er iemand door de schepenen eene erfenis ontzegd worden,

---

contineat spatium duorum bonariorum, allioquin assignabit ipsa ecclesia
personae laicali, sub pretio rationabili tenendum, si interim requiratur ab
ipsa ecclesia, et si non infra annum requiratur, dicta ecclesia post annum,
quam cito poterit, hoc facere debebit bona fide, et pretium dicti mansi, sive
sed redditus, vel aliud, erit totaliter ecclesiae Cameracensis, et dominus de
Tenremonde nihil in eo habere debebit.

IX. Et sciendum est, quod omnes causas de quibuscumque forefactis et
querelis, quae evenient in teneamento ecclesiae Cameracensis apud Odenghem,
audiet ex parte ecclesiae Cameracensis, serviens, ad hoc institutus ab eadem
ecclesia, vel a canonico dictae ecclesiae. qui res ejusdem ecclesiae tenebit
ibidem, et placitabit idem, qui erit, et faciet judicari per scabinos dictae
ecclesiae, et justiciam tenebit, et faciet de omnibus, de quibus justicia erit
tenenda et facienda.

X. Ita tamen, quod nihilominus canonicus praedictus, quando praesens erit
apud Odenghem, justiciam tenebit si velit, et causas et querelas quas audire
voluerit placitabit, et faciet judicari per scabinos praedictos.

XI. Hoc tamen salvo, quod si aliquis fecerit forefactum, unde judicatus
fuerit per dictos scabinos ad perdendum membrum vel ad mortem, serviens
ecclesiae Cameracensis, post hujusmodi judicium, si habuerit penes se illum,
qui judicatus fuerit hoc modo, debet vocare baillivum vel alium certum servientem domini de Tenremonde, et reddere eum, qui judicatus erit, dicto
baillivo, vel dicto servienti, pro justicia debita facienda, quam post dictum
judicium facere debet fieri dominus de Tenremonde per baillivum vel servientem ipsius.

XII. Sciendum est, quod dominus de Tenremonde, vel baillivus ejus, ille
scilicet ex ipsis, qui super hoc requisitus fuerit, debet praestare auxilium, et
vires dictis canonicis et servienti ecclesiae Cameracensis, quando opus erit,
alteri eorum similiter, quando opus habebit, unde ipsi, vel alter eorum
valeant efficaciter justiciam tenere et maniare.

XIII. Et dictus serviens ecclesiae Cameracensis, qui erit apud Odenghem,
pro justicia facienda, quando de novo ponetur ibidem, et scabini dictae ecclesiae apud Oudenghem, quoties de novo ab ipsa ecclesia instituentur, jura-
bunt, quod bona fide servabunt jura ecclesiae Cameracensis et jura domini de
Tenremonde.

XIV. Debet etiam dominus de Tenremonde vel baillivus ejus, ille scilicet

onder andere van goederen tot het gebied der kapittels behoorende, gansch de erfenis zou ten deele vallen aan de
kanunniken, maar de helft der roerende goederen toegewezen
worden aan den heer van Dendermonde.

Wordt er te Oudegem een beste pand gevonden van eenen
vreemdeling, op 't gebied des kapittels, en bewijst niemand
zijn recht daarop, de helft er van zal onder beide partijen

---

qui requisitus fuerit, facere servari apud Tenremonde bona fide, in prisione
domini de Tenremonde, illos quos serviens ecclesiae Cameracensis voluerit
ibi ponere, pro forefactis quae fecerint in teneamento dictae ecclesiae Cameracensis apud Odenghem, et facere reddi servienti dictae ecclesiae, ad requi-
sitionem dictae ecclesiae vel servientis ejusdem, sine contradictione.

XV. Ita tamen, quod si positus in prisione, non haberet de proprio suo,
unde posset sustentari, ecclesia Cameracensis de expensis quas faceret de
assensu servientis sui in prisione, solveret medietatem, quamdiu esset in
prisione, et dominus de Tenremonde aliam medietatem.

XVI. Et in serviens ecclesiae Cameracensis taceret aliquod forefactum, de
quo placitare deberet, idem serviens requisitus a serviente domini de Tenremonde, debet idem factum placitare bona fide, quam cito poterit opportune.

XVII. Et si serviens domini de Tenremonde requisierit, servientem ecclesiae Cameracensis de placitando aliquo forefacto, et persona forefacti sit praesens, serviens ecclesiae Cameracensis, secundum dictum scabinorum, debet
accipere securitatem de stando juri a dicta persona, quod si non faceret, serviens domini de Tenremonde hoc facere posset.

XVIII. Item, si serviens ecclesiae Cameracensis requisitus a serviente
domini de Tenremonde coram dictis scabinis, de placitando aliquo forefacto,
et dictus serviens ecclesiae Cameracensis fuerit in defectu placitandi dictum
forefactum, per dies octo, post dictos octo dies posset placitare idem forefactum, cum serviente ecclesiae Cameracensis, si idem voluerit placitare
dictum forefactum, et sine serviente ecclesiae Cameracensis, si idem serviens
non voluerit praedicto placito interesse.

XIX. Hoc salvo, quod causas de heredidate non poterit placitare, nisi serviens ecclesiae Cameracensis vel canonicus ejusdem ecclesiae.

XX. Et sciendum, quod si calida pugna evenerit in teneamento ecclesiae
Cameracensis apud Odenghem, ubi serviens ecclesiae presens non sit, serviens
domini de Tenremonde, si sit praesens, potest et debet tenere pugnantes et
arrestare, ita tamen, quod quando arrestaverit eos, tenetur eos reddere apud
Odenghem servienti ecclesiae, pro justicia facienda de facto eorum.

XXI. Et si aliquod forefactum evenerit in via vel chemino, ubi terrae ex
utraque parte sint de teneamento ecclesiae Cameracensis, dictum forefactum
erit commune ecclesiae Cameracensi et domino de Tenremonde. Ubi vero ex
altera parte viae vel chemini terrae sunt de teneamento ecclesiae Cameracen-

verdeeld worden. Is dat beste pand een onroerend goed, dit zal geheel en al het eigendom worden van de kanunniken.

In alle zaken betrekkelijk overtredingen of misdaden, voorvallende op het gebied van 't kapittel, zal de kanunnik van Kamerijk, alhier gelast met de belangen des kapittels, of een door hem aangestelde dienaar, gehoord worden, en over zijn advies zullen de schepenen des kapittels uitspraak doen. Op dit

---

sis, si forefactum evenerit in medietate viae vel chemini, versus teneamentum dictae ecclesiae, dictum forefactum similiter erit commune ecclesiae Cameracensi et domino de Tenremonde, et serviens ecclesiae Cameracensis dictum forefactum faciet judicari per scabinos dictae ecclesiae, et justiciam faciet de istis, sicut de praedictus.

XXII. Sciendum est, quod serviens ecclesiae Cameracensis debet levare omnia forefacta, quae levanda erunt, in teneamento ejusdem ecclesiae apud Odenghem, et judicata per scabinos praedictos : ita tamen, ut debent vocare servientem domini de Tenremonde, ut intersit cum ipso ad levandum.

XXIII. Et si serviens domini de Tenremonde vocatus non venerit, serviens ecclesiae Cameracensis nihilo minus poterit levare dicta forefacta sub testimonio scabinorum dictorum, et accipere partem dictae ecclesiae Cameracensis; ita, quod partem domini de Tenremonde dictis forefactis relinquet in manu dictorum scabinorum, servandum ad opus domini de Tenremonde.

XXIV. Et si serviens ecclesiae Cameracensis, esset requisitus a serviente domini de Tenremonde, de levando aliquo forefacto judicato per dictos scabinos, et non levaret, dum tamen opportune possit, serviens domini de Tenremonde posset levare dictum forefactum, sub testimonio scabinorum ecclesiae Cameracensis, parte tamen ecclesiae Cameracensis de dicto forefacto salva remanente ecclesiae Cameracensi, et posita in manu praedictorum scabinorum ad opus ecclesiae ejusdem.

XXV. Et si aliquis fecerit forefactum in teneamento ecclesiae Cameracensis apud Odenghem, qui non posset capi ibidem, et inveniatur in terra domini de Tenremonde, extra libertatem villae de Tenremonde, vel habeat aliqua bona extra libertatem villae de Tenremonde, dominus de Tenremonde vel baillivus ejus debent eum tenere, si cum jure poterunt, et dicta bone saisire et levare dictum forefactum, secundum judicium scabinorem ecclesiae Cameracensis de Odenghem ; et de dicto forefacto et de aliis forefactis, in teneamento ecclesiae Cameracensis apud Odenghem, ubicumque levata fuerint per dominum de Tenremonde extra teneamentum ecclesiae Cameracensis, debet habere dicta ecclesia Cameracensis in emolumento medietatem, et dominus de Tenremonde aliam medietatem.

XXVI. Et sciendum, quod hospites ecclesiae Cameracensis apud Odenghem debent ire in exercitum domini de Tenremonde, quantum terra de Tenremonde durabit.

punt was de volgende uitzondering : in geval iemand, wegens misdaad, door de schepenen veroordeeld zal zijn tot verlies van een lid, of ter dood, zal de lasthebber des kapittels den baljuw of eenen anderen bevoegden persoon des heeren van Dendermonde bijroepen en hem den veroordeelde in handen geven om behoorlijk recht te doen. Dit recht zal moeten gedaan worden op last van den heer van Dendermonde door den baljuw of dezes dienaar.

XXVII. Hoc salvo, quod dictos hospites non poterit ducere dominus de Tenremonde ultro terram de Tenremonde.

XXVIII. Et hoc salvo, quod quam cito homines unius villae domini de Tenremonde licentiabuntur ad redeundum, hospites ecclesiae Cameracensis de Odenghem redire poterunt libere ad domos suas, et sine contradictione.

XXIX. Et sciendum, quod dicti scabini de Odenghem pro inquesta quaestionem de heredidate et cathallo, debent ire ad scabinos terrae de Tenremonde, ad quos usque nunc iverunt; pro inquesta vero aliarum querelarum et forefactorum ibunt ad scabinos de Tenremonde vel alibi infra dominium terrae de Tenremonde, prout ecclesiac Cameracensi videbitur expedire.

XXX. Et sciendum, quod dominus de Tenremonde nihil juris debet amplius habere in hospitibus ecclesiae Cameracensis apud Odenghem, neque in forefactis, et in quibuscumque evenientibus in teneamento dictae ecclesiae, praeter ea, quae supra expressa sunt, ad eum pertinere ibidem, nisi in servis et ancillis suis et hominibus advocatiae suae, in quibus jus suum remanet ei salvum, sicut debet habere.

XXXI. Ita tamen, quod post mortem servi vel ancillae suae, pro partitione bonorum eorundem facienda per servientem ecclesiae Cameracensis, duos solidos debet habere Cameracensis, in quibus dominus de Tenremonde nihil habebit.

XXXII. Et sciendum, quod si major ecclesiae Cameracensis aliquid juris habuerit in legibus praedictis, remanet salvum eidem, sicut hactenus habere consuevit.

XXXIII. Salvae similiter remanent messario ecclesiae Cameracensis, custodi scilicet agrorum, leges de forefactis in custodia sua, sicut hactenus habere consuevit.

Ut igitur praemissa rata et firma permaneant in posterum, ego dictus Robertus, advocatus Atrebatensis, Betuniae et Tenremondae dominus, praesentem paginam in testimonium praemissorum sigilli mei appensione feci communiri. Datum anno Domini millesimo ducentesimo quadragesimo quinto, mense maio. » (Lindanus, *De Teneræmonda*, 217. — Warnkoenig, *Flandrische Staats- und Rechtsgeschichte*, II, 2e deel, 234. — *Cartulaire de Termonde*, 168-174.)

De heer van Dendermonde, of zijn baljuw, is verplicht de kannuniken in dat geval bijstand te bieden, ten einde het recht zijnen loop te laten.

De lasthebber des kapittels, evenals de schepenen, zullen bij hunne aanstelling zweren de rechten der kerk van Kamerijk en deze van den heer van Dendermonde te zullen handhaven.

Verlangt de dienaar des kapittels eenen persoon in 't gevangenhuis te Dendermonde op te sluiten, wegens misdaad, gepleegd op het gebied der kerk van Kamerijk, de heer van Dendermonde, of zijn baljuw, moet deze doen bewaren, en op verzoek van den lasthebber des kapittels hem dien overleveren; zoo nochtans dat, in geval de opgeslotene geene middelen zou hebben om in zijn onderhoud te voorzien, de daaruit voortspruitende kosten zouden betaald worden door het kapittel, voor de eene helft, en door de kerk van Dendermonde, voor de andere helft.

Geschiedt er een gevecht op het gebied der kerk van Kamerijk, in afwezigheid van dezer lasthebber, dan moet de dienaar des heeren van Dendermonde, als hij tegenwoordig is, de vechters in hechtenis nemen, zoo nochtans dat hij verplicht is hen daarna over te leveren aan den dienaar des kapittels, om recht te doen.

Is er eene misdaad gepleegd op den openbaren weg, aan weerskanten begrensd door landen, afhangende van 't kapittel, de kennis er van zal gemeen zijn aan 't kapittel en aan den heer van Dendermonde; geschiedt het feit op eenen weg, waar 't land slechts aan éene zijde onderhoorig is aan het kapittel, de kennis zal gelijktijdig toekomen aan beide machten, namelijk wanneer de misdaad gepleegd is in 't midden van den weg. In zulk geval zal de dienaar des kapittels recht vragen aan de schepenen der kerk.

Kan iemand, die op het gebied der kerk van Kamerijk eene misdaad heeft gepleegd, daar niet in hechtenis genomen worden, en wordt hij gevangen op het gebied des heeren van Dendermonde, buiten den vrijdom der stad, de heer of zijn baljuw moet hem houden en het vonnis afwachten der schepenen van het kapittel. De boeten, wegens zulk feit toegepast, worden voor de helft verdeeld tusschen den heer van Dendermonde en het kapittel.

De laten der kerk van Kamerijk, te Oudegem, zijn krijgsdienst schuldig aan den heer van Dendermonde, zoo ver dezes gebied zich uitstrekt, en met dien verstande, dat zoodra de laten van eenig den heer van Dendermonde behoorend dorp zullen afgedankt worden, ook die van Oudegem vrijelijk zullen mogen huiswaarts keeren.

De schepenen van Oudegem moeten, voor het onderzoek nopens erfenissen en beste panden, ten hoofde gaan bij de schepenen des lands van Dendermonde; maar voor andere zaken zullen zij ten hoofde gaan bij de schepenen van de stad Dendermonde, of bij die eeniger andere plaats, in het land van Dendermonde, gelijk die van Kamerijk zullen oordeelen.

Ander recht op de laten der kerk van Kamerijk te Oudegem heeft de heer van Dendermonde niet, tenzij wat aangaat de knechten en dienstmeiden, zoo nochtans, dat na het overlijden van zulke personen de dienaar der kerk van Kamerijk zal ontvangen twee schellingen voor de verdeeling der achtergelaten goederen, en de heer van Dendermonde niets.

Blijkens het denombrement der heerlijkheid van 't kapittel waren de onderhoorigen van dit gebied jaarlijks twee dagen arbeid schuldig op het *Lazarijgoed* te Dendermonde, met paarden en wagens; deze dienst kon echter ten prijze van 4 gulden 's jaars afgekocht worden.

De kerk van Kamerijk bezat hier de drie rechtsgraden, en stelde, tot uitoefening daarvan, het magistraat aan, samengesteld uit eenen baljuw, eenen meier, zeven schepenen, eenen griffier en gerechtsdienaren. Haar kwamen ook toe het recht van jacht, de vleeschtiende, de offerpenningen, de beste panden enz [1].

_____

[1] « De Eerweerde heeren Proost, Deken ende cannoningen, mitsgaders

Te Oudegem waren eenige mindere heerlijkheden ingesloten, waeronder die van *Eegene*, toebehoorende aan de abdij van

---

't cappittel vande Metropolitane kercke van Cameryck, houden in leen van desen koninglycken ende keyserlycken hove, eene vry heerelykbede van Oudeghem, gelegen in den lande van het voorseyde Dendermonde, wylent toebehoort hebbende Reynier Bockaerts geselnede, ende die voornoemde heeren van deselve gekocht metter heerelycke rechten ende costumen daer anne competerende; synde het voorseyde leen groot ontrent de sestig dingelycke manschepen, luttel min ofte meer, staende de twee en dertig volle manschepen ten vollen wandelkoope ende sterfkoope t'elken tot thien ponden parisyse ende twintig schellingen parasyse voor camerlinckgelt, ende d'ander daer onder.

« Jtem behooren ten voors. heyrschepen vier en dertigh manschepen, luttel min ofte meer, die vererft syn, ende staen tot geenen last ten gedinge ter vierschaere vanden voorseyden heerschepe. welcke vier en dertich man-schepen ofte leenen zyn gelegen in de prochie van Oudegem, Mespelaere, Nieuwkercke, Jddergem ende Leeuwe, lande van Aelst, mitsgaders ter Ginderdeure van Sinte Onolfsbrouk; ende deselve vererfde manschepen staen nogh ten sterfkoope ende wandelkoope, mitsgaders ten relieve van thien ponden parasyse, ofte de beste vromen van de eerste dry jaeren.

« Jtem behoort ten desen leene, onslinck nu toebehoorende ook by koope van meester Jan de Kegele, de geheele relieven van de leenen, die men houdende is van de voornoemde heeren over den voornoemden Kegele, gelegen binnen Oudegem ende elders.

« Jtem behoort ten desen leene ende heerelykhede den relieve van sterf-koope ende wandelkoope van alle de leenen, die men houdende is van wylent Daniel van Lyseghem, fⁱ Pieters, daer inne sy maer plachten te hebben de helft.

« Jtem voorts is ook de selve heeren competerende de relieven vande leenen die men van de voorn. heeren is houdende over wylent heer Jan Claus, priester, deselve heeren ook competerende by coope, daer inne sy maer plachten te hebben het vierde deel.

« Jtem behoort ten selven leene ende heerelykhede twee daegen borg-werck op het Lazarye goed van Dendermonde, met waegens ende peerden, staende ten dienste van desen leene alle jaeren, de welcke nu worden gereüi-meert met vier guldens tsjaers.

« Jtem behoort aen dese heerelykhede negen schellingen tsjaers penning-rente, luttel min ofte meer, mitsgaders twalf hoenderen ende dry cappoenen ende eenen halven, alle jaeren te betaelen t'elcken derthienden dagh naer Kersdag, ende Palmsondag, op de boete van dobbel rente te betaelen ende deogen by de besitters vande gronden van erfven, daer de voornoemde renten op spreken.....

« Voorts is oock den besitter der goederen schuldig aen de selve heeren

Affligem(1), met vierschaar, meier en zeven schepenen, en *de heerlijkheid van St.-Baafs*. Eerstgenoemde was een leen van Dendermonde, en eene derzulke welke met Appels en Oudegem zekere vrijheden en voorrechten genoten, waaromtrent wij in

---

ten sterfkoope te betaelen dobbel rente, ende als deselve erfgoederen verkocht worden, den thienden penning van de koopsomme.

« Jtem behooren de voorschreven heeren ook alle de boeten ende breucken, soo wel ten laste van de leenen als erven, mitsgaders alle andere persoonen, soowel criminele als civile, ende andere vervallen, inder manieren van oude tyden gecostumeert.

« Jtem heeft de voorseyde heerelyckheyd vermogen van hooge, middele ende leege justitie, ende tot d'administratie van diere te stellen : eerst eenen bailliu, soo vele als raeckt tot ontleeninge van onterfenissen van leenen, van haerlieden hof gehouden, hof van mannen, greffier ende andere officieren, soo raekende het crim, mat het gone daer van dependerende, alsook het gerecht van de selve leenen; ende ten tweeden eenen Meyer, seven schepenen, greffier ende officieren over het civil, soowel in 't fait van justitie als erfenisse ende onterffenissen, regeringen van sterfhuysen ende weesen goedingen, kerk- ende heyliggeest goedingen, danof de rekeninge t'hooren ende sluyten, mitsgaders pointingen ende settingen te stellen vande prochielasten, danof rekeninge t'hooren ende sluyten, ende generaelyk alle t'gone de rekeninge ende administratie der voorschreven prochie raeckende, niet uytgesteken ofte gereserveert.

« Jtem competeert de voorseyde heeren volkommen jacht binnen de voors. prochie, d'helft vande beste hoofden, mitsgaders de vleeschtienden ende offere, soo binnen Oudeghem als Mespelaer, ende eene partye helftwinninge binnen Mespelaer, ende competeert in 't geheele de groote thiende van het voors. Oudeghem, daervan zy een derde geven aen den pastor, volgende de wyken danof zynde.

« Voorts diversche andere goederen ende landen, meerschen, bosschen ende anderssints volgende de verpachtinge danof zynde..... «

(Reg^r *Leenhof Dendermonde*, N^r 67. — Staatsarch. te Gent.)

(1) « Mr Alphonsus de Berghes, aertsbisschop van Mechelen, als abt des cloosters van Affligem, kenne ende lyde dat wy over dezen clooster zyn houdende van den prinselyken huyse ende leenhove van Dendermonde een leen, groot veertich bunderen, luttel min ofte meer, diemen van den selven clooster voortyts houdende in erfve ter helftwinninghe binnen de heerlykheyt van den Eegene, den voors. clooster toecomende, staende tselve leen teenen peerdendienste, ter trauwen ende waerheden telcker veranderinghe ten relieve van thien pond par. en XX sch. par. van camerlinegelt. » (29 Nov. 1684.) (*Leenboek* n° 62, bl. 136. — Staatsarchief van Gent.)

onze monographie van Appels eenige bijzonderheden hebben
medegedeeld.

De meeste oude oorkonden van Oudegem zijn sedert eenigen
tijd in het Staatsarchief te Gent. Daartoe behooren : *Wettelijke
passeeringen* sedert 1579; *Ferieboeken* sedert 1606; een *Leenboek* van 1700; *Staten van goed* sedert 1630; *Rekeningen van
den H.-Geest* sedert 1663; *Verkoopingen* van 1715 tot 1796;
Processtukken uit de XVIIe ceuw.

In den gevel van het nieuw gemeentehuis, prijkende met
de afbeelding van O. L. Vrouw ter Nood ('t oud wapen der
gemeente?), is een steen met het volgende gedenkschrift :

JH. B. VAN MOSSEVELDE, BURGEMEESTER, RIDDER
VAN LEOPOLDSORDER. F. B. DUBOIS, L. COOL, SCHEPE-
NEN. A. DUBOIS, SECRETARIS. ED. BOUWENS, ARCHI-
TECTE. DEN 5 MEI 1870.

Meiers en baljuws van Oudegem.

Pieter Lans, *meier*.	1538
Adriaan Colpaert, *meier*	1630
Jan de Craecker	1654
Frans van der Doodt	1668
Jan van den Abeele, *meier*	1687, 1688
Cornelis Verhofstadt	1692
Jan-Karel Verbruggen	1698
Pieter-Jan Verhofstadt	1716
Reinier de Visscher	1719
Jacob Veldeman	1725
Pieter de Visschere	1736
Pieter van de Wiele	1738

Alexander-Jozef de Backer 1754
Jan-Joost Verhassel 1786
Jan-Frans Wytsman 1788

Burgemeesters.

Joos de Croock. 1654
Pieter de Hertoghe. 1668
Christiaan Verbeke 1687
Jan de Haeck 1692
Jacob Veldeman 1709
Adriaan van den Berghe . . 1719, 1734, 1738
Jan Steeman 1720
Lucas Veldeman 1727
Pieter-Jacob Steeman. 17**
Pieter van den Broecke 1740
Cornelis de Croock. 1748, 1751
Jan van den Bossche 1751
Gillis Saey 1754
Pieter Steeman 1758
Pieter Verbeke. 1786
Frederik Steeman 1788
Pieter-Jan de Croock 1792
Adriaan-Pieter Haeck, *municipale agent* . 1796
Jan-Bapt. Sacys, . . *id. en meier* 1797, 1803
Frederik Steeman, *meier* 1798
Ed. de Burbure. 1813
Willem-Benedict Moens 1819-1848
Jozef van Mossevelde 1852
Gustaaf Dubois 1879

III.

GESCHIEDENIS. — Oudegem komt in de staatkundige geschiedenis van Vlaanderen maar zelden voor; niet dat deze gemeente in de veelvuldige oorlogen dezer gewesten, tijdens de middeleeuwen, ongehinderd en ongedeerd mocht blijven — neen, zij deelde, gelijk hare zusters, in de algemeene rampen en ellenden, welke het natuurlijke gevolg zijn van veete en krijg, maar een bijzonder merkwaardig feit met betrekking tot die twisten en den toestand des lands gebeurde hier niet.

In de heillooze beroerten der XVIᵉ eeuw werd Oudegem ook zwaar beproefd. De kerk werd geplunderd, de pastoor verjaagd, de pastorij vernield, zoodat er eenige jaren na 's lands bevrediging eene nieuwe woning voor den dorpsherder gebouwd moest worden (1608).

De bevolking leed ook zware verliezen tijdens de oorlogen van de tweede helft der XVIIᵉ eeuw. In 1667, onder andere, kwamen Fransche benden, na opbreking van het beleg der stad Dendermonde, een aantal huizen en de oliemolens aan de vlammen prijs geven, en de hofsteden, inzonderheid de veestallen, plunderen. De gemeente betaalde ook ontzaglijke sommen als krijgs- en brandschatting.

Of men hier, tijdens den opstand der Belgen tegen Jozef II, een patriotisch korps inrichtte, is ons niet bekend, maar de vaderlandsche inschrijving ten voordeele van den weerstand bracht ten jare 1790 de som op van 400 gulden, tot aankoop van een stuk kanon, waar een opschrift op geplaatst werd, luidende : « Deze gejond door de vrije Heerlijkheyd van Audeghem. » Bovendien gaven de ingezetenen eene som van 182 gulden 10 stuivers voor het onderhoud van eenen gewapenden man, en beloofden zij verdere bijdragen, indien de toestand des lands die vorderen mocht.

Bijzonderheden aangaande den Boerenkrijg, te Oudegem, zijn ons niet bekend.

IV.

KERK VAN OUDEGEM. — Wij rangschikken de kerk van Oudegem onder de merkwaardigste gebouwen van Oost-Vlaanderen.

Zij heeft den vorm van een Latijnsch kruis, drie beuken, eenen kruisbeuk en een koor. De drie beuken, van jongeren bouwtrant dan de overige deelen, zijn gedekt door een gewelf van baksteenen onder een enkel dak. De vensters, die ze verlichten, hebben neergedrukte bogen.

De puntgevels van den kruisbeuk zijn ieder voorzien van een spitboogvenster, welker moneelen niet meer bestaan. Dit gedeelte der kerk schijnt te dagteekenen van de XVIe eeuw, misschien van 1597, wanneer het gebouw groote herstellingen onderging.

De zuider puntgevel moet een ander, meer versierd deksel gehad hebben dan den huidigen steen, dien men er aantreft, te oordeelen naar de overblijselen van beeldhouwwerk, waarvan men nog sporen ziet op eene der ooren, en naar de groef van het bovendeel des deksteens.

Het koor is verlicht door twee vensters met neergedrukte bogen.

De toren, op het middenpunt van den kruisbeuk, schijnt te behooren tot de oorspronkelijke, althans tot eene zeer oude kerk. Langs de oostzijde des torens loopt, samen met het koor en de helling des daks volgende, eene druiplijst, gedeeltelijk met de helling van het koordak. Dezelfde waterlijst is nog zichtbaar in de westermuren, hetgeen veronderstellen laat dat de oude beuk gelijke hoogte had als het koor.

Aan de noord- en zuidmuren des torens, binnen de kerk, ziet men onder eene platte waterlijst, de steunsteenen van de vurstpannen der benedenzijden; deze zijn waarschijnlijk afgebroken

als de huidige kruisbeuk werd gemaakt. Boven die lijst is een rond venster, hetwelk vroeger het door den toren ingenomen vak verlichtte. Ongetwijfeld bestonden dergelijke vensters in de muren des middelbeuks.

De muren van den toren zijn, ten noord- en oostkante, op de hoogte des klokkenverdieps, voorzien van twee volbogige vensters met moeluren en haakkapiteelen. De oude vensters van de zuid- en westzijde zijn vervangen door rondbogige, naar den smaak der Renaissance.

De kornis van den toren bestaat uit kraagsteenen en moeluren, op welke, gelijkloopend met den buitenkant, eene rij steenen is gelegd, waarboven men eene tweede vooruitspringende lage bemerkt, in welker onderdeel eene groef is.

De toren is bekroond door eene achthoekige naald.

De puntgevel in den kruisbeuk, de toren, 't koor en de zuid-ooster-sacristij zijn gebouwd in witten hardsteen op gelijkmatige lagen. Aan de beuken en de noordooster sacristij zijn baksteenen verwrocht.

Korts na de groote herstelling van een ruim deel der kerk, ten jare 1597, namelijk in 1614, werd ook de toren, die bouwvallig was, hersteld. Men verbreedde de kerk zes voet in 1738, dewijl zij te klein was geworden. Eene nieuwe vergrooting had plaats in 1760, een werk, waar het kapittel van O. L. Vrouw, te Kamerijk, dat hier het patronaat uitoefende, de som van 4,000 gulden voor verleende.

De kerk, laag van gewelf, is nu andermaal te klein en zal eerlang opnieuw moeten vermeerderd worden.

Uit de oude kerkrekeningen blijkt, dat hier vroeger verscheidene schoone kunstgewrochten waren. Een fraai Mariabeeld werd geplaatst in 1597. In 1727 hing boven het hoogaltaar eene schilderij : *Christus aan het kruis*, maar toen was dit stuk reeds in slechten staat. Het altaar van St.-Sebastiaan, in de vorige eeuw vervaardigd door Boudewijn van de Steene, schrijnwerker te Aalst, was versierd met een tafereel, voorstellende *de Marteldood van den Heilige*, welk men er nog heden aantreft, en het altaar van O. L. Vrouw prijkte met een schilderstuk, dat *Maria's Hemelvaart* vertoonde.

Thans is het hoogaltaar zonder schilderij. Het altaar van O. L Vrouw, versierd met vijftien medaillons, voorstellende *de Vijftien Mysteriën*, heeft een nieuw tafereel met *Maria's Hemelvaart*, geschilderd door J. MEGANCK. Men leest er op : F.-B. VAN DAMME, PASTOR IN AUDEGHEM, DONO DEDIT. Genoemde schilder penseelde ook den kruisweg.

In het koor prijken de beelden van *St. Jozef* en *Ste Anna*.

De predik- en vier biechtstoelen bieden niets merkwaardigs aan, evenmin als het eiken beschot, dat het onderdeel der muren bedekt.

Het orgel werd vernieuwd in 1767 door Pieter van Peteghem. Op de kas leest men :

'T MILD VOLK VAN OUDEGHEM, DOOR IEVER AENGEDREVEN,
HEEFT DESEN ORGEL MET RASSE HAND GEGEVEN.

Ten jare 1727 had de kerk twee klokken, voorzien met het volgende opschrift :

VENITE HUC OMNES QUI LABORATIS ET ONERATI ESTIS
ET REFICIET VOS ALTISSIMUS. VOCOR ANNA. ANNO 1563.

Dit was de kleine klok, die in 1728 werd hergoten en toen tot opschrift kreeg :

COMT PAROCHIANEN, LOOFT DEN HEER
DIE MY HEEFT ERSTELT IN EER.
ANNO 1728. ALEXIUS JULLIEN ME FECIT.

Op de groote klok las men :

CLOCK VAN OUDEGHEM. PASSCHASIUS VAN MELIART ME
FUDIT ANTWERPIÆ, 1697.

Ook deze bedewekker werd in de vorige eeuw hergoten en voorzien van het volgende opschrift :

RefUderUnt Me rUrsUs
CanonICI sUIs eXpansIs.

Peter den heere Petro Josephus
van de Wiele, balliu deser
prochie van Oudeghem.
Les Nicolas Joseph les
Chevrefon m'ont fait en
Septembre 1759.

In den toren waren er vóor de Fransche woelingen van de
jaren '90 drie klokken, welke aan de kerkschenners en gods-
dienstvervolgers van dien rampzaligen tijd ontsnapt zijn, dank
aan de zorg der ingezetenen, die ze vóor de komst der republikeinen naar beneden brachten en ze in eenen mestput verborgen.

Na den beloken tijd werden twee der oude klokken weder in
den toren gehangen; de derde, geborsten zijnde, is buiten
gebruik gesteld en tot heden toe niet vervangen geworden.

De kleinste klok is zeer schoon versierd : zij heeft eene kroon
en zoom samengesteld uit de fraaiste arabesen, met engelen
en allerlei loofwerk opgeluisterd. In haar midden draagt zij het
wapen van eenen gemijterden abt, waaronder men leest :

R. ac. Amp. D. Vanderhaeghen abbas
me fudi jussit per me Georgium Du Mery.
Brugis anno 1751.

Deze klok heeft 0,79 centimeters middenlijn en mag voor een
klein meesterstuk van klokgieterij aanzien worden. De helder-
heid van haar geluid, de aangenaamheid van haren vorm en
voornamelijk de fijn- en zuiverheid van de uitwerking harer
versiersels, bewijzen dat Joris du Mery een echte kunstenaar
was in zijn vak.

Door het gedurig slaan der kwispels op de tegenovergestelde
kanten zijn er twee putten in deze klok gemaakt, die doen
vreezen voor het bersten.

De groote klok is een *Malchus*, zoo de klokgieters die
noemen, welke gegoten zijn zonder ooren. Zij heeft 1 m. 17 c.
midde lijn. De Zaligmaker, in eene zegenende houding, versiert

de eene zijde; de andere is opgeluisterd door eenen Christus aan het kruis, vergezeld van Maria en den H. Joannes.

De opschriften, welke gansch den omtrek doorloopen en in zeer zuivere Romeinsche letters gegoten zijn, vermelden al de bijzonderheden, die de geschiedenis der klok uitmaken.

Wij schrijven letterlijk af:

ME REFUSAM MENSE SEPTEMBRI ANNO 1739, RURSUS REFUDERUNT IIDEM CANONICI CAMERACENSES SUIS EXPENSIS, AUXERUNTQUE MENSE NOVEMBRI ANNO 1770.

Hetgeen te zeggen is : Na hergoten te zijn geweest in de maand September 't jaar 1739, hebben dezelfde kanunniken van Kamerijk mij op hunne kosten nog vergroot en weder doen hergieten in de maand van November 't jaar 1770.

Verder leest men de volgende Alexandrijnsche verzen :

IK BRAK DOOR ONGELUK, EN 'T ONGELUKKIG BREKEN
GAF OORZAEK AEN HET VOLK OM VAN ACCORD TE SPREKEN.
MEN GAF MY MEER GEWIGT EN BETER SPYS DAER BY,
EN BEN NU IN 'T ACCORD DE EERSTE VAN DE DRY.

Daarna op dezelfde lijnrichtingen leest men nog :

DE BACKER DEN BALLIEU IS HEDEN MYNEN PETER
. DE VROUW VAN DEN GREFFIER FRANCISCA KNUDDE METER,
ALS MEN MY MET FATSOEN MAER LUYD EN MET BEDACHT
'K STAAN TOT PUBLYKEN DIENST BY DAGEN EN BY NACHT.

Verder, om te eindigen, draagt zij den naam van den gieter :

FONDUE PAR F. B. J. FLINCON ET F. J. SON FILS DE TOURNAY.

Het ware te wenschen dat deze klokken, welke reeds meer dan eene eeuw de geloovigen ter kerke roepen, nog eeuwen mochten in hunnen merkwaardigen Romaanschen toren hangen.

Eene kapelnij ter eere van O. L. Vrouw, in de kerk opgericht, werd ten jare 1669 met de pastorij vereenigd. Deze stichting wordt reeds vermeld in eene rentrolle van 't begijnhof der stad Dendermonde, van het jaar 1351.

KAPEL TER KLUIZEN. — Niet verre van de kerk is eene kleine bidplaats, de *kapel ter Kluizen* geheeten, en die veel bezocht wordt door koortslijders.

DE LAMBROEK-KAPEL, in de wijk van dezen naam, is zeer oud. Zij wordt veel bezocht door bedevaarders van de naburige parochiën en door het volk ook *Koortskapel* geheeten. Op haren gevel leest men, in steen gebeiteld :

KoMt BIÈR DICkWIls.

Pastoors van Oudegem.

Jan Ghijsels.	1453
. . . .	
Arend de Langhe	1484
. . . .	
Arend Schuddemate	1559
Jan Donckers	1559
. . . .	
Karel van den Meersche	1585
Huibrecht van Wesel	1603
Joost de Harduyn	1607
Jan Arends	1637
Cornelis de Smedt	1644
Cornelis de Vries	1657
Jacob Perdegel	1700 (1)
Theodoor le Corbisier	1726
J. Keerstock.	1747
Michiel Lemmens	1773
J.-Fr. de Broyere	1790
Joz.-Jac. van Raemdonck.	1814

(1) Deze pastoor stichtte eene studiebeurs en gaf al zijn goed aan de armen.

Ignaas d'Haens 1818
P. de Backer 1829
Lod.-Fr. Robette 1854
Fr. Laridon 1858
Frans-Bernaard van Damme 1848
Adolf de Latin 1870
Domien Saeys 1879
K.-E. Ameels 1887

V.

Verdienstelijke personen, te Oudegem verbleven hebbende of geboren. — Justus de Harduyn, pastoor van Oudegem, is bekend als een verdienstelijk dichter. Zoon van Frans de Harduyn, Latijnsch en Vlaamsch poëet, zag hij het eerste levenslicht te Gent den 11 April 1582 en voltrok reeds in 1605 zijn onderwijs in de Hoogeschool van Leuven, onder het uitstekend geleide van Justus Lipsius. Hij koos den geestelijken staat, werd in April 1607 tot priester gewijd en benoemd tot pastoor van Oudegem. Toen droeg hij reeds den eeretitel van kanunnik van Middelburg.

Beoefenaar der fraaie letteren, knoopte Justus de Harduyn betrekkingen aan met de meest gekende schrijvers van dien tijd, onder andere met Jacob van Lummene, Jacob van Zevecote, Andries Heyen, Frans de Sweert, Willem van Nieuwelant, Gillis Bautens, pastoor van St.-Michielskerk, en Simoen van den Kerchove, kanunnik en pastoor van St.-Baafs, te Gent. Met laatstgenoemde voerde Justus de Harduyn hevig den oorlog tegen de verfranschelaars, die toen reeds den kop in de lucht staken; vooral ijverde hij om de lichtvaardige Fransche zeden, met de Fransche taal en voornamelijk met de juffer-zangboekjes in de Vlaamsche huisgezinnen gedrongen, te bestrijden.

Te Oudegem was onze geleerde en dichtlievende pastoor in

betrekking met DAVID VAN DER LINDEN, griffier van Dendermonde
en schrijver van een geacht historisch werk. Het is in de bekoor-
lijke vallei tusschen Dender en Schelde dat de man zijne boeken
schreef, gedurende de vrije uren, hem na 't vervullen zijner
geestelijke bediening overblijvende.

JUSTUS DE HARDUYN leverde onder andere :

1. *Weerlicke liefde tot Roosemond* (geschreven in den verouderden rijmtrant van MATHIJS DE CASTELEIN). Ongedrukt gebleven en verloren.

2. *Verzuchtingen der Bruyd tot haren goddelicken Bruydegom.*
(Navolging van het Hooglied. Eerst afzonderlijk verschenen, later
gedeeltelijk opgenomen in het volgende werk).

3. *Goddelicke Lof-sanghen tot vermaekinghe van alle gheestighe
Liefhebbers ende naementlick vande Deugh-leerende Ioncheyt des
Bisdoms van Ghendt*, uytgestelt door Justus de Harduyn, P.,
Inboren der selve stede (Gent, J. van den Kerchove, 1620).

Langwerpig boek, met muziek. Het bevat schoone stukken,
gelijk bij voorbeeld de onderstaande strophen tot God, in
verouderden verstrant geschreven :

« Eer dat des weerelts bol in rondicheydt hem gaerde,
Eer dat der Sonnen glantz bestraelde zee en aerde;
o Heer, soo hadd' u macht en rijcke langh ghestaen :
Jae, daer ghy over-heerscht dit al-grijpigh ghestichte,
Sal houden dat altijdt van weerd' en van ghewichte,
Tot dat u oordeels recht het zelve doet vergaen.

« Voor uwe standaert beeft al datter is gheboren,
Elck een vreest met verschrick 'tgheschut van uwen toren.
Die dit can weder-staen, wie is zoo sterck of groot?
Die 't licht uwer ghenae niet en g'hinght te beraeyen,
Sijn als de blomkens cleyn die voor 't onweer af-waeyen :
Voelend' op eenen dagh het leven en hun doot.

« Als ghy, Heer, ons begheeft, wy sijn uyt allen zeghen.
Hebben wy u niet me, den Hemel is ons teghen :
Ons ongherechticheydt verschrumt in dijn ghemoet :
Daer en is gheen vertreck, niemant en can u vlieden :
Want ist dat u belieft oorlogh aen ons te bieden :
Ghy maeckt dat ons de sond' den eersten storrem doet.

« Eenen strael uwer oogh' uyt den hemel ghesonden,
Kan d'aerde met de Zee, jae 't diepst der hell' door-gronden.
Uw's ooghen claere Sonn' is die 't hier al door-siet :
Tuyl, conckel, rots, noch woudt, noch gheen soo still' vertrecken
En connen 't sondigh dier van u aensicht ghedecken :
Ja, 't minst van sijn ghepeys voor u verberghen niet.

« Den tijdt die loopt voor-by, de jaeren van dit leven
In weereltsche ghenucht en wellust ons begheven :
En d'onverwachte doodt ons onversienich slaet.
o Heer, verrascht ons niet, maer eerst wilt ons ghenesen,
Van de melaetsche sieckt', en gunnen een leet-wesen,
En een oprecht berouw van allen ons misdaedt.

« Ons ooghen dogh verlicht door al u claericheden,
Ons sielen met gheloof, ons monden met ghebeden,
En in 't gheen u behaeght oeffent ons allegaer.
Dijn schrummelijcke stemm' en laet tot ons niet commen,
Die de sondaeren boos in 't uyterste sal dommen :
Maer wel, die roepen zal u uyt-ghelesen schaer ».

4. *Den val ende Op-stand van den Coninck ende Prophete David, met Bij-voegh van de Seven Leed-tuyghende psalmen.* (Gent, J. van den Kerchove, 1620 (Langw.)

Dit werk is, volgens PR. VAN DUYSE, het Latijn van THEODORUS BEZA nagevolgd.

5. Eene uitbreiding van den 88ⁿ psalm : Misericordias Domini in æternum cantabo. (Gent, bij denzelfde, 1623.) — Dit is het eerste stuk, dat J. DE HARDUYN schreef met inachtneming van den klemtoon.

6. *Goddelijcke Wenschen, Verlicht met sinne-beelden, ghedichten ende vierige uytspraecken de Oudt-vaeders. Naer gevolght de Latijnsche van den heer H. Hermanus Hugo, priester der Societeyt Jesu.* (Antwerpen, H. Aertssens, 1629, 12°.)

7. *Goeden yver tot het Vaderland, ter blyder inkomste van den conincklijken prince Ferdinand van Oostenrijck, cardinael-infant, Gouverneur der Nederlanden ende Bourgoignen, binnen de stad Ghendt, uytgegheven door Justus de Harduyn, priester, ende David Lindanus,* beyde inghesetenen der selve stede. (Antwerpen, 1638, kl.-4°).

8. *Hippolytus*, treurspel. Waarschijnlijk verloren geraakt.

9. *Erotica* (Minnedichten), volgens FOPPENS gedrukt, maar thans onvindbaar.

De dichterlijke arbeid van JUSTUS DE HARDUYN is door bevoegde mannen zeer geprezen. Professor SIEGENBEEK geeft hem onder de nieuwere dichters eene eerste plaats. « Hadden de Vlamingen (zegt deze oordeelkundige schrijver) meer mannen gehad, aan DE HARDUYN gelijk, zij zouden met de Hollanders de eer der verbetering en de herstelling onzer dichtkunde deelen. »

JAN-FRANS WILLEMS beoordeelde DE HARDUYN niet minder gunstig :

« Zijne taal is krachtig, gespierd en zuiver van bastaardwoorden; zijne poëzij heeft een rijken voorraad van veelbeteekenende woorden; ook kon hij, als het er op aankwam, een lossen gang en zwier aan zijne verzen geven. »

De hoogleeraar SCHRANT zegt van hem : « Hij behoorde tot de geleerdste mannen van zijnen tijd en maakte zich omtrent de vaderlandsche taal- en dichtkunde verdienstelijk. Zoo zuiverde hij de taal van verbasterde woorden, bij zijne landgenooten om het meest in zwang, en was hij een der eersten die de Vlaamsche versmaat aan de regelen van den Franschen verstrant onderwierp en daardoor de welluidendheid niet weinig bevorderde. »

PRUD. VAN DUYSE getuigt van hem : « Indien men DE HARDUYN den naam van dichter, in den oorsponkelijken zin van het scheppend genie, niet kan vergunnen, zoo bekleedt hij toch, als goed versificator en keurig taalkundige, eene eerste plaats onder de schrijvers van zijn tijd... Hij is ook nog heden als taalkundige dubbel lezenswaardig : zijn onrijm bezit dat vloeiende, dat rollende, zoo levendig afstekend bij den prozastijl van sommigen onzer dagen, die 't zelve òf bestendig op een stijven Hollandschen patroon snijden, òf in verhoogduitschte periodenvormen gieten. »

JUSTUS DE HARDUYN overleed alhier den 9 Mei 1641.

Oudegem, waar de pastoor-poëet in eenvoud en diepe godsvrucht het grootste deel van zijn leven sleet, waar hij door 't schrijven van gedichten vol van verhevene gedachten en door zalige opwekkingen zijne parochianen opleidde tot braafheid en deugd, Oudegem heeft den voortreffelijken levenswandel en de letterkundige verdiensten van den goeden herder niet eenmaal herdacht. — Zou het te laat zijn om in de dorpskerk eenen gedenksteen te zijner eer op te richten?

Deze gemeente is de geboorteplaats van eene schrijfster van talent, JOANNA-DESIDERIA BERCHMANS, meer gekend onder den naam van « vrouwe Courtmans », naar den man, met wien zij in den echt is vereenigd geweest. Zij zag het levenslicht den 6 September 1811, ontving het onderwijs in de dorpsschool, en later, tot verdere opleiding in de kennis der Fransche taal, in eene kostschool der provincie Henegouw.

Op haar vijf en twintigste jaar trouwde zij met eenen onderwijzer van Gent, J.-B. Courtmans, geboren te Berlare, later leeraar van Vlaamsche taal aan 's Rijks Normaalschool te Lier, en ook schrijver van verscheidene verdienstelijke schoolwerkjes. Na van dezen een degelijk onderwijs in de moedertaal ontvangen te hebben, begon zij zich toe te leggen op de beoefening der vaderlandsche letteren, en schreef in 1839 een eerste gedicht, weldra door meer andere gevolgd. Een genootschap van Veurne bekroonde haar in 1841 met een dichtwerk op *Maria-Theresia;* het jaar nadien verwierf zij den eersten lauwer te Eekloo, met een gedicht op *Pieter de Coninc;* te Diksmuide met een gedicht op *Philippina van Vlaanderen,* en met een ander op den beeldhouwer *Karel van Poucke.* Voorts onderscheidde zij zich in eenen prijskamp te Poperinge, ten jare 1851, met een gedicht : *België's eerste Koningin;* te Antwerpen, bij *den Olijftak,* in 1855, met een lofdicht aan *Marnix van St. Aldegonde,* en te Roeselare, bij *de Vriendschap,* in 1857, met een lofdicht op *het Pausdom.*

Ondertusschen had zij met haren echtgenoot Vlaanderen verlaten en zich te Lier gevestigd, waar zij zich meer dan vroeger op de beoefening der fraaie letteren toelegde.

Na den dood haars echtgenoots, in 1856, met acht jonge kinderen zonder steun gebleven, was zij genoodzaakt eene broodwinning te zoeken in het onderwijs, en opende te Maldegem eene kostschool, geholpen door hare oudste dochter, die met een diploom uit de normaalschool was te huis gekomen. Deze onderneming gelukte evenwel niet en moest na eene kortstondige proef opgegeven worden. Wat nu gedaan? De behoeften des gezins waren groot; in eene andere gemeente herbeginnen, kon niet. De jonge weduwe liet zich niet ontmoedigen; begaafd met talent, hare taal machtig, nam zij toevlucht tot de pen. Wetende dat er met poëtische voortbrengselen ten onzent wel eer, maar geene stoffelijke voordeelen te genieten zijn, begon zij verhalen in proza te schrijven, schetsen uit het leven van dorp en stad, die altijd lezers vinden. Conscience, dacht zij, heeft zich daarmede eenen naam en eenen weg gemaakt — misschien gelukt het ook eene vrouw, met wilskracht en moed bedeeld. En inderdaad, werden hare eerste pennevruchten in dit genre weinig gelust — wij denken hier, onder andere, aan *Helena van Leliëndal* — het duurde niet lang of zij slaagde dagelijk beter, tot zoo verre, dat een groot getal harer verhalen zelfs eenen uitgever vonden in Noord-Nederland, en haar bestaan als 't ware verzekerd werd.

Ziehier de lijst harer schriften, voor het meerendeel gedrukt:

GEDICHTEN :

1. *Maria-Theresia*, 1841.
2. *Pieter de Coninck*, 1842.
3. *Philippina van Vlaanderen*, 1842.
4. *Karel van Poucke*, 1842.
5. *België 's eerste koningin*, 1842.
6. *Marnix van Ste-Aldegonde*, 1855.
7. *Lof van het Pausdom*, 1843.
8. *Margaretha van Brabant*, gedicht in zes zangen. Gent, 1845.
9. *Karel de Stoute*.

10. *Jacob van Artevelde*.

11. *Kindergedichten*.

12. *Vlaamsche poëzij*. 1856.

Dichtkundige bijdragen in het *Nederduitsch Letterkundig Jaarboekje* van 1840 tot 1865, en in den *Muzen-Almanak* van Amsterdam.

ROMANTISCHE VERHALEN.

1. *Helena van Leliëndal*. Gent, 1855.

2. *De Burgemeester* van 1819. Gent 1861.

3. *Edeldom*. » 1862.

4. *Anna de Bloemenmaagd*. » 1862.

5. *Het geschenk van den Jager* » 1862.

6. *De Gemeenteonderwijzer*. » 1862. (Verschillige uitgaven. In 1869 te Hoei in 't Fransch vertaald.)

7. *De Zwarte Hoeve*. Tiel.

8. *Livina*. Tiel.

9. *Drie novellen : De Bloem van Cleyt. — De Zoon van den Molenaar. — De Bondgenoot*. Tiel, 1864.

10. *Griselda*. (Vertaald in het Hoogduitsch door MATHILDE VAN BECELAERE, 1864.)

11. *Drie Testamenten*, 1865.

12. *De Hut van Tante Klara*. Gent, 1865. (In het Fransch vertaald onder den titel : *Les Dentellières des Flandres*, door EMIEL COURTMANS, zoon der schrijfster.)

13. *Genoveva van Brabant*. Brussel, 1866.

14. *Het Plan van Heintje Barbier*. Gent, 1866.

15. *De Schuldbrief*. Dordrecht, 1866.

16. *De Zaakwaarnemer*. Gent, 1867.

17. *Nicolette*. Tiel, 1868.

18. *Moeder Daneel*. Antwerpen, 1868.

19. *Tijdingen uit Amerika*. Dordrecht, 1868.

20. *Eens is genoeg*. Dordrecht, 1869.

21. *De Zoon van den Mosselman*. Dordrecht, 1870.

22. *Christina van Oosterwei*. 's-Gravenhage, 1871.

23. *Bertha Baldwin*. Geschiedkundige roman uit de XIV eeuw. Antwerpen, 1871.

24. *Moeders Spaarpot*. Dordrecht, 1871.

25. *De Wees van het Rozenhof*. Antwerpen, 1872.

25. *Tegen wil en dank*. Dordrecht, 1872.

27. *Het rad der fortuin*. Antwerpen, 1873. (In het Hoogduitsch vertaald door MATH. VAN BECELAERE, Keulen).

28. *De Koewachter*. Dordrecht, 1873.

29. *Verscheurde bladen*. » 1874.

30. *De gezegende Moeder*. » 1876.

31. *Rozeken Pot*. » 1879.

32. *Karel Klepperman*. » 1878.

33. *De Hoogmoedige*. » 1882.

Verder: Verhalen in het *Nederduitsch Letterkundig Jaarboekje*, in de *Vlaamsche school*, het *Nederduitsch Tijdschrift* enz. enz.

Hare volledige werken worden thans uitgegeven door De Seyn-Verhougstraete, te Roeselaere, in 22 boekdeelen in-12.

Onder deze schriften zijn er verscheidene, die eene knappe meesterhand verraden. *Het geschenk van den Jager*, bijvoorbeeld, door het staatsbestuur bekroond met den vijfjaarlijkschen prijs, is van groote letterkundige waarde, en bevat natuurschilderingen, opmerkingen bij menschen en zaken, die den lezer treffen. Zooals CONSCIENCE, beijvert vrouwe COURTMANS zich om de oude Vlaamsche zeden te verheerlijken, deugd, werkzaamheid en overleg aan te prediken, vooroordeelen en slechte driften te keer te gaan.

De Vlaamsche letterkundigen brachten de werkzame, talentvolle schrijfster, op den tweeden Sinksendag 1883, ter gelegenheid van hare 72e verjaring, eene plechtige hulde. Een prachtige stoet van genootschappen, beoefenaren en voorstanders der Vlaamsche letteren trok dien dag door Maldegem's straten naar de nederige woning der dichteres, en bracht haar tal van geschenken, kronen en bloemtuilen, ook een schoon op doek geschilderd portret door J. VAN BIESBROECK. Bij dezelfde gelegenheid werd zij door den koning met het ridderkruis der Leopoldsorde vereerd, en schonk men haar een op steen gedrukt portret, geteekend door FLORIMOND VAN LOO. Geheel Maldegem vierde mede ter eere der verdienstelijke vrouw. Dit schoone feest werd den 24 Juni daarna te Gent gesloten met een banket, waar de gevierde schrijfster nogmaals den lof en den dank vanwege de Vlaamsche taalminnaren inoogstte.

VI.

GENOOTSCHAPPEN. — Te Oudegem ontstond den 1 Juni 1810 eene muziekmaatschappij, onder den titel, *de ware Belgen*. Zij wist zich op verscheidene prijskampen te onderscheiden, onder andere te Lebbeke in 1824, waar zij den eersten lauwer wegdroeg, en een harer leden den tweeden prijs als solist behaalde; te Moorsele in 1835, te Dendermonde, in 1837 enz.

Eene zangvereeniging, met den titel : *Okegem's genootschap*, uit ingezetenen van Oudegem en Mespelare, werd ingericht den 1 Mei 1843. Dit genootschap was op de groote feesten van het Duitsch-Vlaamsch-Zangverbond te Keulen, in 1846, te Gent in 1847 en te Antwerpen ten jare 1850 vertegenwoordigd. Zijn titel was eene hulde aan den beroemden Vlaamschen toondichter, die JOSQUIN DES PREZ en andere beroemde Belgische meesters tot leerlingen had.

Er is hier ook een St.-Sebastiaans- of handbooggenootschap, met den titel : *Concordia*, in het begin dezer eeuw opgericht.

VII.

SAGE. — Te Oudegem woonde eene oude Giptenesse, die den naam droeg van Palingsmoeder. Ziek geworden en op het punt van te sterven, kwamen andere Giptenessen haar pakken en onder 't water steken, zeggende : « Palingsmoeder, gij hebt in uw leven zoo veel en zoo geerne palingen geëten, eet er nu maar voort zoo veel als 't u belieft. »

En zoo versmoorden zij de oude palingsmoeder.

BIJVOEGSEL.

In deze gemeente bestond in het laatste vierde der XVIIe eeuw eene rederijkersvereeniging, met den titel *Leerzuchtige Jongheyd*, en de kenspreuk : *Uyt waere eendracht vloeyt macht*, die een vrij groot getal leden moet gehad hebben, daar zij, bij voorkeur, groote treurspelen opvoerde, met zangen en dansen. Zoo speelde zij ten jare 1774, van den 4 April tot den 3 Juli : *De herstellinge van Boudewyn, koning van Jerusalem, door de heldmoedigheyd der christene vorsten Coenraet, keyzer van Oostenryck, Ludovicus, koning van Vrankeryk, zyne Heyligheid den paus Eugenius ende den moedigen Theodoricus, graeve van Vlaenderen, onder wiens gunstige zorge namentlyk de stadt Brugge is toegenaederd het onwaerdeerbaer H. Bloed Jesu-Christi, naer verscheydene vroomdadige zegenpraelen, bekomen op den wraekzuchtigen en goddeloozen Noradyn, koning der Sarasynen.* De vertooning van dit « heldenspel » eindigde met eene klucht.

Misschien was het datzelfde genootschap hetwelk in 1789, onder den titel : *Kunstminnende Jongheyd*, en de kenspreuk : *Waer nu eendragtig liefde groeyt, De Const in waeren luyster bloeyt*, tot twintig maal, van 13 April tot 19 Juli, het groote bijbelspel opvoerde : *Al de waere Gods wonderen uytgeschreven in 't volk van Israël, onder de regeringen van Barog, Gedeon, Jephte en Samson, regters van Israël, alsmede het rampzalig eynde van Abimelech, koning van Sichem.*

De Oudegemsche rederijkers schijnen liefhebbers geweest te zijn van den dans, want bij elk stuk, ernstig of kluchtig, verscheen het ballet.

Nog ten jare 1793 werden hier vertooningen gegeven door *Konstminnende Iveraers*, die tot kenspreuk hadden :

Twee slangen rond een Eyk gevlogten door elkaêr,
Tot lof van 't Liefde-jok van Momus-schaer.

Niet min dan negentien maal, van 9 Mei tot 14 Juli, speelden zij : *De grouwelijke kwaedwillige vraeke, door Golo gepleegt aen de heylige Genoveva, midsgaders haere herstelde onnoozelheyd door haren wettigen man Sifroy, pals-grave van Trier.* In dit stuk traden op soldaten, wildstroopers, jagers ; men zong en danste er in, en ten slotte gaf men eene klucht om de toeschouwers in goeden luim naar huis te laten gaan.

Destijds speelde men ten hove van Jozef van den Abeele; de vertooningen vingen aan te 3 uur namiddag, dus na de Vespers.

Datzelfde jaar kwamen de rederijkers van Denderbelle hier den 21 Mei, den 3 en 17 Juni het treurspel *den Beklae-gelyken Drang* opvoeren, insgelijks met dans en zang.

De inval der Fransche republikeinen in ons land was voor vele onzer rederijkers het einde hunner oefeningen, die den Vlaamschen dorpelingen een stichtend en leerzaam tijdverdrijf verschaften en hen niet weinig aanzette tot beoefening van taal en dichtkunst.

OVERMERE.

I.

PLAATSBESCHRIJVING. — Op twee mijlen afstands ten westen van de hoofdplaats des rechtsgebieds Dendermonde, aan de steenwegen van Lokeren naar Oosterzele en van Gent, langs Destelbergen, naar Dendermonde, met eene vertakking naar Uitbergen, ligt het fraaie dorp Overmere.

De beteekenis van dezen dorpsnaam is gemakkelijk om uit te leggen : Overmere werd aldus genoemd omdat het ten opzichte van Uitbergen over een water ligt, het *Meer* geheeten, welke plas, heden ten dage nog slechts ongeveer eene hectare groot, en in eene Fransche oorkonde van 1306 onder de benaming van *le meere* aangeduid, als een overblijfsel van den oorspronkelijken loop der Schelde te beschouwen is.

Deze van het kanton Zele deel makende gemeente heeft eene oppervlakte van 1,372 hectaren [1]. Zij ligt aan de grens van het

---

[1] In de XVIe eeuw schatte men de uitgestrektheid van Overmere en Uitbergen op 984 bunder 3 dagwand, welke grootte door SANDERUS insgelijks wordt opgegeven.

Land van Waas, op eene gemiddelde hoogte van 5 meters boven de lage Zee te Oostende en paalt ten noorden aan het grondgebied der stad Lokeren, ten oosten aan de volkrijke gemeente Zele, ten zuiden aan Berlare, Uitbergen en Schellebelle en ten westen aan Kalken.

Behalve de dorpskuip, gelegen aan het kruispunt der genoemde steenwegen, en alwaar verscheidene sierlijke huizen worden aangetroffen, heeft men in deze gemeente de volgende voorname straten of wijken : *Bontinkstraat, Boschstraat, Broekstraat, Kerkstraat, Klappelstraat, Lindestraat, Molenstraat* en *Mosseveldstraat.*

Volgens het kadaster is de gemeente verdeeld in vier sectiën, onder de letters A, B, C en D. De wijk A begrijpt de velden, genaamd : de *Leenweg,* het *Bestuurveld,* de *Maanschijnen,* het *Mosseveld,* de *Overloopen,* de *Holijzers* en den *Breeden Hoek.* De wijk B bevat het *Galgeveld,* den *Kouter,* een deel der *Broekmeerschen* en *Turfputten,* de *Eikensmeerschen,* de *Strijdbochten* en den *Strijddam.* De wijk C: het wederdeel der *Broekmeerschen* en *Turfputten,* den *kleinen Kouter,* den *Polsmeersch,* de *Eikens,* het *Molenveld,* 's *Heeren meersch,* de *Roolijnen* en de *Kasteelakkers.* In de wijk D vindt men : het *Musschestraatje,* de *Eikens,* de *Koppaarts,* de *Putakkers,* de *Oorringen,* de *Lanserijen,* de *Kalkenbeek,* het *Loerveld,* het *Snepveld,* de *Kattebroeken* en het *Kloosterland*(1).

---

(1) Oude plaats- en huisnamen :

1360 : *Boschstrate, sMaders acker.*

1397 : *Baerlebrouc, Roemsche rijc* (in de vierschare van Overmere).

1400 : *Heecdonc, Lodervelt, Oveertsche Rijt, groote* en *cleene Stoxt, Varenschoot, Wijdmeersch, Wisselmate.*

1410 : *Cattenbrouc, Cley, Ebbekinsacker, tEygin, Rijt, Smeets land, de Zwane* (herberg vóór de kerk).

1418 : *Beerendonc, Gasthuusacker, Neder Hemelrijck, sMaders Acker.*

1432 : *Belham, Eecdonc, Elsdonc, de Keyser* (herberg, later *de drie Coninghen*), *Polsmeersch, Scoerackers, Smeetsvelt, Vertbrouc, Wudonc, Zijp.*

1450 : *Meeren heyde, Ravinsbrouc.*

Dertien voorname beken bevochtigen het grondgebied dezer gemeente: de *Steenengootbeek*, met eene lengte van 3,045 meters, de *Kempenbeek* (2,520 meters), de *Klappelbeek* (685 meters), de *Zelebeek* (1,385 meters), de *Galgebeek* (4,265 meters), de *Molenbeek* (4,835 meters), de *Biestbeek* (1,800 meters), de *Kalkenbeek*, de grens uitmakende van Kalken en Overmere (4,600 meters), de *Kwintenbatebeek* (1,290 meters), de *Kerkbeek* (1,630 meters), de *Gootsloot* (1,115 meters), 's *Heerenmeerschsloot* (810 meters), en de *Bellamsloot* (440 meters). De meeste dezer beken wateren uit in het Broek en 's Heerenmeersch; de eerstgenoemde in de Durme te Lokeren.

Ten zuidwesten van Overmere strekken zich aanzienlijke meerschen uit, welke jaarlijks door de Schelde ondervloeien en daardoor eene goede hoedanigheid van gras opbrengen. Aan den oostelijken zoom dezer meerschen, bij koninklijk besluit van 12 Februari 1856 in watering ingericht, langsheen den steenweg naar Uitbergen, is een dijk opgeworpen, de *Meerdijk* genaamd, ter bevrijding van de daarover liggende lage landen tegen de overstroomingen, waaraan deze in vroegeren tijde waren blootgesteld.

Vroeger, en wel nog in 1656, zooals op eene kaart van Over-

1480 : *Dammekin, Huevelbocht, Lusenberch, Moissevelde, Stormsputte, Strije, Stuerenbocht, Vurst.*

1556 : *Amelooshcedt, Barebrouc, Boschgavers, Cuckenaertsackere, Eedone, Eledone, Deysbrouc, Haesdongen, Hertselaerstraetken, Hullebroucken, Merridone, Pa, de Páppaerts, Polsmeersch, Stocten, Stormsputte, Stratevelt, Strijtgavers, Velaert, Weedone.*

1580 : *de Clappel* (herberg).

1600 : *Creeckstick, Cruskensuckere, Creke* (land, palende aan het broek), den *Doren, de Heye, Hoogackerken, Lemmensacker, Siericxsee.*

1618 : *het Schaeck* (herberg).

1700 : *Briel, Couter, Cloosterlandt, sGravenbrouck, Loereveldt, Twaelf Stuyvers, Vaerebrouck.*

1734 : *de Huysheye, Popershoecken.*

1777 : *Gasthuysacker, 's Heerenmeersch, Schoeracker, Vierschaerackerken, Walacker, Wipacker.*

1780 : *St. Blasius* (herberg).

mere en Uitbergen te zien is, strekten zich ten zuidoosten, tot bijna tegen het dorp van Berlare, andere weiden uit, welke later grootendeels uitgeturfd werden en sedert het begin dezer eeuw eenen grooten waterplas vertoonen. Deze turfputten, ongeveer 50 hectaren groot, lossen, bij middel van slooten of loopgrachten eener breedte van meer dan 2 meters, in de Schelde uit, langs Uitbergen en Schellebelle. Als een bewijs op welke groote schaal het turfsteken hier werd uitgeoefend, zij gemeld dat uit dien hoofde de abdij van Nieuwenbossche, te Gent, in 1785 de som van 507 pond 10 schellingen groote ontving. Maria-Theresia verordende het uitdelven dezer brandstof in deze gemeente en te Uitbergen den 24 October 1749(1).

Dat turfsteken was vroeger eene rijke bron van inkomsten voor Overmere, en de bevolking herdacht die nog, vele jaren nadat de bron gedempt was. Alzoo, toen ten jare 1824 een nieuwe parochiepastoor werd ingehaald, verbeeldde men in den stoet op eenen praalwagen « de turfmakery met schuyte en waeteringe, midsgaeders alle de noodige instrumenten tot het maeken van turf(2). »

Een groot deel der gemeente, bepaaldelijk ter plaats tusschen Overmere en Zele, was vroeger beboscht. De zoogenoemde *Gratiebosschen*, die volgens de overlevering tot gewone schuilplaats aan dieven en baanstroopers verstrekten, maakten er den toegang onveilig. Heden ten dage zijn die bosschen meestal uitgeroeid, zoodat men er in 't geheel nog slechts een vijftal hectaren aantreft.

Over het algemeen zijn de landen dezer gemeente met eene zavelachtige laag overdekt en mogen zij onder de vruchtbare gerekend worden. De akkers zijn meestal met houtgewas omringd en leveren aldus het uitzicht van zoovele fraai onderhoudene tuinen op, — een gebruik, waardoor de Wasche landbouwer zich van dien des Lands van Aalst onderscheidt. De minst

---

(1) *Conseil privé*, N° 2572, in 't Rijksarchief te Brussel.
(2) *Gazette van Gend*, 5 Juli 1824.

vruchtbare grond bevindt zich in het Loereveld, de Venne, de Maanschijnen, de Holijzers en den Breeden Hoek.

Overmere mag misschien op zulke hooge oudheid als de er aanpalende gemeenten niet aanspraak maken; althans vonden wij den naam dezes dorps in geene enkele oorkonde van vóor de XIII* eeuw. Hier, gelijk op zoo menige plek van Vlaanderen, was nochtans een ruim veld tot ontginning en bebouwing : aan den eenen kant bosch en heide, aan den anderen water en moeras.

Langzamerhand werden de plekken, door de rivier verlaten, ingedijkt, en wanneer men, bij den Scheldekant, met den rug naar den stroom gekeerd, vóor zich henen ziet over de dijken, tot den laatsten, die ongeveer een half uur van het water, land-waarts in, gelegen is, kan men beseffen wat arbeid en moeite, wat al goud en geduld het moet gekost hebben om die uitge-strekte vlakte, eerst water, daarna slik, nu beemden en graan-velden, straten en dreven, ten dienste te stellen aan de arbeid-zame bevolking.

Nog in de tweede helft der XVI* eeuw nochtans, was een groot deel der gemeente door den landbouw niet ingenomen. Daar, echter, waar door de bewoners de ploeg was getrokken, trof men heerlijke landerijen en aanzienlijke pachthoeven aan.

Eene dezer pachthoeven, waaromtrent wij in staat zijn een aantal bijzonderheden mede te deelen, behoorde op het laatste der XIV* en in het begin der XV* eeuw aan de familie Sersanders, en bepaaldelijk ten jare 1408 aan Jan Sersanders, zoon van Gerem, die ze den 26 Februari van dat jaar aan Laurens van de Wicle en dezes vrouw Beatrijs van den Veere, voor den gewonen tijd van negen jaren in pacht gaf. Luidens de daarvan opgestelde acte moest de pachter het goed jaarlijks winnen en bezaaien « te heelte ende te trecschoove, » dit is : wanneer de vrucht op het veld zou gebonden staan, uit elken mandel eenen schoof trekken, ter aanwijzing van den eigenaar, en dien naar huis voeren, vooraleer iets anders te « porren » of in te oogsten. Deze trekschooven moesten vervolgens door den pachter tusschen St.-Baafs- en Allerheiligendag gedorschen worden, en van wat er den huraar overbleef, was 't beding dat hij aan Jan Sersanders negenmaal zooveel graan te leveren had als gemelde trekschooven opleverden. Niet alleen van den graanoogst, maar van alles wat er op 't goed gezaaid en geplant werd, besprak de grondeigenaar zijn aandeel. Ook de helft der baten van het duifhuis moest dezen laatste worden opgebracht.

Het winnende land moest ieder jaar naar behooren geakkerd worden, elk bunder met zijne « ghetidighe voren », het braakland om te delven in de maand Maart. Daarenboven werd den pachter uitdrukkelijk opgelegd het goed zuiver te houden van « peden » (peeën) en ander onkruid, en 't wel namelijk zoo goed te bemesten als zijne naaste geburen. De eigenaar, zeker willende zijn van de goede bewerking zijns lands, noemt de geburen, die tot voorbeeld zullen genomen worden : Jan de Waghemackere, Raas de Wilde, Jan van Eessevelde, Gillis van den Damme, Pieter de Meester, Willem de Smet, Laurens de Waghemakere en Jan Gheeraerts — geslachten, welke te Overmere nog niet zijn uitgestorven en in hun leven als wakkere bouwmans stonden aangeteekend. Was de pachter in gebrek bevonden, hij zou het den eigenaar vergoeden, volgens uitspraak van vier geburen, door laatstgenoemde te kiezen, terwijl, zoo de eigenaar bij den pachter in iets te kort schoot, hij dezen eveneens vergoeding verschuldigd was.

De te kort komende mest, boven 't geen door den pachter kon gemaakt worden, was ten laste van den eigenaar en den huurder, ieder voor de helft. Voorts was besprek dat de pachter zijnen heer alle jaren te Paschen en te Kerstdag honderd eieren moest leveren, benevens een vet lam, en daarenboven te zijnen behoeve, winter en zomer, twee koeien en een rund onderhouden, met twee verkens, « te backe loopende. » Van zijnen kant leende de eigenaar aan den boer vijf koeien en zes verkens, welker waarde deze gedurende den pacht te betalen had « te haren scoensten, » alsmede eenen haan en zestien hennen, na 't eindigen van den pacht weer te geven.

Eindelijk huurde de pachter van denzelfden eigenaar drie

meerschen of weiden, met name de *Peerdeweede*, de *Coeweede* en de *Gheldereeweede*, mits de som van 2 pond groote 's jaars, onder verder beding dezen laatste ieder jaar te zijnen hove, of elders te Uitbergen (waar hij vermoedelijk woonde), twaalf of zestien voeren hooi te bezorgen. In geval de pachter of zijne vrouw binnen de zes eerste jaren kwamen te overlijden, mocht de overlevende het goed blijven voort gebruiken, of er, na die zes jaren, van afscheiden, naar beliefte[1].

In 1418 was het hier bedoelde pachtgoed in 't bezit van Jan van Leyns, die 't op zijne beurt voor negen jaren, nagenoeg onder dezelfde voorwaarden, in huur gaf. Ditmaal, echter, had de pachter de keus na de zes eerste jaren te blijven of heen te gaan; bleef hij, zoo mocht hij de twee pond groote, hem door den eigenaar geleend, behouden, zoo niet, was het derde der geleende som weer te geven. Ook bepaalde de pachtacte dat er den eigenaar telken Baafmisdage twee verkens moesten worden geleverd, gelijk de pachter hem insgelijks, in geval hij schapen hield, acht zulker woldieren van Mei tot October te bestellen had. Het op de boomen wassend fruit zou door den eigenaar en den pachter gelijkelijk worden gedeeld, en laatstgenoemde moest den eigenaar te Kerstavond en te Paschen honderd eieren zenden. Nog was hij verplicht twee koeien voor den eigenaar te voeden, en zoo hij schapen mestte, acht zulker dieren van Mei tot October ten profijte van den eigenaar op stal houden; vette de pachter geene schapen, dan moest hij ieder jaar, uit zijnen meersch, in het hof of elders te Uitbergen, twaalf of zestien karrevrachten hooi voor den eigenaar halen en voeren. Voor 't overige was de huurder verplicht de werklieden, die voor 's eigenaars rekening aan de gebouwen kwamen arbeiden, den kost te geven, en als Jan van Leyns, zijn bode of iemand der zijnen naar Overmere kwamen, hun zooveel warmoes uit zijnen lochting te bezorgen, als zij noodig hadden.

---

(1) *Acten en Contracten* der stad Gent, keure, 1408-1410, bl. 56.

De derde pachtacte van dit goed, onder dagteekening van 22 April 1429, is van eenen geheel anderen inhoud, en wordt, als nagenoeg eene der weinige, die voor 't Land van Dendermonde over middeleeuwschen landbouw in onze handen zijn gevallen, hier onder in haar geheel medegedeeld (1).

---

(1) Kenlije zij, dat Jan van Leyns ende Jacop uten Hove commen zijn, kenden dat zij ghegheven hebben in zekeren loyalen pachte Janne van den Houve.... goed te Overmeere met eenen quantenteyt van mersschen jn der manieren ghelije dat Jan van Brakcle tselve goed ghenomen hadde VI jaer jeghen Janne ....., waer af deerste jaer jnghinc te Meye anno XXVII ende de IIII jaer vanden vorn. VI jaren heeft Jan van den Houve over ghenomen te besittene ende te bewonene jn ..... paymenten, te wetene deene helt te Kerssavonde ende dander helt te Sent Jans messe .... Ende vort boven dien moet Jan van den Houve jaerlijcx houden twee coeye, die hem ..... Jan ende Jacop ghelevert hebben, gheliic den ziinen winteren ende zomeren ende behoeden zonder Jans of Jacops cost. Ende over de helt van XII vaten liinsaedte die hij jaerlijcx saeyen moet, ende daer of tvlas leveren up den self, zoo es vorwaerde dat hij Jan ende Jacoppe jaerliicx gheven zal XX s. gr..... Item moet de vorn. pachter dit goed laten te zinen afsceedene alzo hijt aenverde uter hant van Jan Bracken, te wetene al twinnende lant ackeren alzoot behoren zal. Eerst elc bunder, dat men winnen zal met rogghe, moet hij gheven zine gherechte ghetijdeghe voren ende de brake altoes omme doen jnde maend van Maerte, ende alzo vort altoos den lande, dat men jaerlijcx zaeyen zal, eyst rogghe, lant of evenlant, te ghevene al zine gherechte voren wel ende te tijde. Ende up elke vore te winnene metter heeghde ende alle de poden van lande doen wel ende lovelije elc breeder te messene ende up elc bunder al zovele saedts te doene als daer toebehoren zal ende ghelije jn al der manieren dat zine naeste ghebuere haerlieder land winnen, mesten ende saeyen, wel ende te tiide. Ende de pachter moet laten jn besaedden ten achtersten jare alzo hier naer verclaert staet. Eerst tstic achter thof westwaert. Item tstic achter de scuere. Item tackerkin achter den wal, al dit met rogghen ghemest in braken. Item sMaders acker met rogghen van stoppelen. Item beede de seoene ackers jn braken ghewonnen, ghemest ende met rogghen ghesaeit, ende in beede de scoenackers leeght een stic, dat hij laten moet besaedt met XII vaten linsaedts. Item den acker ant gastuus acker, streckende tot an sMaders acker, besaedt met evenen, alzo dat soot behort. Item zo moet de pachter eenwaerf binnen zinen pachte van VI jaren vornoemt over hauwen al thout up dit vors. goed staende, even verre datter hachs ende aumes over ghelopen es, ende elc te ziner tijt. Item moet de pachter alle de huusen, die up dit goed staen, alzoo verre als hij se huerbueren zal, jaerlijcx houden te ghereke van daken ende van weghen, van vursten, orenboomen, solmente ende van stopwerke toot V groten, alzo een goed pachter sculdich es te doene, ende moetse te zinen afscheedene laten alzo wel als hijse vant ten ancommene, dats te

Uitwijzens het geographisch woordenboek van VAN DER MAELEN telde men ten jare 1830 in deze gemeente 122 paarden, 13 veulens, 588 stuks hoornvee, 222 kalvers, 408 verkens, 270 woldieren en 15 geiten. In 1846 bestond de stalbevolking

---

wetene dat hij se vant alle wel te ghereke ende te voren alzoot behorde. Ende de pachter moet tvors. goed behoeden, zonder sinen meesters cost, van seaden, van sloten, balloken, water ganghe ende van straten, alzo den goede toebehoort. Ende gheliefde Janne ende Jacoppe up dit vors. goed ande huusinghen te doen temmerne of meer temmerwerx te doen makene, zo moet de pachter dagelicx gheven den werelieden potagie of nat suvel, zonder Jans of Jacops coste. Ende als Jans of Jacops boden te Overmeere zijn, zoo moeten zij uut spachters lochtinghe hebben waermoes, alzo vele als zij huerbueren moghen. Item zullen Jan, Jacop ende de pachter deelen de bate vanden duufhuuse alf ende alf. Dies moet de pachter de duwen coernen ende voeden ende tduufhuus houden te ghereke.... Item moet de pachter gheven jaerlijcx II[c] bulsteren omme up de huusen te legghene boven dat hij sculdich es te doene. Item zullen Jan ende Jacop haren pachter leenen eenen hane ende XV junen, ende die moet de pachter laten alzo vele te zinen afsceedene, ende vort jaerlijcx gheven elc van zinen meesters, telken Kerssavonde, een hondert beyeren ende een hondert telken Paesschen, ende een verkin telken bamesse, een jaar hout (sic), of meer..... Dies zal de pachter van zijnen meesters hebben IIII ellen lakins of IIII s. gr. der voren, elcx jaers. Item zoo sullen de pachter ende zine meesters jaerlijcx deelen de vrucht vanden bomen, staende achter den stal ende de nokere up thof. Item boven den termijne voren verclaert zo heeft de vors. Jan vanden Houven tselve goed vernomen eenen pacht van IX jaren, jngaende te Meye anno XXXIII, omme XVIII lib. gr. tsiaers..... Uut ghedaen den pointen, hier naer verclaert, dats te weten, dat de vors. Jan ende Jacop gheene coye, vlas no lijnsaedt den pachter leveren en zullen ende de pachter en zal hem niet der voren gheven. Ende jnsghelijcx en zal de pachter gheene junen van zinen meesters hebben; ende dies en sal hij hem niet der over gheven. Ende de vors. Jan ende Jacop en zullen binnen den vors. IX jaren gheen recht hebben an thof noch ant waermoes binnen den hove, ende al daden zij werken nieu werc ande huusinghen, up tgoed staende, daer af en zoude de pachter gheenen cost hebben. Item zal de pachter hebben van zinen meesters jaerlijcx over de vaerden, die hij hemlieden doen moet, ghelije voren jn deerste vorwaerde ghescreven staet, IIII ellen lakins teenen keerle, ghelije zinen anderen cnapen. Ende al dese vorwaerde, voren ende naer, heeft de vors. Jan vanden Houven bekent ende verzekert up hem ende up alt sine. Ende vort zijn borghen over hem ende elc over al Gillis vanden Houvene, te Berlaer, ende Gillis vander Brugghen, f[s] Andries, te Exaerde. Actum XXII die Aprilis a° XXIX. »

(Acten en Contracten, keure, 1429-1430, 128.
— Archief der stad Gent.)

uit 154 paarden en veulens, 825 koppen hoornvee, 62 kalvers, 294 schapen, 387 verkens, 41 geiten en 456 vetbeesten, wat als eene aanzienlijke vermeerdering op zulken korten tijd is aan te merken.

Ten evengemelden jare bestonden er te Overmere in het geheel 503 groote en kleine landbouwgebruiken, waaronder vier van 10 tot 15, evenveel van 9 tot 10, negen van 8 tot 9, dertien van 7 tot 8, drie en twintig van 6 tot 7, zes en twintig van 5 tot 6, achttien van 4 tot 5, zeven en twintig van 3 tot 4, vier en veertig van 2 tot 3, en negen en tachentig van 1 tot 2 hectaren uitgestrektheid. De meerschen en weiden besloegen eene oppervlakte van 188 hectaren 50 aren, en de bosschen nog slechts 27 hectaren 77 aren.

Gelijk men uit het bovenstaande kan opmaken, is de landbouw de voornaamste bezigheid der Overmerenaars. Er waren hier evenwel in de verledene eeuw reeds eenige andere nijverheden, waaronder de vermaarde klokgieterij der familie Wierinck, en in 1830 vijf bierbrouwerijen, twee graanmolens, een oliemolen en twee andere olieslagerijen.

Ten jare 1408 nam Jan Sersanders in pacht van Louis van Massemen de helft van dezes molen te Overmere (de andere helft behoorde aan Jan Sersanders), mits zestien zakken rogge 's jaars, Dendermondsche mate.

De hertog van Burgondië vaardigde den 5 Februari 1441 een decreet uit, bepalende dat er in den omkring van twee mijlen der stad Dendermonde geen bier mocht worden gebrouwen, ter uitzondering van de dorpen Zele, Hamme, Overmere en Opwijk, in ieder van welke er ten gebruike der ingezetenen ééne bierbrouwerij mocht blijven bestaan of opgericht worden.

Thans bestaan de voornaamste nijverheidsgestichten van Overmere uit drie bierbrouwerijen, twee olieslagerijen met stoom, eene stokerij, eene fabriek van lederen handschoenen, drie windmolens en vijf lijnkoekbrekerijen.

Ten jare 1697 wendde de toenmalige vrouwe van Overmere bij de regeering pogingen aan om hier eene jaarmarkt te mogen oprichten, doch haar verzoek kon destijds niet worden ingewilligd, hoewel het was gestaafd op de ontzaglijke lasten, met welke de oorlog de bevolking der gemeente, jaren achtereen, had getroffen, en niettegenstaande de Raad van Vlaanderen, door de regeering geraadpleegd, een gunstig advies had verleend. Eerst den 27 November 1741 bekwam de gemeente een octrooi om jaarlijks, op den eerstvolgenden werkdag na het feest van den H. Blasius, eene jaarmarkt te houden, welke dan ook gedurende ettelijke jaren veel bezocht was, maar sedert de oprichting dergene van Zele, in 1827, van lieverlede te niet ging.

De vergunning dezer jaarmarkt wordt in de gemeentehandvesten niet meer aangetroffen; alleen de voornaamste schikkingen ervan zijn bewaard gebleven in eene bekendmaking, gedrukt en rondgezonden, naarvolgens een besluit der schepenen, onder dagteekening van 8 December 1741, en luidende als volgt :

« Dat men op 5 February, wesende den eersten werckdagh naer den feestdagh van den H. Blasius 1742, ende soo voort van jaere te jaere, binnen de prochie en de heerlyckhede van Overmeire, Lande van Dendermonde, uyt krachte van het octroy by hare Majt. daertoe verleent van 29 November 1741, sal houden vry-jaer-merckt van peerden, koyen, schapen, verkens, granen, vlas, kemp ende andere waren ofte koopmanschappen, met vryheyt van dry daghen te weten, den dagh te voren, dengonen van de jaermerckt ende den naestvolghenden dagh, zonder dat iemandt gedurende denselven tydt sal mogen gearreteert worden, tsy in persoon oft goederen, voor eenige actie civile, te voren gecontracteert, op welcke jaermerckt oock geene andere rechten en sullen moeten betaelt worden dan tot proffyte van den armen derselve prochie, by den kooper of afdryver, dry stuyvers van ider peert oft veulen, twee stuyvers van ider koybeeste, twee oorden van ider schaep, ende dry stuyvers van ider verken, daerin begrepen het besiengelt, van degone die sullen verkocht worden, ende half recht van degone die onverkogt sullen afdryven, als breeder by den voornoemden octroye » enz.

Wij zien tevens in het *Resolutieboek* dat er op de eerst gehoudene jaarmarkt een prijs werd uitgeloofd van een paar zilveren gespen aan den verkooper van het duurste paard, en een gelijke prijs aan den verkooper der duurste koe — een middel dat sedert nog dikwijls werd aangewend en heden ten dage in vele gemeenten nog in gebruik is om den handel op de jaarmarkten aan te moedigen.

Eene tweede jaarmarkt wordt alhier gehouden den dinsdag, volgende op den zondag van O.-L.-V. Hemelvaart, in de maand Augustus, wanneer 't er kermis is.

Nopens de bevolking weten wij dat er in de tweede helft der XVIe eeuw te Overmere en te Uitbergen 730 communicanten waren. In 1644 telde men er te Overmere alleen reeds 700; twintig jaren later, 860; op het laatste derzelfde eeuw, 950; in 1724, 1,100; in 1735, 1,170, welk getal in 1763 tot 1,430 was aangegroeid. Eene optelling van 1687 geeft voor dit dorp alsdan 1,550 zielen op; in 1755 had men er 1,839; in 1771 reeds 2,059; in 1801, 2,463, waaronder 391 behoeftigen, terwijl dat 31 December 1887 Overmere's bevolking tot het cijfer gestegen was van 3,546 zielen.

II.

HEERLIJKHEID EN BESTUUR. — Aanvankelijk tot de domeinen behoorende der heeren van Dendermonde, werd Overmere op een ongekend tijdstip in leen uitgegeven en met Uitbergen tot éene heerlijkheid vereenigd. Of het dorp ooit afzonderlijk door het geslacht, dat den naam van Overmere droeg, is bezeten geweest, zouden wij niet kunnen bevestigen. De opzoekingen, daartoe door LINDANUS en SANDERUS gedaan, hebben dit vraagstuk niet genoeg kunnen ophelderen. L'ESPINOY, die niet schijnt geweten te hebben dat deze plaats met Uitbergen éene heerlijkheid vormde, haalt bescheiden aan, waaruit de oudheid van het edele geslacht van Overmere genoegzaam blijkt. Onder andere spreekt hij van vrouw *Aliza van Overmere*, van welke

Boudewijn van Ingelozenberge eene te St.-Jans-Steene gelegene tiende in leen hield, welker opbrengst door deze laatste in 1262 aan de abdij van Boudeloo geschonken werd(1).

Nicolaas van Overmere, uit gemeld adellijk geslacht, en door L'Espinoy een wijzen dapperen ridder geheeten, komt voor op de lijst der hoogbaljuws van Aalst in 1328, en was tevens baljuw van Dendermonde. Er bestaan van hem en van zijnen zoon, *Jan van Overmere*, vermeld in het jaar 1365 en die ook een dapper krijgsman en wapendrager des graven van Vlaanderen was, de volgende meldingen op het oud *Obituarium* der collegiale kerk van Dendermonde, geschreven of vernieuwd ten jare 1375:

Bl. 82 : « *Septimo idus Marcii, Dominus Nicholaus de Overmeere, miles, et Johannes ejus filius et uxor sua. XXXI s. III d. par.* »

Bl. 286 : « *Pridie nonas Decembris, Dominus Nicholaus de Overmeere, miles, et Domina Beatrix ejus uxor. II s. par.* »

Een *Jan van Overmere*, misschien dezelfde van wien hiervoren spraak is, was standaarddrager onder Philip van Artevelde, en toog met dezen mede naar Roosbeke, alwaar hij ongetwijfeld in den strijd bleef.

Eindelijk ontmoet men eenen anderen *Jan van Overmere*, kastelein van Ninove, alwaar hij den 10 December 1406 overleed. Hij werd, volgens Lindanus, in de abdijkerk dier stad onder een sierlijk praalgraf ter aarde besteld.

Wij gissen dat dit geslacht in de XIIIe en XIVe eeuw de heerlijkheid van Overmere bezeten heeft, hoewel geen enkel schriftelijk bewijs ons daarvan onder het oog kwam, en wij derhalve

---

(1) « La terre et seigneurie d'Overmeire, séante au pays de Waes, Termonde, a produit une famille noble et ancienne, de laquelle on trouve une dame Alicia de Overmeire, de laquelle tenoit en fief Messire Bauldouin d'Ingellossenberghe, chevalier, sa disme de Sainct Jean Steene, comme appert par lettres du dict seigneur, données en l'an 1262. »

(L'Espinoy, *Recherches sur les antiquités et noblesse de Flandre*, bl. 263.)

geene zekerheid hebben. Wat Uitbergen betreft, de heerlijkheid dezes dorps was toen nog het onmiddellijke eigendom der
heeren van Dendermonde. Ons vermoeden te dezen opzichte
wordt gesterkt, doordien er in de schatting der gerechtigheden,
den heere van Dendermonde binnen Uitbergen toekomende
(omtrent 1306), van Overmere, als leengoed, niet gesproken
wordt, integendeel daarin verscheidene leden der familie van
Overmere voorkomen, aan welke de heerlijkheid dezes dorps
destijds mogelijk nog toebehoorde.

Hoe nu het eerste heerengeslacht van Overmere zijn recht
op de heerlijkheid verloren heeft, en wie zijn onmiddellijke
opvolger geweest is, kunnen wij almede, bij gebrek aan voldoende getuigenissen, niet opgeven. LINDANUS, die de geslachts-
lijst der heeren van Uitbergen en Overmere met 1331 aanvangt,
noemt in eersten lijn Sophia de Beaufort, gehuwd met Willem
van Nevele, en na deze, Willem van Nevele, hunnen zoon, die
(zegt hij), de heerlijkheid nog bezat in 1365. Ten opzichte van
Uitbergen is dit waar, doch wij twijfelen of Overmere toen reeds
met Uitbergen vereenigd was.

Jan van Massemen, gesproten uit het doorluchtig stamhuis
dezes naams, trad door erfenis in het bezit der heerlijkheden
van Overmere en Uitbergen omtrent het derde vierde der
XIVe eeuw. Hij was de zoon van Geeraard IV van Massemen,
heer van Kalken en Laarne, en van Margareta van Nevele, wier
vader, genoemde Willem van Nevele, als *sire d'Utberghe* in
1312 gekend is[1].

Op Jan van Massemen, die tevens Kalken en Laarne geërfd
had, volgde Ogier van Massemen, die ten jare 1421 den hertog
van Burgondië vergezelde naar Frankrijk, om wraak te nemen
over den moord van des vorsten vader. Omtrent dienzelfden
tijd wordt als heer der beide dorpen genoemd Daneel van
Massemen[2], gehuwd met Margareta van Gistel, voogden van

---

[1] *Suppl. au Nobiliaire des Pays-Bas*, blz. 5.
[2] Zekere schrijvers noemen na Jan, Geertruid van Massemen, echtgenoote

Wichelen en Serskamp, de eerste overleden omtrent 1430, de tweede den 1 Augustus 1431, en in de onderkerk van St.-Baafs, te Gent, onder een prachtig lijkgesteente ter aarde besteld.

Vervolgens kwamen Overmere en Uitbergen in het bezit van Lodewijk van Massemen, zoon van genoemden Daneel, die in den echt trad met Elizabeth 's Wagen, bij welke hij drie kinderen won : Ogier, Jozijne et Margareta. Het erfdeel van Lodewijk, die weinige jaren na zijn huwelijk overleed, werd volgenderwijze verdeeld : Ogier bekwam de twee derden van Uitbergen en Overmere, met het rechtsgebied, den molen en de heeren-inkomsten; Jozijne erfde het goed van Schellebelle, een huis te Dendermonde en eenige inkomsten, terwijl het adellijke goed van Berlegem, benevens eenige andere plaatsen, het aandeel werd van Margareta.

Het overig derde der heerlijkheid van Uitbergen en Overmere moet te dien tijde, 't zij bij verkoop of anderszins, vervreemd geworden zijn, anders hadde Lodewijk er in de verdeelingsacte wel de aanwijzing van gedaan. LINDANUS, dien wij hier als eenig richtsnoer bezigen, weet er geene verklaring van te geven. Zeker nochtans is het, dat dit deel in 't huis van Massemen bleef tot den jare 1433, wanneer Gijsbrecht van Massemen en zijne vrouw Margareta van Belle het aan Jacob Utenhove voor 114 pond 10 schellingen groote verkochten[1]. Waarschijnlijk was Robrecht van Massemen, die mede den naam van Uitbergen en Overmere gevoerd heeft en in 1430 in een gevecht tegen de Luikenaars sneuvelde, er de bezitter van[1]. Wij zullen aanstonds zien hoe later de gesplitste deelen opnieuw vereenigd werden.

Genoemde Ogier van Massemen trad in het huwelijk met Margareta van der Linden en overleed den 16 Mei 1494, twee

---

van Jan van den Houte. De middeleeuwsche leendenombrementen, niet in ons bereik, zouden het vraagstuk bereids oplossen.

(1) *Staten van goed*, 1433-1443, blz. 92 v°, in 't Stadsarchief van Gent.

kinderen achterlatende : Jacob, in 1500 gestorven, en Geertrui, die daarna vrouw werd van Uitbergen en Overmere. Zij verbond zich in den echt met Jan du Bois, gezeid van den Houte, ten gevolge van welk huwelijk de heerlijkheid gedurende eene eeuw in het huis du Bois bleef.

Maillard du Bois, zoon der vorengenoemden, werd heer van Uitbergen en Overmere en stierf ten jare 1555. Hij was eerst gehuwd met Godelieve van Diksmude, dochter van Joost, ridder van Jeruzalem, en van Joozijne van Hole, en ten tweeden male met Margareta van der Moere, dochter van Jacob en van Livina de Seclers. Deze heer stichtte een eeuwigdurend jaargetijde in de kerk van Overmere en werd te Uitbergen in den familiekelder begraven. Uit zijn eerste huwelijk sproot een zoon, met name Joost du Bois, zonder nakomelingen overleden; uit het tweede : 1° Pieter, 2° Jacob, die beide ongehuwd de wereld verlieten, en 3° Lieven du Bois, de opvolger zijns vaders in de heerlijkheid, die in den echt trad met Margareta Pels en den 3 October 1580 ontsliep, tien kinderen nalatende, waaronder Pieter, heer van Uitbergen en Overmere, die op zijne beurt den 20 Augustus 1641 ten grave daalde en nevens zijne vrouw, Anna de Figueroa, in de kerk van Uitbergen den dag der algemeene opstanding verwacht(1).

Na dezen laatste ging de heerlijkheid van Uitbergen en Overmere bij koope over tot Nicolaas van Coudenhove, heer van Gentbrugge (onder Ruddervoorde), die van het derde deel toen reeds in bezit was. Dit derde deel was na Gijsbrecht van Massemen opvolgend bezeten geweest door de afstammelingen van Jacob Utenhove, wiens kleindochter, Philipota, huisvrouw was van den baljuw van Dendermonde, Christoffel de Barousse, een Portugeesch edelman, die ten jare 1526 kinderloos overleed.

---

(1) *Nobiliaire des Pays-Bas, Fragments généalogiques* I, 23. De familie du Bois, gezeid van den Houte, voerde : *de sable à la croix échiquetée de gueules et d'argent de deux tires, accompagnée au premier canton d'un lion d'or.*

Hij liet voor erfgename achter Antonia Adornes, dochter van Pieter en van Catharina Utenhove, die in den echt trad met Jan van Coudenhove, heer van Gentbrugge enz.

Ten gevolge van dit huwelijk kwam het genoemd derde deel van Uitbergen en Overmere in het adellijk huis van Coudenhove(1), bepaaldelijk na den dood van den laatstgenoemde aan dezes zoon Jan van Coudenhove, gestorven den 28 October 1553, gehuwd geweest met Maria van Amerongen, die hem den 12 December 1546 in het graf was voorgegaan. Daarna vinden wij als heer van Overmere de hooger genoemde Nicolaas van Coudenhove, kooper van de twee andere derden der heerlijkheid, te Overmere ontslapen den 6 September 1625(2), na getrouwd geweest te zijn met Charlotta de Baudrenghien, die in 1623 in de kerk van Overmere werd ter aarde besteld.

De hieropvolgende heer van Uitbergen en Overmere was Philip van Coudenhove, heer van ter Braken, onder St.-Nicolaas, zoon van Nicolaas, en na hem zijn broeder Antoon van Coudenhove, kapitein in dienst van zijne katholieke Majesteit, om zijne uitmuntende krijgshoedanigheden zeer geacht en in 1684 gestorven. Het was op de vraag van dezen laatste dat beide totdan toe vereenigde dorpen, bij vorstelijk octrooi van 18 April 1673, in twee leenen werden gesplitst, zoodat er in 't vervolg van ieder een afzonderlijk denombrement werd ingediend (3).

---

(1) De familie *van Coudenhove*, tot den Gentschen adel behoorende, voerde : *d'or à une bande ondée de gueules.* Een leen, met name *van Coudenhove*, bestond te Merendre, dorp afhangende van de baronie van Vinderhoute.

(2) « 6 Septembris 1625 die Sabbatthi circa medium noctis obiit N. D. Nicolaus de Coudenhove, D. de Uutberge et Overmeire, Gentbrugghe, etc., ex dyssenteria anno ætatis 58. Erat valde humanus liberalis, addictus B. Virgini Mariæ, fortis in patiendo, et dedit ecclesiæ de Overmeire agrum... pro perpetuo anniversario ». (*Reg. van overlijdens in 't gemeentearchief.*)

(3) « Charles, par la grâce de Dieu roy de Castille etc., à tous qui ces presentes verront salut, avons recu l'humble supplication et requeste d'Anthoine de Coudenhove, Sr d'Uytberghen et d'Overmeire, contenant que les dits deux villages seroient separez par leurs respectives carez dixmes limites

Geene rechtstrecksche afstammelingen achterlatende, werden Overmere en Uitbergen na den dood van Antoon van Coudenhove geërfd door zijnen moederlijken bloedverwant Ferdinand markgraaf de Lannoy de Hautpont, kolonel in dienst der Spaansche Nederlanden, overleden te Gent den 30 September 1694. Zijne echtgenoote, Hippolita-Leopolda de Croy, stierf den 27 Juli 1698; beiden werden te Overmere in het graf hunner voorzaten ter aarde besteld(1).

Vervolgens vinden wij Overmere en Uitbergen, nog ten jare 1712, in 't bezit van Maria-Anna de Croy de Beaurinville, kanunnikes te Bergen, die er in opgevolgd werd door Ferdinand-Gaston-Jozef de Croy, prins van het H. Rijk, graaf van Rœulx en hoogbaljuw van Bergen, te wiens laste de beide heerlijkheden, te zamen met het leen ter Straten, achtervolgens decreet van den grooten Raad van Mechelen, onder dagteekening van 20 Januari 1720, openbaarlijk werden verkocht.

Overmere en Uitbergen kwamen daarop in handen van Bal-

---

et tout ce qui en dépens mainteniez en un fief de nostre cour féodale de Dendermonde, et comme le remonstrant souhaisteroit bien de separer le dit fief en deux, il nous a tres humblement supplié luy en vouloir accorder la permission, affin que doresnavant chasque village soit un fief à part, avecq les prérogatives séparement que le dict fief et que relevant de nous séparement ils payent chascun les droits qu'ils payent ensemble. Scavoir faisons que nous, ce que dit est considéré, et eu sur ce l'advis de noz chers et bien amez les lieutenant grand bailli et hommes de fief de nostre cour féodale de Termonde, inclinant favorablement à la requeste dudit Anthoine de Coudenhove, suppliant, luy avons octroyé, consenti et accordé, octroyons, consentons et accordons en luy donnant congé et licence de grâce especiale par ces présentes, qu'il puisse et pourra faire séparer le susdit fief de deux tellement que chascun des villages cy dessus nommez soit doresnavant un fief à part, avecq les prérogatives séparement que le dit fief et ce que relevans de nous séparement, ils payent chascun les droits qu'ils payent ensemble. Si donnons en mandemant etc. Données en nostre ville de Bruxelles le dix huictiesme d'avril l'an de grâce mil six cent septante trois. »

(Eventijdige kopie, in ons bezit.)

(1) De aanteekening op het register der sterfgevallen luidt : « 30 Septembris 1694 obiit Gandavi Nobilis D. Ferdinandus Marchio de Lannoy de Hautpont, toparcha de Uutberghen, Overmeire, Ghentbrugghe etc. Sepultus est in hac ecclesiæ in monumento patrum suorum eodem die ».

thazar van Roosendael, een Antwerpsch edelman, na wien wij in 1728 als zijn opvolger vermeld vinden Jonkheer d'Ittre de Castre, en na dezen Simon-Jozef de Heuvel, insgelijks van Antwerpen, overleden in 1758, na gehuwd geweest te zijn met Elena-Catharina van Roosendael.

De laatste heer was Jan-Simon-Jozef de Heuvel, zoon des voorgaanden, getrouwd met Maria-Regina de Witte, die den 26 Juni 1786 overleed.

Het oudheerlijke kasteel van Overmere rees op uit de daar rond gegraven wallen. LINDANUS, te wiens tijde het nog bestond, eigende het eene hooge oudheid toe. Het was gebouwd op eene ruime plaats, niet verre van de kerk, naar Kalken toe, en omringd van water en lustwaranden. Omtrent den jare 1660 werd dit kasteel afgebroken en door eene nieuwe, prachtige woning op dezelfde plaats vervangen. De heerlijke huizing bestond uit drie vleugels, met eenen vierkanten toren in het midden. Rond den bijvang liep een tweede wal, en men kwam binnen langs eene versterkte poort, vóór de voornaamste dreef. Vóór de huizing, door den wal van het overige gescheiden, was eene groote opene plek, aan de drie kanten bezet met gebouwen.

Dit oud kasteel werd ten jare 1828, met twee molens van Overmere, openbaarlijk verkocht ten verzoeke van de heeren Meyers, de Gelder, Roomsch priester te Munster, Charlé en zijne echtgenoote barones van Reynegom, graaf de Villers met zijne gemalin, ook barones van Reynegom, en Catharina de Heuvel, weduwe van Herman Spilleux, te Gent, vermoedelijke erfgenamen van den laatsten bezitter der heerlijkheid. Het behoorde laatst aan den heer de Tollenaere-van de Putte, te Gent, die het ten jare 1842 ten gronde deed afbreken.

Het rechterlijk en burgerlijk bestuur van Overmere en Uitbergen, afhangende van den leenhove van Dendermonde, was samengesteld uit eenen baljuw en meier, zeven schepenen, waaronder een die het ambt van burgemeester uitoefende, eenen griffier, twee schutters en eenen ontvanger. Al deze ambtenaren werden rechtstreeks door den heer aangesteld en wederroepen.

De zittingen der vierschaar grepen afwisselend plaats, nu te Uitbergen, nabij het kerkhof, dan te Overmere, omtrent 's heeren hof. Er bestond eene galg te Overmere, vooraan in het dreefje, tegenover de hedendaagsche « Galgenhuizen. »

De heerlijke rechten begrepen de hooge, middelbare en lage justitie, waaronder « brant, put ende galghe; » het recht van den tienden penning, beste hoofd, bastaards- en stragiersgoed; vrije jacht en visscherij; de veerrechten op de Schelde te Uitbergen; de vrije maalderij, waartoe twee banmolens bestonden, de eene te Uitbergen, de andere te Overmere; het recht van boomen te planten op de straten, wegen en pleinen der beide heerlijkheden, met tal van andere heerlijke rechten en baten, in de denombrementen opgesomd (1).

---

(1) « Alvoren competeert ten dezen sterfhuyse de heerlyckhede van Uutbergen ende Overmeire met alle haeren toebehoorten, liggende binnen den lande van Dendermonde, haer bestreckende in twee dorpen, waermede is competerende hooghe, middel ende leege justicie, brandput ende galghe, 't lyf te laten lossen by voor ofte naer vonnesse van de mannen, hebbende ende houdende de twee voors. dorpen soo verre als sy strecken te alsoo groote heerl⁰ als myn heere van Dendermonde heeft op ende in syn lant van Dendermonde, alsoot wel gecostumeert es en es geweest van auden tyden. Ende behoort tot dezen voors. leene eenen baillu ende meyer, twee schutters ende seven schepenen, die den heere stellen ende verlaeten magh t'allen tyden alst hem ofte synen gecommiteerden belieft. Voorts soo behooren tot den voorseyden leene diversche mannen, die leenen haudende syn ende manschepe, tot een en tsestich, soo in de voorseyde twee dorpen ende heerl. als in andere diversche prochien daerontrent, te weten Hamme, Grimberghen, Zeele, Wettere, Schellebelle, Gentbrugghe ende andere, naer den inhouden van de leenboecken, die elck staen ten sterfcoope ende wandelcoope t' eenen vollen reliefve van X ponden par. ende XX schelen par. van camerlinck gelt, ende som de beste vrome van dryen. Voorts behoort ten dezen leene ende heerl. sekere pennynckrente, mitsgaders hoenderen, cappoenen ende evene, respectivelyck streckende op den voorn. heerschepe ende diversche prochien voornoemt, naer den inhaut van de geuseerde renteboucken, die veel diversche laeten gelden uut haren gronden van erfven, die sy van de voorn. heerl. houdende zyn, daerop sy schuldigh syn den thienden penninck als sylieden den gront vercoopen ofte belasten met renten, ende van sterfcoopen

Uitwijzens deze laatste had de heer der beide dorpen zulk uitgebreid vermogen als de heer van Dendermonde, namelijk wat de hooge justitie betrof. De toepassing van dit voorrecht schijnt in eenen verkeerden zin te zijn opgevat geweest en gaf meermaals aanleiding tot processen tusschen den leenhove van Dendermonde en de schepenen van Uitbergen en Overmere. Het *Zwarte Boek* van Dendermonde behelst twee vonnissen dienaangaande, welke wij der mededeeling niet onwaardig achten. Het eerste geldt een geschil, in 1441 opgerezen tusschen de leenmannen van gezegde stad en degene van Uitbergen en Overmere, omdat deze laatste, uit krachte van hun voorgewend recht, twee

---

als sy sterfven acht schelen par. van elcken bundere, ofte naer de groote van de erfve; bebbende voorts kennesse als men eenen gront van erfven indevyst ende betert om afwinninghe te doen voor 's heeren rente ofte andere renten als andersins, soo competeert thien schelen parisis. Item van rookhuysen, als men die vercoopt ofte afdoet, soo behoort de voors. heerlyckbede den X pennynck, mitsgaders vrye visscherye, jaegerye, vogelrye, swanenrecht, partrisserye, warande ende schoof, dat es den vierden opper van sommige meerschen ende plecken, geheeten Varen broucke, liggende inde voors. heerl., 't gene sy geven ende thuys brengen moeten als sy theure wegh doen mogen, waervan den selven schoof vercheynsd es, den laeten van diere den meesten deel in gelden. Item behoort noch ten dezen leene eenen geheelen wintmeulen, staende te Overmeire, wesende eene vrye maelderye, ende bydien syn alle de inhabitanten van de voors. heerl. schuldigh ende gehouden op den voors. meulen te maelen ende nergens anders, op peyne van telcker reyse te verbueren tsestigh stuyvers; tot verhael ende recouvre van dien vermoghen d'officieren te vangen ende arresteren alle degene, die men bevinden sal elders te gaen maelen dan op den meulen, mitsg. oock de peerden, waegens ende sacken, gelyck van ouden tyden gecostumeert es. Item behoort noch den selven leene toe 't geheele veer van Uutbergen. Item oock de boete van tsestig ponden par. ende daeronder, in beede de voorn. prochien; voorts 'tgoet van bastaerden, van stragiers goet, vooghtlieden, dienstlieden, opsetene ende afsetene laeten ende alle confiscatie, verbeurte van lyf, ende de beste haeve van de laeten, die onder my behooren ende sterfven, ende anderzins alzoo 't gecostumeert es ende heeft geweest van ouden tyden. Staende 't voorn. leen ende heerl. ter trouwen ende waerhede ten sterfcoope ofte ten wandelcoope t'eenderen vollen reliefve van XL. parisis ende XX schelen parisis van camerlinckgelt, als breeder uytwysens de letteren van recepisse danof synde, by wylen den heere overgegeven aen bailliu ende mannen van den princelycken buyse ende Leenhove van Dendermonde, den 29 Mey 1645. »

poorters van Dendermonde uit de heerlijkheid gebannen hadden, dén eersten, met name Thomas de Grauwe, als beschuldigd van « verkrachting en onrustene te maken in zijne gebuerte », den tweeden, genaamd Gillis Pauwels, « van dat hij beter ware buten de prochien dan der binnen, » welke ban, zoo het vonnis luidt, « grootelicx ghedaen was in achterdeele van de vrijhede vander voors. stede, ende ooc jeghen 't inhouden van haerl. privilegien, libertheden, possessien ende saisinementen, danof zy van ouden tyden gheuseert ende ghepossedeert hadden. » De zaak werd voor den Raad van Vlaanderen gebracht, die, op grond der costumen, den uitgesproken ban introk en de schepenen van Uitbergen en Overmere tot de herstelling en de kosten veroordeelde(1).

---

(1) « De Raedslieden mijns heeren shertoghe van Boergoengnen en van Brabant ende van Limborch, grave van Vlaenderen, van Artois, van Bourgoengnen, van Henegouwe, van Hollant, van Zeelant ende van Namen, gheordineirt in Vlaenderen, allen den genen die dese onse lettren zullen zien oft hooren lezen, salut. Doen te wetene dat ute dien dat om af te legghene zeker gheschil gheweist tusschen scepenen ende raed vander stede van Denremonde, Thomas de Grauwe ende Gillis Pauwels, poorters van der voors. stede, metgaders den procureur generael van Vlaenderen met hemlieden ghevoucht, evenverre dat elken angaen mach, heesschers of een zijde. Ende Evraert van Bottelaer, bailliu, Willem de Waghemakere, Jan van Wehaghe, Jan de Beere, Gillis vander Zijpe, Heinderic Boorse ende Jan Aleytre, mannen van leene van den heerscepe van Uutberghene ende Overmeere, verweerers of ander zijde, Clais Keye, procureur van den voors. heesschers ende de voors. bailliu ende mannen van Uutberghene ende Overmeere verweerers, comparerende voor ons in de Camere van den Rade te Ghend, ons ghetoocht hebben verleken wesende indien dat ons gheliefde inder vorme en maniere begrepen in zekere cedulle, versouken derin gecondempneirt te moghen zine, van welker cedulle tinhouden hiernaer volcht : Ute dien dat onlancx zeker ghedinghe ende questie gheresen es voor hoghe en moghende heeren mine heeren van den Edelen Rade mijns geduchts heere shertoghen van Bourgoignen, grave van Vlaenderen in zijne Camere van den Rade te Ghend, tusschen schepenen ende raed van der stede van Denremonde, Thomas de Grauwe ende Gillis Pauwels, poorters van der vors. stede, met gaders den procur. generael. van Vlaendren met hemlieden evenverre dat elcke angaen mochte, heesschers of een zijde. Ende Evraert van Bottelaer, bailliu, Willem de Waghemakere, Jan van Wehaghe, Jan de Beere, Gillis vander Zijpe, Heinderic Boorse ende Jan Aleytre, mannen van leene van den

Het ander geschil had plaats in 1615. Zekere Joanna Severen, « beticht van het abominabel crim van tooverije, » was door de

---

heerscepe van Uytberghene ende Overmeere, verweerers of andre zijde, sprutende uut causen van dat de vors. mannen ter maninghe van den vors. bailliu en lettren van verbode, heml. ghezonden biden vors. wetten van Denremonde, alzo sij van ouden tijden ghecostumeert hebben van doene, ghebannen hadden de vors. poorters van Denremonde, elc een jaer, up een let buten vors. heerscepe, hemlieden ghevende tittle, te wetene den vors. Thomaes van vrauwencrachte ende onrustene te makene in zine ghebeurte, ende de vors. Gillis van dat hij betre ware buten der prochien dan der binnen, den welken ban grootelicx ghedaen was in achterdeele van de vrijhede van der vors. stede van Denremonde, ende ooc jeghen tinhouden van huerl. previlege, libertheden, possessien ende saisinementen, danof zij van ouden tijden gheuseert ende ghepossesseert hadden, int welke proces zo verre gheprocedeirt gheweist heift voor u mijne heeren, als dat de voors. van Denremonde hunnen heesch ghemaect hebben jeghen de vors. verweerers, concluderende ten fine zij wederroupen ende te nieuten doen zouden den vors. van als qualicke ende onduechdelicke ghedaen, of dat die ban bi u mijne heeren als souveraine jugen wederroupen worde. Ende dat zij hem voortaen wachten zouden van ghelike te doene up de poorters van der stede van Denremonde, met gaders ooc dat zij ghecondempneirt worden in de costen van den vors. ghedinghe, Ende naer dien dat de vors. Procureur generael ooc jeghens hemlieden conclusien ghenomen hadde, de vors. verweerers versochten dach omme daerup te verantwordene, die hemlieden gheconsenteirt was teenen zekere daghe daernaer, die zydert te meer stonden ten neerensten versouke van den vors. verweerers ghecontinueirt en uutghestelt ghezijn heif tot svrindaegs vive en twintichsten dach van Ouste naestcomende. Ende hetzij alzo, dat hanghende den vors. dach bi tusschensprekene van eenegen goede notable liede, de vors. partien zijn van accorde, up dat den hove belieft inder manieren hiernaer volghende, dats te wetene, dat de vors. verweerers comparerende voor u mine heeren, kennen zullen den vors. ban, bi hemlieden ghedaen wesende als bij niet juge, up de vors. poorters van Denremonde, ende bi dien ghehouden als niet gheschiet, ende dat zij hem wachten zullen van nu voortan tsghelijcx te doene up poorters van Denremonde, boven den lettren van verbode heml. ghezonden bi scepen en raed van der zelver stede van Denremonde, alzo zij ghecostumeert hebben van doeue, ende mids dien werden de vors. twee poorters van Denremonde, bi hemlieden ghebannen alzo vors. es, alzo vrij als zij waren voor den vors. ban. So eist dat wij, ghezien de vors. cedulle en tconsent en begheerte van den vors. partien, achter dien dat de vors. bailliu ende mannen van leene van Uutberghene ende Overmeere hemlieden in ons ghesubmitteirt hebben, als van der broke, die zij hierin verbuert moghen hebben jeghen onsen vors. heere, belovende daeraf te houdene onze ordonnancie, dat wij ghehouden hebben in ons avis, hebben beede de vors. partien, en elcke bizonder, ghecondempneirt en condempneren bi dezen, onzen lettren

schepenen van Uitbergen en Overmere aangehouden geworden,
om, achtervolgens het hoog lijfstraffelijk recht, welk den heer
aldaar toekwam, in hunne vierschaar, zonder andere tusschenkomst, te worden veroordeeld. Hieromtrent te kort gedaan zijnde,
zonden de schepenen van Dendermonde, tot tweemaal toe, hunne
brieven van hofsluiting (1) aan die van Uitbergen en Overmere, met
uitnoodiging hun de gevangene over te leveren, om door hen te
worden gevonnist. Niet willende toegeven, namen laatstgenoemden hunne toevlucht tot den Raad van Vlaanderen, die bij vonnis van 10 October 1613 de eischers in hun voorgewend recht
van voorkennis onontfankelijk verklaarde en de brieven van
hofsluiting bekrachtigde (2).

---

te houdene ende vulcomene tinhouden van der vors. cedulle hierboven
gheincorporeirt, twelcke zij an beide zijden also voor ons verkent ende
ghepasseirt hebben. In kennessen van dezen zo hebben wij den zeghel van
der vors. Camer hieran doen hanghen. Ghegheven te Ghend voorscreven
den XXV^{sten} dach van ouste int jaer ons heeren duust vier hondert een en
viertich. Ende onder up den ploy stont gescreven : Bi minen heere van den
Rade wesende te Ghend, gheteekend Wielant.

« *Visa. Collacie van desen es ghedaen jeghens de originale lettren van*
sentencien, ende bevinden accorderende, bij mij Van der Steghen. »

(*Zwarte boek* van Dendermonde, bl. 33.)

(1) *Brieven van hofsluiting* waren zulke, waarbij de hoogere rechtbanken
aan de mindere verbod en *interdictie* zonden, kennis te nemen van zaken, die
hun alleen aanbelangden.

(2) « De President ende Raedslieden van de Eertshertoghen van Oos-
tenrycke, hertoghen van Bourgoignien, van Lotryck, van Brabant, enz. doen
te weten allen lieden dat ghesien tproces ende gheschil, hier thove gheresen
tusschen Baill. ende mannen van leene van der heerl. van Uutberghe ende
Overmeere, den heere van de selve prochien tot conservacie van sine jurisdictie, met heml. ghevoecht h^{rs} by requeste ter eender syde, ende burchmre en
schepenen der stede van Dendermonde v^{rs} ter andere, uyt causen dat dh^{rs} by
huerlieder supplicacie op den XXIII Augusty 1613 hadden doen vertooghen dat
sy hadden recht volghende den denombrementen van de selve heerlyckhede
van texerceren hooghe justicie, middele ende nedere, alsoo vry als den heere
van Dendermonde selve vermochte binnen synen voors. lande, soo sy oock
dienvolghende waeren in possessie immemoriael sonder dat de v^{rs} teenighen
tyde op heml. ghebruyckt hadden brieven van hofsluytynghe in criminele
zaecken, dezen niet jeghenstaende synde alsnu in vanghenisse van de selve
prochien Joanna Sveren, huysvr. van Jan Coen, berucht van het abominable

Twee eeuwen vroeger, in 1414, tijdens de regeering van
hertog Jan van Burgondië, zien wij de inwoners van Overmere,

---

crim van tooverye, soo hadden deselve v^{rs} de h^{rs} beschreven tot twee stonden
ten fyne dat sy heml. deselve ghevanghene souden oversenden met haere
tichten perturberende, alsoo de voors. h^{rs} in haerlieder voors. possessie ende
interromperende de ontgonste proceduren tot retardemente van justicie
jeghens d'instructie criminele belastende de punitie te doene van soodaenighe
enorme stucken ter plaetsen daer de selve gheschiet zyn, ende beduchtende
dat sy by derde briefven souden procederen tot comminatie van boeten, dh^{rs}
keerden heml. hier thove, biddende ons soude believen tordonneren aen de
voors. verw^{rs} dat zy de voors. brieven van hofsluytynghe souden laeten varen
costeloos ende schaedeloos heml. interdicerende meer gelycke hofsluytynghe
in criminele saecken jeghens de h^{rs} te ghebruycken, welcke supplicatie wy
hadden doen tooghen aen de voors. v^{rs} omme daerop tandworden ofte anderssins te procederen, de welcke daer jeghens rescriberende, seyden dat de stad
van Dendermonde was gheprivilegiert van vele diversche groote preëminentien ende vermoghen uyt crachte van de welcke heml. onder andere competeerde d'eerste ende voorkennesse over heurl. binnen ende buyten poorters,
't sy dat sy civilyck by actie personele ofte criminelyck binnen den lande
van Dendermonde aenghesproken ofte in regte betrocken wierden, van
welcke privilegien vermoghen ende preeminencien de v^{rs} gheuseert hadden
van soo langhen auden ende immemoriaelen tyde dat dies geen memorie en
es van ter contrarien ende dat indistinctelyck ende sonder eenighe exceptie
jeghens imant soo wel int regarde van de h^{rs}. selve als van de heeren van
Moorsicque ende andere jae zelf oock jeghens de fiscaelen van desen hove in
sulcker voeghen dat de voors. buyten ende binnenpoorters van Dendermonde
omme personele pretentien ofte crim voor eenighe wetten ofte vierschare
binnen den lande van Dendermonde aenghesproken ofte ghedeteneert synde,
schuldich waeren thaerl. versoecke voor de v^{rs} gherenvoyeert te worden,
zynde by faute van dien en in cas van refusie de voors. verweerders
ghecostumeert ende uyt crachte van heurl. voors. privilegien ghefondeert
aen de voors. wetten te senden heurl. briefven van hofsluytynghe met con-
damnacie van de boete daertoe staende soo diverschelyck ende van auden
tyden oock in judicio condictorio gewesen ende verstaen was gheweest
volghende de sententien daeraf synde sulcks dat grootelyex te verwonderen
was dat dh^{rs} semblant maecten van soo notoiren privilegien ende v^{rs} aude
immemoriaele maniere van procederen in soodanighe materie te ignoreren,
want dat sy poseerden by heurl. requeste dat de v^{rs} noyt en souden ghebruyckt hebben op heurl. te senden eenighe briefven van hofsluytynghe in
criminele saecken was in desen insufficant ende niet min onwaerachtig,
want al waert soo dat sy sulex noyt de facto gepracticq^t en hadden, dat jae
soo en soude nochtans 's h^{rs} intentie daeromme niet ghefondeert syn mits dat
ghenouch was dat sy sulex vermochten te doene als 't subject hem presen-
teerde ende dat uyt crachte van heurl. voors. privilegien, 't welcke was

Uitbergen, Wetteren, Schellebelle, Laarne en Kalken, hunne
weigering geven aan het gebod van de grachten te kuischen

---

generaelyck sonder restrictie ofte exceptie van ymanden nemaer omme ten
desen geene voordere reden t'allegieren ende te betoonen dat dh^rs heurl.
verabuseren, de v^rs employeeren diverse extraicten, ende namentlyck
eene mentionnerende van Bailliu ende mannen van leene van Uytberghen
ende Overmeire, sh^rs voorsaeten, van den jaere XIIII^c XLI, waerby bleeck
dat sy gecondemneert waeren gheweest te reverenderen ende te obedieren de
briefven van hofsluytynghe van de v^rs, metgaders dat sy waeren verclaerst
gheweest jugen incompetent over heurl. poorters, namel. oock in criminele
saecken voor die van Uytberghen ghetrocken ende te rechte ghestelt,
welcke ontwyfelyck peremptoir was jeghens 's h^rs onghefond. voorstel ende
suffisant omme de v^rs in heurl. privilegien ende aude possessie te doen
mainteneren, sonder dat oock yet te letten dede op het denombrement van de
voors. heerl. van Uytberghen ende Overmeire, by d' h^rs gheexhibeert, daerby
soude blycken dat heml. competeerde hooghe, middele ende neder justicie
alsoo vry als den heer van Dendermonde, want het vermoghen van den heer
van Uytberghen ende Overmeire hier niet ghecontroverseert en wirdt, ende
waeren de v^rs daerinne wel gerust, wel verstaende voor soo vele als 't raeckt
d'insetenen van deselve heerl., niet wesende poorters van Dendermonde,
nemaer willende tselve verstaen ende extenderen indifferentelyck ende sonder
distinctie, oock int regardt van de poorters van Dendermonde naemel. als by
die briefven van hofsluytynghe versochten voor de v^rs haerl. jugen competent
gherenvoyeert te syne was abus ende wirdt tselve expressel. ontkendt aengaende d'instruxcie criminele by de h^rs gheurgeert, de v^rs en gheloofden niet
dat daerby aengaende tcas subjeckt ghedisponeert wirdt, uytterl. oock niet
van gheprivilegierde persoonen, danof hier questie roerde, de welcke oock
in allen gevalle tot meerder exempel costen ghepuniert worden binnen eene
goede gheexempleerde stede dan ten platten lande, daerby oock d'intentie
van de voors. instructie soude voldaen worden sulex dat de dispositie van
diere hier oock quam te cesseren, mits welcke de v^rs concluderen tenderen
ten fyne dat d' h^rs souden verclaerst worden in de fynen ende conclusien,
thaerl. laste ghenomen, te syne niet ontfanghelyck nocht ghefondeert ende
heurl. danof absolveren souden d'h^rs ghecondemneert worden in de costen
vanden differente ter taux^e, by welcke ende veel meer andere reden elck van
partyen persisterende in hunne respectieve fynen ende conclusien, ghesien
oock de lettren tittlen ende minumenten by heurl. hem overgeleyt ende voorts
al dat in desen meer diende ghesien ende ghevisiteert te syne, wy, met rype
deliberatie van den Raede, recht doende tusschen de voors. partyen, hebben
dh^rs verclaerst ende verclaersen heml. by desen in heurl. fynen en de conclusien te syne niet ontfanckelyck nochte ghefondeert, consenterende de v^rs
voortganck met heml. briefven van hofsluytynghe ende condemnerende den
voors. h^rs in de costen van desen differente tonser tauxatie. In kennissen
der waerhede soo hebben wy den seghel van de Caemere van den Raede in

rond de vestingen van Dendermonde. De schepenen dezer stad zonden hieromtrent hun beklag aan den hertog over, die een octrooi uitvaardigde, waarbij de wederstrevige dorpen tot de uitvoering der bevelen gedwongen werden (1).

Geene enkele bijzondere heerlijkheid, buiten degene van de dorpsheerlijkheid afhangende, was te Overmere ingesloten.

Onder de van Mailliard du Bois gehoudene leenen was er een dat, volgens het in ons bezit zijnde leenboek van 1536, den titel van heerlijkheid voerde, ingeschreven op naam van Lowijs Gheljoot, met vijf en twintig er van afhangende achterleenen, waaronder een « daer de sale op staet opt pachtgoet tOvermere, » eigendom van Philip Utenhove; een ander, met name het *leen ter Straten*, ter grootte van 9 gemeten, benevens eene rentrolle « die men heet de *rolle van den Lijpersaye*. » Dit hoofdleen bracht destijds gemiddeld 4 pond groote 's jaars op.

Andere voorname leenen waren : de *Stede ten Brande*, ter grootte van 5 bunder; de *Stede ten Abeele*, insgelijks 5 bunder groot, rondom in hare wallen, alsmede het hoogergemelde *leen ter Straten*, eene heerlijkheid, waartoe de meierij en de schutterij van Uitbergen en Overmere behoorde, met de helft van den molen te Overmere, een en twintig « manscepen, » eene zekere hoeveelheid penningrenten enz.

Het wapen der dorpsheerlijkheid, van hetwelk de gemeente bij koninklijk besluit van 30 November 1838 opnieuw in bezit werd gesteld, bestond in een azuren veld met gulden leeuw, tanden en tong van roode kleur en met eene over het geheele wapen

---

Vlaenderen hieraen doen uythanghen. Gegeven te Gendt den XVIen October XVIe derthiene.

« Onderteeckent by myne heeren van den Raede geordonneert in Vlaenderen. Ondert. Masseau. »   (*Zwarte boek van Dendermonde*, bl. CXXX.)

(1) JAN BROECKAERT, *Historische schets der gemeenten Overmeire en Uitbergen*, bl. 46.

gaande dwarsstreep van dezelfde kleur, en versierd met drie zilveren pootvormige kruisen, kruiselings over malkander geplaatst, 't geen in de blazoentaal luidt : *d'azur à un lion d'or, armé et lampassé de gueules, à la bande de même, brochant sur le tout et chargée de trois croix pattées d'argent posées en sautoir*. Dit wapen staat in verband met dat der familie van Massemen, aan welke, zoo wij gezien hebben, de heerlijkheid heeft toebehoord.

De archieven der voormalige vierschaar van Overmere en Uitbergen, tot niet hooger dan de XVII° eeuw opklimmende, berusten sedert eenige jaren in het staatsdepot te Gent. Daaronder bevindt zich eene kaart van 1726, voor opschrift dragende : *Figarative kaert der prochie van Overmeire, lande van Dendermonde, gemaekt ten verzoeke van Philippus-Erardus van der Noot, bisschop van Gent, door Philippus-Jacobus Benthuys, vrijen ende gezworen landmeter, geadmitteerd door den Raed van Vlaenderen.*

Te Overmere, in het gemeentehuis, berust eene andere kaart van dit dorp en het er aanpalende Uitbergen, dagteekenende van 1656. Zij werd geteekend door den gezworen landmeter Adriaan Broeckaert, en is versierd met de wapens der beide heerlijkheden en van den heer van Coudenhove. De kerk en het oud kasteel zijn er mede, tamelijk nauwkeurig, op afgeschetst. De aldaar bewaarde oude parochieregisters klimmen op, voor de geboorten tot 1605, voor de overlijdens en de huwelijken tot 1603.

Het gemeentehuis bestaat sedert 1882 en heeft eenen gedenksteen met het volgende opschrift :

Van Ruyteghem, C. Burgemeester.

De Lausnay, C. }
Steeman, A. } Schepenen.

Meire, P.-F. Secretaris.

Bouwens, E. Bouwkundige.

De Bruyne, P. — De Schaepmeester, A. Aannemers.

Baljuws en Meiers van Overmere en Uitbergen.

Everaard van Bottelaer 1439
. . . .
Laureis van Dooreslaer 1550
Adriaan Coppieters. 1566
Jan Michiels. 1589
Jan Jacobs 1604
Joeris Jacobs 1627
Lodewijk van Mossevelde. 1650
Willem de Graeve 1651
Jacob Jacobs 1673
Gilles Noens (*meier*) 1674
Cornelis de Beule (*meier*). 1679
Frans de Wulf 1685
Jan-Baptist de Zutter 1691
Jan-Frans Verbiest 1732
Jan-Huibrecht Everard 1734
Jan de Baere 1773
Pieter-Frans van den Bossche 1791

Burgemeesters.

Simoen Verbeken 1663
Christiaan Dirix 1673
Marten Maes. 1681
Jan Velleman 1694
Dionijs van den Bossche 1699
Pieter Baert 1715
Gillis Oosterlinck 1719, 1722
Pieter-Joost de Geest 1720
J.-F. Verbiest 1725
Jan de Graeve . . . 1717, 1725, 1732, 1740
Jan Jacobs 1729

Lodewijk van Ertbruggen. 1733
Lieven Krieck 1735
Joost de Meyer 1737
Jan de Lausnay. 1741
Jan-Huibrecht Everard 1743
Pieter de Schaepdrijver 1744, 1760
Pieter de Geest 1755
Jan Dauwe 1758
Denijs van den Bossche 1765
Philip Bracke 1768
Jan Jacquemijns 1772
Jacob Baeten 1777
Benedict Coppieters 1781, 1792
Philip Bracke 1789
Jan de Schaepdrijver 1793
L. Weber 1798
Karel de Colnet. 1800
Emmanuël de Smet 1831
Albert Bauwens. 1836
Lieven-Bernaard de Beule. 1848
Casimir van Ruyteghem 1877
Casimir de Lausnay 1885

III.

GESCHIEDENIS. — Het is bewezen dat de dorpen, waar er een kasteel stond, gedurende de middeleeuwen meer dan andere van den krijg hebben te lijden gehad. Overmere maakte hierop geene uitzondering. Zoo lezen wij in de Gentsche stadsrekening over 1381-1382, dat de destijds krijgvoerende Gentenaren hier toekwamen met eenen ganschen trein[1], welk bezoek werd

—————————

[1] « Item Jacop de Rike, Louwereins de Maeeh ende Jan Ebbel ende Ghisel-

vernieuwd door den Gentschen bevelhebber van Borsele in
1385, wanneer het slot met bolwerken werd versterkt en er een
deel zijner manschappen in bezetting bleef, terwijl de Gentenaren zich van andere kasteelen gingen meester maken om zich
over de nederlaag van Roosbeke te wreken.

De opstand der Gentenaren tegen Philip den Goede levert voor
Overmere een bijzonder historisch belang op. Men kent de oor-
zaken van dit oproer. De hertog van Burgondië zocht door alle
mogelijke middelen de macht der Vlamingen, en inzonderheid
der Gentenaren, te kortwieken. Eene buitengewone belasting op
het zout en op de granen gaf aanleiding tot eenen hevigen
wederstand, die, in de hoofdstad van het graafschap ontstaan,
met bliksemsnelheid gansch Vlaanderen rondliep. Niet alleen
Gent, maar al de burchten, die het met deze stad hielden, werden in staat van verdediging gesteld. Tot deze laatste behoorde
insgelijks het kasteel van Overmere, dat bijzonderlijk met
kloeke vestingen omringd en van andere verdedigingsmiddelen
voorzien werd.

Den 14 Mei 1452 had in zijne nabijheid, te Lokeren, een
bloedig gevecht plaats, alwaar de Burgondiërs eene volkomene
nederlaag leden. De inwoners van Overmere, Uitbergen, Zele en
omliggende dorpen hadden zich op het hooren der stormklok in
den krijg gemengd en de soldaten op de vlucht helpen drijven(1).
Inmiddels waren de Gentenaars naar Overmere gekomen, eene
nieuwe gelegenheid zoekende om zich met den vijand te meten.
Dit vernomen hebbende, zond de hertog, die zich te Dendermonde gevestigd had, hier aanstonds den graaf van St.-Pol met
een legerkorps, om er de sterkte in te nemen, in welke de Gentenaren zich verschanst hadden. Het gevolg hiervan was, dat

brecht de Grutre trocken VII daghe in spelmaend tOvermere, jeghen de
riders, van provants, die hemlieden naest ghezent was, van broode, van
biere, van kase ende looc, ende der waghenleren ende perdecosten, XII s.
I d. gr. » (Bl. 34v.)

(1) *Messager des Sciences historiques*, 1840, bl. 334.

laatstgenoemden, na eenen hardnekkigen wederstand, gedwongen werden de sterkte in handen des vijands te laten en naar Lokeren te deinzen. Verscheidene edellieden, die zich in dit gevecht onderscheiden hadden, werden door St.-Pol ter plaatse ridder geslagen. Despars noemt, onder anderen, Cornelis van Burgondië, Philip's bastaardzoon, die denzelfden dag het leven verloor, terwijl hij eenige Gentenaren achter de hielen zat. Deze, den ridder met zijn gevolg vóor eene breede gracht bemerkende, keerden zich plotseling om, en besloten zich te verdedigen, liever dan hunne vlucht voort te zetten. Op het oogenblik dat zijn paard over het water sprong, bekwam de ridder eenen steek van eene lans, die los door zijnen helm boorde en hem den schedel kloof. Dertig Gentenaars werden daarentegen gevangen genomen en naar Dendermonde geleid, alwaar zij op 's hertogen bevel onthoofd werden (22 Mei 1452) (1).

Daags daarna trok de graaf van St.-Pol naar Laarne om er de Witte Kaproenen uit het slot te jagen; doch de kansen waren hem hier zoo gelukkig niet : de Witte Kaproenen overvielen hem dapper en sloegen zijn leger op de vlucht. Eenige kronieken, nochtans, schrijven de overwinning van dezen dag aan de Burgondiërs toe, doch het *Dagboek der Gentsche Collatie*, dat als geloofwaardig mag beschouwd worden, bevestigt het tegendeel. De waarheid is, dat de Gentenaars, om zich over het verlies van den vorigen dag te wreken, eene krijgslist gebruikten, en onder den schijn van te vluchten, eenen omweg maakten in de richting van Dendermonde, tot voorbij het dorp van Overmere. Zoohaast de hertoglijke troepen deze plaats genaderd waren, werden zij onvoorziens door de Gentenaars aangevallen, en ving er een gevecht aan, in hetwelk er meer dan 400 der hunnen omkwamen. De ontmoeting geschiedde waarschijnlijk ter plaatse, welke heden nog onder den naam van de *Strijdmeerschen* en

_____

(1) Nog in den loop dezer eeuw werden te dezer plaats een groot getal wapens en hoefijzers van paarden uit den grond gedolven.

den *Strijddam* bekend is (1). Vruchteloos poogden de Burgondiërs hunne aanvallers op te volgen; om zich hierover te
wreken, staken zij de dorpen Kalken en Overmere, met huizen,
schuren en stallen in brand en verwoestten den heerlijken
oogst op het veld.

Wat er in dit dorp gedurende de noodlottige tweede helft der
XVIe eeuw voorviel, vonden wij niet aangeteekend; er valt
echter niet te twijfelen of ook hier zullen beweenlijke feiten
gepleegd zijn en namelijk de kerk geplunderd en onteerd, gelijk
toen meest overal elders geschiedde. Eene enkele gebeurtenis
bleef geboekt :

De Fransche zendeling Bonnivet, door den hertog Frans van
Alençon naar Antwerpen gestuurd, zag zich, te Overmere gekomen, onverhoeds aangevallen door eene bende ruiters, die hem,
op bevel van den beruchten Jan van Hembijze, op de hielen
zat. Hoewel begeleid door een goed gevolg, kon hij de vijandig-
gezinde troep niet uit den weg slaan en moest hij redding zoeken
in de vlucht. Goed zwemmer, waadde hij door beken en vijvers
en liep hij over beemden en kouters totdat hij 't kasteel
van Overmere bereikte, waar hij zich verschuilen kon en eene
gunstige gelegenheid afwachten om de reis voort te zetten.

Onder Lodewijk XIV leed Overmere insgelijks veel van den
moedwil der Fransche soldaten : in de maand April 1675, onder
andere, werden de boeren gedwongen, met geweren en schiet-
lood aan het leger van Villa Hermosa, te Zele, wacht te houden
en zich tegen den aanval der Franschen voor te bereiden.
Van 1689 tot 1 Februari 1694 bedroeg het aandeel van Uitbergen
en Overmere in de krijgsbelastingen, leveringen en verliezen
van allen aard, den Lande van Dendermonde opgelegd, niet
min dan 107,185 gulden 12 stuivers 9 deniers, terwijl beide
gemeenten in de jaren 1694 en 1695 om 41,640 gulden verlies,

(1) Nog in den loop dezer eeuw werden te dezer plaats een groot getal
wapens en hoefijzers van paarden uit den grond gedolven.

veroorzaakt door de legers der Verbondenen, te doogen hadden.

Deze en meer andere belastingen, waarmede men bijna eene eeuw lang onze dorpen bezwaarde, hadden Overmere uitgeput, en het was maar na veel moeite dat men er toe geraakte uit dezen toestand op te staan, dewijl in 1762 de gemeente-schuld nog ter som van 1,766 pond beliep, welke door de ingezetenen dat jaar werd aangezuiverd.

Wij moeten niet zeggen dat de Patriottenkamp, omtrent het einde der vorige eeuw, hier even geestdriftige en beradene aanhangers vond als elders in Vlaanderen. Het Vrijwilligerskorps trok den 7 Juli 1790 naar Gent om den eed te zweren aan de Staten, en was, volgens de *Gazette van Gent,* vergezeld van niet min dan twaalf kanonnen. Geen enkel dorp uit het Land van Dendermonde kon het onder dat opzicht halen bij de patriotten van Overmere. Eenige maanden vroeger, den 4 Januari, had er in de kerk eene schoone godsdienstige plechtigheid plaats gehad tot dankzegging « over de spoedige en gelukkige verlos-sing » des lands en het behoud van den voorvaderlijken gods-dienst, door de wetten van Jozef II in zijne vrijheid bedreigd. Den 18 daaropvolgende was, ter gedachtenis van de gesneuvelde patriotten, een even plechtige lijkdienst gevierd, in bijwezen van 200 gewapende vrijwilligers der gemeente Wetteren, en een groot getal notabelen, gekomen met rijtuigen, door vier en zes paarden voortgetrokken.

Ten jare 1798, in 't begin van den Boerenkrijg, vormde zich te Overmere eene aanzienlijke bende jongelingen, welke tegen de toen uitgeschrevene dwanglichting gewapenderhand opstond. Deze opstandelingen, meest van Overmere, Kalken, Berlare, Zele en omliggende dorpen, gaven zich aan buitensporigheden over. Zij begonnen met onder het geroep van : « leve de keizer ! » het dorp binnen te rukken, met geweld de kerk te openen en de alarmklok te doen luiden, om het volk onder de wapens te roepen. Niet zoodra was deze beweging ter ooren gekomen van het departementaal bestuur, of dit laatste zond naar Overmere de gendarmen van Gent, Aalst en Dendermonde, welke echter door de boeren met geweerschoten en doodsbedreigingen werden teruggedreven. Deze eerste poging om den opstand te dempen was dus mislukt, weshalve de bestuurders van het departement der Schelde besloten tegen de opstandelingen eene vliegende kolom ruiters af te zenden; doch ook deze maatregel was niet bij machte het oproer te bedaren, dat zich met de snelheid van den wind over het gansche land van Waas uitbreidde(1).

Wij zullen in onze geschiedenis van Zele verhalen op welke jammervolle wijze de toenmalige commissaris der uitvoerende macht van dit kanton, met name Eugeen Debbaudt, door de opstandelingen om het leven werd gebracht, en hebben in onze monographie van Kalken gezien hoe bont zij het aldaar maakten ten huize van den meier Debbaudt. Zeggen wij alleenlijk nog dat zij den 21 October van gezegd jaar de zaal van het gemeentehuis te Overmere (herberg *de Zwaan*) in liepen, er het nieuw vaandel aan flarden rukten en een groot getal papieren vernietigden, om daarna, gedurig in getal versterkt, langs Kalken op te rukken naar Wetteren, alwaar zij door de krijgsmacht werden uiteengedreven.

Den 15 Prairial van het VII° jaar (3 Juni 1799) werden, namens de Republiek, de meubelen van de kerk verkocht.

IV.

Kerk van Overmere. — Oudtijds waren Overmere en Uitbergen zoowel voor het wereldlijke als het geestelijke vereenigd en maakten éene parochie uit, waarvan de moeder- of kerspelkerk te Uitbergen stond, terwijl Overmere niets had dan eene kapel. Den oorsprong dezer kapel, alsook het tijdstip, op welk zij

_____

(1) Aug. Orts, *La Guerre des Paysans*, bl. 104 en vlg.

naderhand den rang van parochiekerk bekwam, hebben wij niet, kunnen ontdekken. Het is te vermoeden dat dit laatste omtrent het begin der XIII° eeuw plaats gehad heeft.

De oude kerk van Overmere, aanvankelijk onder het bisdom van Doornik, en daarna onder dat van Gent, was toegewijd aan O. L. Vrouw-Hemelvaart. Zij dagteekende van omtrent de eerste helft der XIV° eeuw, gelijk blijkt uit eene Gentsche schepenenacte diens tijds, waar men spreekt van « Jan van Musscoet, wonende te Overmere in *dén Keyser*, ieghen de nieuwe kerke. »

De oude kerk bestond uit drie gangen of beuken, welke ieder hun afzonderlijk dak hadden, met eenen te midden oprijzenden Gothischen achthoekigen toren, welker naald langs vier zijden van kleine vensterkens onder een afdak was voorzien. De middelbeuk was iets hooger dan de twee andere, welke nagenoeg te midden op eenen puntgevel uitliepen.

Er werden aan dit gebouw op verschillige tijdstippen merkelijke vergrootingen toegebracht, onder andere in het jaar 1542, zooals men zien kon aan het jaarcijfer, dat op den drummer van den muur der zuidzijde was ingekapt. Eerst in zuiver Gothischen stijl gebouwd, werden de spitsbogen later toegemetseld en in ronde of platte bogen hervormd.

Het schip der kerk was, binnen de muren, 27 meters lang, en aan de communiebank nagenoeg 16 meters 80 centimeters breed. Aan den ingang was zij ongeveer eenen meter wijder. Ten jare 1708 werd de middengang van aan den toren verhoogd, en het koor aangebouwd; het voorportaal dagteekende van 1780. Deze tempel werd in den nacht van zaterdag tot zondag, 1-2 November 1862, door eenen geweldigen brand in assche gelegd(1).

Ten jare 1615 waren er hier vier altaren, van welke in 1709 drie werden hermaakt en gewijd door den bisschop Philip van der Noot.

_____

(1) Zie de teekening dezer kerk in de *Historische,schets van Uitbergen en Overmeire*, door JAN BROECKAERT.

De tegenwoordige kerk, gebouwd naar de teekening van TH. BUREAU, te Gent, werd voltrokken in 1865. Zij is opgevat in zuiveren ogivalen stijl en mag als eene der schoonste en best gelukte van onzen tijd beschouwd worden. Gebouwd in den vorm van een Latijnsch kruis, ter lengte van 50 meters, binnen de muren, bestaat zij uit eenen middelbeuk van 9 meters breedte en 14^m50 hoogte en twee zijgangen, ieder van 6 meters breedte en 10^m20 hoogte. De gewelfribben in het koor, dat eindigt met eene abside, waarin vijf vensters uitkomen, dalen neer op bevallige kolommetjes, in drie gekoppeld, terwijl de zuilen van het schip en de gewelven van eene even zwierige samenstelling zijn.

Er zijn drie altaren in deze kerk. Het hoogaltaar vertoont de *Hemelvaart van Maria*, met eenige mysteriën van den H. Rozenkrans; onderaan de tombe, het stalleke van Bethlehem, zijnde dit laatste eene gift van den heer De Smet, dezer gemeente.

De zijaltaren zijn onvoorzien van eene schilderij. Het eene is toegewijd aan O. L. Vrouw, het andere aan den H. Blasius.

In den toren hangen twee klokken. De groote draagt voor opschrift :

GEMEENTERAED : MM. L. B. DE BEULE, BURG., J. L. DE SMET, SCH., C. J. VAN RUYTEGHEM, SCH., P. J. WIERINCK, P. DE LETTER, J. VERBEKEN, J. F. BAETEN, C. R. VAN CROMPHAUT, J. VERVLIET, J. B. COPPIETERS, A. G. MATTHYS, SECR.

KERKRAED : J. VAN DEN BERGHE, PASTOOR, L. B. DE BEULE, BURG., J. L. DE SMET, P. J. VAN HERREWEGE, Th. J. F. VERHERBRUGGHEN, SEC., J. JACOBS, C. R. VAN CROMPHAUT, PETER : M. C. R. VAN CROMPHAUT, METER : JUF. S. DE WILDE.

ME FUDIT LOVANII SEVERINUS VAN AERSCHODT, 1866.

De kleine klok geeft te lezen :

AEN GOD EN AEN DE KERK VAN OVERMEIRE GESCHONKEN DOOR Mr CELESTINUS ROMANUS VAN CROMPHAUT

EN JUF. MARIA-ROSALIA VAN HESE, ZYNE HUISVROUW.
MDCCCLXVI. PETER : M' J. L. DE SMET, METER :
JUF. P. VAN BRUYSSEL. ME FUDIT LOVANII SEVERINUS
VAN AERSCHODT.

H. JOSEPH, B. V. O.

Den 28 Juni 1747 namen baljuw en griffier van Overmere de opschriften op van de toen in den toren hangende bedewekkers, en schreven den inhoud er van ten beraadslagingsboeke over als volgt :

Groote klok :

« JAN VAN DEN GHIN HEEFT MY GEGOTEN INT JAER ONS HEEREN MDCCI. SANCTA MARIA VAN OVERMEIRE, ORA PRO NOBIS.

« Van d'een zyde staet in eenen ronden schilt Maria met haer kindeken, ende voorders in eenen ronden schilt eenen gouden leeuw ende van d'ander zyde in eenen ronden schilt Adam en Eva.

« Op het houten hooft van dezelve groote clocke staet : C. V. D. B. 1694. »

Middelbare klok :

« FERDINANDUS IS MYNEN NAEM. BEN GHEGOTEN DOOR JONSTE VAN M' DE LANNOY DU HAUTPONT, HEERE VAN UYTBERGHEN EN OVERMEIRE, BENEVENS DE INWOONERS VAN 'T SELVE OVERMEIRE.

« CLAUDIUS HUMBLOT HEEFT MY GEGOTEN INT JAER ONS HEEREN 1685.

« Van d'een syde staen de wapenen van de parochie van Overmeire, ende van d'ander syde de wapenen van den marquis de Lannoy ende syn huysvrouwe. »

Kleine klok :

« IK BEN DE MAEGHDECLOCK, GHENAEMPT MARIA-CATHARINA, DOOR JONSTE VAN HOOGHE ENDE MOGHENDE VROUWE MARIA-LEOPOLDINE DE CROY, MARQ. VAN

Lannoy du Hautpont, vrouwe van Uytbergen ende Overmeire etc., oock door de jonkheyt van Over-meire, anno 1685 ».

Bij deze aanhaling zij, boven hetgeen wij hooger van de Wierinck's zegden, gevoegd dat deze klokgietersfamilie in de verledene eeuw voordeelig bekend stond. In 1736 werden Marijn en Joost Wierinck gelast met de hergieting der groote geborstene klok, hangende in den toren der St.-Jacobskerk te Gent, zooals wij zien uit eene acte van den 15 Maart des gemelden jaars, verleden voor den notaris van Tieghem, ter genoemde stad. Thans nog hangen er van Marijn Wierinck voortbrengselen zijner kunst in de kerken van Meerdonk, Poesele, Schelde-windeke en Zaffelare, zonder degene, welker opschriften wij tot hiertoe niet te zien kregen. Hij werd opgevolgd door Jan-Baptist Wierinck, die van 1774 tot 1785 klokken leverde te Laarne, Massemen-Westrem, Baaigem, Bassevelde en Evergem, na wien de klokgieterij overging tot Constant-Jozef Wierinck, van wien er, onder andere, nog bedewekkers bestaan te Lands-kouter, Kalken, Kieldrecht, Winkel, Watervliet, Vrasene en Gontrode, de eerste dagteekenende van 1803, de laatste van 1824. Adriaan-Frans Wierinck goot eene klok te Landegem in 1806, en C.-L. Wierinck, eindelijk, die van Berlare in 1826. Het moet omtrent laatstgemeld jaar geweest zijn dat deze familie, welke thans nog te Overmere bestaat, met het klokkengieten ophield.

De oude kerk van Overmere moet vroeger ongemeen rijk aan praalgraven geweest zijn; het merkwaardigste, dat er bestond, was dat van den dorpsheer Jan van Coudenhove, vervaardigd in den stijl der kunstherleving en tot de XVIe eeuw opklimmende. Het bevond zich, zegt Lindanus, vóór 't hoogaltaar, en droeg, tusschen de wapens der familiën Coudenhove, Nieuwenbrugge, de Wintere, Knibbe, Adornes, van der Banck, Utenhove en de Baenst, het volgende opschrift:

Sepulture vanden edelen ende weerden jonck-heere Jan van Coudenhove, schiltcnape ende heere

VAN GENTBRUGGHE, DIE OVERLEET DEN XXVIII OCTO-
BRIS ANNO XV° LIII. ENDE VAN JONCVROUWE MARIE
VAN AMERONGEN, SIJNE EERSTE GHESELLENEDE WAS,
DE WELCKE OVERLEET DEN XII DACH VAN DECEMBRE
XV° XLVI(1).

Dit schoon gedenkstuk werd weggenomen en vernietigd
in 1821, om plaats te maken voor eenen nieuwen vloer.

Onder de verdere zerksteenen bemerkte men dengene van
jonkheer Emmanuël Jan de Waepenaert, met het volgende
opschrift :

CI GIT MESSIRE EMMANUEL JEAN DE WAEPENAERT DE
BERNAGE, CHEVALIER ET AVOCAT DU GRAND CONSEIL DE
SA MAJESTÉ, AGÉ DE 70 ANS, DÉCÉDÉ LE 50 OCTOBRE
1781. ET DAME CONSTANCE PHILIPPINE DE WAEPENAERT,
SON ÉPOUSE, AGÉE DE 50 ANS, DÉCÉDÉE LE 14 SEPTEMBRE
1716, ET ENTERRÉE A ERPE.

In den vloer der kerk las men het volgende gedenkschrift :

HIC MERITE POSUIT J. DERAET HUJUS PARO-
CHIAE RECTOR.

De kerk van Overmere bezat, onder andere, een op hout
geschilderd tafereel, de *Aanbidding der Wijzen* voorstellende,
dat door de kenners als een merkwaardig kunststuk der oude
Vlaamsche school beschouwd werd. Ongelukkiglijk is deze
schilderij in den brand der kerk omgekomen.

Op een glasraam der kerk bemerkte men vroeger ook eene
schildering, met de wapens der familiën du Bois, Masmines,
van der Moere, Siclers, Cornhuse, Hazebroeck, Castro en Steen-
strate.

De oorzaak van de plaatsing dezer venster staat ongetwijfeld

---

(1) LINDANUS geeft het grafschrift in het Fransch. Twee, door verschillige
handen geschreven bundels van grafschriften geven eenen Vlaamschen tekst,
aan welken wij de voorkeur geven. Hetzelfde grafschrift komt bij GÉRARD
('s-Hage) voor in het Latijn.

in verband met een vonnis, overgeschreven in het register der acten en sententiën der stad Gent, onder dagteekening van 23 October 1551, hieronder medegedeeld(1).

---

(1) « Tusschen Maillaert du Bois, heere van Uutberghe en Overmeere, metgaders den procureur generael met hem ghevoucht, elc alzo verre dat hem angaen mach, H^s, ende Jan Christiaens, filius Jans, Jan Calle, filius Jacops, Joos van Wedaghe, Berthelmeus Yde, Pieter Calle, Gillis van Mossevelde, filius Jans, Jacop van Mossevelde, Lugier Yde, Jan van Mossevelde, filius Gillis, Heindrik Haeckman, Marten Timmerman, Lintkin Dauwe, filia Daneels, Michiel Dries, Joosijne Scoemakers, Lugier de Gheest, Jacop Vermeire, Jan de Cnapere, Christiaen van Weedaeghe, Joos Oosterlinck, filius Jans, Jan Oosterlinck en Liefkin Oosterlinck, V^rs, hemlieden in persoone gepresenteert hadden en handt an heml. gheslegen was, ende de ghone verclaerst in de relatie ghecondempneert in de costen van den twee deffaulten, conclusie met goeder causen, etc. zullen dezelve vw^rs ende elc zonderlinghe ghecondempneert zijn over heurl. misdaet (1) te compareren hier in 't hof up eenen ordinairen dinghedag en aldaer blootshoofs en in heurlieder lijnwaet, elc met eene onghebrande wassen tortse van vier ponden in de handt, knielende op eene knye, Gode van Hemelrijcke en justicie verghiffenesse te biddene, latende dezelve toortse ten dienste van der capelle van den zelven hove; ende voorts up een zondagh te gane in de processie van Uutberghe in heurl. lijnwaet, elc met eene onghebrande wassen keerse van een pondt in heurl. handt, ende ten incomen van de kercke te vallen up heurl. knye, en aldaer anderwaerf verghiffenesse te biddene, en van daer te gane metten zelven keersen voor thelich sacrament, blivende daermede knielende totten ende van der hoochmesse en alsdan te latene de voors. keersse ten lichte van den Helighen Sacramente aldaer; bovendien te stoppene en bevrijdene met barmen, grachten t' hunnen coste, alle plaetsen bij heml. ghedemoliert ende gheruyneert, ende te reparerene alle tghuent dat refectivelic ende reparerelic es, theurl. eygen en properen coste, in zulcken state ende wesene als tzelve al was ten daghe van heurl. demolitie. Ende dat niet repareerlic of restitueerlic en es, te betaelne daerof de dobbele waerde, ter estimatie van lieden van eere, heml. daerinne verstaende, en voorts te stellene in de prochiekerken van Uutberghe en Overmeire eene glazen veinstere van der weerde van twaelf ponden grooten, verciert met zulcke beelden en figuren als den H^r believen zal te ordonneren, daeronder met groote en leselicke letteren ghementionneert zal staen bij wien ende de cause waerover dezelve veinstere aldaer ghemaeckt en ghestelt es. Ende in de zelve kercke oock te doen scilderen in bequame plaetsen tOordeel, met ghecostumeerde figuren en beelden, ter waerde van XIII l. gr., bovendien ten prouffijcte van den ghemeenen aermen

---

(1) De aard der misdaad wordt niet omstandig vermeld, doch eene verder voorkomende zinspede doet ons zien dat het eene braak gold.

In 1615 was de kerk van Overmere reeds door eenen pastoor en eenen onderpastoor bediend. Haar patroon was de abt van St.-Baafs, nadien de bisschop van Gent, die met den pastoor de tienden inzamelde(1). Het recht van aanstelling des onderpastoors(2) en van den koster behoorde aan den wereldlijken

---

der voors. prochie te gheven de somme van twee honderd ghelijcke Carolus guldens, omme t' zijnder discretie ghedistribueert te werdene en de voors. civile pecuniere beteringhe te furnierene en vulcomene een voor andere ende elc voor al; ende heurl. voorts te verdraeghen meer van ghelijcke demolitie, ruyne, devastatie ofte overweldichede te doene, latende den Hr en de ghene jeghens hem eenighe uutneminghe van der heye, rejecten of ijdele plaetsen ghelegen binnen zyne heerlichede ghenomen hebben of nemen zullen, paysivelic danof ghebruucken, ofte up al uuterlicke preuve, costen, scaden en intresten; en dat gedaen, de procureur generael tendeert ten fijne dat elc van den Vrwⁱ ghecondempneert zijn zullen, manspersoonen wezende ende heurl. ghetijdigher oude hebbende, verclaerst zijn in de peyne ende verbeurte van lijve en goede ende de vrouwen ende knechtkens in zulcke peyne van banne en gheesselinghe, als den Hove dincken zal naer de demeriten verdient hebbende. Ende ten verzoucke vanden procureur generael, waren de mans in de vanghenisse gedaen gaen, ende de vrouwen en knechtkens ..... onder belofte inne te comene naer stijle. Date ut supra. »

(1) Ten jare 1718 was Jonkheer Jan Waepenaert, heer van Erpe, pachter der bisschopstiende, « denwelken — zoo luidt het *Resolutieboek* — zynen « pacht ter acceptatie van weth en prochie heeft over gelaten op de naervol-« gende conditien, te weten dat zy jaerlyks boven alle phⁱᵉ oncosten voor « pachtsomme zullen betalen de somme van 250 ponden groote, boven « 100 guldens voor wynghelt ende 25 patacons voor voorwaerdeghelt, ende « 100 ponden groote wisselghelt voor de kercke, mitsgaders 3 ponden 's jaers « voor den *schoolmeester*, ende thien patacons in specie aen den selven « Waepenaert, uit consideratie van dese overlating. »

(2) « Alsoo d'heer Guillelmus van der Straeten, presbiter, sigh aen my als heere der prochien ende heerelykheden van Uytbergen ende Overmeere ghepresenteert heeft om aenveert te worden in de bedieninghe ende fonctie van onderpastoor der voors. prochie van Overmeere, ende dat rapport gehadt hebbe dat den voors. heere van der Straeten ter bedieninge ende fonctie voors. seer bequaem, habil ende capabel is, soo ist dat ick hem daertoe mits desen aenveerde ende accepte, met consent dat by is doende binnen myne voors. prochie van Overmeere de fonctie van onderpastoir, mids ende op conditie by sigh in alles is acquitterende naer behooren. In teecken der waerheyt van allen hetgene voors. hebbe dese gegeven ende geteeckent ende myn cachet daerop gedruckt binnen de stadt Antwerpen den 14 augusti des jaers 1700 ende twee en twintigh. My t'oirconde. Roosendael d'Uytbergen et Overmeere. » (*Oorspronkelijk stuk, in ons bezit.*)

heer, terwijl de orgelist werd benoemd door de gemeente, die hem een jaarlijksch pensioen van 16 pond groote betaalde.

Vroegertijds, nog in de XVI[e] eeuw, werden de offeranden in de kerk van Overmere door den prelaat der St.-Baafsabdij, wien zij volgens recht toekwamen, in pacht gegeven, gelijk blijkt uit eene chirograaph van 1557. Toen liep de pacht voor zes jaren en mits eene jaarlijksche opbrengst van drie koppel patrijzen, twee koppel kapoenen en twee Philips-gulden(1).

Het feest van den H. Blasius, wiens reliquieën in 1706 door de Predikheeren van Gent aan de kerk werden gegeven, wordt te Overmere met plechtigheid gevierd, en alle jaren op den feestdag van den heilige had er eene processie plaats, welke door eene aanzienlijke menigte bedevaarders werd bijgewoond. Deze samenvloeiing van geloovigen naar Overmere op een bepaald tijdstip van het jaar nam zoo buitengewoon toe, dat zij aanleiding gaf tot oprichting eener jaarmarkt, welke thans nog, zooals wij hooger zegden, op den eerstvolgenden weekdag na 't feest van den H. Blasius te Overmere gehouden wordt.

Ter eere van O. L. Vrouw werd vroeger op haar altaar vlas geofferd, en hier, zooals elders, had er vanouds op haren feestdag een plechtige ommegang plaats, welke door muzikanten en allerlei geestelijke voorstellingen werd opgeluisterd.

Teekenen wij ten slotte aan, dat op de lijst der kanunniken van St.-Baafs, te Gent, een Jacob van Waes voorkomt, die zoon was van Adriaan en Joanna Jacob, en te Overmere den 26 November 1720 geboren werd. Hij was tevens licenciaat in de godgeleerdheid en overleed te Gent den 21 Juli 1758. Deze van Waes stamde af van eene edele familie, die *d'azur à une flamme d'or* in haar wapen voerde.

---

(1) Oorspronkelijk stuk in ons bezit.

Pastoors van Overmere.

Pieter de Winter	1439
. . . .	. .
Simon Goethals	1568
Lodewijk van den Wyngaerde	1575
Lieven van der Zype	1610
Hugo Duerinck	1615
Jan Croes	1649
Willem Martens, S. T. B.	1663
Joost Wynants	1668
Mathias de Pape	1670
Karel Ghys	1677
Philip Angelis , ...	1680
Jan de Clercq	1698
Bernaard van der Gucht	1704
Ursmar Droesbeke	1711
J. Van Quaelle	1743
J.-G. de Gruytere	1769
J.-B. van de Woestyne	1793
Jacob de Raet	1820
P.-J. Hoste	1824
P.-J. de Worm	1828
Jan van den Berghe	1833
Constantijn van Necke	1871
Lod. Callebaut	1876
Karel Reynekinck	1881

V.

Gasthuis van Overmere. — Het gasthuis van Overmere, toegewijd aan Maria en den H. Joris, martelaar, en waarvan de
naam des stichters door de geschiedenis verzwegen wordt,

bestond reeds in het midden der XIV° eeuw en was bestemd voor doorreizende personen.

Omtrent den jare 1360 bouwden Jan van Overmere en zijne vrouw Catharina eene kapel bij dit gasthuis, en stichtten er terzelfder tijd eene behoorlijke kapelaansprove, waaraan Philip, bisschop van Doornik, bij acte van den 1 Januari 1361, zijne goedkeuring hechtte (1).

Dit gesticht, hoogst nuttig in den tijd dat zoo vele lieden ter verre bedevaart trokken, hetzij om een vrome belofte, hetzij om eene veroordeeling te kwijten, werd op milde wijze begiftigd door eenen Gentschen edelman, Jan Sersanders, zoon van Gerem, bij testament van 1411. Hij gaf er, namelijk, twee bedden voor, met al hunne toebehoorten, en bestemde deze voor vrouwen of priesters, met last hun eenen schotel voor te zetten en elken avond van Allerheiligen tot Vastenavonddag brandhout te leveren, boven kaas, boter en melk. Om deze gift te bestendigen schonk Jan Sersanders, die te Overmere een eigendom bezat, verscheidene stukken lands en twee van zijne beste koeien, gelijk zijn vader en moeder hem verzocht hadden te doen. Bij deze gift aan de arme pelgrims voegde de edelman een deel in 't eigendom van een huis te Dendermonde, alsmede een stuk land bij het veer te Appels, begeerende dat met het inkomen elke week in de kapel van het gasthuis eene mis zou worden gelezen (2).

---

(1) Charter in 't archief der St.-Baafskerk te Gent.

(2) « Voort so ghevic den.... gasthuuse van Overmeere twee bedden metter stofferinghen jndeser manieren, datmen sal dese twee bedden legghen jn eene camere alleene omme te herbergene ende te visenterene mate vrauwen, ofte priestren, alsser gheene vrauwen en zijn. Ende up dat zij commen peregrijnscher wijsen, ghelijc de statute ende rechten van den vier bedde van den selven gasthuuse wel jnhauden ende verclaren, ende dat men den vors. gasten vanden tween bedden doen sal ghelijc den andren ende niet wers, maer altoes bet jnt avenant vanden personen, dats te wetene twee persone telken bedde te antierne ende te visenterne, ghelijc dadt jnt vors. ghasthuus costume ende usage es. Ende begheere voort, dat alle de ghaste, die jnt vors. ghasthuus commen zullen peregrijnscher wise, sullen hebben jn baten, boven haerlieder

De kapelnij van het gasthuis stond ter begeving van den prelaat der St.-Baafsabdij, als blijkt uit eene aanteekening op de rekening van gezegd sticht, over 1416, waar men, onder de beneficiën, door den abt Willem twee jaren later toegekend, vindt : « .... Primo cap^nia in hospitali de Overmeere, per obitum dom. Rogero Vleins, alias de Puthem, Johanni Gaffelkin. »

Den 2 Maart 1450 werd de stichting opnieuw bevestigd door Jan Utenhove, gesproten uit het geslacht van Overmere, als blijkt uit een daarvan bestaan hebbend schrift, waarvan wij hier de vertaling uit MOESTERTIUS overnemen :

« Alle ende een ygelijk die deze tegenwoordige letteren sullen sien, Jan Utenhove, Jacobs zoon, met de kennisse van de waerheit, salut. Kennelijc sij u met den inhoudt van deze, dat Jan geseyt van Overmeere, wapendrager, onsen voorsaet, gesticht heeft eene eeuwige capelrije, gelegen inde capelle vant gasthuys van Overmeire, ende begift heeft met sekere aengewesene incomsten ende stucken ackerlandt ende meersch, die in sheeren handen gevallen waren ». 1450.

In 1452 werd dit sticht met de er aanpalende kapel door de soldaten van Philip den Goede in brand gestoken (VAN DER MEERSCH zegt omtrent het einde der XVe eeuw), en slechts ongeveer eene eeuw later uit den grond heropgebouwd en met

---

pottaygen ende berringhen, die zij bij rechte sculdich zijn te hebbene alle avende, eeuwelic ende erffelic van alre beleghen daghe tote vastenavende toe, een lib. vlaems caes ofte betre ende een vierendeel lib. botren. Ende insgelijcx nat zuvel, alsmens jnt huus ghestaedt zijn sal, emmer diens best van node zijn sal, te distribuerne ter ordinancie vanden huusmeesters vors. Ende omme dit te vulcommene so ghevic den vors. gasthuse den bocht, ghelleghen bij minen meersche ant heckin, ende twee de alre beste van minen coyen, volghende den wille ende begheerte van Gheeremme minen vader ende van miere jouf. moeder. Ende een stic lants ghelleghen jn Overmeere, datmen heedt tEyghin..... Jtem noch een stic meersche, ghelheeten den Rijt.... Ende een stic lants ligghende jeghen Raloets hofstede over, achter Smeets land. Ende noch een stic meerschs ligghende up den Cley..... Voort so ghevic te eenre messen bouf de weke, eeuwelike ende ervelike staende de welke men verdienen sal alle weken jnt vors. gasthuus, te alsulken daghe als daer up dat ic verscheeden sal van dese weerelt, mijn deel van eenen huus te Denremonde, ende mine ervachtichede ligghende tAppels ten veere... »

(*Weezenboek* van Gent, 1411-1412, 13^v.)

nieuwe inkomsten begiftigd door den ridder Philip van Coudenhove, kapitein in dienst van Karel V. Deze edele weldoener,
wiens naam nog te Overmere in gezegend aandenken voortleeft, overleed den 9 September 1558 en werd in de kapel van
het gasthuis in eene sierlijke grafstede begraven.

Het bewijs, dat Philip van Coudenhove wel degelijk de weldoener van het gesticht is geweest, vonden wij in eene schepe-
nenaete der stad Gent over het jaar 1559, uit welke men ziet dat
toen de kapel van 't gasthuis op last der erfgenamen van
genoemden heer werd herbouwd (1).

De nakomelingschap heeft ongelukkiglijk het gedenkteeken
van Overmere's weldoener niet weten te eerbiedigen : het werd
over een veertigtal jaren vernietigd. Het opschrift is bewaard
gebleven :

CY GIST
MESSIRE PHILIPPE DE COUDENHOVE,
CHEVALIER, EN SON TEMPS GENTILHOMME DE LA MAISON
DE L'EMPEREUR, LEQUEL TRESPASSA L'AN XVᶜ LVIII, LE
IXᵉ JOUR DE SEPTEMBRE. PRIEZ DIEU POUR SON AME.

Ten jare 1851 werden de goederen van het gasthuis, dat na
verloop van tijd een godshuis werd voor zieken van Overmere
en Uitbergen, tusschen beide gemeenten verdeeld, en dewijl de
gebouwen van het gesticht tot eenen ellendigen staat vervallen
waren, richtte Overmere, met behulp van de milddadigheid der
ingezetenen, een nieuw godshuis op, hetwelk in 1855 voltrokken
was.

---

(1) « Ogier Clyncke, temmerman ende hautbrekere, ende Lievin de Smet,
oock temmerman ende hautbrekere.... verclaersden dat zij achtervolghende
den uutgaene vander leste kersse anghenomen hebben te leverene alle de
leveringhe ende steke van haute, die gheorbuert ende verwrocht zullen
moeten zijn up ende jnde cappelle vanden gasthuuse, staende jnde prochie
van Overmeere, jeghens Joos Donaes ende Gillis de Wint, als administrateurs
ende lasthebbende vande hoyrs ende erfgenamen vande hoyrs van wijlen mer
Philips van Caudenhove, ende datte omme de somme van XVI lib. X s. gr.
cens..... Actum den XXIIᵉⁿ Meye XVᶜ LIX. »
(*Act. en Contr.*, keure, 1559-1560, 4.)

VI.

St.-Sebastiaansgilde. — Te Overmere, gelijk in de meeste
onzer dorpen, bestaat er van over onheuglijken tijd een genootschap van handboogschutters, welks oorspronkelijke brieven,
ten gevolge van den oorlog, zijn verloren geraakt. Het werd op
verzoek van Maria-Anna de Croy, vrouwe dezes dorps, ten
jare 1700 heringericht, na vermoedelijk tijdens de langdurige
oorlogen onder Lodewijk XIV te zijn te niet gegaan[1].

(1) « Carel, bij der gratie Godts, coninck van Castillien enz.... Doen te
weten alle tegenwoordige ende toecommende dat wy ontfangen hebben
d'ootmoedige supplicatie ende requeste van Maria Anna de Croy, dit Beaurienville, vrauwe vande prochie ende heerlyckheyt van Overmeere, lande
van Dendermonde, inhoudende dat sy ter eeren van den rudder Sinte
Sebastiaen, mitsgaders tot vermeerderinghe vande onderlinghe liefde tusschen
haer gemeenten binnen tselve Overmeere geerne soude andermael oprechten
ende vernieuwen eene gilde vanden hantboghe, onder de protectie vanden
selven heylighen, dienende voor eene heerelycke ende gemanierlycke
exercitie, gelyck in alle de andere prochien vanden voors. lande van
Dendermonde ende andere omliggende plaetsen, soo in den lande van Aelst,
als lande van Waes, wordt geexerceert ende binnen dese voornoemde prochie
van Overmeere eertyts oock geexerceert is geworden, waervan het octroy,
door den loop van jaeren ende gedurighe troubelen van oorloghe in het
ongereede bedeghen is; dan alsoo de voornoemde vernieuwinghe van voorseyde gilde niet en vermach te geschieden sonder ons prealabel consent
ende opene brieven van octroy, heeft de remonstrante ons gebeden gedient
te wesen te aggreeren haer voorschreven versouck, ende ten effecte van dien
haer te verleenen onse opene brieven van octroy, mitsgaeders haer eensweghs
te vergunnen de privilegien ende constitutien, daertoe noodich, soo ende op
den voet gelyck by opene brieven van octroy is verleent geweest aen de
gildebroeders der parochien van Lebbeke ende Moerseke, hierop overgegeven, waervan de inhoudt hiernaer volght van woorde te woorde.... [1].
Soo ist dat wy, 't gene voorschreven is overgemerckt ende daerop gehadt
het advys van onse lieve ende getrauwe, die president ende luyden van onsen
provintialen Raede in Vlaenderen, genegen wesende ter bede ende begeerte
van de voornoemde Maria Anna de Croy, dit Beaurienville, vrauwe van

(1) Zie onze monographie van *Lebbeke*, bl. 53.

De *Statuten, keuren ende ordonnantiën* van dit gilde luiden als volgt :

« Alvooren soo wie den naeme Godts ofte van synen heylighen naem ydelyk blasphemeert, synen evennaesten misnoemt, injurieert ofte vloekt, sal verbeuren ten gemeenen profyte van het Gilde eene boete van eenen stuyver t'elker reyse.

« Jtem waert dat eenige Schutter ofte Gildebroeder den anderen heet ligghen ofte oploop dede in koelen moede, die sal verbeuren thien stuyvers.

« Jtem soo wat Gildebroeder ofte Schutter onredelyck leeft in den hof tusschen de doelen, als van achter te craken, syn water te maecken met den boge ofte pyl in de handt, desgelyks op de schutters camer van oneerlycke woorden van den Duyvel ofte andersins, daer Gods eere wort vermindert ende het geselschap van den edelen handboghe geschandaliseert, sal verbeuren t'elker reyse alst gebeuren sal eenen stuyver.

« Jtem soo wie den anderen merkelyken letsel doet in 't schieten, tsy met gecken ofte tusschen de doelen te loopen, sal verbeuren t'elker reyse eenen stuyver.

« Dat niemandt voorts aen, wie hy sy, en sal vermoghen te meten achter het rabbat van de pinnen, noch moghen graven in d'aerde, tsy aen den pyl ofte pinne, op de verbeurte van eenen stuyver.

« Dat niemandt den edelen handboghe ofte pyl anders en sal

Overmeere, suppliente, hebben voor ons, onse erfgenamen ende naercommelingen graeven ende graevinnen van Vlaenderen, gegunt, geoctroyeert ende geaccordeert, gunnen, octroyeren ende accorderen, haer gevende oorlof ende consent uyt onse sonderlinghe gratie by desen, dat sy ter eeren van den ridder sinte Sebastiaen ende tot vermeerderinghe van de liefde tusschen haere gemeynte sal moghen oprechten ende institueren eene gilde van den handtboghe, op den voet ende op deselve constitutien, ordonnantien ende privilegien als aen den coninck, deken, confrerie ende geswoorne van sinte Jooris gulde vanden cruysboghe tot Lebbeke ende aen Agnes Theresia van der Borcht, vrauwe der prochie ende heerelychede van Moorseke, verleent is geweest bij opene brieven van octroyen van achtsten Mey duysent ses hondert negen, ende dry en twintichsten September duysent ses hondert seven en tachentich, ende ampliatie daerop gevolcht den een en twintichsten July duysent ses hondert seventien, hierboven geinsereert. Ontbieden daeromme enz... Gegeven in onse stadt van Brussel den dry en twintichsten dach van April int jaer ons heeren duysent seven hondert, ende van onsen rycke het seven en dertichste. » *(Oorspronkelijk stuk op perkament*, in ons bezit.)

moghen noemen dan met hunnen behoorlyken naem, op de verbeurte van eenen stuyver.

« Soo wat Gildebroeder synen boghe ofte wie den boghe toebehoort te pande sette oft in onweerde ter aerde werpt, ofte eenige gesellen den anderen ongereetschap dede van boghe ofte van pyl, die sal verbeuren dry stuyvers, boven de schult.

« Oock dat niemandt van de Gilde, schutters ofte liefhebbers dezer Gilde, en sal mogen in desen voorsᵉⁿ Gildhof ofte tusschen de doelen schieten op de heylige daeghen ende feestdaeghen hier naar volgende, te weten op den eersten Paesdag, eersten Sinxendagh, eersten Kersdagh, nochte op den feestdagh van alle Godts lieve heylighen, op de pene soo wie bevonden wort contrarie doende, t'elker reyse te verbeuren ses stuyvers. Depost oock niet op heyligh Sacramensdagh ende onze Lieve Vrouwe half Oogst, op boete alsvoren.

« Jtem dat niemandt, t'sy Gildebroeder ofte schutter, nochte liefhebber, en sal mogen wedden tusschen de doelen, op pene van eenen stuyver.

« Soo wat Gildebroeder den anderen ontdroeghe syn schiet-gelt ende niet en betaelt aleer hy van den doel uyt den hof gaet, sal verbeuren ses stuyvers.

« Niemandt en sal vermoghen te commen schieten oft volghen tusschen den heule van de schietende gildebroeders ofte schut-ters, dan sullen moeten verblyven tot den eynde vanden spele ende alsdan presenteren hunnen pyl met reverentie; ende soo wie anders dede, dat hy verbeuren sal t'elker reyse dry stuy-vers.

« Die sal begeeren mede te heulen sal gehouden syn synen pyl met reverentie te presenteren aen dengonnen, die den heul zal verdient hebben; ende soo wie contrarie dede sal verbeuren telker reyse eenen stuyver.

« Voorders en sal hem niemandt vervoorderen de geheulde pylen op te raepen, ten sy dat dengenen, geheult hebbende ende niemandt anders, de naeste pylen opgeraept sal hebben, op pene van dry stuyvers.

« Item niemandt van den heul wesende en sal vermoghen syne pylen uyt te trekken ten sy in de tegenwoordigheid ende aensien van partyen, op de verbeurte van syne scheut ende daerenboven noch eenen stuyver.

« Jtem sullen alle twisten in den schuttershof gerysende van naest uyt te syne ende van misrekenen ofte verswygen van den verliese, ter neder geleyt ende geslist worden metten meesten voysen van de ommestanders, daermede alle schutters hun sullen moeten te vreden houden, sonder daertegen te querelleren, op de pene van twaelf stuyvers.

« Ieder guldebroeder is verobligeert, wetende ofte hoorende eenighe van de voorseyde misbruycken, deselve terstond aen den Gildemeester te kennen te geven, op pene van de contrarie doende, tsy by simulatie ofte andersints, te vervallen in eene dry dobbele boete, van 't gone zal dependeren aen het een of het ander gecommitteert ende versweghen misbruyck.

« Niemandt en sal, wie het sy, hem over 'tselve aenbringen ofte inkennen vermoghen te revangeren, niet meer met woorden, werken, oogh ofte andere teecken, op pene te verbeuren ses stuyvers.

« Item wort ieder Gildebroeder verobligeert, het vendel opgaende, op den lesten trommelslag hem te vinden voor den huyse van den Alpheris, mitsgaeders aldaer t'eynden synen naem, in eene lyste die aldaer sal hanghen, te steken het teeken dat hem vanden Cnaepe daervoren sal gelevert wesen, op de pene van te verbeuren eene boete van twaelf stuyvers; ende 'twelk ook plaetse sal hebben in t'naer huys convoyeren van 't selve vendel, sonder dat d'een voor d'ander het selve teeken aldaer sal mogen steken ofte beweghen, op gelycke pene.

« Item syn alle Gildebroeders gehouden te compareren inde begraefvinghe ende uytvaert ende jaergetyde vande afgestorven Broeders, op pene van te verbeuren twaelf stuyvers, mits hebbende voorgaende advertentie vanden cnaepe.

« Soo oock ieder Gildebroeder, woonende onder de gebuerte vanden Gildebroeder, sieck liggende, op d'advertentie van den selven siecken ofte iemandt uit synen naeme, schuldigh ende verobligeert is het alderheyligste te conduiseren met eene brandende flambeeuw, den selven siecken geadministreert wordende, op pene van ses stuyvers boete.

« Dat ieder Gildebroeder op den dagh vande ordinaire kermisse van deze prochie sal schuldigh syn by te woonen den Goddelyken dienst vande hoogmisse ende inde processie verschynen met eene brandende flambeeuw, waervan alleenelyk exempt sal wesen den Coninck, die sal gaen met het gewaet, soo in andere hoven geobserveert wort, op pene van twaelf stuyvers boete; ende degone die sullen draeghen het belt van den ridder Ste Sebastiaen, die daertoe by den eedt sullen gekosen worden.

« Dat ter vergadering van het Gilde degonne die sullen believen aldaer te verschynen opde gulde maeltyden ende met vrouwen, hun aldaer sullen moeten gedraeghen met alle gestichticheyt, ende de maeltydt geeyndight zynde, mitsgaders hoofman, Coninck, Deken ende geswoorene hun vertrekende ende naer huys keerende, sal een iegelyck ten selven tyde verobligeert syn van gelyken sich te vertrekken ende niet langer aldaer

verblyven dan tot dat het gelagh gerekent ende voldaen sy, op
pene van te verbeuren thien stuyvers boete.

« Dat de Gildebroeders hun gerustelyk sullen gedraeghen
ende betalen de hooftstellinghen ende taxatie die hooftman,
Coninck, Deken ende Gesworne jaerelyck sullen commen te
doen tot betaelinghe van de cleyne oncosten, waermede het gilde
sal onderworpen wesen, welke taxatie sullen tot laste vande
defaillianten moghen verhaelt worden by parate executie, by
den Balliu van de prochie.

« Dat eenieder voor het recht van incommen sal moeten con-
tant betaelen tot vyf schellingen grooten, eens.

« Jtem ter aflyvigheyt van iederen Gildebroeder sal by des-
selfs hoire ende erfgenaeme betaelt moeten worden tot twintig
schellingen grooten eens, voor een doodtschult.

« Alle welke penningen geemployeert sullen worden tot ciraet
van het gilde, ter dispositie van Hooftman, Coninck, Deken ende
Geswoorne.

« Jtem sal men, opdat niemandt en pretextere van ignorantie,
aen ieder gildebroeder voor het doen van synen Eedt de voorschreven statuten vooren lesen ende daer sal hy in handen
vanden hooftman ofte Deken presteren den eedt van getrouwen
Gildebroeder ende te volcommen aen de gestatueerde ordonnantien.

« Den Keyser ende Coninck, gesaemenlyk het geheel Gilde,
sullen genieten de privilegien by syne Majesteyt aen het voorschreven Gilde by het voornoemde octroy verleent, blyvende
voorts in de faculteyt van den voornoemden Hooftman, Coninck,
Deken ende geswoorne dese statuten te veranderen, vermeerderen ende verminderen, soo sy sullen vinden te behooren.

« Ende wegens den Hooftman ende Deken, sullen hunnen eedt
moeten afleggen in handen vanden bailliu van de prochie.

« Dat niemandt vande Gildebroeders in compagnie van andere
en sal vermogen te smooren toeback, op pene van ses stuyvers
boete.

« Dat iederen Gildebroeder by den cnaep ten verzoeke van
Hooftman, Coninck, Deken etc. ghedaghvaert wordende te com-
pareeren ten sekeren daeghe, op boete ende eedt, een ieder sal
schuldigh syn te compareren op dry stuyvers boete.

« Dat geenen Gildebroeder en sal vermoghen te schieten met
persoonen in geenen eedt wesende, op dry stuyvers boete.

« Dat men alle jaeren de rekeninge van het Gilde doen sal op
den avondt van sinte Sebastiaens dagh, sonder eenige voordere
wete daervan te doen; dan sullen alle de Gildebroeders de voorseyde rekeninghe vermoghen te commen hooren.

« Dat men in toekomende den Coninck op den kersmisdagh

ende andere daeghen van optreck niet voorder en sal moeten haelen dan ten huyse van den Alpheris, alwaer hy de breuck sal vinden, gelyck ook sal geschieden in het conduiseren ende naer huys keeren, blyvende niet min inde faculteyt vande Gildebroeders hem te leeden tot syn huys ten dage hy den coninckvogel sal geschoten hebben, alwaer niet anders dan eenighe cannen bier en sullen moghen ghedronken worden. »

Gelijk men uit de vorenstaande verordeningen ziet, was het de leden van 't St.-Sebastiaansgilde van Overmere niet alleen te doen zich met pijl en boog onder de wip te oefenen, maar door de handhaving eener streng geregelde tucht de onderlinge liefde te bevorderen, de oude Vlaamsche zeden in eere te houden en den godsdienst op te luisteren. Ze zijn uit dien hoofde eene merkwaardige bijdrage te meer tot de kennis van het verledene, en mogen onder meer dan één opzicht onzen tegenwoordigen schuttersgezellen ter navolging worden aangeprezen.

Meldenswaardige bijzonderheden over de oude schietfeesten van dit gilde worden in het archief niet aangetroffen. Alleenlijk vinden wij in de *Gazette van Gend*, van het jaar 1784, het bewijs dat destijds de schietfeesten den liefhebberen niet onbelangrijk zullen hebben toegeschenen. Den 29 Augustus van gezegd jaar stelden de Overmeersche Sebastiaansgezellen uit als prijzen : 1° een koppel zilveren kandelaars, ter waarde van 84 gulden; 2° twee zilveren soeplepels, waard 42 gulden; 3° drie zilveren lepels en vorken, ter waarde van 35 gulden. In aanmerking genomen de meerdere waarde der munt, op gemeld tijdstip, mag men zeggen dat de prijswinnaren over hunne moeite van gaan en schieten geene reden tot klagen hadden. De hedendaagsche schutters doen 't om minder!

Ziehier de lijst der ons bekende hoofdmannen :

Jan de Clercq, pastoor. 1700
Ursmar Droesbeke. 1711
J' Balthazar van Roosendaele, heer van
Overmere. 1750
J' Simoen-Jozef de Heuvel, id. . . . 1742
J' Jan-Simoen de Heuvel. 1758

. . . .

Emmanuël Baeten 1854
Joost van Herreweghe. 1846
Lieven-Bernaard de Beule 18**
Casimir de Lausnay 1877

Er bestaat in deze gemeente sedert een vijf en twintigtal jaren ook een Fanfarengenootschap, dat reeds tal van festivals in andere plaatsen heeft bijgewoond en in 1888 zelf een muziekfeest gaf, aan hetwelk een twintigtal harmonieën en fanfaren deel namen.

Volkssage.

DE HELLEWAGEN TE OVERMERE.

Alle nachten, op klokslag twaalf ure, meent men den zoo-genoemden Hellewagen in de straten van Overmere te hooren rondrijden; muziek en dans stijgen er lustig en vroolijk uit op. Eerst om één ure verdwijnt hij in de lucht. Dan komt er een groote zwarte hond in de plaats, die huilend en jankend om en weêr loopt, en de geburen niet weinig schrik op het lijf jaagt. Den eersten reiziger den besten, dien hij ontmoet, springt hij op het lijf, klampt zich met de pooten aan zijnen rug, en laat zich aldus hangen en dragen tot het aanbreken des volgenden dags, wanneer de haan zijn gekraai laat hooren.

Wie dien gevaarlijken vijand ontkomen of zich redden wil, moet zorgen dat hij de richting van het kerkhof neme, en aldaar rechtover den Calvariënberg over den muur springe, waar de hond hem niet kan volgen.

BIJNAAM, AAN DE INBOORLINGEN VAN OVERMERE GEGEVEN.

In de XVIIIe eeuw repten spotvogels van Dendermonde, Gent en andere plaatsen van *Overmeersche smuiters,* gelijk men zegde : *Kalkensche hunkerboeren* (hunker, melk met roggenbrood). Tot hoe verre deze bijnaam verdiend was is ons niet bekend.

SCHELLEBELLE.

I.

BESCHRIJVING VAN HET DORP. — Op ongeveer eene halve mijl afstands ten oosten der kantonshoofdplaats Wetteren, aan den rechter oever van den heerlijken Scheldestroom, ligt het lieve, om zijne belangrijke jaarmarkt alombekende dorp Schellebelle. Het heeft eene oppervlakte van 743 hectaren, is van het noorden naar het zuiden doorsneden door de Schelde, welke sedert eenige jaren, van op de Wettersche wijk Jabeke tot aan het oud Kasteel, is rechtgetrokken, en grenst ten noorden aan Kalken en Overmere, ten oosten aan Uitbergen en Wichelen, ten zuiden aan Wanzele en Serskamp, en ten westen aan Wetteren.

Behalve de dorpsplaats, met welig tierende notelaars bezet, en rondom welke verscheidene fraaie burgerwoningen oprijzen, heeft men hier eene even voorname straat, met name *de Hoogstraat*, deel makende van den steenweg van Wetteren naar Dendermonde, en daarenboven de volgende wijken en gehuchten : *de Aard, Bruinbeke, ten Brugschen, Ertbrugge, Hekkergem en Hoek*. Op een tiental minuten ten zuiden van het dorp bevindt zich de standplaats der ijzerenwegen van Gent naar Aalst en naar Dendermonde. Het deel benoorden de Schelde bestaat

meest uit grasrijke beemden, die in den zomer een aangenaam
gezicht opleveren, en was volgens het oude landboek van-
Schellebelle 123 bunder 2 dagwand 91 roeden groot.

Zes voorname beken of waterloopen bevochtigen het grondgebied dezer gemeente; het zijn : 1° *de Vingelingbeek*, tusschen
Kalken en Schellebelle ; 2° *de Driessche Sloot*, tusschen Belham
en Langedonk; 3° *de Bellebeke;* 4° *de Koningssloot*, beide aan
de grens van Uitbergen; 5° *de Molenbeek*, die Schellebelle van
een deel van Wichelen scheidt; en 6° *de Roei-* of *Roobeke*, die
van Serskamp komt en zich omtrent het dorp in de Schelde
ontlast.

Er is veel geschreven en gegist over den oorsprong en de
beteekenis van het woord Schellebelle. Naar de meening van
sommige schrijvers, die hunne inbeelding een al te lossen teugel
laten, zou deze naam voortkomen van *Scaldis bellum* (Schelde-
oorlog) en opklimmen tot het lang vervlogene tijdvak der
Romeinen. Volgens eene oude overlevering zouden de eerste
Belgen te dezer plaats tegen de krijgers van Julius-Cesar eenen
bloedigen veldslag hebben geleverd, waar zoovelen van weerskanten sneuvelden en een graf vonden dat Schellebelle nog ten
huidigen dage spreekwoordelijk den naam voert van *Vlaanderens kerkhof*. In verband hiermede zou Serskamp de plaats
geweest zijn, waar de groote Romeinsche veroveraar zijn kamp
zou hebben opgeslagen. Vandaar *Cæsaris campus !*

Van eenen anderen kant wordt onder de inwoners gemeend
dat het Broek van Berlare in vroegeren tijde met de Schelde
éénen uitgestrekten waterplas uitmaakte, en dat Schellebelle, aan
den boord van dit breed water gelegen, zijnen naam zou ontleend hebben aan eene *schel* klinkende *belle*, welke daar hing om
de turfstekers van Berlare en Uitbergen, evenals de schippers,
tot waarschuwingsteeken te dienen.

Onnoodig te zeggen dat eene en andere bewering, gelijkmede
die van den geschiedschrijver DE MEYER, volgens wien *Belle*
zooveel zou willen zeggen als *Belgioli*, eene volksplanting der
oude Belgen, bloot uit de lucht is gegrepen,

De oudste vermelding, welke wij van Schellebelle gevonden hebben, dagteekent van tusschen de jaren 1019 en 1030. Men schreef toen den naam, evenals in eene oorkonde van 1177, *Bella.* In een schrift der XIIIe eeuw vinden wij *Bella Scaldis;* in een ander, *Bella ad Scaldim,* en in een cijnsboek der XIVe eeuw, *Bella Scalde.* Oude Fransche charters noemen dit dorp *Bailleul sur l'Escaut* (Belle op de Schelde), waarnaar Bon J. DE ST.-GENOIS meende te mogen besluiten dat *Belle* (in 't Latijn *Balliolum*) een klein baljuwschap wilde zeggen. Noch de vorm noch de beteekenis van den naam eener Vlaamsche gemeente dienen in Fransche schriften te worden opgespoord.

De oude rekeningen van dit dorp duiden 't schier nooit anders aan dan onder de schrijfwijze van *Sceldebelle,* welke vorm men terugvindt in de stadsrekening van Gent over 1377 en zelfs nog in het register der *Acten en Contracten,* keure, over het jaar 1531-1532. SANDERUS noemt het *Schellebelle* of *Scheldebelle* (Belle aan de Schelde), ter onderscheiding van *Denderbelle* (Belle aan den Dender), terwijl 't op zijn Fransch geschreven en uitgesproken ook weleens in oude oorkonden *Scellebelle* luidt.

WILLEMS en DE SMET uiten het gevoelen dat *Belle* hier niets anders beteekent dan den boom, dien men in 't Latijn kent onder den naam van *populus alba* (abeel), zoodat *Belle* of *abeel aan de Schelde* de oorspronkelijke beteekenis van het woord zijn zou. Maar *Belle* is ook een oud Gallisch woord, dat nog in vele Iersche, Schotsche en Wallische plaatsnamen voortleeft onder den vorm van *bail, baile, bal,* en dat, evenals *heim* en *hem,* de beteekenis heeft van *stad, dorp, woonplaats* enz. In het Oud-Duitsch hebben *bell* en *bal* dezelfde bediedenis. Of zou *belle* niet eerder af te leiden zijn van het Mesogothische woord *bel* of *bela,* dat elleboog of kromming eener rivier beteekende, dewijl de Schelde te dezer plaats inderdaad eenen elleboog vormt, aan hoedanige ligging Denderbelle insgelijks zijnen naam zou hebben te danken?

Men ziet dat er stof bestaat om den naam van Schellebelle op velerlei wijze uit te leggen. Het is juist de moeilijkheid om desaangaande den nagel op den kop te slaan, welke, onzes inziens, voor de hooge oudheid pleiten van dit dorp, dat, door zijne gunstige ligging, al vroeg zal bewoond geworden zijn.

De hieronderstaande lijst der oude plaatsnamen van Schellebelle kan een gedacht geven hoe het hier in overoude tijden met de grondgesteldheid geschapen was(1). Er waren donken, bochten, drieschen, laren en bergen, poelen, vijvers en moerassen, bijgevolg hoogten en laagten, welker ontginning en vruchtbaarmaking niet weinig moeite zal hebben gekost. Nog in de tweede helft der XVI° eeuw had men in deze gemeente eene groote uitgestrektheid heide en bosch, welk laatste deel nog in het eerste vierde der tegenwoordige eeuw een twintigtal hectaren besloeg.

Ziehier in welke bewoordingen Schellebelle vermeld wordt door den griffier DE NEVE, in dezes aanteekeningen over de dorpen van het Land van Dendermonde, tijdens de tweede helft der XVI° eeuw :

(1) 1384 : « up *Billeghem* ane teruce *tusschen Beken.* »
1412 : *Belham, Bellecauter, Boermeersch, Brugsche couter, Cruedekin, Moest, Roesbeke, Rot, oude Scelde, Slangmeere* (bosch), *Volkaertsmersch, Vroenmersch, Woudelant.*
1444 : *Neckersput.*
1520 : *Blocveld, Clocman, Ham, Watermeulen.*
1550 : *Peleghems weede.*
1658 : *Abbeelbocht, Aert, Aertvelt, Achtergaelbosch, Banhulst, Belle, Bellegemcouter, Bercken, Bergen, Bieseveld, Biesken, Biest, Biesweede, Boeckwybocht, Boyghem, Bornagebocht, Bunderkens, Burleir, Brucxkencouter, Bruynbeke, Brandemanshey, Cauwerberch, Campersbosch, Charlesweede, Clauwaertsbosch, Crommen Ham, Dierencost, Doolaechbosch, Doolaechvyver, Driesschen, Eechaut, Eertbrugghe, Ettingen, Galgevelt, Geversche bosschen, Grijsbroecken, Ham, Hansgodsacker, Hooghe Driesschen, Hooghe Moest, Huylaert, Ketselaer, Langermeire, Langedonck, Lesmeersch, Luyckbosschen, Marettingen, Meulenacker, Neerdriesschen, Neermoest, Neerweede, Oostacker, Papenbochten, Peerdeweede, Pontaert, Plypoel, Prieel, Reep, Reukens, Raffeleers, Robeke, Roobocht, Romeersch, Roodonck, Schaepheyde, Smetsvelt, Spiegelbocht, Steenplas, Streke, Swanenbocht, Symansté, Vinckel, Vierendeel, Volckaert, Wallebochten, Wittebrootlant, Weymeersch, Wulverslanden, Wuytersmeersch.*

« Schellebelle is groot onder bosch, landt, meersch, heye ende vyvers, met Wanzele, V° LXX bunderen een dachwant XXXII roeden, daerinne begrepen bosch ende heye ontrent IIII°° VII bunderen, gheven te kennen dat boven tghone datter vele bosch ende heye is, zyn oock vry van subventien der kercken ende heylich geest goet, de pasteury ende capelrye van Schellebelle, der kerck en heylich geest goet ende pasteury van Wanzele, tbeluyck ende proostye vanden cloostere genaempt Tusschenbeke, myn heere van Anghereelles, heere in Schellebelle, ende heer grave Cotereau, heere van Eertbrugghe ende vanden derden in Schellebelle, soo datter maer en blyft onder bosch, lant ende heye, subventie gheldende, V° XXXV bunderen een dachwant XXXII roeden, dewelcke moeten onderhouden twee groote sluysen oft goten, gheleghen by den veere te Schellebelle, ende noch vier andere distincte goten, ligghende op de Schelde; moet oock dezelve prochie onderhouden eene brugghe, gheleghen int gehuchte genoemt te Brucxkene, 'twelcke is eene ghemeene heerbane omme waghenen ende peerden passerende van Dendermonde naer Audenaerde ende Cortrycke. »

Uitwijzens eene oorkonde van den jare 1714, bestond de helft van Schellebelle uit goede, middelmatige en slechte meerschen, welker aanslagen in de belastingen ter nauwernood toereikend waren om in de behoeften van het bestuur der gemeente te voorzien. De wederhelft bestond uit tarwe- en roggeland en uit eenige slechte stilstaande wateren of vijvers. Een dezer, *de Spiegelvijver*, ter grootte van 450 roeden, behoorde in 1731 aan Frans de Backere, te Gent. Drie andere, daaromtrent, ter plaatse geheeten *de Baeyen*, waren te zamen ongeveer 2 bunder groot.

Een gedingstuk van den jare 1754, getiteld : *Rescription ultérieure pour les Gens de Loy des Villages de Schellebelle et Wanzele, rescribents, contre les communs Habitans de la paroisse de Wetteren, supplians,* houdt eenige wetenswaardige bijzonderheden in over de waarde der Schellebelsche meerschen van 1720 tot 1748. Uit dit stuk blijkt dat de middelbare verkoopprijs dier meerschen de 50 pond groote het bunder niet overtrof, ofschoon het juist diegene waren, welke, aan de overzijde van de Schelde gelegen, tot de beste der gemeente mochten worden gerekend(1).

De meeste dier meerschen waren, evenals degene van het naburige Kalken, Uitbergen en Overmere, vanouds aan een bijzonder toezicht onderworpen, en maken thans nog, onder de benaming van *Belham*, eene watering uit, die haar reglement van orde en inwendig bestuur bekwam bij koninklijk besluit van 8 Juli 1871.

Hier, evenals te Kalken en meer andere plaatsen, bestond ook van over onheuglijken tijd het recht van vrijgeweed, dat men in onze dagen van lieverlede zoekt af te schaffen. Een vonnis der schepenen van Dendermonde, gedagteekend 8 April 1540, het antwoord opnemende van eenen voor hen betrokkenen inwoner van Schellebelle, gewaagt, onder andere, van eenen dijk, « ghenaempt den Dreghele, commende aen de riviere vander Scelde aen d'een zyde, ende aen d'ander zijde den Weimeersch, welcken dijck es eene ghemeente vande selve ghemeente van Scellebelle, daer d'ingesetene vermogen alle jaere haer coyen ende ander beesten op te drijven ende te doen hettene datter op groeyt tot meye toe. »

Eene der voornaamste pachthoeven in deze gemeente was die, met name 't *Goet ten Eede*, dat in 1429 door Gijzelbrecht van Massemen aan zekeren Jan de Cuper voor een tijdvak van negen jaren, mits 7 pond 10 schellingen groote 's jaars verhuurd werd.

---

(1) « Een meersch van 84 roeden in *Belham* werd den 20 Maart 1720 verkocht voor 6 pond gr. Den 27 Januari 1725 bracht een gemet (of 155 roeden) aldaar op 18 pond gr. Een ander gemet in *Belham* gold in 1731 niet meer dan 11 pond. — Voor 885 roeden betaalde men hetzelfde jaar 150 pond; voor 201 roeden in 1733 de som van 42 pond; voor 90 roeden in *Weimeersch*, 10 pond; voor 155 roeden in *Langendonk*, 4 pond; voor den meersch *de Ketselaer*, in 1739, 14 pond; voor eenen anderen meersch in *Weimeersch*, ter grootte van 89 roeden, in 1741, 8 pond; voor het derde van een gemet in *Belham* ten jare 1743, 2 pond, en voor 80 roeden, ook in *Belham,* den 10 Juni 1748, 26 pond.

Onder de dezen laatste opgelegde voorwaarden lezen wij dat hij ieder jaar 4 mud lijnzaad zaaien moest en dat hij, bij 't eindigen van den pacht, het goed in denzelfden staat moest overleveren als hij 't bij 't aankomen gevonden had, te weten : 10 dagwand winterkoorn en 15 dagwand zomervruchten. De huizing moest door den pachter te zijnen koste onderhouden worden, doch wat er aan verbeterd was, zou hem worden ingestaan. De helft der grachten en van het fruit, alsmede het gras, tot voedering van twee koeien, bleef den meester voorbehouden(1). In 1743 bedroeg de pachtprijs van dit goed, dat toen 45 bunder groot was, 14 pond 4 schellingen groote 's jaars.

Ook het goed van den heer van Angerelles was eene voorname landbouwerij. Het had eene grootte van 50 bunder 2 dagwand, en werd in 1446 door den toenmaligen eigenaar, Jan van den Eechaute, voor het gebruikelijk negenjarig tijdvak, mits 14 pond groote, 2 voeren hooi en 2 steenen vlas, in pacht uitgegeven.

Volgens VAN DER MAELEN's *Dictionnaire géographique de la Flandre orientale* waren er ten jare 1830 in deze gemeente : 44 paarden, 10 veulens, 286 koppen hoornvee, 52 kalvers, 420 verkens, 120 woldieren en 14 geiten. — In 1846 telde men er 62 paarden en veulens, 518 hoorndieren, 49 kalvers, 117 schapen, 245 verkens, 59 geiten en 199 vetbeesten.

Het getal landbouwgebruiken bedroeg ten laatstgemelden jare 294, waaronder een van 15 tot 20 hectaren uitgestrektheid, een van 10 tot 15, drie van 9 tot 10, een van 8 tot 9, zeven van 7 tot 8, vier van 6 tot 7, elf van 5 tot 6, zeven van 4 tot 5, een en twintig van 3 tot 4, en een en veertig van 2 tot 3 hectaren.

Zooals wij hooger zegden, is Schellebelle vanouds vermaard om zijne jaarmarkt, welke er den maandag na H.-Sacramentszondag gehouden wordt. Deze jaarmarkt, de *Potjensmarkt* genoemd (2),

---

(1) *Acten en Contracten van Gent,* keure, 1429-1430.
(2) Schellebelle is de eenige plaats niet, waar vanouds eene Potjesmarkt

omdat men er inzonderheid ook allerhande klein aardewerk verkoopt, was van vóór ongeveer drie eeuwen ten hoogste belangrijk, tot zoo verre, dat de jaarmarkt van Tielt ten jare 1620 krachtens octrooi werd verschoven tot eenen anderen dan den gewonen dag, omdat zij altijd samenviel met de Potjesmarkt van Schellebelle, welke door zeer veel volk placht bezocht te worden. Het octrooi betrekkelijk de inrichting van Schellebelle's foore is niet in onze handen gevallen.

Te midden der dorpsplaats, waar de jaarmarkt gehouden wordt, stond vroeger een buitengewoon zware lindeboom, aan welks voet men eenen steenen bak had gemetseld, en die daarom *de Steenen Linde* werd genaamd. Den dag der groote jaarmarkt was die linde van een zeker getal drankverkoopers omzet en diende zij tot middelpunt van allerhande vermakelijkheden. Het voordeel, dat het vertier rond de Steenen Linde opleverde, was zoo groot, dat de herbergiers om die plaats in twist geraakten en men zich gedwongen vond deze laatste openbaarlijk te verpachten.

Met betrekking tot de jaarmarkt vindt men in een handboek der kerk- en armgoederen van 1686 aangeteekend :

« Voorts competeert aen de kercke 't recht van den reep, die jaerelycx gespannen wort op jaermerct van de peerden die daeraen ghebonden worden, tot vyf grooten van yeder peert, ende van elc craem dat daer ghestelt wort een groote, ende oock wort de steenen linde jaerelycx verpacht op de jaermerct, tsy om bier te tappen ofte andersints, twelck zy oock proffiteert, ende ooc paert in den thol, die men heft op de beestialen, die aldaer ter merct commen. »

Er werd eertijds te Schellebelle ook alle dinsdagen van iedere

---

bestaat. Te Gent op den St.-Pietersberg werd vroeger alle jaren eene markt gehouden, waar men niets dan aardewerk verkocht. Zij bestond nog in den loop dezer eeuw. Wij zullen hier bijvoegen dat de jaarmarkt, welke den 23 Juli op St.-Pieters gehouden wordt, in de almanakken nog onder den naam van *Potjesmarkt* staat aangeduid.

week eene markt gehouden, die op verzoek van den dorpsheer, Adriaan Bette, door Albrecht en Izabella den 3 Augustus 1609 was toegestaan(1). De uitbreiding der weekmarkt van

---

(1) « Albert et Isabel Clara *etc.* scavoir faisons à tous présens et advenir;
nous avoir receu l'humble supplication de Adrien de Bette, chevalier,
seigneur de Fontaine, Schellebelle *etc.*, contenant de nous avoir présenté
requête dont copie nous a esté exhibée affin que au villaige et seigneurie de
Schellebelle soit accordé et octroyé le marché hebdommadal pour le jour
de mardy à ce propre et rien discommodant les marchés des lieux voisins, ce
que au suppliant après quelques advis ensuivix auroit esté refusé apparra-
ment par envie de ceulx de Wetteren ; et d'aultant que d'anchienneté ledit
marché y at esté tenu, excepté que durant ces troubles derniers y peult estre
entretenu aucune discontinuation, et que l'érection du mesme marché ne
tend qu'à nostre proufict, puisque le suppliant avec un soing extraordinaire
y a procuré par bon ordre et règlement, qu'on y observe que le nombre des
inhabitants y est naguaires fort augmenté causant plus grande consomption,
et par conséquent prompt furnissement de leurs impostz; mesmes qu'à cause
de la bonne situation de ce lieu au bord de la rivière de l'Escault il a moyen
(obtenant ceste sa juste prière) d'y attirer ung grand nombre d'artisans de
tous costelz au grand bénéfice des co-inhabitans et passans, et que ceulx
de Wetteren ne se peuvent avec fondement opposer, cessans en leur regard
tous interestz, de plus qu'eulx mesmes ne sont munix d'aulcun octroy pour
maintenir leur prétendu marché hebdomadal, et finablement que personne
des seigneuries circumvoisins, des places plus importantes et voisines peuvent prétendre aucun préjudice, comme estans chascun d'eulx pourveus
d'aultres jours, si comme à Termonde le lundy, mercredy à Locren, jeudi à
Wilteren, vendredy à Gand, et le samedy à Alost, de sorte que unicquement
le mardy est vacant. Le suppliant partant, se confiant de nostre bénignité,
supplie derechef qu'il nous plaise accorder l'érection dudit marché hebdommadal avec les privilèges et prééminences en tel cas usées et observées
et leur en faire despecher les lettres patentes en tel cas requises. Pour ce
est-il, que nous, les choses susdites considérées et eu esgard ausdites
raisons, à nous représentées, et désirans le bien et advancement desdits
de Schellebelle, et affin que d'oresenavant ilz se puissent tant mieulx
entretenir et maintenir, audit suppliant inclinans favorablement à sadite
supplication et requeste, avons octroyé, consenti et accordé, octroyons,
consentons et accordons de nostre certaine science et grace espécialle par ces
présentes que d'oresenavant et à tousjours il se puisse tenir et avoir
au villaige et seigneurie de Schellebelle ung marché par chascune sepmaine!
bien entendu que le dit marché hebdomadal se tiendra au jour de mardy.
Le tout aux charges en tel cas accoustumées ès aultres villaiges et seigneur
ries de nostre dit pays et conté de Flandres, ayans semblables marchez pouen
en iceulx marchez monstrer, vendre et achapter toutes sortes et manières de

Wetteren zal wellicht de oorzaak haars vervals geweest zijn.

Zooals ieder dorp, had Schellebelle vanouds zijnen heerlijken windmolen. Blijkens eene acte van den jare 1443, overgeschreven in een der registers des Gentschen stadhuizes, verpachtte de toenmalige heer van het derde dezes dorps, met name Jan de Proost, zijnen molen alhier, mits 5 pond 10 schellingen groote 's jaars. Bij octrooi van den voorzitter en de leden der rekenkamer te Rijsel, onder dagteekening van 17 Januari 1638, werd de ridder Ernest van der Riviere, gehuwd met de vrouw dezes dorps, Elisabeth Bette, gemachtigd eenen nieuwen windmolen te Schellebelle op te richten, voor welke vergunning hij jaarlijks twee hoet tarwe ten voordeele der vorstelijke schatkist moest opbrengen(1).

---

denrées et marchandises que l'on y voldrat ammener, et que tous marchans qui ledit marché vauldront fréquenter y puissent (ensemble leurs facteurs, varletz et serviteurs) avec biens, denrées et marchandises seurement et paisiblement aller et venir chascune sepmaine audit marché et soy retraire avec leurs dites marchandises où bon leur sembler», exceptez les bannis, fugitifz et nos ennemis. Si donnons en mandement.... Donné en nostre ville de Bruxelles le troiziesme du mois d'aoust, l'an de grâce mil six cens et neuf. »

(*Archief des Noorder-departements te Rijsel.*
Chartes de l'Audience, B. 1796, bl. 257.)

(1) « Les président et gens des comptes du Roy des Espaignes, archiducq d'Austriche, duc de Bourgogne, comte de Flandres, d'Arthois, de Haynnau, de Namur *etc.*, nostre sire, à Lille, à tous ceulx quy ces présentes verront, salut. De la part de Messire Ernest de Rivière, chevalier, baron de Houffalize *etc.*, nous auroit par requeste esté remonstré qu'adcause de dame Elisabeth de Bette, sa compaigne, luy compette et appartient les villaiges, terres et seignouries de Schellebelle et Wanzelle, tenues de Sa Majesté adcause de sa court féodalle de Tenremonde, ausquelles terres et seignouries appartient toutte justice, haulte, moyenne et basse, ayant franche foire par an et marchez ordinaires par chascune sepmaine, aveeq plusieurs aultres droictz et jurisdictions; et comme elles sont fort habitées de grand nombre de peuple quy recoipvent fort grand incommoditez à faulte qu'il ny at moullin pour servir à la moulture de leurs grains et nécessitez, dont ilz se sont diverses fois rendus plaintifz vers le remonstrant leur seigneur, quy pour ce respect désireroit bien de en ce les accommoder; mais comme il ne poeut vaillablement ce faire sans préalable octroy de Sa Majeste ou de nous, il nous supplioit à ceste cause luy voulloir accorder octroy de pouvoir ériger ung moulin à vent audict usaige de mouldre grains et bray sur le terroir dudit Schellebelle sur son fond au lieu où il sera trouvé le plus propre et convenable pour, par

Het veer over de Schelde in dit dorp is zeer oud(1).

les mannans et habitans desdictz lieux et seigneuries s'en pouvoir servir, attendu qu'aux environs il n'y at aucuns francqz moulins vaniers. Et ce moyennant certaine modérée recognoissance annuelle au profict de Sadicte Majesté et de ce luy en faire despescher lettres dudict octroy en tel cas pertinentes, laquelle requeste aurions ordonné estre mis ès mains de messire Abraham Pierssene, chevalier, seigneur de Zuytdorp, etc., conseillier et recepveur général des domaines d'Oostflandres, affin de la veoir et visiter, sur le contenu informer mesmes sur l'interrest que Sa Majesté ou aultruy pourroient recepvoir par l'accord du prétendu du suppliant le faisant à ces fins notiffier par tous dimenches ou aultres jours sollempnelz de quinze en quinze jours tant à l'esglise paroissialle du lieu où le remonstrant prétendoit faire ladicte érection qu'aulx aultres esglises circonvoisines ou aultres lieux publicqz en advertissant en oultre le peuple par attaches de billetz aux portaulx desdictes esglises pour oyr et entendre sy quelqu'ung y vouldroit former opposition, ce qu'il debvroit faire par escript avecq les causes de ladicte opposition ès mains dudict recepveur par dedens la quinzaine après lesdictes nottifications; sur quoy il se debvroit aussi informer et envoyer ses besoignez et informations rédigées par escript et ce qu'en dépend en nos mains. Ensemble son advis sur ledict prétendu, signamment en cas d'accord apparant soubz quelle recognoissance annuelle pour Sa Majesté charges et conditions ledict accord se pourroit faire, à quoy il auroit satisfaict par sa rescription du XVII de décembre dernier. Scavoir faisons que veue ladicte rescription et advis et le tout considéré, avons au nom et de la part de Sa Majesté et pour l'augmentation de son domaine, audict messire Ernest de Rivière, chevalier baron de Houffalize, suppliant, consenty, octroyé et accordé, consentons, octroyons et accordons par ces présentes qu'il puist et pourra faire construire et ériger ledict moulin à vent au lieu susmentionné et icelluy applicquer audit usaige de mouldre grains et brayz seulement, sans le pouvoir applicquer à aultre usaige, à paine de confiscation d'icelluy; parmy et moyennant que ledict impétrant, ses hoirs ou ayans cause seront tenus de payer au proufict de sadicte Majesté deux heudz de froment à la priserie du cop des grains de l'espier de Gand par chascun an de recognoissance, soit que ledict moulin s'érige ou point, et ce ès mains dudict messire Abraham Pierssene, conseiller et recepveur général dudict Oostflandres

(1) « Item vander *ponton* van Scheldebelle ende vander *visscherije* in *doude Schelde,* dat Jacob Bette met den tolle in pachte hadde, daeraf de pacht ute ghinc den XXII dach in Wedemaent int jaer LXXII, dewelke ponte van Scheldebelle ende visscherie dontfangher verpacht heeft Arendt Hijdiers VI jaer lanc elcx jaers XV lib. »　(*Rekening der ontvangerij van Dendermonde,* 1372-1373, in 't stedelijk archief aldaar.)

Buiten de twee hier vanouds gevestigde bierbrouwerijen, de eene in den *Ruiter*, de andere in het *Veerhuis*, worden er te Schellebelle geene bijzondere nijverheden van belang uitgeoefend. Men treft er twee windmolens aan : *Ertbrug-* en *Bellemolen*.

In 1658 waren er ten dorpe niet meer dan vijf herbergen, te weten : *de Zwane, de Drie Koningen, den Engel, de Valke* en *de Roskam*.

Tijdens de tweede helft der XVI⁰ eeuw telde men te Schellebelle en het er mede vereenigde Wanzele 508 communicanten; in 1801 te Schellebelle alléén, 1,284 zielen, waaronder 133 behoeftigen. Ten huidigen dage heeft de gemeente eene bevolking van 2,250 zielen, zoodat deze sedert ongeveer eene eeuw bijna verdubbeld is.

De eigenlijke kermis valt op den laatsten zondag van Augustus, doch de voornaamste gaat gepaard met de dagen der *Potjesmarkt,* welke door klein en groot van uren in den omtrek wordt bijgewoond.

---

présent ou aultre advenir, qui en devra rendre compte et reliqua au proufflct de sadicte Majesté avecq les aultres deniers de sadicte recepte, dont le premier payement de ladicte recognoissance sera déans ung an de la datte des dictes présentes, et ainsy continuer d'an en an à tousjours, tant que ledit moulin sera en estat ou l'estacque d'icelluy droite à la sceureté du payement de laquelle recognoissance seront et demeureront affecter et hypothecquer tant ledit moulin, utensilz y servans que le fond et amasemens sur lesquelz ilz seront édifflez : à charge et condition expresse toutesfois que sy cy après ledict moulin et amasement fussent trouvez préjudiciables a Sadicte Majesté ou la chose publicque, en ce cas, ledict impétrant ou ayans cause seront tenus de les oster et mettre à néant à leurs frais si tost qu'ilz en seront semondez de la part de sadicte Majesté, sans pour ce pouvoir prétendre aucun interrest à la charge d'icelluy saulf du jour de l'emport et cessation dudict octroy ilz seront deschargez de ladicte recognoissance. Sy dònnons en mandement *enz...* Donné en la Chambre des Comptes de sadicte Majesté à Lille, soulz le seel ordinaire d'icelle, le septiesme de janvier mille six cens trente huict. » (*Archief van het Noorder-departement te Rijsel. — 67⁰ Register der Charters, B, 1,662, bl. 34ᵛ.*)

II.

HEERLIJKHEID EN BESTUUR. — Geen enkele geschiedschrijver heeft tot hiertoe op eene duidelijke wijze doen kennen hoe en door wie Schellebelle van de oudste tijden af is bezeten geweest. Dit komt, onzes erachtens, omdat deze gemeente, te zamen met Wanzele, uit twee verschillige heerlijkheden bestond, waarvan de eene, uitmakende de twee derden der beide plaatsen, oorspronkelijk aan de heeren van Dendermonde, later aan hunne opvolgers de graven van Vlaanderen behoorde, terwijl de andere tot in de XV⁰ eeuw het eigendom was der edele familie van Belle.

Eerstgemelde, welke wij de hoofdheerlijkheid zullen noemen, werd door Karel V den 14 Mei 1537 verkocht, of liever in leenpand uitgegeven aan Adriaan Bette, heer van Welle enz., mits de som van 1,300 pond groote, Vlaamsche munt(1).

_____

(1) « Charles par la divine clémence empereur des Rommains, etc. à tous ceulx qui ces présentes lettres verront, salut. Comme pour furnir aux grans et urgens affaires que avons présentement à supporter et soustenir à cause de la présente guerre contre le Roy de France, qui par force pour ce jourd'hui a prins le chasteau de Hesdin et est gastant et brullant en fort grant puissance en nostre pays et conté d'Artois et à l'environ meismement au payement et soldoyement de noz gens de guerre de cheval et de pied nécessaires pour résister et soy aydier au fait d'icelle guerre; à quoy ne puissons plainement satisfaire de noz aides et revenu ordinaire sans vendre, aliéner, charger ou engager aucunes parties de nostre demeine et en deffaulte de ce pourroient nosdites affaires tumber en rompture à nostre très-grant regret et desplaisir, aussi au grant dommaige de noz bons et loyaulx subgectz, dont désirans y pourveoir, avons par l'advis et délibération de nostre très chière et très amée dame et sœur la royne douagière de Hongrie, Bohême etc. pour nous régente et gouvernante en noz pays de pardeça, de chevaliers de nostre ordre et des chief et gens de noz consaulx d'estat privé et de noz finances estans lez elle advisé et conclud que pour moindre frait et mieulx faire que aisser engagier aucunes parties de nostre domeine à rachat, et en ensuivant

Deze Adriaan Bette, die van genoemden vorst den 15 Januari 1540 ridderbrieven bekwam, stamde, naar de getuigenis van

---

ce de nostre part ayons fait requerré nostre bien amé Adrien Beths, escuier, seigneur de Welle, prendre en gagière de nous noz seigneurie, baillage et mairie de Scellebelle et Wanzelle, leurs appartenances et appendences gisans en nostre terroir de Tenremonde, avecq toutes les amendes, exploix, honneurs, haulteurs, prouffitz et émolumens accoustumez estre par nous baillées en ferme, ensemble des reliefs de fiefz et rentes que nostre receveur de Tenremonde rechoit présentement, dixmes, deniers des terres cottières en deppendans, tous meilleurs cattelz et autres, avec toutte justice haulte moyenne et basse et pareillement le droit de nostre bacq illecq, sauf les cas de supériorité accoustumez estre restrirez en baillant à ferme nostre dit baillage qui ne seront comprins en ce présent marchié : lequel à nostre requeste et pour nous complaire s'est condescendu à prendre et tenir de nous telles parties en gagière et au rachat de treize cens livres du prix de quarante gros monnoie de Flandres la livre, moyennant noz lettres pattentes en bonne et ample forme pour la sceurté de luy et de ses hoirs. Scavoir faisons que nous, ces choses considérées meismement que avons trouvé par assiète lesdites parties ne nous avoir valu pour le passé l'une année portant l'autre que quarante deux livres du pris de quarante gros de nostre monnoie de Flandres la livre ou environ; nous, pour ces causes et autres à ce nous mouvans, avons par l'advis et délibération que dessus, pour nous, noz hoirs, successeurs contes et contesses de Flandres et seigneurs de Tenremonde, vendu, cédé et transporté, vendons, cédons et transportons par ces présentes audit Adrien Beths, pour luy, ses hoirs et ayans cause touttes lesdites parties selon en la forme, manière et réservation que dit est, à commencher à entrer ten la jouissance au Xe jour de ce présent mois, moyennant ladite somme de reize cens livres dudit pris de quarante gros de nostre monnoie de Flandres, la livre que il sera tenu en payer comptant ès mains de nostre amé et féal conseillier et receveur général de toutes nos finances Henri Serke, lequel sera tenu d'en bailler sa lettre de descharge et en faire recepte à nostre prouffict avec les autres deniers de sa dite recepte. Octroyant et accordant par cesdites présentes audit Adrien Beths, sesdits hoirs et ayans cause pooir et auctorité de créer bailli, maire, sergent, faire et renouveller la loy en la manière accoustumée, ensemble toutes semblables prééminences que usent noz autres haulx vassaulx de nostre dit terroir de Tenremonde, pourveu et à condition que avons réservé et réservons à nous nostre droit de tonlieu, illecq ensemble toutes autres haulteurs, droiz et prééminences que avons sur nosdis haulx vassaulx et que toutes et quanteffoiz que bon nous samblera ou à nosdis hoirs et successeurs contes es contesses de Flandres pourrons reprendre en noz mains lesdites parties en rendant et remboursant à icelluy Adrien Beths sesdits hoirs et ayans cause à une fois ladite somme de treize cens livres en tel or et monnaie que pour ce jour ont cours par noz ordonnances en nostre

LINDANUS, af van het huis van Dendermonde, en bepaaldelijk van Jan van Dendermonde, heer van Hollebeke, wiens
moeder de dochter zou geweest zijn van Willem van Dendermonde, broeder van den graaf van Vlaanderen Robrecht
van Bethune, bijgevolg de kleindochter van Gwijde van Dampierre en dezes echtgenoote Machteld, vrouw van Dendermonde.
Hij bekleedde van 1518 tot 1531 het ambt van hoogbaljuw des
Lands van Dendermonde, werd driemaal voorschepene van
Gent en was gehuwd met Jakelijne de Verdiere, dochter van
Jan, heer van Peronne, Fontaine, Warwanne enz., en van
Joozijne Colins. Hij overleed den 19 Maart 1547 en werd
naast zijne vrouw in de St.-Baafskerk te Gent ter aarde
besteld.

Uit zijn huwelijk waren zes kinderen gesproten, waaronder
Jacob Bette, die hem als heer van Schellebelle en Wanzele
opvolgde. Deze verbond zich ten jare 1549 in den echt met
Izabella de Gruutere, vrouw van Lede, en maakte, evenals zijn
vader, gedurende verscheidene jaren deel van het Gentsche
magistraat. Ieverig katholiekgezind, derhalve een getrouwe
dienaar des konings van Spanje, had hij tijdens de godsdienstberoerten niet weinig vervolgingen te lijden. Hij scheidde
uit deze wereld den 20 Juni 1591 en werd begraven in de
kerk van het Predikheerenklooster te Gent, onder eene prachtige tombe, welke in het midden der verledene eeuw tot
hoofdaltaar diende. Zijne weduwe overleefde hem slechts tot
in 1596 en had hem voor kinderen geschonken : 1° Jan, in
wiens voordeel de heerlijkheid van Lede ten jare 1607 tot
baronie verheven werd en die den 10 Juni 1620 overleed;
2° Joanna, in den echt getreden met Adriaan de Montoye,
burchtgraaf van Roeselare; 3° Catharina; 4° Izabella, beiden

---

dit pays et conté de Flandres. Si donnons en mandement *enz....* Donné en
nostre ville de Bruxelles le IXe jour de may l'an de grace mil cinq cens
trente sept.... »   (*Archief des Noorder-departements, te Rijsel,
22e Register der Charters, B.* 1617, 176.)

ongehuwd gebleven, en 5° Adriaan, die, volgens de denombrementen, den 10 April 1606 heer werd van Schellebelle en
Wanzele, welke hij verkregen had van de toen regeerende
vorsten « by aggreatie vanden coop danof gedaen by mher
Jacques de Bette, heere van Angerelles, Perone, Autreppe etc.,
synen vader, jegens Syne Majesteit van Spagnien, Philippus
den tweeden van dien naem, van hooger gedachten, in den
jaere 1579. »

Genoemde Adriaan Bette knoopte huwelijk aan met Agnes de
Merode, dochter van Bernaard, heer van Rummen, en van Maria
van Siegenburg; hij won er drie kinderen bij, te weten : 1° Jacob,
die de heerlijkheid erfde en den 31 Juli 1616 ongehuwd ten
grave daalde(1); 2° Izabella, die hem in de heerlijke bezitting
opvolgde, ten jare 1621 getrouwd met Ernest van Aarschot de
Riviere, baron van Houffalize, en 3° Francisca, die den staf voerde
in de abdij van Vorst, bij Brussel, alwaar zij den 29 Augustus
1656 overleed.

Uitwijzens eene acte van den 13 Augustus 1683, verleden voor
de notarissen Bauters en d'Obercourt, te Gent, verkocht Maria-
Theresia de Riviere, gravin van Herre en des H. Rijks, echtgenoote van Willem-Adriaan-Frans, graaf van Riviere van Aarschot, daartoe door dezen behoorlijk gemachtigd, de heerlijkheid
van Schellebelle en Wanzele, met het er van afhangend kasteel,
aan Theodoor van Roosendale, van Antwerpen, voor de som
van 34,000 gulden(2).

Bovenstaande aanteekeningen bewijzen, dat de familie Bette
ongeveer 140 jaren het gebied over Schellebelle heeft in handen
gehad; 't was een zeer voornaam geslacht, te Gent langen tijd in

---

(1) Zijn grafschrift in de kerk van Heers luidt :
« Cy gist Messre Iaques de Bette, Sr de Schellebelle, Wansele etc., filz
unic de Messre Adrien de Bette, chev., Seigneur de Fontaine, Warwane,
Lamont, etc., et de dame Agnes de Merode : quy trespassa le dernier
de Iuillet l'an 1616. Priez Dieu pour son âme. »   (Le Beffroi, I, 27.)

(2) Notariëele acten, n° 69, in 't Rijksarchief te Gent.

groot aanzien, als blijkt uit het spreekwoord : « Pour être quelque chose à Gand, il faut être triste, vilain ou bête, » zinspelende op de vermogende geslachten Triest, Vilain en Bette.

Hoe lang de heerlijkheid in het bezit van dezen nieuwen eigenaar bleef, is ons niet bekend; althans behoorden Schellebelle en Wanzele in het begin der verledene eeuw andermaal aan de familie Bette, en wel namelijk aan Jan-Frans-Nicolaas Bette, markgraaf van Lede en hoogbaljuw van 't Land van Aalst, geboren in 1667 en gestorven te Madrid den 11 Februari 1725.

Deze afstammeling der oude dorpsheeren was een der beroemste veldoversten zijns tijds. Van jongsaf in den krijgsdienst getreden, bekwam hij op korten tijd den graad van generaal en van algemeenen opzichter des voetlegers, en toonde zich een warmen verdediger des hertogs van Anjou, toen deze geroepen werd om Karel II als koning van Spanje op te volgen. Na de veldslagen van Eekeren en Ramillies, alwaar hij zich op de dapperste wijze had weten te onderscheiden, toog hij ter hulp van Philip V in dezes strijd tegen de Engelschen en de Hollanders; leidde in 1714 den veldtocht op het eiland Majorka en maakte zich vooral ten hoogste verdienstelijk bij de verovering van Sicilië, ten jare 1717, om welks bezit de koning van Spanje, de keizer van Oostenrijk en de hertog van Savooie de wapens hadden opgevat.

Het bevel over 't leger van Philip V werd toevertrouwd aan den markies van Lede, die, met behulp der Waalsche wachten, hem op zijne vraag toegevoegd, zich van Castellamare, Messina en Palermo meester maakte en in de vlakte van Francavilla op de Oostenrijkers eene volledige overwinning behaalde. Twee jaren lang bleef de strijd om het bezit der voornaamste posten van het eiland voortduren, doch de markies van Lede slaagde er schier overal in zijne tegenstrevers het onderspit te doen delven. Eindelijk toch werd de knoop langs diplomatischen weg doorgehakt, en wel op zulke wijze dat de betwiste landstreek aan Karel VI werd afgestaan, om na dezes dood aan Spanje terug te keeren

Korts daarna droeg men den met roem overladenen markies van Lede het bevel op over een nieuw leger, ter bestrijding van de Afrikaansche kustbewoners, die sedert lang reeds de Spaansche bezittingen verontrustten. De uitslag was alweer eene schitterende overwinning. Naar Madrid weergekeerd, werd de Vlaamsche edelman er met buitengewone eerbewijzen ontvangen en tot voorzitter van den oorlogsraad benoemd, welke bediening hij tot het einde zijner dagen bleef waarnemen (1).

Jan-Frans-Nicolaas Bette was gehuwd met Anna-Maria de Croy-Roeux, dochter van Philip-Frans, hertog van Croy, en van Anna-Louisa de la Tramerie, markgravin van Forest; hij werd in het markiezaat van Lede en de heerlijkheid van Schellebelle en Wanzele opgevolgd door zijnen eenigen zoon, Emmanuël-Ferdinand-Jozef-Frans, die ten kasteele van Lede ontsliep den 6 Juli 1792, zonder afstammelingen, eene groote fortuin nalatende, welke lang tusschen de vermoedelijke erfgenamen betwist werd.

De hoofdheerlijkheid van Schellebelle en Wanzele, welker bezitters wij nu hebben doen kennen, verhief van het leenhof te Dendermonde en was begiftigd met de drie graden van het gerecht, benevens tal van andere voorrechten, in het hieronderstaande denombrement opgesomd (2).

---

(1) *Biographie nationale*, II, 378.

(2) « Mher Emanuel-Ferdinand-Joseph-Francois de Bette, marquis de Lede ende van Forest, grooten van Spagnien van d'eerste classe *etc.*, houd een leen vanden hove van Dendermonde, wesende *de twee deelen vande heerelyckhede van Schellebelle* ende *Wanzele*, ende volgens overgegeven denombrement van date 8 april 1673 consisteert deselve heerelychede in twee dorpen, gelyckerwys wylent Mher Adriaen de Bette deselve heerelycheden op den X^{en} april 1606 vercregen hadde van haere doorluchtigste hoogheden by agreatie vanden coop daeraf gedaen by Mher Joseph de Bette, heere van Angerelles, Peronne, Autreppe *etc.*, synen vader, jegens syne Majesteyt van Spagnien Philippus den tweeden van dien name, van hoogher gedachten, in den jare 1579, hebbende deselve heerelychede hooghe, middele ende nedere jurisdictie, landen, heerelycheden, haerlieden toebehoorende, appendentien ende dependentien, hoedanigh die syn, alsoo wel het beste catheyl, confiscatien van lyf ende goet, groote en cleene boeten, als andere, mitsgaders de jagt, vogelrye, visscherye, bastaertgoet ende generalyck alle

Het kasteel stond in de nabijheid der Schelde, tegen het dorp, en werd gedurende de beroerten der XVI° eeuw ten gronde vernietigd. Sedert opnieuw uit zijne puinen opgericht, bestond het ten tijde van Sanderus uit een tweevleugelig gebouw, verbonden door eenen vierkanten toren. Aan het uiteinde van eenen der vleugels had men de kapel. De ingang was beschut door twee ronde torens, welker kleine spits tot niet hooger dan de daking uitstak; links strekten zich eene reeks mindere gebouwen uit, als stallen, schuren, woning voor de dienstlieden enz. Het geheele beluik was omwaterd, en eene lange dreef leidde in rechte lijn naar de dorpskerk. Dit kasteel, waarvan er eene teekening in

---

andere rechten, actien ende prerogatieven, geene uytgesteken nogte gereserveert, ende gelyck syne conincklycke Majesteyt ende haerlieden doorluchtigste hoocheden tot alsdan danaf hadden genoten, gebruyckt ende beseten; tot welcken syne voornoemde heerelycheden ende heerschappen toebehoort eenen heerlycken renteboeck, inhoudende penninckrenten ende pluymrenten ende andersints, die diversche laeten ende proprietarissen vande gronden van erfven, in deselve prochien gelegen, aen hem syn geldende jaerlyckx, welcken renteboek men jaerlyckx is sittende ende ontfangende in Mey. Ende soo wie vande selve renten jaerelyckx in faute blyft van die te betalen, syn elcken jare ende van elck poinct verbeurende tot synen prouffyte eenen stuyver, also van alle ouden tyden gecostumeert es; ende als eenige gronden van erfven, gelegen binnen de voors. twee heerelycheden, vercocht, veralieneert ofte belast worden met erfachtige besette losrenten ofte onlosselycke renten ofte cheynsrenten, soo heeft hy danof den 10en penninck van sulcx sy in coopen geldende syn ofte belast worden, ten ware datter eenige subditen waeren, hebbende recht van thienden penninck, ende dat sy conden betooghen dat sy alleen heerelycke rente op de vercochte ofte belaste goedingen waren heffende; hebbende voorts als heere de naerhede van diere ende van sterfcoop acht schellingen parisis van elcken bundere, ende van elck hooft dat daer versterft eenen schellinck parisis. Item behoort hem toe tgeheele veer gelegen tot Schellebelle. Item ende voort soo behooren tot syne voornoemde leenen dry en dertig manschepen ofte achterleenen, hoewel eenige voor aldus sy niet becommelyck en syn, niet jegenstaende alle de voiren daeromme gedaen, dewelcke hem staen ten sterfcoope ende wandelcoope teenen vollen reliefve van X ponden parisis ende XX schellingen parisis van camerlinckgelt, ende sommige van diere ter bester vrome van dryen, ofte 't vermoedt van hem als heere, alles ingevolge den leenboeck daeraf ghewaegt. » (Reg. n° 68, *Leenhof van Dendermonde*, in 't Staatsarchief te Gent.)

't Rijksarchief te Brussel bewaard wordt(1), werd, na lang onbewoond te zijn gebleven, op het einde der vorige eeuw afgebroken, zonder dat er eenig overblijfsel van bestaan bleef; alleen de plaats, nu in vruchtbare weiden en akkerland herschapen en gedeeltelijk door de nieuwe Schelde ingenomen, is nog onder den naam van *oud kasteel* bekend.

De tweede heerlijkheid van Schellebelle was, zoo wij hooger zegden, in den beginne het eigendom der familie *van Belle*. De oudst ons bekende uit dit geslacht, *Balduinus de Belle*, komt voor als getuige in eene charter van Dirk van den Elzas, waarna wij in 1170 eenen *Walter van Belle* ontmoeten, medebezegelaar eener acte, waarbij Walter II van Dendermonde, op verzoek van Arnold van Evergem, eene hem te Wevelswale toebehoorende tiende verwisselt. Hij was insgelijks met Robrecht, deken van Schellebelle, getuige in eene charter van 1189, bij welke de heer van Dendermonde de gift goedkeurt van vier bunder land, gedaan aan het klooster van Affligem door Willem, schout van genoemde stad, alsmede in eene andere van 1193, waarbij Willem van Bethune en zijne echtgenoote vrijdom van tolgelden aan de Gentsche St.-Pietersabdij verleenen.

De naam van eenen anderen *Walter van Belle* werd door LINDANUS getrokken uit de archieven van het klooster van Tusschenbeke, welke Walter de vader was van *Bernaard van Belle*, heer van Ertbrugge en Schellebelle, getrouwd met Joanna van de Voorde.

Joannes de Belle was een der tachentig Brabantsche en Vlaamsche edelen, die in 1339 de overeenkomst bezegelden tusschen Jan III, hertog van Brabant, en den graaf van Vlaanderen, Lodewijk van Nevers. Een bastaardzoon van dezen laatste, met name Boudewijn, bekwam de hand van *Catharina*

---

(1) Ook in het oud Landboek van Schellebelle en Wanzele is eene teekening van dit kasteel te zien.

van Belle, vermoedelijk van hetzelfde geslacht, dat nog in de eerste helft der XV° eeuw in bezit was van de twee hooger gemelde heerlijkheden.

De twee laatste ons bekende heeren uit gemeld geslacht waren *Jan van Belle,* zoon van den evengenoemden *Bernaard,* overleden den 2 Juli 1434, en zijn naamgenoot, gestorven in 1438. Beiden werden, naar de getuigenis van LINDANUS, in de kerk van Schellebelle ter aarde besteld.

Door het huwelijk van *Joanna van Belle,* derde dochter van *Bernaard,* met Adam de Proost, kwamen Ertbrugge en het derde deel van Schellebelle en Wanzele in handen der Aalstersche familie de Proost, en bepaaldelijk aan Jan de Proost, die tot tweemaal toe het hoogbaljuwschap van 't Land van Aalst bekleedde, raadsheer was der hertogen van Burgondië en, gedurende eenigen tijd, ook hoogbaljuw van Dendermonde, alwaar zijn zoon Leo in 1504 dezelfde gewichtige bediening uitoefende. Hij was gehuwd met Alexandrina van Steelant en overleed in 1475.

Hoe het derde deel der heerlijkheid van Schellebelle en Wanzele vervolgens tot de kroon terugkeerde, hebben wij niet kunnen ontdekken; althans werd dit goed den 1 Juni 1505 door Philip den Schoone, mits de som van 1,824 pond groote, verkocht aan Lenaart Cotereau, lid van den Raad van Brabant(1),

_____

(1) « Philippe *etc.*, à tous ceulx qui ces présentes lettres verront ou oront, salut. Comme pour subvenir à noz urgens et très grans affaires tant pour la réduction de nostre pays et duchié de Gheldres et conté du Zutphen, dont actuelement sommes en guerre et entendons de non espargner ne corps ne biens que aussi pour la grande multitude des aultres noz affaires esquelz ne nous povons bien acquiter comme voulentiers ferions, sans faire grande finance de deniers comptans, pour lesquelz trouver, atendu que nostre demeine ne aussi noz aydes et autres subventions ne se pevent extendre à telles sommes que nous est besoing, et deffaulte desquelz nosdiz affaires seroient tailliez de tumber en rupture à nostre très-grande confusion, deshonneur et plus grant desplaisir, dommaige et interest inestimable et iréparable de nous et de noz bons, loyaulz subgectz.... faire à toute diligence par toutes les manières ny feust par nous pourveu, aions par bon adviz et

wiens erfgenamen het nog in de XVIIe eeuw in bezit hielden.

Omtrent het midden der verledene eeuw behoorde de heer-

---

délibéracion de conseil, tant de ceulx de nostre sang, chevaliers de nostre ordre, de nostre grant conseil, trésorier et receveur général de toutes noz finances et autres ainsi délibéré et conclu de engaigier et vendre sur nostre demeine de noz pays de par-deça rente vyagière ou héritable au chois des acheteurs, et que pour ce faire eussions fait faire les publications en tel cas requises et acoustumées et par nosdits pays envoyé noz commis et députez, lesquelz y aient vacquié certaine espace de temps dont jusques à ores bien petit effect s'en est ensuy. Et à ceste cause ne nous sommes peu ayder du nostre à nostre très-grant regret et desplaisir. Pourquoy nous, ny veons aultre remède, avons advisé, délibéré et conclud de recourir à nostre si grant besoing à noz officiers et autres quy vraysemblablement ont povoir nous ayder en nostre nécessité pour acheter de nous, de nostre demeine pour en joir par leurs mains pour eulx, leurs hoirs, successeurs ou ayans cause et à rachat perpétuel d'autant de deniers qu'ilz en bailleront jusques au denier seze et au dessus. Et il soit que pour commencer à mectre nostre dite délibéracion à exécution nous aions instamment requiz nostre amé et féal conseillier ordinaire en Brabant maistre Lyennart Cottreau, de vouloir acheter de nostre demeine aulcunes pièces telles qu'il voudroit choisir, ce que pour obéir et craindant nous desplaire il a consenty et prommis de faire selon sa puissance et faculté. En ensuivant lesquelles promesses, il a choisy et offert à acheter de nous la haulte, moyenne et basse seigneurie que avons ès villaiges de Wettre, Schellebelle et Wanzele et ses apper-tenances et appendances quelzcunques situez ou terroir de Tenremonde, avec aussi le droit que préveus audit Schellebelle pour le passaige du bacq gisant sur l'Escault, illecq ensemble aussi la mayerie audit lieu. Sur quoy nous avons fait traictier et concluré après que par nostre commandement icelles parties eut esté tauxées et appréciées par noz amez et féaulx les président et gens de noz comptes à Lille à la somme de cent quatorze livres du pris de quarante gros de nostre monnoie de Flandres la livre de rente par an, par communes années, que l'achat se feroit pour le denier de ladite revenue seze deniers montant la somme de dix-huit cens vingt quatre livres dudit pris, à paier incontinent ès mains de nostre amé et féal conseil-lier et receveur général de nosdites finances Simon Longin, qui sera tenu en baillier sa lettre de descharge et en faire recepte et despence à nostre prouffit avecq les aultres deniers de sa dite recepte, des quelles choses le dit maistre Lyennart nous a requiz avoir noz lettres de sceurté en tel cas pertinentes. Savoir faisons que nous, ces choses considérées et sur icelles eu l'adviz et délibéracion que dessus, avons pour nous, noz hoirs et successeurs contes et contesses de Flandres, vendu, cédé et trans-porté, vendons, cédons et transportons audit maistre Lyennart Cottreau, pour luy, ses hoirs, successeurs et ayant cause hiretablement, ladite haulte, moyenne et basse seigneurie, que avons asdits villages de Wettre, Schelle-belle et Wanzele, avecq les droit du bacque gisant illecq sur la rivière de

lijkheid aan den markgraaf van Honsbroek, die ze, te zamen met
de heerlijkheid van Ertbrugge, den 14 April 1759 bij verkoop

---

l'Escault, ensemble la maierie au dit lieu avccq les appertenances et appendences quelzcunques en tout ce que lesdites parties se comprendent et
extendent, ensemble telz droiz et prérogatures que noz bailliz ont acoustumez
y avoir pardessus ce aussi la congnoissance de tous caz de criesme et des
composicions d'iceulx qui adviendront esdiz lieux, sauf l'adviz de noz amez
et féaulx les président et gens de nostre Conseil en Flandres, sans aulcunes
réservacions, fors les anchienes rentes fonsières et la congnoissance
du criesme de lèze-majesté, des confiscations qui se feroient pour cas de
rebellion en temps de guerre, de faulx monnoyers ou telz cas semblables, qui
demoureront au prouffit de nous et de noz successeurs. Et au surplus nostre
ressort et souveraineté à entrer en la jouissance desdites parties au premier
jour de Juillet prochainement venant pourveu que les fermes à présent
bailliés et courans de par nous d'icelles parties tiendront lieu le temps que
icelles fermes ont à durer, seulement en recevant les deniers à son proffit
dudit premier jour de juillet en avant le parfait du temps desdites fermes.
Lequel vendaige avons fait pour ledit pris et somme de dix-huit cens vingt
quatre livres de quarante gros de nostre monnoie de Flandres la livre, parquoy
nous nous sommes dévestiz et dessaisiz, desvestons et désaississons par la
teneur et tradicion de cestes de nostre dite seigneurie de Wettre, Schellebelle,
Wanzelle, mayerie et bacq audit lieu, pour en joir par ledit Cottreau et
son ayant cause comme de sa propre chose et lever et percevoir tous
et quelzcunques les fruiz, prouffiz et émolumens que d'oresenavant escherr-
ront, sans que lui soit aulcun besoing d'avoir aultre investiture ou adhéri-
tement ou pour ce paier aulcun droit de relief ou aultrement, dont pour tout
le temps et tant et jusques que ferons le rachat l'avons pour lui et son aiant
cause relève et relevons de certaine science et propre mouvement en dont
nant aussi pour ledit temps à lui et à son ayant cause plain povoir et toute
auctorité de constraindre par toutes voies raisonnables et acoustumées les
vaissaulx et fiefz de ladicte seigneurie affin de faire les devoirs de foy et
hommaige et baillier les rappors et dénombremens scavant qu'ilz ne l'aueront
fait à nous ou à noz commis et ceulx que cy après seront tenuz le faire
en temps deu, ensemble aussi le povoir et auctorité dé semondre et conjurer
nosdits vassaulx et fiefvez et faire généralement et espécialement toutes
aultres actes, œuvres ou exploix de justice que nostre bailli de par nous
commis a acoustume de faire jusques à ores et pour tel caz requises, ensemble
aussi povoir et auctorité de commectre et substituer ou suldéléguer hommes
ydoines et souffissans pour en son lieu et absence tenir ledit bailliage selon
qu'il en aura de besoing et comme il appertendra, sauf tousjours ledit ressort;
et voulons et entendons aussi que nostre bailli de Tenremonde ou aultres
noz officiers de nostre pays ou conté de Flandres ne se pourront aulcunement
entremectre ou se mesler dudit baillage. Mais que ledit maistre Lyenart ou
son ayant cause en pourra plainement et franchement disposer comme nous
eussions pu faire par avant ladite vendicion. Sauf touteffois et pourveu que

afstond aan **Jan-Baptist-Jozef Papejans van Morkhoven, gezeid van der Strepen, heer van Barlestein**(1), afstammeling van den graaf Karel Papejans van Morkhoven, die het ambt van kamerheer aan het hof van keizer Karel vervulde. Deze Jan-Baptist-Jozef Papejans, lid van den Raad van Vlaanderen, gehuwd met Joanna-Livina Lefèvere, overleed den 22 November 1771, en werd naast zijne vrouw, den 25 October 1757 gestorven, in de Ste-Catharinakapel ter kerk van St.-Michiels, te Gent, ter laatste ruste gelegd.

Zijn zoon en opvolger, Jacob Papejans van Morkhoven, gezeid van der Strepen, vervoegde hem in de eeuwigheid ten jare 1804,

---

nous, noz hoirs et successeurs pourrions à perpétuité et à tousjours racheter ladicte seigneurie et ce que dessus en et parmy paiant tout à une fois ladicte somme de dix-huit cens vingt quatre livres dudit pris, en telle et aussi bonne monnaie que a cours à présent en nostre dit pays et conté de Flandres : assavoir en escuz d'or au soleil de la forge de France de soixante dix au marcq ou en florins Philippus de LXXIIII au marcq de Troyes, telz que l'on forge à présent en noz monnoies au pris de vingt cinq patars, ou en autre monnoie à la valeur ou advenant. Entendu toutesvoies que nous, vuellans faire ledit rachat, seront tenuz le signiffier trois mois par avant le jour dudit rachat audit maistre Lyennart Cotreau ou à son ayant cause deuement et que lui soient laissé tous et quelconques les fruiz, prouffiz et emolumens, ensemble toutes amendes qui jusques audit jour escherront et auront esté calengiés et poursuyees, pour ledit rachat ainsi fait reprendre ladicte seigneurie et ce que dessus aussi franche et descharge de telle nature et condicion comme elle est à présent, et affin que ce contract soit de meilleur et vray efficace et puisse sortir plain effect, nous avons prommis en parolle de Roy et par ces présentes prommectons pour nous, noz hoirs et successeurs inviolablement garder et entretenir et faire par ceulx qu'il appartiendra garder et entretenir et que nous ne yrons directement ou indirectement ou souffrons par qui que ce soit aler ancontre soulz quelque couleur ou occasion que ce soit, conduire et garandir et tenir ladicte seigneurie et ce que dit est en la manière avant dite quicte, franche et deschargée de toutes charges envers et contre tous et rendre tous dommages et interrestz et renunceans à toutes prééminences, privilèges, exceptions de droit et de fait que ne voulons de par nous ou aultre de quelque estat qu'il soit leur povoir estre obicées ne aultre quelque effect au contraire et préjudice des choses dessus dictes. Si donnons en mandement *etc.* Donné en nostre ville de Bruxelles le premier jour de juing l'an de grâce mil V^e et cinq. » (*Archief van het Noorder-departement te Rijsel, B.* 1,825, bl. 78^{v°}.)

(1) *Register van erfenissen* der gemente Wetteren, 1758-1767, bl. 46 v°.

na gehuwd geweest te zijn met Theresia Piers, dochter van Frans en van Barbara van den Hecke.

Het hieronderstaande denombrement doet niet zoo omstandig als de verkoopacte van 1505 de rechten en voorrechten kennen, welke aan het bezit der bedoelde heerlijkheid verbonden waren (1). Uitwijzens laatstgemelde oorkonde strekte zij zich uit

(1) « Wy Joncker Jan Baptiste Joseph Papejans de Morchoven, heere van Barlestein, der vrye heerlyckheyt van Ertbrugge in Schellebelle, Wanzele etc., kennen ende lyden by desen jeghenwoordighen denombremente dat wy houdende syn van den huyse ende princelyken Leenhove van Dendermonde het derde vande heerlyckheyt ende prochien van Schellebelle ende Wanzele, met alle rechten, vervallen, proffyten ende emolumenten daertoe behoorende, mits welcke heerlyckheyt wy aldaer vermoghen te stellen eenen Meyer, het derde vande weth vande prochien van Schellebelle ende Wanzele voorschreven, de kerckmeesters ende heylighgeestmeesters met den heere aldaer ofte synen Bailliu; item de costers in deselve prochien stellen wy alleene; item eenen praeter, met sulcken recht als 's beeren voorseyt praeter neempt; item vermagh onsen meyer met den Bailliu ende schepenen de straeten te schauwen ende baluicken ende vandien boeten te hebben tot synen proffyte. Tot desen voorschreven leene behoort eene penninckrente, weirt synde ontrent vier ponden seventhien schelen acht deniers paresis, vyf honderen ende dry quaert ende een broodt s'jaers, haer bestreckende binnen ende op de voorschreve heerelyckheyt op diverse gronden van erfve, daerop onsen meyer heeft het volle bedryf met weth int bericht van erfven ende onterfven; ende als men die erfven verwandelt by coope, soo hebben wy alsdan den thienden penninck, ende by versterfte acht schelen paresys van elck bunder; item het derde vande proffyten vande jeuchbeden, dobbelspelen ende andere spelen, danof den meyer de maintenue heeft; tot welcken leene toebehooren vyf achterleenen, achtervolghende den leenbouck danof synde. Ende als de voorschreven leenen veranderen by versterfte ofte andersints, soo hebben wy van elck leen een relief van thien ponden paresis ofte de beste vromme van dryen, ende twintich schelen paresis van camerlinckgelt. Staende dit myn voorschreven leen ter trauwe ende waerhede synen gerechtigen heer, ende soo wanneer dat het verandert ofte verwandelt, ten relieve van thien ponden paresis ende twintich schelen van camerlinckghelt; gesende dit denombrement over aen den bailliu ende greffier vanden voornoemden leenhove onder de gewoonelycke protestatie van hetselve te mogen verbeteren, indien dat er meer ofte min aencleefde, ter ordonnantie van mannen van leene vanden selven hove. In teecken der waerheyt hebben wy het selve onderteeckent ende gecachetteerd met ons ordinair cachet van waepenen desen eersten february 1762. »

(Register van denombrementen van 't Leenhof van Dendermonde, n° 64, van 8 Juli 1758 tot 18 Mei 1773, bl. 85. — Staatsarchief te Gent.)

in Wetteren, Schellebelle en Wanzele en ging het veer over de Schelde te Schellebelle er mede gepaard, wat ons eenigszins vreemd voorkomt, doordien er van dit recht in het denombrement der hoofdheerlijkheid insgelijks melding gemaakt wordt. Volgens eene pachtacte van 1597 brachten de veerrechten alsdan, de som van 12 gulden 's jaars op. Ook de visscherij in de Schelde en de jacht op het geheele grondgebied waren er mede verbonden, ter uitsluiting van den bezitter der hoofdheerlijkheid. Verder had de heer het recht van aanstelling eens meiers, welke bediening gewoonlijk door hem in pacht werd uitgegeven : « ter causen van welcke meierij (lezen wij in eene oorkonde van 1503), hem toebehooren de boeten van drie groote ende daeronder; vanghinghen ende arresten te doene om civile zaken, ende de ghevanghene tontslane by consente van partien; ook te erven ende te ontervene; dootcoopen en wandelcoopen tontfane van allen landen, gheleghen binnen de voors. heerlichede, alsoowel van de ghone gheleghen onder mynen gheduchten heere ofte vassalen » enz. (1).

Ook mocht de heer van dit derde deel der genoemde dorpen, luidens de verkoopakte van 1759, hier eenen vorster aanstellen, « met gelycke macht als dien van den anderen heer, » terwijl door beide heeren te zamen, elk tot beloop zijner gerechtigheid, de wethouders van Schellebelle en Wanzele benoemd en de boeten « over het beleyd van de straeten » en de plaatsgelden op de jaarmarkt gedeeld werden. Eindelijk de begeving der kosterij, in de twee parochiën, was den bezitter van het derde der heerlijkheid alleen voorbehouden.

Vermelden wij nog, ten slotte, dat in de even beroepene oorkonde van 1503, toen dit deel nog aan den vorst toebehoorde, Schellebelle met zijne afhankelijkheden beschreven werd als « eene scoone heerlichede, daer hy (de graaf van Vlaanderen)

---

(1) *Sententiën en appointementen interlocutoire*, 1503-1506. bl. 1. — Staatsarchief te Gent.

heeft alle justicie, officiers ende justiciers om dezelve justicie daer te regierne ende elken te administrerene. »

De galg van Schellebelle stond in de nabijheid der Schelde, op Oostakker.

Het zegel, waar de wettelijke oorkonden van Schellebelle en Wanzele mede bestempeld werden, vertoonde het afgehouwen hoofd van den H. Joannes, allerliefst van teekening, met dit randschrift : Segel. v: Schellebelle. en. Wanzele(1).

Wij hebben nu nog te gewagen van de hooger gemelde heerlijkheid van *Ertbrugge.* Deze heerlijkheid, verheffende van de baronie van Eine en Heurne, in 't Land van Oudenaarde, maakte aanvankelijk deel van de leengoederen der familie van Belle en had in het vervolg ook dezelfde bezitters als die van het derde deel dezes dorps en van Wanzele. Zij strekte zich uit in de wijk van dien naam te Serskamp en te Schellebelle, en was eene der weinige zoogenoemde vrije heerlijkheden, welke, uit krachte der algemeene verordening van 1672, het recht hadden hare eigene zaken te besturen, zonder van eenige overheid af te hangen. « Cette seigneurie (zoo luidt het in eene verhandeling over het bestuur der steden en dorpen van Vlaanderen in de verledene ecuw), quoique très peu considérable, ne ressortissant ou ne contribuant avec aucune autre administration, est réputée chef-collége, séparément taxée dans le transport de la province et comprise dans la liste des circulaires que le Conseil en Flandres écrit pour les assemblées générales des états de la province,

---

(1) De stempel van dit zegel is in 't bezit van den heer Odilon Périer, advocaat te Dendermonde, wiens moederlijke grootvader, Frans-Augustijn de Pauw, bloedverwant en reisgezel van den beroemden Gentenaar Lieven Bauwens, na zijne terugkomst uit Engeland gedurende eenige jaren het ambt van meier van Wanzele bekleedde. Wij hopen de gelegenheid te hebben over dezen verdienstelijken burger in onze monographie van Wanzele, of van Lede, alwaar hij den 18 November 1807 overleed, breedvoeriger uit te weiden. Degenen, die intusschen wenschen er nader mede kennis te maken, verzenden wij naar het werkje van Mr Périer, getiteld : *Lieven Bauwens en de opkomst der katoennijverheid in Vlaanderen.* Gent, Ad. Hoste, 1885.

mais elle n'y vient pas, et il ne semble point qu'elle y soit jamais
venue(1). »

Uit deze regelen volgt dat de heerlijkheid van Ertbrugge geen
het minste uitstaans had met het hoofdcollege van Dendermonde,
noch met den grooten Raad van Mechelen, welke hare wethouders meer dan eens in zake van verdeeling der belastingen moeilijkheden zochten te berokkenen. Zij bezat het recht van hooge,
middelbare en lage justitie en werd bestuurd door eenen baljuw
en zeven schepenen, gelijk de dorpen.

Ten tijde van Bernaard van Belle, in 't begin der XV° eeuw,
bestonden de inkomsten dezer heerlijkheid uit 35 schellingen
parisis, jaarlijksche penningrente, 20 kapoenen, 12 1/2 hennen
en 5 ganzen, ongeminderd de verdere gewone baten en voordeelen. Toen de heerlijkheid overging tot den heer Papejans,
in 1759, bestond het foncier uit eene pachthoeve, met er van
afhangende landen en meerschen, ter gezamenlijke grootte van
24 bunder, en daarenboven uit 161 bunder land, meersch,
bosch, enz., waaronder vier vijvers te Wetteren en te Ertbrugge, te zamen groot 23 dagwand 40 roeden; den windmolen
van Ertbrugge enz. Het pachthof brandde een vijf en twintigtal
jaren geleden ten gronde af en werd nimmer heropgebouwd.

De vierschaar van Ertbrugge werd gehouden in den toren,
die van het voormalig slot, te dezer plaats vroeger bestaan
hebbende, is overgebleven.

Dit gebouw, uit witten hardsteen, is bekend onder den
naam van de *Mot* of *Oude Vierschaar*, en bevindt zich aan
den boord eener gracht, die eertijds de wallen bespoelde(2).

---

(1) *Documents extraits du dépôt des archives de la Flandre occidentale à
Bruges*, par F. PRIEM, II° série, VI, bl. 71.

(2) Tot vóor een vijf-en-twintigtal jaren berustten er in dit gebouw eene
aanzienlijke hoeveelheid papieren der voormalige griffie, waarvan de meeste
op den dompel zijn geraakt of vernietigd. Alleen het overschot, meest
gedingstukken uit de XVIII° eeuw, is in onze handen gekomen, doch het
biedt weinig of geen belang aan.

Wanneer 't kasteel te niet ging, vonden wij niet aangeteekend.

Het zegel dezer heerlijkheid vertoonde in de verledene eeuw het wapenschild der familie Papejans : *écartelé aux 1er et 4e de gueules au lion d'or, et aux 2e et 3e d'or à six fleurs de lis de gueules, posées trois, deux et une, sur le tout de gueules à la fasce d'or, chargée d'une fasce vivrée d'azur.* In den rand las men : Sig. Scabin. Eertbruggæ.

Een ander heerlijk goed in deze gemeente was het *Eegoed*, dat wij van in de XVe eeuw in bezit vinden van de er op gevestigde familie van Heetvelde. Een lid dezer familie, met name Dirk, was in 1585 burgemeester van Brussel en getrouwd met Elizabeth van der Noot, wier achterkleinzoon Jan van Heetvelde in de kerk van Schellebelle begraven ligt. Joost van Heetvelde, een van dezes afstammelingen, overleden in 1542, en insgelijks in den familiegrafkelder te Schellebelle ter laatste ruste gelegd, trad in den echt met Cecilia Roekox, in gemeld jaar gestorven, twee kinderen achterlatende, waaronder Adolf, die het Eegoed in bezit kreeg en ten jare 1615 overleed, na gehuwd geweest te zijn met eene dochter van den heer van Hoboken.

De volgende bezitters van het goed waren :

Karel van Heetvelde, getrouwd met Eleonora du Bois en in de kerk van Wommelgem begraven; Anna-Adriana van Heetvelde, echtgenoote van Adriaan Rockox, haren oom, gezeid van Heetvelde, die den 16 September 1668 overleed; Frans van Heetvelde, zoon van Adolf, gehuwd met Florentia de Landas; Jan-Edward van Heetvelde, zoon van den voorgaande, gestorven den 22 April 1717 en begraven te Uitbergen, na huwelijk te hebben aangegaan met Petronnella Terlinden, van Aalst; Angelina-Carolina van Heetvelde, overleden den 24 Januari 1722, in den echt getreden met den baron Bartholomeus-Jozef Jaerens, kapitein in dienst van Karel VI, en eindelijk Bartholomeus-Pieter-Jan baron van Heetvelde Jaerens, heer van Schauwendale en hoofdschepene van Dendermonde, zonder nakomelingen uit zijn huwelijk met N. de Coulemont overleden den 5 Juni 1801.

Het *Eegoed,* nog rondom in zijne wallen, maar waarvan het hoofdgebouw of de heerenhuizing in deze eeuw werd afgebroken, was met de er rond liggende erve 57 dagwand groot, en behoort tegenwooodig aan de familie de Kerchove, te Gent.

Een ander leengoed te Schellebelle, met name *het goed ten Eede,* had in 1391 tot bezitter Pieter Bette, die het toen verkocht aan Jan van Massemen, heer van Kalken, Overmere en Uitbergen, mits 40 pond groote, boven eene jaarlijksche rent van 12 pond. De familie van Massemen bezat dit leen nog in de eerste helft der XVIᵉ eeuw.

De groote tiende van Schellebelle en Wanzele was een leen van het leenhof van Dendermonde en behoorde aan het godshuis gezeid *Gantois,* te Rijsel[1].

---

(1) « Nous soussignés Philippe Heulen, maître de Comtesse et de Ganthois, N. de Gerbode des Pain, chanoine de St. Pierre à Lille et proviseur de l'hôpital dudit Ganthois, Marie-Angelique-Joseph Rongier, prieuse dudit hôpital, sœur Marie-Thérèse Roussel, sœur Monique Bries, sœur Marie-Madeleine Lefebvre, sœur Marie-Albertine de Label, religieuses de la maison de Dieu et de St. Jean-Baptiste desdits Charterières ou hôpital Ganthois, fondé en la ville de Lille, déclarons par cette et en nom de notre dit hôpital, que tenons et advouons de tenir en notre ditte qualité de sa sacrée majesté l'impératrice reine apostololique de Hongrie et de Bohème, relevant de la maison et cour féodale de Tenremonde, tout un fief appartenant audit hôpital, lequel fief est la disme de Schellebelle, nommée la *grande disme,* s'extendant en la paroise de Schellebelle et Wanzele, selon l'ancienne coutume, lequel fief est chargé de haute homage vers sa sacrée majesté impériale royale et apostolique, comme dame de Tenremonde, et à la vente ou changement il est chargé de plein relief de dix livres parisis et vingt sols parisis de chambellage, et à la mort du responsable est aussi du un relief de dix livres et vingt sols parisis de chambellage comme dessus. Le présent rapport fait par nous au nom dudit hôpital sous protestation que si le dit fief serait plus ou moins que ci-dessus mentionnée, de l'augmenter ou diminuer à l'ordonnance. En témoignage de vérité nous dessus nommé avons donné le présent acte en forme de dénombrement au nom de la dite maison de Dieu et l'hôpital des charterieres ou Ganthois, le 28 février 1759... »

.(*Register van denombrementen van den princelijken Leenhove van Dendermonde, 1758-1775, bl. 20.* — Staatsarchief te Gent.)

De archieven van Schellebelle, door ons in den tijd gerangschikt, bestaan uit de staten van goed sedert 1585, wettelijke
passeeringen sedert 1601, gemeente- en armrekeningen van de
XVIIe en XVIIIe eeuw, procesbundels enz. Zij berusten sedert
eenige jaren in het Staatsarchief te Gent.

Te Schellebelle bewaart men een oud landboek met kaarten,
van 1709, benevens de oude doop-, huwelijks- en overlijdensregisters, opklimmende tot 1618.

Baljuws en Meiers van Schellebelle.

Gillis de Roode.	1599
. . . .	. .
Jacob Waels (*meier*)	1625
Jacob Braye (*baljuw en meier*) . . .	1654
Geeraard Braye (id.)	1659
Pieter van Mossevelde.	1667
Pieter Heyndrickx	1694
P. Beydins	1718
Antoon-Philip van Mossevelde	17**

Burgemeesters.

Lieven de Wilde	1667
. . . .	. .
Jan de Causemaeker	1718
. . . .	. .
Lieven Schietecat	IX
F.-J. Lalemant	XI
K.-J. Vilain XIIII	1808
Jacob Leirens	1810
Theodoor-Fr. Papejans	1817
B. Matthys	1850
J.-B. Matthys	1847
Louis Matthys	1888

III.

GESCHIEDENIS. — Vóor de XVIᵉ eeuw zijn er over Schellebelle
geene historische gebeurtenissen aan te teekenen, hetgeen evenwel niet bewijst dat het dorp gedurende de middeleeuwen geene
rampen of onheilen, ten gevolge van den oorlog, heeft te verduren gehad.

Reeds bij den aanvang der religietroebelen had Schellebelle
zijn aandeel in de droeve wederwaardigheden, welke er het
gevolg van waren : den 26 Augustus 1567 rukte hier en in het
naburige Wetteren eene bende krijgsvolk door, onmiddellijk
na Alva's optreden als opperbevelhebber der krijgsmacht uit
Brussel naar Gent gezonden. 't Was het regiment van Napels,
samengesteld uit negentien vaandelen en omtrent 3,000 mannen, aangevoerd door den kolonel of « maëstro del campo »
Alonzo de Ulluo. MARK VAN VAERNEWIJCK, tijdgenoot van de
gebeurtenissen, zegt dat zij den landman groote schade deden :
« zij sneden'tcooren ende de evene, die zij in de schueren von-
« den, de hairen af, ende worpent voor haer peerden, om dat zij
« eten zouden dat zij liefst hadden; deden de landslieden uyt-
« rijden ende loopen om wittebroot ende om wijn. Als zij dat
« niet ghecrijghen en conden, ende wederom ijdel quamen, zo
« sloughen zij hemlieden ofte deden stroppen om haer halsen,
« haer dreeghende te verwurghen; zij namen ooc, in sommighe
« pachthoven, de scapen ende calveren, en stackense de kele af,
« en dolven een gracht in deerde, daer maecten zij vier, ende
« brieden tvleesch aldaer. Alomme ghebuerde groote, groote
« rudesse. Eenen boer zouder drije of viere doot ghesmeten
« hebbende met eenen vleughele, omdat zij zijn wijf ende kin-
« deren mesbruucten in zijn presentie, ende zoude naer tHof
« ghevanghen ghevoert gheweest hebben; maer hoorende de
« oorzake, zoude weder vrij onsleghen zijn. »

Een rampzalig, ijslijk begin, niet waar, van dien onmenschelij-
ken strijd tusschen de twee partijen; strijd in welken het jaren
achtereen zou gaan als gedurende de eeuwen van barbaarsch-
heid : oog voor oog, tand voor tand.... Wreedheid werd geboet
door wreedheid, eilaas ook door degenen, die handelden in
naam van den God van liefde en bermhartigheid. Verdraag-
zaamheid scheen uit de wereld gebannen; haat en wraakzucht
vervulden het hart van schier allen!

In 1580 werd er hier door de Malcontenten eene versterking
gemaakt tegen de Gentenaren, die den 6 October deszelfden
jaars eenen inval in het dorp deden, de nog onvoltrokken
sterkte vernietigden en een groot deel des dorps in brand
staken. Zoo althans lezen wij in het *Memorieboek der stad
Gent* (III, 62), doch PHILIP DE KEMPENARE (PHILIP VAN CAMPENE)
geeft te verstaan dat de bedoelde versterking niets anders
was dan « het huis van Schellebelle » of het kasteel, waar
de Malcontenten door eenige ruiters en voetknechten uit verjaagd werden.

Over dit feit zegt JAN VAN DEN VIVERE in zijne kroniek :

« In dit zelve jaer, ontrent den VI ende VII octobre, trocken
vijf ofte zes veendelen soldaeten uyt Ghendt naer Schellebelle
om dertich ofte vyf en dertich Malcontenten, die op het huus van
Anghereelis laghen, dewelcke verliepen ende staecken tvier in
thuus. Ende dan verbranden dese soldaten, die uyt Ghendt
commen waeren, meest alle de huusen, die up de plaetse stonden,
dat jammer was om hooren ende sien(1). »

Zeven jaren later, in 1587, vielen twee compagnieën Duit-
schers, van het regiment des graven de Berlaimont, in het dorp
van Schellebelle en braken er met geweld de kerkdeuren open,
met het inzicht er zich van de gewijde vaten en alles wat maar
eenige waarde had meester te maken. Niets van dien aard
er gevonden hebbende, rukten zij in de pastorij, welke zij

---

(1) Bl. 315.

't onderste boven keerden, waarna zij, met buit overladen, er van door trokken (1).

Onder Lodewijk XIV, in de tweede helft der XVIIe eeuw, onderstond Schellebelle op geene mindere schaal de rampen van den oorlog. Men kan er over oordeelen wanneer men weet, dat het aandeel der gemeente in de belastingen, opgelegd aan het Land van Dendermonde van 1689 tot 1 Februari 1694, tot niet min dan 94,699 gulden 19 stuivers beliep. Aan de Franschen betaalde zij in 1694 en 1695 eene schatting van 10,143 gulden, terwijl de schade en de verwoestingen, er gedurende die twee jaren door de legers der Verbondenen aangericht, op 49,283 gulden werden geschat. Dat de inwoners hierdoor gansch ten onder waren gebracht, kan uit die cijfers genoegzaam worden opgemaakt.

Nog was de XVIIe eeuw niet ten einde, toen de Brandeburgers bezit kwamen nemen van het kasteel, waarin zij, na een zevental weken oponthoud, in den morgen van 21 September 1697 door de Franschen werden aangevallen en uitgedreven. Eene eventijdige oorkonde schat de schade, welke daarbij aan het kasteel en het neerhof werd toegebracht, op de som van 2,328 gulden (2).

---

(1) Geschreven brieven. Keure. — *Stadsarchief van Gent.*

(2) « Eerst wort de schade, gecauseert in het metswerck van 't voors. casteel ende neerhof, bevonden te bedraeghen volgens de prysye van Matthys Michiels, meester metser van synen style, ter somme van. I° IIII xx VI gl.

« Jtem de schade gecauseert in het afbreken van de twee hautten bruggen ende poorte van tselve casteel, verbranden ende wechnemen van stylen, plancken, solderinghe, vensters, deuren, keperinghen, kribben, rosteelen als andere diergelycke hautte wercken, gepresen by Pr Verbraecken, meester temmerman, ter somme van . . . . . . III° LXV gl.

« De schade gecauseert in de gelasen van het voors. casteel, wordt gepresen by Jan Arens, meester gelasenmaecker, ter somme van . I° II gl.

« De schade gecauseert in het schailledack van het voors. casteel bedraecht volgens de prysye danof gedaen by Guil Passchier, meester schailledecker van style, ter somme van . . . . II° V gl.

« De boomen gecapt by de Brandeborsche tot het maeken van palissaden bedraecht ter somme van IIII lib. XVI sch., daerinne begrepen de elscanten, dus . . . . XXIX gl.

« Jtem tgonne soude moeten becostigen het slechten vande trancheen ende

De Franschen verlieten Schellebelle eerst den 30 September, na onder de weerlooze bevolking op onbarmhartige wijze den

---

andere wercken, alsmede het uyttrecken van pallissaden, tsamen ter somme van . . . . XXXIX gl.

« *Declaratie van de schade ende intresten geleden by de twee pachters van het kasteel.*

« Eerst tverlies van seven groote schilderyen binnen tvoors. casteel, deen door dander weerdich ten minste 13 gulden, compt . . . IIII^{xx}XI gl.

« Jtem over tverlies van twee ledecanten, deene weerdich XXXIV gl. ende dander IX guld., tsamen . . . . XXXIII gl.

« Jtem twee kassen tsamen weerdich . . . . . . XVII gl.

« Jtem eene comptoirkasse ende dry andere seer beschadight, bedragende tsamen . , ... XXX gl.

« Jtem over tverlies van thien bierthonnen, d'eene door d'ander genomen daeronder ses nieuwe . . . . XXIIII gl.

« Jtem alle andere soorten van meubelen, van stoelen, bancken, hauttewerck, yserwerck, potten ende kannen, ten minsten bedragende II^c XL gl.

« Jtem tverlies van twee ploegen, twee sleden ende eene heechde ende aude getreck met eenen grooten cordenwagen, tsamen weerdich . . XXIIII gl.

« Jtem twee groote verckens ende twee calvers, tsamen . . LX gl.

« Jtem over 't verlies van 150 banden vlas . . . . XXXVI gl.

« Jtem over tverlies van 600 soo mutsaert als spincen by den Brandenburgsche geemployeert soo tot brandhout als tot het maecken van de brugge over den wal, d'een door d'ander genomen op ses guld. . . XXXVI gl.

« Jtem over 200 eecken drooge blocken . . . . . . XVI gl.

« Jtem over tverlies van een en twintich zaecken cooren, geschoten tarwe, grauw cruyt als andere graenen, genomen op vyf guld. yderen zaek, tsamen . . . . I^c V gl.

« Jtem tverlies van 6000 soo tarwe als rogge cloppelyngen, die maer wat beth als half uytgedorschen en waeren, boven noch veel hert strooi ende haver stroyt, tsamen genomen op . . . . I^c XLIIII gl.

« Jtem over tverlies van 700 busselen goet hoy a IX gl. thondert LXIII gl.

« Jtem over de schade in den hof, bestaen geweest met alle soorten van vruchten voor de consumptie van twee nombreuse buyshoudens, met hun bestiaelen, waerinne niet het minste gelaten en is, groot beth dan een half bunder, tot . . . . II^c gl.

« Jtem over tverlies van een schuyte vande voors. pachters, by de Brandenburgsche daghelycx gebesicht tot het verwisselen van de wachten van het casteel, commende ende gaende over de Schelde den tyt van 57 dagen tot . . . . LVII gl.

« Jtem over de leverynge van een pont en half keerssen daechs, den voors. tyt van 57 dagen . . . . XXV gl. III st.

(*Eventijdige kopie, in ons bezit.*)

duivel te hebben gejaagd. Het volgende jaar werd het kasteel door paal- en andere werken in staat van verdediging gebracht, en misschien wel nog eens besprongen en beschadigd.

Met den Patriottenkamp in 1790 deden de ingezetenen van Schellebelle, gelijk hunne naaste buren, en overigens zooals gansch Vlaanderen, ijverig mede. Het hier tot stand gekomen Vrijwilligerskorps zwoer den 12 Juli van gezegd jaar, op de Gentsche Vrijdagsmarkt, den eed van trouw aan de Staten.

IV.

KERK VAN SCHELLEBELLE. — De kerk van Schellebelle, eertijds toegewijd aan den H. Goorik, maar sedert 1681, of ietwat vroeger, aan den H. Jan-Baptist, dagteekent, naar het ons voorkomt, van de XV⁰ eeuw. Zij onderging meer dan éene verandering — of liever verminking, de laatste in 1828, doch, behalve den toren, uit grijzen hardsteen gebouwd, en die een zeker monumentaal karakter heeft, kan men nog hier en daar, onder andere aan den rechten kruisbeuk, den spitsbogigen bouwtrant der kerk waarnemen.

Naar eene volksoverlevering zou de eerste kerk van Schellebelle haren oorsprong aan het volgende wonderdadig voorval verschuldigd zijn :

Onder de vele Vlaamsche edellieden, die aan eene der kruisvaarten deel namen, bevond zich de heer van Schellebelle, die, na verscheidene zegepralen op de Saracenen te hebben medegewonnen, bij zijne terugreis uit Palestinen door zeeroovers gevangen genomen en in de boeien gezet werd. Gedurende dien tijd had hij het geluk de dochter van een opperhoofd der Saracenen tot den christelijken godsdienst te bekeeren, doch hoezeer hem dit in zijne slavernij eenigszins troosten mocht, verlangde hij onophoudelijk naar zijn geliefd vaderland, naar zijne gade en kinderen te mogen terugkeeren, Gode belovende, indien zulks hem mocht te beurt vallen, te zijner eere eenen prachtigen tempel op te richten. 's Nachts in eenen droom — zoo luidt de legende, — werd hij door eenen engel opgenomen en in de nabijheid van zijn slot, dichtbij de Schelde, nedergezet. De ridder hield zijne belofte en bouwde eene sierlijke kerk op dezelfde plaats, waar hij het eerst de oogen voor de vrijheid had mogen opendoen (1).

Men bewondert in deze kerk een schoon gebeeldhouwd altaar, *de Kroning van Maria* voorstellende, alsmede een doek van G. DE CRAYER, waarop de *Aanbidding der Drie Koningen is* afgemaald.

Het rechter zijaltaar prijkt met eene beeldengroep van MATHIAS ZENS, voorstellende *St.-Jans onthoofding;* en het linker zijaltaar met een beeld van *O. L. Vrouw Onbevlekt ontvangen.*

Een der biechtstoelen, met schoon snijwerk versierd, dagteekent van de XVIIe eeuw.

In den toren hangen nu, gelijk in 1684, twee klokken; op de groote leest men :

JOSEPH SIMON HEEFT MY GEGOTEN TOT SCHELLEBELLE

INT JAER 1792 TOT LASTE VAN DE GROOTE THIENDE VAN

SCHELLEBELLE.

Het opschrift der kleine is onleesbaar.

Onder de vele zerksteenen in en buiten de kerk zijn er eenige, welker opschriften wij hier mededeelen :

D. O. M.

SEPULTURE DE LA FAMILLE DE MESS. BARTH.-JOSEPH

BARON D'HEETVELDE, DIT JAERENS, SEIG^r DE SCHOUWEN-

---

(1) Deze legende maakt het onderwerp uit van een romantisch verhaal, destijds verschenen in *'t Ros Bayard*, van Dendermonde, nadien in het weekblad *de Eendracht*, van Wetteren, onder den titel : *Hugo Papejans de Morchoven of oorsprong van het hoofdaltaar der kerspelkerk van Schellebelle.* — Merken wij hier alleenlijk op dat de heerlijkheid van Schellebelle slechts aan de familie Papejans toekwam in de XVIIIe eeuw....

DAEL ET GÉNÉRAL MAJOR ET LIEUTENANT GOUVERNEUR
DE TERMONDE, QUI TRÉPASSA LE ... ET SA FILLE,
MARIE ANNE, OBIIT 19 MARTIS 1758.

Deze zerk ligt vóor het hoofdaltaar; het er op gebeiteld
wapen draagt eenen dwarsgestreepten keper op een zilveren
veld.

—

SEPULTURE VAN EERSAMEN FRANÇOIS DE LAUSNAY, F⁸
MICHIELS, DIE OVERLEET DEN 5 DECEMBER 1616.

—

SEPULTURE

VANDEN EERWEERDIGHEN HEER ENDE MEESTER PETRUS
VERLYSEN, F. DANIELS, IN SYN LEVEN PASTOR ENDE
PERSOON DER STAD DEYNSE, ALS OOCK PASTOR ENDE
PERSOON DEZER PAROCHIE DEN TYDT VAN 12 JAER, DIE
IN DESE KERKE GEFONDEERT HEEFT EEN EEUWIGH SOLEM-
NEEL JAERGETYDE MET HET SPELEN VAN DEN ORGEL ENDE
DISTRIBUTIE VAN BROOD AEN DEN ARMEN, ALSMEDE EEN
EEUWIGHE GESONGEN MISSE VAN REQUIEM ALLE EERSTE
MAENDAGEN VAN IDER MAENT, MET SPELEN VAN DEN ORGEL
EN DRYMAEL UYTDEYLINGE VAN BROODT AEN DEN AERMEN,
OVERLEDEN DEN 1 7ᵇᵉʳ 1761, OUDT 77 JAER, ENDE VAN
SYNE MOEDER JOFVROUWE AMELBERGA OST, DIE IN DEZE
KERCKE GEFONDEERT HEEFT VIER GESONGHEN MISSEN VAN
REQUIEM MET HET SPELEN VAN DEN ORGEL IN D'OCTAVE
VAN DE GELOOVIGE ZIELEN, OVERLEDEN DEN 30 MEYE
1750, OUD 89 JAER.

REQUIESCANT IN PACE.

—

D. O. M.

SEPULTURE VAN JUDOCUS ANDREAS JANSSENS, F⁸
HIERONYMUS, DEKEN VAN HET GILDE VAN ST. SEBASTIANUS
EN ONTVANGER DEZER PAROCHIE, GHEFONDEERT HEB-

BENDE TWAELF GESONGEN MISSEN MET DE BROOTDEELINGE
VAN...

R. I. P.

SEPULTURE

VAN HEER JACOBUS DE VLEESCHOUWER, F⁵ JOANNES,
AUDT ONTRENT TSESTICH JAEREN, IN SYN LEVEN CAPPEL-
LAEN DESER PROCHIE VYF EN TWINTICH JAEREN, OVER-
LEDEN DEN 9 MEY 1691. BIDT VOOR DE ZIEL.

SEPULTURE

VAN FRANCIES VAN DOORSELAER F⁵ ADRIAEN, IN SYN
LEVEN . . . . TGILDE VANDEN EDELEN . . . . SEBAS-
TIANUS, OVERLEDEN . . . . OUDT . . JAEREN. ENDE
ADRIANA CLINCKSPOOR, SYNE HUYSVROUWE, OVERLEDEN
DEN 6 MEYE 1711, OUD 66 JAEREN. BIDT VOOR DE ZIELE.

D. O. M.

TER GEDAGTENISSE VANDEN EERWEERDEN HEER PETRUS
CORNELIUS DE RONGÉ, FILIUS HENRICI FRANCISCI ET
JOANNA COLLIER, GEBOREN TOT DENDERMONDE DEN
28 MEY 1747, WORDT PASTOOR EN PERSOON DEZER
PAROCHIE VAN SCHELLEBELLE DEN 3 JUNY 1793, EN
STERFT ALHIER DEN 6 8ᵇᵉʳ 1821, LIGT BEGRAVEN VOOR
HET BEENDERHUYS, ONLANGS DOOR ZYNE ZORG ERSTELT.

R. I. P.

Nopens de vroegere kerkgebruiken van Schellebelle zijn ons
geene bijzonderheden bekend. Zeggen wij enkel dat den
24 Juni 1716 hier de verheffing plaats greep der reliquieën van
St. Cornelis, die hier vanouds bijzonder vereerd wordt.

In de XIVᵉ eeuw maakte de parochie deel van de aartsdekenij
van Brussel en de dekenij van Aalst, en tot in 1875 behoorde
zij tot de dekenij van Dendermonde, in welke laatste jaar zij
onder die van Wetteren werd gerangschikt.

Van 1148 tot 1196 was Schellebelle de verblijfplaats van eenen deken der Aalstersche christenheid, met name Robrecht. Het altaar van Uitbergen, alsmede het patronaat over de kerk van Zele werden door hem in 1177 aan de Gentsche St.-Baafsabdij afgestaan, en in meer dan éene oorkonde komt hij als getuige voor, onder andere in eene charter van 1170, bij welke de heer van Dendermonde, Willem van Bethune, en zijne echtgenoote Machteld vrijdom van tol aan de abdij van Ninove toestaan.

Het begevingsrecht der pastorij behoorde vroeger aan het kapittel van St.-Baafs, doch in de verledene eeuw was dat patroonschap in bezit van den pastoor, die, volgens C. van Gestel, in 1707 tevens patroon werd van Wanzele, mits met de opbrengst van dit recht voor den *vicepastor* aldaar te zorgen.

De eerste onderpastoor werd hier aangesteld in 1709.

Er zijn in dit dorp twee kapellen : de eene, langs den steenweg naar Wetteren, in de nabijheid van het dorp, de andere in de Bruinbeke.

Pastoors van Schellebelle.

Robertus, *decanus de Belle* 1177
. . . .
Gillis de Smet 1550
. . . .
Nicolaas de Kueninc 1540
Arnold de Grave 1547
. . . .
Jan van de Wiele 1570
Jan Roterc 1587
. . . .
Willem Lantmeters 1610
Fr. Mannaerts, S. T. B. 1617

Antoon van den Steen. 1618

. . . d'Haens 1638

Emmanuël Embrechts 1641

Christoffel Morreman 1650

Cornelis Borquelman 1655

P. Ooms 1677

Gillis Verleysen 1677

Pieter Verleysen 1749

Jozef-Bernaard Melis 1764

Pieter-Cornelis de Rongé 1795

Norbert Haeck 1820

Pieter-Frans Baeten 1821

Jan-Baptist Verdickt 1843

Joz. de Ryck 1870

Camiel-Theodoor Hulpiau. 1875

Amand van Wassenhove 1879

V.

KLOOSTER VAN TUSSCHENBEKE. — Tot op het laatste der verledene eeuw bestond er in deze gemeente, ter plaats gehecten Tusschenbeke, een vrouwenklooster der orde van St. Norbert, afhangende van de abdij van Drongen, eerst in 1158 door de weduwe van Iwein van Aalst in het aanpalende Serskamp gesticht en in 1250, zegt LINDANUS, uit hoofde van het groot getal vergiftigende dieren, die te dezer plaatse nestelden, naar Schellebelle overgebracht.

De archieven van dit sticht ten grootsten deele verloren geraakt zijnde, is het ons onmogelijk er weinig meer over mede te deelen dan bij evengenoemden schrijver en bij VAN GESTEL te zien is. Alleen de hier volgende acte van den jare 1576 biedt eenig belang aan, doordien er de vrees voor vernieling

in uitgedrukt is, welke inderdaad drie jaren later zou ver-
wezenlijkt zijn : het sticht werd namelijk, als zoo vele andere
wijkplaatsen van godvruchtige zielen, door de beeldstormers
aangerand en vernietigd (1).

---

(1) « Also ons proost, vrauwen priorinne, onder priorinne ende den
ghemeenen couvente van Tusschenbeke, vander ordene van premonstreyt,
int bisdom van Camerijc, vanweghen joncvrauwen Jaquemine Coolins ende
Anna Borluut, gheprofeste religieusen ons voors. cloosters, es ghedaen
vertooghen ende te kennen gheven hoedat zijlieden, mids desen dangereusen
tijt vande sectarissen, hemlieden nyet langher ghetroosten in ons voors.
couvent te blijven, vreesende eenyghen oploop, brandt of gherief in huerlieder persoonen, verzouckende mits dien bij onsen accorde ghedeporteert te
worden van onse conventuele residentie ende hemlieden toeghelaten in
eenighe ander gheestelijke plaetse binnen besloten stede haerlieder leven te
beleedene tot huer overlijden, continuerende in huerlieder gheestelicke
habijten ende statuuten der ordene van premonstreyt, hemlieden boven
huerlieder lijfrenten van ons voors. cloosters weghen telcx lijfve jaerlicx
respectivelick volghende zes ponden grooten, so eyst dat wij proost,
priorinne, onder-priorinne ende ghemeen couvent voors. de zaecke voors.
ghemerct ende daerop ghehadt hebbende tadvijs ende aggreatie vanden
eerw. heere ende vader in Gode mijnheere den prelaet van Drongen,
ons vader abt ende heuverste, blijckende bij zijne ghezeghelde letteren
date deser, daermede dese onse ghetransfixeert zijn, hebben dezelve joncvrauwen Johanne Coolins ende Anna Borluut gheaccordeert ende accorderen bij desen zulcx hiernaer volcht. Alvoren dat zijlieden uut onser voors.
clooster zonder retour vertreckende ende hemlieden hauden zullen met fixe
domicilie int baghijnhof binnen der stede van Brugghe, gheseyt de Wijn-
gaert, heerlic in haerlieder gheestelijcke habijten, hemlieden draghende naer
duutwijsen der ordene ende daerinne continuerende ende persevererende,
zal hemlieden van weghen ons voors. clooster elc respectivelick jaerlicx
volghen (boven haerl. lijfrenten) telcx lijfve zes pond groote, behaudens de
extinctie van zes pond gr. mids de aflijvicheyt van deene van hemlieden,
ende in ghevalle van huerlieder beede aflijvicheyt dese rente extinct gheel
ende te nieuten, van welcke rente wij hemlieden de betaelijnghe jaerclicx
over ons bewijsen an Jan Temmerman, alias Springhers, onse pachtere voor
tclooster tot twaelf pond gr. tsjaers, te wetene telcx lijfve zes pond gr., met
welcken bewijse zij hemlieden te vreden houden van anden zelven pachtere
van alfve jare talve jare elc heml. drije pond gr. te recouvreren ende
ontfaene, waer op deerste alf jaer vallen ende verschijnen zal den XVIIIᵒ van
hoymaendt XVᶜ zeven en tseventich naestcommende, ende dander alf jaer
den XVIIIᵉⁿ van lauwe daernaer volghende, ende alzo voorts van alfve jare
talfve jare, elcx leven respectievelijck gheduerende, met expresse conditien
dat alzulcke juweelen, chateylen, ghelt ende meubelen als thaerlieder beede

Zooals het in de verledene eeuw bestond, bevatte dit klooster eene reeks uitgestrekte gebouwen en eene kerk, met hoogoprijzenden toren boven den ingang, te midden van een groot vierkantig beluik, rondom met eene dubbele rij boomen beplant, in gemeenschap met eene dreef, die uitkwam op de Boschstraat, dicht bij de grens van Wanzele (1).

De proost van Tusschenbeke bediende terzelfder tijd de pastorij van Serskamp, en werd als dusdanig aangesteld door den abt van Drongen, die het beschermschap over het klooster in 1705 afstond aan de abdij van Grimbergen, bij Vilvoorde.

Het sticht werd onder Jozef II afgeschaft, en waar gedurende zoovele eeuwen de lof des Allerhoogsten weerklonk, is heden niets meer te zien dan eene weide, de *Paardenweede* geheeten, thans deel makende van het grondgebied van Serskamp.

VI.

Maatschappijen.

REDERIJKERSGENOOTSCHAP. — Moeten wij zeggen dat er te Schellebelle in de verledene en in 't begin der tegenwoordige eeuw ook een Rethorica bestond? Uitwijzens den onderstaanden

---

videyden thuerlieder sterfhuuse bevonden zullen worden, zo wel buuten inventaris als bij inventaris ghespecifieert, zullen commen ten profijte van onsen voors. cloostere, zonder dat hem yemandt van huerlieder hoyrs ande voors. chateylen eenich recht zoude mueghen pretenderen, daervoren hem joncheer Philips de Borluut, broeder vande joncvrauwe Anna Borluut, burghe en principael verkent, blijkende bij den voors. inventaris in daten den IXen van lauwe XVc zessentseventich, bij hem ende den notaris onderteekent. In kennessen der waerheyt zo hebben wij deze hieraf doen maecken ende met onzen respectiven zeghele doen zeghelen ende bij notaris doen onderteekenen.... Dit was aldus ghedaen in ons voors. cloostere van Tusschenbeke desen XIIen van Lauwe XVc zessentseventich »

(*Reg. No 48, bl. 65, van 't archief der Drongenabdij, in 't Staatsarchief te Gent.*)

(1) Eene teekening van dit klooster komt voor in het Landboek van Schellebelle en Wanzele, opgemaakt in 1658.

titel van een *argument* of programma van een door de vereeniging opgevoerd stuk, blijkt dat de liefhebberij voor het tooneel hier nog ten jare 1808 niet was uitgedoofd :

« Met permissie der overheyd
Zal 'er Theater-wys vertoont worden
De standvastige liefde tusschen

THEODORICUS EN AURELIA,

ofte doodelyke vraek om het min-verraed van

DON SANCTIUS VAN SPAGNIEN,

Sluytende met den twee-voudigen Egt-knoop der vervolgde Koninglyke Princessen, onder het Vaderlyk Bestier van

RUDOLPHUS, KONING VAN FRANKRYK,

Bly-eyndig Treur-Spel, in vier Acten.

Zal met extra schoone Decoratien, Konstige Vertooninghen, Balletten en illuminatien uytgewerkt worden door de Konstleerende der Gemeynte van SCHELLEBELLE, Arrondissement van Dendermonde, voerende voor kenspreuk :

DE LELIE CAN GROEYEN TUSSCHEN DE DOORNEN.

'T word met veel respect opgedraegen aen d'Heer CHARLES-JOSEPH-FRANÇOIS-GUISLAIN VILAIN XIIII, *President van 't Canton van Wetteren, Lieutenant der Keizerlyke Jagt,*

NU D'AGTBAERE MEYER IN SCHELLEBELLE.

« De vertoog-dagen zullen zyn op den 18, 24 April, 1, 3, 8, 15, 22, 26, 29 Mey, 6, 12, 16, 26, 27 Juny, 3, 10, 17, 24, 31 July, 7, 14, 15 Augusty, t'elkens ten dry uren naermiddag precies.

« *Het Theater is geplaceert in den wyk de* BRUYNBEKE, *ten Hove en Herberge de* Vyvers, BY SIEUR DE SMET TE SCHELLEBELLE, *Alwaer d'Aenschouwers behoorlyk in 't droog zullen geplaetst worden* ».

De vertooning eindigde telkens met een *prael-ballet* en eene klucht.

Was de vereeniging der « Konstleerende » te Schellebelle

in 1808 nieuw opgekomen, of bestond zij van vroeger? Overleefde zij haar spel van gezegd tijdstip? Op deze vragen kunnen
wij niet antwoorden, daar ons geene geschrevene oorkonden
aangaande die rederijkers in handen zijn gekomen en tot zelfs
de herinnering aan hun, vermoedelijk zeer kortstondig, bestaan
in het dorp is uitgestorven.

Het St.-Sebastiaansgilde van Schellebelle bestond reeds in
de XVIII⁰ eeuw.

VII.

Volkssage.

DE KATTENLINDE.

Alle nachten, op klokslag twaalf ure, kwam de linde op de
dorpsplaats van Schellebelle vol oude wijven, die er het
gemiauw der katten nabootsten, er een leven hielden om de
bewoners der rondstaande huizen den schrik in 't hert te jagen
en hun allen slaaplust te benemen. De vergadering eindigde
telkens met eenen dans, waarna elke tooverheks naar haar
kwartier over haag en heg terugvloog(1).

SLIM SIESKEN.

Siesken ging naar Schellebelle-Potjesmarkt met een half
franksken en vijf centiemkens. Hij verteerde de vijf centiemkens
en hield het half franksken; maar zijne moeder mocht het niet

---

(1) Deze sage heeft eenige overeenkomst met de *Kattenlinde* bij Ouwegem,
door K.-L. Ternest medegedeeld in het *Kunst- en Letterblad*, 1843, bl. 24.

weten en daarom moest Siesken het verbergen, want zij zou
het half franksken genomen hebben. — Hoe dit nu verborgen?
— « Ik weet het al », zegde Siesken, en hij kroop op 'nen appe-
laar, en stak het in den nog groeienden appel. De appelen
rijpten en werden geplukt, en onder den « polk » stak Siesken
den appel met het zilverstuksken.

't Werd kermis te Serskamp en Siesken sneed den appel in
twee; en, o wonder! het zilverstuksken was meegegroeid en
nu zoo groot als een stuk van vijf franken! — « 'k Moet
opletten » zegde Siesken, want er staat in groote letters op :
« 1/2 frank ». En Siesken liep het stuk uitwisselen bij eene
ongeleerde vrouw, en zoo kwam hij aan zijn kermisgeld(1).

---

(1) *Volkskunde*, 1888, 17.

˅SCHOONAARDE.

I.

PLAATSBESCHRIJVING. — Tot in 1875 maakte deze plaats deel van het naburige Wichelen, waarvan zij ten gemelden jare werd afgescheiden om tot eene afzonderlijke gemeente te worden ingericht.

Reeds in 1843 hadden een groot getal inwoners van Schoonaarde pogingen aangewend om die afscheiding te bekomen, zich vooral steunende op den te verren afstand hunner wijk van het middelpunt der gemeente; doch, niettegenstaande eene gunstige stemming van den provincialen raad, kon de regeering er destijds niet toe besluiten de vraag in te willigen.

In 1868 ontstond er eene nieuwe beweging ten voordeele der zoo vurig betrachte gemeentewording. Met dit doel stuurden de ingezetenen van Schoonaarde een nieuw verzoekschrift tot den Koning, te kennen gevende hoezeer het hun moeilijk viel zich, ter vervulling hunner burgerlijke plichten, naar het dorp van Wichelen te begeven, er tevens op wijzende dat Schoonaarde in bezit was van eene kerk, een kerkhof en een onderwijs-gesticht, en door zijne ligging in de onmiddellijke nabijheid eener standplaats van den ijzerenweg en van de Schelde, onder alle opzichten de voorwaarden vereenigde om niet langer onder de voogdij van Wichelen te moeten gebukt blijven.

Het onderzoek, waartoe er door de bestuurlijke overheid werd overgegaan, stelde vast dat, tegenstrijdig aan 't geen er had plaats gehad in 1843, geen enkele inwoner van Wichelen tegen de vraag van afscheiding was opgekomen, weshalve het Staatsbestuur, na het advies van den raad der provincie, die zich voortdurend gunstig toonde, te hebben ingewonnen, in 1873 eene wet voordroeg, welke door de beide Kamers gestemd en door den Koning den 16 Augustus deszelfden jaar bekrachtigd werd(1).

Zooals zij bij die wet werd ingericht, bevat de gemeente een grondgebied van ongeveer 571 hectaren, ten noorden begrensd

---

(1) « LÉOPOLD II, Roi des Belges,

A tous présents et à venir, SALUT !

Les Chambres ont adopté et nous sanctionnons ce qui suit :

Art. 1. Le hameau de Schoonaerde est séparé de la commune de Wichelen (Flandre Orientale), et érigé en commune distincte, sous le nom de Schoonaerde.

Les limites séparatives sont fixées conformément au plan annexé à la présente loi, telles qu'elles sont indiquées par un liseré jaune.

Ces limites sont déterminées, depuis la commune de Lede, jusqu'à la route de Gand à Termonde, par l'axe des chemins nᵒˢ 3 et 24; à partir de la route de Gand à Termonde, par l'axe de la dite route jusqu'en face de la ligne qui sépare les parcelles cadastrées nᵒˢ 12 et 16; de là elles longent jusqu'à l'Escaut, du côté de Schoonaerde, les parcelles cadastrées nᵒˢ 16 et 11ᵇⁱˢ, et, du côté de Wichelen, les parcelles cadastrées nᵒˢ 12 et 11, pour se prolonger en ligne droite jusqu'au milieu du fleuve, et rejoindre, en suivant son lit, le point d'interjection des limites séparatives des communes de Berlaere et de Wichelen.

Art. 2. Le nombre des conseillers à élire dans ces communes sera déterminé par l'arrêté royal fixant le chiffre de leur population.

Promulguons la présente loi, ordonnons qu'elle soit revêtue du sceau de l'Etat et publiée par la voie du *Moniteur*. »

Donné à Bruxelles, le 16 août 1873.

LÉOPOLD.

Par le Roi :

Le Ministre de l'Intérieur,
DELCOUR.

Vu et scellé du sceau de l'État.

Le Ministre de la Justice,
T. DE LANTSHEERE.

door de Schelde, waarover Berlare, ten oosten aan Oudegem, ten zuiden aan Gijzegem en Lede en ten westen aan Wichelen. De eigenlijke dorpsplaats strekt zich uit langs den steenweg van Wetteren naar Dendermonde, in gemeenschap met de steenwegen naar Gijzegem en naar Berlare, welke laatste gemeente sedert 1871 met Schoonaarde verbonden is door eene brug over de Schelde, in vervanging der pontschuit, waarmede men totdan toe, tot groot ongerief der bevolking, de rivier overstak.

Behalve de dorpsplaats is Schoonaerde in de volgende wijken en gehuchten verdeeld : *Opstaldriesch, Migrodriesch, Hoeksken, Langestraat, Riemeer* en *Tweebok.*

De naam dezes dorps onderging in den loop der tijden weinig of geene verandering. In eene oorkonde van de eerste helft der XIe eeuw ontmoeten wij een *Sconarda,* afhangende van de Brabantsche gemeente Schaffen, onder het kanton Diest, en ook te Erps-Kwerps bestaat er een gehucht van dien naam, welks verklaring oogenschijnlijk geene moeilijkheid aanbiedt. De vraag is evenwel of Schoonaarde nu juist in den letterlijken zin van het woord *schoone aarde* (belle terre), dan wel *schoonen aard* beteekent, en of er soms geene andere beteekenis onder verscholen ligt, welker oplossing haren man nog te vinden heeft.

Wat *Opstal* bediedt, hebben wij elders reeds verklaard : een opstal was een onbeploegd land, waarvan het gebruik bij gedoogzaamheid doorgaans was overgelaten aan de bewoners der gemeente, dus zooveel als een gemeentegrond. Te Gent, onder andere, waren verscheidene *opstallen,* welke door Fernand van Portugal en zijne gemalin Joanna van Constantinopel in 1226 aan de gemeente werden afgestaan, « ad communem utilitatem ipsius oppidi, eisdem burgensibus quietè et in pace contulimus sine fine possidendam(1). »

Migrodriesch, eertijds ook *de Ganzendriesch* geheeten, zal zijnen naam bekomen hebben van de Aalstersche familie *van*

---

(1) Diericx, *Mém. sur la ville de Gand,* I, 202.

Migrode, van welke in de XVI° eeuw een tak te Dendermonde was gevestigd. De verdere alhier gevonden wordende oude benamingen van *Brakelenveld, Brielegoed, Cuyperbosch, Heyveld, Hevenenbosch, Plesbosch, Rimeerdriesch, Roeyken, Schuyteplas, Tweebroek* en *Wieleveld* kunnen een gedacht geven van de vroegere grondgesteldheid dezer gemeente, welke, vooral in het zuiden tot in de verledene eeuw grootendeels beboscht, thans nagenoeg éene effene vlakte vertoont.

Nog tot in het eerste vierde der tegenwoordige eeuw boden de Schoonaardsche driesschen gansch het uitzicht aan van wat hun naam medebrengt : 't waren inderdaad, zooals wij hooger omtrent *Opstal* deden opmerken, gemeentegronden, waar de bewoners hun vee mochten laten grazen en die zij verder naar goedvinden gebruiken mochten. In 1821, of daaromtrent, werden de verschillige driesschen door de gemeente te gelde gemaakt en gingen zij, mits de som van 1,550 pond wisselgeld, in eigendom over tot den baron de Meulenaere, van Gent, die ze onmiddellijk liet bewerken en in vruchtbare zaaien weilanden herschiep. De er aan te koste gelegde som bedroeg 292 pond.

Eene enkele beek, met name de *Porrebeek*, bevochtigt het grondgebied van Schoonaarde ; zij vormt de grens met Gijzegem en werpt zich omtrent het dorp in de Schelde.

Nopens den landbouw, de hoofdbezigheid der bevolking dezer gemeente, kunnen wij maar weinig mededeelen. In 't begin der XV° eeuw bestond er hier, dichtbij de kapel, eene pachthoeve, met name *het Hof ten Briele*, toenmaals 't eigendom van Margareta Braem, weduwe van Jan van Aerseele, en in de XVII° eeuw had men er de *Stede te Migrode, de Cuypersstede, de Stede ten Hermensrode* en *de Wildeman*. Het *Hof te Lang-Everen*, welk thans alléén nog eenen naam voert, behoort aan den heer Fr. van Hauwermeiren.

Men treft in de gemeente eene bierbrouwerij, eene olieslagerij en twee windmolens aan.

Er zijn twee kermissen : de kleine, welke gevierd wordt den

derden zondag na Paschen, en de groote, den derden zondag
van September.

Den 31 December 1888 bedroeg de bevolking van Schoonaarde
1,755 zielen.

II.

HEERLIJKHEID EN BESTUUR. — Onder feodaal en bestuurlijk
opzicht maakte Schoonaarde deel van de heerlijkheid van
Wichelen, onder het Land van Aalst, welke, te zamen met
degene van Serskamp, hare bijzondere heeren had, waarvan
men de lijst in onze monographieën dezer beide dorpen zal
aantreffen.

Een deel van Schoonaarde was evenwel begrepen onder de
vrijheerlijkheid van Eegene, welke zich ook te Oudegem uitstrekte. Deze heerlijkheid, na oorspronkelijk te zijn bezeten
geweest door de heeren van Dendermonde, kwam door gift aan
de abdij van Affligem en had hare eigene vierschaar, die door
eenen meier en zeven schepenen bediend werd. De eerste
schepene voerde den titel van burgemeester, gelijk in de dorpen.

Zooals wij in onze geschiedenis van Appels en Oudegem gezien
hebben, ontstonden er tusschen de bestuurders dier dorpen en
van Eegene, eenerzijds, en de stad Dendermonde, anderzijds, nu
en dan eenige moeilijkheden ten opzichte der belastingen, van
welke de eerstgenoemden beweerden te moeten vrij blijven. De
zaak eindigde in 1678 met eene overeenkomst, waarbij de drie
zoogenoemde vrijheerlijkheden voortaan aan den ontvanger van
Dendermonde eene jaarlijksche som van 1,900 gulden hadden
op te brengen.

In den laatsten tijd, toen Schoonaarde nog afhing van Wichelen,
was deze wijk in den gemeenteraad door drie raadsleden vertegenwoordigd, welk getal in 1845 met één werd vermeerderd,
ten einde voldoening te geven aan de klachten der inwoners, dat

hunne belangen voor die van Wichelen moesten onderdoen. Het
is ook in gemeld jaar dat Schoonaarde zijn bijzonder kerkhof
bekwam en dat de twee er toen bestaande scholen werden aangenomen.

Vermelden wij hier, ten slotte, dat Schoonaarde sedert eenige
jaren begiftigd is met een gesticht, door kloosterzusters bediend,
waarin de zieken en gebrekelijken der gemeente verzorgd
worden en er tevens onderwijs gegeven wordt. In eenen vleugel
van het gebouw is het gemeentesecretariaat gevestigd.

Meiers van Eegene.

Pauwel-Frans Verbrugghen   1749

Claudius-Frans van Hallenis   1766
Jozef-Max Verbust.   1782

Burgemeesters van Eegene.

Joost Meganck   1749

Christiaan Verbeeck   1758

Joost-Frans van den Keere   1765

Burgemeesters van Schoonaarde.

Frans Verbeke   1874
Gustaaf Blancquaert   1879

III.

Kerk van Schoonaarde. — Er bestond te Schoonaarde reeds eene kapel in de eerste jaren der XVe eeuw (1). Zij was toegewijd aan O. L. Vrouwe der Zeven Weeën en werd bediend door eenen kapelaan, die gewoonlijk de onderpastoor van Wichelen was. Gedurende de vier wintermaanden werd er, tot gemak der inwoners, alle zondagen in die kapel eene mis gelezen, en verder droeg men er tweemaal ter week, krachtens eene oude stichting, het heilig zoenoffer op.

Omtrent het midden der XVIIIe richtten zich de wethouders der heerlijkheid van Eegene tot de abdij van Affligem en den aartsbisschop van Mechelen, met verzoek eenen priester te bekomen, die ziellast zoude hebben en te Schoonaarde aan de kapel verblijven, of, kon deze wensch der ingezetenen van voormelde heerlijkheid niet worden ingewilligd, vereenigd te worden met de parochie Appels, als dichterbij gelegen.

De aartsbisschop verleende eenen tweeden onderpastoor aan Wichelen, die zijne woonst te kiezen had bij de kapel van Schoonaarde, met eene jaarlijksche vergelding van 400 gulden. Nochtans moesten de bewoners der wijk hunnen Paaschplicht vervullen in de kerk van Wichelen (2).

De toenemende belangrijkheid dier wijk maakte er in 1830 het bouwen eener nieuwe bidplaats noodzakelijk. Deze werd opgericht naar de plans van den Dendermondschen bouwmeester Beeckman, uitwijzens het volgende opschrift, dat op

---

(1) « Scoenaerden capelle, in de prochie van Wijchline. » (Act. en Contr., keure, 1411-1412, 27. — Stadsarchief van Gent.)

(2) Besluit van 31 Mei 1745. De nieuwe onderpastoor bekwam 75 roeden land voor huis en hof.

eenen blauwen steen ter rechter zijde van den ingang te lezen
staat :

DISTRICTU TENERAMUN : PRÆFECTO REG : ED. DE
BURBURE, PAGI WICHELEN CONS. J. J. BEECKMAN,
PASTORE, J. B. ROOSENS, NEC NON IN SCHOONAERDE
CAPELLANO, M. S. VERGAUWEN. REÆDIFICATUM M. D.
CCC. XXX.

Veertien jaren later, in 1844, werd Schoonaarde eene parochie en bekwam deze wijk alzoo de voordeelen en het gemak,
welke haar allengskens van Wichelen heel en gansch onafhan-
kelijk maakten.

De toren, het koor en de sacristijen dagteekenen van 1857.
Dit blijkt uit eenen anderen gedenksteen aan den buitenmuur
der sacristij, waarop men leest :

TOREN, CHOOR EN SACRISTYEN GEBOUWD 'T JAER
O. H. J. C. 1857, ONDER J. F. VAN DROOGENBROECK,
EERSTEN PASTOR, EN P. L. D'HOOGHE, BORG^r.

Uitwendig gezien, duidt de voorgevel des gebouws eerder eenen
schouwburg dan een huis Gods aan; geene kunst is er aan te
koste gelegd. De toren rijst op achter het koor. Inwendig nochtans voldoet de kerk wat meer; zij is verdeeld in drie beuken en
bevat evenveel altaren.

Het hoogaltaar, eene gift van jufvrouw Coleta Verleyen,
weduwe van den Broecke, is versierd met eene schilderij
van den Aalsterschen kunstschilder MEGANCK, voorstellende de
Opdracht van Jezus in den tempel. Men bemerkt ook aldaar
de beelden van de HH. Herten van Jezus en Maria, in hout
gesneden door MATHIAS ZENS, alsmede een eikenhouten koorgestoelte, waarvoor de kerk, dank aan de milddadigheid eener
weldoende familie, geen centiem te betalen heeft gehad.

Het linkerzijaltaar, toegewijd aan O. L. Vrouw der Zeven Weeën,
de patrones der kerk, prijkt met een beeld van den Geeraards-
bergenaar VAN DER BEKEN, die ook het beeld van den H. Jozef,
aan 't rechter zijaltaar, vervaardigde.

De kruisweg, geschonken door de kinderen van Pieter Verleyen, is verschuldigd aan het penseel van FR. ANSEELE, van Gent.

Predik- en biechtstoelen zijn nieuw.

Verder heeft men in de kerk eene oude onbeduidende schilderij van den H. Jozef, en aan de pijlers de beelden der HH. Anna, Rochus en Genoveva, in hout, van de HH. Franciscus, Coleta, Aloïsius en Barbara, in plaaster.

Op de twee klokken leest men :

Groote klok :

> DOOR DE ZORGEN VAN DEN EERW. HEER F. VAN DROOGENBROECK, EERSTEN PASTOOR VAN SCHOONAERDE, WERD IK GEGEVEN DOOR DE PAROCHIANEN EN TOEGEWYD AEN O. L. V. VAN VII WEEËN EN DEN H. JOSEPH, ZYNDE MYNE PETER Mr C. M. E. F. DE PAUW, BURGEMEESTER. MYNE METER Mria PETRONILLA VAN DRIESSCHE, VERVANGEN DOOR HARE ZUSTER MARIA-THERESIA VROUW CALLEBAUT. EN KERKMEESTERS J. B. VAN DEN BROECK, S. VAN DER CRUYSSEN, F. VERBEKE, V. BLANCQUAERT EN D. EECKHAUT. GEGOTEN TE LEUVEN 1860 DOOR SEVERINUS VAN AERSCHODT.

Deze klok weegt 812 kilos.

Kleine klok :

> IK BEN GEGEVEN DOOR DE GEMEENTE VAN SCHOONAERDE IN HET JAER 1823. PETER S. DE SCHAEPMEESTER EN JOFFR. LUCIA DE PUTTER, METER.
>
> C. F. WIERINCK, KLOKGIETER TOT OVERMEIR.

De onderpastorij van Schoonaarde werd gesticht in 1842.

Pastoors van Schoonaarde.

J.-F. van Droogenbroeck. 1813
P. Moens. 1869

IV.

MAATSCHAPPIJEN. — De fanfarenmaatschappij : *Al groeiend bloeiend*, bestaat in dit dorp sedert 1861.

Eenige jaren geleden werd te Schoonaarde eene maatschappij van hofbouwteelt ingericht, welke zich op verscheidene tentoonstellingen onderscheiden heeft.

SERSKAMP.

I.

PLAATSBESCHRIJVING. — Deze gemeente van het kanton Wetteren, op eenen afstand van 14 kilometers der arrondissements-
hoofdplaats, met eene oppervlakte van 676 hectaren, paalt ten
noorden aan Schellebelle, ten oosten aan Wichelen en Wanzele,
ten zuiden aan Smetlede en ten westen aan Wetteren. Zij ligt op
de grens van het bestuurlijk gebied Aalst, waar vroeger éen
uitgestrekt bosch was, en wordt bevochtigd door twee beken :
de Rooi- of *Roeibeke*, aan de westzijde, en *de Wellebeek*, aan de
oostzijde der gemeente, welke beide waterloopen te Schellebelle
in de Schelde vloeien.

Behalve de dorpskuip, de onaanzienlijkste van gansch 't arrondissement, heeft men hier de volgende wijken en gehuchten :
Boeigem (in 1148 *Boedeghem*), *Ertbrugghe* (in 1246 en 1350 *Hert-*
brugge), *Moleneed, Verhoogstraat, Vierwegen* en *Wolfgat* (1).

Geen enkele steenweg doorsnijdt het grondgebied dezer

---

(1) Oude plaatsnamen :
1246 : *Wulpulte, Dicht, Braxine, Cothevell.*
1400 : *Briesacker, Spieghelbucht.*

gemeente; alleen is het dorp door eene gekasseide baan in verbinding met het naburige Schellebelle, zoodat Serskamp onder
dat opzicht nog veel te verbeteren heeft, wil het uit de afzondering getrokken worden, welke zijne ontwikkeling grootendeels tegenhoudt.

De kouter van Serskamp, zich uitstrekkende tusschen het
dorp en de Vierwegen, ligt op een twintigtal meters boven de
lage Zee te Oostende.

Eenige schrijvers hebben den naam dezes dorps willen afleiden
van het Latijnsche *Cæsaris campus* (Cesars kamp), doch het is
nergens bewezen dat de Romeinsche veldheer ooit alhier een
kamp gehad heeft. In 1147, de eerste maal dat deze plaats bij
name voorkomt, schreef men *Cerchamp*; in 1148, *Cerscamp;*
in 1246, *Cerschamp*; in 1265 en 1352, *Serscamp*; in 1384,
Sarscamp; in 1398, *tSheerscamp;* in 1432, *Cheerscamp;* in 1455,
Zerscamp; in 1517, *Zeerscamp;* in 1523, *tZeeskam;* in 1545,
tSeerscamp; in 1572, *Sercamp;* in eene charter van Philip IV,
Cercamp; later, tot in onze dagen, schier algemeen *Cherskamp*
of *Cherscamp*, tegen welke laatste spelling wij, niet alleen op
taalkundigen grond, maar ook op dien der uitspraak, door het
schrijven van *Serskamp*, willen opkomen. LEGLAY, in zijn *Came-
racum Christianum*, schreef *Chierscamp;* de Latijnsche kroniek
der abdij van Drongen ook weleens *Scherschamp;* een cijnsboek
der XIVᵉ eeuw *Cierscamp;* VAN VAERNEWIJCK, *Sescamp;* de vertaler van SANDERUS, *Kerskamp*, omtrent welke laatste spelling het
opmerking verdient dat er op de lijst der lakenwevers van Dendermonde in 1370 een *Jan van Kerscamp* genoemd wordt(1).

De vermoedelijke beteekenis van dezen dorpsnaam is die,
welke kanunnik DE SMET er aan geeft, als zijnde Serskamp vol-

---

(1) Wij kennen meer andere leden van het geslacht, dat oudtijds den
naam voerde van dit dorp, als *Jan van Cerscamp*, stichter eener kapelnij in
de Stᵉ-Pharaïldekerk te Gent; *Bernaard van tSerscamp*, broeder in 't St.-Jans-
godshuis aldaar, ten jare 1442; *Michiel van Seerscamp*, poorter te Gent
in 1482, *enz.*

gens hem niets anders dan '*s heeren veld*, van *ser*, heer, en *kamp*, veld, bij zinspeling op de hoogergemelde vlakte, welke dit dorp van de oudste tijden af zal vertoond hebben. Eene gelijk-luidende plaats wordt aangetroffen in het noorden van Frankrijk, terwijl men in West-Vlaanderen, zoo men weet, niet alleen *Koolskamp*, maar ook *Oostkamp* heeft, welke laatste naam, oud-tijds *Orscamp* geschreven, door paardenveld, van *ors*, ros en van *kamp*, in de beteekenis van *veld*, te vertalen is. In Holland zijn verscheidene plaatsen op *kamp* uitgaande of er van gevormd, waaronder de Overijselsche stad *Kampen*, omtrent wier oor-sprong, te rechte of te onrechte, gemeend wordt, dat zij eene Romeinsche sterkte of versterkt kamp geweest zij, door Drusus aangelegd en daaraan den naam van de stad geknoopt. WILLEMS vraagt of Serskamp geene gemeenschap heeft met *Heirskamp?*

Wat er van den naamsoorsprong dezes dorps nu ook zij, stellig is het dat Serskamp al vroeg, ja van de eerste eeuwen onzer tijdrekening, bewoond was. Verschillige er ontdekte oudheid-kundige voorwerpen, waaronder een aantal aarden kruiken of lijkbussen, strekken daarvan ten bewijze. De meeste dier lijk-bussen werden gevonden op den Kouter, alwaar 't geene zeld-zaamheid is er nu en dan nog op te delven. Zoo waren wij in de maand December 1881, bij 't afvoeren van een bergje, dat niet anders kan geweest zijn dan eenen *tumulus*, getuige van de ophaling eener roodaarden kruik, met asch en verkalkte been-deren gevuld. Omtrent dienzelfden tijd kregen wij eenen onge-schonden fijngeslepen *silex* te zien, op eene andere plaats te Serskamp uit den grond gehaald, welke steen, met nog eenen anderen, eenige jaren vroeger te voorschijn gebracht, thans deel maakt van de verzameling des heeren J. Moens, te Lede. Deze liefhebber is ook in bezit van een Gallo-Romeinsch bronzen bijlke, eveneens te Serskamp ontdekt, terwijl een aantal andere hier opgedolven oude voorwerpen in het Museum der Halle-poort te Brussel berusten.

Uitwijzens de ambtelijke opgaven, bevat het grondgebied van Serskamp eene bebouwde oppervlakte van 634 hectaren 62 aren.

De landen worden er in vier klassen verdeeld : de eerste klas bestaat uit eene mengeling van klei en zavel, tot eene diepte van ongeveer twaalf duim ; de tweede, uit eenen zavelachtigen grond, waarvan de groeilaag, niet meer dan tien duim dik, op een bed van klei en kiezelsteenen rust; de derde uit eene lichte zandaarde met keien, van ten hoogste vijf duim diepte, en de vierde uit eene mengeling van steenen en zand, waarvan de groeilaag bijna onmerkbaar is. Uit deze rangschikking der Serskampsche gronden blijkt dat de natuur hier niet zeer kwistig geweest is en dat de landbouwer er slechts met de grootste moeite en overvloed van mest meer of min goede vruchten kan winnen. Ook bestaat er een spreekwoord : « Te Serskamp sterven de musschen van honger in den oogsttijd », en door J.-J. DE SMET wordt er een ander gezegde aangehaald, volgens hetwelk deze gemeente eene dergene is, die de « Vier Uitersten » genoemd worden.

De inlichtingen ontbreken ons om over den voormaligen toestand dezer gemeente nadere bijzonderheden mede te deelen.

In 1850 bestond de stalbevolking er uit : 30 paarden, 6 veulens, 158 koppen hoornvee, 34 kalvers, 511 varkens, 60 schapen en 10 geiten. — In 1846 telde men er evenveel paarden en veulens, 348 hoorndieren, 18 kalvers, 117 schapen, 145 varkens, 31 geiten en 101 vetbeesten, en in 1880, blijkens de landbouwstatistiek van dat jaar : 27 paarden, 314 stuks hoornvee, 80 woldieren, 236 varkens, 208 geiten en 10 biekorven.

Het getal landbouwbedrijven in 1846 bedroeg 186, waarvan éen van 25 tot 30 hectaren uitgestrektheid, twee van 20 tot 25, twee van 10 tot 15, drie van 9 tot 10, twee van 8 tot 9, twee van 7 tot 8, vier van 5 tot 6, vijf van 4 tot 5, elf van 3 tot 4, achttien van 2 tot 3, en zeven en vijftig van 1 tot 2 hectaren. De middelmatige waarde der landen bedroeg toen niet meer dan 1,600 fr. de hectare. Er waren toen nog 116 hectaren 60 aren bosch. Een dezer bosschen, *de Sterrenvijvers* geheeten, was ten jare 1785 nog ten grootsten deele water, waarin allerhande visch werd gekweekt. Eene aankondiging, opgenomen in de *Gazette van Gend* van 8 December des gemelden jaars, liet weten « dat er op donderdag 11 December 1785 aen de vyvers, achter de kercke van Cherscamp, openbaerlyk zal verkocht worden met 25 ofte 50 in iederen koop, eene groote quantiteyt karpers van twaelf verscheyde vyvers, gecompeteerd hebbende aen het klooster der Norbertinen tot Tusschenbeke, midsgaders eene quantiteyt anternois, boulaert ende grauw, snoeken, baersen en anderen visch. »

Moeten wij zeggen dat de landbouw schier de eenige bezigheid is der bevolking dezer gemeente? Alles wat er in zake van nijverheid tegenwoordig bestaat, bepaalt zich tot eene boekweitpelderij, eene onlangs opgerichte bierbrouwerij en eenen windmolen.

In 1801 bedroeg de bevolking van Serskamp slechts 715 zielen, waaronder 64 ingeschreven behoeftigen, tegen 1,657, welke men er aantrof den 31 December 1887. Onder dit opzicht dus is de gemeente met de meeste onzes lands vooruitgegaan.

De kermis wordt er gevierd den zondag na den 9 October, wezende den feestdag van den kerkpatroon St. Denijs, of dien dag zelven, wanneer hij op eenen zondag valt.

II.

Heerlijkheid en Bestuur. — Serskamp, deel gemaakt hebbende van het voormalige Land van Aalst, was een der een-en-twintig zoogenoemde 's *graven propre dorpen*, in welke de graven dezer landstreek, alhoewel er het heerlijk gezag niet meer uitoefenende, zekere rechten waren blijven bezitten, in de eerste rubriek der *Costumen van de twee steden ende lande van Aelst* aangeduid.

Hoe lang de graven van Vlaanderen, als heeren van Aalst, het heerlijk gebied over Serskamp bleven waarnemen, zouden wij met geene juistheid kunnen opgeven; immers dient het

geweten dat dit dorp te zamen met Wichelen van in de
XIVe eeuw, en misschien nog vroeger, eene voogdijschap
(*avouerie*) uitmaakte, terwijl de heerlijkheid nog lang daarna
aan den vorst bleef, zoodat er tusschen de voogden en de heeren
te onderscheiden valt.

Naar het zeggen van C. VAN GESTEL zou het *dominium* dezes
dorps van de grafelijke kroon hebben afgehangen tot in 1616,
wanneer het overging tot de familie de Cordes, aan welke de
voogdij toen waarschijnlijk meteenen te beurt viel. Deze opgaaf
is niet heel juist : trouwens, wij halen verder eene acte aan,
waaruit blijkt dat Serskamp en Wichelen door Philip IV, koning
van Spanje, aan Jan de Cordes ten titel van leenpand (*enga-
gère*) afgestaan werden den 14 October 1614. De acte van 1616
was daar slechts eene bevestiging van, met dit verschil dat de
afkoopprijs toen bepaald werd op 10,400 pond groote (1), som,
welke den 6 Mei 1638 op 9,000 pond werd verminderd.

Zijn er nu vóór eerstgemeld tijdstip geene andere bijzondere
heeren van Serskamp geweest? Wij denken het niet, alhoewel
sommige voogden als dusdanig worden aangetroffen, wat in
onze oogen eenvoudig als een misslag te beschouwen is.

Genoemde Jan (of beter Jan-Karel) de Cordes, heer van Reet,
Waarloos enz., zoon van Jan en van Izabella Preunen, overleed
den 18 Augustus 1641, na gehuwd geweest te zijn met Izabella
van Dilft, dochter van Geeraard, heer van Levergem en Deurne.
Hij werd als heer van Serskamp en Wichelen opgevolgd door
zijnen zoon Arnold, die den 25 Juni 1652 ten grave daalde, na
wien de heerlijkheid te beurt viel aan Lanseloot-Frans de Cordes,
gehuwd met Francisca-Xaveria-Josepha van Dilft, wiens dochter
Anna-Theresia, vrouwe van Izegem, in den echt trad met
Karel-Antoon-Alexander d'Esclaibes, graaf van Hulst en van het
H. Rijk. Uit dit huwelijk sproot Rosa-Francisca-Eugenia Charlotta
d'Esclaibes, gekend als vrouwe van Serskamp en Wichelen, die

---

(1) Reg. N^r 1662, serie *B*, der Rekenkamer te Rijsel.

den 13 Juli 1758 te Doornik de echtgenoote werd van Karel-
Frans-Huibrecht, markies van Coupigny, heer van Lignereulle,
in Artesië.

Deze laatste bleef Serskamp en Wichelen bezitten tot den
25 April 1789, wanneer Theresia Amelot, weduwe van jonker
Pieter de Loose, van Gent, er eigenaarster van werd, mits de som
van 178,000 gulden Vlaamsch wisselgeld. In eene aankondiging
der *Gazette van Gend*, van dat tijdstip, bericht gevende dat het
heerlijk domein uit der hand of openbaarlijk verkrijgbaar was,
leest men dat daartoe behoorde eene der schoonste jachten van
het geheele Land van Aalst.

Wat nu de voogdijschap der genoemde dorpen betreft, deze
behoorde aanvankelijk aan de Gentsche familie Uuterzwane en
daarna aan Iwein van Vaernewijck, die ze, naar de getuigenis
van L'Espinoy, in 1352 afstond aan Simoen ser Thomas, heer van
Herdersem. Door laatstgenoemden schrijver wordt eene acte
aangehaald van den 12 October deszelfden jaars, waarbij Lodewijk van Male aan Simoen ser Thomas het derde deel der boeten
toestond, hem in de voogdij van Wichelen en Serskamp toekomende, uitgenomen de boeten in zake van hoogverraad :
« lequel comte pour les bons services à luy prestez par le dit
ser Thomas, luy donna le tiers de toutes amendes qui eschoye-
roient en la dite avouerie de Wichelen et Sercamp, sauf celles
qui seroyent pour crimes de lèze Majesté. »

Den 9 Januari 1364 ging de voogdij bij verkoop over tot
Jan van Massemen, aan wiens nazaten zij in bezit bleef tot in
de XVe eeuw. Dit is te zien, onder andere, uit een grafschrift
van Margareta van Ghistele, vrouw van Daneel van Massemen,
« voochdesse van Wichelen ende Sercamp, die stierf int jaer 1431
den 1 Augusti, » welk opschrift men leest op eenen grafsteen
in de krocht of onderkerk van St.-Baafs, te Gent. Den 19 Maart
van hetzelfde jaar (o. s.) verklaarde Jan van Massemen, oudste
zoon van Margareta van Gistel, vrouwe van Kalken, zijn recht
op de voogdij van Wichelen en Serskamp af te staan aan zijnen

broeder Geeraard, die er door zijne moeder in bezit van gesteld was « in vuermen van huweliker voerwaerden » (1).

Na vervolgens in het eerste vierde der XVI° eeuw te hebben toebehoord aan Daneel van Herzeele, viel de voogdijschap in handen van de familie Vilain, en bepaaldelijk van Maximiliaan Vilain, heer van Wetteren, Massemen, Westrem, Kalken enz., om daarna tot genoemden Jan de Cordes over te gaan, wiens opvolgers, tevens heeren van Serskamp en Wichelen, wij niet meer noodig hebben te doen kennen.

Uitwijzens hooger vermelde verkoopacte der heerlijkheid, tevens de voogdijschap der twee dorpen begrijpende, verhief deze van het vorstelijk leenhof ten Steene, te Aalst en behoorden er toe « het recht van beste hoofden, mortesmains, afdeeligheden « van de gene geboren binnen de voornoemde twee prochiën « ende daernaer van daer vertreckende, midtsgaeders stervende « op andere plaetsen; confiscatien van goederen, over wat zaken « het zy, ten ware over de ghonne van oorlogen, rebellie tegen « den prince ofte H. Kercke, successien van bastaerden, vrye « jaght, voghelrye, patricerie ende visschery in de riviere de « Schelde, zoo verre de voorseyde heerlyckhede van Wichelen « haer is bestreckende; het regt van alle straeten, tzy heerstraeten « of andere, ende schauwinge van diere; vermogen oock te stellen « eenen bailliu ende andere officieren, die op de voorzeyde heere- « lyckhede vermogen alle exploiten ende callaignen te doen, « zoo in het civil als crimineel, ende die te vervolgen voor de « mannen of schepenen van het voornoemde Wichelen; en de « boeten daerover gewesen, hoedanig dezelve zyn, komen ten « profyte van den heere, behoudens het derde; hetgone komt « ten profyte van den erfvooght van Wichelen ende Cerscamp; « zoo den heere, of deszelfs bailliu in zynen naeme, vermagh te « staen over d'auditie van alle parochie-, kerke-, H. Geestdisch- « ende weeserekeningen; emmers competeert den heere deser

---

(1) *Acten en Contracten*, keure, 1431-1432, 64ᵛ. — Stadsarchief van Gent.

« prochien ende heerlycheden generalyck alle hoogheden, rech-
« ten ende preëminentien, zou ende gelyck eertyds aen de
« Majesteyt heeft gecompeteerd, gereserveert het gonne hier
« voren, ende het geluydt van klokke, aiden ende ressort,
« remissien, doodtslaegen, verjaerde delicten, legitimatien ende
« octroyen, alles naer uytwysens der primitieve brieven van ver-
« coopinge, cessie ende transport by de Majesteyt gedaen ten
« proffyte van wylent Mber Jan de Cordes, den 14 October 1614,
« 20 Maart 1616 ende 6 Mey 1688 (1). »

De voogdij van Serskamp en Wichelen was derhalve een
afzonderlijk leen, dat, evenals de heerlijkheid, van het grafelijk
leenhof te Aalst verhief; daartoe behoorden het recht van aanstelling eens meiers en van zeven schepenen in iedere parochie;
het derde deel der boeten en vervallen; het derde van de goederen
der bastaarden; zwijnpenningen, ten beloope van 34 schelen
10 deniers parisis enz. Daarenboven was het klooster van
Nijvel den voogd alle jaren een « schuurverken » van zes
maand oud schuldig, en ontving hij van degenen, die ploegwin-
ning hielden met twee paarden, twee vaten haver 's jaars; van
deze, die maar éen paard hielden, éen vat, ongeminderd eenige
andere rechten, in de denombrementen uitgedrukt.

Het geheele heerlijk inkomen bedroeg op het laatste der verledene eeuw niet meer dan 535 gulden 's jaars.

Onder de groote, in deze gemeente ingeslotene leengoederen
hebben wij *de heerlijkheid van Ertbrugge* te vermelden, alsmede
Boeigem, dat, met eene afzonderlijke rechtsmacht bekleed, tot
in 1660 toebehoorde aan Theodoor van der Piet, tevens heer van
Landegem, onder Oordegem; daarna aan Pieter Huens, echtgenoot van Catharina-Carolina Craywinkel, overleden te Oordegem
den 24 Augustus 1706. Beider grafzerk werd in de kerk dezer
laatste gemeente ten tijde van C. VAN GESTEL aangetroffen.

---

(1) Uit de oorspronkelijke verkoopacte van 1789, in ons bezit.

Ook het klooster van Tusschenbeke bezat te Serskamp heerlijk recht, en stelde er zelfs de gemeentelijke wethouders aan, te
onderscheiden van degene der voogdij, als blijkt bij den evengemelden schrijver, bij wien te lezen staat : « Media et bassa
justitia et dominium fundi sive *seigneurie foncière* spectat ad
præpositum et dominam Monasterii de Tusschenbeke. »

De schepenen van Serskamp gingen, voor het vellen van vonnissen waar zij moeilijk weg mede wisten, ten hoofde bij die van
Aalst. Jaarlijks hield men eene jaarwaarhede of algemeene
rechtszitting, waarvan de kosten voor twee derde deelen gedekt
werden door den graaf, het overige door den voogd.

De galg stond te midden van de bosschen, ter plaatse waar
't nu nog de *Galgenberg* geheeten wordt.

In 't gemeentehuis te Serskamp bewaart men de oude doop-,
huwelijks- en overlijdensregisters, opklimmende tot 1644. Al
de andere archieven der voormalige vierschaar worden sedert
eenigen tijd bewaard in het Staatsarchief te Gent.

Burgemeesters van Serskamp.

B. Broeckaert . .	Republikeinsch jaar	X
M. Dalschaert . . .	»	»	XI
Jacob Leirens	1810
T.-F. Papejans	1818
P.-L. Dalschaert	1831
C. Papejans	1836
Pieter-Lieven Dalschaert	1845
Judocus Baeyens	1850
F. Baeyens	1852
Karel Hoebandts	1858
Donaat van Durme.	1888

III.

GESCHIEDENIS. — Geene berichten van geschiedkundige voorvallen te Serskamp uit de middeleeuwen of uit de XVIe eeuw zijn tot ons gekomen; het oudste ons bekende feit klimt slechts op tot het einde der XVIIe eeuw. In 1694 bedroeg de oorlogsbelasting, door deze gemeente op te brengen, 1,166 gulden, terwijl de schade en de verliezen van allen aard, welke zij geleden had van 1689 tot Maart 1694, op 30,738 gulden werd ge-chat.

't Is alles wat wij over Serskamp onder krijgshistorisch opzicht te vermelden hebben.

IV.

KERK VAN SERSKAMP. — Deze parochie, alwaar er reeds eene bidplaats bestond in de eerste helft der XIIe eeuw, behoorde aanvankelijk tot het bisdom van Kamerijk en de dekenij van Aalst, en maakte later, tot in het begin dezer eeuw, deel van het aartsbisdom van Mechelen en de dekenij van Oordegem, van welke laatste zij nadien werd afgescheiden om onder de dekenij van Dendermonde te worden gerangschikt.

De eerste maal, dat er van de kerk dezer parochie gesproken wordt, is in eene acte van den 29 Juli 1147, waarbij de paus Eugeen III de goederen der abdij van Drongen bevestigt en onder zijne bescherming neemt(1).

Het jaar daarna werden de altaarrechten van Serskamp, met de er van afhangende goederen, door Nicolaas, bisschop van

---

(1) *Corpus chronicorum Flandriae*, I, 711.

Kamerijk, aan de abdij van Drongen afgestaan, ten einde hier een klooster van Premonstreit te stichten(1). Sedert dit tijdstip stond de kerk van Serskamp onder het patronaat van genoemd klooster, dat hier dan ook de tienden inzamelde. Uit hoofde van dit patronaat was de overste van Tusschenbeke verplicht de kerk dezes dorps behoorlijk te onderhouden en van de noodige versierselen te voorzien, gelijkmede voor de bezoldiging van den pastoor en den koster te zorgen, dit uitwijzens eene overeenkomst van den jare 1333, van welke in de kroniek der abdij van Drongen melding gemaakt wordt.

C. van Gestel haalt aan dat de altaarrechten van Serskamp ten jare 1252 aan het hier gevestigde klooster werden teruggegeven (2).

De pastoreele bediening werd te Serskamp uitgeoefend door den proost van Tusschenbeke, die als dusdanig werd aangesteld door den abt van Drongen, later door dien van Grimbergen, aan welk sticht, zooals in onze geschiedenis van Schellebelle gemeld staat, het vrouwenklooster dezer gemeente in 1705 bij afstand overging.

Toen in 1625 de aartsbisschop van Mechelen, Jacob Boonen, de kerk dezer parochie bezoeken kwam, bevond hij deze in zulken deerniswaardigen toestand dat hij 50 pond groote gaf ten einde er het altaar mede te vernieuwen, op voorwaarde dat de abt van Drongen, zijnerzijds, het tabernakel zoude bekostigen.

De oude kerk van Serskamp aan de noodwendigheden van den godsdienst niet meer voldoende, werd in 1856 afgebroken en door de tegenwoordige, in Gothischen stijl, naar de teekeningen van den heer Clarisse, destijds onderpastoor te Wingene, op dezelfde plaats vervangen. Zij werd den 28 Juni 1858 door den bisschop van Gent gewijd, als blijkt uit eenen blauwen

---

(1) Mirobus, *Opera diplomatica.*

(2) « Et anno 1252 abbas et conventus Trunciniensis conferunt Praeposito et Sororibus de Cherscamp hoc altare, quae diplomata nos ipsi in praefato monasterio vidimus. »

gedenksteen in den binnenmuur der O.-L.-Vrouwekapel, waarop te lezen staat :

AD HONOREM DEI AC S^{ti} DIONISII HANC ECCLESIAM PASTORE D^{no} C. E. CHRISTIAENS REÆDIFICATAM ILL^{mus} D^{nis} L. J. DELEBECQUE EPI^{us} GANDⁱⁱ CONSECRAVIT DIE XVIII JUNII ANNO M. DCCC. LVIII.

Nevens de ingangdeur is een andere kleine blauwe steen bevestigd, met de volgende dagteekening :

$$18\frac{29}{5}56.$$

Deze kerk is geheel opgebouwd in rooden kareelsteen en bevat, gelijk de meeste dorpskerken, twee zijaltaren, waarvan dat aan den rechten kant toegewijd is aan den H. Cornelius, het linker aan O. L. Vrouw. Beide altaren, in eiken hout, zijn gebeeldhouwd door eenen Wetterschen kunstenaar, SERAFIEN DE MAERTELAERE, die ook het hoofdaltaar beitelde, met de drie groepen : *Christus aan 't Kruis*, waarnevens *O. L. Vrouw en de H. Joannes; de Vermenigvuldiging der brooden* en *het Laatste Avondmaal.*

Het koor wordt verlicht door vijf vensters met gekleurd glaswerk, en aan den wand treft men de geschilderde beelden aan van *St. Pieter, St. Pauwel, de H. Margareta* en *de H. Wivina,* welke laatste alhier vanouds tegen de kropziekte gevierd wordt.

De predik- en de biechtstoelen bieden onder kunstopzicht geen belang aan.

In de vontkapel hangt een meesterstuk der oude Vlaamsche school, voorstellende : *Christus, de kleine kinderen tot zich roepende.* Dit tafereel, denkelijk uit het klooster van Tusschenbeke herkomstig, was tot in 1862 in de kunstwereld ter nauwernood gekend, toen wij in een Gentsch dagblad de aandacht van den kerkraad er op vestigden, die het door de Commissie der gedenkstukken deed onderzoeken, daar 't eene dringende herstelling behoefde. Deze bevond dat het een merkwaardig voortbrengsel was van onze oude Vlaamsche schilderschool, volgens eenigen 't werk van den beroemden Frans Floris, volgens anderen verschuldigd aan het penseel van de Clerck. Men gelastte den heer Primm, van Brussel, met de herdoeking, die goed gelukte. — Het tafereel mocht echter op eene betere plaats hangen.

Nevens den doksaal hangt eene andere schilderij, verbeeldende *de H. Familie.*

In den toren hangt maar éene klok, welker opschrift luidt als volgt :

Anno 1824 Andreas van den Gheyn me fudit Lovanii. J. F. van Landuyt, pastor. T. F. Papeians, Borgemeester. J. Braeckman, peter. Roggeman, Dorothe, meter.

Op het kerkhof treft men eenige oude zerksteenen aan, onder andere die van den proost-pastoor Bernaard Viron, uit de abdij van Grimbergen, alhier overleden den 24 Maart 1775, en van twee andere pastoors van Serskamp, met dit opschrift :

D. O. M.

Hier liggen begraeven de volgende heeren religieusen en canoniken der abdye van Grimberghen in Braband : Milo van Haelen, gebortig van Brussel, laesten proost van Tusschenbeeck en pastor van Cherskamp, die sterft den 22 Augusti 1790, oud 59 jaeren.

—

D. O. M.

Petrus Joannes de Clerck, gebortig van Aelst, die 26 jaeren in volherderlyken iver zyne parochianen van Cherskamp in den Heere heeft bestiert, overleden den 30 July 1816, oud 62 jaeren, is alhier gefondeert een eeuwig jaergetyde. Bid voor de zielen.

R. I. P.

Behalve de H. Wivina is de H. Cornelius, patroon tegen de seskens, vanouds in deze kerk het voorwerp eener bijzondere vereering. Wij bezitten een afdruksel van het beeldeke, dat men vroeger aan de bedevaarders tot dezen heilige verkocht of uitdeelde, op welke plaat St. Cornelius afgebeeld staat in pause- lijke kleeding, met den hoorn in de rechterhand, omringd van knielende personen en dieren, en op het achterplan het oude kerkje van Serskamp en eenige woningen. Daaronder leest men : *H. Cornelius, ge-eert tot Cherscamp. Bidt voor ons.*

Te Serskamp, in de nabijheid der wijk Bruinbeke, bestond vroeger eene wijd en zijd vermaarde kapel, *de Bruine-Kruiskapel* genaamd, uit hoofde harer toewijding aan het H. Kruis. Deze bidplaats werd vanouds veel bezocht, vooral van lieden, die onderworpen waren aan de koortsen. De bijzonderste plechtig- heid werd er gevierd den vijfden zondag na Paschen en alle vrijdagen werd er bovendien in de kapel mis gelezen.

Er was hier oudtijds ook eene kapel ter eere van de H. Anna.

Ziehier de naamlijst der proosten van Tusschenbeke, tevens pastoors van Serskamp, getrokken uit eenen kataloog der abdij van Drongen, voorkomende in de *Historia sacra et profana Archiepiscopatus Mechliniensis*, door C. VAN GESTEL, en met onze eigene opzoekingen volledigd :

Wederik	
Lambert	
Hendrik	
Willem	1229
Franco	1256
Walter Wulfs	1269
. . . .	
Norbert van Assche, *overleden in* . . .	1568
Jan de Laet. . . . . »	1572
. . . . »	
. . van den Abeele . »	1448
Marten de Gavere . . »	1473

Jan Rouffens, . . *overleden in*. . . 1508

Adriaan Adriaens 1514

Roeland Sanders . . . . 15· ·

Geeraard van den Berghe. *overleden in.* 1524

Lodewijk Cotthem . . . . . » . . 1540

Arnold Brecht . . . . . . » . . 1556

Jan Claeys . . . . » . . 1575

Frans de Moor . . . . . . » . . 1596

. . . . » . . . .

Willem Groenincx. . . . . . » . . 1637

Willem de Stroopere . .*overleden in*. . 1658

. . Morbesius . . . . » . . 1642

Joris Snick 1661

Amand Anné 1677

Claudius Stuperaert 1693

Frans de Grave. . . *overleden in*. . 1695

Philip Ronse . . . . . . » . . . 1695

Paul Droesbeke. 1696

Willem de Vos 1705

Geeraard Cosijn 1720

Bernaard Viron. 1773

N. Heymans. 1780

Milo van Haelen 1785

Pastoors van Serskamp.

Pieter-Jan de Clerck 1790

Jan-Frans van Landuyt 1823

Frans van Coppenolle. 1837

Jan-Baptist Ruffilet. 1842

Juliaan-Jozef de Smet. 1842

Karel-Engelbert Christiaens 1847

F. van Mol 1871

A. Broutyn 1882

J.-C. Robyns 1888

V.

KLOOSTER. — Naar de getuigenis van den geschiedschrijver MIROEUS zou dit klooster, behoorende tot de orde van Premonstreit, te Serskamp gesticht geweest zijn door de weduwe van Iwein van Aalst, in 't jaar 1138. Wij weten niet waar MIROEUS dit mag hebben aangetroffen, doch meenen dat hij in de opgaaf van het jaartal eenen misslag begaan heeft en dat men 1148 hoeft te lezen in plaats van 1138; trouwens, het was eerst in 1140 dat Iwein van Gent, bijgenaamd de Kale, heer van Aalst, in den echt trad met Lauretia van den Elzas, die weduwe werd in 1145, zoodat er van haar in 1138 geene spraak kon zijn, en een eventijdigen naamgenoot van Iwein van Aalst kennen wij niet. Dat dezes weduwe aan de oprichting van het klooster te Serskamp niet vreemd bleef, is mogelijk, alhoewel geen enkel geschreven bewijs daarvan bewaard is.

De eenige oorkonde, welke van de oprichting dezes kloosters gewag maakt, dagteekent van 1148, en is van den volgenden inhoud :

« Wij Nicolaas, bisschop van Kamerijk, genegen zijnde om aan de godvruchtige vraag van Robrecht, deken van Belle, te voldoen, hebben uit jonste gegeven aan de kerk van Drongen, vrij en zonder personaat, het altaar van *Cerscamp* met zijne toebehoorten, ten einde aldaar een klooster van Zusters der orde van Premonstreit te stichten; en daarbij ook eenige goederen, die gemelde kerk bezit, te weten *Boedeghem*, de erve van Walter van Dusburch, alsook eenige landen en kleine woonsten, welke genoemde deken Robrecht, en eenige, welke Boudewijn van Lede van zijne erfachtige goederen aan de kerk van *Cerscamp* hadden geschonken.

« Daarenboven de hoeven van Burst en *Spinoit*, die ligt bij Wisenbera(?), welke de kerk van Drongen in de deelen van ons bisdom bezit, hebben wij, om ze te verdedigen, onder de bescherming van O. L. Vrouw en van ons gezag genomen; in welke plaatsen wij de broeders (*van Drongen*) toegestaan hebben door onze bisschoppelijke macht, te mogen celebreeren, behoudens nochtans het recht der parochiale geestelijkheid.

« En opdat dit alles bestendig blijve, hebben wij het met ons zegel bekrachtigd(1). »

De kroniek der abdij van Drongen, door J.-J. DE SMET uitgegeven in het *Corpus chronicorum Flandriae*, behelst voorts eene acte van den jare 1246, bij welke de abt van gemeld gesticht en zijne medebroeders verscheidene goederen aan de Zusters van Serskamp verkoopen(2), hetgeen het bewijs op-

---

(1) MIRŒUS, *Opera diplomatica*, III, 47.

(2) « Ego frater S. abbas et conventus Trunchiniensis, notum facimus quod vendidimus legitime ecclesiae sororum de *Cerschamp* pro 200 libris flandrensis monetae quaedam bona sita extra parochiam de *Cerschamp* et contigua sunt eidem parochiae.... sint in aliis parochiis circumjacentibus constituta, quae spectabant ad nostram ecclesiam ab antiquo, quorum situm et nomina in praesenti scripto propriis nominibus duximus exprimenda. Sunt autem haec : *Wulputte* cum pertinentiis suis; sylva quae dicitur *Dicht* cum particula prati adjacentis eidem; molendinum ad ventum, pratum apud Bella, redditus hospitum juxta *Cerschamp*, decima trium bonariorum terrae in *Wichele*; unum bonarium terrae in *Braxine*; quatuor bonaria terrae *Heeltwinninghen*; apud *Hertbrugge* ibidem quatuor bonaria *Scoeflants*; duo bonaria mori in *Cothevelt*, parum plus vel minus. Porro ut dicta ecclesia de *Cerschamp* sine damno et gravamine solvere possit pecuniam memoratam, in hoc utrimque consensimus, quod praedicta ecclesia recipiet omnes fructus et proventus dictorum bonorum libere et absolute, et de iisdem bonis faciet, prout utilitati et commodo suo viderit expidere, pro quibus fructibus et proventibus, quamdiu dicta ecclesia de *Cerschamp* ipsos recipiet, reddet ecclesiae nostrae annuatim 20 libras Flandrensis monetae solvendas ad tres terminos, Omnium Sanctorum et Purificationis festis, et ad clausam Pascha proxime secuturum, hoc adhibito moderamine, quod licebit dictae ecclesiae de *Cerschamp* redimere a nobis decem libris quantumlibet liberam pecuniae praetaxatae. Ita tamen quod ad quamlibet vicem non poterit ecclesiae nostrae solvere minus quam 20 libras monetae dictae. Praeterea renuntiamus plane et absolute omnibus possessionibus et universo juri ad saepe dictam ecclesiam de *Cerschamp* spectantibus aux quitantes et quittam clamantes eamdem de omnibus iis quae nobis in possessionibus et juribus praenotatae ecclesiae poterant competere vel competere videbantur. Actum anno Domini MCCXLVI, mense Maio. » (*Corpus chronicorum Flandriae*, I, 716.)

levert dat deze er ten gemelden jare nog gevestigd waren.

Tien jaren later vinden wij het klooster op het grondgebied van Schellebelle, alwaar 't bestaan bleef tot het jaar 1785(1), wanneer het door keizer Jozef II werd afgeschaft.

De goederen der gemeenschap werden openbaarlijk verkocht; daartoe behoorden voornamelijk eene hofstede en een koorn-windmolen te Serskamp en een koornwindmolen te Wanzele. De kloostergebouwen werden in de maand December 1785 in veiling gesteld : kerk, klooster, schuren, stallen en brouwerij, met last die alle af te breken(2).

VI.

RETHORICA. — Op het laatste der verledene eeuw bestond er te Serskamp een rederijkersgezelschap, onder kenspreuk : *Geen baetzugt tot de winst, maer iver tot de kunst*, welke vereeniging den 17 September 1797 te Wetteren deel nam aan eenen prijs-kamp, met het treurspel *Gabrielle van Vergy*, in het Vlaamsch vertaald door VAN RENTERGHEM, naar het Fransche stuk diens naams, door DU BELLOY. Of die tooneelliefhebbers nog lang daarna de kunst bleven beoefenen, is ons onbekend.

DE TAALVRIENDEN. — Den 1 November 1856 kwam er in deze gemeente een genootschap tot stand, met het loffelijke doel den leeslust onder de inwoners te verspreiden, de Vlaamsche bewe-ging te ondersteunen, den vaderlandschen zang en het tooneel te beoefenen. Onder de stichters dezer maatschappij zullen wij noemen Camiel Braeckman, Casimir Blancquaert, Emiel de Pauw, B. Steppe, P.-J. de Backer, Fr. de Mey, en Karel Props, van

---

(1) Zie *Schellebelle*, bl. 40.
(2) Aankondiging in de *Gazette van Gent*, 26 Sept. 1785.

Serskamp; Jan Broeckaert, K.-L. Ternest en Felix van Brussel, van Wetteren.

Dit genootschap, dat nog bestaat, bezit eene schoone verzameling van Vlaamsche boeken onzer beste schrijvers, geeft van tijd een tooneelfeest en mag meer dan éen buitendorp ten voorbeelde worden gesteld.

SCHUTTERSGILDE. — Ook bestaat er hier vanouds een St.-Sebastiaansgilde, welks oprichtingsbrieven ongelukkiglijk verloren geraakt zijn. Alleen de zilveren halskraag van den koning is nog in wezen. Op eene der platen leest men : « *Gejont door Fr. Guill. de Vos, Prost, Pastor en heere van Cherscamp, 24 april a° 1712.* »

Oude Spreekwoorden.

't Is 't schoonste weer van Serskamp.
Te Serskamp luidt men noene in 'nen biekorf.

UITBERGEN.

I.

PLAATSBESCHRIJVING. — Uitbergen, gelegen aan den linker boord der Schelde, op 12 kilometers van Dendermonde en 10 van de kantonshoofdplaats Zele, is eene gemeente van 649 hectaren oppervlakte. Zij is sedert 1880, bij middel eener brug over den evengemelden stroom, in verbinding met Wichelen, langs den steenweg van Overmere, die haar grondgebied van het zuiden naar het noorden doorsnijdt, en grenst ten oosten aan Berlare en aan de Schelde, ten zuiden aan Schellebelle, ten westen en ten noorden aan Overmere.

Met den geschiedschrijver A. VAN LOKEREN hebben wij aanvankelijk gemeend dat de *villa Berginna*, vermeld in een diploom van 967, alsmede in eene andere oorkonde, geschreven tusschen de jaren 1019 en 1050, niet voor Destelbergen, zooals door sommigen beweerd werd, maar voor Uitbergen te houden was. Onze meening was namelijk hierop gesteund dat Destelbergen, eigendom der St.-Pietersabdij, tot in de XIIᵉ eeuw onder den naam van *Thesla* of *Thasla* werd aangetroffen, terwijl Uitbergen, dat in eene charter van 1185 en zelfs nog in 1225 *Bergina* heet, voor het geestelijke van de St.-Baafsabdij afhing.

De omstandigheid, echter, dat de *villa Bergina* van 1019-1030 tot den *Pagus Gandensis* behoorde(1), maar meer nog de verzekering, welke wij hebben opgedaan, dat Destelbergen, door de buitenlieden thans nog kortaf *Bergen* genaamd, in vroegeren tijde wel degelijk ook meer dan eens *Bergina* geschreven werd, hebben onze eerste zienswijze aan het wankelen gebracht : trouwens, het *altare de Bergina*, in welks bezit het klooster van den Blandinusberg ten jare 1111 door Balderik, bisschop van Doornik, bevestigd werd, kan onmogelijk anders worden aangewezen dan door de kerk van Destelbergen. Wij zijn het onder dit opzicht eens met C.-P. SERRURE, in zijne historische schets dezer laatste gemeente, opgenomen in de *Graf- en Gedenkschriften der provincie Oost-Vlaanderen* (bl. 91), alwaar hij op het *altare de Bergina* wijzende, voorkomende in de bulle van paus Urbaan III, van 1187, de waarschijnlijkheid vooruitzet dat daarmede Destelbergen bedoeld werd; doch waar hij in zijn *Cartularium* der St.-Baafsabdij beweerde dat gemeld altaar in 1177 door Everaard, bisschop van Doornik, aan St.-Baafs werd afgestaan, was hij bepaald in dwaling. Het bewijs werd geleverd door A. VAN LOKEREN in de lijst der plaatsnamen zijner *Histoire de l'abbaye de Saint-Bavon*, aldaar doende kennen dat de charter van 1183, bij welke de paus Luciaan III den evengemelden afstand bekrachtigt, voor opschrift draagt : *de altaribus de Zele en Huutberghinne*, zoodat er omtrent deze geschrevene getuigenis van de monikken zelven niet te twijfelen valt.

De vraag is nu echter te weten of de St.-Baafsabdij in de X[e] eeuw reeds te Destelbergen goederen bezat, in welk geval de twee hofsteden (*mansi*), van welke er spraak is in de charter van 967, haar eigendom zouden geweest zijn, dan wel of die

---

(1) Zou de *Pagus Gandensis* zich wel tot hier hebben uitgestrekt? 't Is waar dat Waasmunster er deel van maakte, zooals de hoogergemelde oorkonde van 1019-1030 bewijst, en in dit geval zou de veronderstelling ten voordeele van Uitbergen op goede gronden berusten.

hofsteden te Uitbergen lagen, alwaar 't ons gebleken is dat dit klooster in lateren tijde niet alleen de tienden hief, maar ook landen verhuurde. Wij bekennen in de onmogelijkheid te zijn dit punt voor het oogenblik nader toe te lichten.

Volgens A. DE VLAMINCK, die de zaak op zijne beurt onderzocht(1), zou het *Bergine* van 1019-1030 noch Destelbergen noch Uitbergen zijn, maar wel zeker *goed te Bergen*, onder Oostakker. Hij vermoedt dit omdat er in de provenlijst van het bisdom van Doornik, opgemaakt in 1330, naast *Desselberghen* en *Utberghine*, eene parochie vermeld wordt, die den naam droeg van *Berghine*, onder de dekenij van Gent. Wij kunnen dit gevoelen des heeren DE VLAMINCK bezwaarlijk bijtreden : vooreerst diende het bewezen te worden dat het *goed te Bergen*, door ons het eerst bekend gemaakt in onze geschiedenis van Oostakker, een eigendom was van de St.-Baafsabdij, wat het geval niet schijnt te zijn; van eenen anderen kant is het wel mogelijk dat er in de omstreken van Gent eene bidplaats bestond, die den naam droeg van *Bergen* of *Bergina*, misschien, wie weet het? de heden nog vermaarde bedevaartplaats *Bergenkruis*, welke alzoo eene der *capellae campestres* zou geweest zijn, door de monikken van St.-Baafs ten gerieve hunner onderhoorigen opgericht, zooals die ter eere van St. Laurens er eene was, welke, na in puinen te zijn gevallen, ten jare 1350 herbouwd werd. PIOT vertaalt het hier bedoelde *Berghine* door *Berchem*, doch dit kan in allen gevalle Berchem bij Oudenaarde niet zijn, dewijl deze parochie deel maakte van het bisdom van Kamerijk.

Wat er van dit alles nu ook zij, onbetwistbaar is het dat Uitbergen eene der oudste gemeenten is van het Land van Dendermonde. De eerste maal, dat haar naam onder eenen anderen vorm te voorschijn komt, is in een schriftstuk van omstreeks 1220, de aanduiding bevattende van de cijnsplichtige grondgoederen der St.-Baafsabdij. Men leest aldaar : « Ipsi f. Vrowaren Rolin Vos

---

(1) A. DE VLAMINCK, *La Ménapie et les contrées limitrophes à l'époque de César. — La Flandre et ses attenances au moyen-âge*, bl. 159.

partem de helefwinningen *Utenberken*. » In 1262 schreef men *Huutberghine;* in eene Fransche oorkonde van 1297, *Utbergues;* in eene andere van 1306, *Utberghes;* in 1312, *Uytberghe* en *Hutebergina;* in 1578, *Uutberghen.* De beteekenis van dezen naam lijdt, onzes inziens, geen den minsten twijfel : Uitbergen is eene *wijkplaats uit de bergen*, door de eerste bewoners gekozen om zich tegen de overstroomingen der Schelde te beveiligen. De ligging dezes dorps, om zoo te zeggen gansch door eene heuvelketen omsloten, bevestigt wat wij, hierin gelijk met den etymoloog DE SMET, vooruitzetten. WILLEMS, daarentegen, maakte er eene plaats van *uit de berkenbosschen gelegen* (hors les bouleaux), zich steunende op de hooger vermelde schrijfwijze van *Utenberken,* doch dit vermoeden komt ons niet aannemelijk voor en werd door dien geleerde wellicht opgevat zonder met de aardrijkskundige ligging van Uitbergen bekend te zijn.

In het schoone jaargetijde gezien, is Uitbergen, met zijn ouderwetsch kerkje, zijne dreven en zijn kasteel, een lief, bevallig dorpje, dat het penseel onzer kunstschilders alleszins waardig is. Langs den eenen kant strekken zich, aan den zoom van Vlaanderens machtigen waterweg, welige meerschen uit, waarop, na den hooitijd, talrijke kudden vee dooreenwemelen, die van de gedurige toeneming der stalbevolking onzer land-bouwers getuigenis geven ; langs de andere zijde, de zandige hoogte van Uitbergen, waar vroeger, meer dan nu, sparrenboschje[s] waren te zien, en verderop, naar Schellebelle toe, eenige vol water geschotene turfputten; rechts, heerlijke landerijen, ge-vormd uit de aanslibbingen van den stroom, die deze plaats in vroegeren tijd voor een groot deel onder water zette, en eindelijk, in den noordelijken hoek der gemeente, het zoo-geheeten Broek van Uitbergen en Overmere, een klein meer, aan welks overzijde zich, te midden van het geboomte, de Donkkapel verheft — ziedaar, in weinige woorden, den aanblik geschetst van het dorpje, dat, door zijne afgezonderde ligging, een der geringste van de geheele omstreek gebleven is.

De wijken en gehuchten van Uitbergen zijn: *Donk, Hoek, Kerkeinde, Moleneinde* en *Slot*(1). Wil deze laatste benaming zeggen dat er daar vroeger een slot of kasteel stond? Althans verzekert men ons dat er te dezer plaats, gelijkmede langs den weg naar Schellebelle, overblijfsels van gebouwen gevonden werden, baksteenen van meer dan gewone grootte, arduinstukken, aardewerk, snijdende werktuigen enz., welke ten bewijze strekken dat dit deel der gemeente niet immer onbewoond was.

Verscheidene beken en waterloopen bevochtigen het grondgebied dezer gemeente; het zijn : 1° de *Bellebeek*, die de grens uitmaakt van Uitbergen en Schellebelle; 2° de *Deelsloot*, ter bewatering van Weimeersch; 3° de *Koningsloot*, in het Heisbroek ontstaande; 4° de *Eerste* of *Voorste Sloot* en 5° de *Tweede* of *Achterste Sloot*, beide komende uit het Broek en zich ten oosten van het dorp in de Schelde ontlastende.

Ter plaats, genaamd de *Paardenweede*, wordt de Schelde op dit oogenblik doorgestoken.

De belastbare oppervlakte van Uitbergen bedraagt 616 hectaren 18 aren, waaronder 40 hectaren bosch en 190 weiland en meersch. De meeste dezer meerschen, deelmakende van de volgende broeken, te weten : *Heisbroek, Koningsgootje, Bellebeek, Sluis aan 't Veer* en het *Strijp*, werden bij koninklijk besluit van den 24 December 1864 in eene watering vereenigd, onder den naam van *Watering van Het Westbroek*. De andere

---

(1) Oude plaatsnamen :

1400 : *Belham, Dijc, Heysbrouken* (beide de), *Hoopdonc, Meeyns broukelken, Putten, Scoeracker, Sluussloot, Spleteert.*

1439 : *de Strijpe, Wijmeersch.*

1475 : *Deensche Rijc.*

1536 : *de Braemt, Briel, Eysenackere, Onkerstenen berch, Smitsvelt, Velaert, Vondelstic, Ysdonc.*

1601 : *Bellam, Cricx, Nierdonc, Volaerts, Wittebroodsacker.*

1750 : *Balleuck, Eeckdonck, Driesschen, Haesdongen, Hellewegmeersch, Hooge lochtinck* (bosch), *Groene Dyck, Nieudonck, de Puttenen, de Stocten.*

maken deel van de wateringen van *Belham* en van *Weimeersch*, welke laatste, 50 hectaren groot, tot stand kwam achtervolgens koninklijk besluit van den 12 Juli 1871.

Er bestonden hier oudtijds eenige aanzienlijke pachthoeven, onder andere de *Stede te Kerkhove*, omtrent de dorpsplaats, de *Stede ten Brande* en de *Stede ten Abeele*, doch de inlichtingen ontbreken ons om er bijzonderheden over mede te deelen.

Volgens het *Dictionnaire géographique de la Flandre Orientale* door Van der Maelen, telde men ten jare 1830 in deze gemeente 30 paarden, 150 hoorndieren, 88 kalvers, 123 varkens, 110 schapen en 6 geiten. — In 1846 was het getal paarden hetzelfde gebleven, doch men had er toen reeds 328 koppen hoornvee, terwijl tijdens de optelling van 1880 de veestapel tot 394 stuks was aangegroeid.

In 1846 waren er te Uitbergen in het geheel 157 landbouwgebruiken, waarvan twee van 10 tot 15 hectaren uitgestrektheid, twee van 9 tot 10, evenveel van 7 tot 8, een van 6 tot 7, vijf van 5 tot 6, negen van 4 tot 5, twaalf van 3 tot 4, zeventien van 2 tot 3 en drie-en-twintig van 1 tot 2 hectaren. — De beste landen golden toen tot 5,500 franken de hectare; de gemeenste 850 franks.

Een windmolen bestond te Uitbergen reeds in 't begin der XIV° eeuw.

Behalve eene olieslagerij, wordt er hier geene bijzondere nijverheid aangetroffen; de landbouw is het voornaamste, schier eenige bestaanmiddel der bevolking. Deze bedroeg in 1801 slechts 792 zielen, waaronder 77 behoeftigen, of 590 min dan er waren den 31 December 1888.

De kermis valt op den zondag na St.-Pietersdag.

II.

HEERLIJKHEID EN BESTUUR. — De heerlijkheid van Uitbergen behoorde tot in de eerste jaren der XIV° eeuw aan de heeren van Dendermonde. Een dezer, met name Robrecht van Bethune, bezegelde in de maand Maart 1229 eene charter, waarbij hij de abdij der zusters van het Cistercienzerorde, bij Dendermonde, anders gezeid Zwijveke, tot rust zijner ziel en dergene van zijne moeder, met eene jaarlijksche rent van 11 pond groote, Vlaamsche munt, begiftigt, te betalen uit de inkomsten zijner bezittingen te Uitbergen (1).

Eene charter van 19 April 1244, in het archief des noorderdepartements te Rijsel bewaard, noemt onder de getuigen bij eene uitspraak over een geschil tusschen den graaf van Vlaanderen en den graaf van Henegouw, Willem van Nevele, heer van Uitbergen.

Den 2 Juni 1262 verkochten *Machelinius de Sancto Bavone* en Agatha, zijne huisvrouw, aan de St.-Baafsabdij te Gent twee deelen eener tiende, gelegen in de parochie van *Huutberghine,*

---

(1) « In nomine sancte et individue Trinitatis. Robertus de Bethunia, dominus de Tenremonde, omnibus presens scriptum inspecturis in perpetuum. Notum sit presentibus et futuris quod domui claustrali sanctimonialium Cisterciensis ordinis juxta Tenremondam XI libras, Flandrensis monete, de redditibus meis in *Berginis* annuatim in Pascha persolvendas, pro salute anime matris mee Mathildis et anime mee, libere contuli, ac apposita conditione quod si ego vel heredes mei infra tres annos proximos decimas XI librarum annuatim valentes vel centum et X libras, nostre monete, eidem domui dederimus, predicte redditus ad manum nostram libere revertentur, alioquin sepedicta domus eosdem redditus in perpetuum possidebit. Ut autem ista donatio rata et inconvulsa permaneat, presentem paginam sigilli mei munimine roboravi; nominibus eorum qui interfuerunt subvocatis : s. Margarete, domicelle de Tenremonde; s. Margarete, domicelle de Bethunia; s. Johannis, fratris de Camera; s. Egidii, canonici de Tenremonde; s. Wilhelmi, canonici; s. Balduini, militis de Brula, s. et Walteri, prepositi. Actum anno Verbi incarnationis M°CC°XX° quarto, mense marcio. »
(A. DE VLAMINCK, *Cartulaire de l'abbaye de Zwyveke,* bl. 9.)

met toestemming van graaf Gwijde van Dampierre en dezes echtgenoote Machteld van Bethune, vrouwe van Dendermonde, van wie deze tiende in leen gehouden werd[1].

Bij brieve van 8 Januari 1297 verzocht Robrecht van Bethune den meier en den schepenen van Uitbergen aan den ridder Geeraard de Moor te willen afgeven de som van 85 pond parisis, welke zij genoemden Robrecht gestemd hadden ter gelegenheid van de verheffing zijns zoons Lodewijk van Nevers tot de ridderlijke waardigheid[2].

Leveren de drie aangehaalde acten genoegzaam het bewijs op dat de heeren van Dendermonde hier het heerlijk gezag hadden, de hieronder medegedeelde oorkonde van omtrent den jare 1306 toont nog duidelijker aan dat Uitbergen toen nog immer in hun bezit was. Het is eene schatting der heerlijke rechten, den grave van Vlaanderen, als heer dezer landstreek, binnen de parochie van Uitbergen toekomende, in welk stuk gezien wordt dat deze gemeente toen 1,192 bunder groot was, waaronder 596 bunder, waarop de vorst hoog, middelbaar en laag gerecht uitoefende[3].

---

(1) *Acta Sanctorum Belgii*, II, 606. — L'Espinoy, bl. 244.

(2) « Robertus ainsnes fils le comte de Flandres, advoes d'Arras, sires de Biethune et de Tenremonde, au mayeur et as eschievins de la ville de Utbergues, salut. Nous vous mandons et commandons que vous a nostre amee chevalier mons' Gerard le Mor, ou a celui qui ces lettres vous donra rendes bailles et delivres quatre vins et cinc livres parisis, lesquels vous nous avez donnes de li chevalier Loeys nostre ainsne fils, comte de Nevers et de Retel et ce fait retenes ceste lettre nostre par deviers vous en signe de paiement fait par nostre commandement et ce ne laissies mie. Donnés à Gand le lundi apres le tiephane lan de grace mil deus cens quatrevins et dix et siept. »

(Staatsarchief te Gent.)

(3) « Chest li prisie astimée et le value de ce ke messires li Cuens de Flandres, sires de Tenremonde a en le paroche d'Utberghes.

Premièrement vente en derniers si comme il apert par les bries yretaules[1] XXX l. XIX s. et IIII d.

Item de nouviele rente XXVIII d.

Item dun acat fait a Andrieu de Overmeere o. II s. I d. poitevine[2].

---

(1) Rentes héritables, *erfelijke renten.*
(2) Middeleeuwsche munt.

De omstandigheid, dat er in deze schatting van Overmere, als leengoed, niet gesproken wordt, heeft ons doen vermoeden dat

---

Somme des deniers de rentes yretaules XXVII l. III s. IX d. poitevine.

De ce doit avoir li abbesse de Zuieveke cascun an de la rente XI l.

Ensi remaint a mons de la dite rente XVI l. III s. IX d. poitevine par an.

Gellines (^{1}) en Utberghes $\dfrac{XX}{IX}$ et X.

Item de laeat fait à Andrieu de Overmeere IIII L.

Somme des gellines CCX L. IIII valens VI l. II s. pour cascune gelline VI d.

Avaisne mole yretaule VII hansters (^{2}).

Item de laeat fait à Andrieu de Overmeere II hausters II vas.

Somme de lavaine mole yretaules IX hansters II vas valent XIIII s. III d. pour le hanstre XVIII d. en prisie.

Item après est ascavoir ke les terres de la paroche d'Utberghes sont mesurees dont on a trouvé par mesure onze cens q^{re} vins douze boniers pour tout et de le quelle teire sont prisies li VI C boniers IIII moins où messires a toute iustice haute et base, quatre vins neuf L. VIII s.

Item VI C boniers IIII boniers moins de le terre desseus dite où messires a toute haute iustice et li home ki le tiennent de M^r en fief en ont entree et issue et les amendes dusques a dis s.

Somme XXIX l. XVI s. des VI C boniers IIII moins, dont messires a le haute iustice.

Somme toute de le prisie des XI C q^{re} vins douze boniers de le terre dessus dite CXIX L. IIII s. par an.

Le mairie d'Utberghes ke li maires tient dou propre mons^r l. X s. par an.

Item le mairie del acat à Andrieu de Overmeere et le quinte garbe prisiet IIII l. X s. par an.

Item li moulins a vent prisiet X l. par an.

Le tiers de ce moulin ke Clays de Overmeere tient est prisiet à IIII L. par an.

Jehans Martins de le maison de Belle X l. par an.

La peskerie de le meere prisie IIII l. X s. par an.

Che sont li home mons^r de plain fief en la paroche d'Utberghes.

Jehans de Kalkine XX s. par an.

Clays jadis fils Wille d'Outremeere XX s.

Jehans Haghemuters XX s.

Ghiselins li maire d'Utberghes XX s.

Ysabiaus de le Court XX s.

Jehans li Fevres de Tenremonde XX s.

Gilles Tiel XX s. par an.

Somme des homes de plein fief VII valent en prisie VII liv. par an.

---

(1) Kiekens.
(2) Haalsters (maat).

laatstgemeld dorp toen nog in handen was van de familie, welke er haren naam zal hebben aan ontleend. Het is evenwel ook mogelijk dat de heerlijkheid van Overmere toen nog niet bestond en dat deze plaats van den beginne af van die van Uitbergen afhing, zooals zij, voor het geestelijke, tot in het begin der XIVe eeuw er aan onderhoorig was.

Nog in 1311 was Uitbergen in 't bezit van den heer van Dendermonde; dit blijkt uit eene acte van den 22 April dezes jaars, bij welke Willem van Vlaanderen, broeder van den graaf van Vlaanderen Robrecht van Bethune, zijne goederen albier, tot beloop van 8 pond 8 stuivers 8 deniers 's jaars, in voordeel der abdij van Zwijveke bezet(1).

Che sont li homes en le dite paroche ki ne sont mie de plain phief.

Clays jadis fils Will^e de Overmeere de le terre de le rue XII s. par an.

Goossuin de le Meere V s. par an.

Clays fils Jakemon d'Outremeere VI d. par an.

Item Clays dou fief ki fu accates a Gillion dou Vivier II s. VI d. par an.

Jehans fils Soihier del Brouck XII d.

Jehans li prestre II s.

Jehans Mourans XII d. par an.

Alies del Sloter VI d. par an.

Gillis del Dame XII d.

Will^e del Dame XII d.

Jehans del Watre XVIII d. par an.

Wautiers de Lotres IIII s.

Will^e dou Dame frere li majeur VI d. par an.

Jehans di le Rue VI d.

Jakemes Barnetos III s.

Gilles li Clerc V s.

Agnies de le Biest III s.

Mabile del Brande II s.

Somme de le value des homes dessus nommés petit fiefs, VII s. VI d. par an.

Somme toute des deniers des rentes des gellines de lavaine le seingnoirie de le terre des mairies, de le quinte garbe, des moulins, de le peskerie, de le meere, de le maison de Belle et des homes de fief, si come il apert dessus, cens quatre vins sept l. XVI s. VI d. poitevine. »   (*Staatsarchief te Gent.*)

(1) « Nous Guillaumes de Flandres, sire de Tenremonde et de Neele, faisons scavoir à tous que nous avons assené et assenons sour nos rentes de Tenremonde, à l'abbeye de Zuiveke de les Tenremonde, wit livres wit sous wit deniers parisis, laquele somme de deniers ledite abbeye a recheut à *Utberghes*

Ons is het tot hiertoe onbekend gebleven op welke wijze de heerlijkheid dezes dorps omtrent dit tijdstip vervreemd geraakte; althans treffen wij Uitbergen ten jare 1312 in 't bezit aan van Willem van Nevele, *sire d'Utberghe*, die zich in den echt verbond met Sophia Beaufort, wier zoon Willem de heerlijkheid nog bezat in 1365. Te rekenen van omtrent dezen tijd voerden de heeren van Uitbergen tevens den titel van heeren van Overmere en vinden wij beide dorpen onder leenroerig en bestuurlijk opzicht vereenigd tot in den jare 1673, wanneer zij, krachtens octrooi van Karel II, koning van Spanje, op verzoek van den toenmaligen heer Antoon van Coudenhove, in twee afzonnderlijke leenen, verheffende van 't leenhof van Dendermonde, gesplitst werden. De twee dorpen bleven evenwel tot op het laatste der verledene eeuw aan dezelfde heeren toebehooren (1).

Uitbergen had vroeger zijn heerlijk kasteel, hetwelk omtrent het einde der vorige eeuw door mevrouwen de Bouilliers en de Belvaux, te Parijs, en Couvin, met eenige mederechthebbenden, verkocht werd aan Ferdinand Beertens. Toen werd het beschreven als volgt : « kasteel met hof, nederhof, boomgaerd, meerschen, wallen, visschereye en dreven, ter grootte van beth de 4 bunderen, alle rond en aen het zelve kasteel met eene dreve tot aen de kerk loopende, beth de 250 stappen langswaerds de Schelde... »

In de eerste helft der tegenwoordige eeuw behoorde het kasteel aan de familie Terlinden, nadien aan de familie de Kerchove van Oeselgem, en het is thans 't eigendom van den graaf van den Steen de Jehay, die er zijn buitenverblijf houdt.

---

et prendra tous les ans ens les jours de Pasques à nostre recheveur desdites rentes à Tenremonde guisques pour le tans à venier recheverres sera. Et pour che que nous voulons que ce soit ferme chose et estable à tout jours permanablement pour nous et pour no successeurs, nous avons ces lettres sayellées de no propre saiel. Donées à Tenremonde l'an de grace mil CCC et onse, le yodi devant le jour Saint Marc, évangeliste. »

(*Cartulaire de l'abbaye de Zwyveke*, bl. 99.)

(1) Zie onze Geschiedenis van *Overmere*.

Onder de in deze gemeente ingeslotene leengoederen hebben wij te vermelden :

1° *de meierij van Uitbergen en Overmere*, welker bediening in 1535 door Gwijde van Blaesveld, in huwelijk met Antonia Adornes, heer der beide genoemde gemeenten voor een derde deel, werd afgestaan aan Cornelis Hendricx, met al de er aan verbonden rechten en voordeelen(1).

2° *de Stede ten Brande*, eene omwalde pachthoeve van 5 bunder groot, in 1439 het eigendom van Joanna Musschoet, vrouw van Jan van Oestrem ; ten jare 1556 aan Jakemijne van Oestrem, en in 1780 in bezit van Jacob Roels, bij koop jegens Pieter de Graeve ;

3° *de Stede ten Abeele*, insgelijks geheel omwaterd, ten jare 1439 gehouden door Jozijne Spaens en in 1780 door gezegden Jacob Roels.

Er bestond vroeger een geslacht met den naam dezes dorps, waarvan verscheidene leden in de jaarboeken bekend zijn. *Catharina van Uutberghe* werd de echtgenoote van Boudewijn Borluut. *Willem van Uytenberghe* was schepene van de keure te Gent in 1310. Hij had voor wapen *d'argent à trois coquilles de sable*. In de rentboeken der gezegde stad vindt men omtrent 1300 een *Jan Utenberghe*, en in 1362 is eene *Margareta Utenberghe* ingeschreven als lid der broederschap van St.-Jacob in Gallicië, opgericht in de St-Nicolaaskerk te Gent. Een andere *Utenberghe*, met hetzelfde wapen als hiervoren, staat onder de kwartieren der familie Borluut, in de kerk van den H. Stephanus. Dat deze familie oorspronkelijk van Uitbergen was, schijnt ons te blijken uit de overeenkomst van haar wapen met datgene van Uitbergen, voorkomende op de oude landkaart van Uitbergen en Overmere, en bestaande in : *de sable à cinq coquilles d'argent*. Hoogstwaarschijnlijk zal zij hier een leen bezeten of eenig ambt uit-

---

(1) *Acten en Contracten*, keure, 1535-1536, 153ᵛ. — Stadsarchief van Gent.

geoefend hebben, misschien dat der meierij, waaromtrent wij echter, om dit punt op te helderen, geene oorkonden van vóor de XIV° eeuw hebben aangetroffen.

De registers van overlijdens dezes dorps klimmen op tot 1608; die der geboorten tot 1609, en die der huwelijken tot 1618.

Burgemeesters van Uitbergen.

Lodewijk Herman . . . . jaar	VIII
Karel de Colnet.	1828
Benedict Dauwe	1830
J. Steeman	1834
Serafien van Hoeymissen.	1835
Gustaaf de Kerchove van Oeselgem. . .	1842
Edmond de Kerchove » . . .	1848
Graaf Victor van den Steen de Jehay . .	1861

III.

GESCHIEDENIS. — Betrekkelijk geschiedkundige voorvallen is voor Uitbergen weinig van belang door de oude kroniekschrijvers aangeteekend. Wel zal de gemeente, gelijk alle andere, haren tol hebben betaald aan de oorlogen en omwentelingen, die ons land in vroegeren tijd beroerden, maar denkelijk zal zij zelden getuige geweest zijn van eenen bloedigen veldslag of van andere ontzettende rampen, die lang nadien nog in de verhalen voortleven. Melden wij enkel dat Uitbergen tijdens de Patriottenbeweging der XVIII° eeuw ook een vrijwilligerkorps zag tot stand komen, dat zich oefende in den wapenhandel, om desnoods voor de vrijheid van het volk den vuurdoop uit te staan, en dat de manschappen den 7 Juli 1790 op de Vrijdagsmarkt, te Gent, den eed van getrouwheid zwoeren aan de Staten des Lands.

IV.

Kerk van Uitbergen. — Zooals wij 't reeds deden opmerken, maakten Uitbergen en Overmere oorspronkelijk maar ééne parochie uit, waarvan de moeder- of kerspelkerk te Uitbergen stond, terwijl Overmere niets had dan eene kapel.

Het patronaat over de kerk dezer parochie behoorde sedert 1177 aan de St.-Baafsabdij te Gent, aan welke het door Everaart, bisschop van Doornik, in wiens handen de deken van Schellebelle het met dit doel had opgedragen, den 12 Maart van gemeld jaar werd afgestaan (1). Deze gift werd door paus Luciaan III den 6 November 1183 bekrachtigd (2). In de laatste

---

(1) « In nomine patris et filii et spiritus sancti, amen. Ego Everardus Dei gratia Tornacensis episcopus, omnibus Christi fidelibus tam futuris quam presentibus in perpetuum. Quam labilem hominum memoriam furtiva denigrat annorum volubilitas, dignum duximus factum presens memorialibus litteris commendare, ne oblivione sepultum, apud humanos oculos per revolutiones temporum videatur aliquatenus expirasse. Nos itaque super candelabrum domus domini positi, magis studentes splendorem lucis perducere quam fumum evaporare, altare de Bergine, quod Robertus decanus de Belle sicut tenebat nobis resignavit, ad preces ipsius ecclesie beati Bavonis pro remedio anime nostre et pro celebratione anniversarii nostri in perpetuum faciendi, et pro expiatione predecessorum nostrorum tornacensium pontificum, seu etiam parentum nostrorum, cum omnibus appendiciis suis, salvo pontificali iure et ministrorum nostrorum, perpetuo possidendum donavimus. Ut autem hec donatio rata et inconvulsa futuris habeatur temporibus, presentem paginam sigilli nostri impressione corroboravimus, ad testium qui interfuerunt annotatione munivimus. Si quis autem contra hoc scriptum venire presumpserit, excommunicationis vinculo se noverit innodatum, nec se a sententia usque ad condignam satisfactionem esse solvendem. Signum domini Everardi Tornacencis episcopi, S. Arnulfii archidiaconi, S. Gunteri decani, S. Teodorici presbiteri, S. magistri Henrici, S. Mathei clerici nostri, S. Willelmi, abbatis Sancti Bavonis, S. Lamberti Heamensis abbatis, S. Roberti decani de Belle.

« Actum Gandavi in monasterio sancti Bavonis anno incarnationis dominice M⁰ C⁰ LXX⁰ VII⁰, consecrationis nostre sexto, quarto idus marcii. Data per manum Danielis cancellarii nostri. »   (Staatsarchief te Gent. — Serrure, Cartulaire de St. Bavon, bl. 60.)

(2) C.-A. Serrure, Cartulaire de St-Bavon, bl. 62.

eeuwen, bepaaldelijk sedert de afschaffing der St.-Baafsabdij, was de kerk onder het beschermschap van den bisschop van Gent; zij stond vroeger onder de dekenij van het Land van Waas en maakt thans deel van die van Dendermonde.

De kerk van Uitbergen, toegewijd aan den H. Petrus, is zeer oud. Aanvankelijk nog kleiner dan nu, werden er op verschillige tijdstippen aan dit gebouw veranderingen toegebracht, de laatste maal in 1771, van wanneer het tegenwoordige voorschip dagteekent, dat ongelukkiglijk noch sierlijkheid noch stijl vertoont. De toren, nagenoeg te midden oprijzende, is zeer lief, en waar thans de sacristij is, was vroeger het koor, met zijne vijf spitsbogige vensters, welker geschilderde glasramen in de eerste helft dezer eeuw werden uitgebroken. Een der geschilderde ramen was vervaardigd in 1551, benevens eene schilderij, *het Oordeel* voorstellende, ten gevolge van een vonnis tegen verscheidene lieden, die op het grondgebied der heerlijkheid van Uitbergen en Overmere gewelddaden hadden gepleegd.

Nog in het eerste vierde der XVIe eeuw was de kerk met stroo gedekt, hetgeen het bewijs schijnt op te leveren dat de beeldstormers ze zullen verwoest hebben.

Er zijn drie altaren in deze kerk. Het hoogaltaar, bekroond met het beeld van den H. Petrus, is versierd met eene schilderij, voorstellende de *Nederlegging van Christus in het graf,* van eenen ons onbekenden meester. De twee andere altaren zijn toegewijd aan O. L. Vrouw en de H. Godelieve.

Behalve eenige wapenschilden van edele familiën, ziet men hier ook nog eenen *H. Dominicus, den rozenkrans ontvangende uit de handen van O. L. Vrouw,* en eenige beelden, waaronder dat van den H. Antonius, eremijt, die in deze kerk vanouds tegen het St.-Antoniusvuur en andere besmettelijke ziekten vereerd wordt. Ook ter eere der H. Godelieve, patrones tegen de keelpijn, oogziekten en alle andere gevaarlijke kwalen, bestaat er hier van over onheuglijken tijd eene begankenis.

Van de verdere in de kerk aanwezige voorwerpen is een der twee biechtstoelen alleen der vermelding waard.

In de sacristij toonde men ons een zilveren reliquievat met het volgende opschrift : *Desen seynder heeft ghegeven Jan Coene, fᵃ Ghyselbrecht, ter eere Godts ende ten dienste van dese kercke van Uytbergen, met syn overl. huysvrauwe Joa. sBeeren ter saligher en Margriete Ghyselinck, syn tweede huisvrauwe.*

Verscheidene leden der oude heerenfamiliën liggen in deze kerk begraven. LINDANUS geeft het volgende opschrift, dat op eenen der zerken te lezen stond :

HIC SITUS EST AUGERIUS MASMINIUS, VYTBERGAE DOMI-
NUS, QUI OBIJT XVI MAIJ ANNO M. CCCC. XCIV, ET
JACOBUS MASMINIUS VYTBERGAE DOMINUS, QUI OBIJT...
FEBR. ANNO M. DC... ET GERTRUDIS MASMINIA AUGERIA
FILIA.

Tijdens de beroerten der XVIᵉ eeuw werd dit gedenkstuk door het vallen eener klok vernietigd. Pieter van den Houte (Dubois), heer van Uitbergen en Overmere, deed er eenen nieuwen grafsteen plaatsen met het volgende opschrift en de wapens en kwartieren der familie versierd :

HIER LIGGEN BEGRAEVEN JONCKER OGIER VAN MAS-
SEMEN, OVERLEET 1494, JONCKᵉ MAILLART DU BOIS
Fᵃ. JAN, OVERLEET 1555, JONCKᵉ LIEVEN DU BOIS Fᵃ
MAILLARD, OVERLEET 3 OCTOBER 1580, JONCKᵉ PIETER
DU BOIS, Fᵃ. LIEVENS, OVERLEET 20 AUGUSTI 1641.
ALLE GEWEEST HEEREN VAN VYTBERGEN EN OVERMEIRE,
EN DE JONCKVR. ANNA FIGUEROA F. ANTHONIJ, HUYSVR.
VAN JONCKER PIETER DU BOIS, OVERLEET DEN...

Vóór de Fransche omwenteling hingen er in den toren drie klokken, van welke de kleinste alleen is bewaard gebleven. Men leest er op :

PETER Jᵉ BALTHAZAR VAN ROOSENDAEL, HEERE VAN
UYTBERGEN EN OVERMEERE, METER ...... ME FUDIT
JOANNES PAUWELS GANDAVI, 1722.

De tweede klok werd op bevel van de bestuurders der Fran-

sche republiek in stukken geslagen en naar Dendermonde ver-
voerd; de derde in de Meere geworpen.

In de eetzaal der pastorij, een gebouw van de verledene eeuw,
bemerkt men tien op doek geschilderde en aan de wanden
vastgehechte tafereelen, uit het leven des Zaligmakers ontleend;
zij dragen het jaartal 1785 en het handteeken van P. BRUNET.

Pastoors van Uitbergen.

Pieter Pauwels	1462
. . . .	. .
Michiel Roels	1533
Hendrik Nemegeer.	1565
Jacob Martens	1608
Jan Kelders	1625
Hilduard Verschrick	1627
Philip Cardon	1631
Pieter Spanoghe	1649
Hendrik Walraevens	1654
C. D'Haese	1656
Joost van Langenhoven	1659
Frans Ghijs	1667
Pieter Mestdach.	1679
D. van Lare	1713
Gillis Steels	1719
P.-A. Matthijs	1721
J.-B. Vermeersch	1725
J.-A. Schautheet	1735
J.-B.-F. Hellinck	1762
J.-E. de Weirt	1776
M.-A. de Backer.	1779
F.-J. de Backer.	1807
N. Haeck.	1821
B. Bockxstael	1827
Celestijn de Clercq	1837
Benj. Waelraet	1865
P.-J. Bral	1868
K.-L. Verbeke	1872

IV.

REDERIJKERSGENOOTSCHAP. — Uitbergen had in de laatste jaren van de XVIIIᵉ eeuw zijn rederijkersgilde, dat de H. Godelieve tot patrones had en van 17 April tot 9 Juli 1775 niet min dan negentien keeren het treurspel *Idonea* opvoerde. 't Moest tamelijk wel ingericht zijn, aangezien het beschikte over een behoorlijk getal spelers, dansers en kunstjesmakers, gelijk het onderstaand *argument* der vertooning bewijst :

DEN ARGLISTELYKEN ENDE VALSCHEN RAED - GEVER

SWYTAERT,

ALSOOCK SYNE BEWEENENDE MINNE - NYTS - WRAECKE VREESSELOOS UYTGEVROCHT JEGENS MADON, PRINCE VAN POTIERS ENDE OOCK IN

IDONEA,

DOCHTER VAN LOTHARUS KONING VAN VRANKRYK,

ALSOOCK DESZELFS DRUK ENDE TROUW-GEVAL,

AENVEERT ZYNDE VAN

LIDERICK FORESTIER VAN VLAENDER - LANT.

VERRYKT MET SCHOONE VERTOONINGEN, KONSTIGE VLIEG - WERKEN ENDE BALLETTEN.

GEVOLGT VAN EENE VERMAEKELYKE COMEDIE.

Zal Speel-wys vertoont worden door de Leerzuchte Iveraers der Prochie ende Heerlykheyd van Uytbergen,

Lande van Dendermonde, Schuylende onder de Beschherminge van de H. GODELIEVE.

Voerende voor Zin-Spreuk :

ALWAER EENDRACHT BLOEYT, VREUGT ENDE LIEFDE GROEYT.

zYnDe UYt Waere LiefDe enDe opreChte respeCtIghcYt toeëYgent aen den Eerw. Heer Franciscus-Engelbertus DE WEIRT, *Pastor der Parochie van Uytbergen. Midsgaders aen d'Heer Joannes de Baere, Bailliu van Uytbergen ende Overmeire, alsmede dergene van Calcken, etc.*

Insgelyks aen Philippus Bracke, *Borgemeester*, Joannes Colman, Jacobus Bacten, Gillis Hiele, Franciscus Thirée, Judocus van Hoeymissen, Pieter Oosterlinck, *Schepenen van Uytbergen en Overmeire*, ende aen d'Heer Bernardus Schockaert, *Greffier der voornoemde Prochien.*

De Vertoonplaets is ten Hove van Sieur Philippus van Hoeymissen, Hostellier in de Fortune, in het Dorp van Uytbergen, op den 17, 25 en 30 April, 3, 7, 14, 21, 25 en 28 Mey, 5, 11, 15, 18, 25 en 29 Juny, 2, 5, 4 en 9 July. *Te beginnen ten twee uren naer middag.*

soeCkt Men hIer In WeIk JaeR, Dees Letters WYsen 't kLaer. ToonD hIer U LIeFDe WerCK, 't proFYt Is Voor De KerCk.

Het slot der vierde bladzijde luidt :

DIt zY hIer aLLes Vertoont In gLorIe, VAn De heYLIge goDeLIeVe.

Wij vermoeden, dat wij hier voor eene meer godsdienstige dan letter- of tooneelkundige vereeniging staan, die slechts voor eene bijzondere gelegenheid op de planken verscheen.

V.

Sage van de klok.

Als de Franschen naar Uitbergen kwamen om de klokken te rooven, vonden zij er maar twee meer in den toren hangen. De eene sloegen zij in stukken en de andere laadden zij op eenen wagen om naar Gent gevoerd te worden.

Aan de Meere gekomen, kon de wagen niet meer voort, en de Franschen, uit gramschap, wierpen de klok daar in het water.

Sedertdien, zegt het volk, hoort men de klok elken Kerstnacht geluid geven, alsof zij vroeg om bovengehaald te worden; maar dewijl het water daar te diep is, moet de klok er voor eeuwig begraven blijven.

WAASMUNSTER.

I.

PLAATSBESCHRIJVING. — Eene der oudste, merkwaardigste en, aanvankelijk, eene der uitgestrektste gemeenten van het voormalige Land van Waas, waar zij tot het einde der XVIIIe eeuw toe behoorde, is Waasmunster. Hare oudheid als bewoonde plaats zullen wij straks bewijzen; wat haar belang en grootte betreft, zij het genoeg te herinneren dat St.-Nicolaas, Kemzeke, Sinaai, Lokeren, Exaarde, Daknam, Belsele, St.-Pauwels en Nieuwkerken tronken zijn van Waasmunster, welke er eerst in de XIIe eeuw werden van afgescheiden, zoodat, vóór de splitsing in de evengemelde parochiën, Waasmunster's grondgebied eene uitgestrektheid had van niet min dan 17,912 hectaren[1].

Den kom der gemeente binnentredende, bemerkt men al spoedig dat men in eene plaats is, welke in vroeger tijd eene grootere beteekenis, eenen meerderen welstand moet gehad hebben dan tegenwoordig. Men wandelt in fraaie, tamelijk

(1) VAN DEN BOGAERDE, *Het distrikt St.-Nikolaas, voorheen Land van Waas*, III, 340. — VAN RAEMDONCK, in de *Annalen van den Oudheidkundigen Kring van 't Land van Waas*, II, 384.

breede straten, die goed bebouwd zijn; de huizen, vele met twee en drie verdiepen, zijn zindelijk en vertoonen hier en daar de kenteekenen van eenen vroegeren bouwstijl, welke nochtans van lieverlede voor moderne vormen verdwijnen. Waasmunster is een aangenaam, lief dorp, versierd met verscheidene nieuwerwetsche lusthuizen, voorzien van schoone tuinen, als het kasteel der familie Vermeulen, dagteekenende van 1818; *het Blauwhof*, toebehoorende aan de familie de Neve; *het huis ten Toren*, vroeger aan mevrouw van Doorslaer en tegenwoordig aan den heer Verstraeten; het kasteel van *Sombeke*, eigendom van den heer H. Limpens.

Men treft te Waasmunster eene groote openbare plaats aan met vischmijn, waar een klein monument prijkt (een leeuw, houdende met den rechten klauw een zwaard, en met den anderen een schild, waarop het wapen der gemeente), op een arduinen voetstuk(1). De straten zijn goed gekasseid, de huizen zindelijk en net; in één woord, 't moet hier aangenaam zijn te verblijven, te meer daar de lucht gezond, het volk ordelievend en werkzaam is en eene wandeling in 't schoone jaargetijde langs de frissche, malsche Durmemeerschen, of in 't lommer van de donkere sparrebosschen, den geest verkwikt en de oogen bekoort.

Waasmunster's hooge oudheid is gestaafd door tal van belangrijke voorwerpen, onloochenbare getuigen van eenen reeds lang vervlogen tijd. Al de oude volkeren, die opvolgendlijk dit gedeelte van Vlaanderen zijn doorgetrokken, lieten er sporen van hunnen doortocht niet alleen, maar tevens van hun tijdelijk verblijf. Bij het omwoelen van een stuk grond in de wijk Heuverbeke, deel makende van het Schaarhout, geheeten Kloosterbosch en eene lichte verhevenheid uitmakende, vond men in de jaren 1857, 1858 en 1859 bewijzen genoeg van een verblijf van Franken alhier, namelijk meer dan twintig lijk- of aschbussen

---

(1) Men leest er op : WAASMONSTER, benevens den naam des beeldhouwers : PLEETINCKX, en het jaartal 1819.

van gebakken aarde, verschillig van grootte en vorm, de eene zwart, de andere grijsachtig, geel of rood, effen gewerkt of uitwendig versierd met gelijkloopende lijnen. Zij waren gevuld met zwarte aarde, asch, peerlen en andere kleine sieraden en omringd van houtskolen, asch, pijken, lansen, sabels enz. Dr. VAN RAEMDONCK, de al te weinig erkende geleerde, wien de oudheidkunde van het Land van Waas veel verschuldigd is, en wien wij in de opsomming van de oudheidkundige ontdekkingen op den voet volgen, zegt te recht dat deze lijkbussen, en wat daartoe behoort, onbetwistbaar overblijfselen zijn van eenen Frankischen volksstam. Geen twijfel, of de personen, welke hier met lichaamssieraden en wapenen begraven werden, hadden daar dichtbij hunne woning.

Nog meer overblijfselen van hun verblijf lieten de Romeinen hier achter; behalve een aanzienlijk getal medailles, wapenen, huisgerief, vaatwerk en beeldjes, die de Romeinsche indringers er achterlieten en welke op verschillige tijdstippen weer uit den grond te voorschijn gehaald zijn, moet hier gewezen worden op twee begraafplaatsen, van welke de geschiedschrijvers DE BAST en VAN DEN BOGAERDE gewag maken, de eene in 1797, op ongeveer honderd schreden van Klein Pontrave ontdekt; de andere, in 't begin onzer eeuw, in 't oude bosch van ten Rijen aan het licht gebracht(1). Bij al deze onloochenbare getuigen van Romeinsch verblijf te Waasmunster moet men nog voegen eene massa overblijselen van steenwerken, op Steen- en Meerschakker, gevonden ter diepte van 50 a 60 centimeters, en bestaande uit steenen, tichels, rood vaatwerk enz. Van levenden en dooden hebben de Romeinen bewijzen achtergelaten van hunne aanwezigheid te Waasmunster. Overigens, men weet dat twee groote Romeinsche wegen, van 't westen, naar het oosten, de gemeente doorkruisten, namelijk de twee nog bestaande « oude heirbanen ».

---

(1) VAN DEN BOGAERDE, *Het distrikt St.-Nikolaas*, II, 29.

Na de Romeinen zijn Belgische volksstammen gekomen, afgezakt op den Rijnkant, en ook hier met der woon gevestigd. Men vond daar de bewijzen van in 1719, namelijk aarden lijk- of aschbussen, bij de bidkapel; vier bronzen bijlen, van het Germaansch-Belgisch tijdvak, ontgraven in 1797 en 1811.

Welke redenen hadden de voorhistorische, en de onmiddellijk na deze gekomen volksstammen, in deze gewesten omzwervende, om zich te Waasmunster te vestigen? Dr. VAN RAEMDONCK legt dit, onzes inziens op onwederlegbare wijze, uit. De grootste grondverhevenheid in het Land van Waas (zegt hij), is te Waasmunster, een weinig ten noordwesten van den kom der gemeente, op 1,800 meters van den linker oever der Durme; zij maakt deel van eene langwerpige, zeer onregelmatige streep, welke zich boven de vlakte van Waas verheft en die zich uitstrekt langs Waasmunster, Sinaai, Belsele, St.-Nicolaas, St.-Pauwels, St.-Gillis, Nieuwkerken, Beveren, Melsele, Zwijndrecht, Burcht, Kruibeke, Haasdonk, Bazel, Rupelmonde, Steendorp, Temsche, Tielrode en Elversele. Eene groote zijde van gemelde verhevenheid loopt langs de linker boorden van de Schelde en de Durme; wat wonder dan dat de voorhistorische en later gekomen zwervers in het Land van Waas, bij voorkeur, de plek hebben gekozen, waar, bij rappere helling het regenwater spoediger naar beneden afstroomt, derhalve waar het verblijf gemakkelijker en gezonder was dan in het andere deel, waar het water moeilijker weg kon over de effene vlakte, en hier en daar ongezonde poelen en moerassen moest maken? De Schelde en de Durme, die ten zuiden van de hoogere pleinen vloeien, sloten de Wazenaren in gelijk in een schiereiland, terwijl noordwaarts de stilstaande wateren en moerasgronden eenen vijandelijken inval moeilijk maakten (1). Het hoogste punt der verhevenheid is van 32^{m}72, niet verre van de zuidergrens des Lands van Waas; men vindt het tusschen den steenweg van Belsele naar

---

(1) Dr VAN RAEMDONCK, voormelde verhandeling, 390.

Waasmunster, rechts, de Boudeloodreef, links, en de oude heirbaan van Gent naar Antwerpen, beneden. Ziedaar de reden van Waasmunster's rijkdom in overoude voorwerpen, en van de hooge oudheid, op welke zij, als bewoonde plaats, mag aanspraak maken.

De gemeente had in 1700 eene uitgestrektheid van 3,368 gemeten, en staat thans op het kadaster aangeschreven met eene oppervlakte van 3,202 hectaren. Hare belastbare uitgestrektheid bedraagt 3,045 hectaren 30 aren. Goede steenwegen geven haar gemeenschap met Lokeren, St.-Nicolaas, Temsche, Belsele en Sinaai. Een dezer, namelijk degene welke het dorp doorsnijdt en naar Dendermonde en Hulst, naar Gent en Antwerpen leidt, werd voor de eerste maal gekasseid in het jaar 1629, volgens brieven van koning Philip IV. Tot voltrekking van dit nuttige werk verkreeg de gemeente, bij octrooi van 10 Maart 1635, vergunning om eene belasting of tol te heffen, welke nog in 1777 werd vernieuwd. Men eischte namelijk 2 stuivers van elken met twee paarden bespannen wagen, over deze baan te Waasmunster rijdende, en 1 stuiver van ieder paard, terwijl er, over de Durme, gemeenschap is met de gemeente Hamme door middel eener brug, welke krachtens vorstelijk octrooi van 20 April 1517 (1) werd gelegd, met oorlof er een overgangsrecht te heffen, mits eene jaarlijksche erkenning van 4 pond parisis. Voegt men daarbij dat de gemeente, door de Durme, in verbinding is met Rupelmonde en Antwerpen, en door de spoorbaan met Dendermonde en St.-Nicolaas, dan mag er gezegd worden dat weinige plaatsen zoo gunstig gelegen zijn voor handel en nijverheid als Waasmunster.

Het hoog of zandig gedeelte dezer gemeente was eeuwen lang eene naakte of weinig opbrengende heide. Uitwijzens eene oorkonde van het jaar 1349, deel makende van 't archief der abdij, had men « in tbeghin van der heyden » een quantiteyt van

_____

(1) Deze datum komt voor in de desbetreffende oorkonde (Reg. n° 1620, serie B, Rekenkamer te Rijsel); maar DE CASTRO schrijft op het jaartal 1552: « In dit jaer lag te Waasmunster over de Dorme eene brugge, waervan pachter was Philip Andries, »

vage ende wilde heyde, danof dat gheen profijt en comt. » De
grootte bedroeg niet minder dan 19 gemeten. Op eenen der
talrijke zandheuvelen dier heide, naer Belsele toe, bevond zich
de strafplaats der aanpalende heerlijkheden, om het geschrei der
gepijnigde of ter dood gebrachte misdadigers den *Schreiberg*
geheeten. Een ander groot gedeelte was met sparren, beuken en
eikenboomen beplant.

Waasmunster heeft veertien wijken en gehuchten : *Dorp,*
Baverik, Boekhoute, Dommels, Eesdonk, Heikapel, Hert, Pato-
terij, Sta-Anna, Sterre, Wageslag, Westeinde en *Sombeke*(1).

Behalve de rivier de Durme(2), van welke in de XVe eeuw
reeds een nieuwe loop bestond(3), treft men hier nog een aantal

---

(1) Oude plaatsnamen :

1296 : *Crabswinkel, Hanewarrake, Wulfslar.*

1325 : *Baverijcke, Varensdriesch.*

1440 : *Beverslaer, Conijnsacker, Doorn, Doorendonc, Oude Dorme*
(meersch), *Hooghe Helle, Oude Helle, Groote* en *Cleyne Heyde,*
Hersdonck, Groote en *Cleyne Heuvele, Hoorseele, Hort metten*
spriete, Langhevelt, Paddendriesch, de Plasch, Uterdijc (meersch
aan het veer), *Vischviver.*

1526 : *Coelputten, Elswijnckele, Heemans, Ketelboetersstrate, Nederstrate,*
Smots stede, Spot, Herberghe te Pots, Splinterheye, Pennewaer-
donck, Wijmeere.

1550 : *Baverick coutere, Beatricen ackeren, Clein Berghen, Beverslaer,*
Berchackere, Bocxackere, Braemstuck, Briel, Callemette ber-
ghen, Calverenmeersch, Leckevelt, Matterie, Groot-Moisterbrouck,
Neckersput, Pelkom, Preeck-eecke, Riebosch, Serweyns (land),
Trompaerts couter, nu de *Savelputten, Varent, Varenthosch,*
Verckensmeersch, Vlietacker, Zantmeersch, Zwaelenbosch, Zwae-
lenstuck.

1630 : *Druyvenacker, Hallemansacker, Stringhbosschen, de Zeelanders*
(meersch).

1760 : *Sta Anna in Royenbrouck* (omtrent het veer), *Geers-Heykoornacker,*
Ketel, Schreyberg.

(2) De abdij van Rozenberg verkreeg van koning Philip IV, den 20 Januari 1624, oorlof om, in 't belang harer te Lokeren gelegen landen, den
loop der Durme recht te trekken, waardoor eene verkorting van twee uren
voor de schippers bekomen werd. Zij mocht het oude rivierbed opvullen.
(Register nr 1653, serie B der Rekenkamer, te Rijsel.)

(3) « Inslach, groot ontrent 2 gemeten, ende es *de oude Dorme,* te Waesmunster (1447). » — Archief der abdij van Rozenberg, aldaar.

waterloopen aan, onder welke te melden zijn: de *Lokerenbeek*, de *Bandsloot* en de *Zelebeek*, die uitwateren in de Durme, en de *Klaverbeek*, die naar Sinaai vloeit..

De naam dezer gemeente komt de eerste maal voor in eene charter der St.-Baafsabdij van het begin der XIe eeuw, onder den vorm: *Wasmonasterium*. Later vindt men *Vasemonstre* (1147); *Waesmoustiers* (1212); *Wasmoutier* (1241); *Wasemonstre* (1249 en 1330), *Waysmoutier* (1299). VAN DEN BOGAERDE wijdt over dezen naam breedvoerig uit in zijne beschrijving van het Land van Waas, en hecht er wonderlijke beteekenissen aan, welke het nutteloos is te wederleggen. Niemand toch, meenen wij, zal in *Waasmunster* een *perel van Waas*, noch min een *monster* willen zien, ofschoon de gemeente eene meermin in haar wapen voert. *Monster, munster,* van 't Latijnsche *monasterium,* zoowel als het Engelsche *minster* en het oud-Fransche *moustier* of *moutier,* beteekent klooster, en vindt men niet alleen in verscheidene plaatsnamen van Holland en België, maar ook in Engeland en Duitschland, als West*minster,* Noord*munster,* Krems*munster,* *Munster,* enz. Sommige schrijvers konden dat woord maar niet de beteekenis van klooster geven, omdat, zegden zij, de stichting der abdij van Rozenberg, alhier, slechts opklimt tot 1266, en van een ander klooster alhier geene melding was gemaakt. Dit laatste werd bestreden door J.-J. DE SMET, op grond van oorkonden deel makende van het archief der gezegde abdij, welke zou gebouwd zijn bij de puinen van een oud klooster, dat in 879 opgericht, bijna terzelfder tijd door de Noordmannen zou vernietigd geworden zijn.

SIRET (*het Land van Waas*, 371) vindt er een bezwaar in, de uitlegging, door kanunnik DE SMET gegeven, aan te nemen, dewijl hij zich gedwarsboomd vindt door de vraag: hoe de plaats zou geheeten hebben vóór de stichting van het klooster, bepaaldelijk ten tijde der Romeinen? Men kan hierop antwoorden, vooreerst, dat het niet zeker is dat deze plaats toen reeds met eenen naam van nabijliggende plekken onderscheiden werd; dat, indien zij er eenen gehad heeft, deze naam, mogelijk gegeven door de

Romeinen, als eerste bewoners, met hen kan verdwenen zijn, en dat de bedoelde vraag ook kan gesteld worden voor verreweg de meeste onzer gemeenten, bewoond gedurende de overheersching der groote zuidernatie, ja zelfs onder het Frankisch tijdvak.

Ten einde de lage gronden, polders en broeken der gemeente te ontlasten van het stilstaande water, en ze winstgevend te maken, was men er al vroeg op bedacht om ze door dijken tegen overstroomingen te beschutten. Deze gronden waren verdeeld in verschillige wateringen, ieder met eigen beheer.

In onze monographie van Elversele repten wij van eene dijkbreuk op Klein-Elversele- en Nietselbroek in 1573, waaruit niet alleen dáar, maar ook op Groot Elversele-, Sombeek-, Oost- en Weimermeerbroek overstrooming kwam. Om de herhaling van dergelijke rampen te beletten werd door het hoofdcollege van het Land van Waas eene dijkschouwing ingesteld, te doen tweemaal in het jaar, namelijk in de maanden Mei en September, door den schout van het Groot en Klein Elverselebroek en in bijwezen der wethouders van Waasmunster en Elversele, waar beide broeken gelegen waren (1).

---

(1) « *Sententie vande gheerfde van Oostbrouck.*

« Alzoo de gheerfde ende ghelande van tgroot Elverselebrouck, Sombekebrouck, Oostbrouck ende Wymermerbrouck den collegie van bailliu ende hooftscepenen vanden lande van Waes by requeste vertoocht hadden, dat duer tcleyn Elverselebrouck ende Nietselbrouck den XXIIIIᵉⁿ Augustus lestleden de voorseide broucken vande supplianten geinundeert zyn geweest ende noch gheinundeert bleven, duer de quade onduechdelicke dicaige vande gelande van tvoorn. cleyn Elverselebrouck ende Nietselbrouck, waer deure zij supplianten leden ende noch meer geschapen waren te lyden, zoomen by besouck ende oculaire inspectie merckelycken bevinden soude, omme twelcke te beletten de supplianten by huerlieder officiers vanden broucken des soendachs naer de voorseide inundatie hadden by kerckgeboden doen gebieden, dat alle de ghelanden, die deur de voorseide inbrake beloopen waeren, onder wat heerlicheyt die resorterende waeren, hemlieden vinden souden teenen prefixen daghe ende plaetse, omme tadviseren den besten middele omme tvoorseide grontgat te sluytene, ende voorts te doen maken de dycken op een hoochde ende breedde deen naer advenant dandere, het leeghste ende smalste naer het hoochste ende breedste; ende finalyck tot beter bewarenesse ende verzekerthede vanden voors. wercken, dat men alle jaere by kerege-

Het archief van den voormaligen Raad van Vlaanderen behelst eenige rekeningen nopens 't *Gemeyn Royenbroeck*, met twee

boden houden ende nemen soude op alle de broucken voors. twee generale omganghen by de schautheeten van de voors. broucken, ter presentie vande wethouders van Waesmunstre ende Eversele, daeronder zy sorteren, omme de voorseide dycken te doen behouden in lovelycke state ende mate, volghende welcken kerckgeboden de voorn. supplianten gecompareert waeren ter plaetse ghedesigneert, zoo oock deden die van tcleyne Everselebrouck, nemaer de ghelanden van Nietselebrouck ende Wymermerbrouck waeren danof gebleven in gebreke, sulcx dat de suppliauten daerby alsnoch geinundeert bleven, ende noch meer souden zyn, ten waere daerinne voorsien werde by behoirlycke provisie ende remedie van justicie, daeromme sy baden seer oitmoedelyck, waerop de voorseide baillius ende hooftschepenen de zaecke voorseit overghemerckt, ende sonderlinghe dat se concernerende es tfaict van dicaige, requirerende acceleratie, ghecommitteert hadden haeren lieven ende beminden M^r. Lieven Provyn, Pau^s. van Steelandt ende Jan Pieter Nuyts, hooftschepenen, mitsgaeders Cornelis de Neve, greffier, met volle macht ende aucthorisatie omme van weghen den collegie dezelve hooftdycken te visiteren ende tot redresse ende restauratie, mitsgaders beter conduicte ende policie van dien te adviseren, ordonneren ende statueren zulcx als naer dexigentie vanden noodt sy bevinden souden te behooren, dewelcke te dien voldoende naer voorgaende kerckgeboden hemlieden bevonden hadden op den XXIII^{en} deser maendt van septembre op de voorseide hooftdycken vande voorn. broucken, ende namentlyck van tvoorn. cleyn Elverselebrouck, aldaer zy oculairlyck bevonden hadden de groote fauten van onderhoudenisse vanden hooftdyck van dien, daer schaut af was Sanders Sergheerts ende meest ghelande daerinne, ende dat by middele van de voorseide negligentie zeker grontgat gevallen was in den hooftdyck van tvoorn. cleyn Elvercelebrouck, Sombekebrouck, Oostbrouck, Wymermerbrouck ende Nietselbrouck, daerby de supplianten groote schaede ende interest geleden hadden ende noch geschapen waeren te lyden tot sluyten vanden zelven grontgate, ende alzoo de voorn. Sanders Sergheerts met zyne complicen, ghelanden van tvoorn. cleyn Elvercelebrouck, jegens de voorn. supplianten int langhe gehoirt hadden geweest ende daernaer aen beede zyden de voors. partyen van huerlieden gheschil ende oock annopende de verzochte beter pollicie ende directie hemlieden gedreghen hadden totte voorseide commissarissen, zoo hebben dezelve commissarissen, userende van de auctorisatie voorseit, by maniere van provisie, ende tot anderstont (partyen gehoirt) ten principale geordonneert worde, gheadviseert, geordonneert ende gestatueert de poincten hiernaer volghende.

« Eerst op tvoorn. grontgat in questien gesloten ende twerck te vollen dycke opgebrocht werde, alst behoort, ordonneren ende appoincteren dat de voorseide Sanders Sergheerts met zyne complicen, ghelande van tvoorn. cleyn Elvercelebrouck, daer door als voorseit es de inundatie gecommen es

statuten voor dien polder, van het laatste vierde der XVIIe eeuw.

De *Walle-*, *Weert-*, *Eswinkel-* en *Klein-Koolputbroeken*

---

in de broucken van de supplianten, gehouden zullen zyn thuerlieder eyghen propre coste op te maecken den hooftdyck ende tgrontgat daerinne gevallen, stoppen ende sluyten ten eersten hemlieden doendelyck wert, ten fyne de gronden vande supplianten daerby beverscht, bevryt, verzekert ende bewaert moghen werden.

« Item ende nietmin considererende dat de supplianten by de waterschee-dinghe ende beversinghe profyteren zullen tgebruyck van huerlieder landen, ende dat anders qualick in de faculteyt waere vande gheerfde van tvoorn. cleyn Elvercelebrouck promptelyck de penninghen daertoe noodelyck op te bringhen, ordonneren den supplianten tot voorderinghe ende vulcomminghe vande zelve restauratie, by vorme van vriendelycke leeninghe, sulcke quote ende portie te furnieren als zy naer groote van lande ende hemelsche evinghe by ommestellinghe van gheschoten in de somme van hondert ponden grooten te ghelden souden hebben.

« Wel verstaende dat heurlieden supplianten dezelve penninghen ter goeder trauwen sullen gherembourseert worden by den voorn. Sander Sergheerts ende zyn complicen, binnen de drie maenden naer dat tvoorn. grontgat sal gesloten ende twerck te vollen dycke opgebracht wesen.

« Ende aengaende de somme van hondert guldenen in een partie by de supplianten ghelevert, omme de landen van tvoorn. cleyn Elvercelebrouck assistentie te doene ende huerlieder hooftdyck te redintegreren ende maecken in behoirlycken staeten, ende voorts tgone sy supplianten meer verschoten hebben aen tbegonste werck, dat duer d'incurie van den zelven schauteet verlooren gegaen es, ende weder omme vanden watere afgespoelt soude syn, stellen de voorn. commissarissen de supplianten daeraf in huer-lieder geheel jeghens de voorn. schauteet ende zyne complicen te agieren ende repeteren daer ende soo zy te raede werden.

« Item ende omme in toecommende tyden te beter ordre ende policie te stellen tot ghemeynen welvaere, verzekerthede ende bewaerenisse van alle de voorseide particuliere broucken, ordonneren ende statueren datmen van nu voorts aen alle jaere sal houden ende nemen mette voorgaende kerck-geboden twee generale ommegangen ende dyckschauwingen, te wetene in de maendt van meye ende septembre, by den schauteet van tgroot ende cleyn Elvercelebrouck, Sombekebrouck, Oostbrouck, Wymermerbrouck ende Nietselbrouck, ter presentie vande wethouders van Waesmunstre ende Elvercele, daeronder de voorseide broucken respectivelyck gelegen zyn ende resorteren int faict van dicaige, die gehouden zullen zyn up huerlieder eedt scherpelyk toe te sien, dat de voors. dycken in hoochde, breedde ende vroompte corresponderen ende in zulcken staete onder-houden werden, oock mede de hoofden ende sluysen, ende daer zy gebreck ofte faulte bevinden zullen, die te calengieren, doen repareren ende beteren alst behoirt, op zulcke peinen ende amenden als zy daertoe adviseren

bekwamen eene wet of verordening van koning Philip, den 20 April 1703, met het doel om jaarlijks, op vier of vijf plaatsen, den dijk te breken, ten einde de daarachterliggende meerschen door het water te laten bevloeien en vetten (1).

---

ende ordonneren selen te behooren, daertoe dezelve authoriserende by desen.

« Item ende daer de schauteeten bevonden sullen worden in faulte van hemlieden te quyten ende ontlasten int ghene voors. es, ordonneren dat in zulcken gevalle dofficier vande plaetse, vanweghen der C°. Mat., tvoorn. gebreck sal doen repareren te schatte ende twysschatte ten coste vanden voorn. schauteeten oft schaut, die daeraf bevonden wert in gebreke.

« Item ende want men by oculaire inspectie bevonden heeft dat eenighe hem vervoordert hebben eerde te steken voor de dycken, contrarie alle rechten van dicaige, ordonneren dat soo wie bevonden wordt tzelve doende anders dan op eene roede naer den dyck, dat hy telcker reyse verbueren sal de boete van dry ponden parisis, zoo by voorgaende ordonnantie op de policie van Thielroodebrouck tanderen tyden gestatueert es geweest.

« Staterende de costen van deser dachvaert ende vergaederinghe totter decisie vander saecke principale, Actum den voorn. XXIIIᵉⁿ septembris anno XVᵉ dry en tzeventich. » (Ondᵗ. :) *L. Provin. Neve*(1).

(1) « Philips, by der gratie Godts coninck *etc.* Alle de gone, die dese teghenwoordighe sullen sien, saluyt. Wy hebben ontfanghen d'oetmoedighe supplicatie ende requeste van schaut ende dyckschepenen van de vier broucken *de Walle, Weirt, Eswinkel* ende *Cleen Colput*, gelegen binnen de prochie van Waesmunster, lande van Waes, ende ten deele op de prochie ende heerelykheid van Hamme, Lande van Dendermonde, inhoudende dat sy souden syn in immemoriale possessie van jaerelycx te doen staen, steken ofte maecken op de bequamste plaetsen vier à vyf ordinaire dyckgaten, ouver-turen ofte slyckboorden tot bevloyinghe ende bevettinghe vande respective meirschen binnen de ghemelde broucken gelegen, sulcx dat, alhoewel niemant vande gelande als dienende tot de ghemeene welvaert hem daer jegens en behoorde te opposeren, 't is nochtans soe dat sy van tyt tot tydt dies niet jegenstaende ter causen van dien ghenootsaeckt zouden syn te onderstaen processen, daer van datter jegenwoordigh noch syn ventilerende, tot groote schade ende intreste vande ghemeene gelande, daer omme dat de remon-stranten, tot afslydinghe vande selve processen ende differenten, gheraedigh gevonden hebben, by prealabele convocatie, resolutie ende toestemminghe van de voornoemde gemeene ghelande, te maeken generaele statuten ende ordonnantien, dienende tot directie ende welvaert van de gemelde respective broucken; ende op dat yder hem daer naer ponctuelycken soude reguleren als naer eene weth, soo hebben de verthoonders ons seer ootmoedelyck ghe-

---

(1) *Regr. B, No 126, der handvesten van 't Land van Waes, in 't Staatsarchief te Gent.*

Nieuwe wateringen werden ingericht in 'de twecde helft dezer eeuw : die der *Spechten-* en *Hambroeken*, met eene grootte

---

beden ghedient te wesen te octroyeren, decreteren ende omologueren de voornoemde statuten ende ordonnantien, waer van den teneur hier naer volght woorde te woorde :

« Statuten ende ordonnantien naer prealabele convocatie, resolutie ende toestemminghe vande notable ende ghemeene gelande met volle kennisse van saecken gheconcipieert, ghemaeckt ende gheformeert by schaut ende dyckschepenen vande vier respective broucken, genaemt de Walle, Weirt, Eswinckel ende Cleen Colputbroeck, gheleghen binnen de prochie van Waesmunster, lande van Waes, ende ten deele op de prochie ende heerlykheid van Hamme, lande van Dendermonde, tot eene beter politie, directie, gouverne ende welvaert vande selve broucken, soo omme te bevryden ende bewaeren van deszelfs dycken gelegen jegens de riviere de Durme, midtsgaders daerinne te maecken de ordinaire noodighe winterouverturen ofte het openen ende sluten vande slyckboorden, als tot het oirboir onderhoudt ende suyveringhe vande waeteren, soo in het graeven ende suyveren vande bandtslooten, trekslooten ende twissels, ende tgone dat danof voorders dependeert, soo volght (*Volgen de bepalingen; zie onze geschiedenis van Hamme.*)

« Doen te weten dat wy, tgene voorschreven is, overghemerckt, ende daerop gehadt het advys van onse lieve ende wel beminde den hooghbailliu ende hooftschepenen van onsen voorseiden lande van Waes, ghenegen wesende ter bede ende begeirte vande voornoemde schaut ende dyckschepenen vande voorseide vier broucken, supplianten, hebben ghegunt, geoctroyeert, ghedecreteert ende gheomologueert, gunnen, octroyeren, decreteren ende omologueren de statuten ende ordonnantien hier vooren geïnsereert in al hunne poincten ende articulen, soo ende gelyck die gheconcipieert ende geapprobeert syn by de grootste gelande ende ghebruyckers van de voorschreven vier broucken, ordonnerende niet min aende voorseide supplianten dese te doen registreren soo ter greffie van onsen voorseiden lande van Waes als inde gone vande prochien van Waesmunster ende Hamme, tot conservatie van een yders recht; ontbieden daeromme ende bevelen onse seer lieve ende ghetrouwe die luyden van onsen Raede, president ende luyden van onsen grooten Raede, president ende luyden van onsen Raede in Vlaenderen ende alle andere onse rechteren, officieren ende ondersaeten, dien dit aengaen ofte roeren sal moghen, dat sy de voornoemde supplianten van dese onse gratie, octroy ende omologatie doen, laeten ende gedooghen rustelyck, vredelyck ende volcommentlyck ghenieten ende ghebruycken, sonder hun te doen ofte laeten gheschieden eenigh hinder, letsel ofte moyenisse ter contrarien, Want ons alsoo gelieft. Des toirconden hebben wy onsen grooten segel hier aen doen hanghen. Gegeven in onse stadt van Brussel den XX⁰ april int jaer ons heeren duyssent seven hondert dry ende van onse rycken het derde; ende was onderteekent : El marquiz de Bedmar. Ende neerwaerts stond : Dⁿ Joseph de Arze. »   (*Resolutieboek van Hamme*, n⁰ 1, bl. 51. — Staatsarchief te Gent.)

van 29 hectaren 64 aren 60 centiaren, bij koninklijk besluit van 12 Juli 1863; die van *Oubroek*, met eene uitgestrektheid van 47 hectaren, ingericht krachtens koninklijk besluit van 22 Februari 1866; de watering van *Rodenbroek*, groot 22 hectaren, ingesteld bij koninklijk besluit van 5 Augustus 1867; de watering voor de meerschen op *Rijbroek*, *Gompels* en *Eeslanden*, ter grootte van 25 hectaren, vergund bij koninklijk besluit van 29 Maart 1871, doch twee jaren nadien verminderd met de eigendommen des heeren H. van Damme, te Lokeren. De *Wei-meerbroek* en *Sombeek-Oostbroeken* bekwamen eene watering bij koninklijk besluit van 29 October 1881 ; de *Meulendijkbroek*, den 19 October 1882; eindelijk *Colputbroek*, den 7 April 1882.

Buiten de dijken komt er aan de Durme nog nu en dan een nieuw schor. Mevrouw Desmanet de Biesmes verkreeg bij koninklijk besluit van 7 Augustus 1867 den kosteloozen afstand, door den Staat, van een schor op den linker oever der Durme vóor de haar toebehoorende meerschen en dijken. — Waasmunster bezit thans ongeveer 427 hectaren meerschen van de beste hoedanigheid.

Hooger repten wij een woord van de in 1517 gebouwde brug over de Durme, waar tol of overgangsrecht werd geheven. Daarover ontstond een rechtsgeding in het jaar 1570 tusschen Herman van Steelant, baljuw en ontvanger van den polder van Namen, tegen Jan van Hecke en anderen, die het bruggeld weigerden te betalen.

Uit dit proces blijkt, dat de eischer het recht had « jaerlyckx te ontfane vanden insetenen ende ommesaten vander prochie van Waesmunster, ter cause van tpasseren te voete, te peerde ofte waghene, over de brug, zekere recognoissance ende recht van tolle, te wetene : van de voetganghers een broot van 10 tot 12 pond gewicht, zulc als zy thuerer familie by elc huusghesin ghemeenlyc backende waren »; voor ieder paard, 6 miten ; voor elke koe, 4 miten, en voor ieder schaap of zwijn 2 miten. Men noemde dit brood aanvankelijk *veerbrood* en *bruggebrood*.

Dat aan de brug over de Durme een recht geheven werd, spruit hieruit voort dat zij gebouwd was geweest op kosten van bijzonderen. Een octrooi, overgeschreven in het register n° 1638, serie B (1594-1603), der voormalige Rekenkamer te Rijsel, verleent de kinderen van Jan de Mey oorlof om bedoeld recht te innen, als erfgenamen van diegenen hunner familie, welke de brug hadden bekostigd, en als vergoeding voor de schade, welke de herhaalde overtocht van legerbenden er aan hadden toegebracht. Men had ze in 1582 hermaakt, 't geen ook gebeurde in 1645.

In onze eeuw werd de brug volgens keizerlijk besluit van 13 Augustus 1810, andermaal vernieuwd, nadat men eenen tijd lang was verplicht geweest de Durme over te steken met eene pont(1). Toen maakte men ze meteenen draaibaar. Ten jare 1890 nam de Staat de brug over, hetwelk de afschaffing van den tol ten gevolge had : eene onschatbare weldaad voor de gemeente.

Vanouds was de landbouw te Waasmunster de hoofdbezigheid der ingezetenen. Volgens eene telling, gedaan in het jaar 1408, waren er hier en in het naburige Elversele niet min dan twee honderd hofsteden, waarvan 33 in de vierschaar van de Nieuwstrate, met Sombeke. Negentig jaren later waren er reeds te Sombeke alléen 34 hofsteden, en in geheel Waasmunster 170.

Eenige dezer hofsteden waren vanouds bekend onder eenen bijzonderen naam. *De Ketel*, ter grootte van ruim 20 bunder,

---

(1) De inhuldiging der brug werd gevierd den 28 October 1811. Een der opschriften, te dier gelegenheid uitgehangen, doelde op de verschillige vernieuwingen der brug : (1582 en 1645) :

Het oud Waesmunsters hof
Heeft noyt zyn glans verloren,
't Gonn' het verloren had,
Is wederom erboren.

Een ander opschrift gaf te lezen :

Waesmunster spant de croon van overoude tyden,
De prochiaenen al moeten hun nu verblyden,
Dat voor de derde reys hier is een brug geleyd,
Tot voordeel van ons al, en spyt van die 't benyd.

was in 1440 het eigendom van Dirk Pieters; — het *goed te Hoor-*
seele behoorde in 1446 aan Gwijde de Schoutheete; — het *goed*
ten Broeke, op hetzelfde jaar, aan Andries de Kesel, en in 1494
aan Geerolf van Coudenhove; — het *goed ten Woume* werd in 1480
door Olivier de Hertoghe verkocht aan Daneel Sersanders, op
voorwaarde dat de verkooper en zijne echtgenoote Catharina
van Mullem, tot het einde huns levens, de helft der huizing op den
wal zouden blijven bezitten, benevens eene kamer en den zolder
daarboven, een deel van den lochting, eenen stal voor eene koe,
een rund en een zwijn, en dat zij het derde deel van het op den
grooten boomgaard wassende fruit zouden genieten(1).

Het *goed te Sombeke*, groot 17 bunder, werd in het jaar 1470
door Jan van Melle en zijne vrouw Elizabeth van Massemen
verkocht aan Gwijde van Schoubrouck. Vóór hen was dit goed
een eigendom geweest van Elizabeth's vader.

Het *goed ten Riede*, in 1442 aan Joost Triest, den oude,
en van de kinderen van Elizabeth Borluut, weduwe van
Joost Vijt, werd destijds verpacht voor 4 1/2 mud rogge
's jaars(2), en in 1460 voor de som van 7 pond groote(3). Na het
overlijden van Joost Triest kwam de hofstede in bezit van zijnen
kleinzoon Philip van der Woestinen, die het in pacht gaf voor
de jaarlijksche som van 8 pond groote(4).

Het *goed te Pepercoorne* is ons bekend uit eene oorkonde
van 1487; het maakte toen deel van de nalatenschap van Joris
Sersanders en zijne vrouw Jozijne Steelant. De naam dezer
hofstede veranderde tijdens de XVIII° eeuw in dien van
't Steentje. Toen had zij eene uitgestrektheid van 11 bunder en
werd zij door de eigenares, Izabella-Alexandrina de Bruyns-
wyck-Luneburg, vrouwe van Schoonberge, ten titel van gift
afgestaan aan Karel de Muynck, procureur bij den Raad van

---

(1) *Act. en Contr.*, keure, 1479-1480, 136. — Stadsarchief van Gent.
(2) *Idem*, 1443-1444, 89.
(3) *Idem*, 1460-1462, 42ᵛ.
(4) *Idem*, 1470-1471, 113ᵛ.

Vlaanderen. Vóór genoemde Izabella was dit goed een eigendom geweest van den tak der familie Borluut, die het gebied over de heerlijkheid van Schoonberge voerde, en namelijk aan Catharina Barbara Borluut van Schoonberge, te Gent in 1742 overleden, die het geërfd had van haren vader Karel Borluut, heer van Schoonberge (1).

Verder waren hier nog : het *goed te Pelkem*, een eigendom der abdij van Waasmunster; het *goed te Pots*, het *goed ten Heze*, de *stede ter Leede*, de *stede ter Beke*, het *goed ten Broeke*, het *goed ter Nuesen*, het *goed te Ponterave*, het *goed te Nieuwenhove*, het *hof ter Spreeuwe*, het *goed te Slepe* en de hofstede de *Zevensterre*, aan den heirweg van Antwerpen naar Gent (XVI° eeuw).

Volgens eene officiëele opgave van het jaar 1815 waren hier 150 bunder bouwland, 150 bunder weide of meersch en 700 bunder bosch, van welk laatste gedeelte sedertdien ongeveer de helft tot vruchtwinning benuttigd werd. In 1880 vond men hier nog slechts 298 hectaren 74 aren bosch vond, meest uit sparrekweekerijen bestaande, welke echter niet zoo goed zijn als in de Kempen. De grond is op de hoogte zoo zandig en dor, dat het uiterst moeilijk valt er heerlijke vruchten te kweeken, zoodat de sparrebosschen hier misschien wel zullen in wezen blijven. Ten jare 1805 telde men te Waasmunster acht groote pachthoeven, en werden er door de landbouwers tien wagens met twee paarden, en tachentig wagens met één paard gebruikt.

Uitwijzens eene telling, in 1850 gedaan en door VAN DER MAELEN geboekt, telde men dat jaar 161 paarden, 8 veulens, 724 koppen hoornvee, 235 kalvers, 394 zwijnen, 398 schapen. Deze cijfers bieden, voor enkele diersoorten, aanmerkelijk verschil aan met deze van de officiëele telling, gedaan in 1846, wanneer men aanteekende : 157 paarden en veulens, 1,282 kop-

---

(1) *Not. act.* van Karel Ondereet, 10 Mei 1748. — Staatsarchief te Gent.

pen hoornvee, 108 kalvers, 719 woldieren, 436 verkens en 162 geiten. Volgens de landbouwstatistiek van 1880 waren er : 166 paarden, 1,777 koppen hoornvee, 604 woldieren, 342 verkens, 205 geiten. De bieënteelt van Waasmunster verdient eene melding : men telde er in 1880 honderd zeventien bieënkorven.

Het getal landbouwgebruiken beliep in 1846 tot 667. Twee onder deze hadden eene uitgestrektheid van 20 tot 25 hectaren; vier, van 15 tot 20 h.; twintig, van 10 tot 15 h.; negen van 9 tot 10 h.; dertien van 8 tot 9 h.; negentien van 7 tot 8 h.; achttien van 6 tot 7 h.; zestien van 5 tot 6 h.; zeven en veertig van 3 tot 5 h., en honderd negentien van 1 tot 3 hectaren.

Buiten den landbouw werden hier ook nog andere bedrijven geoefend, onmisbaar in eene groote gemeente. De statistiek van het jaar 1815 geeft op : twee fabrieken van siamoise (waarvan éene reeds bestond in 1764, met 25 getouwen en 10 a 12 arbeiders); zeven oliemolens, bewogen door den wind (1), onder welke één in 1533 tot stand kwam; vijf graanwindmolens, waaronder éen, opgericht krachtens octrooi van 1518 (2); twee door paarden bewogen oliemolens; vier garentwijnderijen;

---

(1) De Castro beweert dat er « voor de revolutie » (d. i. vóór de godsdiensttwisten der XVIe eeuw) 28 oliemolens te Waasmunster waren.

(2) « Ick Philips van Steelant, Raedt mijns gheduchts heeren sconijncx van Castilien *etc.* grave van Vlaenderen, ende sijn watergrave ende moermeester van Vlaenderen, doe te wetene allen lieden dat ick bij virtute mijnder commisie ende omme te augmenteren de domeynen mijns voors. heeren sconijncx hebbe gheconsenteert ende bij dese mijne lettren consentere der vrauwe in Gode mer vrauwe der abdesse vanden cloostere van Roosenberghe te moghen rechtene oft doen rechtene binnen der prochie van Waesmunster op haer selfs grondt van erfven eenen *cooren molen* ende den wint daertoe, omme daer mede te malene alle manieren van grane, mids betalende jaerlicx ten prouffijte mijns voors. gheduchts heeren sconijncx in sijne brieven vanden watergrave sesse scell. par. siaers ten sitdaghe te Stekene ten verthierene dobbelen cheyns ende den clerck vijf scell. par. omme den naem te verstellene, behaudens elcx rechts; ende so wanneer de molen af gaet, het sij bij brande of anderssins, so es tvoors. cloostere onghehouden vande voors. rente van ses scell. par. meer te betalene. Ghegheven onder mijnen zeghele desen XIIe in meye XV° XVIII. »

(*Slaper der abdij van Waasmunster*, bl. 282.)

vijf bierbrouwerijen; drie vlasfabrieken. Voorts waren er toen te Waasmunster zes schrijnwerkers, vier wagenmakers, vier smeden, drie metselaars, vijf broodbakkers, zes kleermakers en vijf schoenmakers.

Eene nijverheid, welke te Waasmunster altijd goede zaken schijnt gedaan te hebben, is die van het bierbrouwen. Ten jare 1779 waren hier niet minder dan negen en dertig drinkhuizen, welker namen nog bewaard zijn gebleven(1).

Tegenwoordig bestaat de nijverheid in deze gemeente, buiten den akkerbouw en de veeteelt, uit zeven bierbrouwerijen, vijf olieslagerijen, twee huidevetterijen, vier windmolens, waaronder een met name *de Hollandsche Molen*, en een groot getal klompenmakerijen, zoodat ieder werklustig man in het dorp zijne bezigheid vindt en in de behoeften zijns gezins kan voorzien.

Met betrekking tot de nijverheid zij gezegd, dat Waasmunster sedert 1859 eene instelling bezit, welke veel goeds heeft teweeggebracht. Wij bedoelen het *Leerwerkhuis*, waar theoretisch en practisch onderwijs wordt gegeven. Er waren te Waasmunster in 1888 niet min dan 316 volslagene wevers, in die school gevormd. — Deze nuttige inrichting, door den Staat en de gemeente bekostigd, is beheerd door eene bijzondere commissie.

Aan den handel poogde men in de laatste jaren der verledene eeuw eenen grooten spoorslag te geven door de instelling eener

---

(1) *Het Veerhuys, de Swaene, de Sterre* (reeds bestaande in 1586), *de Croone, de Vier Heemers, de dry Coninghen, St. Sebastiaen* (nevens 't oud schuttershof), *de Conciergerie* (parochiehuis), *Jerusalem, de dry tJacken, Kleyn Lokeren, de Nachtegael, de Rape, de Pinte, de Swarte Ruyter, het Patrysken, de Spetspaye, het Swaentje, de Luytentuyt, St. Joseph, de Keulsche kerre, de Hert, de Sterre, St Ivo, het Gerstjen, het Haentjen, het Hinneken, de Besnydenisse, de Prins Cardinael, de Swaene.*

Voorts had men er vier herbergen zonder uithangteeken en twaalf brandewijnhuizen

Ter wijk Sombeke had men :

De Fonteyne, de Vlassack, de Kaeye (sedert onheuglijken tijd bestaande), *St. Rochusveir* en eene kantien.

wekelijksche markt, op den dinsdag vastgesteld, en waar men graan, vlas, kemp, boter, linnen en vee te koop stelde. Oorlof daartoe werd aan de gemeente verleend door keizer Jozef II, bij brieven van 20 December 1787(1), doch de almanakken en wegwijzers van het begin dezer eeuw maken er geen gewag meer van,

---

(1) « Joseph II, par la grâce de Dieu, Empereur *etc*.... A tous ceux qui ces présentes verront, salut. Nous avons reçu l'humble supplication et requête des échevins, notables et adhérités de la paroisse de Waesmunster, au pays de Waes, contenant que ce village est le plus ancien du Pays, qu'il est composé de cinq mille habitants et situé à deux lieux de St. Nicolas et une lieu et demie de Lockere, lesquels endroits sont tellement peuplés que les denrées qu'on y apporte au marché suffisent à peine pour les habitants; ils représentent encore les inconvéniens dangereux auxquels ils sont exposés pendant l'hyver pour fréquenter celui de Termonde, d'autant qu'ils n'y peuvent venir sans passer les deux rivières de la Durme et de l'Escaut, et nombre d'autres circonstances qu'ils nous ont détaillés, à ces causes ils nous ont très-humblement supplié de leur accorder une lettre d'octroi pour l'établissement d'un marché hebdomadaire, savoir faisons que les choses susdites considérées, et eu sur ce l'avis de notre cher et féal conseiller Procureurgénéral de Flandre, Nous, de l'avis de notre conseil et à la délibération de notre très cher et féal Ferdinand comte du Saint-Empire romain de Transtmansdorff Wansberg, notre chambellan, conseiller d'Etat intime actuel et notre Ministre plénipotentiaire pour le Gouvernement général des Pays-Bas *etc*., leur avons octroié, consenti et accordé, octroyons, consentons et accordons de grâce spéciale par les présentes, qu'ils puissent ériger et établir dans la paroisse de Waesmunster un marché hebdomadaire à tous les mardis de chaque semaine, à prendre cours et commencer au mardi suivant le premier de novembre mil sept cent quatre vingt-huit, auquel marché tous et quelconques marchands et autres personnages, soit étrangers, soit nos sujets, qui voudront y aller, pourront librement le faire et y amener et faire conduire leurs bestiaux, grains et autres denrées et productions et les y vendre et distribuer, même aussi en acheter et les amener ailleurs, le tout sans pour ce devoir payer aucuns droits à la dite vente ou achat, à condition néanmoins que, quant au bétail, l'on suive à ce qui est prescrit par les édits émanés au fait de l'épizootie, et quant aux autres denrées ou productions, l'on se conformera à ce qui est requis pour leur introduction, lesquelles personnes, marchandises et denrées nous avons prises et mises, prenons et mettons au même effet par ces présentes en notre protection et sauvegarde royale, et seront au surplus les présentes enregistrées tant en notre conseil royal du gouvernement qu'en notre chambre des comptes pour y être également enregistrées. Si donnons en mandement *etc*. Donné en notre ville de Bruxelles le vingtième jour du mois de Décembre l'an de grâce mil sept cent quatre vingt sept.... » *(Oorspronkelijk stuk op perkament, in 't Gemeente-archief.)*

zoodat deze weekmarkt weldra zal te niet gegaan zijn. Zij werd in 1888 op den zaterdag heringericht. — Sedert 1859 bestaat hier ook eene jaarmerkt, bepaaldelijk op den tweeden Paaschdag.

Tot gemak van de verzendingen door de handelaars kocht de gemeente, bij acte van 29 Mei 1586, eene werf of kaai aan de Durme, voor de som van 59 pond groote. Nadien werd daar eene arduinen kaai gebouwd. Een deel dier werf werd bij acte van 7 April 1657 verkocht om een pakhuis te bouwen, welks eigenaar, boven de som van 20 pond groote, eenen jaarlijkschen cijns had op te brengen van 10 schellingen groote. De werf werd van 1658 tot 1728 in pacht gegeven, maar dewijl zij enkel nuttig was voor de bewoners van den kom der gemeente, kwam er eene andere tot stand op het grondgebied van Sombeke, door de aldaar verblijvende personen bekostigd.

De openbare vischmijn dagteekent van het jaar 1768.

De bevolking van Waasmunster bestond op het einde der XV° eeuw uit ongeveer 1000 zielen, daar het getal communicanten toen 420 bedroeg.

In 1740 was het getal inwoners geklommen tot 2,900, waaronder 1,900 communicanten, ongeminderd 650 zielen, waarvan 250 communicanten, op Ste-Anna. De bevolking groeide regelmatig, ja spoedig aan : in 1774 tot 3,669 en in 1794 tot 4,518 gestegen, was zij ten jare 1808 verminderd tot 3,760, in 1824 weer vermeerderd tot 4,737, in 1867 tot 5,703, en op 31 December 1888 tot 5,933.

De kermis van Waasmunster wordt gevierd den eersten zondag der maand September.

II.

Heerlijkheid en Bestuur. — Waasmunster was een der negentien dorpen onder de keure van 't Land van Waas, toebehoorende aan den graaf van Vlaanderen. Met Elversele maakte het eene vierschaar uit, bestuurd door zeven schepenen, waarvan vijf

tot Waasmunster en twee tot Elversele behoorden. Een der schepenen vervulde de bediening van griffier-archivaris. De zittingen
der vierschaar hadden om de veertien dagen, den dinsdag, plaats.

De schepenen deden erfenis en onterfenis van alle allodiale
goederen en renten, straatbarijd en schouwing van waterloopen,
ter maning van den schout. Zij werden benoemd door den gevolmachtigde des graven van Vlaanderen en des bisschops van
Doornik, welke laatste hier ook vanouds eene heerlijke bezitting
had. De benoeming der schepenen geschiedde in overeenkomst
met den pastoor van Waasmunster, die best de parochianen
kende en er belang bij had de geschiktste en waardigste mannen
het bewind der zaken in handen te geven.

Vanouds, schreven wij zooeven, had de bisschop van Doornik
hier heerlijke rechten. Dit blijkt, onder andere, uit eene charter
van Mei 1241, inhoudende eene overeenkomst tusschen Gillis,
kanunnik van St.-Donaas, Jan van Lens en Nicolaas van Brugge,
kanunniken der kerk van Doornik, handelende namens den
bisschop Walter de Marvis, en Thomas, graaf van Vlaanderen
en Henegouw, nopens eene moeilijkheid, die was opgerezen
opzichtens het rechtsgebied te Waasmunster, dat des bisschops
eigendom was. Genoemde scheidsrechters beslisten dat graaf
Thomas op de mannen van den prelaat, gelijk op de andere, het
bloedgerecht zou hebben; wat de andere heerlijke rechten betrof,
deze werden gelijk verklaard voor den graaf en den kerkvoogd.
Bij deze overeenkomst werd ook besloten dat de graaf en de bisschop jaarlijks eenen persoon naar Waasmunster zouden zenden
om met den pastoor de nieuwe schepenen te benoemen. Deze
uitspraak werd door graaf Thomas in Juni 1241 bekrachtigd.

Aan den vorst behoorden in deze gemeente nog een twintigtal hoofdleenen, gehouden van het Wasche leenhof. Het
recht van jacht, 't houden van patrijzen, 't oprichten van
stamp- en koornwindmolens, de uitplantingen of inslagen op
de heirstraten en andere groote wegen waren mede den
vorst voorbehouden, evenals het gruitrecht — 6 deniers parisis
op ieder gemengd stuk graan, te Waasmunster gebrouwd en

gesleten, boven 7 schellingen 6 grooten voor het stellen of
verhangen van den brouwketel. Eindelijk mocht de vorst
beslag leggen op al de goederen, in de keure zonder meester
bevonden, verloren, of voortkomende van bastaarden en
andere onwettige personen.

Den vorst behoorde de hoogere justitie, met verbeuring der
goederen van degenen, die ter dood verwezen waren of zich door
zelfmoord van kant hadden gemaakt. De justitie werd geoefend
door 's gravenmanen van het Wasche leenhof.

De burgerlijke justitie, en deze over misdaden, van welker
straffe noch lijf noch lid was te verliezen, werd gedaan namens
den vorst en door de schepenen.

Meer dan het negende deel van Waasmunster behoorde, met
de heerlijkheid van Sombeke, tot de heerlijkheid van Beveren.

Het *Schouteetdom van Waasmunster*, achterleen van het
schouteetdom van Lokeren, was een erfelijk leen, afhangende
van den graaf van Vlaanderen. Het verhief van 't leenhof des
Lands van Waas en ging gepaard met de meierij, dat er een leen
van was, welks bezitter tot last had de beslissingen der schepenen
ten uitvoer te brengen, dagvaardingen, kerkgeboden en insi-
nuatiën te doen, alsmede de boeten te innen.

In de eerste tijden der leenroerigheid was de schout de eerste
overheidspersoon der gemeente; zijn naam staat in de wettelijke
oorkonden altijd vóór dien der andere magistraten tot in het
jaer 1672, wanneer het ambt merkelijk verminderd werd.
Sedert dit tijdstip werd de schout voor het bestuur der gemeente
nog enkel gekend in zaken van krijgslogementen, doortocht en
bevooriading van troepen, benoeming van schepenen, kiezen
van kerk- en armmeesters. Hij had recht op het derde deel
der boeten, zijnde de twee overige derden ten profijte van
den vorst. Ook was hij gelast met de schouwing van straten,
rivieren en beken, 't afnemen van den eed der magistraten,
het doen der wettelijke aanklachten, het aanslaan van goed
namens de justitie enz.

Zooals in onze geschiedenis van Lokeren breedvoeriger te zien is, behoorde het schouteetdom van Waasmunster, te zamen met dat van Lokeren en Daknam, aanvankelijk aan de edele familie van Lokeren, nadien aangeduid onder den naam van *de Schoutheete.* Na den dood van Jan de Schoutheete, gezeid van Zaamslag, in 1535, ging het leen over tot den naasten vader-lijken bloedverwant, met name Florens van Mortaigne, die 't in 1558 verkocht aan Geeraard Hannaert, of Annaert, zoon van Jan, geheimschrijver van Karel V, burchtgraaf van Brussel en Lombeek, en van Margareta Vilain, vrouw van Liedekerke en Denderleeuw.

In 1550 vinden wij het schouteetdom in het bezit van Karel Annaert, heer van Liedekerke, en in 1581 van Claudia van Liedekerke, vrouwe van Assenede, die het in 1618 achterliet aan haren neef Maximiliaan, baron van Liedekerke en graaf van Boussu. Na dezen ging de bezitting, in 't eerste vierde der XVIIᵉ eeuw, bij koop over tot Margareta van Steelant, gehuwd met den baron du Faing de Jamoigne, wier zoons Philip-Frans, in 1638, en Alexander, in 1639, met den titel van schout van Waasmunster geboekt staan. Na Alexander komt zijne weduwe Maria-Izabella-Ernestina de Gand, gravin van Hasselt, over hare minderjarige dochter Lambertina-Lamoraldina-Theresia du Faing, die in den echt trad met Eugeen graaf de Lannoy de la Motterie, overleden in 1755.

Ten laatste kwam het schouteetdom, bij erfenis, in handen van Christijn-Gregoor-Emiel graaf van Lannoy, die het leengoed in 1794, samen met de heerlijkheden van ten Rijen en Ponterave, verkocht aan Jan-Frans van Doorslaer, lid van den Raad van Brabant. — Doorgaans stelden de bezitters van het leen eenen persoon aan om de bediening in hunnen naam te vervullen[1].

---

[1] Wij vinden als bedienaars van het schoutheetdom : Jacob Volckerick, in 1509; Pieter Heynderics, in 1517; Jan Lauwereys, in 1550; Frans de Medts, in 1581; Willem de Clerck, in 1612; Karel Surmont, in 1615; Servaas Coolman, in 1638; Max. Laureyns, in 1666; Jacob-Frans de Grave, in 1784.

Een groot getal heerlijkheden hadden op het grondgebied van Waasmunster hunnen zetel. In de eerste plaats zullen wij *Sombeke* noemen, in eene acte van de XVᵉ eeuw geheeten « het durp van Sombeke », thans eene belangrijke wijk der gemeente, drie kwartuurs van het dorp, aan de rivier de Durme(1).

De bezitter van dit leengoed, afhangende van de heerlijkheid van Beveren, had recht op de oefening der justitie in de drie graden, toevertrouwd aan eenen baljuw, eenen meier en zeven schepenen; hij bezat ook de andere heerlijke vermogens, als beste hoofd, bastaard-, gevonden en verbeurd goed. De schorren en aanwassen bij de rivier, alsmede de visscherij in de killen en putten daaromtrent, behoorden hem mede van rechtswege toe(2).

---

(1) De heerlijkheid Sombeke, in Waasmunster, is niet te verwarren met de heerlijkheid van denzelfden naam, in de provincie Antwerpen, en vroeger toebehoorende aan de St.-Baafsabdij van Gent.

(2) « Denombrement ende rapport dwelck overgeeft Mher Albert grave van Bossu, borchgrave van Lombeke, baron van Liedckercke ende Denderleeuw *enz.* van zijn *leen ende heerelyckheyt van Sombeke*, gelegen binnen de prochie van Waasmunster, aen Mher Ernest grave van Isenburch *etc.*, als heere vanden lande van Beveren, tot welcke heerelyckheyt van Sombeke behoort toe eenen bailliu, meyer, seven schepenen ende griffier, met diversche mannen, houdende vande voors. heerelyckheyt van Sombeke ettelycke leenen, aen dewelcke competeert hooghe, middele ende leege justitie, met alle sorten van breucken, boeten ende amenden, beste hoofden, successien van bastaerde goederen, gevonden goederen, confiscatie van goederen, straetende water beleyt ende recht vande schooren ende aenwassen, die door de riviere vande Durme aen de voors. heerelyckheyt van Sombeke aencommen, mitsgaders de visscherien vande killen, putten ende daelen, die op deselve schorren ende aenwassen liggende neffens den stroom vande voors. riviere, ende oock trecht van te moghen planten op de straeten binnen de voors. heerelyckhede. Deselve heerelyckhede heeft oock recht van jagen ende vliegen, oock partriserie ende schutterye; tot dese heerelyckhede behooren alnoch diversche cheynsrenten, hen bestrekkende op diversche gronden gelegen op deselve heerelyckhede, als in de prochie van Elversele ende Thielrode, dewelcke jaerlycx betaelt moeten worden telcken Kersavont binnen de dry sitdaghen, op pene van t'encureren ende verbeuren voor boete tot twintich schellinghen parisissen; synde oock schuldich dobbelen cheyns telcker veranderinghe, tsy by coope, gifte ofte versterve. Item behoort alsnoch totte selve heerelyckhede dhelftwinninghe van diversche parceelen van gronden gelegen op deselve heerelyckhede, mitgaders het recht van vyfden schoof van diversche gronden gelegen onder de prochie van Elversele ende Thielrode,

De oudste ons bekende heer van Sombeke was Triestram uten Swane, gehuwd met Elizabeth van Steenhout, wier zoon Gelijn in 1448 in huwelijk trad met Catharina van Ghend en te dier gelegenheid door hen werd begiftigd met de heerlijkheden van Sombeke en Denderbelle, behoudens het vruchtgebruik, dat de ouders tot aan hun overlijden voor zich hielden (1).

---

ende noch deselve helftwinninghe ende vyfde schoof in specie ende natuer gecollecteert worden van alle sorten van vruchten, die op de voors. gronden souden moghen wasschen. Ende syn de voors. gronden van cheyns helftwin-ninghe ende vyfde schoof schuldich te commen ter erfven ende onterfven voor den bailliu, meyer ende schepenen van de voors. heerelyckhede van Sombeke. Ende dit voors. leen staet ter trauwen ende waerhede van synen voors. heere ende als het verandert by versterfte ofte vercoop teenen vollen reliefve van thien ponden parisisen ende twintich schellinghen par. voor camerlinckgelt, insghelyex te gedinghe te gane binnen de prochie van St.-Nicolaes op tBeversche, aldaer genoempt Nieuwerstraten, ende ter hooft-sterkinghe ter halle van Beveren, daertoe ontboden synde metten bode vande mannen van leene, welke mannen van leene sullen vermogen desen leene in syne gerechticheden ende diensten te verminderen ofte vermeerderen als ende wanneer tselve soude mogen noodich wesen. Gedaen ten casteele van Liedekercke den negensten february XVIᵉ seven en twintich. »

(*Leenboek van Sombeke*, in ons bezit.)

(1) « Allen den ghenen *etc.* Dat ute dien dat een huwelic ghetraitiert ende besproken es bii also dadt wesen mach naer de rechten vander belegher kerken tusschen edelen ende weerden Ghelain uten Swane, sciltcnape, heere van Wackene ende van Lembeke, an deen ziide, ende joncfrouw Katheline van Ghend, fᵃ van wijlen meester Janne van Ghend, raed ons gheduchts heeren *etc.*, an dandre ziide, so ziin commen *etc.* Triestram uten Swane, heere van Zombeke, *etc.* ende joncfrouw Liisbette van Steenhout, zine wet-telicke gheselnede, vader ende moeder van Ghilaine voorseid, kenden ende liiden dat zii hebben ghegheven ende gheven in rechten huwelic goede Ghilains, haerlieden zone, metter vorseide joncfrouw Katheline van Ghend, de goedinghen hier naer verclaert.

« Eerst tgoed ende heerscip van Zombeke ende jnsgheliickx tgoed ende heerscip van Denrebelle met allen haren toebehoorten, also zii alle ghestaen ende gheleghen ziin in leenen, ervachticheden, renten, heerlicheden, exploiten, vervallen, baten, proffijten, jn landen, merschen, bosschen, ghe-weet, wateren, met allen den huusinghen, boomen, cateylen diere up ziin toebehoeren ende ancleven, hoe ende in wat manieren het zii, nients ute ghesondert, behouden emmer den voorseiden Triestram ende joncfrouw Lisbetten, ziere gheselneden, alle de bladinghen, baten ende proffijten vanden selven goedinghen jaerlicx commende, harer beeder leven lanc ende de lancst-levenden van hem beeden gheel ende alle de selve bladinghen ende proffijten

Catharina van Ghend, vrouwe van Wakken, leefde nog in het jaar 1483. Ten jare 1535 vinden wij als heer van Sombeke aangeteekend Ferry de Lannoy, heer van Fresnoy, en zijne echtgenoote Catharina de Vos. Latere bezitters van het leengoed

---

behoudende, ontfaende ende paysivel ghebrukende die zii ende de lancstlevende van hen beeden sullen moghen verpachten, regeren, mainteneren noten, ploten, berghen, dalen, vroomen ende ontvroomen gheliic ende jn alder manieren dat zii ghedaen hebben tooten daghe van heden. Ende ter doot vanden lancstlevenen van hem beeden sal de voorseide Ghelain, haerlieden zone of ziin hoyr ende naercommeren van zinen lichame commende, hant slaen an alle de vorseide goedinghen met allen haren toebehoorten als an ziin vrij proper huwelic goed. Ende ghevielt dat yemene den lanstlevenden van vadre ende moedere vorscid eenich empeschement, verminderthede of onghebruuc dade van den bladinghen, baten ende proffijten vanden voornoemden goedinghen de lancstlevenden gheel te ghebrukene also vorscid es, waer van al ofte van zom, so heeft de vorseide Ghelain over hem ende over ziin hoyr ende naercommeren ghelooft den lancstlevenden van vadere ende moedere vornoemt al datte wel ende ghetrouwelic te vulcommene ende te vuldoene ten lancsten live van hem beeden gheduerende, ofte daer hij datte niet en dade, dat hii of ziin hoyr ende naercommeren den lancstlevenden daer vooren betalen ende overlegghen soude de somme van VI° lib. grot. Voort van allen den goedinghen die den vorseiden Ghilain van zinen vornoemden vadre ende moedere voortijts ghegheven ende toegheleyt geweest ziin daer hii wel ende wettelic toecommen ende jn gheerft es buten hii den baillius, mannen ende wetten, daer de selve goedinghen ghelegghen ziin, hoven ende te wette behooren. Te wetene de goedinghen, heerscepen ende heerlicheden van Wackene, Lembeke, Overackere, Ten broucke, de spikere van Ghend ende alle andere, het zii leenen of erve, die Triestram uten Swane badde jn de chastelrije van Curtriike, met allen haren toebehoorten, die de voorseide Ghelain alle behoudt te zinen vrijen propren goede, so heeft de voorseide joncfrouw Liisbette van Steenhout, wettelicke gheselnede van Triestramme vornoemt, bij auctoriteyte ende consente van Triestramme, haren man vornoemt, Ghelains haren zone vornoemt ghegheven en in rechten huwelic goede, stappans, vroome heffende, alle de bladinghen ende rechte van bilevinghen, die zoo an de selve goedinghen emmermeer hebben, halen of heesschen mochte, omme den vorseiden Ghelain, sinen hoyre ende naercommeren daer af vrij ende paisivel te ghebrukene teeuweliken daghen. Ende heeft de vornoemde joncfrouw Liisbette, bii consente vanden voorseiden Triestram haren man belooft gheswooren ende haer verbonden bij haerer kersteliker trouwen ende wijf waerheeden hare an die goedinghen nemmermeer, jn wat noode of state zoe commen mochte, eenichs rechts te vermetene van bilevinghen noch andersins teenighen wetten spirituel noch temporeel jn eenigher manieren. Actum IIII° maii a° XLVIII. »   (*Act. en Contr.*, keure, 1447-1448, 139.)

waren : Claudina van Liedekerke, in 1592, en Albert graaf van
Boussu, burchtgraaf van Lombeek, baron van Liedekerke en
Denderleeuw (1627). Na langen tijd aan laatstgenoemd geslacht
te hebben toebehoord, werd de heerlijkheid den 16 Mei 1640
verkocht aan J. de Maeyer, heer van Boekhout, voor de som van
24,000 gulden, boven eenige er op drukkende lasten. Daneel
de Maeyer, priester, wordt in 1680, en Hieronymus de Maeyer,
koopman te Antwerpen, daarna, als heeren van Sombeke, vermeld. VAN DEN BOGAERDE wil, dat het goed, bij uithuwelijking,
zou in handen gevallen zijn van B. de Craeywinckel, die het den
27 October 1696 zou hebben verkocht aan Jacob Laureyns, heer
van Oudenhove. Na dezen noemt hij Antoon-Frans-Jozef de
Castro y Toledo, in 1717 gehuwd met Maria-Theresia Laureyns,
dochter van Jacob Laureyns en Maria-Theresia van den Perre,
die werd opgevolgd door zijnen zoon, ongehuwd gestorven,
en na wien wij vermeld vinden Anna-Jacoba de Castro y Toledo,
weduwe van J.-K. Snoy, burchtgraaf van Oorzele, overleden
den 29 Juli 1783. Eindelijk gingen de goederen, met het
kasteel, bij erving en vooruitgift over tot Frans-Eugeen baron
de Beelen van Puivelde, die er in het eerste vierde dezer eeuw
gevestigd was.

Het kasteel van Sombeke, vierhoekig, in 't midden voorzien
van eenen toren, is afgebeeld op een plan van 1726, vervaardigd
door den landmeter Van Goethem, van Nieuwkerke; het stond
geheel in het water en was voorzien van eene ophaalbrug. Het
kasteelbeluik had eene uitgestrektheid van 5 gemeten 105 roeden,
Gentsche maat; eene dreef leidde naar den Lagen Heirweg van
Temsche naar Gent. Die oudheerlijke woning, ten jare 1740, in
den oorlog tegen Frankrijk, grootelijks versterkt, en nog eenige
overblijfsels zijner oude grachten vertoonende, is thans het
eigendom van den heer Honoré Limpens, advocaat en lid der
Bestendige Deputatie van Oost-Vlaanderen. Zij verheft zich
tusschen de grens der gemeente Eversele en de Broekstraat.

De heerlijkheid *ten Rijen* of ten *Riede*, over eene uitgestrekt-

heid van ongeveer 31 bunder, had eene dingbank met eenen
baljuw en twaalf leenmannen, welke, op last van den heer of
van zijnen baljuw, om de veertien dagen zitting hield. Het
bestuur werd geoefend door veertien mannen, namelijk om alle
punten betrekkelijk den grondeigendom, boeten van 2 en
10 schellingen enz. te vereffenen, voor het gedeelte der heerlijkheid, dat zich uitstrekte op 26 1/2 bunder bouwland. Op
het overige deel, bestaande uit 4 of 5 bunder woestijn, had de
eigenaar eene warande van konijnen, alsmede de visscherij in de
Durme, te beginnen van het punt, waar de visscherij der abdij
van Boudeloo eindigde, tot aan diegene, welke den heer van
Koudenburg behoorde, namelijk aan de zoogeheeten Wijde
Durme, tusschen de Lokerbeek en de Schelde (1). Deze visscherij,

---

(1) « Franchois van Pottelsberghe es houdende te leene ende manschepe
vander K. M. als grave van Vlaendren, ter causen van zijnen hove van Waes,
ghenaemt tselve leen *tgoet ten Riede*, gheleghen in de prochie van Waesmunstre, groot zijnde in een partie sessentwintich buindren ende een half, luttel
min oft meer, metter hofstede ende vier oft vijf buindren woestinen in
een andere partie, totten welcken voornomden leene toe behooren de naervolghende rechten, te weten : eenen bailliu om recht ende wet te doene
metten mannen, die hij vermach te stellene ende verlaetene telcken alst hem
goed dinct. — Item een hof ende twaelf mannen, ter causen van twaelf
leenen of manschepen die ghehouden zijn van zijnen voornomden leene, alle
staende te X pond par. oft ter bester vromen van drien ende te commene
tsijnen ghedinghe alle vijftien daghen, alst hem oft zijnen bailliu ghelieft. —
Item veertien laeten omme wet daer mede te doene, kennessen van erven
ende onterven, boeten van X sch. ende II sch. par. ende niet hoghere, ende
dit al ter causen van der voornomder eerster partie van XXVJ buindren ende
een half. — Item een warande van conijnen ende vier oft vijf schotterien,
daermede hij visch vanghen mach, dat comt uyter Dorme, ende dit ter
causen van der tweeste partie vier oft vijf buindren wostinen. — Item de
vrie vischerie, die plachte toe te behoorene mijnen gheduchten heere in de
rivier van der Dorme, beghinnende van boven ande vischerie van den
Cloostre van Boudeloe ende hendende an de vischerie van den heere van
der Coudenburch, ghenaemt de Wijde Dorme, int voorseide lant van Waes,
de welcke mijn gheduchte heere gheunieert, gheannexeert ende geïncor-
poreert heeft bij zijnen voorseiden openen letteren an tvoornomde zijn leen,
mids een erffelijcke rente, danof hier naer verclaer ghedaen zal zijn; staende
tvoorseide leen ter trauwen ende waerheden den zelven mijnen gheduchten
heere als grave van Vlaendren ende voorts telcken vertierlijcken ende ver-

die vroeger den graaf van Vlaanderen had toebehoord, werd omtrent het begin der XVI⁕ eeuw aan de heerlijkheid toegevoegd, mits eene jaarlijksche rent van 6 pond parisis. — Eene oorkonde van 1535 geeft voor ten Rijen eene grootte op van 5 gemeten, met 5 bunder heide en warande en 11 bunder moer, « dijc ende scor. »

Van de voormalige heeren van 't hof ten Rijen zijn ons bekend :

Gillis Vaenkin, behoorende tot eene edele familie des Lands van Waas, en die door VAN DEN BOGAERDE genoemd wordt in 1311 als lid van 't hoofdcollege des gemelden Lands; hij leefde nog

---

sterffelijcken coope ten dobbelen relieve van XX pondt par. oft ter beter vromen van drien, ende te gane sgraven ghedinghe ter vierscharen van Waesmunstre naer de coustume, midsgaeders tot zulcken anderen diensten als beyde de voornomde leenen verscheedelijc ghestaen hebben. — Item ter causen van der unie, annexie ende incorporatie van der voornomder vrije vischerie gheunieert, gheannexeert ende gheincorporeert an zijn voornomt leen, zoe heeft mijn gheduchte heere ende heeft wilen mijnen voorseiden vadere was, ter saligher memorien, hem wettelijc besedt, verzekert over hem, zijn hoirs, naercommers besitters vander voornomder vrie vischerie, achtervolghende de voornomde opene lettren, een eeuwelijcke ende erffelijcke rente van VJ pondt par. van XX grooten vlaemsch, tsiaers, op zeker about ende conderpant, gheleghen in de zelve prochie van Waesmunstre, te wetene up ende met acht ghemeten bosch gheleghen voor de herberghe te Pots, ende noch met drie sticxkens gheheeten de Mesman, groot IJ ghemeten, commende noordt an den zelven bosch, dewelcke rente van VJ pondt par. es eene reste van sessendertich ponden par. erffelijcke rente daer voren dat mijn gheduchte heere bij zijnen voorseiden lettren Mer Lievin uytghegheven de zelve vischerie ende dit gheunieert, gheannexeert ende gheincorporeert an tvoorseide leen, wanof dat bij zijnen consente den voornomden Mer Lievin ghedaen bij den zelven lettren, ghelost heeft de XXX pondt par. ende daer voren ghegheven de somme van drie hondert ponden, elc pondt van viertich groote vlaemsch, naer advenant den penninc XX, in de handen van Huyghes de Bosquiel, clerc ende auditeur in de Camere van Rekeninghe te Rijsele, als ghecommitteert ten ontfanghe van de penninghen die gheordonneert zijn, omme daer mede te quitene, ontslaene de domeinen van mijnen gheduchten heere, sorterende in de zelve Camere van der Reke-ninghe, alst blijct bij zijne lettren van acquite in den date van den tweesten dach van December int jaer XV⁕ een ende twintich. »

(Rijksarchief te Brussel. — CHEV. DE SCHOUTHEETE DE TERVARENT, *Livre des feudataires des Comtes de Flandre*, 267.)

in het jaar 1333. Een zijner nazaten, Jan Vaenkin, bezat de
heerlijkheid in 1408. In het begin der XVIe eeuw was zij overgegaan tot Simoene van de Woestijne, weduwe van Lodewijk
van Schoorisse, heer van Beveren bij Oudenaarde, die het goed
in 1516 verkocht aan Lieven van Pottelsberghe, heer van Vinderhoute, mits de som van 330 pond groote. Na dezen viel zij op
Frans van Pottelsberghe, na wien zij geërfd werd door Frans
Wouters, heer van Vinderhoute, die in 1593 de heerlijkheid
verkocht aan Pieter van Steelant, heer van Ophasselt, voor de
som van 401 pond 13 schellingen 4 deniers. Na dit tijdstip
bleef ten Rijen in het bezit van de verder genoemde eigenaren
der heerlijkheid van Pontrave, tot het jaar 1794, toen het goed
werd gekocht door Jan-Frans van Doorslaer, lid van den Raad
van Brabant, wiens nakomelingen gemachtigd werden den naam
der voormalige heerlijkheid bij den hunnen te voegen.

Het oud kasteel van ten Rijen is sedert 1805 verdwenen en
heeft plaats gemaakt voor een ander, gebouwd voor rekening
van genoemden Jan-Frans van Doorslaer, wiens kleinzoon, de
heer Ed. van Doorslaer, te Hamme, er thans nog in het bezit
van is. Het had schoone en uitgestrekte tuinen, wandeldreven en
vijvers, met een heerlijk uitzicht op de rivier de Durme. Sedert
vele jaren is dit lustgoed, van hetwelk A. VAN DEN BOGAERDE eene
teekening mededeelt, bouwvallig en onbewoond.

De *heerlijkheid van Ponterave* was mede een merkwaardig
leengoed, welks naam, volgens sommige schrijvers, zou afgeleid
zijn van 't Latijnsche *pons Trajani*, naar eene brug, welke te
dezer plaatse, onder de regeering van keizer Trajan, over de
Durme zou gebouwd zijn. Nutteloos te doen opmerken dat deze
bewering een louter verzinsel is te noemen : bewijzen, althans,
worden niet bijgebracht.

Ponterave was aanvankelijk in het bezit van een geslacht,
hetwelk onder de aanzienlijkste van het Land van Waas werd
gerekend. *Dirk van Ponterave*, ridder, gaf zijnen broeder Steppe
ten jare 1226 oorlof om de kloosterzusters van O. L. Vrouw-

ten Bossche het derde deel te geven der tienden van Loke-
ren. *Jan van Ponterave* was vijf malen schepene der stad
Gent van 1324 tot 1336, en *Gillis van Ponterave*, in 1345.
Omtrent het begin der XIVe eeuw kwam de heerlijkheid van
Ponterave in handen van de familie de Schoutheete door Arnold
van Zuylen de Schoutheete, ridder, gehuwd met Beatrix van
Heusden. Zij bleef er aan toebehooren tot omtrent het begin der
XVIe eeuw, sedert welk tijdstip zij tot eigenaars had : Philip
van Steelant, gehuwd met Maria van Pottelsberghe ; hun zoon
Gillis van Steelant ; Jan van Steelant, overleden in het jaar 1522 ;
Dorothea de Schoutheete, dochter van Florens, in 1528 ; Frans
van Havere, en na hem zijne dochter Catharina, weduwe van
Joris de Redichove, in 1593 ; Frans van Redichove, zoon der
vorengenoemde, voor de helft, en de weezen van Gillis van
Havere, voor de wederhelft. Laatstgenoemde eigenaars verkochten omtrent het jaar 1605 de heerlijkheid aan Pieter van Steelant,
die ten jare 1611 in bezit kwam van de wederhelft en wiens
dochter Margareta in den echt trad met Gillis du Faing. Dezes
zoon, Philip-Frans du Faing, ridder, graaf van Hasselt, baron
van Jamoigne, heer van Markegem en Moerenbroek, « edelman
van den mont van wijlent sijne serenissime hoocheyt den
Prince Cardinael », werd als heer van Pontrave opgevolgd door
Alexander-Joris du Faing, baron van Jamoigne (1704). Daarna
viel de heerlijkheid ten deele aan Lambertina-Lamoraldina-
Theresia, dochter des laatstgenoemden, overleden in het jaer
1787, na gehuwd geweest te zijn met Eugeen graaf de Lannoy,
ten jare 1755 gestorven, en na wien zij werd geërfd door hunnen
eenigen zoon Christiaan-Gregoor graaf van Lannoy. Deze verkocht het leengoed, samen met het schouteetdon van ten Rijen,
aan den vorengenoemden Jan-Frans van Doorslaer voor
80,000 gulden wisselgeld, welke laatste, op zijne beurt, er
niet lang in bezit van bleef en ze ten jare 1810 verkocht aan
den heer Van de Woestyne de Pelckem, wiens erfgenamen
nog heden de gronden bezitten, welke vroeger het heerlijk
goed van Pontrave uitmaakten.

Deze heerlijkheid, evenals ten Rijen afhangende van 't leenhof des Lands van Waas, had eene uitgestrektheid van 61 bunder en bezat een dinghof met negen en dertig mannen en laten. De eigenaar was verplicht zijnen opperleenheer in den strijd bij te staan met een opgetuigd paard, ter waarde van 100 schellingen, Parijzische munt(1).

Het jaarlijksch inkomen bestond, onder andere, uit 21 schellingen 8 deniers 14 penningen rent.

Het heerlijke kasteel, waar men eene afbeelding van ziet bij SANDERUS, *Flandria illustrata*, werd in of omtrent 1750 op last van Joris du Faing afgebroken. Het diende laatstelijk tot verblijf der erfschouten van Lokeren, Daknam, Waasmunster en Elverzele en vertoont heden niets meer dan eenige modderige waterplassen en eene duivenkeet.

---

(1) « Jacob van Passchendale, als kerckelick vooght van joncvrouwe Dorothee de Schautheete, fª Floreins, es kennende dat de zelve Dorothee houdende es van onsen geduchten heere ende prince den grave van Vlaenderen, van zijnen hove van Waes, twee leenen, deerste gheheeten *dleen te Ponteraven*, groot zijnde eenen tzestich buynderen luttel min ofte meer, gheleghen jnde vierschaere van Waesmonster, waeraf zij maer en heeft op ende afvarens vier ghemeten ofte daerontrent, commende zuyt ande riviere, gheheeten *de Dorme*, noort aen dheeren straete, oost ende west der voors. Dorothee erfve. Ende dander neghenen vyftich buynderen ende twee ghemeten houtmen van haer te ghevolghe jn manschepe ende laetschepe, waeraf sij jaerlicx heeft jn pennincrenten XXI s. VIII d. paris. Ende vande leenensterfcoop ende wandelcoop, te wetene X l. paris. often beste vroemen van drye, ende van laetschepe verthiert bij coope dobbelen cheyns. Tot welcken leene es hof ende ghedinghe, bailliu, mannen ende laeten, boeten van X s. en V s. p.; erfven ende onterfven.

« Jtem es te wetene dat tot dezen voorn. leene men es houdende XXXVI ghemeten verleender erfven jnde prochie van Vremdijck, nu verdroncken, midts den jnbrekene vanden dijcke jnde Vier Ambachten, ende wederomme, zoo men zegt, bijden consente van onsen voors. gheduchten heere jnne ghedijct over vrije erfve, waer zou jaerlijcx plach te treffene VI lib. X s. p. ende thuerlieder vertieren dobbelen cheyns, daeromme hier memorie. Dwelck voorseit leen staet ten dienste met eenen peerde van hondert scellinghen paris. ende met een ijser, gheseyt thesaut, te versterfcoope ende vertiercoope te X lib. paris. ende te ghedinghe te gaene te Waesmonstre, ter vierschaere metten kerckgheboden van Waesmonstre. »

(*Leenboek van Waas, 1528.*)

De *heerlijkheid van Mosbroek* behoorde in het jaar 1435 aan ridder Jan van Herzele, wiens naneven haar nog in het eerste vierde der XVI° eeuw in bezit hadden. Jan de Hertoghe, algemeen ontvanger van Vlaanderen, kocht het goed in 1564 van Philip van Herzele voor de som van 1,200 gulden. Jan's zoon, Karel de Hertoghe, staat als heer van Mosbroek aangeteekend op het jaar 1593, na wie wij vermeld vinden zijne dochter Helena de Hertoghe, echtgenoote van Philip du Bosch, heer van Maasdom, in 1626. Dezes zoon, Karel-Philip du Bosch, komt voor in het jaar 1655, en in December 1689 werd de bezitting verkocht door de baronnes van Mere, aan Lodewijk Spinet, voor eene jaarlijksche rent van 28 pond groote. Opvolgende eigenaren van Mosbroek waren : de weduwe van Lodewijk Spinet, in 1694; Huibrecht Moortgat, in 1696; Alexander van Havere, in 1701, bij aankoop, voor de som van 5,275 gulden; Maria de Man, weduwe van laatstgenoemde, in 1617. De bezitters uit de voorgaande eeuw zijn ons niet bekend; alleen weten wij, dat de heerlijkheid den 22 Mei 1775 openbaarlijk werd in veiling gesteld (1).

Mosbroek was een grafelijk hoofdleen ter grootte van 96 bunder, met dinghof, baljuw en leenmannen.

De *heerlijkheid van Bulbier,* gehouden van het leenhof te Dendermonde, bestond voornamelijk uit het *Hof te Penningen* en de broeken *Groot* en *Klein Bulbier.* Zij had eenen schout en zeven schepenen ter beheering van de dijken van Bulbier; eenen schutter, ter bewaring van het vee in gezegde broeken; de jacht daarop en de visscherij langsheen de Durme, zoo ver de heerlijkheid zich uitstrekte. Het register van het leenhof te Dendermonde vermeldt onder de bezitters van dit leengoed Izabella-Theresia-Ferdinanda, geboren baronnes de Dumont, vrouwe van ter Ast enz. (2).

---

(1) *Gazette van Gend*, 3 Mei 1773.
(2) « Joffrouwe Isabella Therese Ferdinande, geboren baronesse de Dumont, vrouwe van Ter Ast, d'Epeninck *etc.* houd een leen van den hove van

De *heerlijkheid van Boekhoute* had een jaarlijksch inkomen van elf mudden zeven halster rogge, twee mudden haver, 256 eiers, 2 ganzen, 25 1/2 hoenderen en 3 pond 6 schellingen 5 deniers parisis in penningrent. Er was eene vierschaar met eenen baljuw en zeven schepenen tot het oefenen van het grondrecht(1).

Dendermonde, groot in meirschen ende winnende lant derthien bunderen, luttel min ofte meer, gelegen binnen de gulde van Sint Anna in de prochie van Waesmunster, onder de vierschaere van Hamme, genoemt *'t Hof ter Penningen* en de *tleen ende heerlykhede van het Bulbier;* ende is t'voorn. leen consisterende in de naer volgende stukken :

« Eerst in t'hof ter Penningen met de wallen groot beth dan vyf vaetsaeden, ooft abouterende jegens het Ansackerken, suyt den hoeck van het Priemstraetjen, west den Boonacker.

« Item den meersch gelegen in 't Bulbier; item twee partyen neffens elckanderen, danof de meeste partye genoemt is *het groot Bulbier,* ende de minste het *cleyn Bulbier;* item den meersch genoemt den Meirdonck; item den meersch genoemt de Hooge Donck; item den Hutterdyck, nu genoemt den Geersmeersch; item beide de Ettingen; item het hof in den Grooten Acker; item den Vaerenbergh; item den Lokerschen weg; item het Dry Bunder....

« Comende alle de voors. partyen van leen, ontrent 13 bunderen, wesende al hooftleen, ende behoort toe den voorn. leene tot ontrent 36 schelen paras. tsjaers heerelijcke penninckrente, gaende uyt op 30 bunderen erfen luttel min ofte meer, gelegen binnen den lande van Dendermonde binnen de prochien van Hamme, Zele ende Grembergen, ten advenante van 29 myten uyt den bundere....

« Van welcke voorn. erfven haer toebehooren ende sy schuldigh is thebben van wandelcoop den thienden penninck, ende van elcken bundere van sterfcoop acht schelen parasis, even verre dat geen dyckgoet en is; voort behoort ten dese hooftleenen toe de hoogheydt van te stellen eenen schout ende seven schepenen om het broeck van Bulbier te berechtigen van dyckagie, en van dat meer daer aen cleeft, ende te stellen eenen schutter in t'voors. broeck, om de beesten te schutten alsoo het behoort ende naer costume; dan oock aen het selve leen de vogelrye in het voorn. broeck van 't Bulbier, alomme daer myn heerelyckheyd streckt, hebben als voornt. jagerye op 't selve van alle de landen. Item oock de visscherye ofte schutterye in de Durme, langs de landen ende meirsschen van de selve heerelyckheyd.

« Item voorts soo syn sy van desen haeren leene houdende vyf achterleenen ende manschapen »....   (*Register des Leenhofs van Dendermonde* (Leenboek, n° 66). — Staatsarchief te Gent.)

(1) « Joncheer Jan Cornelis de Gras, f° Mher Roelandt, baron van Nokeren *etc.* overghevende denombrement an syne C° Mat. van Spaignien *etc.,*

Wij kennen geenen heer van Boekhoute vóór het jaar 1455. Op dat tijdstip was het Jan de Schouthéete, zoon van Boudewijn. Hoe lang de heerlijkheid aan dit geslacht bleef, is ons niet bekend. Adolf van Wakken, heer van Wakken en Lembeke, komt voor als bezitter in het jaar 1528; na hem, Adolf Andries, heer van Wakken, in 1534, en, bij aankoop jegens dezen, voor de som van 306 pond groote, Philip Cottreau. Daarna staan geboekt : Clara Cottreau, gehuwd met Frans van Royen; Anna, hunne dochter, in 1568, getrouwd

---

eertshertoghe van Oostenryck, grave van Vlaenderen *etc.* onsen gheduchten heere, bekent by desen te houden een 'sgraven leen van den hove van Waes, in Waesmunster, vercregen by gifte van Mher Roelandt de Gras, rudder, heere van Nokeren, syn heer vader, 't voors. leen geseyt *de heerelyckheyt van Bouchaute*, consisterende in heerelycke renten van elf mudde seven halsteren rogge, twee mudde evene gentsche mate, twee hondert sessendertich eyers, twee gansen, vyf en twintich hoenderen en half ende dry pont sesse schellingen vyf deniers paris. pennynck renten, welcke rente schuldich syn vele ende verscheyde gronden van erfven, ter voorn. heerelycheit behoorende, de betalynghe doende alle jaren St. Bavosdage, Kerssavont ende half maerte daer naer. Vermach tvoorn. leen eenen bailliu omme mette mannen van leene ende laten van den selven hove te houden hoff ende gedynghe tot last van de gronden, daer den heere niet behoirelyck af voldaen en is, onterfven ende erfven soet behoort, boeten van twee schellinghen ende thien schell. par., ende syn deselve laten schuldich ter doodt dobbelen cheyns, ende dat op het meeste van de rente, die sy schuldich syn.

« Van deselve heerelycheit zyn noch gehouden in manschap diversche gronden van leene, in nombre tot twaelfve, staende alle ter trouwe ende waerheit schuldich an den heere telker veranderynghe by versterfve, coope oft andersins, thien ponden parisis, ende twintich schellingen parisis van camerlynckgelde, oft de beste verme van de dry eerste jaerscharen, in gedynghe te gane ten voorn. hove met de kerckgeboden van Waesmunster, te weten (*Volgt de opgave der twaalf leenen*)...

« Ende desen heerelycken leene van Bouchaute es staende ter trouwe ende waerhede anden voorn. onsen geduchten heere schuldich telcken veranderinghe by versterfte, coop oft andersins, thien ponden par. ende thien schell. par. voor camerlynckgeldt, te gedynghe te gaen ter vierschare van Waesmunster ende Helversele, met kerckgeboden van Waesmunster. Aldus overgegeven in denombremente by de beste vorme, stellende niet min tselve te verbeteren van den medemannen van den selven hove, desen XXII july in tjaer van gratien XVIe acht en dertich. »

(*Oorspronkelijk stuk op perkament, in ons bezit.*)

met Adolf Veranneman; Ferdinand Veranneman, zoon van
Adolf, na het overlijden zijner moeder Anna van Royen, ten
jare 1615; Melchior le Poyvre, uit hoofde zijner echtgenoote
Anna de Wargny, halfzuster van Ferdinand Veranneman,
in 1622; Roeland de Grass, heer van Nokeren, bij aankoop
jegens laatstgenoemde, op 24 Januari 1624, voor de som van
6,572 gulden; Alfons de Grass, kapitein eener compagnie van
500 soldaten ten dienste des konings van Spanje, na het
overlijden zijner moeder (1645); Ignaas de Grass, in 1699;
Jan-Alfons-Jozef de Grass (1711); Jan-Frans de Grass, heer
van Malderen, in 1741; Alfons-Emmanuël-Pieter de Grass van
Strazele, zoon des vorengenoemden, ten jare 1776; Charlotte
de Grass, dochter van Alfons, in 1789. — De familie de Grass
verbleef te Brugge.

De *heerlijkheid van Rode* of *Roodriesch,* omdat zij gelegen
was aan den driesch van Waasmunster, bij het grondgebied van
Hamme, hing af van het leenhof van Herzele en had achttien
achterleenen. Volgens het denombrement van 1688 was die
driesch toen reeds in het ronde beplant en behuisd, met eene
kapel in het midden, waarop zekere dagen misse werd gelezen. Deze heerlijkheid had dus het uitzicht van een dorp, zelfs
eene jaarmarkt, gehouden den zondag vóor St-Mattheusdag, op
welke markt de heer van Rode recht had staakgeld te vorderen.
Het jaarlijksch rent-inkomen bestond uit 15 kapoenen en 4 hinnen, en 30 kapoenen 8 hinnen wanneer de leenen door sterf-
geval of anderszins tot eenen nieuwen leenheer overgingen (1).

_____

(1) « Ick joncheer Joannes Philippus de Neve, f⁵ jʳ Pieter Sixius, gestorven hooftschepene vanden lande van Waes, rudder, heere van Roden, vanden Dullaert, Peperstrate, *etc.* kenne duer dit myn denombrement dat ick
houdende ben van hooghmoghende mevrouwe de princesse van Espinoy,
heere van Robaeys, baronesse van Herzele, moeder vooghde ende gardeno-
bele hebbende over haere princen schenechal van Henegouwen, burch-
gravinne van Ghend *etc.*, van synder heerlicheyt van Herzele, een heerlick
leenhof, genoempt de *heerlyckhede van Roden,* my competerende by versterfte

De eerste, ons bekende bezitter van Rode was Jan Vaentkens, na wien het leen geërfd werd door zijnen neef Gillis Maghelijn, van Middelburg, die het goed in 1420 verkocht aan Jan Vijdt voor de som van 24 pond groote.

Als heer van Rode vermeldt het XVI⁰ eeuwsche leenboek Herman van Steelant, die het goed door aankoop verkreeg van Jan van Steelant. Nadien ging het over aan de familie de Neve. Philip van der Haeghen, gehuwd met Maria de Neve, als heer van Rode aangeteekend in het begin der XVII⁰ eeuw, stichtte te midden van den driesch, in 1628, de kapel ter eere van St. Antonius, na door voorspraak dezes heiligen de genezing zijns kinds te hebben bekomen. Aan dien driesch staat nog het huis des kapelaans, gebouwd in 1728 en in den gevel versierd met eenen steen, waar het wapen der familie is op gebeiteld. Het dient tegenwoordig tot woonst eens landbouwers.

Het voormalige kasteel der heeren van Rode, uit het geslacht van de Neve, gebouwd in 1618, stond in den kom der gemeente en droeg den naam van *Blauwendal* of *Blauwhof;* het was voorzien van eenen toren en geheel omwaterd. Het behoort thans nog aan de familie de Neve.

---

als hoir feodael van wylent mynen heere vader voors., welcke heerlyckheyd consisteerdt in een volle leenhof van zeven en vyftich manschappen, waertoe dat behoirt eenen dries, ses vaetsaet rontomme beplant ende behuyst, met eene capelle in het midden, daer men misse doet op sommighe seker daeghen, volghende de fondatie die by myn ordonnantie gedaen en betaelt moeten worden; ende heeft jaerlyckx een kermisse, tsondaechs naer Sᵗᵉ Mattheus, apostel; ende elc craem is my staecgeldt schuldich; welcken dries is palende oost aen het huys van jᵉ Charles Antoon d'Oosterlynck, soo den eusiedrup op den dries valt; voorts den gevel ende geheel de zyde van het huys van Boudewyn Bauwens vrs., oock tegen het huys van Jan de Bode ende Elisabeth Romyne, soo dat hunnen eusiedrup op den dries valt, waerover sy cheyns betaelen, soodat oock doet jᵉʳ Charles Antoine d'Oosterlynck, suydt de beke van Hamme, west de voors. prochie van Hamme, noort Jan vander Burcht; voorts heeft incompste in cheynsrente, sprekende op de huysen daerop staende, vyfthien cappoenen ende vier hinnen ende dobbel telcker versterfte ofte veranderynghe.., ⱥ

De *heerlijkheid de Ponte*, gehouden van de heerlijkheid van
Rode, had zeven leenmannen en eenen baljuw om grondrecht
te oefenen. Den bezitter behoorde de pont of het veer aan de
Durme, waar reizigers, paarden, wagens en karren werden overgezet, als mede het veerhuis; ook tolrecht van de voorbijvarende
schepen en schuiten, alles ingevolge vorstelijke vergunningsbrieven. Dit heerlijk goed behoorde ten jare 1688 aan Boudewijn Fobe
en in het begin der XVIII° eeuw aan Albert Coxy, ridder, baron
van Moorsel, die het in 1707 gekocht had voor de som van
13,850 gulden wisselgeld. Ten jare 1720 was *de Ponte* een eigendom van Frans Volckaert, graaf van Welden, heer van Spiegel-
hof, en toen werd het landgoed verpacht voor 133 pond 6 schellingen 8 grooten 's jaars.

De *heerlijkheid van Walle*, voorzien van grondrecht, en
53 bunder groot, behoorde omtrent het einde der XVI° eeuw
aan Philip Malaert, en in het jaar 1603 aan Philip des Marez,
geheimschrijver van den Grooten Raad van Mechelen. Negen
bunder meersch, *Colput* genaamd, werden er in 1623 van afgenomen tegen ruiling van 5 bunder meersch te Oosterzele, door
Jan des Marez, volgens vergunningsbrieven van 2 october 1623.
De baron des Marez verkocht ten Walle den 8 Mei 1681 aan
Melchior-Frans van der Cruycen voor de som van 18,201 pond
parisis. Ten jare 1692 was de heerlijkheid in bezit van Frans-
Floris d'Olmen, heer van Court-au-Bois, en in 1710 aan Eugeen-
Jozef d'Olmen.

De *heerlykheid van Oorzele*, of *Hoirzele ter Straten* (enkele
malen ook *Herzele* geschreven), hing af van den graaf van
Vlaanderen en strekte zich uit op ruim 30 bunder grond, te
Waasmunster, Lokeren, Bazel en Melsele. Daartoe behoorde
eene tiende, die in de XV° eeuw ongeveer negen mudden rogge
opbracht, en ten jare 1615 door de leenmannen des Lands van
Waas geschat werd 40 pond groote waard te wezen. De heer

van Oorzele was verplicht den leenheer te volgen in den strijd met een paard en een pantsier.

Ons bekende heeren van Oorzele zijn :

Simoen Vaentkin, omtrent 1306; Lucas Vaentkin, in 1333; Adriaan de Schoutheete, in 1435; Dorothea de Schoutheete, in 1528; Frans van Havere, omtrent het midden der XVIe eeuw, welke laatste de heerlijkheid achterliet aan zijne dochter Livina, getrouwd met Antoon van der Schaghen, ten jare 1593; Karel van Steelant, door aankoop jegens Livina van Havere, in 1615; Jacoba-Izabella van Steelant, dochter van Karel, in 1626.

De *heerlijkheid van de Wouwe*, met hof en geding, zeven leenmannen en eenen griffier, was ten jare 1643 het eigendom van Gillis van Puyvelde, volgens aankoop van Beatrix de Hertoghe. In 1726 was *Wouwe* in 't bezit van Marten de Witte en medegerechtigden, die het leengoed te gelde maakten aan Christiaan-Jan-Philip de Neve, heer van Rode, voor de som van 25 pond groote.

Van minder belang nog dan de laatstgemelde heerlijkheden waren :

de Weert, in 1688 aan Karel Snoy, uit hoofde zijner echtgenoote, Izabella van Steelant;

de Stokt, op gezegd tijdstip aan de familie Segers;

ter Strickelen (ter Spichel?), een achterleen van Ponterave, ten jare 1718 aan Barbara d'Oosterlinck;

Wijnvelde, ten jare 1528 aan Hellijn van Steelant, zoon van Hellijn. Dit leengoed had eene uitgestrektheid van 25 bunder en een groot getal achterleenen.

Allinkrode, de Spiegel, de Vischvijver, de *heerlijkheid van Boudeloo*, de *heerlijkheid van den bisschop van Doornik*, omtrent de kerk, *ter Elst* enz., alle het grondrecht oefenende.

Voorname, geen heerlijk recht bezittende leenen waren :

Rijckaers, groot 14 gemeten, in 1615 aan Gillis du Faing en zijne vrouw Margareta van Steelant; *de Drij Muiden*, in 1435

aan Jan Sersanders, ten jare 1625 aan Nicolaas Sersanders, en
op het einde der XVIIe eeuw aan Frans de Seclin, heer van
Kaprijk; *de Oude Wal; het Eekhout*, in 1482 aan de familie
van de Velde, enz.

Op het gemeentehuis van Waasmunster troffen wij twee
oude geschilderde portretten aan, 't eene van *Maria-Theresia*,
het andere van eenen vorst uit de XVIIIe eeuw. Het zijn
twee niet onverdienstelijke gewrochten, die herstelling noodig
hebben.

Eene gemeenteschool bestond hier reeds in de XVIIe eeuw.
Ten jare 1777 werd den leeraar der jeugd namens de gemeente
een jaargeld verstrekt tot beloop van 50 gulden, boven 5 stuivers
in de maand van ieder behoeftig kind, ter school onderwezen;
Had hij twaalf scholieren in den kost, dan werd zijn pensioen
verhoogd tot honderd gulden. Was de plaats van onderwijzer
onbezet, dan werd een concours gehouden onder de mededin-
gers, die een getuigschrift van goed gedrag en bekwaamheid
moesten voorleggen(1).

De schoolmeester van Waasmunster was vroeger tevens orgelist. Ziehier op welke voorwaarden Frans Jansens ten jare 1669
door den pastoor en de wethouders tot het vervullen der beide
bedieningen werd aanvaard :

« Eerst dat hij (*organist ende schoolmeester*) sal verobligiert
sijn alle sondaeghen ende heijlighe daeghen te spelen de misse,
vesperen ende lof, mitsgaders oock alle donderdaghen, sater-
dagen ende andere missen van devotie, onder ander van den
H. Naem Jesus, Ste Sebastiaen, Ste Barbara, Ste Cecilia ende
andere gesonghen missen, gheene uitgesteken nochte ghereser-
veert, met tlof des donderdaeghs ende saeterdaechs gedurende
t'geheel jaer, boven drij missen s'jaers, met t'lof op de selve
daeghen in de cappelle van Sombeke.

---

(1) *Gazette van Gend*, 1777, 21 Augustus.

« Sal voorts verobligiert sijn te assisteren met sijnen sancboeck in de kercke, soo wanneer tselve sal connen gheschieden, ende geen spel op de orgele noodich en is; van ghelycken mede te gaen ende singhen in alle processiën.

« Van ghelijcken oock te spelen op de generaele feestdaeghen, smorghens vroech de mattinen ende sdaechs te voren de vesperen, soo wanneer die sullen gedaen worden.

« Soo hij oock sal verobligiert sijn te leeren vier kinderen de musiecke op den naervolghenden sallaris, sonder anderssints daerover yet te moghen pretenderen, welcke kinderen bij pastoor ende schepenen sullen worden ghedenomineert, ende dat ghedurichlijck, te weten dat soo wanneer eenige sullen afgaen ofte volleert sijn, andere in haerlieder plaetse sullen ghestelt worden.

« Sal voorts verobligiert sijn schole te houden op den naervolghenden sallaris, te weten van elck kindt vijf stuyvers ter maendt, vande gene die leeren lezen ende schrijven, ende van degene die Franchois ofte musicque leeren, sal hen moghen doen betaelen naer discretie.

« Ende sal daertoe vermoghen te gebruycken de nieuwe camer aen t'prochie huis, expresselijck gemaeckt tot hauden van de voors. schole.

« Item sal ghehauden zijn te leeren vier kinders om de misse te dienen, sonder anderen sallaris als voren.

« Item sal ghehauden zijn sorghe te draeghen ende verantworden voor alle boecken ende jnstrumenten vande musicke, die hem bij jnventaris sullen worden overghelevert.

« Item sal verobligeert zijn te leeren lezen ende schryven de de arme kinderen, op den disch vanden armen levende, sonder anderen loon ofte salaris daerover te moghen pretenderen.

« Dit alles voor den tijd van drie jaeren, jnnegaende metten dach van heden, voor de somme van acht en seventich ponden grooten t'sjaers, boven twee ponden grooten eens voor courtoisien te betaelen, te weten van weghen de prochie XIII lib. IIII s. gr., de capelle VI lib. IIII s. gr., de kercke V lib. XII s. gr. ende den armen III lib. grooten t'sjaers. Ende aengaende de voors. II lib. grooten eens, sullen de selve betaelt worden van wegen de capelle. In oorconden hebben deze geteeckent den XXV^n Meije XVI^c LXIX » (*Volgen de handteekens* van Hendrik Caerdock, Pastoor, Gillis van Hese, C. van Lare, J. Verspeyen, P. van Holwinckel en Frans Jansens(1). »

---

(1) Oorspronkelijk stuk, in ons bezit.

Ten jare 1716 richtte zekere J.-B. Mortier, uit Steenhuffel, het onderstaande verzoekschrift aan het magistraat :

« *Aen d'eerw°. ende voorsienighe heeren Mijnh* den Pastoor etc. Hooftman, Burghmeestere ende Schepenen met geheel de ghemeynte der prochie van Waesmunster.*

« Alsoo teenemael nut, dienstigh ende nootsaeckelijck zij eenen Pastoor of goeden herder tot het wel sorghe draeghen ende bestieringhe van sijne schapen, eene wet oft overheydt tot het beschicken ende regeren de ghemeynte, cenen leeraer ofte schoolmeester tot het leeren en instrueren der jonckheyt, twelcke bij sijne Maj* keyser Carel den V (saligher m*) beooght ende beneirsticht wierdt, ende bij placcaeten ende ordonnantiën in fleur en in vigeur heeft geweest, soo ist dat den verthoonder hem presenteert sijn ooghmerck ende plicht nemende tot vervoorderijnghe der jonckheyt ende welvaert van het gemeenebest (wiens profijt hij alleen hier soeckt) in te willen stichten eene soo fransche als vlaemsche schole, waerin geleert zal worden het stiptelijck leeren spellen, lezen en schrijven, d'ortographie, dicteren en componeren, alsmede voor alle voordere liefhebbers de cijffer-konst, en de principia ofte fondamenten der Latiniteijt ende insonderling in de vreeze Godts ende inleijdinghe tot de deught, waer toe, ende om soodanigh goet opsicht t'effectueren naer wensch, versoekt s'heeren aggreatie en een ieders toestemmijnghe, de commoditeijt ende gratificatien om sulcx te mainteneren, hem thoonende door dadelijcke dienstbaerheyt veel eer als met woorden, waerlijck te wezen voor het gemeenebest... »

J.-B. Mortier ontving van de wethouders der gemeente zijne benoeming den 23 Augustus, met toezegging van een jaargeld van 16 pond 13 schellingen groote, « volghens de conditien met denselven gemaeckt. » De school werd in 't laatste vierde der XVIII° eeuw heringericht, als blijkt uit eene aankondiging der *Gazette van Gent*, n° 73 van 1778, waar de vraag voorkomt naar eenen ondermeester van het « nieuw en bij concours geërigeerd » pensionnaat, en wel bij voorkeur eenen, die het Fransch machtig was. De bestuurder berichtte daarbij dat hij sedert eenigen tijd « op het aldervolmaekste en tot genoegen van een jder de jongheid heeft begonst te doceeren in de beyde taelen, midsgaders in de Cyfer-Konste ende voordere Wetenschappen, zullende daer en boven, tot meerdere Oeffeninge der Jeugd in de goede Uytspracke ofte Prononciatie, voortaen jaerlyks door de Pensionairen worden gerepresenteert zekere actie, door den Principael daertoe te verkiezen, t'eynden van welke de jaerlyksche Pryzen onder eene cierlyke Lof-Reden zullen worden gedistribuëert. » — Men betaalde in dit gesticht de som van 16 pond groote 's jaars voor de volle tafel eens leerlings.

Eene andere advertentie in gemelde *Gazette*, nummer van 15 Januari 1787, behelst over het onderwijs in dit opvoedings-gesticht, destijds onder het bestuur van J.-J. Antheunis, eenige nadere bijzonderheden. Men leest daar namelijk :

« De kinderen worden er onderwezen in de Nederduydsche Taele, volgens de Grondregels der beste Spraek-Meesters; in de Beginselen van het Latyn en in de Reken- en Schryf-Konste; ook zal men er trachten hun eenig licht te geven nopens de Land-Beschryvinge, de Nederlandsche Historie ende Fabel-Ken-nissen, die vry wezendlyk zyn aen de opvoedinge der Jongheyd. Daer-en-boven zal men er zig van tyd tot tyd overgeven aen het lezen der keurigste zoo poëtische als rymlooze Werken, en trachten van de zelve eene leerzaeme uytlegginge te geven : men zal er de Kinders voornaemendlyk oeffenen in de overzettinge der beste Fransche Schriften in de Nederduydsche Taele. Eynde-linge zal men er op het stiptelykste zorgen, opdat de goede zeden en de wellevendheyd der kinderen van de Christelyke Leeringe noyt mogen ontaerden. »

Het kostgeld bedroeg 132 gulden 's jaars; meer dan 30 inwo-nende leerlingen werden niet aanvaard. Dit opvoedingsgesticht was in de eerste jaren der XIXe eeuw nog in voege.

Ook ter wijk Sombeke was reeds in het begin dezer eeuw eene lagere school. E. van Hecke, die in 1800 aldaar het onderwijzersambt vervulde, schreef dat jaar het volgende rijm-epistel aan het gemeentelijk magistraat :

Terwyl de fransche welh niet komt te permitteren
Dat ik 't schoolmeestersampt noch blyve exerceren,
't En zy ik doen belolt van die getrouw te zyn,
En ik dit niet kan doen als met veel angst en pyn,
Zoo koom ik met dees digt ulieden nu te uyten
Dat 'k liever laet dit ampt en laet de schole sluyten;

Dus mits de weth 't soo wilt, die niet daeraen voldoet,
Zoo neemt dan morgen meê uw boeken, kas en goed,
En ik bedank u zeer, die m'heeft geweest genegen,
Te komen om myn leer en lessen hier te plegen;
En kwam den tyd nogh weér, dat men 't mogt doen weer vry,
t' Uw dienst en onderwys recommandeer ik my.
Voords 'k wensch myn onderwys, 't geen ik u heb gegeven,
In u voordsbrengen mag een ryk en deugdzaem leven.
Voor 't lest, onthoud een les, die 'k nogh erhalen moet :
Uw ouders eerd en Godt, myn wensch zal komen goed.
Gedaen tot Sombeke en geschreven 's anderendag
Uyt 't school gedreven den dertienden dag van februaer
Ons Heeren achttien honderd jaer.

Vergeten wij niet melding te maken van eene andere school, welke geroepen is om het handgedaad, ja vroeg of laat misschien de kunst, tot voordeel te dienen, namelijk de in 1860 opgerichte *Teekenschool*. Teekenen, immers, is hedendaags eene eerste behoefte geworden voor verreweg de meeste stielen en ambachten : metselaars, timmerlieden, wagenmakers, schrijnwerkers, hofbouwkundigen, behangers, smeden enz. zijn elken dag in de gelegenheid een ontwerp te moeten teekenen van werken, welke men hun wil toevertrouwen, en ongetwijfeld zullen bij voorkeur diegenen worden gevraagd, die vlug, goed en duidelijk eene schets op het papier weten te brengen. De instelling der teekenscholen op den buiten is ontegensprekelijk van het grootste belang, en kan niet anders dan voordeelig werken op den zedelijken en stoffelijken toestand der arbeidende standen.

Het oud wapen van Waasmunster, der gemeente opnieuw toegestaan bij koninklijk besluit van 9 Juli 1840, vertoont eene zeemeermin, houdende in de rechte hand eene raap, zinspelende op het Land van Waas.

De oude doop- en huwelijksregisters klimmen op tot 1597, die der overlijdens tot 1633.

Behalve eenige oude resolutieboeken, gemeente- en kerkrekeningen, bewaart men hier ook twee oude landkaarten, met aanduiding der perceelen in overeenkomst met het oude Landboek en ten jare 1775 door K. en Adr. Benthuys met zorg vervaardigd.

Burgemeesters van Waasmunster.

Benedict van Aelbroeck 1801
A.-F. van den Bogaerde. 1806
F.-E. Leirens 1815
A.-J.-L. van den Bogaerde 1818
Karel-Ambroos van den Bogaerde. . . 1821
Hendrik Wuytack. 1830
Bᵒⁿ Victor de Neve 1833
Lodewijk-Boudewijn de Vuyst 1852
Pieter-Jacob Cruyl. 1855
Bᵒⁿ Victor de Neve 1862
Leo-Fidcel Eyers 1879
Karel Verstraeten 1885

III.

GESCHIEDENIS. — Een dichte sluier bedekt het leven en het lot der eerste bewoners van Waasmunster. Kwamen de Romeinsche benden, wier overblijfsels hier uit den grond zijn gedolven, en welke nog grootendeels bestaan, hier met de wapenen in de hand, en streden zij om den grond, waar zij zich vestigen zouden, tegen eenen anderen volksstam ? Waren zij met de bewoners der naburige streken in vrede en vriendschap, of behandelden zij die als meesters en gebieders ? Werden zij van hier met geweld verjaagd, lieten zij het leven in den kamp voor zelfbehoud, of trokken de Romeinen, na een meer of min langdurig verblijf te Waasmunster, naar de boorden van Tiber en Po terug ? Geen geschiedschrijver, geene bijzondere oorkonde licht ons omtrent deze vragen in; wij weten enkel, dat strijdmakkers van Cesar, of latere zendelingen van het Romeinsche rijk, hier geleefd hebben, gestorven en ter aarde besteld zijn, — niets wegens hunnen handel en wandel. Even weinig licht is te geven nopens de vestiging en verdwijning der Frankische stammen, welke hier na hen verbleven.

Wij moeten wachten tot na het midden der XIV° eeuw om kennis te bekomen van een feit, dat in verband te stellen is met de geschiedenis van Vlaanderen.

Tijdens den oorlog, tusschen de stad Gent en graaf Lodewijk van Male gevoerd, vatte hier een van de vorstelijke legerhoofden post, namelijk Hector van Voorhoute, kastelein van Saftingen, aan het hoofd van de wapenlieden der Vier Ambachten. Men kan denken hoe zij de arme boeren zullen gestroopt en gekwollen hebben, want de strijd was van weerskanten heftig en hardnekkig.

In den oorlog van Gent tegen Philip den Goede trok op eenen ochtend in 't begin der maand Juni van het jaar 1452 de Gentsche kapitein Jacob Meeussone met eene talrijke bende voetknechten en ruiters naar het Land van Waas, om de edelen, die 't met den vorst hielden, te bestoken en te straffen. Te Waasmunster gekomen, verbrandde hij het huis van Gwijde de Schoutheete, die uit Gent was gevlucht, en richtte er vermoedelijk nog meer schade aan, gelijk het oorlogen medebrengt. Den 16 derzelfde maand kwam het te Rupelmonde tot een treffen tusschen de hertoglijke bende en de krijgers der stad Gent, met het gevolg, dat de laatsten, door overmacht van Picardiërs gedwongen tot den aftocht, door den vijand werden achtervolgd en ter genoemde plaatse niet min dan 2,000 hunner manschappen verloren. Eenige der Gentenaars, naar Waasmunster gevlucht, werden in de schuilplaats, welke zij hier gezocht hadden, laffelijk verbrand, andere aan de boomen langs den weg aan het strop gehangen.

Dien dag moest het dorp het fel bezuren; de Burgondische soldeniers staken het vuur aan huizen en schuren, trappelden den oogst te velde plat en begingen allerlei moedwil op den armen landzaat, die geene de minste schuld had aan den oorlog.

De aanwezigheid van Philip den Goede, die te Waasmunster weinige dagen nadien zijn kamp kwam opslaan, zal ongetwijfeld ook geen zegen voor de dorpelingen geweest zijn. De trotsche koppige Burgondiër immers zag in elken Vlaming eenen muiter, weerstrevig aan zijne willekeur en gezag, en de hem vergezellende Fransche benden, ziende den vorst tegen zijn eigen volk krijg voeren op eene wijze, als wilde hij het gansch verdelgen, zullen bij die onmenschelijke taak niet te kort geschoten hebben.

Het kamp bleef te Waasmunster tot het einde der maand, met twee korte tusschenpoozen; immers de Burgondiërs, twee maal verder op getrokken om het Gentsche leger op het lijf te vallen, zagen zich telkens verplicht naar Waasmunster terug te keeren, uit vrees van door overmacht van gemeentestrijders tot schande en verlies te worden gebracht.

De geschiedenis heeft aangeteekend dat verscheidene gezanten van het Fransche hof, met hetwelk Philip de Goede ook in oneenigheid was, te Waasmunster met hem te zamen onderhandelen, namelijk de seneschalk van Poitou, de aartsdiaken van Tours en meester Jan Dauvet, klerk van Karel VII.

Niet zoodra was het vorstelijk legerkorps uit Waasmunster vertrokken, of eene bende Gentenaren viel in het dorp, verbrandde een gedeelte der abdij en leverde zich aan meer andere verwoestingen over. Dit zal eene wraakneming geweest zijn over de schromelijke verliezen, welke het Gentsch leger in 't Land van Waas had te onderstaan, en ook misschien over de gastvrijheid, welke, naar allen schijn, de vorst in gezegde abdij zal genoten hebben.

In de XVI° eeuw, reeds vóor het uitbarsten der godsdiensttwisten, viel te Waasmunster een feit voor, dat tot voorbode kan dienen van de ontzaglijke verwoestingen, welke in Vlaanderen korten tijd nadien onder den dekmantel van geloof zouden worden aangericht. Een te Alveringem geboren priester, Jan Hendricx, die de Roomsche kerk afgezworen en uit dien hoofde naar Engeland en Duitschland uitgeweken had, was in 1564 in Vlaanderen teruggekeerd, en, te Waasmunster zijnde, had hij in eene herberg te Pots, een aan den muur staande Lieve-Vrouwbeeld afgenomen, op de straat en daarna in het water geworpen. In hechtenis genomen en naar Rupelmonde geleid, poogde hij een der soldaten in het slot aldaar te vermoorden, de poort en de trezorij der grafelijke charters, aldaar bewaard, door het vuur te vernielen, en sloeg de beelden in de kapel aan stukken. De renegaat boette zijne misdrijven met de dood (1).

---

(1) « Omme dieswille dat ghij Jan Hendricx, pbre, geboren van Alverghem, verlaten hebbende uwen priesterlicken staet gheleden ontrent de vier jaeren, te vervoorderthede te hanteren diversche sectarissen tot Ymden, oic in Engelant ende Duytslant, daermede belijdende ende sustinerende erroneuse ende gereprobeerde opinien ende leeringhe, contrarie van onsen christenen geloove ende religie, overzulcx u bestaen hebt binnen *de prochie van Waesmunstere*, aen de herberghe te Potz, te nemen de beelde ende figeure van onser vrauwen, staende in eenen muer, ende die uut eenen quaden wille ende spijte van Godts heylighen te werpen op straete ende daernaer int watere, ter welcker cause alzo de bailliu van Waes u was vragende waerome dat ghij dat ghedaen haddet, pogende u daeromme te vanghen, ghij ter contrarien daerop spijtelic antwoirdende ende u ter weere stellende, hebt gesact u sincroer ende den haene daerop settende, hebt tzelve den bailliu gestelt voir zijnen boesem, ende ghevanghen sijnde ende gevraecht wesende naer uwen naem, toenaem ende vocatie, hebt, contrarie der waerheyt, geseyt dat ghij ghenaempt waert Henric Bossaert, u generende met lakenen, gheboren ende woonachtich tot Nieukercken in Westvlaenderen, veranderende onde verloochende alzo uwen naem, conditie ende qualiteyt; dat meer es, alzo de voirn. bailliu u gebrocht hadde tot zijnen huyse ende geleyt op een camere, hebt u smorgens ghevonden op tprivaet, aldaer ghij vindende zekeren beetele, u ghestoken ende gewont hebt aen den crop van uwer kele, in meyninge u selven doot te laeten ende tleven te nemen, ende naederhant, opghebrocht ende ghelevert wesende ten slote van Rupelmonde, naer dien men u deur schoon spreken ende uyt gratie gheconsenteert hadde te gaen lancx den casteele of slote, hebt u vervoordert diversche brieven te schrijven ende senden aen uwe facteurs ende adherenten, besondre aen Pieter Caesaert, omme hulpe ende bijstand van volcke omme u uutte vanghenisse te lossen, daer op dat oic twee soo drij onbekende persoonen ten voorn. slote naderhandt souden ghecommen sijn, ende dat meer ende argher is, u vervoordert hebt met Dijcke, de prothonotaris, Inghelbert Gribeval ende eenen Roelant Bervoets, te maeken zekere conjuratie omme de garde van den casteele te dooden ende vermoorden, ende met force ende ghewelt uut te breken, ten desen fijne gheconspireert, gheconcludeert hebbende dat de prothonotaris Dycke den eenen soldaet soude maecken uut te senden naer stede, omme hem te haelen den wijn, die hem aldaer goet quam, ende dat hij Dijcke middelertijt den

Had hij te Waasmunster medeplichtigen? Men zou het denken, want den 4 Mei 1564 werden hier verscheidene personen

---

andren soldaet bij hem boven op syne camere ontbieden soude omme hem vier te commen maeken, ende dat men den selven soldaet aldaer soude dooden ende vermoorden, ende dat ghij, Jan Hendericx, u houden soudt aen de trappen omme den selven mede te helpen ombringhen ende vermoorden, ulieden concept ter executie legghende, ghij u vervoordert hebt te guaiteren aen de voors. trappen, taenvallen Tenijn, den soldaet, ende hem te geven drij diepe wonden in zijn lijf, in de borst eene, ende de andre in sijnen ruggbe, ende daernaer metten voorn. prothonotaris Gribeval ende Roelant, tslot inghenomen hebbende, hebt met hunlieden tvier helpen stekene in de poorten van den casteele, conspireerende daerboven met uwen voorn. complicen oic tvier te stekene in de tresorie van de chartres van Vlaenderen omme die te verbranden, tselve slot voirts zekeren tijt verweirende ende defenderende met stocken ende wapenen tegen tvolck van de Maj^t, aldaer committeerende grooten overwille, force in woirden ende ghewerken, besondre destruerende die beelden ende imagien van den aultaer van de capelle; aldaer gedreghen hebbende oic stroo in den keldere onder de saele omme die te verbranden, ende alzoo naerderhant tvoorn. slot bij tvolck van de Maj^t ingenomen was, ende ghij met groote weire ende resistentie aldaer ghevangen wert, zoo hebt ghij, oick ligghende op tbedde, met den voorn. Greboval, dien selven Greboval ghesolliciteerd dat hij u tleven soude willen nemen.

« Omme alle weleke stucken, faicten ende delicten, alsoo den balliu tuwen laste heesch maekende, gheconcludeert badde te fijne van de doot, in exemple van andere, te weten dat hij u soude doen stellen aen eenen staecke, u rechter vuyst doen afhouwen, u voirts doende verbarnen ende al u goet gheconfisqueert ten proufijte van de Maj^t., ende ghij daer teghens in uwe antwoorde ende weire ghehoort wesende, niet en hebt connen noch weten tallegieren t'uwer ontlastinghe, nemaar alle de voorn. stucken in der vormen ende manieren alsboven opentlic beleden ende gheconfesseert, soo ist dat wij u met crachte van de lettren van aucthorisatie aen de hertoghinne van Parma, regente.... in dit stuc ghesonden aen den bailliu van Waes, daer hij expresselic lastende u recht ende justitie exemplaire te doene, sonder regardt te nemen op den staet van uwen priesterschap oft ter dier causen eenighe degradatie te moeten gheschieden, naer heesch ende naer antwoorde, ende al tgene voorts voor sgraven mannen ende hooftscepenen ghecommen ende ghebleken es, ter manesse van onsen wettighen maenheere recht doende, wijsen ende condemneren Jan Hendericx, pbr., sheeren wille ende sgraven ghenade, ende al u goet gheconfisqueert tons gheduchts heeren profijten. Actum ten slote van Rupelmonde den derden augusti a° XV° LXIIII. Present bailliu ende hoofdschepenen. »

(*Eerste register Crimineel van den Slote van Rupelmonde.* N° 324, bl. 46. — Staatsarchief te Gent.)

namens de justitie ter dood gebracht, en eene maand nadien
andere voor de vierschaar gedaagd om inlichtingen te geven
over lieden, verdacht van ketterij(1).

_____

(1) « Exame van Marten Claus, woenachtig te Casueele, ghelegen binnen
Waesmunster, desen XIX^en Juny LXIIII.

« Maerten Claus, oudt XLVII jaeren, gheboren van Bevere, wonachtich
binnen Casuele, seght up eedt naer diversche interogatien, hoe dat hij vercocht heeft ontrent den vastene LXII, eenen Jan Clays, gheboren van Eecloo,
wonachtich tAntwerpen, hondert steenen wolle....

« Ghevraecht in wat straete de voorschrevene Jan tAntwerpen wuent,
ofte waer ontrent, seght dat hij tzelve nyet en soude connen verclaersen,
zoude nyetmin thuus van den zelven Jan wel vinden, die alhier wulle coopt
ende vercoopt.

« Ghevraecht waeromme hij zo langhe int eerste refuseerde te segghen
den toenaeme van den voorschreven Jan, ende van waer hij was, zegghende:
ben ic ghecomen om de lieden te belastene — seght tzelve ghelaeten thebbene
omme dat hij verstaen hadde van een vrauwe dat de voorseiden Jan aignatie
ghehadt zoude hebben jeghes de pape, zonder dat hij de voorseide vrauwe
weet te noemen ofte describeren.

« Den XX^en binnen Waesmunstere.

« Maerten Claus, gheexamineert als boven, bij eede, seght hoe dat binnen
XII daeghen erwaers eene Neuse Blommaers, tanderen tijden ghevanghen
gheweest hebbende om dat zou hadde ghelogiert een predicant van Casueele,
zeyde tot hem deposaut dat hij niet te kennen gheven en zoude yet schuldich te zijne de voorschrevenen Jan Clays, vreesende dat tzelve bij justicie
zoude ghesaisiert worden, kennende dat de zelve Jan groote woorden
ghenomen hadde jeghens eenen predicheere.

« Ghevraecht naer de oude, stature ende phisonomie van den voorseiden Jan, segt den selven oudt te zijne ontrent XXX jaeren, met een root
baerdeken, gheschoren haer, root ofte roste, middewaer van stature,
draeghende ghemeendelijck eenen zwaerten mantele ende zwaerten rock.

« Seght hoe dat hij hoorde, gheleden ontrent twee jaeren, tsermoen van
zekeren weerlicken persoon, binnen der capelle van Casueele, wesende
een predicant van ontrent den XXV ofte XXVI jaeren, die hem nyet en
dijnct gheweest te zijne den voorseiden Jan, tzelve nochtans niet vaste
wetende.

« Seght dat den voorseiden Jan te meer stonden ghelogeert heeft ten
huuse van Martine ..... woenende op den dijck te Casueele.

« Seght hoe dat de voorseiden Jan wuent tAntwerpen inde oude Cleer-
maerct, in een zijdestraetkin nyet verre vanden veste, wiens huusvrouwe
ghenoemt es Gheerdine, ende wuent op de slijncke handt ghaende naer de
veste. Servaes van Steelant, hoochbaillu van den lande van Waes, present
gheweest hebbende in tvoorseide exame, seght hoe dat hij verstaen heeft van
eenen zijnen ghevanghene, ligghende te Repelmonde over tfaict van heresie,

Vele bijzonderheden wegens de beeldstormerij te Waas-munster zijn er niet aangeteekend; enkel weten wij, dat de abdij van Rozenberg door Gentsche geuzen werd geplunderd, en alles, wat die voorstanders van de « zuivere leering Christi » aan-stond, werd geroofd en op volle wagens naar Gent weggevoerd. Geen twijfel of de parochiekerk zal in hetzelfde lot hebben gedeeld en zullen de meeste kunstgewrochten, die beide gebou-wen versierden, vernield geworden zijn.

De buit, hier opgedaan, kwam te Gent toe als in triomf, den 2 September 1578. Verscheidene soldaten hadden de priester-gewaden aangetrokken, en droegen, schimpenderwijze, het kruis en de heilige vaten; anderen wierpen gewijd water en klepten eene bel, schreeuwende als dollen en bezetenen, aldus de plechtigheden en gebruiken der Roomsche kerk bespottelijk makende. Het Gentsche magistraat keurde die rooverijen en aanslagen tegen de gewetensvrijheid goed, ja, gaf aan benden beeldstormers brieven mede om kerken en kloosters, op last van de stad Gent, te plunderen.

De Roomsche godsdienst werd opgeschorst, gelijk in schier al de dorpen van 't Land van Waas, en de kerk ingenomen door eenen geuschen leeraar. Deze, Johannes Martini genoemd, stond aanvankelijk te Dordrecht, werd opvolgendlijk benoemd tot predikant te Oudenaarde, Waasmunster, Zele, Thorout, Ant-werpen en Herenthals, vanwaar hij naar Holland terugkeerde. Of hij hier vele bekeerlingen zal gehad hebben, mag wel betwijfeld worden; immers, niet zoo haast was het op geweld bevestigde gezag der Gentsche geuzen te niet, of de voorvaderlijke godsdienst werd weder het geheele land door vereerd, terwijl van de kortstondige afdwaling weinige of geene sporen overbleven.

---

hoe dat een predicant van Schaeftijnghen zoude zijn van Eecloo, ende weet de voorseiden baillu uuyten monde van Maria van Steelant, zijn zustere, dat de predicant rost van hoofde was. »

(*Briefwisseling onder 't archief van den Raad van Vlaanderen. — Staatsarchief te Gent.*)

Te midden van de vervolging bleef Waasmunster evenwel niet zonder vertroosting : in 1580 kwam Willem van Doornik, pastoor van Haasdonk, hier in de herbergen *de Swaen* en *de Sterre*, kinderen doopen, biecht hooren en andere herderlijke plichten vervullen.

Een paar jaren nadien had een nieuwe inval van geuzen te Waasmunster plaats. Uit de getuigenissen, korten tijd nadien door de rechterlijke overheid ingewonnen, blijkt dat de kerk andermaal beroofd en verwoest werd, en namelijk al het schrijnwerk, de altaren, beelden en andere sieraden, benevens de drie klokken, werden weggevoerd.

Een nieuwe aanslag van dien aard gebeurde in Januari 1583, ditmaal door eenige Engelsche en Waalsche legerkorpsen, welke niet min dan drie maanden in het dorp verbleven, de nederkerk, met twee kapellen ter zijde van den toren, afbraken, al het houtwerk, dat nog in de kerk te vinden was, onder voorwendsel van groote koude, in het vuur wierpen(1), en boven-

---

(1) « Roqueste ende besouck van oorconde ghedaen binnen de stede van Ghendt den XXX december 1641 in de sake ende ten versoucke van Pastor, schepenen, kerckmeesters der prochie van Waesmunster, heeschers, jeghens deken ende capittel van onse Lieve Vrouwe kercke tot Dornike, verwerders.

« Andries van Walevelde, f° Willem, haudt LXXXI jaeren ofte daer ontrent, jeghenwordelick wonende tot Lokeren ende te vooren tot Waesmunster, oorconde beleet ghehoordt ende merckelijck ondervraecht, oft aen hem niet kennelick is, eerst of dat de prochie kercke van Waesmunster inde jaeren 1581 ende 1582 door de vijanden ende rebelle van den Coninck van Spaengnen en is ghewest berooft, ghespoliert ende van binnen gheruyneert, soo bij het uytbrecken, nemen ende wechdoen van alle de houtewercken, aultaren, beelden ende andere dierghelijcke goedinghen ende ornamenten, als oock bij het afdoen ende wechnemen vande drije clocken van den thoren der selver kercke.

« Ten tweeden of niet warachtich ende kennelijck en es, dat inde maent van januarij vanden naervolgenden jaere 1583, binnen de selve prochie van weghen de voornoemde rebelle vijanden en sijn ghecommen eenighe regimenten soldaeten, naementlyck inghelsche ende waelen, die aldaer ontrent de drij maenden hebben ghelegehen in garnisoene ende defensie jeghens de franchoisen

dien een groot getal woningen in het dorp neerblaakten.

In 1584 deed de hertog van Parma, die korts daarna de
geuzen volkomen zou bedwingen en het land weder onder de
gehoorzaamheid brengen van den wettigen vorst, over de Durme

---

ende andere van 't leger van den Coninck van Spaengnen, als doen ligghende
binnen der stede van Dendermonde.

« Ende dat de voornoemde inghelsche, waelen ende rebelle gheduerende
den voorseyden tijt van drij maenden hebben tenemael afgebrocken, ghedes-
trueert ende gheruyneert de nederkercke van Waestmunster voornoemd,
ende naementlijck den grooten middelbeuck, de twee sijde panden daer
neffens, ende de twee achter capellen staende neffens den thoren, midts.
ghaeders alle materialen van hautewerck hebben verbrandt, mits de groote
caude, ghelijck sij ter selver tijt oock hebben afghebrocken ende verbrandt
eene groote quantiteyt van huysen binnen de selve prochie ende dorpe.

« Ten IIIIde, of hem niet kennelijck es is dat de selve kercke, beucken,
panden ende capellen voor daete van de selve ruine en waeren staende
in ghelijcke staet, grootte ende forme, ghelijcker wijs dat de de selve nu
teghenwordich is staende, sonder eenighe merckelijcke veranderijngen van
den forme daer aen ghedaen te zijne, maer dat de restauratie ende hermae-
kijnghe van diere is ghebuert op de oude fondamenten. . . . . . .

« Adriaen Bauwens, fs Adriaens, verclaert . . . .
dat de inghelsche ende waelen tenemael (hebben) afghebroken de nederkercke van Waestmunster, namelijck den grooten beuck, de twee panden
ende twee achter capellen neffens den toren, ende alle de temmeraige ende
hautewerck verbrant.

« Verclaert voorts warachtich te sijne dat de selve kercke noch vele jaeren
daer naer, als van ontrent XXV of XXX jaeren, alsoo heeft moeten blijfven
staen gheruyneert, bij faute van middel, ghereserveert den coor, die wierdt
af gheschut sulx dat door de selve ruyne ende openligghen met vercran-
kijngen den meerderendeel van mueren der selve oock zijn te ruyne
ghecommen.

« Gillis van de Voorde, fs Joos, oudt LXXII jaeren, gheboren ende altijt
ghewoont hebbende binnen Waestmunster.... segt op solemnelen eedt
warachtich te sijne..... de vijanden hebben uytghebrocken ende wechghe-
nomen alle de hautte wercken ghestaen hebbende inde prochie kercke van
Waesmunster, autaeren ende bilden, ende eenighe vande selve verbrant,
vercocht ofte anderssins mesbruyckt, soo sij van ghelijcke ten selven jaere
hebben afghedaen ende ghenomen van den torre drije clocken met alle
andere stucken ende ornamenten van de kercke . . . .

« Aldus ghehoort ende gheexamineert bij ons Commissaris ende adjonct
onderschreven ter plaetse, daeghe ende jaere als vooren. »

(Ondert.) C. DROESBEKE, advocaet. »

(Uit het nummer 4,880. — Bundels papieren
in 't archief van den Raad van Vlaanderen.
— Staatsarchief te Gent.)

te Waasmunster eene houten brug werpen om zijne leger-korpsen naar Dendermonde te doen oprukken. Hij verbleef hier van den 51 Juli tot den 4 Augustus, en kon in 't aanschouwen van de vele puinhoopen, door het bandelooze grauw hier gemaakt, zijnen moed scherpen en zijne krachten verdubbelen om het Vlaamsche land te verlossen van eenen volkomen ondergang.

Ongelukkiglijk hielden de rampen, die de godsdiensttwisten in het vaderland gesticht hadden, niet teenemaal met de bevrediging op. Over- en weer trekkende soldatenbenden, gewoon aan het plunderen en 't plegen van baldadigheden op weerlooze lieden, zetten de kwelling te lande voort en behandelden de boeren als waren zij de overwonnenen geweest.... Den 4 Juli 1592, onder andere, bedreven Spaansche krijgers hier grooten moedwil; drie landbouwers werden door hen verworgd, en zij meenden nog andere ingezetenen hetzelfde lot te doen ondergaan, toen men er in gelukte de slachtoffers dier onmenschelijke wreedheid uit hunne handen te rukken en in het slot van Rupelmonde te beveiligen.

Vele bijzonderheden over den toestand van Waasmunster in den loop der XVII⁰ eeuw, gedurende de oorlogen, op onzen bodem door vreemde legers gevoerd, zijn ons niet bekend; maar het valt niet te betwijfelen of de gemeente, die haar aandeel had op te brengen in de krijgsschattingen en afpersingen van allen aard, zal toen geene rustige, gelukkige dagen hebben beleefd. Wij lezen in het handboek van Pieter de Neve de volgende regelen, welke een gedacht van den toestand geven kunnen : « Nota dat myn huys vande geuzen heel gespolieert wiert ende berooft, terwijl den prince van Orangien in den clooster van Roosenberge leyde te ontbyten, alwaer ic wel liet 600 gulden, sonder myn granen ende vruchten. Dit was op St. Laureys avont 1649. » — Verder weten wij dat het aandeel der gemeente in de oorlogsbelastingen, den Lande van Waas opgelegd van 1689 tot 1694, de som bedroeg van ruim 6,774 gulden, terwijl de schade, er door de verbondene legers aangericht sedert 26 Februari 1694 tot het einde van 1695, op 19,869 gulden werd geschat.

Wanneer, in het jaar 1745, de stad Gent door de Franschen was ingenomen, kwam eene bende van hun leger te Waasmunster en nam haar hoofdkwartier bij den baron de Neve. Twee jaren nadien, in de maand Mei, vestigde een generaal van de Klinge komende, zijn hoofdkwartier in de abdij van Rozenberg.

De Patriottenbeweging in 1789 vond te Waasmunster ook talrijke en vurige aanhangers. 't Was de schoolmeester van het dorp, Jacob Antheunis, die den 26 October 1789 zich aan het hoofd stelde van de boeren om de Crumpipen, kanselier van Brabant, tijdelijk te Temsche verblijvende — een man, die met hart en ziel keizer Jozef II was toegedaan en al diens politieke ontwerpen steunde — in hechtenis te nemen. De inteekening voor de bestrijding der kosten van den opstand bracht te Waasmunster ruim 2,288 gulden op, ongeminderd eene zeer aanmerkelijke som, door de abdis van Rozenberg geschonken.

De overrompeling van België door de Fransche republikeinsche benden was der gemeente zeer noodlottig. Den 6 Januari 1793 kwamen hier twee officieren, een sergeant en 50 wapenlieden, in de abdij, eischende dat men hun elken morgen 26 pond vleesch, 78 pond tarwen brood en 3 1/4 pond rijst zou leveren. Wel kwam het magistraat tegen deze beslissing op, verklarende dat het de gemeente was, die voor dat onderhoud der troepen moest zorgen, maar zekere de Grave, die in deze zaak voor de abdij gesproken had, werd door den bevelhebber der Franschen, te Lokeren, afgezet, onder voorwendsel dat hij ontvanger was van de abdij.

Den 23 derzelfde maand kwam gemelde bevelhebber in de vergadering der wethouders, vragende op ruwe wijze naar den meier, wien hij, verschenen zijnde, « met hoogdravende discoursen » berispte « nopende het gedane refus het inventarieren der abdijgoederen. » De troepen waren hier nog op het einde der gezegde maand, ingekwartierd bij de burgers, die zij grooten overlast aandeden. Kapitein Tilloy, den 6 Februari de eerstgekomene bende hebbende vervangen, eischte boven 't gewoon onderhoud anderhalven frank per dag, ten titel van gift, hetgeen hem, na hevige woordenwisselingen met het magistraat, werd toegestaan « om alle rust in de prochie te behouden, en op voorwaarde « van het goed order onder zijne volkeren te doen observeren. »

Den 13 Februari kwam te Waasmunster de kolonel Osten met 45 officieren, 625 soldaten en 31 paarden. De bevelhebber vorderde voor zijne lieden éen pond vleesch, anderhalf pond brood en een pot bruin bier; de officieren moesten hebben volgens hunnen rang.

Men kan denken, dat de gewone hulpbronnen der gemeente ontoereikend waren om in al deze lasten te voorzien; er moesten dus buitengewone middelen worden gezocht, weshalve men, met toestemming van den pastoor, de boomen en het schaarhout, op de Heide, toebehoorende aan de kapel van O. L. Vrouw, te gelde maakte.

Den 8 Maart 1793 werden de wethouders in buitengewone vergadering bijeengeroepen. Daer « compareerde (zegt het reso-« lutieboek van het magistraat) den commissaris Van de Walle, « benevens verscheyde andere assistenten, den welcken ons « afvraegde wat regeringswyze wy wilden aennemen, 't sy de « oude constitutie, eene republique, ofte de vereeninginge met « Vranckeryck, naer alvooren de publicatie van een proclamatie « van den commandant Ferrand gedaen te hebben, mitsgaders « alle de clocken te doen luyden ende de belle rond dezen « dorpe gesonden te hebben tot de byeenroepinge van de vol-« keren, op welcken gedaenen voorstel is geantwoord republicq « te willen wezen. »

Deze verklaring van de bestuurders der gemeente moet niet verwonderen. Men was te Waasmunster, gelijk in de meeste plaatsen van Vlaanderen, overtuigd, dat een terugkeer onder den Oostenrijkschen schepter op dat oogenblik niet mogelijk was, dewijl de Fransche natie dit niet zou hebben gedoogd : de republiek wilde, kost wat kost, ons land inpalmen. Maar konden de Vlamingen, die altijd aan hunne vorsten waren verkleefd geweest, niet bekomen wat zij verlangden, zij wilden toch niet weten van eene vereeniging met het broeinest van orde en geweld, waar de heiligste rechten van den mensch met de voeten werden getrapt, het schuim der maatschappij de wet voorschreef.

De gewapende inbezitneming begon in Juli 1794. Uit de stad Gent kwam zekere P. Maillard met eenen officier en 30 Fransche ruiters naar Waasmunster, bevelende het gemeentebestuur aanstonds te vergaderen en het derde van al de tarwe, bij de ingezetenen voorhanden, in requisitie te stellen.

Tien dagen naderhand kwam een ander dwangbevel : elken dag moest Waasmunster duizend brooden leveren van 3 5/8 pond, met karren en wagens in de stad Mechelen te leveren. Daarop volgden schattingen van allerlei aard, en, den 22 Augustus, een legerkorps van 3,000 mannen, aan hetwelk Waasmunster een onderkomen moest geven. Geen dag schier ging voorbij, of er was eene nieuwe requisitie....

Hoe dit alles door de brave dorpelingen werd onthaald, is lichtelijk te raden! Ook, toen omtrent het einde van October 1794 hier de vrijheidsboom geplant en het driekleurig vaandel uitgestoken werd, was er hoegenaamd geen geestdrift onder het volk merkbaar.

De nieuwe meesters legden er zich op toe, om het land zooveel mogelijk uit te buiten, hem het hartebloed af te tappen. Eene ontzaglijke belasting werd op België gelegd, en daarin stond het Land van Waas aangeschreven tot eene bijdrage van 1 millioen pond. Waasmunster's aandeel beliep tot 1,000 gulden, om welke som te vinden men voorstelde het zilverwerk van de kerk te verkoopen(1). Maar dit was, op verre na, niet voldoende tot betaling van 't gevorderde, en de kerk moest er nog eene som van 700 gulden bijvoegen.

(1) Voornamelijk bestaande uit de nagemelde voorwerpen : een wierookvat, een St.-Elooisbeeld, een klein paard zonder kop, vier kleine kinderafbeeldsels, vijf paar oogen, twee beenen, twee kronen voor O. L. Vr. en het Kind, eene zwaan, zeventien zilveren kaatsballen, twee ampullen, een schenkblad, een bol, twee paarden, een paard met een ruiter er op, een hoofd, eene doornenkroon enz. Het gesmolten zilverwerk beliep tot 316 pond 19 oncen gewicht.

Bij die schromelijke belastingen kwam nog, dat er onder de ingezetenen van Waasmunster twist werd gestookt. Wij vinden daar het bewijs van in de onderstaande verklaring van het magistraat, gedaan in zitting van 5 November 1794 :

« Wierd geproduceert een anonyme attestatie, geformeert ten fine van door eenige inwoonders dezer prochie onderteekent te worden (gisteren ter straete gevonden), inhoudende differente diffamatiën en beschuldigingen tot laste dezer actuële municipaliteyt, zoo van dilapidatie der noodige geligte penningen als van aristocratie en tegenstrevigheydt aen d'executie der ordres der Fransche Republicque etc.; dan alzoo wy in conscientie van alle dies onpligtig waeren, en sulck maer gespeculeert en was uyt nydigheydt, ende apparent door persoonen aspirerende naer d'een ofte d'andere fonctie, niettemin, om alle troubelen en difficulteyten, die daer uyt, en mogelyk door andere diergelyke inventien van lasteringen, sauden konnen resulteren, wierd eenpariglyk geresolveert hier over eene deputatie te senden naer het hoofdcollegie, om hem van die saeke te informeren ende te prevenieren, met last van van het employ dergeligte penningen bewys te doen, en te thoonen hoe zeer wy in dese tydsomstandigheden ten onrechte door quaedwillige en baetzuchtige persoonen, door valsche attestatien beschuldigt worden. »

Wij twijfelen er niet aan, of de wethouders zullen zich van den op hen geworpen blaam wel hebben kunnen zuiveren; maar eenige maanden nadien (1 Februari 1795) zag het hoofdcollege des Lands van Waas zich verplicht hen op den voet te trappen, omdat Waasmunster totdan toe de 1,000 gulden der hoogergemelde belasting niet had gekweten (1).

----

(1)   « Borgers,

« Wy aenzien met de uytterste verontweirdinge UE. onagtsaemheyd in het betaelen der contributie. Wy prevenieren UE. dat, by aldien UE. quote over UE. kerke, bedraegende tot 1,000gl., niet en is voldaen voor den 15e der loopende maend Pluviose, dat wy niet en sullen hésiteren jegens UE. in propren en priveen naem te solliciteren de penen, by den brief van de representanten des volks in date 17 Nivose geprescribeerd, met vaste belofte dat soo UE., als de principaelste van UE. jnwoonders, by preferentie voor otages sullen genomen worden.

                    « Broederlykheid en zegen.
            « t Hooftcollegie van den Lande van Waes,
                    « J. Fisco. »

Het laatste historisch feit van eenig belang, voor Waasmunster aan te teekenen, is de tocht der van Antwerpen afgezakte Franschen naar Waasmunster, ten jare 1813. Zij drongen in een der kasteelen en plunderden het uit. Onder de geroofde voorwerpen bevond zich de oude beker van 't St.-Sebasiaansgilde.

IV.

Kerk van Waasmunster. — Gelijk wij zegden in het eerste hoofdstuk dezer geschiedenis, mag Waasmunster beschouwd worden als de stam, waar acht of negen tronken uit gesproten zijn, zoodat de kerk dezer parochie als de moederkerk van het Land van Waas te beschouwen is. De splitsing werd noodzakelijk naarmate de bevolking in de verschillige wijken en gehuchten van de ontzaglijke parochie vermeerderde in getal. Zich van het middenpunt naar de uithoeken verwijderende, om moerassen droog te trekken, bosschen uit te roeien, heiden te beploegen, wegen aan te leggen, handel aan te knoopen met verder gelegene plaatsen, werd het den uitwijkelingen van Waasmunster schier ondoenlijk de godsdienstige plichten te kwijten, en het bouwen van kapellen te Lokeren en te Exaarde, te Belsele en te Daknam, te Kemseke en te Nieuwkerken, te St.-Pauwels en te St.-Nicolaas, om meer gemak aan de geloovigen te verschaffen, moest weldra de stichting van zoo vele parochiën ten gevolge hebben. Dit geschiedde in de XIIe en XIIIe eeuw.

De kerk van Waasmunster, toegewijd aan O. L. Vrouw, onder den titel van Maria's Boodschap, en staande onder de bescherming der heilige apostelen Petrus en Paulus, is gedeeltelijk oud, gedeeltelijk nieuw. Een sterk uitgedrukt bouwkarakter heeft zij niet. De toren, in 1856 hersteld door J.-B. Steeman, van Waasmunster, voor de som van 6,000 fr., en in 1869 in metselwerk verhoogd en bekroond met eene getimmerde naald, voor de som van 15,587 fr., gegeven door den heer J.-B. Vermeulen, alhier, ter nagedachtenis van zijnen zoon Edmond, bezit een goed voorkomen.

De toren was grootendeels hermaakt in het laatste vierde der XIV° eeuw, uitwijzens eene acte van 1374 (1), alsook omtrent 1544 en in 1607. Elke zijner zijden heeft twee lange vengergaten met sterk uitkomend lijstwerk. Boven den trap is een torentje, dat tot dom dient. Boven den rondboog der ingangdeur bemerkt men eenen langwerpigen steen, waar op gebeiteld staat: A° IV° IIII (M IV° IV) en een der torenpilaren is bekroond door een kapiteel, dat aan het schoone en sobere werk der XIII° eeuw herinnert.

Aanvankelijk had de kerk den vorm van een Latijnsch kruis.

Branden, oorlogen, vooral de beeldstormerij in de XVI° eeuw, vermeerdering van 't getal kerkbezoekers zijn oorzaak geweest tot herstellingen, die natuurlijk het karakter teruggeven van den tijd, op welken zij geschiedden. Het schip der kerk, dat ruim is, en de zijbeuken dagteekenen van de XVIII° eeuw, maar achter het hooge koor bemerkt men, in den buitenmuur, eenen steen, waarop gebeiteld is : A° XV° XVII.

Het koor werd tusschen de jaren 1720 en 1730 vermeerderd om overeen te komen met den middelbeuk, wanneer men ook de

---

(1) « ... Op de suppl° van Willem Clappen iegens de kercmeesters van Waesmonstre als van ghebreke van vorwaerde *van den thorre te makene te Waesmonstre,* die hi nam te makene up zekere voorwaerden ende conditiën ghelijc de suppl° verclaerde, dewelke voorwaerden de kercmeesters ontkennen naer tinhouden van der supplicatie... »

« Vanden besouke tusschen Willem Clappen an deene zide, ende den kercmeesters van Waesmonstre an dander zide, *als van ghebreke van voorwaerden van den torre te makene te Waesmonstre,* ende van scaden, die Willem mids der voorwaerde ghehad heeft, version dbesouc so ties niet bevonden dat de ghemene prochie in de voorwaerde consenteerden, maer dat Wouter de Scouteten den godspenninc vanden voorwaerden gaf ende de voorwaerde maecte sonder consent of wetene van heml., ende mids dien so wijsen de heeren, heeft hi enich gebrec van sire voorwaerden ofte enighe scade daeromme ghehad, dat hi daer af volghe Wouteren als hem goed dinken zal. »   (*Acten en Sententiën,* 1360-1374, bl. 41ᵥ-42ᵥ. — Staatsarchief te Gent.)

zijbeuken verbreedde tot het punt, waar vroeger de twee kruis-
beuken uitsprongen.

Onder de aartshertogen Albert en Izabella werd de kerk, die na
de godsdienstberoerten gedurende omtrent het vierde eener eeuw
half afgebroken was gebleven, hersteld, met behulp der opbrengst
van eenen tol op het bier, ten beloope van 300 gulden 's jaars. Het
daartoe betrekkelijk octrooi werd verleend voor eenen termijn
van zes jaren en nadien meermaals vernieuwd. Andere
hulpmiddelen bekwam men door een koninklijk octrooi van
3 November 1628, machtiging verleenende om ten voordeele
van de kerk boomen te planten op 's heeren straat, op heiden
en onbebouwde plaatsen. De Raad van Vlaanderen gaf voor deze
laatste vergunning nog een gunstig advies den 4 Februari 1656.

Door de wethouders van Waasmunster werd ten jare 1775 bij
de tiendeheffers aangedrongen om de te klein geworden kerk te
vergrooten; het was echter niet gemakkelijk de tiendeheffers
te bewegen de beurs te openen, en de tusschenkomst van den
Raad van Vlaanderen was noodig om het gewenschte doel te
bereiken. Blijkens eene aankondiging der *Gazette van Gend*,
van 26 Februari 1784, had eerst dán de openbare aanbesteding
daarvoor plaats.

De sacristij werd vermeerderd in 1844.

De kerk heeft drie beuken. Het dak van den middelbeuk werd
in 1855 eenen goeden meter verhoogd, waardoor iedere beuk
een eigen dak heeft. Ten jare 1889 is de middelbeuk versierd
met wapenschilden der familie de Neve van ten Rode, waarvan
de oudste dagteekenen uit de XV° eeuw.

Geen twijfel of gedurende de middeleeuwen zal deze kerk rijk
zijn geweest aan schoone kunstgewrochten. De vensters waren
voorzien van prachtige geschilderde ramen, onder welke één, in
het hoogkoor, vervaardigd werd ten jare 1521, op kosten van
Jan van Steelant en Catharina de Neve. Het verbeeldde *de Aanbidding van het H. Sacrament* door beide genoemde echtelingen
en hunne veertien kinderen.

Te dien tijde was het eerste venster van het S^to-Annakoor voorzien van een geschilderd raam met verscheidene figuren, onder welke St. *Jan* en de *H. Catharina;* verder de blazoenen der familiën van Steelant, de Neve, Walle en Onderberghe. Op het tweede venster van hetzelfde koor was een ridder afgebeeld in volle wapenrusting, met eene vrouwenfiguur, een blazoen en grafschrift. Het derde venster, waar 't jaarcijfer 1575 op stond, vertoonde de wapens der edele geslachten van Steelant, van Royen, de Hertoghe en Berchem.

Een ander raam van het hoogkoor stelde voor : *de Kroning van Maria door de H. Drievuldigheid,* waaronder de acht wapenblazoenen der familiën van Pottelsberghe, Sturtewaghen, Snibbels, de Groote, Steelant, de Neve, van Walle en Onderberghen.

Deze twee ramen stonden aan den evangeliekant ; de twee aan de epistelzijde gaven te zien : *de afbeelding van eenen abt,* maar het overige was weg, misschien door de beeldstormers uitgeslagen ; het andere bevatte de geschilderde wapenblazoenen van Jacob van Luxemburg, in 1550 overleden.

Andere geschilderde vensters in de kerk vertoonden de versierde wapenblazoenen van de familiën van Liedekerke[1], de Hertoghe[2], Bouchaute enz. Het eerste venster bij het O.-L.-Vrouwaltaar stelde de *Presentatie van Maria* voor, en daaronder een prelaat, met de wapens der abdijen van St.-Andries, bij Brugge, en van St.-Winoksbergen. Het droeg het jaartal 1521.

Het tweede raam in het O.-L.-Vrouwekoor, waar het jaarcijfer 1522 op gezien werd, verbeeldde *de Dood van Maria,* waaronder de wapens der familiën van Pottelsberghe, Cappelle, Berchem en Bau.

Het derde raam in gezegd koor was in de XVIIIe eeuw gebroken.

---

(1) « Aenden ghelaesmakere van Dendermonde over de reparatie gedaen aen tghelas van Liekercke, XIII s. IIII gr. .» 	(*Kerkrekening* over 1591.)

(2) « Item betaelt aen Neclaes (*van de Velde*) de somme van seven gulden ende dat over de reparatie van de twee ghelaesvensters van mijnheere Steelandt, mitsgaeders de waepen van mijnheer Hertoghe ghemaeckt... XXIII s. IIII gr. » 	(*Idem,* 1597.)

Niet zoodra waren de godsdienstberoerten gestild, of schrijnwerkers, beeldhouwers en schilders werden geroepen om den
tempel opnieuw waardig te maken van de plechtigheden van
den godsdienst. Te Antwerpen werd in 1589 eene altaartafel
besteld (1), die BARTEL JACOBS het jaar nadien schilderde (2). De
kunstenaar, die daar vier weken mede bezig was, ontving,
boven het hem toegestane loon, een paar kousen, met verzoek zijn werk wat te bespoedigen (3), alsmede een zijden
wambuis (4). Onze hedendaagsche kunstenaren zullen vreemd
opzien, bij 't vernemen van deze en dergelijke bijzonderheden, maar in dien tijd waren de geschenken in het gebruik,
en zij ergerden niemand. Het is hun nu alleen te doen om
klinkende speciën.

Het tafereel op het hoogaltaar had twee luiken, welke in
1596 door eenen Antwerpschen schilder werden gepenseeld (5).

---

(1) « Betaelt aen Emont den scrijnwercker, wonende tot Antwerpen, over
tmaken van de tafele op den hooghen outaer, blijckende bij de quytancie ende
de bestedinghe de somme van 20 pont gr.

« Jtem... over de leenen vande zelve tafele, IX s. VI gr.

« Jtem noch betaelt aenden zelven Emont over leveringhe van I^cXIII voeten berts, verbesicht aenden voet vanden autaer... XVIII s. X gr. »
                    (*Kerkrekening* over 1589. — Gemeentearchief.)

(2) « Aen Berthelmeeus Jacobs, schildere, de somme van XXVII ponden
gr. over tschilderen ende stofferen, bij hem aenghenomen, vande tafele jnde
kercke op den hooghen aultaer... »   (*Idem*, 1590.)

« Ghegeven aen gout omme de tafele te stofferen dat vander kercken
weghe alzo gheconsenteert was, boven de vulle betalinghe aenden schilder
ghedaen om dat hijt te goeden coop aenghenomen hadde... XXXV s. gr. »
                    (*Kerkrekening* over 1591.)

(3) « Jtem noch voor een paer causens, die den schilder ghesconcken
waren om dat hij tafmaken benerstighen zoude... XXX s. gr. »

« Jtem vier weken tafelcosten vanden schilder, hem van ghelijcken gheaccordeert, te meer om dat hij gheenen middel en hadde om betalen, te V sc. gr.
de weke... XX sc. »   (*Idem*.)

(4) « Jtem noch ghegeven bij Gillis Vercouteren jn handen vanden
greffier omme te coopen boorsele, sije ende cnoppen omme het wambuys vanden schilder... X s. gr.

« Den doender wort belast te betalen tot Antwerpen over de stoffe van
twambuys, den schilder geschoncken, XXVIII s. gr. »   (*Idem*.)

(5) « Jtem betaelt Jacques Y'godt, schildere van Antwerpen, ter causen

Het altaar van Maria was in de eerste jaren der XVII° eeuw nog zonder tafereel, maar men leende er een, met de afbeelding van O. L. Vrouw en Christus, in afwachting dat het altaar zou volledig gemaakt zijn(1). Dit werk werd verricht in het jaar 1605 door JAN VAN SWAERVELDE, te Dendermonde(2). Ook dit tafereel werd ten jare 1606 van twee luiken voorzien, die door genoemden kunstenaar werden bemaald.

In den loop der XVII° eeuw leverde JACOB ULLEVEN (?) de biecht-stoelen, terwijl andere fraaie snijwerken, nog bestaande en aanstonds te vermelden, bewijzen mogen dat het te geenen tijde bij het volk van Waasmunster aan godsdienst- en kunstzin en ijver voor de verfraaiing des tempels ontbrak.

Men mag de tegenwoordige kerk van Waasmunster eene der schoonste van het Land van Waas noemen, en behoorlijk versierd.

In het hoogkoor prijkt een fraai houten altaar met kolommen, ten jare 1845 vervaardigd door Cnops, van Dendermonde, en in 1859 geheel vernieuwd door P. DE PRETER, beeldhouwer te Borgerhout. Bovenaan ziet men in eene nis het beeld van den hemelschen Vader, met den wereldbol in de hand; het onderdeel bestaat uit eene marmeren tombe, vervaardigd, zooals de beide zijaltaren, door de Pauw, van genoemde stad. De schilderij, welke op dit altaar prijkt, wordt toegeschreven aan DE CRAEYER, en stelt voor : *Christus aan het kruis*. Het vermoeden aangaande den kunstenaar kan gegrond zijn, maar, hoewel waardig een altaar te versieren, is dit

---

van schilderen de twee dueren vant taffereel up den hooghen autaer, ... V lib. III s. IIII gr. »　　　　　　　　　　　　(*Kerkrekening* over 1596.)

(1) « An Adr. Jan Zeghers de somme van X ponden grooten over dbeleenen van een stuk schilderije, zijnde de representatie van onse lieve Vrauwe, met tbelt Christi, bij de gulde beleent met conditie van te mogen restitueren als een tafele zal gemaect worden. »

　　　　　　(*Rek. der kapelnij van O. L. V.*, 1604. — Kerkarchief.)

(2) *Idem*, 1605.

tafereel geen meesterstuk van den grooten Vlaamschen schilder.

Het onderdeel der muren van het koor is gedekt door een eikenhouten beschot, hetwelk prijkt met loofwerk en veertien medaillons, vertoonende de borstbeelden van den H. *Joannes*, evangelist, van den aartsengel *Michaël*, van den *Goeden Herder*, van de HH. *Adriaan, Nicolaas Joannes Nepomucenes, Carolus-Borromeus, Norbert, Basilius, Hubertus, Joannes-Baptista, Philippus, Benedictus* en den profeet *David*. Daar boven staan vier oude beelden, voorstellende de HH. *Petrus, Paulus, Andreas en Jacobus*. Langs beide kanten des koors prijken twee zeer schoone beelden in hout gesneden en in Gothischen stijl geschilderd, met troon en voetstuk; het eene, voorstellende 't *H. Hart van Jezus*, kostte 2,300 fr., en het andere, den *H. Jozef*, 1,900 fr. Beide zijn giften, gedaan in 1874 en 1876 door mevrouw J.-B. Vermeulen, barones Dons.

De vensters van het koor hebben een geschilderd raam, vervaardigd door VAN CROMBRUGGHE, van Gent; zij stellen voor : *de Boodschap aan Maria, het Bezoek van Maria aan Elizabeth, de Afkondiging van het dogma der Onbevlekte Ontvangenis* en *de Kroning van Maria*. Deze ramen werden aan de kerk geschonken door den baron de Neve in 1865, 1866, 1867 en 1868.

Vóor de trappen des altaars ligt een schoone witte marmeren zerk, met het onderstaande opschrift, onder 't wapenschild :

IN ADVERSIS INCONCUSSUS.

PIÆ MEMORIÆ RR. ADM DD. HUJUS PAROCHIÆ PASTORUM MONUMENTUM HOC SIBI ET SUCCESSORIBUS SUIS EXTRUXIT REV. ADM. DOMINUS JOSEPHUS LUDOVICUS DAALDORP, F^a DOM. CORNELII AMSTELODAMENSIS ET D^ræ DOROTHÆ JACOBÆ DE ROUCK GAND'., HUJUS PAROCHIÆ PASTOR PER ANNOS 22, QUI DIVIXIT DIE 21 MENSIS SEPTEMB. ANNI 1798, ÆTATIS 61 ANNORUM. PRECES ET SUFFRAGIA SINGULORUM PAROCHIANORUM SUORUM ENIXE POSTULANS UT ADVERSIS OMNIBUS SUPERATIS ÆTERNA QUANTOCYUS R. I. P.

Het altaar van den rechten zijbeuk, toegewijd aan de H. Anna, bezit eene schoone oude schilderij, voorstellende *Christus met zijn kruis, Maria en andere personages.* Zij is op hout geschilderd, en maakte waarschijnlijk één tafereel uit met de twee luiken, welke men nog ter zijden des altaars ziet hangen, en waarop is afgebeeld : *de Hemelvaart van Christus* en *de Aanbidding der Herders.* Deze paneelen, van het einde der XVIe eeuw, herinneren aan de school van OTTO VOENIUS. Langs den epistelkant bemerkt men eenen witten marmeren zerk ter gedachtenis van eenen inboorling, de eerw. heer J.-J. Nys, die in den besloten tijd hier als onderpastoor de HH. Sacramenten bediende en als pastoor ten jare 1819 overleed.

Op het linker zijaltaar, dat aan Maria is toegeheiligd, prijkt in 't midden, boven het tabernakel, een allerschoonst modern beeld van O.-L. Vrouw van Lourdes, geschonken door mevrouw de baronnes Victor de Neve, en bezijden de beelden van de *HH. Cecilia* en *Barbara.* Het oude Mariabeeld versiert thans den ingang der sacristij.

Ter rechter zijde van dit altaar bemerkt men eene schoone schilderij : *Christus aan de kolom*, nog zeer frisch van kleur, maar weinig godsdienstigen zin verradende. Ter linker zijde hangt een groot houten medaillon, waar de *Nood Gods* op gebeiteld is.

Nevens het O.-L.-Vrouwaltaar had men vroeger de vontkapel, welke in het jaar 1887, volgens het kerkgebruik, herplaatst is aan den ingang des tempels. In deze nieuwe vontplaats, versierd en gesloten met een schoon ijzeren hek, ziet men boven het houtwerk eenen ouden op hout geschilderden *Christus aan het Kruis*, aan wiens voet geschilderd zijn, van den eenen kant, de portretten des vaders met zes zonen, en van den anderen, der moeder met acht dochters. Daaronder staat te lezen :

VERNIEUWT DOOR DEN EERW. HEER JOANNES RAEM-
DONCK, F^s MICHEL, ENDE BEATRIX VAN PUYVELDE,
ANNO 1781.

En een weinig lager :

TER MEMORIE VAN DEN EERSAMEN GILLIS VAN PUY-
VELDE, F⁵ GILLIS, SCHEPENEN DESER PAROCHIE VAN
WAESMUNSTER ENDE ERFACHTIG SGRAVEMAN VAN DEN
HOVE VAN WAES ENDE HOOFDMAN VANDE GULDE VAN
SINT SEBASTIAEN, OVERLEDEN 4 7ᵇᵉʳ 1661. ENDE DE
EERBARE ANNA BUYENS, FILIA DANIEL, SYNE HUYS-
VROUWE, OVERLEDEN 25 Xᵇᵉʳ 1656. SAMEN GEWONNEN
14 KINDEREN. R. I. P.

Beeldhouwerk is in deze kerk talrijk voorhanden, maar
't is van geringe waarde, ter uitzondering der communiebank,
die van de XVIIᵉ eeuw dagteekent en rijk is aan snijwerk, de
wapens der gevers vertoonende, alsook der twee biechtstoelen
aan den ingang der kerk. De dischbank, rechts bij den
ingang, dagteekent, volgens het er op voorkomend jaarschrift,
van 1747 en heeft een bas-relief, dat de *Uitdeeling van brood*
verbeeldt. — Een daarboven hangend tafereel, *Sᵗᵉ Anna* verbeeldende, welke hare dochter leert lezen, heeft weinig te bedui-
den. — Voortijds was geheel de kerk voorzien van een prachtig
eikenhouten beschot, samengesteld uit paneelen en gedraaide
kolommen. Twee stukken daarvan treft men nog aan ter zijde
van de oude biechtstoelen; zij laten ons toe te oordeelen over de
schoonheid en den rijkdom onzer oude tempels, in elke eeuw
door het geloof en de mildheid der vaderen met kunststukken
opgeluisterd.

De predikstoel dagteekent van 1859 en is een werk van WILLEM
GEEFS, te Brussel, die er de som van 11,550 franken voor ontving,
voor een derde voortkomende van de legaten der jufvrouwen
Ursula van Namen en Amelberga van Hollewinckel. De kunstenaar had beter kunnen leveren : grootendeels in plaaster, zal er
den naam van « kerkwerk » niet aan gegeven worden!

Van de vier biechtstoelen zijn er twee versierd met schoon
snijwerk van de XVIIᵉ eeuw; twee andere verkocht men in het
begin dezer eeuw. Eindelijk het marmeren doksaal is opgericht

in het jaar 1852, dank aan de mildheid van mejonkvrouw Maria-
Joanna-Francisca-Carolina van Doorslaer van ten Rijen, als blijkt
uit het opschrift :

D^ella M. I. F. C. V. D. dono
dedit anno 1849.

Deze edele weldoenster der kerk gaf daarvoor een legaat van
7,000 franken. Twee beelden, 't eene van den *H. Petrus*, 't ander
van den *H.-Joannes*, werden er in geplaatst in 1863.

Aan de muren, tusschen de vensters, bemerkt men vier oude
in steen gehouwen beelden, voorstellende een *Ecce homo*, de
HH. *Rochus, Jozef* en *Ambrosius*.

Wij moeten nog melding maken van de geschilderde ramen,
welke buiten het koor de vensters versieren. Twee van deze, bij
de zijaltaren, geven de afbeelding der heilige patronen van de
familie Vermeulen, en zijn een werk van Bethune van Idewalle;
ongelukkiglijk zijn de gezichten der figuren aan 't verdwijnen...
Op de andere vensters, veertien in getal, door Julius Beernaert
van Gent, zijn *de HH. Harten van Jezus en Maria* en *de twaalf
Apostelen* afgebeeld. De oudste dagteekenen van 1860. Alle
zijn giften van Waasmunstenaren, wier wapen of naamcijfer
al boven te zien is. Tot lof van het kerkbestuur zij gezegd, dat
deze laatste vensters hermaakt zijn met kruisen en moneelen,
in den trant der oorspronkelijke. Konde men dit werk voort-
zetten aan de andere vensters!

Onder de kerkbenoodigdheden vermelden wij : 1° eene schoone
zilveren lamp, te Parijs vervaardigd ten prijze van 2,000 fr.,
geschonken door den heer Edward van Doorslaer van ten Rijen,
van Hamme, die te St.-Jans-Molenbeek overleed den 20 Februari
1863; 2° een allerschoonst ostensorium van de XVIe eeuw, in
zilver verguld; 3° kostelijke ornamenten in 't wit, rood en zwart.

Thans zullen wij de torentrappen opklimmen en eenen
oogslag werpen op de klokken.

Wij hebben gezien dat de beeldstormers de XVIe eeuwsche
bedewekkers roofden en wegvoerden. Na de herstelling van den

godsdienst kwamen andere klokken, waarvan de groote in het jaar 1603 door Pieter van den Gheyn, van Mechelen, werd hergoten ten prijze van 75 pond groote (1).

Tegenwoordig zijn in den toren drie klokken, van welke twee in 1865 gegoten en te danken zijn aan de mildheid van mevrouw Theresia-Louisa van Duerne de Damas, weduwe van Frans-Lodewijk van Doorslaer en van mejonkvrouw Maria-Joanna van Schoore. De groote klok, gegoten in 1865, woog eerst 2,928 kilos en kostte meer dan 10,000 franken. Twee jaren nadien, op Allerzielendag, geborsten, werd zij door denzelfden klokgieter hersteld, tot 3,008 kilos vermeerderd in gewicht, en op 25 Juni 1868 gewijd. De prijs van herstelling, fr. 2,177 24, werd betaald door dezelfde weldoenster, mevrouw van Duerne.

Op deze klok leest men :

VOCOR MARIA THERESIA. DONO DEDIT ECCLESIÆ WAESMUNSTER 1865, PRAENOBILIS DNA THERESIA LUDOVICA VAN DUERNE DE DAMAS, VIDUA PRAENOBILIS DNI FRANCISCI L. J. VAN DOORSLAER DE TEN RYEN.
IN MEMORIA AETERNA ERIT, PS III.
CONSECRATA ANNO DNI 1865.

SUSCEPERUNT : PRAENOBILIS DNIS ANDREAS J. VAN DUERNE DE DAMAS, ET PRAEN. DNA THERESIA L. VAN DUERNE DE DAMAS. F. STANDAERT, PASTORE. ME FUDIT A. L. J. VAN AERSCHODT MAJOR, SUCCESSOR A. L. VAN DEN GHEYN LOVANII.

Men moet verre gaan om eene klok met zulken plechtigen en schoonen toon te hooren.

---

(1) « Jtem dat Jan van Hecke, als schepene ende kerkmeestere, verteert heeft als hij omme de clocke ghinck omme tschepe te doene, ende als doen de clockghieters seyden datter noeyt clocke ghehaelt en wierd ofte zij moesten den wijn hebben, want sij seyden dat qualijck ordeneert was alheer zij de clocke wilden laten volghen, zo dat hij van Hecke daeraf ghegeven heeft ter somme van thien guldens. »   (*Kerkrekening* over 1603.)

De middelbare klok weegt 1,909 kilos (in Gentsch gewicht
4,410 pond) en kostte meer dan 7,000 franken. Zij heeft tot
opschrift :

VOCOR JOSEPH DONATUS. DONO DEDIT ECCLESIAE DE
WAESMUNSTER, DOMICELLA MARIA JOANNA VAN SCHOORE,
QUAE OBIT 5ª MAI 1864. PER ILLAM DEFUNCTUS ADHUC
LOQUITUR. HEB. II, 4.
CONSECRATA ANNO Dⁿⁱ 1865.

SUSCEPERUNT : PRAENOBILIS Dⁿᵘˢ BARO V. P. DE
NEVE, CONSUL DE WAESMUNSTER, ET PRAEN. DNA M. L.
A. VERMEULEN, NAT. BARON. DONS, F. STANDAERT,
PASTORE. A. L. J. VAN AERSCHODT MAJOR, SUCCESSOR
A. L. J. VAN DEN GHEYN, ME FUDIT LOVANII.

De kleine klok geeft te lezen :

PRO COMMUNITATE DE WAESMUNSTER ANNO 1804.
ANDREAS VAN DEN GHEYN ME FUDIT LOVANII.

Zij werd gegeven door de gemeente, in plaats der vorige
klokken, die ten tijde der Fransche omwenteling waren weggenomen; slechts 15 a 1600 ponden gewicht hebbende, is zij te
klein om in akkoord te komen met de andere. Zij dient zeer
goed voor den dienst der week en voor de politie.

Reppen wij nu eenige woorden over de ons bekende oude
kerkgebruiken en -plechtigheden.

De goddelijke dienst werd al vroeg in de kerk van Waasmunster door verzorgd orgelspel en zang opgeluisterd. De orgelist,
tevens schoolmeester des dorps, zong voor zekere diensten in
het koor en leidde eenige jeugdige zangers op om hem daarbij
ter zijde te staan. Voor het zangonderwijs ontving hij op het
einde der XVIe eeuw de som van 10 schellingen groote 's jaars.

Groote plechtigheden, gelijk de processiën, placht men door
vreemde muzikanten aantrekkelijk te maken.

De plechtige godsdienstige stoet op het feest van Maria-Boodschap werd hier ingesteld ten jare 1351, door Philip, bisschop van

Doornik, toen hij hier in de abdij vertoefde; deze stoet, welke aanvankelijk eenen zeer langen weg had af te leggen, gelijk overigens
toen alle processiën, werd in 1496 veel verkort, namelijk door weg-
lating van den *Strooien Molen*, van Eigerloo tot Hoogkameren.
Eene andere verkorting van den ommegang had plaats in 1539,
wanneer de Meerpaal en ter Ecken werden onverlet gelaten;
eindelijk eene derde maal ten jare 1596. Aan het medegaan met
den stoet had de bisschop-insteller geestelijke gunsten verleend.

Omtrent het einde der XVIe eeuw gingen in den omgang schal-
meiers uit Dendermonde mede, alsook busschieters met hun roer,
dat zij bij tijd en wijlen afschoten. Een predikant predikte op
den Vossenberg. Ten jare 1622 gingen twintig musketiers,
« ghewillighe der prochie », in de processie.

Deze ommegang bleef lang zijnen ouden luister behouden, en
niets werd gespaard om de geloovigen in het ronde den dag van
O.-L.-Vrouw-Boodschap naar Waasmunster te lokken. Ziehier
hoe het feest in de *Gazette van Gend*, den 31 Maart 1766, werd
aangekondigd :

« Als dat binnen de prochie van Waesmunster Lande van
Waes, op den 8 April 1766, wesende den feestdag van O. L. V.
Bodschap, des voormiddags naer het eyndigen van den godde-
lycken dienst der Hoog-Misse, zal uitgaen ende vertoont worden
eenen *Ommeganck*, beteekenende de zeven Weën van Maria, als
mede verbeeldende de Passie Christi, gevolgt van eene menigte
van Cavalerie en Infanterie, etc., immers in dezelve orde ende
hoedanigheyd, zoo ende gelyk den zelven ommeganck ten jaere
1755 heeft gegaen, den welken als na gewoonte zyn begin zal
nemen van aen de prochiale kerke voornoemt ende voorts in
order zal gaen tot de kapelle van zeven Weën, staende op het
district genaemt de Heyde, gelegen binnen dezelve prochie van
Waesmunster, alwaer het miraculeus beeld van de H. Maget ende
Moeder Gods Maria is berustende, ten eynde van welke om te
vermeerderen de devotie tot dezelve mildaedelyk is gejont vollen
aflaet aen alle degone, eerst gebiegt ende gecommuniceert zynde,
zullen gaen den ommeganck ofte kruiswege, alsmede bezoeken
dezelve kapelle, om aldaer hunne gebeden met devotie te
verigten. »

Deze ommegang, in het jaar 1874 hersteld als openbare

boetprocessie, wordt gedaan door eene ontelbare menigte bedevaarders, die komen toegevloeid uit de omliggende parochiën.

In de XVI° eeuw was het hier gewoonte, te Kerstnacht de
kerk met stroo te beleggen; een ingezetene had daarvoor zelfs
eene rent gevestigd.

Van overoude tijden werd er den tweeden kermisdag in de
kerk ter eere van den H. Rochus eene plechtige mis gezongen,
welke niet alleen door al de parochianen, maar insgelijks door
vele vreemdelingen werd bijgewoond. Deze mis geschiedt nu in
de Heikapel, op een half uur van 't dorp gelegen.

Twee kapelnijen, sedert langen tijd in de parochiekerk
bestaande, werden door den bisschop Triest den 5 Augustus 1633
met de pastoreele bediening vereenigd.

Onder de vanouds in deze kerk opgerichte broederschappen
vermelden wij :

de broederschap van St. Sebastiaan, ook een schuttersgilde,
reeds bestaande in het begin der XVII° eeuw. Een oud op hout
geschilderd blazoen dezer vereeniging, thans in de sacristij
bewaard, hing vroeger in de kerk. Men ziet er de afbeelding
van den marteldood des heiligen, die, aan eenen boom gebonden,
van beide kanten door eenen schutter getroffen wordt; boven in
den boom prijkt het wapen van het gilde : vier kleine gouden
kruisen tusschen de armen van het groot kruis, op eenen rooden
grond. Daaronder staat : WAASMUNSTER, 1613;

de aartsbroederschap van den H. Rozenkrans, ingesteld ten
jare 1632;

de broederschap van den Zoeten Naam Jezus, opgericht
volgens brieven van 25 April 1718;

de broederschap van het H. Sacrament, bestaande in de
XV° eeuw, heringesteld den 19 Maart 1719; opgehouden in
1829 en heringericht den 19 December 1888;

de broederschap van O. L. Vrouw, dagteekenende van 1765
en te onderscheiden van het oude *O.-L.-Vrouwgilde*, reeds
bestaande in de XV° eeuw;

Eene broederschap ter eere van St. Christoffel bestond in deze kerk ten jare 1477.

De kerk van Waasmunster dient, sedert eeuwen, tot rust-plaats van een aanzienlijk getal edele mannen en vrouwen, die gedurende hun leven eenen hoogen rang in de samenleving bekleedden. In den vloer der kerk zijn nog vele grafzerken, gelijk men er een groot getal wapenblazoenen aantreft; vóór den voorgevel liggen andere zerken, waar geene namen meer op te lezen zijn, hoezeer de personen, voor wie zij eens bestemd werden, mogen geschitterd hebben door geboorte, verdiensten, deugden en goede werken. Het mag betreurd worden dat men vroeger niet meer eerbied betoonde voor die getuigen van het verledene, die ongetwijfeld ook de namen herinnerden van menig doorluchtig geslacht uit het Land van Waas. Wij achten ons evenwel gelukkig, een zeker getal van die grafschriften, nog heden te lezen, of door ons in oude handschriften opge-spoord (1), aan de vergetelheid te kunnen ontrukken.

In den rechter pijler vóór het hooge koor, op eenen witten steen, leest men :

D. O. M. Ossa et cineres D^{ellæ} Annæ Christinæ de Wavrans, devotæ f^æ Domini Henrici toparchæ de Liswalle etc. obiit 2 9^{bris} 1755, ætatis 71.
Requiescat in pace.

Op eenen steen in den pijler rechts :

Ossa et cineres Dⁱ Jacobi fⁱ Dⁱ ac M^{ri} Petri de Wavrans ex D^{la} Petronilla Hooft, obiit 5 Martii 1727, ætatis 82, et conjugis D^{læ} Annæ Franciscæ f^æ Dⁱ Francisci Cocquyt, ex D^{la} Elizabetha Hauweel d'Aveschoot, obiit 8 Januarii 1722, ætatis 83. Parentum Rⁱ Dⁱ Jacobi Norberti de Wavrans, hujus parochiæ 43 an. pastoris bis nom. can. obiit 26 Jan. 1761; æt. 73. R. I. P.

---

(1) Voornamelijk uit den bundel grafschriften, genummerd 1,822, deel makende van de Koninkl. Bibliotheek (verzameling van Goethals.)

In de O.-L.-Vrouwkapel, nevens het geschilderd raam, staat aan den muur een witte zerk met wapen en het onderstaande opschrift :

D. O. M. D^{nus} EDUARDUS JOANNES ANTONIUS VAN DOORSLAER, GENERE NOBILIS, FILIUS PRIMO GENITUS Dⁿⁱ JOANNES FRANCISCI, BRABANTIÆ CONSILII SENATORIS, HEREDITARII SCULTETA DE WAESMUNSTER ET ELVERSELE, TOPARCHA DE TEN RYEN, DE PONTRAVE ETC. AC LECTISSIMA CONJUGIS D^{na} E. M. C. LONCK.

ET MEMORIA : D^{orum} FRANCISCII LUDOVICUS JOANNIS CUM D^{na} T. L. VAN DUERNE DE DAMAS CONJUGE, NEC NON JOANNIS FRANCISCI ANTONII PRÆFATI EDUARDI FRATRUM. SIBI, SUISQUE GRATUS POSUIT ANNO DOMINI MDCCCXLVII PRÆCARE VIATOR.

Langs den anderen kant der vensters leest men op eenen zwartkleurigen marmeren steen, omringd met de wapens der familie, in een plaasteren medaillon :

D. O. M. ET PIIS MANIBUS CONSULTISSIMI DOMINI PHILIPPI D'HANINS, J. U. L., QUONDAM TERRITORII WASIENSIS SUMMI SENATORIS, DEINDE EJUSDEM SENATUI A CONSILIUS, MATREM HABUIT CLARAM VAN ROYEN, UXOREM ADRIANAM FRANCISCAM DE PICKERE, OBIIT HAC 22 7^{bris} 1704; ILLE DUAS EX EADEM RELINQUENS FILIAS, QUARUM UNA MARIA NUPSIT D° SEBASTIANO GUILLELMO D'HANE, SCUTIFERO TOPARCHÆ DE BOTTELE, BERSÉ, ETC. ETC. ALTERA ANGELINA THERESIA D° CHRISTIANO JOANNI PHILIPPO DE NEVE, SCUTIFERO TOPARCHÆ DE RODE, DULLAERT, ETC.

VIVENTIBUS, LECTOR, PROSPERITATEM MENTIS ET CORPORIS APPRECARE, MORTUIS ANIMÆ SALUTEM, UT QUI THORO ET TUMULO CONJUNCTI FUERUNT COELESTI SIMUL. REQUIESCANT IN PACE. AMEN.

ANNIVERSARIUM PERPETUAM CUM DISTRIBUTIONE PANIS ET CARNIS HIC FUNDARUNT.

Langs de beide kanten des altaars bemerkt men de zerken ter gedachtenis van de overleden pastoors De Temmerman en Standaert. — Deze O.-L.-Vrouwkapel is toegewijd aan de aartsbroederschap van den H. Rozenkrans, welker diploom van oprichting, onderteekend door den paus Urbanus VIII, ten jare 1652, daar aan den muur hangt.

Op eenen witten steen, tegen den muur, bij 't altaar van O. L. Vrouw, ligt een steen met de volgende woorden :

HIER LICHT BEGRAVEN PHELIPS VAN STEELANT, Fⁿ JANS, IN ZIJNEN LEVENE WATERGRAVE VAN VLAEN- DEREN, DIE OVERLEET DEN XVII VAN DECEMBRE XVᵒ XL. ENDE JONCVRAUWE MARGRIETE VAN DEN EEDE, ZIJNE GHESELNEDE, DIE OVERLEET OP DEN KERS- DACH XVᵒ LVI.

ICK WEET DAT MIJN VERLOSSER LEEFT, EN DAT ICK TEN UUTERSTEN DACH UUT DER AERDEN SAL VERRIJSEN EN SAL WEDEROM MET MIJN VEL OMVAEN WORDEN EN SAL IN MIJN VLEES GODT SIEN. JOB, XIX.

De machtige familie van Steelant was langen tijd zeer talrijk te Waasmunster. Van haar zijn nog verscheidene grafschriften mede te deelen.

HIER ONDER LIGGEN BEGRAVEN Jʳ PAUWELS VAN STEE- LANT, SONE VAN PHILIPS, IN SIJNEN LEVENE HEERE VAN ASSELT, MOERENBROECK ENDE TER ELST, OUDSTE HOOFT- SCHEPENE VANDEN LANDE VAN WAES, OVERLEDEN DEN 14 VAN SEPT. INT JAER ONS HEEREN 1624, OUDT SYNDE 74 JAEREN. ENDE JOᵉ JACQUELIJNE, Fᵃ JOʳ PHᵉ DE COURTEWILLE, SYNE HUYSVROUWE, OUDT 58 JAEREN, OVERLEDEN DEN 26 VAN SEPT. 1637, IN HUWELYCK GEWEEST HEBBENDE DEN TYT VAN 25 JAEREN, ENDE HEBBEN TSAMEN GHEPROCREERT EENEN SONE ENDE ACHT DOCHTERS.

Vóór het altaar in de Sᵗᵉ-Annakapel lag weleer een schoone

zerk met koperen wapenschilden, waar tusschen het grafschrift was te lezen :

> HIER LIGHT BEGRAVEN EDELE ENDE WEERDE SERVAES VAN STEELANT, Fᵃ JANS, IN SIJNEN LEVENE HEERE VAN WISSEKERCKE, ERFACHTIGH ONTFANGHER ENDE HOOFT-SCEPENE VAN DEN LANDE VAN WAES, DE WELCKE, OUT SIJNDE LXXI JAEREN, OVERLEET DEN 3 SEPTEMBRIS XVᵒ LI. ENDE JONCVR. AMELBERGHE VOLCKERIX, Fᵃ JACOBS, SIJNE WETTELIJCKE GHESELNEDE, DIE STARF DEN 28 NOVEMBRIS ANNO XVᶜ XXXIX. BIDT VOOR DE ZIELEN.

Nog vóor het altaar van Sᵗᵉ-Anna :

> HIC JACET HONESTUS VIR JOANNIS DE STEELANT, FILIUS JOANNIS DE STEELANT, ET DOMICELLÆ MARIA VAN DE WALLE, QUI OBIJT 7 MARTIJ XIVᵒ LXXXIV. ET DOMI-CELLA CATHARINA NEEFS, EJUS UXOR, QUAE OBIIT 8 JANUARIJ XVᵒ XXXI.

—

> GODT TER EEREN ENDE TER MEMORIEN VAN DEN WEL EDELEN HEER CHARLES VAN STEELANT, HEERE VAN HOIRSELE, RAEDT sCONINCX, HOOFTSCHEPENE sLANTS VAN WAES, STARF DEN 21 MEY M. D. C. XXIIII. ENDE VRAUWE CATHERINA VAN CAESTRE, MHER JANS DOCHTER, SIJNE HUISVROUWE, STARF DEN 4 DECEMBRE M. D. C. XXIII. ENDE VAN JOᵉ SERVAES, Fᵃ MAERCK, SIJN VADER, STARF DEN 19 AUGUSTUS 1612. ENDE VRAUW CLARA DE HERTOGHE, DEN 1 FEBR. 1656. BIDT VOOR DE SIELEN.

—

> HIER LICHT BEGRAVEN MARCK VAN STEELANT, Fᵃ SER-VAES, IN SIJN LEVEN HOOFTSCHEPENE VAN DEN LANDE VAN WAES, DIE OVERLEET DEN XV AUGUSTI M. D. LXIX. ENDE JONCVR. MARGUERIETE VAN ROYEN, Fᵃ ROELANTS, SYNE GHESELNEDE, DIE OVERLEET DEN ..... MEY XVᵒ LXXV.

Aan eenen pilaar in het Ste-Annakoor las men eertijds :

D. O. M. TER MEMORIE VAN DON ROCQUE NEGRET-
TENO VAN S. DOMI^{co}, AUDT 58 JAEREN ENDE 42 IN
DIENST VAN SYNE MAJESTEYT CATHOLICQUE ALS CAPITEYN
SERGENT MAJOR, GOUVERNEUR VANDE HAVE VAN GREVE-
LINGEN, IN WELCK BELEGH IS DOOT GHESCHOTEN DEN
25 JULY 1643, BEGRAVEN TOT DE PATRES RECOLLECTEN,
GHETROUWT HEBBENDE JO^e ANNA LUCRETIA DE NEVE,
F^a JO^r PIETERS, STERFT DEN 4 OCTOBRE 1647, ACHTER-
LAETENDE 3 SONEN ENDE 2 DOCHTEREN. HEERE ONT-
FERMT HUNNE SIELEN.

—

SEPULTURE VAN J^r CHARLES DE HERTOGHE, F^s JO^r
FRANCOIS, IN SIJN LEVEN HEERE VAN PADDESCHOOT,
BELLEGHEM ETC., OUDE HOOGSCHEPENE VAN 'T LANDT
VAN WAES, DIE OVERLEET DEN 23 FEBRUARII 1620.
ENDE VROUWE GEERTRUYT ROELANTS, SIJNE GHESEL-
LENEDE, DIE OVERLEET DEN..... BIDT VOOR DE SIELEN.

Onder het venster in Ste-Annakoor was een gedenkteeken
versierd met acht kwartieren en het volgende schrift :

MHER CHARLES HANNAERT, BAENDERHEERE VAN LIEDE-
KERCKE, DENDERLEEUW, BURGGRAVE VAN BRUSSEL ENDE
VAN LOMBEKE, HEERE VAN MAELSTÊ, CAPELLE, VLACK,
SCHORE, SOMBEKE, YDEVOORDE ENDE VAN NYLE, ERF-
ACHTIGH SCHOUT VAN ASSENEDE AMBACHT, VAN LOKEREN,
DACKENAM, WAESMUNSTER ENDE VAN ELVERSELE..... INT
JAER ONS HEEREN M. D. XXI. ENDE VROUW MARIE
SCHYFF, SYNE HUYSVROUW.

In de kapel van St.-Sebastiaan, welke niet meer bestaat, lag
vroeger een steen met het onderstaande grafschrift :

SEPULTURE VAN JONCHEER PIETER DE NEVE, F^s JONCHEER
JOOS, AUT 45 JAEREN, OVERLEDEN DEN 29 MEERTE 1620,
FONDATEUR ENDE EERSTEN HOOFTMAN VAN HET VRY GULDE

VAN St Sebastiaen in Waesmunster, ghetraut hebbende jo° Barbara de Stroopere, overleden den
1 Novembris 1630. Bidt voor de sielen.

Op den muur derzelfde kapel werd door het St.-Sebastiaans-
gilde een gedenkteeken geschilderd, waar, onder het wapen der
familie de Neve, op te lezen was :

Ter meerder eer van Godt, Maria sijne moeder,
En St. Sebastiaen, onsen patroon en behoeder,
Is 't gulde van den handtboogh alhier opgeresen.
Ons souvereyne princen, hun hoogheden gepresen,
Albertus en Isabelle, hebben tselve voorwaer
Ryckelyck begift met previlegien klaer.
Jr Pieter de Neve : Voorde, Voorde gheseyt,
Heeft dit memoriael voor de liefhebbers bereyt,
Eersten hoofdman by den prince daertoe voorsien
In 't jaer ons heeren als men schreef XVI° derthien.

Dit gedenkstuk werd met kalk overstreken, en is, naar alle
waarschijnlijkheid, onder de dikke witsellagen, waarmede de
kerkmuren beklad zijn, nog verborgen. Het ware te wenschen
dat die herinnering aan eenen weldoener van Waasmunster
mocht weder aan het licht gebracht worden : misschien zou
slechts eene geringe herstelling noodig zijn.

—

Ter eeren Godts ende memorie van jr Gillis
Dansaert, fs Jr Jacob, heere van ter Elst, hooftschepene van den Lande van Waes, out 48 jaeren,
sterft den 10 December 1650, getrauwt met joncvr.
Margerite van Steelant, fa jr Pauli, sterft den
22 Augusti 1659, lieten tsaemen achter 3 sonen
ende 2 dochters. Requiescant in pace.

Een ander groot en schoon, met engelen versierd denkmaal,
had tot opschrift :

D. O. M. Cy devant gist noble homme messire
Pierre Sixte de Neve, dit Nepotian, a Voorde, che-

VALLIER, SEIG^r DE RODE, BRAINART, DULLART, PEPER-
STRAETE ETC., HAUT-ESCHEVIN DU PAYS DE WAES,
LAQUELLE CHARGE A L'IMITATION DE SES ANCHESTRES,
GRAND BALLIEUX ET HAUTESCHEVINS, IL A DESERVY FORT
HONORABLEMENT ET FIDELEMENT, ESTANT UN DES 4 QUI,
POUR MONSTRER LEUR ZÈLE ET FIDÉLITÉ A SA MAJESTE
CATOLIQUE LE ROY CHARLES 2, PENDANT LA PRISE DE
GAND PAR LE ROY TRÈS CHRESTIEN LOYS XIV, L'AN
1678, ONT ABANDONNÉ TOUT LEUR BIEN ET... SE RETI-
RÈRENT A ANVERS, IL MOURUT LE... 1687, AGÉ DE
59 ANS. ET LA NOBLE DAME MARGERIT AGNÈS D'OOSTER-
LINCK, SA CHÈRE MOITIÉ, LAQUELLE MOURUT.....

PASSANT, PRIEZ POUR LEURS AMES, AFIN QUE DIEU
LEUR FASSE MISÉRICORDE. CE SONT LEURS PRIÈRES.

—

D. O. M. NOBILI DOMICELLÆ BARBARÆ D'OOSTER-
LINCK, DOMINI JOANNES ARCHI-SCABINI WASIÆ, et MARIÆ
SURMONT FILIÆ, OBIIT 28 7^{bris} ANNO 1722, AGENS ANN.
ÆTATIS 86. R. I. P.

PRÆNOBILIS FAMILIÆ D'OOSTERLINCK ET DE NEVE
HÆREDES. M. H. P. C.

Bij het altaar van den H. Naam Jezus, op een tafereel met *de
Bekeering van St. Paulus* en twee wapenblazoenen, leest men :

SEPULTURE OMME D'HEER ADRIAEN JAN ZEGHERS,
SCHEPENEN ENDE GREFFIER VAN WAESMUNSTER ENDE
HELVERSELE DEN TYT VAN LIIII JAEREN, ENDE PRINCE
VAN TGULDE VANDEN HOOGHWEERDIGHEN NAEM JESU,
OVERLEDEN DEN VI FEBRUARI M. VI^c XLI. ENDE
JONCVR. CLARA DE CLERCQ, F^a D'HEER PAULUS, SYNE
HUYSVROUWE, OVERLEDEN, DEN 4 MAERTE 1648.
BIDT VOOR DE ZIELEN.

Op een rouwtafereel, versierd met zestien wapenblazoenen :

D. O. M. ET MEMORIÆ NOBILIS Dⁿⁱ JUDOCI DE NEVE,
JOANNIS FILII EX ANTIQUE FAMILIA ET OPTIMIS PARENTIBUS

NATI, DUM SUO CONSILIO PRINCIPEM PARMÆ 24 8^bris 1585
EX EEKLOO PER RIMAM DUXERAT IN WASIAM RESTAURA-
TA FIDE CATHOLICA IN TUMULO SUO PAROCHIÆ S^i PAULI
GRADU PRÆTORIS WASIÆ DECESSIT 15 7^bris 1584,
ÆTATIS 52. ¡ET NOB. D. MARIÆ SANDERS, GASPARIS
FILIÆ IPSIUS CONJUGIS CARISSIMÆ QUOE OBIIT 14 OCTOBRIS
1602.

NUPTISUNT 1582 ET RELINQUERUNT INTER ALIOS
PETRUM N. D. CORNELIUS JUSTINUS DE NEVE, PETRI
FILIUS JUDOCI NEPOS HOC POSUIT ÆTATIS SUÆ 58, OBIIT
17 MARTII 1658. ET DOMINA CATHARINA COURTEN, SUA
AMANTISSIMA UXOR QUÆ OBIIT ULTIMA MARTII 1663,
ÆTATIS... ET RELINQUERUNT PETRUM, CORNELIUM,
PHILIPPUM ET ANNAM.

Als godsdienstige stichting zij hier ook melding gemaakt van
de *Zondagschool* voor behoeftige kinderen, opgericht in 1855
door den pastoor Dansaert. Dezelfde ijvervolle herder opende
ook een *Werkhuis voor meisjes*, en legde in 1840 de grondslagen
van het gebouw des *Hospitaals voor arme ouderlingen*, dat hier
ten jare 1851 tot stand kwam.

Pastoors van Waasmunster.

Daniël	1217
Wouter, en Pieter	1297
Jan van den Vivere	1458
Hendrik de Kempenare, vóór	1558
Bartholomeus Calin	1571
Jan Roose	1586
Bernaard Hotsenius	1604
Bonifaas Philens	1626
Pieter Durinck	1633
Jacob Moens	1643
Hendrik Cardock	1668
Paschaas de Cuyper	1678
Gregoor van Daele	1684
Pieter-Frans Zannequin	1702
Jacob-Norbert de Wavrans	1717
Jan-Pieter Leclerc	1761
Jozef-Lodewijk Daeldorp	1776
Jan-Jozef Nys	1798
Bernaard-Jozef de Temmerman	1820
Jan-Jozef Dansaert	1834
Vincent Dalschaert	1841
Lodewijk Pulinx	1846
Ferdinand Standaert	1856
Pieter-Frans de Mey	1886

Hulpkerken en kapellen te Waasmunster.

De Ruiterskerk. — Op de heirbaan van Gent naar Antwerpen, in de wijk Ruiter (zóo geheeten naar de herberg *de Zwarte Ruiter*), verbleef, een twintigtal jaren geleden, eene bevolking die, verre van eene kerk verwijderd (sommige, bij Daknam, ongeveer zeven kwartuurs), gansch niet ijverig tot het volbrengen der christelijke plichten, in zeden en geaardheid afweek van den voorvaderlijken geest en vroeg of laat weinig eer aan Waasmunster zou hebben gegeven. De oprichting eener kerk aldaar, en de vestiging van eenen priester, bracht in het gemoed der bevolking eenen heilzamen ommekeer te weeg; met betere waarneming van den godsdienstigen plicht kwam er verzachting van zeden, meerdere beschaafdheid van taal en handeling, volkomene overeenstemming met de overige Waasmunstenaren. De heer Ad. Rubbens, destijds onderpastoor in de parochie, bekwam zijne aanstelling als proost op de Ruiter, waar hij in eene houten kerk den goddelijken dienst verrichtte van 1 November 1876 tot 1880.

De nieuwe kerk, gebouwd naar het plan van Arthur Verhaegen, in Gothischen trant der XIII⁰ eeuw, werd geopend den tweeden zondag van den Vasten in 1880, nadat zij twee dagen te voren door den zeer eerw. heer Brys, pastoor-deken van Lokeren, was gewijd geweest.

De proost werd tot pastoor benoemd den eersten vrijdag van Maart 1886; de eerw. heer Rubbens bedient ze nog en oefent thans zijn geestelijk gezag uit over 1,200 zielen.

Gelijk te denken is, bezit de nieuwe tempel nog geene kunstvoorwerpen van belang; geen twijfel nochtans of de godsvrucht der parochianen zal daarin, vroeg of laat, voorzien, en voor eene versiering zorgen, waardig van het schoone gebouw, waar Verhaegen deze parochie mede verrijkt heeft.

KAPEL VAN ST.-ROCHUS, TE SOMBEKE(1). — De oprichting van deze bidplaats is te danken aan Jacob Leauryns, baljuw der heerlijkheid van Sombeke, een zeer godvreezend man. De voornaamste ingezetenen van de wijk hebbende saamgeroepen, stelde hij hun voor aldaar eene kapel te bouwen ter eere der HH. Rochus, Jozef en Huibrecht, wat door de buren zonder tegenspraak werd aangenomen. Men koos daartoe den *Meulenberg*, nevens de straat, toebehoorende aan Alexandrina van Gaver, vrouwe van Sombeke, die den grond afstond(2), waarna onmiddellijk de hoogte afgevoerd en de verdere werken begonnen werden. De kapel zou eene lengte van 23 voet en eene breedte van 13 voet hebben. Men bouwde ze gedeeltelijk met de steenen, voortkomende van de grondvesting eener woning, die aan Alexandrina van Gaver toebehoord en gestaan had op de mote van Sombeke, gedeeltelijk met de steenen geschonken door Jan Heynderickx, die bovendien eene som gaf van 8 pond groote. Waasmunster verleende eenen onderstand ten bedrage van 37 pond, en de overige kosten konden door giften van andere ingezetenen worden gedekt. Het hout voor het dak en

---

(1) Volgens een hs. getiteld : *Het Beginsel ende vervoorderinghe vander capelle van Sombeke, toegheëyghent aen mynheere Hieronimo de Maeyer, heere van Sombeke, door heer* NICOLAUS DE FLOUWIJN, *capellaen van Sombeke.* 1651-1675, kl. 4°, 134 bladen.

(2) « Wy, Alexandrine de Gavre, gravinne douaigiere van Boussu, etc. doen te weten dat wy ter meerder eere Godts ende der heylighe kercke, mitsgaders tot behoeve ende gebruycke van onse supposten de insetenen van onse heerlyckheyt van Sombeke, hebben by pure gifte voor nu ende ten eeuwigen daghe gegeven, gelyck wy geven midts dese, seker plaetse geleghen binnen onse voors. heerlyckheyt, genaemt den *Meulenberch*, groot ontrent LXXV roeden, oostwaerts de hoirs Lauwereys Volckerick, suyt aen 's Heeren straete, west ende noort d'hoirs Jacobs Eeman, omme de selve plaetse te betimmeren met eene capelle ende rontsomme te beplanten met boomen tot prouffyte van deselve cappelle, gelyck onse voors. supposten sullen noodich oft geraetsaem vinden. Jn teecken der waerheyt hebben wy dese onderteeckent ende met ons cachet van wapenen bevesticht op onsen huyse ende casteele van Liedekercke, den VIII^{en} February XVIe achten twintich. »

(*Was geteekend :*) ALEXANDRINA DE GAVRE.

(*Voormeld Hs.*, bl. 8^v.)

de ingangdeur was mede een geschenk van de vrouwe van Sombeke en van Jacob Laureyns, welke laatste in 1631 rond de kapel achttien jonge eiken deed planten.

De eerste mis kon in de bidplaats worden gezongen den 3 Mei 1634, door Bernard Hotsenius, pastoor van St.-Nicolaas en deken des Land van Waas. Dien dag werd ook het klokje gewijd en gedoopt met den naam van St. Rochus. Op verzoek der Sombekenaren, door de geestelijke overheid ondersteund, verleende de paus Urbanus VIII den 21 Juni 1636 oorlof om in de kapel op zon- en heiligdagen misse te lezen.

De eerste bedienaar des altaars, of kapelaan, was Willebrord Comyns, wien de gemeente eene jaarlijksche vergoeding van 20 pond groote verleende.

Albert, graaf van Boussu, baanderheer van Liedekerke en burchtgraaf van Lombeke, zijne moeder in mildheid willende evenaren, gaf, « tot fondatie van eene sondaechsche ende hey-lichdaegsche misse », een gedeelte der straat nevens de kapel, lang 55 roeden, breed 3 roeden, met eenen inslag ter lengte van 8 roeden. Deze goede voorbeelden bleven niet zonder gevolg : verscheidene vrome ingezetenen traden op als begiftigers der bidplaats, tot onderhoud der kapelrij.

Den 20 September 1631 kon de helft eener hofstede worden gekocht om tot woning te dienen van den kapelaan; de andere helft werd verkregen in 1633. Met deze woning ging eene partij land gepaard ter grootte van 1,600 roeden. Het was voorwaar geen prachtig verblijf, maar voor een begin vrij voldoende, te meer, daar de middelen nog ontoereikend waren om een behoorlijk bestaan aan den dienstdoenden priester te verzekeren. Daarom nam deze vooreerst zijnen intrek ten huize van Jacob Laureyns.

Daar de kapelaan was aangenomen geweest met last om de jeugd der wijk en van het omliggende te onderwijzen, werd op gemeld hof, met onderstand van de naburige gemeenten, eene school gebouwd.

Na vijftien maanden verblijf vertrok Willebrord Comyns naar Wachtebeke en werd te Sombeke als kapelaan opgevolgd door Nicolaas de Flouwyn, met eene jaarwedde van 25 pond groote, of 5 pond meer dan zijn voorganger. Hij schonk de kapel vijf kazuifels, drie alben, zilveren ampullen, zilververgulde kelken en andere altaarbenoodigheden, benevens een in hout gesneden Lieve-Vrouwebeeld.

Tot vermeerdering van het karig inkomen der bidplaats verkocht men er aan de bedevaarders een in 1635 te Luik gedrukt boekje, inhoudende het leven van den H. Rochus, door pater Matthias Pauli, prior der Augustijnen te Maastricht(1).

Was de kapel van Sombeke niet rijk, zij bezat toch eenige kunststukken van waarde, haar geschonken door de heeren van Sombeke. Een geschilderd glasraam vertoonde het wapen van Albert, graaf van Boussu, met een rondeel, voorstellende *St. Rochus*, en waarop de *H. Familie* voorkwam; op een ander was het beeld van *St. Huibrecht*. Later werden deze geschilderde glazen overgebracht naar het huis van den kapelaan, hetwelk deze in het jaar 1640 ging bewonen.

Hieronymus de Maeyer, heer van Sombeke, bouwde eene nieuwe kapel, merkelijk grooter dan de eerste, als hebbende eene lengte van 75 en eene breedte van 28 voet. Hij voorzag in de helft der kosten, de wederhelft gevonden wordende in vrijwillige giften. Dezelfde weldoener bezette eene rent van 100 gulden 's jaars, tot meerder onderhoud des priesters, mits verplichting van twee missen in de week te lezen ter nagedachtenis van de ouders des begiftigers, en voor zijne eigene zielerust, nadat hij de wereld zou hebben verlaten. Eene andere voorwaarde was dat hem en zijne nakomelingen de benoeming des kapelaans, vroeger aan den baljuw en de schepenen van Sombeke, zou worden overgelaten.

---

(1) Dit boekje werd naderhand herdrukt en vermeerderd met de levens-schets van de HH. Jozef en Huibrecht.

De eerste steen der nieuwe bidplaats werd geleid den 3 Mei 1642, door den oudsten zoon des heeren van Sombeke, Cornelis de Maeyer. Voltrokken in 1643, kwam Antonius Triest, bisschop van Gent, haar wijden den 3 Mei van gezegd jaar. De Sombekenaren voorzagen het torentje met eene kleine klok van 254 pond gewicht, te Temsche gegoten door Nicolaas Chaboteau, met het volgende opschrift :

St. Rochus is mynen naem,
Voor Godts faem
In Sombeeck bequaem.

Het wijdingsfeest was bijzonder plechtig. Behalve de Gentsche kerkvoogd waren er aanwezig, uitgenoodigd door den heer van Sombeke : Gaspard Remius, bisschop van Antwerpen, de aartspriester van het kapittel der O.-L.-Vrouwekerk aldaar, de aartsdiaken en verscheidene leden der heeren-familie. Te dezer gelegenheid begiftigde de heer van Sombeke de kapel zijner heerlijkheid met vier groote koperen kandelaars; de broeder zijner echtgenoote schonk een blauw zijden altaarkleed, hare zuster een blauw zijden damasten kazuifel. Weinig tijds nadien gaf de heer van Sombeke eene groote altaarschilderij, vervaardigd door Van Herp, dertien voet hoog en negen breed, en kostende ongeveer 30 pond groote.

In de maand Augustus 1646 was de kapel bedreigd met roof en plundering. De prins van Oranje, in het Land van Waas gevallen met omtrent 6,000 Fransche krijgers, die gansch de streek verwoestten, kwam met eenen troep naar Sombeke, begeerig om de kostbaarheden, welke hij vermoedde in de kapel bewaard te worden, buit te nemen. Gelukkiglijk had de kapelaan, bij het vernemen dat de vijand naar Sombeke in aantocht was, al de voorwerpen van waarde met der haast ingepakt en was er mede naar Antwerpen gevlucht. De soldaten begonnen op de kapeldeur te kappen, maar dewijl zij te lang weerstand bood, naar hunne goesting, schoot een hunner eenen kogel door het slot. Door de opening ziende dat de bidplaats ijdel was, trokken de mannen onverrichterzake en zonder buit af.

Sombeke-kapel kreeg eenen omgang, welke voor de eerste maal plaats had den 3 Mei 1649. Den 27 Maart van hetzelfde jaar was, volgens brieven van den paus Innocent X, eene broederschap albier ingericht ter eere van St. Rochus.

Het altaar, verrijkt met snijwerk en met eene kopie van RUBENS' tafereel : *St. Rochus, de pestzieken genezende*, dagteekent van 1651, wanneer ook het doksaal werd gemaakt.

Door de zorgen van den kapelaan de Flouwyn werd hier op 3 Mei 1651, krachtens eene bulle van genoemden paus, verleend in 1649, eene broederschap gesticht ter eere van den patroon der bidplaats. Eene tweede vereeniging van dien aard kwam tot stand in de XVIIIe eeuw ter vereering van de H. Apollonia, waarvan onder andere getuigt een te Dendermonde bij J. Ducaju gedrukt boekje, getiteld : *Het devoot Broederschap van de H. Maegd ende Martelaeresse Apollonia, patroonesse tegen de tandpijn, verheven in de Capelle van de Heerlykheyd van Sombeke in de prochie van Waesmunster, Lande van Waes*.

Men treft in de kapel eenige grafzerken met opschrift aan.

In het koor :

D. O. M. MONUMENTUM FAMILIAE PRAENOBILIS DOMINÉ JACOBI LAUREYNS, TOPARCHÆ DE SOMBEKE, HAUDENHOVE ETC., OBIJT 1^a OCTOBRIS 1726, ET UXORIS SUAE DOMINAE THERESIAE VAN DE PERRE, OBIJT 9 NOVEMBRIS 1704.

Aan de zijde des epistels ligt een blauwe zerk, versierd met wapens in witten steen gebeiteld :

MONUMENTUM NOBILIS Dⁿⁱ D. BARTHOLOMAEI DE CRAEYWINCKEL, DUM VIVERIT TOPARCHÆ DE SOMBEECK, LANDEGHEM ET BOYEGHEM, CONSORTEM HABUIT D^{nam} CATHARINAM ISABELLAM DE MAEYER, OBIJT XXI NOVEMBRIS M. D. CC. V.

Aan den kant des evangelies :

OSTIUM MONUMENTI FAMILIAE DE MAEYERE, TOPARCHAE DE SOMBEKE, HOLLAECKEN, TER BURCHT, ETC. QUAM SACELLUM HOC ERECTRICEM FUNDATRICEM ET BENEFAC-TRICEM AGNOSCIT. R. I. P.

Andere steenen herinneren aan Nicolaas de Flouwyn, eersten kapelaan, Theodoor Aelbrecht, tweeden kapelaan, Jan van Moortele, proost der kapel enz.

Dank aan de zorgen en de mildheid der familie de Brabander, vooral van den zeer eerw. heer kanunnik Lod. de Brabander, werd de kapel van Sombeke, naar de plans van den bouw-meester MODEST DE NOYETTE, van Ledeberg, onlangs aanmerkelijk vergroot en bij koninklijk besluit van 19 Februari 1888 tot succursale verheven, zoodat de wijk Sombeke thans eene afzonderlijke parochie uitmaakt.

Kapelanen en Proosten van Sombeke.

Willebrord Comyns	1634
Nicolaas de Flouwyn	1636
Theodoor Aelbrecht	1682
Jan van Moortele	1709
P.-P.-J. Syen	1737
Joost-Jan van Bogaert	1771
G.-P. Melis	1792
C.-A. van Schooten	1803
Adriaan Verstegen	1808
C. Goethals	1809
P.-J. Daems	1820
Th. Messiaen	1836
P.-F. Staes	1850
A. van der Vennet	1863
Leop. Verstraeten	1868
A. de Dryver	1881

HEIKAPEL. — Aan den Ouden Heirweg, op twee kilometers afstands ten noordoosten van de dorpskerk, verheft zich de bidplaats, die aan hare ligging — tusschen de Heidestraat en de Ommegangdreef — den naam van Heikapel heeft bekomen.

Het is niet gekend op welk tijdstip zij werd opgericht, maar sommige deelen van het gebouw schijnen heen te wijzen naar het einde der XV* eeuw. Zij is in tweemaal gemaakt; het vroegste deel, in grooten Aalsterschen groefsteen, zal tot koor gebruikt zijn wanneer het voorste gedeelte er bijgevoegd was, en werd in het begin der XVIII* eeuw vervangen door het tegenwoordige zijhoekige koor. Het nog bestaande voorste deel, het oudste, dagteekent van de XVI* eeuw, en zal, ongetwijfeld, gebouwd zijn korts na de herstelling van den godsdienst; als bewijzen daarvan mogen dienen de twee spitsbogige vensters, in ieder der zijmuren, en de slotplaat der buitendeur, in geslagen ijzer, vroeger met bladeren versierd [1].

De tegenwoordige gevel der bidplaats werd ten jare 1641 hersteld en met drie ronde lichtgaten voorzien; dit jaartal staat boven de nis en op den houten deurstijl. Het voorste deel is eene vierkante plaats van ongeveer vijf meters en half en bij de acht meters hoog. Boven den ingang, onder een houten schutdak, ziet men de afbeelding van de Moeder der smarten, in hout gesneden, de armen op de borst gekruist, het hart doorstoken met het zwaard, en de oogen ten hemel heffende. Dit beeld, onder kunstopzicht niet zonder verdienste, heeft niet altijd hier gestaan, dewijl het veel te groot is voor de nis. LAVAUT meent dat het tot de XVI* eeuw behoort.

In den rand van den boog der deur leest men :

CONSOLATRIX AFFLICTORUM, ORA PRO NOBIS.

In de voorplaats der kapel is een doksaal en een disch in eikenhout, van de vorige eeuw. Twee schilderstukken der XVII* eeuw, tusschen de vensters hangende, stellen voor, rechts : *De Aanbid-*

---

(1) J.-B. LAVAUT, *Handboekje der godsvrucht tot O. L. V. der Zeven Weeën, in de aloude Heikapel te Waasmunster*, bl. 12.

ding der drie Koningen; links : *de Aanbidding der Herders.*

Het achterste deel der kapel is zeshoekig en gedekt met een spits viervakkig dak, welks uiteinde met een fraai houten torentje prijkt. Dit koor wordt verlicht door vier vensters van de XVIIIe eeuw.

Boven het altaar, zeer eenvoudig, staat een gekleed beeld van O. L. Vrouw der Zeven Weeën, van hetwelk alleen het hoofd en de handen gesneden zijn. Tusschen de twee vensters van den rechten kant staat de predikstoel; op den eenen trapstijl, bij den opgang, ziet men de afbeelding van eenen pelikaan; op den anderen prijkt een leeuw, die een wapenschild vasthoudt, waar de zeemeermin, Waasmunster's wapen, op afgebeeld is. In het ruggepaneel, boven, staat een bas-relief, voorstellende Maria met de zeven zwaarden. De ijzeren arm, waar het kruisbeeld op staat, mag een merkwaardig smeedwerk worden genoemd, bestaande uit gedraaide roeden met opgelegde krullen en opgaande leliën.

Ter linker zijde van den predikstoel hangt een geschilderd paneel : *Ecce homo,* dagteekenende van de XVIIe eeuw; daar rechtover bemerkt men, naast het altaar, eene *Afdoening van het kruis*; ter zijde van het venster : *O. L. V. met den doek van Veronica,* beide ook van de XVIIe eeuw, en eindelijk, bij den ingang, eene *Kroning van Maria,* waar onder men leest : *Ghejont ten jare 1773 bij Johannes van Schooten, voortijds capellemeester.*

De kapel wordt veel bezocht; dit bewijzen de zilveren offerbeelden, houten krukken en andere *ex voto's,* hier opgehangen ten blijke van erkentenis voor ontvangen gunsten. Men offert er, sedert onheuglijke tijden, vlas, boter, vleesch, jeugdige dieren, vruchten enz.

Elken vrijdag leest men er mis, den zomer te 7 uren en half, gedurende den winter te 8 uren; daarbij wordt, in den Advent en in den Vasten, eene onderrichting gegeven.

De voornaamste plechtigheid, *Heikenskermis,* viert men op den dag van Maria-Boodschap, wanneer hier ook nog, onder eenen grooten toeloop van geloovigen, eene mis en 's namiddags een lof wordt gezongen.

In de kapel bestond er vanouds eene broederschap ter eere van O. L. Vrouw, die den 11 Februari 1643 van paus Urbanus VIII verscheidene geestelijke voordeelen bekwam. Den 22 Maart 1645 richtte de Gentsche bisschop Triest de jaarlijksche plechigheid in ter eere van de zeven Weeën van Maria. De oefening van den kruisweg werd hier ingesteld den 9 September 1870.

De sacristij, achter het koor, bezit een houten Mariabeeld en eene fraaie schilderij, *O. L. Vrouw der Zeven Weeën* vertoonende.

De Heikapel is de derde statie of rustplaats van den ommegang. Deze begint rechtover het kasteel der familie Vermeulen, op den weg naar Belsele, loopt langs de Heidestraat naar den Ouden Heirweg en langs de Ommegangdreef naar den steenweg van St.-Nicolaas, en alzoo naar de dorpskerk, waar de Kalvarieberg de zevende en laatste statie uitmaakt. Ieder van de steenen kapellekens prijkt met een toepasselijk op hout geschilderd tafereel der XVIIe eeuw. De vijfde statie, aan de Sprietstraat naar St.-Nicolaas en Temsche, draagt in den gevel het jaarcijfer 1814, vermoedelijk tijdstip van de gedeeltelijke herstelling der kapellekens(1).

De St.-Antoniuskapel, of kapel ten Rode. — Deze bidplaats, gelijk wij reeds gezegd hebben, werd opgericht als hulde en dank voor eene wonderbare genezing, zooals de onderstaande aanteekening in het register der heerlijkheid van Rode (1628), toebehoorende aan den heer de Neve, verklaart :

« *Het cappelleken op de heerlijckheyt van den Roden* heeft gesticht Jr Philips van der Haghen, fr Franchois, ter eeren Godts ende den heyligen Anthonius, abdt ende Eremyt, tot eeuwige memorie en danksegghinge van het wonder geschiedt den VI December 1626 aen Barbara Françoise, dochterken van den

(1) J.-B. Lavaut, voormeld *Handboekje.*

voorn. Van der Hagh'n, ghewonnen met joncvrouwe Marie
de Neve, fᵃ Jʳ Pieters, oudt wesende veerthien maenden ende
dry daghen, hebbende tvlieghende vier in den rechten aerme,
twelck zoo verre ghecommen was dat den doctor en chirur-
gijnen den moedt verloren gaven van dien te ghenesen. Soo
heeft de moeder door het ingheven van suster Janneken Stee-
landers, leecke suster int clooster van Roosenbergh, met groote
viericheyt het kindt Godt ende den H. Anthonis opgheofferdt
ende heeft belooft van Waesmunster tot Puyvelde tselve kindt
te draghen, indien dat ghenas, soo sy ghedaen heeft daernaer,
ende daechs naer de belofte was 'tvoorn. kindt bevonden uyt
peryckel des doots, tot groote verwonderinghe van alle die 't ghesien hebben. Ghelooft moet Godt syn in syne heylighen, ter wiens
eeren dat de voorn. Barbara Franchoise aen tvoors. capelleken
den eersten steen gheleyt heeft op den 18 Juny 1628 ende den
8 October in tselve jaer 1628 is int voorn. capelleken het eerste
lof gesonghen met een collecte van Sᵗ. Anthonys, ter presentie
van menichte van personen, diet gehoort hebben. Ter gloriën
van den alder hoogsten Godt moet het al gheschiedt wesen.
P. van der Haeghen. »

    Jonker Philip van der Haeghen, heer van Rode, vroeg aan
den bisschop Triest oorlof om in de kapel vier missen in het
jaar te mogen doen lezen, namelijk op 't feest van St. Antonius,
op den octaafdag, den maandag na den eersten zondag na
St.-Baafsfeest, zijnde de tweede dag der kermis van Rode, en
den 7 December(1). De vergunning daartoe werd verleend in
Januari 1634 of 1635.

---

(1) «Verthoont met alder reverentie Jʳ Philip van der Haeghen, heere van
Rode etc. hoe dat hy over dry jaeren heeft by requeste te kennen gegeven aen
Syne Eerweerdicheit, d'oorsaecke waerom dat hy heeft doen maecken een
cappelleken op de heerlychede van Rode, in de prochie van Waesmunster,
daerby gesupplieerd was om dry oft viermaels tsiaers te moghen messe in
doen ter eeren Godts ende den H. Anthonius, abdt ende eremyt, soo den
suppliant daerop geene apostille gecreghen en heeft, ende deselve requeste
onder synen doorluchtigsten heer gebleven, soo es den suppliant andermael
supplierende dat Syn Doorluchticheyt ghelieve den suppliant te consenteren
ende te accorderen, ter eeren Godts en den H. Anthonius, vier messen tsiaers
te doene int voorn. cappelleken, te wetene deerste op den dach vanden
H. Anthonius, de tweede op de octave, de derde smaendachs naer den eersten
zondag naer Bamesse, wesende den tweeden kermis dach van de selve
plaetse, ende de vierde op den VIIᵉⁿ December, wesende dachs naer dat de

In de kapel werd ten jare 1724 een nieuw beeld gesteld van St. Antoon, dat 24 gulden kostte, boven 4 gl. 4 st. voor het schilderen. Deze bidplaats, behoorlijk onderhouden en goed bezocht, bezat vroeger een tafereel met de afbeelding van den *H. Antonius in zijne kluis*, waaronder vier wapenblazoenen en het onderstaande gedenkschrift :

Ter memorie van 't wonder geschiet aen Barbara Franchoise, dochter van jo͏͏ʳ Philips van der Haeghen, gewonnen met joncvr. Marie de Neve, hebbende 't vliegende vier inden rechten arme, tot desperatie van doctor ende cirurgien, soo heeft de Moeder met groote vierigheyt 't kint Godt ende den H. Antonius opgeoffert, door wiens verdienste t' sanderdaegs was bevonden uyt peryckel des doots tot groote verwonderinghe van alle die t' gesien hebben, gheschiet den 5 december 1626. Looft Godt in zyn heilighen.

De Sᵗᵉ-Annakapel, op het grondgebied van Hamme, opvolgendlijk tot proosdij en parochiekerk verheven, zij hier enkel vermeld omdat Driesch en Rodedriesch, van Waasmunster, onder het geestelijk opzicht er aan ondergeschikt zijn. Eene schets van de geschiedenis dezer bidplaats zal men vinden in onze monographie van Hamme, bl. 53-58.

---

moeder het kindt hadde Godt ende H. Anthonius opgeofferd, als wanneer was bevonden eene peryckel des doodts; indien dat syn Doorluchtichst heer tselve gelieve te agreeren ende te consenteeren ter eeren Godts ende alle syne Heyligen, soo sal den suppliant ten effecte van dien fonderen ende besetten eeuwelyck ende erffelyck voor elcke voors. misse twee schell. VI p. sjaers op syn huys van Rode, met expresse conditie dat deselve diensten zullen gedaen worden in tvoorn cappelleke van den H. Anthonius, abdt ende eremyt, gestaen op de voors. heerld. van Rode, ende dat den suppliant ende syne naercommers, heer van de selve plaetse, zullen hebben ende behouden de presentatie van de voors. missen oft cappelrye.... »
(*Get.*) P. van der Haeghen, 1634. »
(Regʳ. der heerld. van Rode, bl. 51.)

Abdij van Rozenberg.

I. — STICHTING.

De vrouwenabdij van Rozenberg, welke den naam van Waas-munster verre bekend maakte en het dorp, gedurende eene lange reeks van jaren, eenen niet geringen luister bijzette, kwam in de XIIIe eeuw tot stand op of omtrent de puinen eener andere geestelijke gemeente, waaromtrent slechts weinige inlichtingen tot ons gekomen zijn. Ziehier wat de overleveringen, in de abdij bewaard, ons daarover mededeelen.

In het jaar 880 stichtte Judith, echtgenoote van Boudewijn met den IJzeren arm, eerste graaf van Vlaanderen, te Waasmun-ster een hospitaal, waar de christelijke liefde werd geoefend voor armen en kranken, en waar behoeftige pelgrims een bed en ver-kwikking vonden. Dit hospitaal, zonder tegenspraak de eerste stichting van dien aard, welke het Land van Waas te noemen heeft, stond in de wijk Hoogendonk en schijnt begrensd te zijn geweest door de Durme, de Kille, de verlenging van den Gelde-loozen Dijk en door de Dorp- of Kerkstraat, die op de brug van de Durme uitloopt. Zóo, althans, teekende Andries van Meersche, landmeter, op eene *Charte figurative ende metinghe van Roosen-berghe melte goedinghen ronsomme geleghen*, in het jaar 1639, op verzoek der abdis, en hij zal dit denkelijk gedaan hebben op grond van geschrevene oorkonden. Inderdaad, VAN DEN BOGAERDE schrijft in zijn werk over *het Distrikt St.-Nicolaas* : « Zekere echte oude handschriften, welke verscheide geloofwaardige personen, nog in leven, gezien hebben, brengen mede, dat er te Waasmun-ster monikken of hospitaalheeren bestonden, door de ligging dier plaats in het middenpunt tusschen Gent en Antwerpen, welke monikken aldaar in 864 door Judith, weduwe van Adolf,

koning van Engeland, waren gesticht. » ... En verder : « Toen
Judith.... om den oorsprong der benaming van Waasmunster vast
te stellen, aldaar, volgens sommige schrijvers, een ziekhuis van
edele maagden, en volgens andere, zoo gezegd werd, uit verblijf-
schenkende monniken gesticht had.... niet kloosterwijs ingerigt,
dewijl elk zijne bijzondere woning had. »

Dit alles, zoo men ziet, is zeer onbepaald, duister; alleenlijk het bestaan eener zeer oude godsdienstige gemeenschap
schijnt zeker, maar niet uit welke personen zij was samengesteld.
Het is licht te begrijpen dat er geene oorkonden zijn overgebleven van de X° eeuw, dergelijke stukken uiterst zelden in ons
land wordende aangetroffen; maar het komt ons eenigszins
wonder voor, dat geen enkel schrift der XI° of XII° eeuw van
de bedoelde stichting gewag maakt, dewijl HENRY PREVOST in
zijn ten jare 1660 gedrukt werk : *la Vie exemplaire de plusieurs
abbesses décédées avec opinion de sainteté*, in 't hoofdstuk
betrekkelijk de abdij van Rozenberg, zegt, dat de edele damen
van het hospitaal te Hoogendonk drie eeuwen en half de
liefdadigheid pleegden, pelgrims ontvingen en in 1226 hun
verblijf verlieten.

De liefhebbers van legenden vergeven 't ons, maar wij hebben
met het jaartal 864 (of 879, gelijk het *Martyrologium* der abdij
opgeeft, of 880, gelijk PREVOST beweert) hoegenaamd geenen
vrede. Dat er, op zulk ver van ons verwijderd tijdstip, te Waasmunster een klooster zou opgericht zijn, zou niet vreemd kunnen
voorkomen — maar een hospitaal? De bevolking der plaats en het
getal der door Waasmunster reizende lieden zal in de jaren 800
zeker niet groot genoeg geweest zijn om er een huis voor zieken-
verpleging op te richten. Van den anderen kant : hoe kan Judith
hier tusschenkomen? Meer dan waarschijnlijk is het, dat de
dochter des konings van Frankrijk nooit in het Land van Waas
den voet heeft gezet, en hoe zou zij dan het dorp aan de Durme
hebben verkozen, in plaats van een ander in de nabijheid haars
verblijfs? — Zou men de stichting van het hospitaal niet een paar
eeuwen later moeten stellen, wanneer de meeste dorpen van ons

land reeds in wezen, en in die dorpen reeds een aantal wijken goed bebouwd waren?

Onder welken regel de Zusters van het gesticht geleefd hebben, werd tot heden nergens gezegd; mag men geloof hechten aan het opschrift eener marmeren plaat, bevestigd in den muur der spreekkamer van de huidige abdij, dan aanvaardden de Zusters omtrent 1112 den regel van St. Augustijn, hun voorgeschreven door paus Alexander III, wat misschien gestaafd is op eene onvolledige charter, overgeschreven in het *Privilegie bouck des cloosters ende convente van Rossenberghe*, en beginnende met de woorden : « *Alexander episcopus servus servorum....* » Hebben de Zusters inderdaad dat stuk in het oog gehad, toen zij 't jaartal op de marmeren plaat deden beitelen, dan is er eene fout begaan : paus Alexander III begon zijne regeering ten jare 1158 en stierf in 1181.

Hoe het zij, het klooster, door de Noordmannen verwoest (zegt men), maar sindsdien heropgebouwd, werd ten jare 1226, volgens den geschiedschrijver J. DE MEYER, door Walter de Marvis, bisschop van Doornik, in abdij veranderd, makende van de hospitaalzusters reguliere kanunnikersen onder den regel van den H. Augustinus, met den titel van St. Victor, meteenen de oude benaming van Hoogendonk vervangende door die van Rozenberg. Volgens verscheidene schrijvers, zooals DESPARS, konden geene andere dan edele jonkvrouwen in de gemeenschap opgenomen worden, welke wet, zoo zij ooit bestond, na verloop van tijd wel in minachting zal gevallen zijn.

De eenigste charter betrekkelijk het hospitaal op Hoogendonk dagteekent van het jaar 1235 en werd gegeven door Walter de Marvis, bisschop van Doornik, ter goedkeuring van de gift eener graantiende te St.-Nicolaas, gekocht door Eustaas van Antwerpen, kapelaan van Haasdonk, onder voorwaarde dat het graan moest gedorschen zijn vóor O.-L.-Vrouw-Lichtmis, en dat het stroo en het kaf, of « crinchen », gelijk de charter zegt, ten voordeele van het hospitaal te Waasmunster blijven zou. Na het overlijden van genoemden Eustaas zou de gansche tiende aan gemeld sticht ten deele vallen (1).

Al de schrijvers, die tot heden voor Rozenberg eene pen hebben gescherpt, te beginnen van J. DE MEYER, bevestigen dat de abdij tot stand kwam in 1226. Geen hunner moet het charterboek van Rozenberg gezien hebben, anders zouden zij in 't stellen van het jaartal eenen misslag hebben vermeden. 't Is elf jaren later, in de maand Januari 1237 (o. s.), dat Walter de Marvis zijne toestemming vergunt om het hospitaal te Hoogendonk te veranderen in eene abdij, met den naam van Rozenberg, bepaaldelijk eene gemeenschap van Victorinen (2),

---

(1) « W. Dei gratia Tornacensis episcopus, universis Christi fidelibus presentes litteras inspecturis eternam in Domino salutem. Noveritis quod Eustacius de Andwerpia, capellanus de Havecsdonc, quamdam decimam ab Ingelberto Prim jacentem in parrochia Sancti Nicholai in Wasia, quam de nostro esse dinoscitur personatu, emit pro XXX libris flandrensis hac conditione quod totius grani de dicta decima provenientis usumfructum ad vitam suam habebit, exceptis stramine et palea et eo quod vulgariter dicitur *crinchen*, que erunt hospitalis de Wasemonstre integre pro eo quod ipsum hospitale dictam decimam annuatim debebit propriis sumptibus congregare et servare bona fide in curte sua que est in parrochia Sancti Nicholai superius memorati. Et eadem decima debet ad plenum triturari infra Purificationem annis singulis in expensis Eustacii supradicti, eodem autem Eustatio e medio sublato dicta decima erit in perpetuum prefati hospitalis. Si tamen idem hospitale contingat proficere et prosperari et nostro ac successorum nostrorum concilio acquiescere et regi. Alioquin predicta decima cum omni integritate et absque omni reclamatione et contradictione ad nos et nostros successores redibit perpetuo possidenda simpliciter et absolute. Nos prefate decime exemptionem cum omnibus conditionibus supradictis ratam habentes et gratam, eam pontificali auctoritate confirmamus. In cujus rei testimonium et firmitatem presentes litteras sigilli nostri munimine duximus roborandas. Datum anno Domini Mº CCº XXXVº feria tercia post festum Sancti Martini. »

(Charterboek der abdij (1).)

(2) « Walterus, Dei gracia Tornacensis episcopus, omnibus presens scriptum visuris salutem in Domino sempiternam. Noverint universi tam presentes quam futuri quod nos antiquorum patrum vestigia secuti cultum divinum in ecclesia Dei ampliare cupientes, hospitale de Wasmonstre in quo hactenus inhabitantes sine jugo ordinis alicujus libere vagabantur nulla astricti regulari disciplina, proprium non habentes oratorium, et divino

---

(1) Dit Charterboek, op perkament, geschrift van het laatste der XIIIe of het begin der XIVe eeuw, is ongelukkiglijk onvolledig; het bevat slechts de overschrijving van 34 oorkonden, de laatste dagteekenende van 1271.

onder den regel van St. Augustijn(1). Hij riep daartoe uit de abdij
van Praat, tot zijn bisdom behoorende, eenige jonge kloosterzusters, onder welke hij eene, Agnes geheeten, uitmuntend door
hare vroom- en wijsheid, als eerste abdis deed aanstellen.

« Alle ding heeft zijn waarom, » zegt het spreekwoord, en dit
is ook toepasselijk op het oude hospitaal van Waasmunster. De
oorzaak, die HENRY PREVOST voor de hervorming van het sticht
opgeeft, is niet aannemelijk. De Zusters (zegt hij) verlieten hun
huis op Hoogendonk om eene andere plaats te bewonen, die God
hun aangewezen had, namelijk eenen berg, beplant met drie
rozenstruiken, in vollen winter bloeiend uit den grond opge-
schoten.... De schrijver geeft de reden niet op, om welke de
hospitaalzusters, na 346 jaren den Heer en de arme menschen
gediend te hebben, hunne woning zouden hebben verlaten, en
waarom de eene plaats aan God daartoe meer aangenaam zou
geweest zijn dan de andere; enkel voegt hij er bij — het veld
der legende nog dieper intrekkende — dat de bisschop van
Doornik, « esmeu de cette vision des roses », insgelijks dezen
berg verkoos en er eene abdij stichtte, den naam der oude
gemeenschap vervangende door dien van Rozenberg.

Dit zeggen, vermoedelijke vrucht eener dichterlijke inbeelding,

---

carêntes officio considerata paucitate infirmorum inibi decumbentium et
eisdem tamen humanitatis officium minimine impensum, timentes quod
precedente tempore potius debeat deficere quam in melius proficere, de
bonorum (virorum) concilio zelum animarum habentium, cum omnibus
ejusdem hospitalis appenditiis concedimus sanctimonialibus in ordine cister-
ciensi congregandis in monte rosea, qui huiusque *Hoeghedonc* vulgariter
appellabatur, liberam ipsis concedentes potestatem construendi ibidem
abbatiam ordinis memorati, et divina celebrandi, dum tamen ibidem
officium hospitalis personis miserabilibus impendatur parrochiali necnon et
persone pro omnia jure salvo, pontificali auctoritate predicta bona necnon et
ea que in posterum adjuvante Domino largitione fidelium vel alias justo titulo
adipisci poterunt, confirmantes eisdem. In cujus rei testimonium presens
scriptum sigilli nostri munimine fecimus roborari.

« Datum anno Domini Tornaci Mᵒ CCᵒ tricesimo septimo mense Januario. »
(Charterboek der abdij.)

(1) Dit wil zeggen : den regel volgende van St. Augustijn, gelijk deze in de
abdij van St. Victor, te Parijs, werd nageleefd.

kan evenmin steek houden als het vorige. Het gezond verstand
alleen ware voldoende om het ongerijmd te doen achten; maar
wij hebben, gelukkiglijk, meer dan eene bewering : wij kunnen
onwedersprekelijk bewijzen dat Rozenberg zijn ontstaan niet
heeft te danken aan eenen poëtischen droom, maar aan eene
betreurlijke omstandigheid, waar droomgezicht en naïeveteit
hoegenaamd niets gemeens mede hebben gehad.

Het was, gelijk wij zegden, in de maand Januari 1237 dat
Walter de Marvis, bisschop van Doornik, aan de hospitaalzusters
van Waasmunster oorlof gaf om den regel van Citeaux aan te
nemen. Hij zegt daarbij niet, dat zij het huis op Hoogendonk
verlaten zullen om naar Rozenberg te gaan, maar dat Rozenberg
totdan toe gewoonlijk Hoogendonk was genaamd, zoodat de
beide namen eene en dezelfde plek bedoelen. De oorzaak der
verandering van het liefdadig sticht wordt klaar en duidelijk
opgegeven. Tot heden (verklaart de kerkvoogd) leefden de diena-
ressen van het godshuis vrij van alle juk, zonder orde, door geene
regelmatige tucht gebonden, zonder kapel en zonder godsdienstige oefeningen. Bovendien — laat ons maar de waarheid
zeggen, gelijk den onpartijdigen geschiedschrijver is opgelegd
— het getal zieken in het hospitaal was zeer gering, hetgeen
niet belette dat deze nog werden verwaarloosd.... De bisschop,
vreezende dat met verloop van tijd deze toestand eer verslechten
dan verbeteren zou, bepaalde, op aanraden van vrome lieden,
dat de Zusters eene abdij zouden bouwen, onder voorwaarde
nochtans de ongelukkigen aldaar voort te verplegen en de
rechten van den pastoor niet te krenken. Hij bevestigt den
eigendom van hun goed en van hetgeen zij later, als aalmoes
of gift, of door aankoop, er bij zouden verkrijgen.

Dit is, gelijk men ziet, geheel wat anders dan de droom van
den berg met rozenstruiken; of, indien er in 1237 daarvan
quaestie was, zal dit enkel geweest zijn om de doornen der
lauwheid en plichtvergetelheid schadeloos te maken en rozen
van christelijke liefde en godsvrucht te doen bloeien voor den
Heer. — Merken wij nog op, dat de charter des bisschops een

veel kortstondiger bestaan van 't ziekenhuis vermoeden laat,
dan de legende- en kroniekschrijvers opgeven : eene liefdadige
inrichting zonder orde, zonder band, zonder regeltucht, zonder
bidplaats en godsdienstige oefeningen zou onmogelijk drie
eeuwen en half, in tijden van ruwe zeden, stand hebben
gehouden?

II. — LOTGEVALLEN DER ABDIJ.

De nieuwe gemeenschap groeide van lieverlede aan. Gesticht
door het voorbeeldig leven der kloosterzusters, kwamen andere
godminnende zielen eene schuilplaats zoeken in de schaduw
van het altaar van Rozenberg, parende bij het gebed en de
versterving der zinnen, den arbeid en de liefde tot den ongelukkigen natuurgenoot. Talrijke weldoeners verzekerden weldra
aan de abdij een vast bezit, en het aanvankelijk nederige gebouw
vermeerderde langzamerhand tot een ruim, wel voorzien gesticht,
hetwelk meer dan eens de herbergzaamheid verleende aan
vorsten, prelaten en andere vermogende heeren, die langs hier
op reis waren.

Eene groote ramp kwam de Zusters treffen in het jaar 1418
of 1419(1) : een geweldige brand legde al hunne gebouwen, ter
uitzondering van de kerk, in asch, vernielde het grootste gedeelte
der oude oorkonden, giftbrieven en schuldbekentenissen, en
veroorzaakte groote wonden aan verscheidene Zusters. Daarge-
laten het zware verlies der verloren kostbaarheden, werd de
ramp voor hen eene bron van moeilijkheden. Zij hadden
namelijk geld geleend aan lieden, die nu wisten dat de bewijzen

---

(1) En niet 1420, gelijk tot heden algemeen geschreven werd :
« Ghegheven ter bede van mer vrouwe van Charloys te hulpen den werke
vanden clooster van Wasmeunster, die verberreut was, XXIIII lib. »
(*Stadsrekening van Brugge*, 1418-1419.)

der schuld niet meer bestonden, en meenden, door loochening, aan de verdere kwijting te kunnen ontsnappen. Een post der stadsrekening van Dendermonde, over 1420, bewijst, dat ook deze gemeente met eenige lijfrenten ten voordeele der abdij was bezwaard, en dat Catharina van Woelputte, non van Rozenberge, de betaling er van verkreeg, op de verklaring dat de oorspronklijke zegelbrieven in den brand des kloosters waren omgekomen. Was oneerlijkheid vanwege de gemeentebesturen niet te duchten, anders was het van den kant van bijzonderen. De abdij deed een beroep tot de schepenen van Gent, om de weerstrevigen, behoorende tot de onder hun oppergezag staande gewesten, gelijk de Vier Ambachten en het Land van Waas, tot betaling van de verschuldigde renten te dwingen, hetwelk haar bij brief van 22 Juli 1420 gereedelijk werd toegestaan(1). De Gentsche wethouders bezegelden vijf jaren later

---

(1). « Allen den ghenen die dese presente letteren zullen zien ofte horen lesen, ende sonderlinghe eersamen ende wijsen onsen lieven ende zeer ghbeminden vrienden den stedehouders sbaillius van Ghend, in de Vier ambachten ende int land van Waes, ende elken zonderlinghe, scepenen ende raed vander stede van Ghend, saluut ende alle vrienscepe. Ute dien dat wij te vullen gheinformeert zijn vander groeter onversiender scaden, die de religieuse vanden cloostere van Roosenberghe in de prochie van Waesmonstre ghehadt hebben van brande, bij den welken zij zeere bevaremt zijn, hare juweele ende brieve verloren hebben, ende onder dandere de brieve van haren erfeliken renten, ende mids dien eenighe van haren laten, onder hulieden gheseten, hemlieden refuseren ende weeren te betaelne de rente, die zij tote den daghe vanden vornomden brande of daervoren jaerlicx wel betaelden, daer of dat de vorn. religieuse waren ende zijn in vulre possessien, seggende deselve laten dat zij de brieven vander selver rente zien willen, die verberrent zijn, also vors. es, dwelke ons dinct jeghen recht ende redens in groeter quetsie ende achterdeele van den vorn. godshuze, so eist dat wij hu zeer vriendelic ende met neerenste bidden ende in rechte versoucken ende begheeren, aensiende den eed, die ghij ende wijlieden over de kercke ghedaen hebben, dat ghij deselve laten, die hu de toghers deser letteren ofte de procureur, cause over de vorn. religieuse hebbende, segghen sal, sulc ende in dien hebben wilt, zij bij informatien, die ghi van haren wel betaelne tote den daghe vanden brande ende van harer possessien bevinden sult ofte andersins, also hu dincken sal datter toebehoort, dat zij de vornomde rente jaerlicx betalen also zij tanderen tijden ghedaen hebben, sonder eenich

cenen brief, waarbij zij alle goede christenen aanmaanden om
de zoo diep beproefde gemeenschap met milde aalmoezen en
giften bijstand te bieden, ten einde haar toe te laten de vernielde
gebouwen weder op te richten en de nonnen in staat te stellen
aan hunne vrome roeping gevolg te geven. Geen twijfel of zulke
warme aanbeveling zal haar doel niet hebben gemist(1).

----

wedersegghen ende verclaers doen, uut wat plecken van lande de selve rente
gaet, omme den vors. religieusen weder te commene te harer possessien ende
haren brieven, ghelijc zijse hadden voor den tijd vanden brande, ende int
caes daer hem eenich vanden selven laten refuseerde van dat vorseit es,
wilt dien daer toe conservigeren alsoot behoort ofte ons overscriven, wij
sulre in voorsien alsoet behoren sal, ten fine dat de vornomde religieuse
weder worden gherepeert van haren renten ende brieven van dien. In kennissen der waerhede ghegheven onder den zeghel van saken der vorseider
stede van Ghend op den XXIIsten dach van Julij int jaer ons Heeren als men
screef dusentich vierhondert ende twintich. »

*(Oorspronkelijk stuk op perkament (thans
zonder zegel) in het archief der abdij.)*

(1) « Allen denghonen die dese presente letteren zullen zien of hooren lesen,
scepenen ende raed van der stede van Ghendt, saluut, jonst ende alle vrien-
scape. Ute dien dat bij openbaren ende blikenden onghevalle ende rampe
van io viere, dies mach viere of vive jaer leden ziin, de huusinghen, edificien,
reliquien, ornamenten, juweelen ende cateilen vanden cloostre ende gods-
huuse van Roesenberghe, in de prochie van Waesmonstre, int land van
Waes, met allen verbrandt worden, in zulker wiis datter niet dan alleenlicke
de principale kercke staende es bleven, ende al eist zo dat de selve religieusen,
abdesse ende couvent, niet jeghenstaende dat zij metten voors. brande met
allen ontstelt waren van haren cateylkinen, juweelkinen ende habiten, ende
noch ziin, ende dat meer es, eenighe jammerlic ende deerlic bescaudt ende
verbroeyt van denzelven brande, Gode van hemelrike, de weerde maghet
Sente Marie, zirer ghebenedider moeder, ende al dhemelsche gheselscap
nemende te haerlieder hulpen, in goeder meeninghen ende wille ziin deselve
huuzinghen ende edificien te doen vernieuwene ende roparerene, niet min
ghemerckt den aermen staet vanden voors. godshuze ende ooc van hemlieden,
zii ne zouden haren goeden wille noch meeninghe niet moghen vulbringhen
ende haren nooddurft behauden, maer ware ghescepen in meerdere aermoe-
den ende keitivicheden te blivene ende te zine dan te voren, ende de godlicke
dienste mids dien verachtert, het en ware dat bider caritaten ende aelmoes-
senen van goeden devoten kerstinen lieden, hemlieden gheholpen, voorsien
ende ghesecourst worde, alzo de voornomde religieusen, abdesse ende couvent
ons zeer claghelic te kennen ghegheven hebben, ons otmoedelicke biddende
ende supplierende omme onze hulpe ende biistandichede in dese zake, ende

Wij hebben, in het hoofdstuk betrekkelijk de geschiedkundige voorvallen op Waasmunster's grondgebied, gezien dat de oproerige Gentenaren in 1452 de abdij kwamen plunderen en verwoesten; andermaal uit hare puinen heropgestaan, liep de XV° eeuw niet ten einde zonder eenen nieuwen dergelijken aanval, zoodat de eene ramp, nauwelijks geheeld, weer gevolgd was van eene nieuwe. En dit geschiedde ondanks de hooge bescherming, welke de machtige stad Gent bij zegelbrief van 15 Mei 1478 aan het sticht had verleend, en waarbij aan alle justitie-officieren en wethouders in de kastelnij van Gent last

---

omme dieswille dat tvors. cloester ende godshuus in onze casselrie ghestaen ende gheleghen es, de meeste partic van den voors. religieusen, uut deser stede ende onzer casselrie gheboren, ende dat de voors. scade en brand elken claerlic bliken maeh, alzo vors. es, ende dat wij van den aermen state vanden voors. godshuze te vullen gheinformeirt ziin, ende zonderlinghe, omme dat elc goed mensche met zine evenkerstin dien bij benoodicht ofte in lidene weet, van rechte weghe sculdich es medeliden te hebbene ende hem in zinen nood bij te stane onde te secoursene, soe eist, dese saecken ghemeret, dat wij, gheneghen te barer omoedigher bede ende supplicatie, vermanen allen goeden keerstenin menschen, van Gods weghe ende vander glorieuser maghet Marien, in wiens name ende erve tselve clooster ende godshuus ghefondeert es, ende bidden van onzen weghe alzo zeer vriendelic als wij meest connen ende moghen, dat zij haer ooghen van karitaten op doen willen ende den bringher ende toogher van desen onsen letteren van dies hem God onze lieve heere bi zire ghenaden verleent heeft, jonnen willen ende gheven haerlieder aelmoessene, elc naer zine devotie ende state, omme die in de refectien ende reparatien voors. bekeert te sine, ende ten hende dat bij haerlieder middele de godlike diensten, die men daer daghelicx ghecostumeert es te doene, verheven werde, de devote ouffeninghe ende verdienlijcke gheweercke Gods onderhouden, deselve religieusen wat voorsien van haren nooddurfte ende verdrietelicke levene eens ghedeels vertroost ende verlicht, int welke doende zij Gode van hemelrike bewerdende dies zinen ghenadeghen loen bequamelike dienst doen zullen ons zonderlinghe liefde ende vrienscap bewijsen, anderen exemple gheven van weldoene, ende werden de voors. religieusen ghehouden voor hemlieden te biddene bij daghe ende bij nachte, ende deellachtich te makene an de godlike dienste ende gheestelicke houffeninghen voorscr. bider ghenaden ons liefs heeren. Ghegheven in kennessen der waerheden onder den zeghel van zaken der voorseider stede van Ghend den vierden dach in Laumaent int jaer ons Heeren M. CCCC. vive ende twintich. »   *(Oorspronkelijk stuk op perkameut, in het archief der abdij. 't Schepenenzegel is bewaard.)*

werd gegeven om het eigendom van de abdij te handhaven en van schennis te bewaren, met bedreiging van zelve de plichtigen en nalatigen te zullen te keer gaan (1).

---

(1) « Allen denghonen die dese presente lettren zullen zien of hooren lesen, scepenen ende raed vander stede van Ghend, saluut. Met kennessen der waerheden doen te weten dat vte dien dat eerweerdeghe vrouwe in Gode, mine vrauwe de abdesse vanden cloostere te Rosenberghe, binnen Waesmunstere, en tghemeene couvent van dien vander ordene van sente Victoire, tselve cloostere ende vele van huere goedinghen ghesitueert ende gheleghen zijn onder ende binnen der casselrie van deze stede, so eist dat wij overmerckende tghuend dat voors. es, ende ooc dat wij bij bedwanghe van onsen eede sculdich zijn de heleghe kercke te houdene ende bescuddene van allen lasten, naer onsen vermoghene, ende daertoe ghenęghen alst recht es, ten fijne dat de voors. vanden cloostere te meer ghehouden zijn zouden voor ons te biddene ende voor de ghemeene welvaert, ruste ende paeys vanden lande, der voorn. abdesse ende couvent huerlieder clooster, familie, boden ende dienaren ende insghelijcx huerlieder goedinghen, huuzen ende alle andere, hoedanich ende waer die ghestaen ende gheleghen zijn binnen der casselrie van deser voors. stede, ghenomen ende ghestelt hebben, nemen ende stellen bij desen in onse protectie ende beschermenesse, behouden altijts der hoocheyt ende eerlichede van onsen harde gheduchten heere ende prince den hertoghe van Oostrijcke ende van Bourgoingnen ende onder zine ghenade ende welnemene, mids welken wy lasten, ontbieden ende bevelen den stedehondere sbaillius van Ghend int land van Waes, hooftscepenen, meyers ende minder scepenen vanden zelven lande, ende voort allen anderen baillius, justiciers ende wethouders vanden lande ende graefscepe van Vlaenderen, hueren stedehouders, schauten ende dienaren, ende elken zonderlinghe, bidden voort zeere vriendelic ende met neerendsten allen princen, heeren, rudderen, schiltcnapen, capitainen, volke van wapenen ende anderen, wien dese onze lettren ghetoocht zullen worden ende angaen moghen, ende elken zonderlinghe daerop verzocht of te versouckene, dat hij der voors. abdesse ende couvent vanden voorn. cloostere te Roozenberghe, haerlieder familie, boden ende dienaren, insghelijcx haerlieder goedinghen, juweelen, beesten ende anderen, hoedanich die zijn, paysivelick ende ongemoeyt laten, zonder hemlieden eenighe molestacie, moeyte, belet, ansprake ofte vexatie te doene, ghedooghene of latene gheschien in eenigher wijs als wij elken vulcommelic toebetrouwen; ende evenverre dat de contrarie gheschiede bij ulieden vanden lande van Waes of bij yement anders onse justiciable ende binnen der casselrie van deser stede gheseten ende woonachtich of andere omtrent derzelve binnen desen lande in wat zaken of manieren dadt ware, twelk wij betrauwen dadt niet en zal, wij zouden daerinne voorsien ten laste vanden ghonen, diet dade of dade doen, contrarie den inhoudene van desen onsen lettren, ten bescudde ende bewaernesse

De geuzen evenmin, gelijk wij reeds weten, spaarden de stille wijkplaats der nonnen niet, vergetende al het goede, dat deze, eeuwen lang, aan de armen en ongelukkigen van Waasmunster en van de omliggende dorpen hadden bewezen. Het jaar na den eersten aanslag, tijdens de religietroebelen, zag de abdij zich, in haren nood, verplicht den koning te vragen om eenige aan 't klooster toebehoorende poldergronden te Vrankendijk te mogen verkoopen, welk verzoek door Philip II bij brief van 10 September 1579 werd ingewilligd (1).

---

vander voors. abdesse ende convente of huerlieder kercke ende goedinghen, in zulker wijs dat hij exemple zijn zoude anderen van ghelijken te wachtene. Ghegheven onder den zeghel van zaken der voors. stede van Ghend hieran uuthangende den XV^en dach van meye int jaer ons heeren duust vier hondert acht ende tzeventich. »

Oorspronkelijke acte op perkament, met geschonden zegel. — Archief der abdij.)

(1) « Philips, bij der gracie Gods Coninck van Castilien, van Leon, van Arragon, *enz*. Allen den ghonen die dese ons letteren sullen sien oft hooren lesen, salut. Wij hebben ontfanghen doitmoedige supplicatie vande religieuse abdisse ende couvent van Roosenberge, inhoudende dat in de leste voorgaende troublen tvoirs. clooster gans geruineert is geweest ende gespolieert van huere meublen ende andere den clooster aengaende, soe dat sij supplianten wesende in goeden competenten getale cleyn oft geen middel en hebben om heur desen winter tsamen bij een vergadert sijnde (als begerende in heure professie te blijven ende heur leven alzoe metter gracie Gottes te lijdene) te mogen onderhouden, maer alsoo sij sekere goedingen hebben liggende te Vranckendijk, Serpauwels poldere ende elders, der dicagien subiect sijnde, die jaerlijcx meer in schote ende andere oncosten dan het innecommen derzelver bedragen, hebben ons oitmoedelijck gesuppliceert heur te verleenen octroy dieselve te mogen vercoopen totter somme van drij duysent guldens eens, ten eynde alsboven. Soe eest dat wij, den voirs. nood overgemeret ende gesien die specificatie ende gelegentheyt der voirs. goeden, de voirn. supplianten genegen wesende tot heure voirs. supplicatie, hebben bij rijp advis ende deliberatie van onsen zeer lieven ende beminden goede neve ende broeder Matthias, eertshertoge van Oistenrijcke, hertoge van Burgundien *etc*. voor ons, gouverneur ende capiteyn generael in onse landen van herwartsovere, geaccordert, gewillecoert ende geoctroyeert, accorderen, consenteren ende octroyeren, heurlieden gevende oirlof ende consent uyt sunderlinge gracie mits desen, dat sij heuren voirs. goeden sullen mogen belasten oft vercoopen totter somme van vier en twintich hondert gulden elck tot viertich grooten Vlaems eens, om de voirs. pennin-

Bij den tweeden inval der geuzen moesten de nonnen hun klooster ontvluchten en alles te pande zetten, wat zij konden, om in hun bestaan te voorzien. De staf der abdis werd beleend bij den aartsbisschop van Mechelen voor de som van 300 gulden en zou voor altijd verloren zijn voor de abdij, bij gebrek aan middelen om het geleendegeld terug te geven. De nonnen konden onmogelijk samenblijven; ieder van hen keerde terug bij magen of vrienden, in afwachting van rustiger, vrijer dagen.

't Was een harde tijd van nood en beproeving, welke nu aanbrak! De ballingschap der vrome dochters van St. Augustinus zou lang duren, de vrede hun lang ontzegd blijven. Menigmaal zouden zij, in hunne stille afzondering, onder zuchten en geween, de dagen van ongestoorde rust herdenken, binnen Rozenberg's muren gesleten, toegewijd aan God en de armen, en nu elken dag bekommerd met het lot van het geliefde sticht, met hun eigen levensbestaan... Weldra vernam men, dat al de gebouwen en landen der abdij door de geuzen waren verbeurd verklaard, en dat den Zusters een karig jaargeld was beloofd : de abdis zou 20 pond, elke non 12, elke leekezuster 7 pond groote ontvangen voor hun onderhoud.

De eerste ballingschap duurde omtrent zeven jaren; dan vereenigden de nonnen zich in een huis nabij het Prinsenhof, te Gent, en trokken van daar in 1589 naar Waasmunster terug, waar zij hunnen intrek namen in het *Huis van Waeregem*, hetwelk zij ten jare 1591 verlaten moesten om opnieuw in ballingschap te gaan. De stad Hulst was in handen gevallen der geuzen, die het Land van Waas met eenen inval bedreigden Beducht omtrent hun lot, gingen de nonnen eene veiliger wijk

---

ghen geemployeert te worden tot restauratie vanden voirs. cloostere ende onderhoud vande voirs. supplianten. Ontbieden daeromme ende bevelen *enz.* Ghegeven in onse stad van Antwerpen den thiensten dach Septembris in tjaer ons Heeren duysent vijf hondert ende negen en tzeventich. »

(*Origineel op perkament met rood wassen zegel — Archief der abdij.*)

zoeken te Antwerpen, in eene woning op den Oever, waar zij, zonder hulpmiddelen, te midden van onbekenden, dagen van groot gebrek beleefden; immers eene kleine kroniek der abdij, in de XVIIe eeuw door eene der nonnen opgesteld, zegt dat « als sy eerst by malcanderen quamen ende t' Antwerpen woonden, hebben armoede ghehadt, soo dat sy de raepschellen van de strate opraepten ende schoon wiesschen om soppen van te maecken, soo mevrouw Goossens » (abdis van 1645 tot 1658, die verscheidene nonnen van 't einde der XVIe eeuw gekend hadden) « ons dickmaels verhaelt heeft. »

Maar ook de stad Antwerpen, waar de abdis Francisca de Almaraz overleed[1], was niet lang eene veilige schuilplaats : in 1599 rukten de Hollanders uit hunne forten van Lillo en Liefkenshoek, maakten zich meester van het Vlaamsche Hoofd, trokken de Schelde over en plunderden de stad. De nonnen sloegen dan nog eens den weg in naar Waasmunster, maar werden in 1602 opnieuw vandaar op de vlucht gedreven, bepaaldelijk toen de Hollanders nogmaals het Land van Waas bedreigden. Nu trokken zij naar Dendermonde en vestigden zich eerst, naar 't schijnt, in de brouwerij *de Weirelt*, nadien in de Dievenstraat, ten huize van wijlen den vermaarden Viglius, proost van het Gentsche St.-Baafskapittel, een schoon gebouw, dat de Gentsche bisschop Janssen ten jare 1569 had gekocht voor eene refuge der proosten van zijne hoofdkerk, en dat hij thans de nonnen in pacht gaf voor 20 pond groote 's jaars.

Eindelijk den 2 November 1611 kon de gemeenschap, ditmaal tot blijvens, naar Waasmunster terugkeeren.

Hoe moet het hart der vrome kloosterzusters gebloed hebben bij het zien van het tooneel van verdelging, hetwelk zich voor hun oog opdeed! Kerk en klooster waren geheel verdwenen, hier en daar lag nog een puinhoop van hetgeen weleer met

---

[1] Zij werd begraven in de O.-L.-Vrouwekerk, waar haar grafsteen, met twee wapens versierd, nog bestaat. Het opschrift is teenemaal uitgesleten.

zoo veel zorgen, en ten koste van aanzienlijke gelden, was opgericht.....

Ongetwijfeld kwamen toen de nonnen dezelfde gedachten te binnen, als welke later de Nederlandsche dichter HASEBROEK, bij de puinen der vermaarde abdij van Rijnsberg, volgenderwijze vertolkte :

Een bouwval en een woestenij,
Een puinhoop, waarop raaf en uilen
Bij nacht hun aaklig lijklied huilen,
Is nu (Waasmunter), uw abdij.
O ijdelheid der ijdelheden !
Wat werd er van uw grootsch verleden?
Wat werd er van uw heerlijk stift,
Om strijd verrijkt met gift op gift?

. . . .

Wat werd er van uw blanken stoet
Van nonnekens uit edel bloed?
Wat van de rijke kerksieraden
Waarmede uw outer was versierd?
Wat van de gouden feestgewaden
Waarmede uw hoogmis werd gevierd?
Ja, schoon ook met driedubble glansen
Van rijkdom, eere en ouderdom,
De kroone, die u mogt omkransen
— Als waar ze eens Pausen driekroon — glom ;
Waar is die kroon ; waar glanst haar luister?
Zij ligt in 't stof, hij schuilt in 't duister.
De vijand kwam met zwaard en vuur,
Verbrak de kroon, verjoeg de duiven,
Verhieuw de poort, vertrad den muur,
En deed uw slot in asch verstuiven

Van gansch het kloosterbeluik was niets anders overgebleven dan de groote sluis, aan de Kille, dienende om het water der Durme in de wallen der abdij te laten vloeien. De kroniek teekent aan dat te Gent vele huizen waren gebouwd met het arduin, voortkomstig van Rozenberg's kerk, en dat de klokken naar Amsterdam waren gevoerd.

Voorloopig vestigde zich de gemeenschap in een huis, dat zij omtrent de oude abdij huurde, *het huis van Waereghem* genoemd, totdat zij, dank aan de zorgen der abdis Philippina Triest, gesproten uit het beroemde Gentsch geslacht van dien

naam, haren intrek kon nemen in een eerste kloostergebouw,
dat opvolgendlijk vermeerderd werd. Het Hoofdcollege des
Lands van Waas kwam in 1611 de nonnen ter hulp met eenen
onderstand van 2,000 gulden, maar 't was eerst in het midden der
XVII° eeuw, namelijk ten jare 1654, dat de kerk en de vier
panden geheel voltrokken waren. De kerk werd gewijd in 1649,
en voor den goddelijken dienst gebruikt den eersten Paaschdag
1650. Het ziekenhuis, eenige jaren nadien gebouwd, volledigde
het kloosterbeluik.

Nu mochten de Zusters Augustijnersen weer rustig en vreedzaam hunne roeping volgen en de goede werken oefenen, die te
voren altijd in de abdij van Rozenberg als heilige plichten
werden gekweten. Weder werd het sticht bloeiend en befaamd,
en het behield dien luister tot den dag dat de republikeinsche
wet het te niet deed, den 24 Januari 1797.

Andermaal werden de gebouwen en andere goederen verbeurd
en verkocht. De abdij en aanpalende gronden, den 16 Prairial,
V° jaar in veiling gesteld, vonden eenen kooper voor de som van
78,000 pond, maar het geheele beluik werd afgebroken. Tamelijk lang nadien waren nog overblijfselen van Rozenberg te zien,

« Een bouwval en een woestenij, »

maar sedert jaren is zelfs geen spoor meer merkbaar van de
plaats, waar eenmaal zich de schoone abdij verhief....

Edoch, was het sticht verdwenen, verscheidene der bewoners
van den tijd der afschaffing leefden nog, toen zij in het jaar 1831
van den bisschop Van de Velde vergunning kregen om weder
samen te komen en den kloosterregel te volgen. De gemeenschap herbegon met vier oude kloosterzusters, twee damen en
twee leekezusters. Daar er volstrekt geene mogelijkheid was om
weder in bezit te komen van de oude abdij, of zelfs van den grond,
waar deze gestaan had, bezorgde mevrouw Joanna van Doorslaar
van ten Rijen een gebouw in den kom der gemeente, op geringen
afstand van het voormalige sticht, waar de vrome gemeenschap
nog in wezen en bloei is. Genoemde weldoenster deed den

18 October 1832 hare geloften in de nieuwe abdij, werd den 27 October 1848 door den bisschop tot abdis benoemd en over-leed den 1 Juli 1863. Ter herinnering aan haar plaatste men in den muur der kapel eenen steen met toepasselijk opschrift.

III. — BEZITTINGEN EN VOORRECHTEN DER ABDIJ.

De oprichting der abdij van Rozenberg werd door talrijke lieden van gezag en stand met welgevallen onthaald, en het vrome oogmerk der nonnen door milde giften en aalmoezen ondersteund. Dit moet niet verwonderen. Het Land van Waas, reeds vrij goed bevolkt in de XIIIe eeuw, bezat nog maar éénc vrouwenabdij, namelijk die van den Oudenbosch, te Lokeren, wat ongetwijfeld onvoldoende moest zijn in eenen tijd, op welken de godsdienstige zin algemeen in eere was.

Het bezit der nieuwe instelling vergrootte langzamerhand door de bijdragen van edele jonkvrouwen, die verkozen dáar hun leven te slijten, alsmede door het aandeel in de erfenis van hunne bloedverwanten, meest behoorende tot de hooge klassen. Als eerste weldoenster noemen de charters der abdij de gravin Margareta van Constantinopel, die bij zegelbrief van den 28 Juni 1247 kwijtschelding gaf eener som van 30 pond, haar door de gemeenschap verschuldigd(1). Twee jaren later deed dezelfde vorstin afstand, ten voordeele der nonnen, van geheel haar heerlijk recht op drie bunder land, waar de abdij op gesticht was, zeker een niet gering privilege, dat het klooster en geheel dezes bijvang volkomen vrij maakte(2). Nog datzelfde

---

(1) De vertaling dezer charter, waarvan 't oorspronkelijke hs. verdwenen is, komt voor in den bundel: *Giften, privilegien ende amortisatien van de goederen, competerende de abdije van Roosenberghe.*

(2) « Margareta, Flandrie et Hainonie comitissa, universis presentes litteras inspecturis, salutem. Cum in parrochia de Waesmoustier in loco qui

jaar verleende Margareta twee bunder moer, gelegen nevens een dergelijk eigendom der abdij van Baudeloo(1), terwijl Willem, ridder van Belsele, aan Rozenberg zijne tiende te Waasmunster verkocht(2), en Wouter van Coudenburg de gemeenschap begiftigde met eene jaarlijksche rent van 16 pond(3).

---

dicitur mons rosarum continente circiter tria bonaria terre monasterium ordinis de primiaco sit constructum, nos dictum locum ab omni dominio temporali et jurisdictione nostra penitus liberamus, volentes ut idem locus eadem gaudeat libertate qua gaudent ecclesie convicine. Datum anno Domini M° CC° XL° nono, in crastino Apostolorum Petri et Pauli. »

(Charterboek der abdij.)

(1) « Margareta Flandrie et Haynonie comitissa, omnibus presentes litteras inspecturis, salutem in Domino. Noverint universi quod nos pro salute anime nostre ac pariter animarum antecessorum et successorum nostrorum, in puram elemosinam contulimus monasterio monialium ordinis de primi de monte rosarum apud Waesmonstre duo bonaria mori cum fundo, jacentia juxta morum monachorum de Bodelo versus occidentem ab eodem monasterio in perpetuum libere et pacifice possidenda. Ita tamen ut nobis persolvant de quolibet bonario duos denarios annuatim, salva nobis justicia in dictis bonariis tam alta quam bassa. In cujus rei robur et testimonium presentes litteras scribi fecimus et sigilli nostri munimine roborari. Datum apud Gandavum anno Domini M° CC° XL° nono mense Januario. »

(Idem.)

(2) « Universis Christi fidelibus presentes litteras inspecturis, Willelmus, miles de Belsele, salutem in Domino sempiternam. Notum vobis facio quod ego vendidi et ab omni feudali servicio seu quocumque onere deliberavi domui religiose monialium de Wasemonstre decimam meam quam habui jacentem in parrochia de Wasemonstre in loco qui Hese dicitur, quam videlicet in feudum tenebam a domina Machtilde de Triest, et hoc feci per manum et consensum domine mee predicte qui dictam decimam ab omni onere servicii ad se spectantis in perpetuum acquitavit, et hoc adimplevit ad monitionem et dictum hominum suorum feudatorum, scilicet Willelmi Ruschre, Theoderici Coleman, Jordani de Molendino; Testes ad hoc vocati fuerunt : Walterus de Couderborch, Symon de Muschbroec, Willelmus de Haghe et Balduinus de Nova Domo, homines domine comitisse. In dicta quoque venditione et quitatione Beatrix uxor mea assensum prebuit et debitam festucationem fecit ad dictum hominum predictorum. Ut igitur predicta omnia firma et inconcussa permaneant, ego Willelmus miles supradictus et domina mea Machtildis predicta presentem paginam domini supradicte contulimus sigillorum nostrorum munimine roboratam. Actum anno Domini M° CC° XL° none, sabbato ante Invocavit me. »   *(Idem.)*

(3) *Charterboek der abdij.*

Eene laatste gift van Margareta, namelijk van twee bunder moer, in de nabijheid van het der abdij reeds toebehoorende, is gedagteekend van het jaar 1263(1). De vorstin, gelijk men weet, regeerde Vlaanderen tot het jaar 1279, en begiftigde een groot getal kloosters en andere vrome instellingen.

Het voorbeeld, door Margareta gegeven, bleef niet zonder navolging. Een edele ridder, Jacob van Pumbeke, en zijne echtgenoote Geertruda vermeerderden in 1257 de eigendommen van Rozenberg met 19 bunder land en 13 bunder heide, in de wijk Hese(2), alwaar later eene aanzienlijke pachthoeve oprees. Een

---

(1) « Nos Margareta Flandrie et Haynonie comitissa notum facimus universis quod nos pro nostro ac antecessorum et successorum nostrorum animarum remedio ac salute. Abbatisse de conventus de Waesmoustier ordinis sancti Victoris dedimus in puram et perpetuam elemosinam duo bonaria mori cum fundo jacentia juxta morum ipsarum monialium que habent iuxta morum monachorum de Bodelo, versus occidentem ab eisdem monialibus in perpetuum pacifice possidenda. Ita tamen quod dicte moniales nobis et nostris successoribus comitibus Flandrie pro quolibet bonario ipsorum duorum bonariorum duodecim denarios Flandrie monete annui census ad brevia nostra de Wasia in festo sancti Remigii annuatim in perpetuum solvere teneantur retenta nobis et nostris successoribus omnimoda justicia in eisdem. In cujus rei testimonium presentibus litteris sigillum nostrum duximus apponendum. Datum anno domini M° CC° LXIII° die lune post festum Sancti Marci Evangeliste. »   (*Charterboek der abdij.*)

(2) « Universis Christi fidelibus quibus presens scriptum videre aut audire contigerit, Jacobus miles de Pumbeke et Gertrudis eius uxor eternam in Domino salutem. Notum nobis facimus tenore presentium quod nos anno domini M° CC° quinquagesimo septimo mense aprili sub tempore excellentis matrone domine Margarete Flandrie et Haynonie comitisse, et reverendi patris Domini Walteri Tornacensis episcopi pari desiderio et consensu dedimus in elemosinam monasterio monialium montis rosarum in Wasemonstre decem et novem bonaria terre allodii jacentis in territorio Wasie, in loco qui hese dicitur et tredecim bonaria wastine hereditatis jacentis ibidem dictas moniales in perpetuam et quietam ut riusque terre possessionem mittentes et dictam utramque terram in eas corporaliter transferentes, sub juramento interposito permittentes eisdem quod nos dictam elemosinam observabimus inconcussam. Hec autem facta sunt in presentia domini Theoderici de Pumbeke, militis, Symonis Tunc, capellani monasterii supradicti, domini Willelmi cappellani sancte Anne(1), Willelmi de Beveren,

---

(1) Ste-Anna.

ander vermogend man, Wouter van Coudenburg, gaf met toestemming zijner vrouw Clarissa, in 1264, vier gemeten broek te
Tielrode, enkel met last van 2 penningen aan hem of zijne erfgenamen jaarlijks te betalen (1).

In de maand Augustus 1267 bezegelde Andries van Grimbergen, gezeid van der Schelden, eene charter, waarbij hij de
nonnen en dienstlieden van Rozenberg en hunne goederen ont-
sloeg van allen veerschat, tol- of schipsloon, in het varen naar
het kasteel van Dendermonde (2).

Hugenis de Veere, hominis domine comitisse, Theoderici dicti Vanekin,
Egidij filii Henrici Coci, Arnoldi garsionis nostri, Petri dicti Steppe et aliorum
tunc presentium presbyterorum et fide dignorum qui omnes convocati fuerint ubi res gesta fuit scilicet in loco monasterii supradicti ut de permissis
si necesse foret, testimonium perhiberent veritati, utque predicta elemosyna
stabilis permaneat in perpetuum et inconcussa nos presentes litteras sigillo
uno pro nobis ambobus utentes videlicet meo Jacobi militis supradicti, et
sigillo domini Th. de Pumbeke, militis, antedicti duximus roberandas Sigillo
viri nobilis Theodorici domini de Beveren in cujus audientia permissa omnia
plenius retractata fuerunt ad presentes m.... as p'ces pagine coappenso. »
(Charterboek der abdÿ.)

(1) « Universis presentes litteras visuris. Walterus, dictus de frigido
Castello, salutem in Domino sempiternam. Notum vobis faeio quod ego de
spontanea et expressa voluntate Clarisse uxoris mee vendidi et ad plenam
legem tradidi et deliberavi monasterio de Wasemonstre quatuor mensuras
terre jacentis in palude de Thielrode libere et absolute ab omni angaria
dicandi fodiendi et aliorum serviciorum que de communi jure in dicta palude
fieri debent et consueverunt. Et dictam terram in dicta libertate dicto monasterio in perpetuum observare permisi mediante annuo ac perpetuo censu
duorum denarium Flandrorum mihi et heredibus meis in festo beati Remigij
solvendarum. Dictum quod monasterium de dicta terra uxore mea presente
predicta et quicquid ius expostulabat faciente legitime investivi five investire
percutavi. In cujus rei testimonium et munimen perpetuum ego presentem cartulam conscribi feci, et dicto monasterio tradidi sigillis mei munimine roboratam. Testium vero qui premissis vocati interfuerunt nomina
sunt subscripta Egidius de frigido Castello, Willelmus dictus Ruschre, Johannes de Prato, Arnoldus filii mensonis, Giselbertus de Ledackere, Arnoldus
Dullard, Henricus Coudeweder, Walterus de Merlaer, Henricus Bruninc, scabini quod dicte paludis et alii quamplures quorum nomina in presenti
pagina non sunt annotata. Actum in palude de Thielrode, anno Domini
Mᵒ CCᵒ LXᵉ quarto, mense martio. » (*Idem.*)

(2) Meergemeld Charterboek. — Reeds gedrukt in het *Cartulaire de la
ville de Termonde*, 234.

Nog vinden wij, onder de begiftigers der abdij in de tweede helft der XIII° eeuw, den reedsgenoemden Dirk van Pumbeke, die ten jare 1267 ontlasting gaf van alle rechtsmacht en dienstbaarheden op zekeren grond, door de abdij van Wouter van Hulst aangekocht(1), alsmede Beatrix van Colanen, die het jaar nadien de gemeenschap verrijkte met eene hofstede, twee huizen, zestien gemeten land en eenen boomgaard te Otene(2).

Van al deze eigendommen halden de nonnen behoorlijke brieven verworven, die ongetwijfeld met zorg in de archievenkamer werden bewaard; tot meerdere zekerheid verzochten zij ten jare 1271 aan de gravin Margareta de wettige opsomming hunner goederen in ééne acte, wat gewillig toegestaan en, na onderzoek door den prior der Predikheeren en eenen Minderbroeder van Gent, den 11 September van gezegd jaar met het vorstelijk zegel bekrachtigd werd(3).

---

(1) De Vlaamsche vertaling staat in den hooger beroepen bundel.

(2) Idem.

(3) « Nous, Margherite, contesse de Flandre et de Haynaut, faisons savoir à to, ke no par nos chiers amis en nostre seigneur frère Sohier de Sotenghien, prieur des frères preecheurs de Gant, et par frère Gossuin, del ordene des frères meneurs de celi meme ville, feimes enquete les pièces de terres des rentes et des autres possessions del abeie de Waisemoustier de sereurs del ordene de Primi, dont les pièces quil nos raportèrent qant il les orent diligement enquises sunt teiles, cest à savoir en la parroche de S. Nicholai en Waise trente et cinc bonniers une mesure et soissante verges de terre, dou coy nostre chiere dame et sereur, de bocne memoire, Jehane contesse de Flandres et de Haynaut, dont chascuns bonniers nos doit deus sols de rente par an à nos bries de Waise. Encore en cele meime parroche dis bonniers et demi, demie mesure, cuinqante verges de terre dont li cuinc bonn. et demi une mesure et sissante verges doit chascuns bonniers deus sols de rente par an à nos bries devant dis, et li autres cuinc bonniers et quatre vins et dis verges doit chascuns bonniers dis et wit deniers de rente par an as bries devant dis. Encore en cels parroche vint et un bonn. et une mesure don doy Margherite, ki la fu none profese a dis et wit deniers le bonnier de rente p. an bries devant dis. Encore en celi proche une disme ki vaut en tout quatre lib. par an et gist en la segnorie le segneur de Bevere, et muet de no. Encore en la parroche S. Pol en Waise quatre bonniers mains trente et wit verges, ke maistre Henris, prestres de Boschte lor donna en aumosne à dis et wit deniers de rente par an le bonnier, as bries devant dis. Encore en celi parroche

Terwijl wij de graven vau Vlaanderen en voorname edellieden de abdij van Waasmunster mild zien begunstigen, nam

un bonnier et demie mesure ke eles achaterent par nostre otroi a dis et wit
deniers le bonn. de rente par an as bries devant dis. Encore en la parroche
de To sains en Waise deus bonniers et demi ke Margherite de Tamise ki fu
none professe latens i dona en aumosne a dis et wit deniers le bonnier de
rente par an as bries devant dis. Encore en le proche de Waisemoustier quatorze bonniers de wastine achatee par nostre otroi à Gerrot de Heise à dis et
wit deniers de rente par an le bonn. as bries devant dis. Encore en celi proche
vint bonniers et sissante verges lesquels Gossuins del Escaut, iadis bourgeois
de Gant, dona en ausmosne al abeie devant dite à dis et wit deniers le bonnier
de rente p. an as bries devant dis. Encore en celi parroche douze bonniers et
demie mesure achatees à diverses gens par nostre otroi à dis et wit deniers
le bonnier de rente p. an as bries devant dis. Encore en celi parroche deus
boniers et demi achateis à Willaume tSillart à dis et wit deniers le bonn.
de rente par an as bries devant dis. Encore en celi proche vint et deus
bonniers de aloes ke en preis ke en terres ke li eveskes Watiers de Marvis
dona en pure aumosne al eglise devant dite. Encore en celi parroche vint
et deus bonniers de aloes ki gisent en la segnorie le segneur de Bevere et
moevent de no. Encore en celi proche une disme ki vaut en tout quatorze
livres par an ki fu dou fief la dame de Tronchieneske le tient de no et le donna
par nostre otroi en aumosne al église devant dite. Encore en celi parroche
une autre disme achatee as Willaume de Belsele, chevalier, ki fu par nostre
otroi ki vaut en tout quarante sols p. an. Encore en celi parroche en tout sis
bonniers de terre keles tienent à rente del.. abei et dou convent de S. Pierre
de Gant. Encore en celi parroche sis bonniers de terre keles tienent a rente
de Gossuin dou Miroir, bourgeois de Alost. Encore en celi parroche quatre
mesures de terre keles tiennent à rente del abei de Boudelo. Encore en celi
parroche un bonnier et demi keles tiennent à rente de Katherine de Muske-
broke. Encore en celi parroche cuinc bonniers deus mesures et demie keles
tiennent à rente del église de Waisemoustier. Encore en celi proche noef
bonniers et deus mesures keles tienent à rente del eveske de Ternai. En le
parroche de Locre deus bonniers et demi achateis par nostre otroi a dis et
wit deniers le bonnier de rente par an as bries devant dis. Encore en le
parroche de Morbeke quatre bonniers de moer à tout le fons, dont no
lor donaines les deus et les autres deus achaterent eles à no, dont li doi
bonnier doivent quatre deniers de rente et li autre doi bonnier deus sols
de rente par an as bries devant dis. Encore ont eles en la parroche de
Othene seze mesures de franc wetage ke on lor dona en aumosne. Encore en
la parroche S. Martin de Ostenbliden daleis Axele une disme de la valeur
dentout vint lib. p. an ke on lor dona en aumosne et ke eles tiennent de
Philipon de Axele chevalier. Encore en la parroche de Thilrode dis et huit
bonniers et la entour de terre ke eles tienent à rente del abei de Lobes.
Toutes ces terres, ces rentes, ces dismes et les possessions devant dites

het opperhoofd der Kerk, paus Alexander IV, haar op eene gansch bijzondere wijze onder zijne bescherming. Bij brief van 29 Augustus 1258 bevestigde hij haar in het bezit van al hare goederen, ook van degene, welke zij in het toekomende van bisschoppen, vorsten of andere lieden, als gift of aalmoes, zou verkrijgen. Bovendien verklaarde de paus al de landen, meerschen, bosschen, wateren enz., welke de gemeenschap voor eigen gebruik bewerkte, tiendevrij; de Zusters, in de abdij aanvaard en geprofest, bleven voor altijd jegens het sticht verbonden, zonder het te mogen verlaten, tenzij met oorlof der abdis en om een strenger klooster binnen te treden; wanneer de kerkelijke ban zou geworpen zijn over het geheele land, mocht in de abdijkerk de goddelijke dienst voort geoefend worden, doch met gesloten deuren en de gebanvloekten buiten gehouden; zonder oorlof van den bisschop en toestemming van de abdij mocht er in Waasmunster geene nieuwe kapel worden opgericht; en het was strengelijk verboden de abdij te kwellen met afpersingen, zoowel vanwege geestelijke als van wereldlijke personen; er mocht geen verzet worden gemaakt tegen de uitvoering van de begeerte dergenen, die in de abdij wenschten begraven te zijn, gebanvloekten of woekeraars uitgezonderd; eindelijk de Zusters moesten geene abdis aanvaarden, welke niet door hen zelven, en bij meerderheid van stemmen, gekozen was(1).

---

aumosnes al abeesse et au couvent devant dis et tout si come eles les ont aquises par juste droiturier title ou nom de lor église, nous, Margherite, contesse de Flandres et de Haynaut et je, Guis, ... cuens de Flandre et march. de Namur, pour le remeide des aumes de no, de nos ancisseurs et de nos successeurs les loons et greons et confirmons, comme dame et sire de la terre. En tesmoignage et ponr scurtei de laquel chose no avons donnei al abeesse et au couvent de Waisemoustier devant dis ces présentes lettres scelees de nos saieaus, ki furent donees et lan del incarnation nostre seigneur Jhesu Crist. M. CC. soissante et onze el mois de Septembre. »

(Oorspronkelijke charter op perkament, met de twee geschondene zegels. *Archief van Rozenberg.*)

(1) De Vlaamsche overzetting dezer bulle komt voor in den meergemelden bundel.

Het aanzienlijke belang dezer merkwaardige bulle hoeven wij
niet te doen uitschijnen; wij twijfelen er niet aan of zij moet door
Rozenberg's kleintalige bevolking evenzeer gewaardeerd geworden zijn als de keure-, vrij- en privilegebrief door eene burgerlijke gemeente. Zij schijnt echter niet goed begrepen te zijn
geweest door de abdis en hare medezusters, die eenen tijd lang
in de meening verkeerden dat zij, onder het opzicht van tijdelijke
goederen, volkomene vrijheid genoten en geene acht hoefden
te slaan op de rechten des lands. Deze dwaling kwam haar duur
te staan : omtrent het einde der XIIIe eeuw in het bezit gekomen
van goederen en inkomsten, zonder daartoe aan de regeering
oorlof te hebben gevraagd (gelijk eene door Magareta uitge-
vaardigde wet bevool aan alle kloosters, kerken, godshuizen,
priesters, klerken en onedele personen), werd deze overtreding,
welke de abdij, hoe ongaarne ook, verantwoorden moest, met
boete gestraft. Gwijde bezegelde in de maand April 1295 zijne
brieven van ontvangst[1], maar gaf het jaar daarna oorlof om

---

(1) « Nous Guys, cuens de Flandres et marchis de Namur, faisons savoir à
tous ke come grant tans il fust par toute nostre terre de Flandres fair généralement uns commandemens et une deffense de par très noble et très haute
dame jadis nostre chiere dame et meire Margherite de bonne memore, jadis
contesse de Flandres et de Haynau, et de par nous ke nulle abbeye, eglyze,
maisons de religion, priestre, clerc, gens non nobles et autres dessemblables
à le loy acquisiscent en nostre tierre de Flandres fies, rentes, tierres, héritages
et autres semblans acques ki meuscent de nous et encontre le comandement
et le deffense devant dis, religieuses dames li abbeesse et li couvens del
eglize de Wayzemoustier aient acquis en nostre tierre et par accat et par don
daumesne tierres, censives et autres choses de nous mouvans, ensi ke chi
apries seront nomees, chest à savoir en la paroche de Lokerne onze et demi
boniers de terre ki acatce fu à Jehan Coene. Item à Waisemoustier à signeur
Huon Man sent sour mesures de tierre, vint sols de rente par an. Item en
Waysemoustier à signeur Calayze sour deus mesures de tierre dys sols de
rente par an. Item à Gillion le Rovere en Waysemoustier sour deus bonniers
de tierre gisans en le bystere vint sols de rente. Item en Waysemonstier à
Margherite sKetelboeters et à ses enfans sour trois et demi bonniers de tierre,
quarante sols de rente par an. Item en Waysemoustier à Gillion de le Hezen-
donc sour deus et demi bonniers de tierre, quarante sols de rente par an.
Item acquis en le Weestpoulre en Caestighe, dys et wit spades de tierre. Item
en Wayzemoustier à le demisicle de Mosbroecht sour quatre bonniers de tierre

landen te mogen aankoopen tot een bedrag van 400 pond, Parijsche munt (1).

Een ander voorrecht, aan Rozenberg vergund door Gwijde, in de maand April 1290, was de amortisatie van kloostergoederen, gekocht in Waasmunster, Belsele, Lokeren, St.-Nicolaas en Westpolder(2). Dergelijke gunst verkreeg de abdij voor hare

---

con appiele leen Vardouc, quarante sols de rente par an. Item à Boidin de Lobsvelde sour deus bonniers de tierre, un muy de soile de rente p. an. Item en Beostenbliden à Henri fil Lippins sept mesures de terre. Item à Belzele sys bonniers de motuerre hyretaule acatés à Margherite dame Willame le Frison. Item en Belzele à le demi-sield de Mosbroucht sys bonniers de motuerre hyretaule. Item ke demisiele Margherite de le Coudebourg apporta en le ditte abbeye et dona quant elle si rendi wit bonniers de motuerre hyretaule. Item à Heyze à Gherard de Viane bonnier et demi de tierre. Item en le parroche Saint Nicholay à Gerard Wittenkinder sour siept mesures de tierre, siept haltres de soile de rente par an. Item en Thielrode à Willame fil Mathis de Thilrode soiscante et douze vaisetans davaine et aient tout cist acquest estei fait sans le congie de notre trèschiere dame et mère desus ditte et le nostre et sans nostre assens ke faite ne leur loisoit ensi comme il appert par lenqueste sour che faite par nos gens ke nous aviemes à che misnous coniscons ke li devantdite abbeesse et li couvens de léglize de Waize, moustier pour elles et pour leur maison ont asses fait envers no et à no gres plainement del amende ke no leur demandiens et demander porriens des finances ke faire deurent à nous p. loqison des dis acques ke fais ont dusques aujourduy et ke faire ne leur loisoit, et les en avons quittées et quittons à tous jours et greons ke les deseur nommés acques tiegnent as us et as coustumes deu pays, sauves toutes nos autres droites. En tiesmoignage desquelles chozes toutes no avons ches présentes lettres fait saeler de nostre sael ki faites furent et donées lan de grasse mil deus cens quatre vins et quinze el mois davril. »   (*Charter op perkament, met zegel. — Archief*
van Rozenberg.)

(1) « Nous, Guis, cuens de Flandres et marchis de Namur, faisons savoir à tous ke cest bien nos greis et no volonteis ke li abbeesse et li couvens de le abbeie de Waisemoustier puissent akater et aquerre desous nous et employer en terres et en rentes, mais ke ce ne soit fies, jusques à quatre cens livres de paresis, sauf ce ke les terres et les rentes keeles akateront et aquerront demeurent taillaules et rencaules à nous et à autrui et en autre teil usage com elles ont esteu jusques au jour duis, par le tesmoing de ces lettres saielees de notre saiel, ki furent faites et données en lan de grâce mil deus cens quatre vins et seze, le mardi après le quinzaine de Pasques. »
(*Origineel op perkament, met goed bewaard*
zegel. — Archief van Rozenberg.)

(2) In voormelden bundel.

later aangeworven goederen in 1474, van hertog Karel den
Stoute(1), en ten jare 1517 van Karel van Oostenrijk.

Onder de voordeelen, welke de nonnen in den loop der
XIVe eeuw verkregen, zullen wij, kortheidshalve, slechts melding maken van den tolvrijdom te Mendonk en te Wachtebeke,
die ridder Wouter van Voorhoute hun ten jare 1337 toestond (2).

Het is een merkwaardig verschijnsel, dat zoo vele kloosters,
in de middeleeuwen tot stand gekomen, op korten tijd rijk
werden aan goederen en inkomsten; verwondering zal dit echter
niet veroorzaken, wanneer men den geest des tijds daarbij in
aanmerking neemt. Staat en kerk waren beheerscht door gelijke
beginselen, het oppergezag van God erkennende en huldigende
in de wetten, voor het algemeen, gelijk voor de gewoonte binnen
huize en voor de leer in de school. Men verstaat dat het werven
van kloosterlingen te dien tijde uiterst gemakkelijk, ja, dat schier
geene vorstelijke of adellijke familie te vinden was, waar niet
één of meer kinderen het geestelijke kleed hadden aangetrokken.
En wie geen trek gevoelde om zich voor gansch het leven binnen
vier muren op te sluiten, of wie geen monnik of kloosterzuster
worden kon of mocht, gaf geld en goed aan vrome stichtingen,
overtuigd dat hij daardoor zijn aandeel kreeg in de zegeningen,
welke voor elken weldoener eener godsdienstige gemeente door
gebed en versterving werden gevraagd.

Wij achten het nutteloos, hier al de goederen op te noemen,
welke Rozenberg in den loop der eeuwen, door gift of bij aankoop, in haar bezit kreeg; het vorengaande zal volstaan om te
bewijzen dat het der abdij aan geene middelen moet hebben
ontbroken, niet alleen om hare zending naar behooren te vervullen, maar om, gelijk wij verder zullen zien, elken dag de
ongelukkigen, die aan hare poort eene aalmoes kwamen afbid-
den, te kunnen den nooddruft geven.

---

(1) Charter in het Fransch, onder 't archief der abdij, op perkament, met
groen wassen zegel.
(2) In voormelden bundel.

Was de abdij met tamelijk vele goederen gezegend, zij bleef evenwel niet vreemd aan de bezwaren, welke veelal met het bezit verbonden zijn. In het vorig hoofdstuk hebben wij gezien hoe menigmaal, tijdens oorlogen en oproeren, zij van haar goed werd beroofd, hoe de weerlooze nonnen, omzwervend in ballingschap, blootgesteld waren aan honger en ellende. Zelfs toen de religietroebelen hadden uitgewoed, ondervonden de nonnen van Rozenberg de meeste moeilijkheid bij het innen hunner huurgelden, cijnzen en renten, tot zooverre dat zij verplicht waren de bemiddeling des konings af te smeeken om de schuldenaren tot kwijting te dwingen(1).

---

(1) « Philips, by der gratie Godts, Coninck van Castillien, enz. den ersten onsen deurwaerdere ofte sergeant van wapenen hierop versocht, salut. Wij ontbieden ende bevelen u daertoe committerende mits desen, dat alle de goede ende rechtveerdighe schuldich gekent, geprouft ende waer gedaen, bij brieven, cedullen, instrumenten, registers, belijdinghe van partien, getuyghen, oft anderen wettelicken bescheeden die u blijcken zullen dat men schuldich ende tachter es tcloister van Roosenberghe, ghij hemlieden doet betaelen terstondt ende sonder vertreck, oft huerlieder gecommitteerden in desen, daertoe bedwinghende de schuldenaers ende eenen yegelijcken van dien bij aentastinghe ende vercoopinghe van hueren goeden, roerende ende onroerende, arreste ende vanginge van hueren persoonen (eyst noodt) ende zijlieden daertoe verbonden staen, ende bij alle andere behoirlicke wegen ende manieren van bedwange, ende in gevalle van oppositie, weygeringe ofte vertreck hantvullinge bij u eerst ende alvoiren genomen vanden goeden vande voors. schuldenaers totter somme oft sommen begrepen inde verbantbrieven oft obligatien daervan gemaect ende gepasseert onder onse oft andere geprevilegierde zegelen, ende dezelve bedwongen realick ende bij foyte tot namptissement inclus vande cleene cheynsen ende renten voir drije jaeren, laetende der lichtinge van dien toe op goede ende souffisante cautie die vanden voirs. cloistere oft huerlieder gecommiteerden in desen al niettegenstaende oppositien ofte appellatie gedaen oft te doene ende zonder prejudicie van diere dachvaert, dopponenten, weygheraers oft vertreckers te commen ende compareren tot zekeren ende tamelicken daghe oft dagen voir onsen lieven ende getrauwen president ende lieden van onsen Rade in Vlaenderen, omme aldaer te seggen de redenen van haerlieder oppositie, weygeringe oft vertreck, antworden, procederende ende voort sien ende hoiren ordonneren zo behoiren zal, overscrivende ten voirs. dage oft dagen de voirn. van onsen Rade in Vlaenderen wat ghij hier inne gedaen sult hebben, denwelcken wij bevelen ende committeren dat sij den partijen (die gehoirt sijnde) doen goet cort recht ende expeditie van justicie, want ons

Van haren kant was Rozenberg jaarlijks tot zekere verplich-
tingen verbonden. Onder deze lasten rekenen wij : 16 schellingen 1 penning, Parijzische munt, aan den bisschop van Doornik ;
8 schellingen aan den pastoor en den koster van Waasmunster,
van welke som de eerstgenoemde twee derde deelen had ;
11 schellingen 5 penningen en eene maat rogge aan de kerk der
parochie ; 3 maten rogge aan den H.-Geest van Waasmunster, en
9 schellingen aan de kapel van Ste-Anna. Voor de heerlijkheden
en andere leengoederen, welke zij bezat, was de gemeenschap
verhoofding en verhef schuldig bij de aankomst van eene nieuwe
abdis, namelijk aan de heerlijkheden van Allinkrode, H. Kruis
(Exaarde), Hertselaar, Hoirzele, Mosbroek, St.-Pietersdamme,
de Ponte, Rode, ten Spiegele, ten Walle en Bokselare.

Sedert 1770 was Rozenberg, daarenboven, als tiendehefster te
Waasmunster, verplicht jaarlijks de som te betalen van 3 pond
3 schellingen 3 deniers als aandeel in het jaargeld van den
tweeden onderpastoor.

De inkomsten der abdij werden wijselijk beheerd. Toen,
omtrent het midden der XVIIIe eeuw, het vaderland in eenen
neteligen toestand verkeerde, en de keizerin Maria-Theresia
oorlog te voeren had tegen den koning van Pruisen, kon Rozenberg, even goed als welke geestelijke vereeniging en burgelijke

---

alzo belieft, niet jegenstaende eenighe letteren van state, van gratie, van
respijte, oft andere vercregen oft te vercrijgen bij de voirs. schuldenaers oft
eenighe van dien van buerlieden schulden te betaelen, van den welcken sij
afgegaen ende gerenonceert zouden hebben bij eede, ne waere nochtans in
dezelve letteren speciale mentie gemaect vande voirs. renonciatie ende eede.
Ontbieden voorts ende bevelen alle onse justicieren, officieren ende ondersaeten, dat zij u tselve doende ende des daer aencleeft ..... verstaen ende
obedieren, niet min wij verbieden u alle kennisse van zaecken dese jegen-
wordighe een jaer in waerden blijvende ende niet langer. Gegeven in onser
stadt van Mechelen den XVI^{en} dach der maendt Septembris int jaer ons
Heeren duysent vijf hondert acht en tachtich. »

Bij den Coninck ter relatie van den Rade,
F. van der Schelde. »

(*Oorspronkelijk stuk op perkament, thans
zonder zegel. — Archief der abdij.*)

gemeente, de regeering middelen helpen verschaffen om den vijand het hoofd te bieden. De Belgische gewesten bezorgden, van den eersten oogenblik af, twaalf duizend soldaten en 16 millioen gulden, zonder andere groote opofferingen te rekenen, die de natie zich getroostte. Rozenberg's aandeel in de leening aan het staatsbestuur bedroeg niet min dan 25,000 gulden (1).

(1) « Charles Alexandre, Duc de Lorraine, etc..... Vénérable chère et bien amée. Le salut de l'Etat exigeant que pour la campagne prochaine on fasse les plus grands efforts, il est indispensable à cet effet de trouver des ressources promptes en argent, tant pour fournir aux frais immenses et urgens, qui en dépendent, que pour pousser les opérations militaires avec assez de vigueur pour s'en promettre qu'avec l'aide de la Divine Providence elles mettront une fin heureuse à cette longue et cruelle guerre.

S. M. pleinement satisfaite des marques de zèle que lui ont donnés les peuples de ses Provinces Belgiques, a cherché jusqu'ici par des emprunts et par différens autres moiens pratiqués sur ses royales finances, à leur éviter une partie du poids de ces sortes de dépenses, et c'est dans cette même vue, que pour suppléer à celles de la prochaine campagne avec toute la promptitude qui exige un objet aussi important, d'où dépend le succès de ses armes, la gloire et le bonheur de l'Etat, elle a résolu d'emploier encore par préférence la même voie d'un emprunt, persuadée que ceux de ses sujets et particulièrement les corps et communautés écclésiastiques, que sont le plus à portée de faciliter ces emprunts, s'empresseront à le faire avec d'autant moins d'hésitation, que S. M. se bornant à demander simplement, elle veut bien en même temps leur offrir les sûretés les plus fortes, tant pour le paiement des intérêts, que pour le remboursement des capitaux à provenir de cet emprunt.

D'après ces intentions expresses de S. M. et par la confiance particulière que Nous avons dans votre amour et votre zèle pour son roial service, nous vous réquérons par la présente de lever sur le temporel de votre abbaye la somme de 25,000 florins de change à 4 p. °/₀ argent pour argent, pour le service de S. M., qui de son côté donne les sûretés suivantes :

1° « Elle affecte généralement pour les revenus des Païs-Bas et spécialement les subsides ordinaires de la province de Flandres, avec déclaration que le receveur des mêmes subsides sera expressement chargé de paier hors de leur produit le montant des intérêts des capitaux prêtés, et que les quittances des prêteurs lui seront validées en paiement.

2° « Outre cette affectation elle offre la garantie de sa chambre des finances, établie à Vienne, avec l'hypotèque générale de tous ses revenus des Païs héréditaires d'Allemagne.

3° « Elle donne au surplus pour hypotèque spéciale les douanes du royaume d'Hongrie, dont le produit net par opération faite d'une année commune de six monte à f. 581,169 d'Allemagne.

4° « S. M. s'engage à faire commencer après le terme de dix ans le rem-

De abdij van Waasmunster heeft, gelijk overigens schier al
de kloostervereenigingen der middeleeuwen, in ruime mate
bijgedragen tot de ontwikkeling van den Vlaamschen akkerbouw.
De landen, waar zij mede begiftigd werd, deed zij verzorgen, en
de heiden herscheppen in vruchtbare velden. Het stelsel, dat zij
daarbij volgde, was de helftwinning, schier overal in Vlaanderen
met uitnemend goed gevolg gebruikt. De pachter kreeg eene uitgestrektheid lands, bezaaide en beploegde die, en bracht de helft
der gewonnen vruchten naar de schuur der abdij, terwijl de andere
helft voor hem bleef. Dat dit stelsel den akkerbouwer voordeelig
was, blijkt uit den langen duur, welken het gehad heeft, en uit
den langen termijn voor welken vele pachtovereenkomsten werden
aangegaan. In 1258, onder andere, verhuurde de abdij van Rozenberg 9 bunder land in helftwinning aan Eustaas van Rijtmoorter,
voor twaalf jaren, op voorwaarde dat de abdij de helft van het
zaad zou leveren, eene bepaling welke dikwijls ontmoet wordt.

Soms werd bij het verhuren vastgesteld welke soort van vruchten
er moesten geteeld en geleverd worden. In gemeld jaar 1258 gaf
de abdij 8 bunder land in pacht voor 4 1/2 mud en 1 halster graan,
in den zomer, en 12 mud in den winter. Eene pachtacte van 1264
bepaalt den jaarlijkschen prijs op 14 schellingen, Vlaamsche munt,
en twee kapoenen; eene andere van hetzelfde jaar, op 5 schellingen en 4 kapoenen. — De abdij bezat in de XVIe eeuw te Gent
eene kriekerij of hofstede, ter plaatse geheeten Vogelzang (1).

---

boursement des capitaux prêtés à concurrence d'un huitième du capital par
chaqu'année au dessus des intérêts, pour effectuer ainsi et successivement
le remboursement total en huit années.

« Finalement S. M. aiant déja fait dépecher en ceste conformité les lettres
d'octroi requises, on accordera au surplus toutes les autres clauses qui seront
trouvées convenir pour faciliter le prompt succès et fournissement de cette
levée.

« Au moien de toutes ces conditions, qui ne laissent rien à désirer pour la
sûreté de l'emprunt, que nous vous demandons, nous nous attendons que
vous vous porterez avec empressement à donner à S. M. ceste marque de zèle
qu'Elle désire de vous. A tant, vénérable, chère et bien amée, Dieu vous ait
en sa Ste garde. De Bruxelles le 28 Avril 1760.   « Charles de Lorraine.

« A l'abbesse de Waesmunster. »

(1) « Wijllem Halaert, frueytenier, kende ende verclaersde duegdelic

De windmolen, welke de abdij te **Waasmunster** in pacht gaf, werd opgericht bij octrooi van 12 Mei 1518, mits een jaarlijksch erkenningsrecht van 6 schellingen parisis(1).

Een in 't Rijksarchief te Brussel bewaarde staat der middelen en lasten van de abdij in de tweede helft der XVIIIe eeuw geeft op, als ontvangst, de som van 1,808 pond 3 schellingen 8 deniers, of in Brabantsche munt, 10,493 gulden 18 stuivers; als uitgave, de som van 1,748 pond 19 schellingen 8 deniers, of 10,493 gulden 18 stuivers.

Wij mogen dit hoofdstuk niet sluiten zonder eenige regelen mede te deelen over de gebouwen en het beluik der abdij, van welke SANDERUS, in zijn *Flandria illustrata*, ons eene schoone afbeelding heeft nagelaten.

Het beluik bevond zich in het heden geheeten Kloosterbroek, dichtbij de Durme, oostwaarts achter de dorpskerk, op eene

---

ghehuert ende in loyalen pacht ghenomen hebbende jeghens Joos van Moustry, als ghecommitteert ontfanghere ende uuter name vande eerweerdegher vrauwe in Gode, mevrouwe der abdesse vanden cloostre van Roosenberghe, binnen der prochye van Waeymester (*sic*), zulc een crieckerije ende bogaert, metten grooten huuse, vijvere ende meerschalkene daeran clevende, als tvoorn. clooster heeft ligghende bij Sanders walle, ten Voghelen zanghe...»

(*Act. en Contr.*, keure, 1526-1527, bl. 151. — Stadsarchief van Gent.)

(1) « Ick, Philips van Steelant, Raedt mijns gheduchts heere conijncs van Castilien, van Leon, van Grenade, etc. grave van Vlaenderen, ende sijn watergrave ende moermeester van Vlaenderen, doe te wetene allen lieden dat ick bij virtute mijnder commissie ende omme te augmenteren de domeynen mijns voorn. heeren sconincx, hebbe gheconsenteert ende bij deser mijne lettren consentere eervrauwe in Gode mer vrauwe der abdesse vanden cloostere van Roosenberghe, te moghen rechtene oft doen rechtene binnen der prochie van Waesmonster, op huer selfs grondt van erfven, eenen coorenmolen ende den wint daertoe omme daer mede te malene alle maniere van grane, mids betalende jaerlicx ten prouffijte mijns voors. gheduchts heeren sconijncx, in sijne brieven vanden watergrave, sesse scell. par siaers ten zitdaghe te Stekene, ten verthierene dobbelen cheyns ende den clerck vijf scell. par. omme den naem te verstellene, behaudens elcx rechts. Ende so wanneer de molen afgaet, het sij bij brande of anderssins, so es tvoors. cloostere onghehouden vande voors. rente van ses scell. par. meer te betalene. Ghegheven onder mijnen zeghele desen XIIe in meye XV^c XVIII. »

(*Slaper*, bl. 282. — Archief der abdij.)

uitgestrektheid lands van 2,104 roeden. Het klooster, omringd
door eenen schoonen wal, bestond uit drie tamelijk groote
vleugels en een huis ter linker zijde des ingangs, dat vermoedelijk tot woning diende van den priester. Eene andere oude teekening duidt rechts van de groote poort eenen ronden vijver aan,
in gemeenschap met den wal, en met een eilandje, waar een
klein huis met tuin op gebouwd was. Eene schoone dreef leidde
van het dorp naar het klooster, dat geheel door weilanden was
omringd. De kerk stond te midden der andere gebouwen en
had zes vensters, zonder die van het koor. Er waren achttien
cellen voor de nonnen, twaalf voor de leekezusters. De inventaris der meubelen en sieraden, door de Fransche republikeinen
in 1793 opgemaakt, maakt melding van een groot altaartafereel
en van zes andere groote schilderijen, in de kerk; van een groot
getal andere tafereelen, waaronder verschillige portretten van
abdissen en eene *Aanbidding der Wijzen*, in onderscheidene
plaatsen des kloosters. De rifter was versierd met twaalf, de
eetzaal der abdis met een gelijk getal, en de ziekenzaal met acht
schilderijen, zoo groote als kleine. De muren van de kamer der
abdis waren bekleed met gouden leder. Verder waren hier een
aantal schoone oude kassen, eene bibliotheek, eene groote hoeveelheid zilverwerk voor het altaar, rijke priestergewaden enz.

De stallen waren in 1793 voorzien van elf koeien en zeven
paarden, onder welke twee prachtpaarden. Hoe jammer dat dit
schoone eigendom met zijne liefelijke wandeldreven, zijne
uitgestrekte tuinen en moeshoven en zijne vreedzame, liefdadige
bewoonsters, onder den dekmantel van vrijheid en broederlijkheid moest worden te niet gedaan...

IV. — Kloosterleven en oefeningen in de kerk.

Wij willen nu eens het klooster binnentreden, in kapittelzaal
en pand, in werkkamer en kerk eenen oogslag werpen en de
gemeenschap leeren kennen in haar dagelijksch bedrijf. Er zijn
zoo vele vooroordeelen omtrent de geestelijke vereenigingen ver-

spreid, dat weinige leeken een begrip hebben van wat een klooster is, en hoe de kloosterlingen er hunne dagen overbrengen.

De gemeenschap van Rozenberg bestond vanouds uit eene abdis, eene priorin, eene onderpriorin, eene proosdinne of spijkervrouw, eene kelderwaardster, eene ziekemeesterse, eene kosterinne, eene voorzangster, eene poortieres, eene gastmeesterse, eene rifter-vrouw, eene novitiemeesterse en de gewone Zusters, verdeeld in dames of nonnen, donatinen en conversinen.

Een nieuw lid der gemeenschap werd niet lichtzinnig aan-vaard. Toen de bisschop Triest den 4 Augustus 1625 de Zusters eenige voorloopige regelen voorschreef, bepaalde hij — ver-moedelijk naar aloud gebruik te Rozenberg — dat men vóór de aanvaarding eener Zuster tijd zou nemen om inlichtingen over haar in te winnen, zoodat men volkomen weten zou of zij al of niet geschikt was voor het klooster. Bovendien stelde de prelaat als voorwaarde, dat men niet meer dan een en twintig Zusters zou aanvaarden, welk getal in verhouding was met de middelen, waar Rozenberg over beschikte, tenware dat degenen, die daarboven begeerden aangenomen te worden, genoeg mede-brachten om in hun onderhoud te voorzien, boven eene jaarlijksche rent van ten minste honderd gulden (1).

De som van het jaargeld, door de nonnen of hunne familie te verzekeren, was niet bepaald, maar ondergeschikt aan dezer middelen of mildheid (2).

Bij hunne aanvaarding legden de Zusters de volgende belof-ten af:

« Ick suster..... belove aen Godt almachtich, de heylighe
« Maghet Maria, sijne Moeder ende alle Godts lieve heylighen,
« beterijnghe mijner zeden, eeuwighe reynicheyt, dervinghe

---

(1) Voorloopige statuten, deel makende van het Stadsarchief te Gent.

(2) « Kenlic etc. dat Philips Serssanders commen es etc. kende ende lijde dat hij belooft heeft ende sculdich es joncf. Lijsbetten Serssanders, religieuze jn den cloester van Waesmonstre, de somme van twee pond grooten tsjaers lijfrenten tharen live »...   (Act. en Contr., keure, 1434-1435, 92. — Stadsarchief van Gent.)

« van alle eyghendom ende ghehoorsaemheyt aen den hoogh-
« waerdighsten heere mijnheere den bisschop van Ghendt ende
« eerweerdighe mevrouwe..... van dit clooster, midtsgaders
« hunne naercommers, naer den reghel van den H. Augustinus
« en volghens de statuten ende ordonnantien vande heylighe
« Maghet Maria, ter presentie vanden eerw. heer....., daertoe
« specialijck bij sijne hooghweerdigheyt ghecommitteert ende
« de religieusen van dit clooster, naer mijn vermoghen ende
« gratie, die Godt mij gheven zal. »

Het onderhoud in het klooster liet niets te wenschen, en de
zieken waren het voorwerp der beste zorg. De overledene werd
door gebeden en aalmoezen herdacht. Gedurende eene maand
ging de geheele gemeenschap elken dag aan haar graf het *de
Profundis* bidden, wat ook na ieder eetmaal, alsmede in het
kapittel, werd gedaan.

Niet zoodra had men de laatste plichten jegens de overledene
overste gekweten, of de zorg om in hare opvolging te voorzien
beheerschte het gemoed van al de leden der gemeenschap. Tot
den dag der kiezing moesten zij elken ochtend, vóór terciën,
knielend in 't gestoelte, den psalm lezen *Ad te levavi* en verschillige gebeden.

De kiezing der nieuwe abdis geschiedde in bijzijn van Commissarissen van het hof. Men begon met de mis van den H. Geest,
onder welke al de Zusters tot de H. tafel naderden; nadat men
andermaal den gemelden psalm had gezegd, leidde men de Commissarissen naar de plaats, waar moest gekozen worden, en zij
teekenden daar, in 't geheim, de stem aan van de nonnen, « alle
affectie ende passien ter syden stellende, en met Godt kiesende
alsulcken persoon van hemlieden, wiens leven zal wezen een
exempel van heylighe conversatie, ende die sy meest sullen
bequaem oordeelen soo om het geestelick als tydelick te admi-
nistreren(1). »

De keus was volkomen vrij, maar de non, voor wie men
stemmen wilde, moest minstens veertig jaren oud zijn, en acht

---

(1) *Statuten van het clooster van Roosenberge in Waesmunster,* 1637. In
't archief der abdij. Een afschrift wordt bewaard in het staatsarchief van Gent.

jaren na hare professie « eerlick endè degelick » geleefd hebben,
gelijk door het Concile van Trenten was voorgeschreven. Vond men
in het klooster geene Zuster van dien leeftijd, bekwaam om den
staf in handen te houden, men mocht eene jongere kiezen, maar
bepaald boven de dertig jaren oud en vijf jaren deugdzaam kloosterleven tellende. Het stemrecht was ontzegd aan Zusters, die de
orde eens hadden verlaten, die aangedaan waren door eene
besmettelijke ziekte of getroffen waren door den ban der H. Kerk;
zulke konden ook niet tot abdis gekozen worden.

De keus gedaan zijnde, vroeg men de verkozene, in tegenwoordigheid der gansche gemeenschap, of zij den last aanvaardde. Was haar antwoord bevestigend, zij drukte aanstonds
daarna haren dank uit voor de haar toegedachte eer, zwoer den
eed van getrouwheid aan den regel van St. Victor, beloofde de
goederen der vereeniging te zullen bewaren en legde belijdenis
af van het christen geloof.

Nadat de vorstelijke Commissarissen de nieuwe abdis de aan-
stellingsbrieven hadden overhandigd, leidde men haar naar de
kerk om mis te hooren, in geval zij er dien ochtend geene
zou hebben bijgewoond. Dan nam zij plaats in den zetel, waar
al de nonnen, te beginnen van de eerste in waardigheid, tot
de laatste, éen voor éen bij haar kwamen en belofte deden
van gehoorzaamheid, naar den regel der orde. De statuten
vorderden dat de nieuwe abdis hare medezusters « sal ontfaen
met een moederlick gelaet, met den cus van vrede. » De
plechtigheid eindigde met den zang : *te Deum laudamus.*

Tot hoeverre, zal men misschien vragen, bestond het gezag
der abdis? Was zij heerscheres en gebiedster naar willekeur,
zonder perken en zonder verantwoordelijkheid ? De Statuten
maken ons met hare plichten en lasten, in de volgende bewoor
dingen, duidelijk bekend :

« De abdesse sal de administratie hebben int geestelick ende
« tydelyck goet, ende van haer officie wegen behoort hiertoe de
« voorsichticheyt van den huuse ende het couvent van buyten
« ende binnen, ende van al den huuse ende clooster aangaet;

« maer in swaere saecken sal sy raedt nemen aen de priorinne,
« suppriorinne ende twee oudste religieusen, die door haer goet
« leven ende verstandt geproeft syn, alsoock aen den ordinairen
« biechtvader. »

De wijding geschiedde door den bisschop of door dezes gevolmachtigde, met groote plechtigheid. Uit de daartoe betrekkelijke
verordeningen, in acht genomen ten jare 1550, zien wij, onder
andere, dat het wapen des wijbisschops in de kerk moest staan,
en ook, benevens dat der abdis, aan de kaarsen op het altaar
moest bevestigd zijn. Drie der offerkaarsen moesten voorts met
het wapen des wijders, drie met dat der te wijden abdis voorzien
zijn. « Naer de costume van zommighe bisscopdommen (zegt de
bedoelde oorkonde) wert deen root ghecleet (dats gheverruwet)
met zilver blick, ende dander met goublick, so daeraen insghelijcx
de kannen ende offerkeerssen; maer dit machmen achterlaten,
ghelievet der abdessen, tzelve doende thaerder belieften (1). »

De betrekkingen tusschen de abdis en hare onderhoorigen
moesten, vanwege laatstgemelden, altijd gekenmerkt zijn door
ontzag en eerbied. Het voorloopig reglement van 1625 zegt daarover : « De overste sal men gehoorsaem sijn als eender moeder,
eere bewijsende, opdat men Gode in haer niet en vertoorne.... »

De abdis placht eene eigen tafel te hebben, als blijkt onder
andere uit de volgende regelen, welke wij lezen in den staat
van 1766 : « de consomptie ende noodige oncost van de tafel der
eerw. vrauw abdisse, mitsgaeders de hospitaliteyt ende de obligatie
van de vrienden der religieusen behoorelyck te ontvangen. »

De priorin, de tweede non in waardigheid, werd gekozen
door de abdis, bij rade van den biechtvader en van de meeste
nonnen. Zij ondersteunde de abdis in haren last, en verving
deze bij hare afwezigheid in het koor, in den rifter en in het
kapittel. Was de abdis aanwezig, de priorin was de andere
nonnen in alles gelijk.

----

(1) In het archief der abdij.

Na het overlijden der abdis was de priorin verplicht, gedurende eene maand, de gebeden over haar te lezen aan het graf en bij den maaltijd. De priorin moest de Zusters roepen naar de kerk, naar den rifter, de kapittelzaal, het werkhuis en de slaapzaal.

De onderpriorin werd gekozen door de abdis alleen. Bij afwezigheid der priorin vervulde zij dezer plichten, en in het koor, dat onder haar toezicht stond, had zij tot last de orde en de regelmaat te handhaven.

De proosdinne of spijkervrouw had onder haar toezicht de schuren en stallen, welke zij door de leekezusters en andere dienaren van voeder moest laten voorzien. Zij zorgde voor goed gereedschap op den akker, voor het bewaren der granen, voor de bakkerij en de brouwerij. Voorts gaf zij onderricht aan de leekezusters, wie zij de plichten hunner bediening schriftelijk mededeelde.

De nonnen (of dames), in de middeleeuwen « joncvrouwen, » waren de koorzusters. Elken dag, zoo wel gedurende den winter als in den zomer, moesten zij te vier uren van den ochtend opstaan, zich wasschen en aankleeden en te vier uren en half naar het koorofficie gaan om de primen en terciën te lezen. Vervolgens moesten zij hunne cel gaan opschikken totdat zij geroepen werden tot den arbeid, welke hun door de abdis werd aangewezen. Deze arbeid bestond voor hen alleenlijk in het vervaardigen of herstellen van kerkornamenten; van al het overige werk waren de nonnen verschoond.

In de werkkamer was de stilzwijgendheid opgelegd; eene der Zusters las, gedurende een kwartuurs, iets voor uit een boek, terwijl de andere arbeidden. Zij bleven er tot omtrent een kwartuurs vóór negen uren, hadden dan eenige minuten uitspanning en gingen daarna naar de kerk om de sexten en andere godsdienstige oefeningen bij te wonen. Vervolgens trokken zij weder naar de werkkamer, waar zij bleven tot hun het sein werd gegeven voor het noenmaal.

Onder het eten, ook des avonds, werd gelezen uit een stichtend boek, maar de abdis mocht van deze verplichting ontslaan « bij forme van recreatie. »

Na den maaltijd gingen al de Zusters naar den hof, of zij bleven, gedurende den winter en bij ongunstig weder, in eene beslotene plaats, eenige uitspanning nemende. Van één tot drie uren waren zij andermaal aan het werk, te drie uren in de kerk, voor de vesperen, dan weder aan den arbeid tot vijf uren en half, wanneer de completen begonnen. Te zes uren dischte men het avondmaal op, waarna men zich weder naar de kerk begaf om te overpeinzen wat men dien dag verzuimd of overtreden had. De Zusters gingen in orde, en stilzwijgend, naar den dormter, welke achter hen gesloten werd. De sleutels werden in handen gegeven van de abdis.

Na negen uren mocht er in de cellen geen licht meer zijn.

De kleeding der nonnen bestond in « corte linnen subtilen met wijde en lange mauwen, dewelcke op den choor hangen over de handen. » Op de hoogtijden deden zij witlaken rokken aan, gevoederd met witte stoffe; op andere tijden, rokken met zwarte stoffe gevoederd. In het koor sloegen zij éenen zwarten slependen mantel om.

Op zon- en heiligdag mochten de Zusters kiezen tusschen het lezen van eenig vroom boek en de meditatie of het gebed, gedurende de uren, welke na iedere gezamenlijke godsdienstoefening beschikbaar bleven. Ledigheid, de moeder der zonde, was niet geoorloofd.

Abdis en nonnen waren verplicht bij alle heilige verrichting aanwezig te zijn, deze met aandacht waar te nemen en de getijden mede op te zeggen, welke, gelijk eenieder bekend is, op de zeven canonieke uren van den dag worden gehouden, naar aanleiding der woorden van den Psalmist (CXIX : 164) : « Ik loof u, o Heer! zevenmaal 's daags. » Elke godsdienstoefening moest van den aanvang tot het einde worden bijgewoond, zonder wisseling van ijdele of wereldsche woorden, zonder afgetrokkenheid, zonder lauwheid. Ziekte alleen kon tot verschooning ingeroepen worden.

Het lezen der getijden en psalmen was geene geringe zaak —
ja de geestelijke overheid oordeelde het omtrent het midden der
XVI° eeuw noodzakelijk, dien plicht merkelijk te verkorten.
De paus Paulus IV gaf, het tweede jaar zijner regeering, oorlof
aan de abdis om een groot getal psalmen, die elken dag geheel of
gedeeltelijk moesten gelezen worden, af te schaffen, ten einde
den goddelijken dienst te beter te kunnen waarnemen. Dat
eene zoo groote wijziging van den oorspronkelijken kloosterregel gegrond was, zal men lichtelijk aanvaarden, wanneer men
weet, wat de Zusters elken dag hadden af te prevelen. Onder
hetgeen in het koor te verrichten viel somt de bulle op,
behalve de zeven getijden : twee missen en vigiliën; tijdens
den Vasten : dertig psalmen daags (op feestdagen enkel vijf
en twintig) met de bijhoorige gebeden; de zeven psalmen
van boetvaardigheid en de groote litanie, eens in de week.
Op goeden vrijdag was iedere non verplicht het geheele
psalmenboek van David te lezen; wie dat niet kon, moest
honderdvijftigmaal den psalm : *Miserere mei Deus* lezen, en
wie ook daartoe onmachtig was, volstond het met honderd
en vijftig *Onze Vaders*. Den dag van het overlijden eener non
moesten de Zusters ook gansch het psalmenboek opzeggen.
— Kon dit gedaan worden met de behoorlijke aandacht? was
het niet veeleer een vluchtig, oneerbiedig werk van de
lippen, dan eene verheffing der ziel?

In het strenge leven der Zusters van Rozenberg kwam nu en
dan eenig uur van verkwikking en zinnelijk verblijden. Volgens
HENRY PROVOST zal het verblijf er niet onaangenaam geweest zijn.
« Le traitement est fort honorable » (schrijft hij), « et tous les
ans (les sœurs) ont la liberté d'aller veoir leurs parents... C'est
l'institution d'une vie religieuse la plus commode pour faire son
salut, qu'il n'y at dans tous les Païs, pour des filles bien nées et
de condition..... Rosenbergh est la Reyne des Abbayes. »

Voor het uitgaan der Zusters waren evenwel voorwaarden
gesteld. Kermissen, bruiloften en viering van kraambedden

mochten zij niet bijwonen, en 't was hun als strenge plicht opgelegd, buiten het klooster altijd de voorzichtigheid en eerbaarheid in acht te nemen. Haar, wier gedrag laakbaar bevonden was, werd het uitgaan verboden.

Briefwisseling met de bloedverwanten was geoorloofd, maar de geschreven en ontvangen brieven moesten vooraf onder het oog komen der abdis. Gebeurde het, dat eene Zuster in 't geheim brieven ontvangen had van bloedverwanten of vriendinnen, en bekende zij den misslag in het kapittel, men verschoonde en bad voor haar; maar werd zij van het feit door eene andere plichtig bevonden, men mocht haar, naar goedvinden van de abdis, of van den bisschop, eene zware straf opleggen.

Er moeten in de abdij eenige misbruiken geweest zijn, vooral wat het uitgaan der Zusters betreft, ofwel de geestelijke overheid des bisdoms moet alle uitzondering op het kloosterslot hebben willen te niet doen, daar de bisschop van Gent omtrent het jaar 1636 te Waasmunster aandrong om het slot bepaald in voege te brengen. De gemeenschap, in bezit van zekere gunsten, door vorsten en door pausen bekrachtigd, kwam tegen de nieuwigheid op, en vond ondersteuning bij het hof van Rome, dat den bisschop van Antwerpen last gaf om het recht van Rozenberg te handhaven. De bisschop van Gent, evenwel, die onmiddellijk gezag over Waasmunster uitoefende, hield aan de hervorming, en won het pleit in beroep bij den bisschop van Atrecht; maar de abdij, van haren kant, ging met het verzet voort en verkreeg van den koning brieven, die haar recht, door den paus Urbanus VIII verleend om op hare beurt in beroep te gaan, deden gelden(1).

---

(1) « Philippe par la grace de Dieu, Roy de Castille etc... A noz chiers et feaulx les chancellier et gens de notre Conseil en Brabant, et à tous aultres noz justiciers, officiers et subiectz d'icelluy notre pays cui ce regardera. Receu avons la supplication de l'abbesse et aultres religieuses de notre dame de Roosenberch seu *Montis Rosarum*, ordre de St. Augustin lez Waesmunster, diocèse de Gand, contenant que pour maintien de leur priviléges et droictz immémoriaulx octroyez par divers ducqz ou princes, noz

Een echt feestelijke dag in de abdij was de aanstelling eener nieuwe abdis. Dan mocht de boog ontspannen worden, dan was het niet alleen jubel in de kerk, met lofgezangen en plechtighe-

---

prédécesseurs et aultres bienfaiteurs, advouez par Alexandre pape, quatriesme, et aultres papes, elles ont obtenu confirmation spéciale des dicts privilèges, droictz et franchises par le pape moderne Urbanus, huictiesme, avecq députation des juges exécuteurs d'icelli confirmation *in forma justitie*, savoir le révme evesque official d'Anvers *contra quos cumque*: Et comme le Sérme Evesque de Gand ou son promoteur et procureur a voulu *via facti* molester les remontrantes de leur possession immémoriale des dicts privilèges et droicts, et sur ce at obtenu sentence favorable en matière de closture estroicte indeue et inusitée, et aultres points y dépendants in *secunda instantia* par devant le révme Evesque d'Arras, les remonstrantes ont de la dicte sentence deuement appellé, et en oultre obtenu de Rôme rescript appellatoir dirigé audict official d'Anvers exécuteur et juge délégué en nostre pays de Brabant, selon les lettres ouvertes en estantes, il est néantmoins que les dictes remonstrantes craignent et doubtent de ne pouvoir exploiter lesdictes lettres aplicqués par l'evesque official d'Anvers exécuteurs et juges aplicqués susdicts en Brabant déléguez sans nostre préalable placet y requis, selon nos placcarts ou coustume ordinaire, lesquelles remonstrantes supplioient partant bien humblement pour noz lettres patentes de placet à ce servantes; Pour ce est il, que nous, ces choses considérées et ouy premièrement sur ce l'office fiscal de Brabant, inclinant favorablement à la requeste des dictes remonstrantes à icelles, avons, au cas susdit, octroyé, consenti et accordé, octroyons, consentons et accordons en leur donnant congé et licence de notre grâce spéciale par ces présentes, qu'elles puissent et pourront mettre ou faire mestre à deue exécution en notre pays de Brabant lesdites lettres aplicques, et le dict rescript appellatoir selon ses forme et teneur par elles obtenues en cour de Rome, sans pour ce mesprendre envers nous ny contrevenir à nos ordonnances, et si la matière en après par appel ou aultrement estoit dévolue en cour de Rome que les dites remonstrantes, seront tenuz de faire comectre et déléguer icelle cause à quelcque juge compétent, résident en nostre dict pays, le tout suivant nos dictes ordonnances. Si vous mandons et à chascun de vous si comme à luy appartiendra que de nostre présente grâce congé et licence selon et par la forme et manière que dit est, vous faictes, souffrez et laisser les dictes remonstrantes plainement et paisiblement jouir et user, sans en ce à elles faire mectre ou donner ne souffrir estre faict, mis ou donné aulcun destourbier ou empeschement au contraire. Donné en nostre ville de Bruxelles le vingt quatriesme de Janvier l'an de grâce mil six cens trente six, de nos regnes le quinziesme.

Par le Roy en son conseil,
W. CASTELYN. »
(*Oorspronkelijk stuk, op perkament, met geschonden rood wassen zegel. — Archief der abdij.*)

den, maar ook in de panden en in den rifter. De rouw over de
overledene moeder was uit, met de nieuwe overste kwamen
hoop en verblijding weder. Men deed zich, zonder overdaad,
aan de tafel goed, men galmde een lofdicht uit, men zong, bij
begeleiding van snarenspel, oude geestelijke liedjes, maar vooral
het welkomlied aan de nieuwe moeder. Hield ons voorgeslacht
bijzonder veel van poëzie, de kloosterbewoners niet minder dan
wie ook. Eene feestelijke aangelegenheid van eenigszins intiemen
aard was in de XVII° en XVIII° eeuw niet denkbaar zonder het
eerdicht : bij ondertrouw, bruiloft, doopfeest, jubelviering,
zelfs bij begrafenis, werd de dichter aangesproken om Apollo te
aanroepen « de cither te slaen », en den lof op te dreunen van
den gevierde. Hierin deden paters en nonnen ijverig mede,
gelijk, onder andere, te Rozenberg geschiedde in September 1766,
bij het inwijdingsfeest van Maria-Anna van Crombrugghe, wie
men toezong :

> « In Beatricens plaets is Mari-Ann' gegeven,
> In wie den soeten aert en deugd men siet erleven,
> Die sal een Moeder zyn lieftallig en gemeyn....
> En in den glans der deugd een ieder spoorslag geven,
> Aen alle zyn tot licht en voorbeeld daer beneven. »

In het lied, dat gewoonlijk op den *Lof-galm* volgde, stuitte
men veelal op den naam van mythologische godheden, maar
dat lag in het gebruik der XVII° en XVIII° eeuw :

> « Phœbe, met uw Zang-goddinnen,
>   Daelt af van den Parnas,
> Wilt een vreugd gezang beginnen,
>   Spant Harp', Viol' en Bas,
> Want den *Roosenberg* men heden
>   Siet in de volle vreugd,
> Als de nieuw *Abdiss'* met reden
>   Geloont word om haer deugd. »(1)

---

(1) « *Den glans der Deugden verheffende de seer achtbaere, God-minnende,
en edele vrouw, mevrouw Maria Anna van Crombrugghe, op den dag van
haere plechtige wijinge tot negen-en-twintigste abdisse der vermaerde abdye
van O. L. Vrouwe van Roosenberg, canonikerssen regulier, onder den Regel
van den H. Augustinus, Vergaederinge van den H. Victor tot Waesmunster,
den ... september M.D.CC.LXVI. »*

Conversinen waren Zusters, geschikt voor het kloosterleven, maar bij gemis aan stem onbekwaam voor het koor, en bij ontstentenis van lichaamskracht niet te benuttigen tot den gewonen arbeid. Zij legden dezelfde beloften af als de andere, waren tot dezelfde plichten van het geestelijke leven gehouden en van de donatinen, die bruin-grauwe rokken en zwarte laken kousen hadden, onderscheiden door eenen witten doek, welken zij droegen in stede van de zwarte wijle. In plaats van de gewone getijden, lazen zij die ter eere van O. L. Vrouw. Zij hadden geen stemrecht, maar mochten tot de bediening worden geroepen, waar zij bekwaam voor waren. In kerk en kapittel zaten zij achter de eigenlijke kloosternonnen, nevens de novicen.

De *donatinen* verrichtten den gewonen arbeid.

Conversinen, donatinen noch leekezusters hadden toegang tot het koor, dat den nonnen alléén was voorbehouden. Binnen het slot mocht niemand den voet zetten, zelfs de biechtvader niet, tenzij tot het bedienen der sacramenten. Er was eene uitzondering voor den bisschop, doch alleenlijk om te zien of het slot werd in acht genomen. Moest er eene boodschap in de naburige stad verricht worden, deze werd opgedragen aan twee beproefde donatinen.

Geene non mocht met iemand van buiten het klooster spreken, evenmin met vrouwen als met mannen, tenzij in bijzijn eener medezuster, door de abdis daartoe aangewezen.

Gelijk in alle kloosters, werd ook in Rozenberg kapittel gehouden. De Zuster, die iet of wat van den regel had veronachtzaamd, was verplicht zich daarvan, met luider stemme, te komen beschuldigen.

Ziedaar, in korte trekken, het leven der nonnen van Waasmunster : eentonig, voorzeker, en weinig opwekkend, maar gekozen in volle vrijheid des gemoeds, na behoorlijken proeftijd, en als eene uitboeting en slachtoffering aan de godheid ten beste van den medemensch. Men behoefde niet naar het klooster te gaan om zinnelijke genoegens, een gemakkelijk en weelderig leven en rust voor geest en lichaam te vinden. Arbeid, gebed en versterving waren toen, gelijk nog heden in alle kloosters, de bestanddeelen van het leven der nonnen te Rozenberg.

Groot is het getal nonnen te Rozenberg nooit geweest; ten jare 1549 telde men er negentien, en negen leekezusters. In 1766 waren er zeventien geprofeste nonnen, drie novicen en dertien leekezusters, wier gezamenlijk onderhoud in het jaar de som van 802 pond 7 schellingen 5 deniers kostte. Wij mogen niet vergeten te zeggen, dat te allen tijde de liefdadigheid hier als eene eerste plicht werd beschouwd. Arme kloosterlingen, gelijk de Kapucienen en Recolletten, bekwamen van de Zusters geregeld onderstand, evenals de bedelaars en andere behoeftige lieden, die elken dag zich aan de poort der abdij aanboden. De rekening over 1766 teekent daarvoor eene uitgave aan van 95 pond 4 schellingen 6 deniers.

Overvloediger was de uitdeeling van aalmoezen na het overlijden eener non. Er bestond daarvoor eene fondatie te Rozenberg van dertig missen met uitdeeling van twee zakken graan, en gedurende zeven dagen gaf men den armen vleesch, brood, boter, bier en een muntstuk.

Eindelijk zij gezegd, dat eenige der Zusters in de eerste helft der XVII° eeuw — en waarschijnlijk ook vroeger en nadien — onderwijs gaven. Het voorloopig klooster-reglement van 1625 verbiedt de schoolkinderen te laten komen in de plaatsen, welke den nonnen alléen waren voorbehouden.

Bijzonderheden aangaande de kerk der abdij zijn niet bekend. Tot diep in de XV° eeuw was er nog geene kapelnij gesticht tot het verrichten der goddelijke diensten, als blijkt uit een getuigschrift, daarover gegeven in het jaar 1458(1). De abdis maakte

---

(1) « Condt ende kennelick zij allen lieden die dese presente lettren sullen sien oft hooren lesen, princelicke stade edele ingien, gheestelicke oft weerlick, dat wij heer Jan van den Vivere, prochiaen van Waesmonster, Jan de Scheerere, Adriaen Malaert, Loewijs Coolman, Jan de Quade, Hendrick de Hertoghe, scepenen der vierscare van Waesmonster, hebben claghelick ghe-

gewoonlijk eene overeenkomst met eenen priester, en zegde dien
naar hare beliefte op.

In de abdijkerk waren verscheidene grafzerken, herinnerende
aan abdissen van de XVII° en XVIII° eeuw, onder andere van
Regina de Croesere, Elizabeth Goossens, Clara van Coudenburch
en Jacoba van der Haeghen. Ziehier het opschrift van twee dezer
zerken :

D. O. M. Cy GIST NOBLE ET VERTUEUSE DAME
MADAME JAQUELINE VAN DER HAGHEN, FILLE DE PHI-
LIPPE, ESC²., SEIGNEUR DE RODEN, ET DE LA NOBLE
DAMOISELLE MARIE DE NEVE, LAQUELLE AYANT ESTÉ
12 ANS ABBESSE DE ROOSENBERGH, 20 ANS PRIEUSE ET
53 ANS RELIGIEUSE, TREPASSA LE 22 DE JUIN 1698,
ÂGÉE DE 71 ANS, ESTANT LA DERNIÈRE DE CETTE NOBLE
FAMILLE. DIEU LUY FASSE MISÉRICORDE.

---

hoort ende verstaen hoe dat eenighe persoonen sijn die bezwaren willen den
aermen cloostere van Roosenberghe binnen der voorseider prochie van Waesmonster, omme daer te hebbene ende van haren dienste te makene een
capelrije inden voors. cloostere, in vormen van ghifte, dwelck wij noynt en
wisten noch noynt en saghen binnen dertich jaren of binnen meer, ende
wij en hoordent oock noynt segghen onsen houders oft onsen voorsaten dat
daer eenighe capelrie oynt was, maer hebben gheweten dat mevrauwe de
abdesse, de priorinne ende ghemeene couvent in den voors. cloostere huerden priesters ende betaelden hemlieden, ende so wanneer dat sij hem den
dienst opseiden ende en wildense niet langher hebben, dat sij wedere andere
stelden ende huerden te haerder ghelieften ende te haren wedersegghene,
ende wij en saghen noydt anders noch en hoordent noynt anders segghen
onsen haurderen ; hebben oock hooren segghen dat een edel heere bisscop van
Doornijck gaf een seker somme van penninghen en ornamente, die ghemeen-
lick verberrent sijn ; ende de voors. heer bisscop light daer begraven ; ende ten
selven grave gaen de religieusen vanden voors. cloostere alle daghen naer de
hoochmesse met Miserere mei Deus, bedinghe, ceremonien ende petantie,
ende doen doen eene messe van requiem alle daghe hare ghehuerden pries-
tere, ende omme dat men den aermen cloostere vors. wille bezwaren hebben,
sij religieuse mits den ghemeenen couvente ons ghebeden hebben dat wij der
waerheyt ghetuighenesse wille gheven der beden van mer vr. der abdessen,
priorinne ende tghemeene convent, hebben wij hieranne ghedruct onse
propre zeghele int jaer duust vier hondert acht en vijftich, den twintichsten
dach van Octobre. »   (Slaper, bl. 278.)

MONUMENT DE LA NOBLE DAME ISABELLE DE BELVER,
DOUAIRIÈRE DU TRÈS NOBLE SEIGNEUR DE MOUCHERON,
SEIGNEUR DE WYTSCHAETE ETC., ET SŒUR DE LA NOBLE
DAME DE BELVER, EN SON VIVANT ABBESSE DE CETTE
ABAIE, LAQUELLE APRÈS AVOIR FRÉQUENTÉ CE COUVENT
17 ANS, DÉCÉDA LE 17 X^bre 1746. QU'ELLE REPOSE
EN PAIX.

Daar ook mannen van aanzienlijke geslachten in deze kerk
hunne laatste rustplaats verkregen hadden, trof men er een
groot getal zerken aan met opschriften, die hunne nagedachtenis bewaarden. Onder deze noemen wij : ridder Madoets, ridder
Seclyn met zijne vrouw El. sClercx, ridder van Grimberge,
bijgenaamd van der Schelde, ridder Jan Steelant, Catharina van
der Eecken, Joost Triest, Anna Bourgeois, weduwe van ridder
M. de Boot, Joost van Steelant, Philip Triest, J.-P. van Hove en
Clara Sivari, weduwe van Moucheron. Het onderstaande grafschrift volledige de bijzonderheden, in het hoofdstuk betrekkelijk
de kerk over het vermaard geslacht der Steelant's medegedeeld :

HIER LIGHT BEGRAEVEN EDELEN ENDE WEERDEN JAN
VAN STEELANT, F^s JANS, IN SYN LEVEN RAEDT DER
KEYSERLYCKE MAJ^t IN SYNE CAEMER VAN DEN RAEDT
GEORDONNEERT IN VLAENDEREN, ENDE HOOFTSCHEPENEN
VANDEN LANDE VAN WAES, OUDT SYNDE 84 JAEREN,
OVERLEET DEZE WEIRELT IN DE STEDE VAN GHENDT DEN
3 DAGH VAN APRIL WESENDE DEN MAENDAGH IN DE
PAESCHEN WEKE M. D. XXII. BIDT VOOR DE ZIELE.

Deze kerk verleende ook de laatste rustplaats aan Jan van West,
bisschop van Doornik, hier den 5 Juni 1384 overleden. Deze
prelaat, door den invloed der Gentenaren tot gemelden zetel
benoemd, in plaats van Petrus d'Auxi, die met een deel zijner
kanunniken den paus Clemens was aangekleefd, kon niet verblijven in de bisschopsstad, maar was met de hem getrouwe
kanunniken, voorstanders van den paus Urbanus, nu eens te
Gent, dan in eene andere plaats van Vlaanderen of Brabant,

vervolgd door den aanhang van den koning van Frankrijk en van den graaf van Vlaanderen. Philip van Artevelde had Jan van West gelast met eene zending naar Engeland, om bij den koning van dat rijk aan te dringen tot het sluiten eens verbonds met de Vlaamsche gemeenten, tegen Frankrijk.

VI. — DE ABDISSEN VAN ROZENBERG.

Er bestaan van Rozenberg's abdissen verscheidene lijsten, die nagenoeg met elkander overeenkomen.

1. De eerste kloostervoogdes, welke de kroniek vermeldt, is zuster *Agnes*, gekomen uit de abdij van Praat, in het Doorniksche, om aan de Zusters van het afgeschafte hospitaal op Hoogendonk den regel van St. Victor te leeren en de in de gemeenschap geslopen misbruiken uit te roeien. Agnes stierf in geur van heiligheid, latende alzoo een uitmuntend voorbeeld aan hare opvolgster,

2. *Gijsle* (op sommige lijsten *Gulle*, Goedele?) genaamd. Zij was de dochter van eenen graaf, lezen wij in een handschrift, en bestuurde de gemeenschap niet min dan vier en twintig jaren, evenals hare voorgangster heengaande met de beste faam van deugden en verdiensten.

3. *Adelise*, van wie gezegd wordt dat zij ook een toonbeeld was van godsvrucht en plichtsbetrachting.

4. *Beatrix* was de jongste Zuster der gemeenschap, toen zij tot het bestuur werd geroepen, stellig bewijs van hare ongemeene waarde. De kroniek der abdij meldt, dat deze kiezing schier een wonder was; op het uur, dat ze zou beginnen, klopte de novice-meesteres haar op den schouder, zeggende : « Beatrix, Beatrix, gij weet niet, wat u over het hoofd hangt, en wat den Heer van u verlangt? » Zij had, inderdaad, de stem van al hare medezusters. Over de keus

had niemand later te klagen en Beatrix overleed in geur van heiligheid.

5. *Elizabeth Mulaert*, behoorende tot een aloud geslacht; over haar is niets merkwaardigs aangeteekend, evenmin als over hare vier opvolgsters.

6. *Maria.*

7. *Elizabeth* (II).

8. *Elizabeth* (III).

9. *Maria* (II) *Ingels.*

10. *Maria* (III) *van der Vestel* of *van der Vesten*, bekend als hebbende, op zeker uur van den dag, de meditatie ingevoerd.

11. *Clara van Coudenborch*, gesproten uit een aanzienlijk geslacht.

12. *Margareta van Daele.*

13. *Margareta* (II) *Tsuts*, of *Thines*, gelijk hare voorgangster ook van edelen bloede.

14. *Beatrix* (II) *van der Bochaghen*, aangesteld ten jare 1434 en overleden in 1476.

15. *Amelberga sBots*, gekozen in 1477 en gestorven ten jare 1506.

16. *Jozijne van Steelant*, behoorende tot het machtige Waasch geslacht van dien naam, nam den staf in de hand ten jare 1506 en beheerde de abdij niet min dan zes en veertig jaren. Zij stierf ten jare 1554, in 84 jarigen ouderdom, na den dormter en andere gebouwen der abdij, alsmede het Cijnsboek, te hebben doen vernieuwen. Hare beide zusters Isabella en Joanna hadden hier ook het geestelijke kleed aangetrokken. Twee jaren vóór haar verscheiden legde zij, uit nederigheid, de meesterschap over hare Zusters neer, om zich te beter tot den dood voor te bereiden, die plaats had in 1552. Zij was rijk aan deugden en had voortreffelijke voorbeelden gegeven.

17. *Francisca de Almaraz*, van edele Spaansche afkomst, beleefde jammervolle tijden van oorlog en duurte der levensmiddelen; zij moest het sticht verlaten, armoede en gebrek lijden en in de droeve ballingschap sterven ten jare 1585.

18. *Philippa Triest*, van het aloude Gentsch geslacht, herstelde, na de religietwisten, een deel der kloostergebouwen en stierf, na een bestuur van 25 jaren, den 14 Juni 1610. Zij had negen en vijftig jaren in het klooster doorgebracht en staat geboekt als een toonbeeld van godvruchtigheid.

19. *Anna de Samillan*, ook van edel bloed, droeg het kloosterkleed niet min dan acht en zestig jaren, met groote eere en waardigheid, bestuurde vijf en twintig jaren, en richtte op de puinen van het oude sticht nieuwe gebouwen op. Zij overleed den 4 Februari 1634.

20. *Regina de Croeser*, gesproten uit een adellijk huis, hield den staf gedurende tien jaren en overleed in 1645, oud 60 jaren.

21. *Elizabeth* (IV) *Goossens*, herbouwde de kerk en de vier panden, bereikte den ouderdom van 77 jaren en stierf den 4 April 1658, na dertien jaren bestuur.

22. *Margareta Daelmans* deed een nieuw ziekenhuis bouwen; zij bestuurde slechts zeven jaren en overleed den 6 October 1665.

23. *Anna* (II) *Nonius*, geboortig van Antwerpen, muntte uit door godsvrucht. Zij verkreeg van den paus een jubileum voor het volk gedurende acht dagen, ter herinnering van de 800e verjaring der stichting van Rozenberg. De toeloop van geloovigen naar de abdijkerk, waar een tiental priesters biecht hoorden, was uitermate groot en de vruchten dezer jubelviering waren menigvuldig. Anna stierf plotseling, na een twintigjarig bestuur, den 8 December 1685.

24. *Jacoba van der Haeghen* vervulde gedurende twintig jaren de bediening van priorin. Eene eerste maal tot abdis gekozen, weigerde zij den last te aanvaarden; maar eenen tweeden keer door hare medezusters tot het bestuur geroepen, werd zij, tegen wil en dank, gepraamd om den staf in handen te nemen. Na twaalf jaren in deze hoedanigheid het voorbeeld der gemeente geweest te zijn en drie en vijftig jaren het kloosterkleed gedragen te hebben, stierf zij den 23 Juni 1698. Hare nederigheid, zachtaardigheid, liefdadigheid en ijver tot het stipt handhaven van

den kloosterregel werden zeer geroemd. Zij bereikte den ouderdom van 71 jaren.

25. *Maria Sivori*, gesproten uit een edel Antwerpsch geslacht, vervulde de bediening van abdis den tijd van vier en twintig jaren en overleed den 6 Januari 1722.

26. *Theresia-Ferdinanda de Belver*, eene edele jonkrouw van Ieperen, verbleef te Rozenberg zeven en veertig jaren, was negentien jaren abdis en scheidde uit deze wereld den 20 Juli 1741.

27. *Izabella-Philippina van Hove*, behoorende tot eene edele familie van Antwerpen, stierf den 21 September 1749 op 57jarigen leeftijd, na slechts zeven jaren aan het hoofd der gemeenschap te hebben gestaan.

28. *Beatrix* (III) *van Hoorenbeeck* was gedurende zestien jaren abdis en zeven en vijftig jaren kloosterzuster. Zij overleed den 4 Maart 1766, in den ouderdom van 76 jaren.

29. *Maria-Anna van Crombrugghe*, gesproten uit eene edele familie, te Charleroi gevestigd, bleef niet min dan acht en vijftig jaren in de abdij en hield den staf gedurende zes en veertig jaren. Zij moest, onder het Fransche dwangbestuur, haar sticht ontvluchten en stierf den 15 December 1812 ter wijk Sto.-Anna, te Waasmunster, oud 79 jaren.

30. Na de heroprichting der abdij door *Joanna-Maria-Elizabeth van Doorslaer van ten Rijen*, geboren te Brussel den 17 November 1782, werd deze, gelijk wij reeds gezegd hebben, tot overste, en in 1832 tot abdis benoemd. Zij verwisselde het tijdelijke leven met het eeuwige den 1 Juli 1863, en werd door hare erkentelijke medezusters herdacht in het onderstaande tijdschrift, achter hare afbeelding, liggende op het lijkbed :

J. . M. V. A.

—

Souvenir pieux

de Madame Augustine

(Jeanne-Maria-Elisabeth)

VAN DOORSLAER DE TEN RYEN,

abbesse de Roosenberg.

—

Il lui fut donné de relever de ses ruines un ancien et pieux asile, d'élargir l'enceinte de la maison du Seigneur, et d'y réunir un peuple de Vierges.

—

Cette femme forte, cette Mère incomparable, dont le souvenir vivra toujours dans le cœur de ses enfants, naquit à Bruxelles le 17 novembre 1782. Une éducation solidement religieuse, jointe à une âme noble et généreuse, à un caractère conciliant, mais ferme et plein de dignité, devaient la rendre bien chère au monde, et lui promettre un brillant avenir; mais Dieu avait parlé à son cœur, et docile à cette voix, elle rejeta toutes les vaines espérances du siècle et aurait rompu plus tôt avec lui, pour toujours, si l'amour filial ne l'eut empêchée d'exécuter dès lors son projet. Après la mort de son père, les congrégations religieuses comprimées jadis, commencent à de relever; une inspiration céleste la pousse à rétablir l'ancienne abbaye de Roosenberg. L'entreprise est grande et difficile, mais son courage male surmonte toutes les oppositions. En 1832 élue supérieure, et en 1848 abbesse, elle justifia parfaitement ce choix et s'acquit l'amour et la confiance de toutes ses filles sans exception. Après un gouvernement prudent et sage de plus de 50 ans, on peut juger quels regrets elle laisse après elle, et combien sa mémoire est en bénédiction!

Elle rendit sa belle âme (entièrement purifiée par les derniéres souffrances) à son Créateur, pour prendre son essor vers lui, le 1ᵉ Juillet.

Venez pLeurer ICI Cette Chère DIgne Mère !

R. I. P.

Na het overlijden van mevrouw van Doorslaer van ten Rijen werd door de geestelijke overheid vastgesteld, dat de abdis om de drie of vier jaren aan eene herkiezing moest onderworpen worden. Hare opvolgster was

31. *Francisca* (II) *van den Dorpe*, geboren te Mere, gekozen den 17 September 1863. Na zeven jaren bestuur legde zij, om reden van zwakke gezondheid, het gezag neder en werd den 4 September 1870 vervangen door

32. *Joanna* (II) *van Raemdonck*, geboren te Temsche, die drie jaren nadien, ook wegens ziekelijkheid, den wensch uitdrukte van af te treden. In hare plaats werd, den 21 September 1873, gekozen :

33. *Silvia de Cock*, in wier handen nog heden het bestuur der abdij berust.

Te Rozenberg zijn er thans zestien koornonnen, éene novice, vier donatinen, die vroeger onderwijs gaven, en acht leekezusters. Sedert 1885 is de door de Zusters gehouden school gesloten, en wordt er in het klooster, volgens zijne oude inrichting uitsluitelijk contemplatief, eene middelmatige strengheid onderhouden.

Klooster van Maricolen of Spinersen.

Dit klooster schijnt te Waasmunster opgekomen te zijn in den loop der XVIII⁰ eeuw; althans het bestond hier reeds in 1772, blijkens het dat jaar opgemaakt Landboek. Het beluik, aan den eenen kant aan het kerkhof en aan den anderen aan het Kloosterbroek palende, bezat eene uitgestrektheid van 593 roeden. Ten gemelden tijde bestond de gemeenschap uit negen Zusters.

Het doel der Maricolen was liefdadig, namelijk ter bate van lijders en kranken. Aanvankelijk gingen zij de zieken ten huize verzorgen, later gaven zij onderwijs aan de vrouwelijke jeugd. Bijzonderheden omtrent het lot der gemeenschap tijdens de Fransche overheersching zijn nergens geboekt, zoodat wij niet weten of de Zusters werden uiteengedreven, gelijk al de andere godsdienstige vereenigingen, dan of zij aan de vervolging wisten te ontsnappen door het afleggen van het nonnekleed. In het begin dezer eeuw heringericht, ging het klooster, bij gebrek aan goede regeltucht, omtrent het jaar 1810 te niet, maar het werd omtrent 1814 door de zorgen van den toenmaligen pastoor met een drietal Zusters heropend. De bisschop verleende de nieuwe inrichting zijne goedkeuring bij brieven van 30 Juli 1835, wanneer de Zusters, ten getale van drie en twintig, hunne beloften uitspraken.

Eene nieuwe kapel werd gebouwd in 1877, naar de plans van MODEST DE NOYETTE; zij werd den 9 Juni 1879 door den eerw. heer Fr. de Brabander, den tegenwoordigen bestuurder, daartoe door den bisschop gemachtigd, plechtig ingewijd. Het altaar is versierd met eene schoone schilderij van den befaamden DE KEYSER, van Antwerpen, die ze den Maricolen schonk in 1880, op voorwaarde van jaarlijks, den eersten maandag van Juni, gedurende vijftig jaren, te zijner intentie eene misse te zingen.

De vereeniging der Maricolen heeft eene ongemeene uitbreiding genomen, zoodat het klooster van Waasmunster tegenwoordig het moederhuis is van vier en twintig gemeenschappen, namelijk, in Oost-Vlaanderen : te Belsele, Sinaai, Vrasene, St.-Gillis (Waas), Ertvelde, Wondelgem, Merelbeke, Temsche, Drongen, de Pinte, Sombeke; in de provincie Antwerpen : te Antwerpen (twee bewaarscholen, eene kinderkrib en een kinderhospitaal); te Hoboken (twee huizen), te Hemiksem, Kontich, Schooten, Turnhout (twee huizen) en te Berchem.

Tot in 1876 bestond er te Waasmunster geene andere kostelooze meisjesschool dan het kantwerkgesticht, waar de leerlingen slechts één uur daags leerden lezen en schrijven. Dat jaar werd eene groote verbetering daaraan toegebracht; men maakte twee afdeelingen in de school, de eene voortgaande op den ouden voet, de andere gansch lagere school wordende. Na de afkondiging der schoolwet van 1879 dwong men de Zusters hun lokaal te verlaten omdat het een eigendom was van de kerk; maar zij heropenden onmiddellijk eene andere school, met meer dan honderd leerlingen, voorloopig in twee hun toebehoorende aan het kerkhof palende huisjes. Thans is de school behoorlijk ingericht in nieuwe schoone gebouwen, dichtbij het klooster.

VI.

Godshuis. — Door de zorgen van den menschlievenden pastoor Bernaard de Temmerman kwam hier rond den jare 1829 een klein hospitaal tot stand, waar ongeneesbaren, zieken en weezen verpleegd worden door Zusters der orde van Ste Elizabeth, hiertoe wettig erkend bij koninklijk besluit van 14 Mei 1829. De stichter, wien men later de kapel te Pinte te danken had, gaf de gemeenschap een huis met grooten hof.

Een ander even nuttig gesticht, bestemd voor weezen- en ouderlingenhuis, tevens voor kostkoopers, wordt op dit oogenblik voltrokken ter wijk Sombeke, naar de plans van Modest de Noyette, van Ledeberg. Het zal bediend worden door de hoogergenoemde Zusters Maricollen, van Waasmunster.

VII.

Gilden en nieuwere genootschappen. — Waasmunster heeft zijn St.-Sebastiaans- of handbooggilde sedert het jaar 1613, en wel krachtens een vorstelijk octrooi. Pieter de Neve, de eerste hoofdman, was de grondlegger der vereeniging, aan welke zijne nazaten aanhoudend groote diensten bewezen. Er bestaat nog een zilververgulde beker van het gilde, op welken men de woorden leest :

MHER C. J. P. DE NEVE, RIDDER, HOOFTMAN
VAN S. Sn IN WAESMUNSTER. 1720.

Een oud geschilderd « sanctje », voorstellende den marteldood van St. Sebastiaan, behelst, op de keerzijde, in schrift, de volgende regelen :

> *Gevierd den 20 January 1857, onder het hooft-*
> *manschap van M'her Victor Baron de Neve,*
> *burgemeester te Waesmunster, en zijnde den 15*
> *van zijnen naem, beginnende ab anno 1613.*

Het gilde bezit ook nog den zilveren schakel, anders geheeten breuke, waar een schild met het afbeeldsel deze patroons aan hangt.

Een bewijs dat er onder de Waasmunstersche liefhebbers behendige schutters waren, vinden wij in de omstandigheid, dat Jan de Smet op tweeden Sinksendag 1721 den keizers-vogel schoot.

De gezellen namen in de vorige eeuw deel aan vele schietingen buiten de gemeente. Wij ontmoeten hen op 26 September 1751 te Gent, waar zij eenen prijs wonnen, en vijf jaren nadien te St.-Nicolaas. Zij zelven richtten ten jare 1754 eene prijsschieting in, lovende voor het vellen van den oppersten gaai 40 pond rozentin, en voor de andere, 30 pond. Niet min dan veertig gilden werden tot dit feest uitgenoodigd.

Gelijk bij andere schuttersvereenigingen had de koningschie-ting hier altijd op den tweeden Sinksendag plaats. Moeten wij zeggen, dat er bij gelegenheid van dit feest, alsmede op den patroondag, lustig gesmuld en gedronken werd ? Te meer moch-ten de gildebroeders zich aan de tafelvreugd overgeven, daar zij bij octrooi van 1687 vrijdom van belasting bekwamen op den wijn, in hun hof gesleten.

Het oud archief van 't gilde hebben wij nergens kunnen ont-dekken ; wij gissen dat menig stuk daarvan onder de familiepa-pieren de der Neves moet voorhanden zijn.

Waasmunster bezat reeds, in het begin der XVII° eeuw, eene rederijkersvereeniging, welke tot titel voerde : *de Koorn-bloem,* en tot zinspreuk : *Jonck zonder ergh.*

Haar nog bewaard oud blazoen vertoont het kind Jezus,

zittende op een rond kussen, tusschen twee koornbloemen, en
eene rol in de hand, waarop men de zinspreuk leest. Daarboven
is het wapen des Lands van Waas, gevoegd bij die van den aartshertog Albrecht, en daaronder het jaartal 1614. Misschien is dit
cijfer dat der inrichting.

De wethouders van Waasmunster verzochten in 1787 den
vorst om te verklaren, dat de rederijkerskamer dezer gemeente
niet begrepen was in het edict van 8 April 1786, bij hetwelk de
in kerken en kapellen ingerichte gilden werden afgeschaft. De
gevraagde verklaring werd door de regeering gedaan den
28 Maart 1787, onder voorbehoud dat de vereeniging alleenlijk
de tooneelkunst ten doel zou hebben.

Wij gelooven niet dat de Waasmunstersche rederijkers zich
veel buiten hunne verblijfplaats bewogen hebben; wij ontmoetten
ze op geen enkel kunstfeest.

In de laatste jaren der verledene eeuw bestond er ter wijk
Sombeke eene andere rederijkersvereeniging, welke gedurende
verscheidene jaren het treur- en het blijspel beoefende. Ten
jare 1770, onder andere, vertoonde zij *Samson*, benevens een
zangspel, van welke beide stukken eene der rollen, in afschrift, is
overgebleven. Gelijk gewoonlijk gebeurde, werd het groote
stuk opgedragen aan den heer des dorps, die destijds zich niet
schaamde, met de overheden en andere notabelen, de voorstelling bij te wonen en de kunst of liefhebberij der ingezetenen aan
te moedigen.

Het eenig stuk, dat mogelijk van den factor der Sombeeksche
rederijkers is bewaard gebleven, is de berijmde aanspraak tot
den dorpsheer, vóór de vertooning van gemeld treurspel. Wij
deelen het hier mede, niet om zijne dichterlijke verdienste,
maar als een staaltje van de rijmkunst des onbekenden dorpe-
lings, wiens ijver voor de taal, in eenen tijd van zoo luttel
opgewektheid en letterlust als de XVIIe eeuw, verdient geprezen
te worden. De dichter en de tooneelkunstenaar van onze dagen
mogen de schouders ophalen bij het lezen der gebrekkige XVIIe

of XVIIIe eeuwsche stukken, het is onloochenbaar dat door de redcrijkers van dien tijd de liefde tot de vaderlandsche taal in stand werd gehouden, en de Vlamingen daardoor toch iets of wat van de oude geschiedenis vernamen, welke toen, in verreweg de meeste lagere scholen, niet werd onderwezen. — Ziehier de gemelde toespraak :

Roemweirde en edel heer, die met u stale schauders,
Het Edel aud geslacht van u voorgaende auders,
Leeuwmoedigh hebt geschraeght, met veel eerbiedigheyt
Heeft m'u de heylghe vraeck van Samson toegewijdt,
Voor desen noyt verthoont hier binnen desen lande, .
In hoop u achtbaerheyt, voor Momus scherpe tanden,
Sult een beschudder sijn van dit roemwaerdigh stuck,
In wiens gebort bestondt heel Israëls geluck ;
Daer is noyt werck begonst en in het licht gekomen,
Of den aenleyder is nadunckend en vol schromen ;
Hier om ist, dat hij soeckt een edel achtbaer man,
Die voor de lastertongh sijn saeck bepleyten kan.
Wie kan m'in desen tijdt nutter tot schermheer vraegen,
En dit ons treurthooneel in luyster op gaen draegen,
Als 't opperhooft der plaets, die dese heerlyckheyt
Met eerroem heeft bestiert een lange reeks van tijdt.
Om hier 't oud eel geslacht uws stamhuys op te haelen,
Een dagh viel mij te cort en d'avontstont sau daelen ;
'k Sal eenighlyck een strael ophaelen, een kleyn vonck,
Don Jaecques de Castro, heere de Bareldonck,
En Beirlaers heerlijckheydt, die, naer hij d'oeffeninghen
Des krijghs had bijgewoont, tusschen de spaensche klingen,
En voor sijn vorst en landt het lijf ten pandt gestelt,
In 't woedend oorloghsvier gestaen als eenen helt,
Den catholijcken vorst, om sijnen dienst te loonen,
Quam met een regiment infanterie hem croonen,
En op 't registerboeck binnen het Sas van Ghendt,
Staet u aloude stam voor gouverneur bekendt.
Wat eerroem heeft behaelt u vader ende broeder,
Regeerders van dit landt, waere en opregte hoeders,
Waervan, onder 't geluyt de snelvliegende Faem
Met haer klinckende tromp, uytgalmen magh hun naem.
Uw deughderijcke stam komt ons u sinspreuck leeren :
Virtus me honorat, de deught, die u comt eeren ;
U waepen, t' goon verbeelt een sterckte of een casteel,
Thoont sonneclaer gij twist cont schauwen en krakeel.
Den Heere heeft u langhe in veel gesonde jaren,
Tot troost van Sombeke in het leven willen spaeren,

Als ons oprechten vaèr, want die hier lange leeft,
Godt hem naer desen tijdt eens sijnen hemel geeft.
Doorbladert 't heyligh schrijft, daer David comt te handelen
Van d'oudheyt, roept hij uyt : Heer, laat hem lang hier wandelen;
D'Eclesiasticus gebiedt soo vee l hij magh :
Eert eenen ouderlinck in sijnen ouden dagh;
Den opperheer heeft u verrijckt met vele jaeren,
Dat gij beschudden saud' dees waere jveraeren
En minnaers van de const, op het thooneel getreên
Om geenen eygen baet, maer door leersuchtigheên,
En liefd' tot ons patroon, dien wij gestaegh aenbidden,
In hope dat hij ons Mecenas sal beschudden
Van dese vreede sieckt, die naelins ander stondt
Als hij lagh in het bosch, gespijst wiert door een hondt;
Waer hij door Christi mercq, in Roomens hespitaelen,
Veel menschen hadt erstelt, als princen, cardinaelen,
Waer over hij voor loon door Godt gesegent is,
Met 't hemelsche geschrift, *eris in peste patronus*.
Hier mede heb ick d'eer mijn aenspraeck hier te staecken,
In hoop ons Samson sal in uwe gunst geraecken,
Onder u vleugelen verschuylen; men vreest niet,
Wanneer ons schauwthooneel dees groote gunst geniet.

Een nieuw genootschap van tooneelhebbers kwam te Waas-munster tot stand in het jaar 1858, met den titel *Oefening tot volksbeschaving*. Het bestond nog in 1864.

Waasmunster bezit sedert 1804 eene muziekmaatschappij, met name Ste-*Cecilia*, welke in 1841 op nieuwe grondslagen gevestigd werd. Zij vierde in 1888 het vijftigste verjaarfeest harer herinrichting met een festival, waaraan een groot getal harmonie- en fanfaargenootschappen der omliggende gemeenten deel namen.

Het dorp heeft ook eenen tijd lang eene zangmaatschappij gehad, onder den naam van de *Eendracht*, tot stand gekomen in 1838 en welke, naar de getuigenis van Aug. Thys, onder de beste zangerskringen der Oost-Vlaandersche dorpen mocht gerekend worden. Verscheidene prijzen vielen haar te beurt, te weten in 1841 : drie eerste te Dendermonde, te Hamme en te Zele, en eenen tweeden te Gent; het jaar daarna eenen eersten prijs te Mechelen en twee tweede te Gent en te Leuven; in 1843 eenen eersten prijs te Antwerpen, en in 1845 twee tweede, te Gent en te Zele. Zij zelve schreef gedurende de eerste jaren haars bestaans een viertal prijskampen uit, en werd, na eenigen tijd sluimerens, ten jare 1862 heringericht, om rond 1875 voorgoed uit te sterven.

Ook ter wijk Rodendriesch heeft van 1843 tot 1845 een zanggenootschap bestaan.

De in deze gemeente gevestigde maatschappij van onderlingen bijstand, met name *de Eendracht*, bekwam de goedkeuring harer standregelen bij koninklijk besluit van 24 Juni 1890.

VIII.

Deze gemeente heeft het leven gegeven aan eenige verdienstelijke mannen, welker gedachtenis wij hier bewaren willen :

HEEMAN (GILLIS), geestelijke schrijver, in deze gemeente geboren omtrent 1655 en te Leuven den 18 Februari 1710 overleden. Zijne studiën te Leuven voltrokken hebbende, trok hij het ordekleed aan van het Oratorie, maar moest wegens bloedspuwing het gesticht verlaten.

Ten jare 1686 onderpastoor benoemd van de St.-Kwintensparochie te Leuven, vervulde hij deze betrekking tot aan zijn overlijden. HEEMAN wordt geroemd als een zeer welsprekend man en schreef de vier nagemelde boeken.

1° *Olie der wysheyt oft Liefde-Voedsel voor de christene Zielen, vloyende uyt de Lof-Sanghen der heylighe Kercke : Magnificat, Benedictus, Nunc dimittis*, enz. Leuven, 1703.

2° *Troost der sieken oft de maniere hoe de pastoors ende priesters sullen vlytelyck de sieke bezoeken, weirdiglyck uytreyken de heilige Sacramenten, ende hun getrouwelyk bystaen in den doodstrydt, leerende ook alle christenen sich in tydts door goede werken bereyden tot een salig eynde*. Leuven, 1708.

3. *Meditatiën over den Lofsang van den propheet Abacucus.*

4. *Jesus, het eeuwigh Woordt met ons sprekende, in XII meditatiën van syne Passie, met XXII uyt-nementheden op de selve
Passie; item verbeelt door 't Puesch-lam en andere figuren, met
vyfthien godtvruchtige Oeffeninghen tot het Alder-heylighste
Sacrament.* Antwerpen, 1708 (2e druk).

HERMAN schreef eene zuivere taal, in eenen voortreffelijken
stijl. Laatstgemeld boek, 432 blz. in-16, had eene tweede
uitgave ten jare 1708.

GHYS (PHILIP), godsdienstige Vlaamsche dichter, werd den
20 Februari 1673 te Waasmunster geboren. Na met glans zijne
studiën te Leuven te hebben voleindigd trad hij ten jare 1695
in de Congregatie van het Oratorie, waar hij de godgeleerdheid studeerde en dan onderpastoor benoemd werd te St.-Nico-
laas. Hij overleed in deze stad den 12 November 1751.

PHILIP GHYS is schrijver van eenen bundel berijmde samen-
spraken in twee deelen, getiteld : *Minnelijke en geleersame
t'saemen-spraeke tusschen den Engel Bewaerder en de Ziele,
handelende van de vier Uyttersten en de voornaemste middelen
die leyden tot het Rycke Godts.* — Het tweede deel, half in
proza, heeft tot titel : *Den Engel Bewaerder onderrichtende
de ziele in het Geloove, Hope en Liefde, met schoone meditatien
op het lyden Jesu Christi* (Gent, 1722-1723). Het eerste deel
bevat 292, het andere 314 bladzijden.

GHYS schreef een vloeiend, maar plat vers, nog al dikwijls, als
ware 't met opzet, zondigende tegen den klemtoon en geen acht
slaande op de versmelting der klinkers van 't eene woord tot
het andere. Hij is ook vriend van het bastaardwoord, dat meermaals in zijne pen komt. Tot een staaltje van zijne rijmkust
diene het volgende uittreksel uit een in zijn werk voorkomend
morgenbed :

> « O Godt, Dryvuldig een, die alles moet bestieren,
> Die tot begin des dags my weder hebt gebracht,
> Bestiert al wat ick doen en peys in myn gedacht,
> Op dat ick van uw Wet en wil niet af en wycke,
> Nog door den swaeren last en stryt niet en beswycke.

Mits gy myn kranckheyt kent, en myn peryckels siet,
En weygert uwe hulp' aen soo teer schepsel niet.
Uw hoog-verheven hert en breyn siet alles boven;
Aenmerckt myn kranck gestel, die u soud' geiren loven,
Hoe weynig dat het is, uw goederentierentheyt
Siet min de wercken aen als ons genegentheyt.
Hoe geiren soudt myn ziel in uwe hulpe woonen,
Hoe geiren soud' sy u al haer ellenden thoonen,
Hoe geiren soud' myn hert by u heel dagen zyn,
Want uw afwesentheyt is haer de meeste pyn.
Komt doe, Dryvuldig Heer, tot wie myn krachten spreken,
Met druck en bitter rouw om alle myn gebreken,
En laet van dag niet toe dat ick in sonden val,
Maer zyt gy mynen troost, Heer, schat, mijn goet en al... »

WILLEM-ANTOON DELEBECQUE, godgeleerde, ook geboren te Waasmunster, leefde van 1757 tot 1803. Al wat wij van hem weten is dat hij leeraar geweest is te Dowaai.

Volkssage.

Op eenige stappen ten noorden van den weg naar Belsele treft men twee nog al diepe putten aan, vroeger te midden van de bosschen, en door het volk de *Moordkuilen* geheeten. Men zegt dat zij eertijds overwelfd waren en tot schuilplaats eener rooversbende dienden.

Volksbijgeloof.

Achter den hof van het kasteel der familie Vermeulen staat, dicht bij eene fontein, een lindeboom. De inwoners gaan er heen om verlost te worden van de koortsen.